世界经济千年史

精校本

The World Economy: A Millennial Perspective

〔英〕安格斯·麦迪森(Angus Maddison) 著

伍晓鹰 许宪春 叶燕斐 施发启 译
伍晓鹰 校订

北京大学出版社
PEKING UNIVERSITY PRESS

著作权合同登记号　图字:01-2015-6079
图书在版编目(CIP)数据

世界经济千年史:精校本/(英)安格斯·麦迪森(Angus Maddison)著;伍晓鹰等译.—北京:北京大学出版社,2022.10
ISBN 978-7-301-32707-4

Ⅰ.①世… Ⅱ.①安… ②伍… Ⅲ.①经济史—世界 Ⅳ.①F119

中国版本图书馆 CIP 数据核字(2021)第 226356 号

Originally published by the OECD in English under the title：*The World Economy*：*A Millennial Perspective*，Development Centre Studies © OECD 2001，https://doi.org/10.1787/9789264189980-en.
This translation was not created by the OECD and should not be considered an official OECD translation. The quality of the translation and its coherence with the original language text of the work are the sole responsibility of the author or authors of the translation. In the event of any discrepancy between the original work and the translation，only the text of original work shall be considered valid.

© 2022 Peking University Press for this translation.

本书英文原版 *The World Economy*：*A Millennial Perspective* 由 OECD 发展中心于 2001 年出版，版权由 OECD 所有，https://doi.org/10.1787/9789264189980-en。

本中文翻译版的译文并非由 OECD 提供，不应被视为 OECD 官方翻译版本。译文的质量及其与原著作的一致性由译者全权负责。在译文与原著存在不一致的情形下，应以原著作为准。

本中文翻译版的版权由北京大学出版社所有。

书　　　名	世界经济千年史(精校本) SHIJIE JINGJI QIANNIANSHI（JINGJIAOBEN）
著作责任者	〔英〕安格斯·麦迪森(Angus Maddison) 著　伍晓鹰 等译
责 任 编 辑	张　燕　郝小楠
标 准 书 号	ISBN 978-7-301-32707-4
出 版 发 行	北京大学出版社
地　　　址	北京市海淀区成府路 205 号　100871
网　　　址	http://www.pup.cn
微信公众号	北京大学经管书苑（pupembook）
电 子 邮 箱	编辑部 em@pup.cn　总编室 zpup@pup.cn
电　　　话	邮购部 010-62752015　发行部 010-62750672　编辑部 010-62752926
印 刷 者	北京宏伟双华印刷有限公司
经 销 者	新华书店
	787 毫米×1092 毫米　16 开本　31.75 印张　520 千字 2003 年 11 月第 1 版 2022 年 10 月第 2 版　2024 年 5 月第 4 次印刷
印　　　数	15001—21000 册
定　　　价	118.00 元

未经许可，不得以任何方式复制或抄袭本书之部分或全部内容。
版权所有，侵权必究
举报电话：010-62752024　电子邮箱：fd@pup.cn
图书如有印装质量问题，请与出版部联系，电话：010-62756370

经济合作与发展组织（OECD）

根据 1960 年 12 月 14 日在巴黎签署并于 1961 年 9 月 30 日生效的《经济合作与发展组织公约》第 1 条，经济合作与发展组织（OECD）应推行以下既定政策：

- 实现最高的可持续增长和就业，"提高成员国的生活水平，同时保持金融稳定，从而对世界经济发展做出贡献"。
- 在经济发展过程中，促进成员国和非成员国的经济健康发展。
- 根据国际义务，在多边和非歧视的基础上促进国际贸易的发展。

OECD 的创始成员国包括奥地利、比利时、加拿大、丹麦、法国、德国、希腊、冰岛、爱尔兰、意大利、卢森堡、荷兰、挪威、葡萄牙、西班牙、瑞典、瑞士、土耳其、英国和美国。后来加入的成员国包括：日本（1964 年 4 月 28 日加入）、芬兰（1969 年 1 月 28 日加入）、澳大利亚（1971 年 6 月 7 日加入）、新西兰（1973 年 5 月 29 日加入）、墨西哥（1994 年 5 月 18 日加入）、捷克共和国（1995 年 12 月 21 日加入）、匈牙利（1996 年 5 月 7 日加入）、波兰（1996 年 11 月 22 日加入）、韩国（1996 年 12 月 12 日加入）和斯洛伐克共和国（2000 年 12 月 14 日加入）。* 欧共体委员会也参与 OECD 的工作（《经济合作与发展组织公约》第 13 条）。

OECD 发展中心由 OECD 理事会于 1962 年 10 月 23 日成立，成员包括 OECD 的 23 个成员国：奥地利、比利时、加拿大、捷克共和国、丹麦、芬兰、法国、德国、希腊、冰岛、爱尔兰、意大利、韩国、卢森堡、墨西哥、荷兰、挪威、波兰、葡萄牙、斯洛伐克共和国、西班牙、瑞典、瑞士，以及阿根廷和巴西（1994 年 3 月加入）、智利（1998 年 11 月加入）、印度（2001 年 2 月加入）。欧共体委员会也加入了 OECD 发展中心的咨询委员会。

OECD 发展中心的目的是汇集各成员国在经济发展以及一般经济政策的制定与执行方面的知识和经验，使这些知识和经验适合各国或各地区在发展过程中的实际需要，并通过适当的方式使其成果惠及所有国家。

OECD 发展中心在 OECD 内具有特殊和自主的地位，从而在履行其职能时具有适当的独立性，但中心可以使用 OECD 在发展领域的现有经验和知识。

本出版物所表达的观点及采用的论点完全代表作者个人立场，不代表 OECD 或其成员国以及 OECD 发展中心成员国的立场。

---

* 截至 2001 年即《世界经济千年史》英文版出版时的数据，下同。——译者注

地缘政治、制度建设与长期增长[*]
——精校本导言

脱销多年以致洛阳纸贵的麦迪森的《世界经济千年史》中文版，终于在各方努力之下以精校本的形式再版了。欣慰之余禁不住告慰先生的在天之灵，也想略书几笔谈谈我重读先生著述的感想，是以为序。

这部集先生一生努力探索长期经济增长规律的收官之作出版于2001年，饶有千禧年承上启下之意。该书的问世让那些需要以数据支持自己观点的增长经济学家们第一次有了可以覆盖全世界所有经济体、时间跨度最长且概念一致的人口与收入的时间序列数据（全部数据收入该书的姊妹篇《世界经济千年统计》一书中）。二十年来，该书不仅成为众多经济、政治和历史学者的案头书，也在一些有关重大经济增长和人类命运的辩题中成为全球各大媒体反复引用的观点和数据来源。然而，细心的读者也许不难发现，媒体炒作的长期增长故事多津津乐道于麦迪森数据所展示的大国之间"老大"的易位，甚至用所谓"麦迪森趋势"去臆测未来"新老大"的故事，而忽略了这些数据所隐含的警示性的经济学逻辑。通过近来译校过程中的反复阅读，笔者深感人们还没真正思考过在麦迪森恢宏的千年增长叙事中，有关几次重大地缘政治危机的讨论及其深刻的经济学意义，特别是重建地缘政治均衡的努力对包括经济、政治、法律在内的制度建设的促进，进而对长期经济增长的重要影响。如此看来，面对当今我们这个再度被深刻的地缘政治危机所困扰，甚至可能再次走向政治分裂与对峙的

---

[*] 本导言由中文版译者撰写，并非英文版原书内容的一部分。本导言所表达的观点及相关论点完全代表译者个人立场，不代表OECD或其成员国以及OECD发展中心成员国的立场。

世界,重读麦迪森的著作凸显了其现实意义。

长期增长中的地缘政治因素

地缘政治概念主要被用来刻画地理上相邻或相关国家之间的利益关系。虽然不能否定这种关系中文化、宗教或意识形态的影响,但其基础主要还是经济利益关系。然而,单纯地谈论"国家经济利益"实在是对不同政治制度下经济活动及其结果过于简单的抽象,无助于理解参与者的行为动机。政治制度的差异决定了所谓"国家经济利益"代表的是竞争性参与经济活动的个体利益,还是统治集团抑或独裁者的利益;虽然前者的经济活力远胜于后者,但是后者的权力对前者也可能造成毁灭性的影响。地缘政治关系在一定的资源、技术和制度条件下会处于一个均衡状态。这种"均衡"当然不是完美的和谐,而是暂时的、如地缘政治学权威詹姆斯·费尔格里夫(James Fairgrieve)所谓的"世界霸权的地理均衡"。由于无法克服的地理障碍,当其中某个因素的变化打破既有的均衡,使相对经济成本发生重大变化,而有关各方无法接受因此而导致的经济利益进而政治权力必须被重新分配时,往往会酿成不诉诸武力或不以武力相威胁就无法解决的地缘政治危机。

然而,以竞争性市场交易为核心的自然演化过程也是人类的学习过程。哈耶克认为市场竞争是其中最重要的、包含着所有进化过程的一个发现机制。它通过自然、自发的纠错进行学习,提高了竞争者对新情况做出反应,以适应未知商业世界的能力。为了让参与者各得其所,这个自发秩序逐渐导致了规则的建立和不断的改进,使人们尽可能地遵守规则或规则下的合约,而不是动辄诉诸武力。通过威尼斯、葡萄牙、荷兰和英国在全球贸易中跌宕起伏的历史,麦迪森饶有意味地讲述了几次重大地缘政治危机如何改变了人类的历史命运,促进了有益于自由市场资本主义发展的制度建设,进而刺激了技术创新,成就了我们今天可以享受的长期增长的成果。

地缘政治失衡与地理大发现

麦迪森的"威尼斯故事"给我们的重要启示不仅是威尼斯人绝顶的商业精

明,更是他们如何以"极高的专业性、实用性和投机性,并完全致力于商业利益"的娴熟的地缘政治手腕,维系了当时东西方贸易世界的地缘政治均衡。这种均衡表面看来意味着威尼斯可以与阿拉伯商人和平地共享东西方贸易的巨额利润,但更重要的是它使得商业经济可以在西欧乃至北欧扩大与深化,从而刺激了旨在通过提高效率而增加商业利润的一系列技术进步,其中最重要的就是航海技术的改进。由于各方势力没有意识到恪守一个共同贸易规则的重要性,经济丛林法则下普遍的重商主义行为使维系地缘政治均衡的成本越来越高,表现为宗教旗帜下以掠夺资源、控制商路为目标的日益频繁的战争。然而,市场交易永远是人类最好的导师。当时最大的地缘政治危机无外乎是奥斯曼帝国的崛起最终阻断了西方商人的东方财路。但这不仅没有断送全球贸易,反而刺激了葡萄牙人找到了绕过好望角通往东方市场的新航道,开启了一个史无前例的大航海时代,进而导致了于随后的工业化不可或缺的地理大发现。最终还是市场——那些航海家、商人、企业家的身上活跃着的是市场的灵魂——无情地抛弃了傲慢的、自以为可以永远雄踞地理霸权地位的奥斯曼人,创造了新的、更大范围的全球贸易。

从重商主义到自由贸易:克服地缘政治成本

事实上,新航道和新大陆的发现并没有直接克服因奥斯曼帝国的扩张而引发的地缘政治危机,而是通过扩大资源空间改变了原有的地缘政治格局,从而间接地化解了危机。然而,对新资源的竞争意味着地缘政治均衡必然还会被打破,更大的危机还会出现。通向亚洲的新航道被发现后,捷足先登的是荷兰。荷兰以当时最高效的专业化生产管理和金融市场组织崛起,精明地抓住地理大发现的契机控制了亚洲贸易。麦迪森的计量结果支持了曾经让威廉·配第和亚当·斯密都惊叹不已的"荷兰经济奇迹":在从 17 世纪开始的约两百多年的时间里,荷兰的人均收入增长速度是欧洲最快的,人均收入水平也是欧洲最高的。但历史又以新面孔重复,荷兰的崛起先后严重地挑战了西班牙、法国和英国的利益,打破了地缘政治均衡。尽管它不得不维持一个庞大的军队规模(远超过英国和西班牙的军队规模)以保护自己的利益,但最终还是成为重商主义丛林法则下的失败者。

如果深读且思考下去,就会悟到麦迪森以其特有的计量和逻辑笔触勾勒的长期增长对我们的启发:市场内含的自然演化力量让人类学习的是如何竞争性和平共处,而不是丛林中永远的敌意对峙和血腥厮杀。增长产生于文明而不是野蛮。在讲述完荷兰的故事之后,他用了更多的篇幅展示了,19世纪大英帝国的崛起是与其通过一系列法案主动放弃以邻为壑的重商主义战略、在主要贸易国家之间推行自由贸易制度的努力同步的。麦迪森以令人信服的增长计量结果,强调了这个变化是推动全球人均收入摆脱长期停滞的首要条件,并据此挑战了在发展阶段划分理论中忽视市场机制中的自然演化力量、过分强调标志式历史事件的流行观点。他将1820年定义为"资本主义时期"的起点,否定了现代资本主义因18世纪中叶英国工业革命而突然诞生的库兹涅茨假说,也拒绝了长期统治经济史学界的所谓"英国例外"的教条。他进而将1870—1913年这一期间定义为第一个自由资本主义时期,以区别于1820—1870年的商业资本主义时期。在这个时期,自由贸易刺激了史无前例的、全球竞争性的资源流动,使工业技术得以从英格兰向欧洲和新世界迅速扩散,导致了持续的收入增长和技术进步。

战后地缘政治危机与自由资本主义的"黄金期"

人类的制度学习从来离不开生命的教训,前进一步往往需要一两代人的努力。强国之间不会轻易地在地缘政治问题上妥协,共同规则的建立需要政治家、工商领袖和知识界的思想成熟及目标上的共识,还需要国际关系上的政治智慧,这都需要假以时日。工业化时代发生的两次世界大战说明了地缘政治危机仍需以武力解决。虽然两次世界大战之间出现的苏联的社会主义制度和自由资本主义世界的"大萧条"鼓励了大量东西方知识分子转而倾向国家主义的计划经济制度,但是麦迪森以购买力平价方法对全球经济增长表现的计量显示,战后全球经济增长主要受益于奉行自由竞争和自由贸易原则的市场经济,而不是高度集中的、通过行政命令管理的计划经济;尽管与前者相比,后者处在较低的发展阶段,因此理应实现更快的经济增长。这个实证发现也许是对哈耶克在《通向奴役之路》中所弘扬的、私有财产制度下以法治规范的自由市场竞争制度的最有说服力的支持。

在人类的第二个自由资本主义时期,即麦迪森定义的1950—1973年的自由资本主义"黄金期",全球GDP(国内生产总值)年平均增长率达到近5%,人均 GDP 年平均增长率达到近 3%，迄今仍是史无前例的记录。麦迪森认为在战后新的地缘政治格局下，导致"冷战"的东西方严重分裂反而加强了西方国家之间的利益调和，促使各国放弃以邻为壑的政策，接受自由贸易制度。通过"马歇尔计划"，美国为西欧提供了其急需的巨额援助，迅速推动了战后西欧的经济恢复。与此同时，旨在促进自由贸易的各种国际组织纷纷建立，继续推动始于 19 世纪后半期的国际市场经济制度建设。随着西欧和日本与美国之间收入差距的迅速缩小，发达经济体之间的自由贸易市场迅速地扩大了，这不但深化了市场竞争，也鼓励了技术创新。不过，麦迪森也特别注意到凯恩斯主义的需求和就业政策对于稳定这个"黄金期"增长的重要作用，在某种意义上，这为政府干预可能产生的负面作用埋下了伏笔。

"新自由秩序"下攀升的地缘政治成本

发生于 1973 年的第一次石油危机终止了这个"黄金期"。这是继战后东西方分裂后又一场新的以能源为焦点的地缘政治危机，它与 1979 年发生的第二次石油危机一起，使美国及很多西方发达国家在 20 世纪 70 年代陷入了持续的需求低迷与通货膨胀并存的"滞胀"困境，严重地挑战了流行的凯恩斯主义宏观经济管理的教条。20 世纪 80 年代的"里根经济学"政策体现了减少干预、向资本主义自由市场经济制度复归的努力，但却付出了政府预算赤字持续上升的代价。这是一个让人们再次怀疑自由市场经济制度的时期。可能使一些读者不解的是，麦迪森为什么将 1973—1998 年这个时期统称为"新自由秩序时期"（1998 年是麦迪森始于 1950 年的时间序列数据库的最后一年），并没有试图将其中看起来截然不同的石油危机、里根经济政策以及 20 世纪 90 年代开始的全球化时期区分开来。在我看来，这不但反映了他基于增长核算视角的谨慎，更体现了他一向主张的把透明且容易质疑的定量观察置于定性推论之前，以使后者更加严谨的原则。

的确，从人均 GDP 增长上看，麦迪森并没有很强的理由将这几个时期细分，因为它们的增长速度都在 1% 至 2% 之间，平均仅为 1.3%，还不及"黄金期"的一半。可以说"新自由秩序"并没有带来新的增长动力，持续上升的地缘政治成本是一个重要因素。但是，麦迪森也看到，尽管在这短短四分之一个世纪中因石油价格上涨、拉美债务危机、日本资产价格暴跌、东欧剧变和苏联解体、新兴经济体的出现等等造成了跌宕起伏的地缘政治变化，但国际贸易体系仍然是稳健的，这对于维护资本主义自由市场经济制度，进而保持效率改进和技术进步的压力，以致终结"冷战"至关重要。所以，相对解体后的苏东集团各国能否克服衰退，改革中的中国能否治愈国有部门低效率的痼疾，麦迪森更关心的是美国引领的信息与通信技术（ICT）进步能否产生巨大的外溢效应，推动全要素生产率上升，进而通过自由贸易对发达资本主义国家产生影响，促进世界经济的增长。

全球化与新地缘政治失衡

真希望上苍再多给麦迪森 20 年时间，以先生在长期增长问题上的潜心研究，特别是对其中自由市场力量的感悟，我想他一定会对"冷战"结束后，几乎与 ICT 革命同步的、史无前例的全球化产生的新地缘政治问题提出独到和睿智的见解。20 世纪 90 年代初的苏东剧变，否定了完全违背市场规律的乌托邦试验，也弥合了因这种实践导致的地缘政治对立和市场分裂，在客观上创造了战后有利于全球化的政治条件。根据麦迪森以 1990 年价格计算的购买力平价结果，尽管刚刚遭受了资产价格暴跌，日本 1992 年的 GDP 总量首次超过苏东集团，成为世界第二大经济体；此时西方资本主义国家的 GDP 总量已约相当于苏东集团的七倍，主导了世界经济增长的方向。此后，制造业在一个日益整合的世界市场中，通过重构全球价值链，在改变国际劳动分工的同时，也改变了主要经济体在地缘政治版图中的位置。

全球化由两个巨大的、史无前例的引擎所推动，一个是 ICT 技术进步，另一个就是世界贸易组织（WTO）。两者相辅相成：于前者，更重要的不是 ICT 加快了制造业各个领域的技术成熟和扩散，而是以摩尔甚至超摩尔速度进步的芯片技术与摩尔定律假定不变但事实上迅速下降的芯片价格（进而以 ICT 技术为操作和运转核心的机械设备价格）的共同作用，导致了前所未有的市场不确定性，强化了市场竞争。投资者希望在难以预测的、更便宜且更有效率的技术出现之前实现现有投资的利润最大化，因而需要更快且更自由的全球资源流动，在一个更大的市场上获得最低成本的要素组合；于后者，作为一个基于以往各种国际贸易协定和经验，在国际法治体系下发展起来的 WTO 自由贸易制度框架，恰恰可以满足这样的市场条件。

在 WTO 的制度框架下，中国以其巨大的市场潜力，以及能够在一个由中央政府保障的稳定的政治环境下，提供大量低成本劳动力的条件，赢得了国际投资者，从而得以迅速地加入全球价值链，使世界贸易实现了史无前例的扩张。然而，在这个过程中，地方政府之间旨在促进投资和出口的、竞争性压低要素成本的政策发挥了重要的作用。这种模式明显符合以中国为生产基地的跨国公司的利益，但却被越来越多的国家视为挑战 WTO 自由贸易原则的"重商主义"行为。的确，依靠如今可以与美国一比高低的经济体量，中国在全球经济和政治事务上拥有比以往更强的谈判筹码，但是竞争者们力图扭转因此产生的市场、资源和技术等方面地缘政治失衡的决心，正在考验中国以及其主要竞争者的政治智慧。

敬畏市场，避免"致命的自负"

正是因为全人类都受制于一个共同的资源边界，所以在全球化的动态过程中，各国之间相对利益的变化意味着不可能一劳永逸地建立一个理想的地缘政治均衡。国家主义者们并不明白主导全球化的根本因素不是技术而是市场，更不明白决定市场成长的不是国家的力量，而是自然演化的力量。概念上，无论是一国之内还是国际的经济活动，从接受哪怕是最低程度的国家利益那一点开始，市场就受到了限制，因为市场的灵魂是竞争而不是合作与服从。否定了这一点也就否定了经济活动最终的效率目的，进而也就否定了技术创新的原动力。一个国家不能在原创性的技术上胜出，往往是因为以国家利益至上的名义扼杀了创新。认为市场完全可由政府创造的观点不过是理论上的浅薄和历史上的无知，而这样的无知就是哈耶克所称的"致命的自负"。麦迪森为我们勾勒的人类长期增长的历史清楚地告诉我们，所谓的"国家利益"往往代表了背后的统治集团利益。世界贸易制度的作用是维护一个公平的、以法治下的规则为基础的、通过自由竞争实现交易的市场，而不是"丛林法则"下仅供个别集团以"国家"名义进行利益交易的俱乐部。

这个经济与政治文明演化的概念逻辑，与麦迪森在本书中所潜心演绎的地缘政治、制度建设和经济增长的长期经验逻辑是一致的。先生留给我们的一个睿智的启发就是自由贸易对于长期经济增长的重要性。在否定国家主义的基础上，我们完全可以建立增长的目的与生命的目的相一致的经济哲学观点。生命的本质就是竞争,而基于自然演化的文明逻辑,就在于如何在充分满足自由且公平竞争的市场经济前提下,建立起一个维系社会和谐的政治制度。对于任何国际贸易的参与者来说,只有求同存异才可以推进这个人类文明的进程。

需要说明的是,本书考察了长达两千年的世界经济史,在这样长的时间跨度内,很多国家或经济体的边界甚至名称都有很大的变化。在以量化的方法重新构造增长轨迹时,除了一些传统很长且边界较稳定的国家或经济体,麦迪森通常是按照1990年的边界和名称来对国家或经济体进行界定,并据此对较早或较晚的数据进行调整,以保持统计上的一致性。对此,我们在书中以译者注的方式对部分例子添加了说明。

最后,我要由衷地表达对最终促成《世界经济千年史》中文精校本问世的所有参与者的谢意。2003年中文首版发行后还是发现了一些错误。但是由于我很快开始忙于该书的姊妹篇《世界经济千年统计》(与施发启合译)和麦迪森关于中国经济长期增长的专著《中国经济的长期表现》(与马德斌合译)的翻译工作,再加上其他教学和研究工作,一直无暇进行重新校对和修改。让我感动的是郝小楠编辑一直关注和搜集读者意见,不但反复校对疑点,也提出了一些值得商榷的译法问题。她锲而不舍,直到离开北大出版社。接替她负责本书后续工作的张燕编辑继续发扬了北大出版社精益求精的传统。当然,这一切是与经济与管理图书事业部林君秀主任一如既往的支持密不可分的。此外,我也要感谢担任北大国发院"世界经济千年史——长期增长的计量与理论探索"课程的助教、正在北大国发院研修经济学博士的吴紫薇,感谢她对所有疑点的反复检查和对全书概念表述的前后统一。

伍晓鹰

2021年初冬,初稿于北京大学燕东园寓所

2022年初春,终稿于东京西国分寺寓所

写在中文版问世之际
——首版译者序

世界著名经济学家安格斯·麦迪森是国际收入和生产率比较领域中生产法的创始人,在长期经济增长和国际比较研究方面享有极高的声望,并且被公认为当代最伟大的经济历史数据的考证和分析专家。他所建立的,并且被反复更新的有关世界各国产出、人口以及其他宏观经济指标的长期时间序列数据库,正在对长期经济增长和国际比较研究产生着深刻的影响。麦迪森最新出版的《世界经济千年史》(*The World Economy: A Millennial Perspective*)一书应该说是他迄今为止近半个世纪学术生涯所达到的一个顶峰。能有机会将这样一本著作介绍给中国读者,对我和我的合作者来说是一种幸运。

按照麦迪森自己的说法,他这本新著在一定的意义上既是他1995年完成的《1820—1992年世界经济之考察》(*Monitoring the World Economy 1820—1992*)一书的延伸,又是同他1998年完成的《中国经济的长期表现》(*Chinese Economic Performance in the Long Run*)一书的结合。所以,有志于完整了解麦迪森对世界长期经济增长分析的读者,特别是研究者,也应该阅读那两本书。但是,我认为本书的独立性还是很强的,它完全体现了"麦迪森风格",是计量经济史研究领域中新的里程碑。

在《世界经济千年史》中,麦迪森对迄今为止各国学者在各个有关历史研究领域中所发掘出来的各种数据和资料进行了系统性的整理、诠释和经济分析,其中特别重视新的研究和发现。在此基础上,他对人类社会过去两千年经济增长的原因进行了新的探讨,对经济发展阶段进行了重新划分。麦迪森在处理历史数据和资料方面的最大特点在于强调个别经济事件之间在当时历史和国际背景下的因果关系和它们的微观经济学基础,以系统地揭示长期经济增长的内在逻辑,而不是逸闻趣事式地强调个别事件或人物的影响,更没有囿于任何有影响的学说或信仰。

我所说的"麦迪森风格"离不开麦迪森在历史数据考证和处理上的客观性、严谨性、透明性,以及必须在逻辑上交叉检验不同来源的资料的做法。我同麦迪森教授从相识到结下不解之缘是从我对中国历史 GDP(国内生产总值)的估计开始的。后来我有幸在他的亲自指导下尝试重建中国工业主要行业物量指数和按照他所创立的生产法估计中美工业的相对生产率。在此期间,除了他深厚的理论和方法上的造诣,对我影响最大的就是这种"麦迪森风格"。由于麦迪森多次中肯的批评和建议,我的这两项研究都取得了初步令人满意的结果,后来分别发表在国际学术期刊《收入与财富评论》第 48 卷和《中国经济评论》第 12 卷上。

不知道是否有人思考过统计数字的饶有意味的性质:一方面,它可能被公认为最枯燥的东西,但是另一方面,它又会使所有的说教黯然失色、苍白无力。历史可以被按照不同的需要编撰成绘声绘色的故事,只有可靠的数字可以使它恢复本来的面目。当然,数字的力量也促使一些人去编造数字以服务于不同的目的,这在我们的生活中并不罕见。科学研究离不开数字,也可以说数字的精神本身就体现着科学的精神。一个研究者首先要清楚他的数据的来源、定义及其统计、报告、记录方法等。对于经济历史数据来说,一个研究者还要注意某一指标同其他宏观经济指标的关系如何,它的微观经济学基础又在哪里,即宏观经济的变化与利益不同的经济个体活动之间的关系。这涉及对国民经济核算理论的掌握和对一定制度下经济个体行为的理解。麦迪森搜集、整理、分析和报告宏观经济数据的方法正是体现了这样一种科学精神。

数字分析的科学精神还体现在它的透明性上。不但数字的来源、定义及其统计方法等要完全公开透明,对数字的加工处理方法也要完全公开透明。麦迪森强调,数据工作的透明性就是要使数字可以受到质疑,而且,这种工作从一开始就准备受到质疑或挑战。因为它的目的就在于鼓励人们发现新的、更可靠的证据,激发新的观点,挑战原有的假说,甚至包括研究者本人曾经接受的假说。本书中的一个例子是,依靠由大量新的证据所支持的对 15 世纪末至 18 世纪后半叶的经济增长率的估计,麦迪森推翻了他本人不久前还接受的有关经济增长阶段划分的库兹涅茨假说。他的新发现不再支持库兹涅茨以15世纪末为分界线划分"封建制度"时期和"商业资本主义"时期的观点。因此,他将这两个时期合并为他所定义的"原始资本主义"时期(1000—1820),这个结果将库兹涅茨的"现代经济增长"时期推迟了半个世纪以上。

还有一个例子是如何看待欧洲经济长期增长的表现和原因。以拜罗克为代表的一种观点认为欧洲一直落后于亚洲、美洲和非洲,它只是由于19世纪开始的对那些地区的殖民剥削而致富。依靠对大量新的证据的分析,麦迪森指出拜罗克的观点完全杜撰了历史。麦迪森的分析表明欧洲的崛起早在11世纪就开始了,在14世纪时它已经在人均收入的意义上赶上了当时世界的头号经济大国——中国,后来又在19世纪初带动了史无前例的世界性的资本主义经济增长。他认为决定欧洲崛起的主要因素是它在科学技术、商业金融组织、国际贸易、社会制度等方面较早开始的、不断加速的进步和资本的积累。的确,欧洲从它对新世界的征服和殖民中获得了新的、廉价的经济资源和巨额的收入。这种收入毫无疑问地带有剥削性质,但是这并不应该妨碍我们承认包括欧洲殖民活动在内的先进国家同落后国家的接触对世界经济发展所产生的重要推动作用。

本书使用了大约一半的篇幅详细报告了数据处理工作和计算结果以支持作者的新发现和新观点。当然,这可能只适合那些具有研究兴趣的读者。但是我相信其他读者会发现本书正文中对一些国家的案例研究是非常引人入胜的,不但有高度的可读性,而且有很大的启发性。譬如,为什么荷兰曾经拥有欧洲最高的生产率?为什么在文化上有着深刻纽带关系的中国和日本却在经济发展上有着极大的差异?为什么英国的北美殖民地造就了经济强大的美国,而西班牙的北美殖民地却造就了落后的墨西哥?

本书的翻译工作是我和许宪春以及他的国家统计局国民经济核算司的同事施发启和叶燕斐密切合作的结果。说起我和许宪春的结识,也算是数字之缘。后来他对麦迪森和我的研究的评论加深了我们之间的了解。麦迪森认为许宪春是中国国内把标准国民经济核算账户体系(SNA)同中国核算制度结合得最好的一位学者。我可以说他这种"结合"既是理论的又是实际的,既是历史的又是现实的。中国在这样短的时间内在国民经济核算体系上基本上完成了向SNA的顺利过渡,并且得到世界的承认,离不开他和他的同事们的努力,特别是离不开他本人孜孜不倦的求学态度,以及他在工作中、在国际交往中客观地对待中国现实和历史统计核算制度中的问题,并且不断地寻求正确的解决方法的务实态度。

计量经济史的研究在国内基本上还是个空白,特别是几乎没有人从事以国民经济核算理论为基础的、以经济增长核算为目的的对中国历代经济发展的度量工作。大学中长期忽视对经济增长和国民经济核算理论的教学和研究可能是一个原因。希望本书中文版的出版可以成为推动这方面研究工作的一个契机。当然,本书的重点是这些理论在世界经济史上的应用,而不是这些理论的阐述。最后,我也希望本书能够给国内的经济学研究带来"麦迪森式"的对待数字的科学精神。

我深知翻译这样一本著作的难度。虽然我和我的合作者们在翻译中字斟句酌、反复修改,力争在历史事件和人物的名称上同国内世界经济史学界的惯用法一致,力争在人名翻译上符合标准译法,力争在数字上准确无误,同时在语言上既忠实原意又通顺流畅,但是由于我们个人知识有限,错误仍然在所难免。我个人应当承担任何翻译错误的责任,同时也希望发现问题的读者能够不吝赐教。

借此机会,我要特别感谢北京大学出版社的编辑林君秀女士。在没有看到她交给我的校对稿之前,我是绝对不会想象到不常接触英文的她会在一些极其烦琐的、比有关正文还长的注释中发现翻译上的问题甚至原书编辑上的漏洞。没有她这种认真负责的敬业精神,今天我肯定不会看到这样令人满意的清样。

最后,我更要感激我的夫人慧珍由始至终对本书翻译工作的理解和支持。不仅如此,她几乎牺牲了一年以上的周末时间,承担了全部修改稿的录入、全部图表的整理以及全部译名的统一和核对工作。没有她的理解和帮助,顺利完成本书的翻译也是不可能的。

伍晓鹰
2003年深秋于香港

中 文 版 序

本书所做的研究将各国经济的长期表现进行了系统性的量化。它探索了导致富裕国家成功的力量,同时分析了影响落后地区进步的障碍。它也考察了富裕国家同其他国家的相互影响,并且在此基础上评价在何种程度上这种关系是剥削性质的关系。

在相当长的时期内,中国一直是世界上数一数二的经济体,但是它发展的节奏同世界通常的模式有着截然的不同。在宋朝末期,中国无疑是这个世界上的领先经济体。同亚洲的其他部分或中世纪的欧洲相比,它有着更高的城市化程度和人均国民收入。从那个时期开始,中国一共经历了三个主要的发展阶段。

1300—1820年,中国经济受到了从元朝到明朝,再由明朝到清朝之间出现的多次动乱的影响。但是整体上观察,这个时期是一个粗放式的经济增长时期,该时期人口的大量增加与生产的增长几乎是同步的。虽然在同一时期内,欧洲的人口增长速度大大低于中国,但是到1820年时,它的人均收入水平已经是中国的两倍。欧洲的进步归功于更快的科学技术进步,也源于对美洲大面积地区的征服和殖民所带来的收入,以及它同亚洲和非洲的贸易所带来的收入。在这几个世纪之中,中国基本上同世界经济相隔绝。即使如此,在1820年时中国的总产出仍居世界第三位,而中国人口在世界人口中的比重还要更高一些。按照世界的标准,它的人均收入水平仍然是令人钦佩的。

现在让我们来展望一下2015年时可能出现的情况。如果使用美国人口普查局的人口预测数据,同时假定中国的人均收入增长可以保持它在1990—2001年间的速度,那么到2015年时,中国可以在GDP总量和人口数量上重新获得它昔日曾经拥有的头号世界经济体的地位(见表 0-1)。

表 0-1 中国与美国在世界经济中的地位(1700—2015)

	1700	1820	1900	1950	2001	2015
人口(百万)						
中国	138	381	400	547	1 275	1 387
美国	1	10	76	152	285	323
世界	603	1 042	1 564	2 521	6 149	7 154
中国占世界比重(%)	23	37	26	22	21	19
GDP(10 亿 1990 年国际元)						
中国	83	229	218	240	4 570	11 463
美国	0.5	13	312	1 456	7 966	11 426
世界	371	696	1 973	5 326	37 148	57 947
中国占世界比重(%)	22	33	11	5	12	20
人均 GDP(1990 年国际元)						
中国	600	600	545	439	3 583	8 265
美国	527	1 257	4 091	9 561	27 948	35 420
世界	615	668	1 262	2 110	6 041	7 154
中国/世界(世界=1)	0.98	0.90	0.43	0.21	0.59	1.16

资料来源:1700—2001 年的数据来自 *The World Economy:Historical Statistics*,OECD,2003;2001—2015 年的预测数据来自 *Development is Back*,OECD,2002。

我非常感谢我的挚友伍晓鹰教授和尊敬的许宪春博士,还有其他所有参与翻译工作的人员。是他们克服了本书翻译中的种种困难,最终将我的研究成果可以高质量地、完美地呈现给我的中国读者。我也要感谢北京大学出版社的编辑林君秀女士,是她极为细心的工作和热情的支持使本书的中文版得以顺利地出版发行。

安格斯·麦迪森
2003 年 11 月于法国寓所

英文版推荐序一

我在1996年到经济合作与发展组织（OECD）走马上任不久，就接触到了安格斯·麦迪森的《1820—1992年世界经济之考察》（*Monitoring the World Economy 1820—1992*）一书。我发现那部覆盖了其考察期内整个世界经济的著作是那么引人入胜，又那么发人深省。那是一部将占世界产出93％、占世界人口和出口贸易87％的56个国家的经济整合在一起的著作。它再也没有离开过我的办公桌。也许并不是只有我一个人如此欣赏那部杰出的著作，因为我不断地发现其他作者在他们的研究中将它作为参考书而引用。

当时我们即将步入20世纪的终点，在我看来，如果加上一些轻微的修改，那部著作不但可以变得更加吸引一般的读者，而且可以将其覆盖的时期延伸至20世纪末，即我们纪元的第二个千年的末尾。我同麦迪森教授讨论了这个计划，让我惊喜的是，他欣然接受了我的建议。

他超人的精力、努力，再加上他渊博的知识，产生了如今这部无论在广度和深度上都远远超过我们想象的、更加伟大的著作。这部著作覆盖了世界经济在过去两千年间的发展史。可以毫不夸张地说，作者的确是采用了一种全球视野来分析世界经济增长的，他不但考察了增长在不同时期的变化，也考察了增长在不同地区之间的差异。该书所涉及的内容远远超过了OECD以往的任何出版物，事实上，也几乎超过了我们可以在全世界范围内见到的任何著作。首先，它宏大的分析视野是让人叹为观止的。其次，从地理和历史的覆盖程度上来看，几乎没有什么经济史的著作可以与之相媲美。最后，作者虽然采用的是经济学的方法，却并不囿于此。在寻求结论的探索中，作者努力吸收了历史学、地理学、人口学以及其他学科的研究成果。这样一种跨学科的探索也是本书的伟大意义之所在。

正是由于它的位置和意义，以及它的全球视野，我肯定它的读者群会是遍及世界的。它会是学者、学生、专业人士以及广大普通读者的权威性参考书。

我预料到在未来很多年中，我们会在世界每个角落的家庭中、办公室中和图书馆中发现它的位置。它也会毫无疑问地成为我们刚刚跨入的新的千年中类似研究工作的基础。

我们所有人都应该由衷地感激安格斯·麦迪森，感激他所接受的挑战所带给我们的成果。这一成果远远超过了我最初的期望。

凯恩斯曾经说过，一个伟大的经济学家应该是"在引鉴历史和着眼未来中考察现实"。从来没有过如今这样一部丰富的参考书，可以让我们能够追求那个目标。

唐纳德·约翰斯顿（Donald Johnston）
OECD 秘书长
2001 年 4 月

英文版推荐序二

我同安格斯·麦迪森的初识是在1986年,在里斯本的诺瓦大学。而在那之前的很多年,同样也是经济史学家的我的父亲,就曾向我介绍过他的研究工作的重要性。作为新委任的OECD发展中心的主席,如今我可以与安格斯经常接触了,这种接触总是多少带给我一种怀旧的情绪。

安格斯·麦迪森同OECD发展中心有着长期的合作。他从中心成立之日起就一直影响着中心的发展和研究特点。从很多方面而言,他同中心是难以分隔的。这就是为什么我们应该将这样一部宏大的关于世界经济史的课题交给他来完成。安格斯·麦迪森可能是当代最伟大的世界经济史数据考证和计量学家(chiffrephile*)。他为中心撰写的较早的一些著作,其中最著名的两部,《1820—1992年世界经济之考察》(Monitoring the World Economy 1820—1992)和《中国经济的长期表现》(Chinese Economic Performance in the Long Run),如今已经成为世界上有关计量经济史的重要参考书。

OECD发展中心目前正致力于研究新国际秩序下国家治理的作用。我们的目的是帮助各国寻求在社会的不同层次上改革它们的治理体制。这实际上也是贯穿本书始终的一个主题。在本书所考察的千年历史当中,我们可以看到国家治理体制或有助于或有碍于经济增长。所以我们相信这是目前发展中的

---

* "chiffrephile"是麦迪森在其1994年应邀写给《BNL季度评论》(BNL Quarterly Review)的一篇自传中自创的一个词,意思是"热衷于量化世界经济史的人"。——译者注

社会所面对的生死攸关的问题。我们也相信OECD国家本身有责任贯彻良好的国家治理制度,并将其推行至其他国家和地区。

乔治·布拉戈·迪马塞多(Jorge Braga de Macedo)

OECD发展中心主席

2001年4月

致　　谢

在此我首先要感谢 Saskia van Bergen、Catherine Girodet、陈丽娜和 Erik Monnikhof,他们在处理统计资料和准备插图的过程中提供了大量帮助。我也要感谢 Sheila Lionet 将打印稿整理成适于出版的格式。

我特别蒙恩于我的良师益友莫希斯·阿布拉莫维兹(Moses Abramovitz,1912—2000),不仅因为他在评论本书打印稿时所给予我的鼓励和智慧、他宽阔的胸怀和渊博的知识,也因为在过去 40 年中他在诸多其他事情上所给予我的帮助。

本书的写作得益于我 1998 年在耶鲁大学库兹涅茨纪念讲座上的讲演之后同与会者的讨论。此外,来自下面这些研讨会上的评论也给了我有益的帮助:澳大利亚社会科学院,中国台湾"中研院",日本一桥大学、庆应大学(藤泽校区)、大阪大学、大阪学院大学举办的学术研讨会,以及在阿雷格里港举办的巴西论坛。我也不会忘记 1990 年在对威尼斯卡佛斯卡利大学三个月的访问中所学习到的知识。

我还收到了来自 Bart van Ark、Ian Castles、François Crouzet、Charles Feinstein、Colm Foy、David Henderson、Paolo Malanima、Jim Oeppen、斋藤修、Graeme Snooks、Victor Urquidi 以及 Tony Wrigley 爵士对本书不同阶段的初稿所提出的各种建设性的意见。

我还应当感谢的有:Michèle Alkilic, Heinz Arndt, Jean-Pascal Bassino, Joel Bergsman, Luis Bertola, Derek Blades, Yves Blayo, Lidia Bratanova, Henk-Jan Brinkman, J. W. Drukker, Nick Eberstadt, Pierre van der Eng, Jean-Yves Garnier, Roland Granier, Maria Alice Gusmão Veloso,速水融,

André Hofman，Yuri Ivanov，正明河越，Peter Lindert，Cormac O. Grada，马德斌，Elizabeth Maddison，Paul McCarthy，Nanno Mulder，Peter Hein van Mulligen，尾高煌之助，Dirk Pilat，Richard Ruggles，Serguei Sergueev，筱原三代平，Siva Sivasubramonian，Marcelo Soto，T. N. Srinivasan，杉原熏，Jean-Claude Toutain，Richard Wall，Michael Ward 和伍晓鹰，他们对我所咨询的各种问题提供了建议或者答案。

然而，我最深切的感激应该给予我的夫人，Penelope Maddison，感激她自始至终的鼓励以及长期以来的精神和物质上的支持。

安格斯·麦迪森
2001 年 4 月

目录

导论 _001

第一章 世界发展的轮廓
第一节　人口变化的本质及其福利含义 _017
第二节　人均 GDP _034

第二章 西方发展对世界其他地区的影响（1000—1950）
第一节　从 1 世纪到 10 世纪期间欧洲的衰落 _046
第二节　西欧的复苏和振兴（1000—1500） _048
第三节　威尼斯共和国 _050
第四节　葡萄牙 _058
第五节　印度洋的贸易世界 _070
第六节　中国、日本和菲律宾的贸易世界 _072
第七节　葡萄牙人在巴西 _079
第八节　荷兰 _085
第九节　英国 _105
第十节　英国在美洲、非洲和亚洲领土扩张的影响 _126

第三章 20世纪后半叶的世界经济

第一节	发达资本主义国家	_ 159
第二节	复兴的亚洲	_ 173
第三节	东亚的问题经济体	_ 183
第四节	西亚	_ 183
第五节	拉丁美洲	_ 185
第六节	前苏联国家和东欧国家的经济转型	_ 190
第七节	非洲	_ 199

附 录

附录 A	1820—1998年基准年份世界人口、GDP和人均GDP水平与增长情况	_ 211
附录 B	1820年以前世界人口、GDP和人均GDP的增长情况	_ 293
附录 C	124个经济体、7个地区及全世界的人口、GDP和人均GDP的年度估计值(1950—1998)	_ 344
附录 D	27个东欧国家的人口、GDP和人均GDP水平与增长情况	_ 411
附录 E	就业、工作小时和劳动生产率	_ 418
附录 F	1870—1998年的出口值与出口量	_ 430

参考文献	_ 435
全书地名译文对照表	_ 454
全书人名译文对照表	_ 462
全书机构名称译文对照表	_ 468

正文图表目录

表 1-1	人口规模和增长率：世界和主要地区（0—1998）	_ 016
表 1-2	人均 GDP 规模和增长率：世界和主要地区（0—1998）	_ 016
表 1-3	GDP 规模和增长率：世界和主要地区（0—1998）	_ 017
表 1-4	性别综合的预期寿命和婴儿死亡率（33—1875）	_ 018
表 1-5a	出生率和预期寿命（1820—1998/1999）	_ 019
表 1-5b	A 组和 B 组的人口平均预期寿命（1000—1999）	_ 020
表 1-5c	A 组和 B 组的人口平均预期寿命增长率（1000—1999）	_ 020
图 1-1	西欧人口变化的两千年比较	_ 021
表 1-6a	西欧人口规模（0—1998）	_ 022
表 1-6b	西欧人口增长率（0—1998）	_ 022
图 1-2	瑞典年出生率与死亡率的变化（1736—1987）	_ 024
图 1-3	三个最大的美洲国家与其欧洲宗主国人口水平的比较（1500—1998）	_ 027
表 1-7a	西方和伊比利亚后裔国人口增长的比较（1500—1998）	_ 028
表 1-7b	美洲与其欧洲宗主国人口增长的比较（1500—1998）	_ 028
表 1-7c	贩运到美洲的非洲奴隶人口数量（1500—1870）	_ 028
表 1-7d	自英国迁往巴西、澳大利亚和美国的净移民数量（1500—1998）	_ 028
表 1-8a	日本、中国和西欧的人口增长情况（0—1998）	_ 031
表 1-8b	日本、中国和西欧的人口增长率（0—1998）	_ 032
表 1-8c	日本、中国和西欧的城市化率（1000—1890）	_ 032
表 1-9a	主要地区的人均 GDP 增长率（1000—1998）	_ 035
表 1-9b	A 组和 B 组的人均 GDP 水平（1000—1998）	_ 035
表 1-9c	A 组和 B 组的人口（1000—1998）	_ 035
表 1-9d	A 组和 B 组的 GDP（1000—1998）	_ 035

图 1-4	中国与西欧人均 GDP 水平的比较（400—1998）	_ 037
图 1-5	中国与英国人均 GDP 水平的比较（1700—1998）	_ 038
图 1-6	中国与美国人均 GDP 水平的比较（1700—1998）	_ 038
表 2-1	威尼斯帝国的人口（1557）	_ 052
表 2-2	威尼斯商业帆船的大小和运载量（1318—1559）	_ 053
表 2-3	31 个西欧最大城市的人口（1500—1800）	_ 057
表 2-4	糖产量的原产地分布（1456—1894）	_ 059
表 2-5	葡萄牙及其竞争者通过大西洋贩运的奴隶人口数量（1701—1800）	_ 060
表 2-6	7 个欧洲国家抵达亚洲的船只数量（1500—1800）	_ 069
表 2-7	葡萄牙来往亚洲的船只数量（1500—1800）	_ 069
表 2-8	美洲对欧洲的金银输出（1500—1800）	_ 069
表 2-9	中国的白银进口量及来源地（1550—1700）	_ 070
表 2-10	西欧的金银出口量（1601—1780）	_ 070
表 2-11	中国海军的"西洋"航行外交（1405—1433）	_ 074
表 2-12	明朝纸币与白银之间的汇率（1376—1426）	_ 075
表 2-13	巴西出口商品的构成（1821—1951）	_ 080
表 2-14	巴西经济发展的五个关键时期与美国经济表现的比较（1500—1998）	_ 084
表 2-15	荷兰和其他欧洲商船队的运载量（1470—1824）	_ 089
表 2-16	1670 年前后按照运营区域划分的荷兰商船数量	_ 090
表 2-17	荷兰航运业按照运营区域划分的就业人数（1610—1770）	_ 090
表 2-18a	荷兰所卷入的欧洲军事冲突（1560—1815）	_ 095
表 2-18b	欧洲各国陆军的规模（1470—1814）	_ 095
表 2-19	17 世纪 50 年代至 18 世纪 70 年代荷兰商品贸易额	_ 096
表 2-20	欧洲从亚洲进口商品的构成（1513—1780）	_ 099
表 2-21a	荷兰从印度尼西亚"攫取"的财富（1698—1930）	_ 104
表 2-21b	英国从印度"攫取"的财富（1868—1930）	_ 104
表 2-21c	印度尼西亚分种族人口和实际收入的增长（1700—1929）	_ 104
表 2-22a	欧洲殖民主义国家及前殖民地国家的人均 GDP 水平（1500—1998）	_ 106
表 2-22b	欧洲殖民主义国家及前殖民地国家的人均 GDP 增长率（1500—1998）	_ 106
表 2-23	按输入地和输出地划分的英国商品贸易结构（1710—1996）	_ 112
表 2-24	荷兰、英国和美国的就业结构（1700—1998）	_ 113

编号	标题	页码
表 2-25a	英国和世界的船舶运载量（1470—1913）	114
表 2-25b	英国和世界的船舶运载量及 GDP 增长率（1570—1913）	115
表 2-26a	海外投资的现价总值(1914)	121
表 2-26b	海外投资的现价总值(1938)	121
表 2-27	9 个主要外资接受国的外资现价总值(1913)	122
表 2-28	英国在美洲的殖民地和前殖民地的人口(1750，1830)	130
表 2-29	英国在其亚洲、非洲、澳大利亚和欧洲领地的人口状况（1830）	138
表 2-30	印度和英国的宏观经济表现（1600—1947）	139
表 3-1a	世界和主要地区人均 GDP、人口和 GDP 增长率(1000—1998)	151
表 3-1b	人均 GDP 水平和地区间差距(1000—1998)	152
表 3-1c	世界 GDP 的结构(1000—1998)	152
表 3-2a	世界和主要地区商品出口实际增长率(1870—1998)	153
表 3-2b	按 1990 年价格计算的世界和主要地区商品出口额占 GDP 的比重（1870—1998）	154
表 3-2c	地区出口额占世界总出口额的比重(1870—1998)	154
表 3-3	发展中国家的外国资本存量总值(1870—1998)	154
表 3-4	西欧、日本和西方后裔国的净移民量(1870—1998)	155
表 3-5	资本主义时代三个最成功时期的人均 GDP 增长表现	156
表 3-6	世界 20 个最大经济体的经济特征(1998)	158
表 3-7	西欧和美国的生产率以及人均 GDP 的趋同程度(1950—1998)	160
图 3-1	美国/日本、美国/欧洲人均 GDP 水平的双边比较(1950—1998)	161
表 3-8	发达资本主义国家的失业和通货膨胀(1950—1998)	162
表 3-9	西欧、美国和日本政府总支出占现价 GDP 的百分比(1913—1999)	165
表 3-10	美国、日本、德国和英国的国外资产及负债存量(1989—1998)	166
表 3-11	西欧、日本和美国商品进口量的增长及进口额占 GDP 的比重（1950—1998）	167
表 3-12	日本、美国和西欧国家按本币计算的股票价格指数(1950—1999)	172
表 3-13	日本和西欧国家本币对美元的汇率(1950—1999)	172
图 3-2	日本/东亚其他经济体人均 GDP 水平的双边比较(1950—1999)	174
表 3-14	"复兴的亚洲"在人均 GDP 增长上的差异(1913—1999)	176
表 3-15	"复兴的亚洲"的经济增长特征(1950—1999)	177
表 3-16	主要经济体和世界的外商直接投资资本存量和人均水平(1998)	178
表 3-17	日本和"复兴的亚洲"人均实际 GDP 年度百分比变化(1997—1999)	182
表 3-18	汇率：每一美元相当的亚洲经济体本币单位(1973—1999)	182

表 3-19	五个东亚国家危机前后储蓄占 GDP 的比重(1990—1998)	182
表 3-20	东亚六个问题经济体的人均 GDP 表现(1950—1998)	183
表 3-21	世界原油和天然气产量(1950—1999)	184
图 3-3	美国/拉丁美洲国家人均 GDP 水平的双边比较(1950—1998)	186
表 3-22	拉丁美洲的经济表现(1870—1999)	188
表 3-23	苏联和东欧人均 GDP 增长表现(1950—1998)	191
表 3-24	白俄罗斯、俄罗斯和乌克兰的生产和消费的变化(1990—1998)	193
表 3-25	前苏联国家和东欧国家贫困人口百分比(1987—1988, 1993—1995)	194
表 3-26	前苏联国家和东欧国家消费者价格指数年平均变化率(1990—1998)	195
图 3-4	美国与非洲人均 GDP 水平的双边比较(1950—1998)	200
表 3-27	非洲国家文盲率(1997)	201
表 3-28	非洲各经济体收入水平的差异(1998)	202
表 3-29	撒哈拉沙漠以南 13 个最大的非洲国家人均收入下降的程度和持续时间	203
表 3-30	非洲、亚洲、拉丁美洲、东欧和前苏联国家外债总额(1980,1990,1998)	206
表 3-31	非洲和其他大陆逾期外债(1980—1998)	207

附录表格目录

表 A-a	GDP 样本覆盖率和替代指标估计值的作用(1820—1998)	_211
表 A-b-1	按照购买力平价转换系数估计的 1990 基准年国际元 GDP 水平	_213
表 A-b-2	Maddison(1995a)按照购买力平价转换系数估计的 1990 年国际元 GDP 水平	_214
表 A-c	Maddison(1995a)和本研究中对全世界及各地区的人口和 GDP 的估计值比较(1820—1990)	_215
表 A-d	德国边界变动的影响	_221
表 A-e	13 个西欧小国的人口和 GDP(1950—1998)	_223
表 A-f	南斯拉夫各后继共和国的人口和 GDP(1990—1998)	_226
表 A1-a	欧洲、苏联和西方后裔国的人口(1820—1998)	_228
表 A1-b	欧洲、苏联和西方后裔国的 GDP(1820—1998)	_230
表 A1-c	欧洲、苏联和西方后裔国的人均 GDP(1820—1998)	_231
表 A1-d	欧洲、苏联和西方后裔国的人均 GDP 增长率(1820—1998)	_233
表 A1-e	欧洲、苏联和西方后裔国的 GDP 增长率(1820—1998)	_234
表 A1-f	欧洲、苏联和西方后裔国的人口增长率(1820—1998)	_236
表 A1-g	22 个 OECD 国家按国际元计算的 1990 基准年 GDP 水平	_237
表 A1-h	5 个东欧国家和苏联按国际元计算的 1990 基准年 GDP 水平	_239
表 A-g	21 个加勒比小经济体的 GDP 和人口(1950—1998)	_242
表 A2-a	44 个拉丁美洲经济体的人口(1820—1998)	_243
表 A2-b	44 个拉丁美洲经济体的 GDP(1820—1998)	_244
表 A2-c	44 个拉丁美洲经济体的人均 GDP(1820—1998)	_245
表 A2-d	44 个拉丁美洲经济体的人均 GDP 增长率(1820—1998)	_246
表 A2-e	44 个拉丁美洲经济体的 GDP 增长率(1820—1998)	_247
表 A2-f	44 个拉丁美洲经济体的人口增长率(1820—1998)	_248

表 A2-g	18 个拉丁美洲国家按 1990 年国际元计算的 1990 年 GDP 水平	_ 249
表 A-h	印度 GDP、人口和人均 GDP(1820—1998)	_ 253
表 A-i	日本各经济部门 GDP(1874—1890)	_ 256
表 A-j	日本 GDP、人口和人均 GDP(1820—1998)	_ 257
表 A-k	19 个东亚小经济体的人口和 GDP（1950—1998）	_ 266
表 A-l	巴勒斯坦和以色列的阿拉伯和犹太人口及 GDP 估计值（1922—1950）	_ 268
表 A-m	GDP 和人均 GDP 的替代指标估计值(1870，1913)	_ 269
表 A3-a	56 个亚洲经济体的人口(1820—1998)	_ 270
表 A3-b	56 个亚洲经济体的 GDP(1820—1998)	_ 271
表 A3-c	56 个亚洲经济体的人均 GDP(1820—1998)	_ 272
表 A3-d	56 个亚洲经济体的人均 GDP 增长率(1820—1998)	_ 274
表 A3-e	56 个亚洲经济体的 GDP 增长率(1820—1998)	_ 275
表 A3-f	56 个亚洲经济体的人口增长率(1820—1998)	_ 276
表 A3-g	15 个东亚经济体按 1990 年国际元计算的 1990 基准年 GDP 水平	_ 278
表 A3-h	5 个东亚经济体按 1990 年国际元计算的 1990 基准年 GDP 水平	_ 279
表 A3-i	3 个西亚经济体按 1990 年国际元计算的 1990 基准年 GDP 水平	_ 279
表 A4-a	57 个非洲经济体的人口(1820—1998)	_ 281
表 A4-b	57 个非洲经济体的 GDP(1820—1998)	_ 283
表 A4-c	57 个非洲经济体的人均 GDP(1820—1998)	_ 285
表 A4-d	57 个非洲经济体的人均 GDP 增长率(1820—1998)	_ 286
表 A4-e	57 个非洲经济体的 GDP 增长率(1820—1998)	_ 288
表 A4-f	57 个非洲经济体的人口增长率(1820—1998)	_ 290
表 A4-g	非洲 1990 年 GDP 的 ICP 和 PWT 估计值	_ 291
表 B-1	有关世界分地区人口的不同估计值(0—1700)	_ 295
表 B-2	西欧、东欧以及西方后裔国的人口(0—1820)	_ 297
表 B-3	俄国的欧洲和亚洲部分的人口(0—1870)	_ 298
表 B-4	巴西人口的种族构成(1500—1870)	_ 301
表 B-5	关于拉丁美洲人口的不同估计值(0—1820)	_ 303
表 B-6	关于印度人口的不同估计值(0—1820)	_ 304
表 B-7	关于日本人口的不同估计值(0—1820)	_ 305
表 B-8	亚洲人口(0—1820)	_ 306
表 B-9a	关于非洲人口的不同估计值(0—1950)	_ 307
表 B-9b	非洲人口的地区分布(0—1820)	_ 308

表 B-10	世界人口以及 20 个国家和地区的人口(0—1998)	309
表 B-11	世界人口增长率以及 20 个国家和地区的人口增长率(0—1998)	311
表 B-12	20 个国家和地区的人口占世界人口的比重(0—1998)	312
表 B-13	英国各地区的 GDP、人口和人均 GDP(1500—1920)	317
表 B-14	欧洲和亚洲的城市化率(1500—1890)	320
表 B-15	美国人口的种族构成(1700—1820)	321
表 B-16	拉丁美洲人口的种族构成(1820)	322
表 B-17	日本谷物产量和人均占有量(1600—1874)	329
表 B-18	世界 GDP 以及 20 个国家和地区的 GDP(0—1998)	337
表 B-19	世界 GDP 增长率以及 20 个国家和地区的 GDP 增长率(0—1998)	339
表 B-20	20 个国家和地区的 GDP 占世界 GDP 的比重(0—1998)	340
表 B-21	世界人均 GDP 以及 20 个国家和地区人均 GDP(0—1998)	341
表 B-22	世界人均 GDP 增长率以及 20 个国家和地区人均 GDP 增长率(0—1998)	343
表 C1-a-1	欧洲国家人口年度估计值(1950—1998)	345
表 C1-a-2	西方后裔国人口年度估计值(1950—1998)	348
表 C1-b-1	欧洲国家 GDP 年度估计值(1950—1998)	349
表 C1-b-2	西方后裔国 GDP 年度估计值(1950—1998)	352
表 C1-c-1	欧洲国家人均 GDP 年度估计值(1950—1998)	353
表 C1-c-2	西方后裔国人均 GDP 年度估计值(1950—1998)	356
表 C2-a-1	8 个拉丁美洲国家人口年度估计值(1950—1998)	357
表 C2-a-2	15 个拉丁美洲国家人口年度估计值(1950—1998)	358
表 C2-a-3	44 个拉丁美洲经济体总人口年度估计值(1950—1998)	360
表 C2-b-1	8 个拉丁美洲国家 GDP 年度估计值(1950—1998)	361
表 C2-b-2	15 个拉丁美洲国家 GDP 年度估计值(1950—1998)	362
表 C2-b-3	44 个拉丁美洲经济体总 GDP 年度估计值(1950—1998)	364
表 C2-c-1	8 个拉丁美洲国家人均 GDP 年度估计值(1950—1998)	365
表 C2-c-2	15 个拉丁美洲国家人均 GDP 年度估计值(1950—1998)	366
表 C2-c-3	44 个拉丁美洲经济体人均 GDP 平均值的年度估计值(1950—1998)	368
表 C3-a-1	16 个东亚经济体人口年度估计值(1950—1999)	369
表 C3-a-2	25 个东亚经济体人口年度估计值(1950—1998)	371
表 C3-a-3	15 个西亚经济体人口年度估计值(1950—2000)	372
表 C3-a-4	56 个亚洲经济体总人口年度估计值(1950—1998)	374
表 C3-b-1	16 个东亚经济体 GDP 年度估计值(1950—1999)	375

表 C3-b-2	25 个东亚经济体 GDP 年度估计值（1950—1998）	_ 377
表 C3-b-3	15 个西亚经济体 GDP 年度估计值（1950—1998）	_ 378
表 C3-b-4	56 个亚洲经济体 GDP 年度估计值（1950—1998）	_ 380
表 C3-c-1	16 个东亚经济体人均 GDP 年度估计值（1950—1999）	_ 381
表 C3-c-2	25 个东亚经济体人均 GDP 年度估计值（1950—1998）	_ 383
表 C3-c-3	15 个西亚经济体人均 GDP 年度估计值（1950—1998）	_ 384
表 C3-c-4	56 个亚洲经济体人均 GDP 平均值的年度估计值（1950—1998）	_ 386
表 C4-a	57 个非洲经济体人口年度估计值（1950—1998）	_ 387
表 C4-b	57 个非洲经济体 GDP 年度估计值（1950—1998）	_ 393
表 C4-c	57 个非洲经济体人均 GDP 年度估计值（1950—1998）	_ 399
表 C5-a	世界各地区人口年度估计值（1950—1998）	_ 405
表 C5-b	世界各地区 GDP 年度估计值（1950—1998）	_ 406
表 C5-c	世界各地区人均 GDP 年度估计值（1950—1998）	_ 407
表 C6-a	世界各地区人口年均增长率（1950—1998）	_ 408
表 C6-b	世界各地区实际 GDP 年均增长率（1950—1998）	_ 409
表 C6-c	世界各地区人均 GDP 年均增长率（1950—1998）	_ 410
表 D-1a	东欧国家的 GDP（1990—1999）	_ 411
表 D-1b	东欧国家的人口（1990—1999）	_ 411
表 D-1c	东欧国家的人均 GDP（1990—1999）	_ 412
表 D-2a	南斯拉夫各后继共和国的 GDP（1990—1998）	_ 412
表 D-2b	南斯拉夫各后继共和国的人口（1990—1999）	_ 413
表 D-2c	南斯拉夫各后继共和国的人均 GDP（1990—1998）	_ 413
表 D-3a	苏联各后继共和国的 GDP（1990—1998）	_ 414
表 D-3b	苏联各后继共和国的人口（1990—1998）	_ 415
表 D-3c	苏联各后继共和国的人均 GDP（1990—1998）	_ 416
表 D-4	OECD 和麦迪森对苏联 15 个后继共和国 1990 年实际 GDP 水平的估计	_ 417
表 E-1	欧洲、日本和西方后裔国的就业人数（1870—1998）	_ 418
表 E-2	拉丁美洲和亚洲经济体的就业人数（1950—1998）	_ 419
表 E-3	就业人口的每年人均工作时间（1870—1998）	_ 420
表 E-4	总工作时间（1870—1998）	_ 421
表 E-5	欧洲、日本和西方后裔国就业人员的人均 GDP（1870—1998）	_ 422
表 E-6	拉丁美洲和亚洲经济体就业人口的人均 GDP（1950—1998）	_ 423
表 E-7	劳动生产率（每工作小时创造的 GDP）（1870—1998）	_ 424

表 E-8	每工作小时创造的 GDP 的增长率(1870—1998)	425
表 E-9	每工作小时创造的 GDP(1870—1998)	426
表 E-10	总人口的每年人均工作时间(1870—1998)	427
表 E-11	欧洲、日本和西方后裔国的就业率(1870—1998)	428
表 E-12	拉丁美洲和亚洲经济体的就业率（1950—1998）	429
表 F-1	56 个经济体的现价商品出口值（1870—1998）	430
表 F-2	35 个经济体的不变价商品出口值（1820—1998）	432
表 F-3	世界分地区不变价出口值（1870—1998）	433
表 F-4	11 个国家和全世界商品出口值实际增长率（1870—1998）	433
表 F-5	11 个国家和全世界按照 1990 年价格计算的商品出口值占其 GDP 的比率（1870—1998）	434

导 论

世界发展的轮廓

在已经过去的千年之中,世界人口增长了21倍,人均收入提高了12倍,世界GDP提高了近300倍。这与在此之前的那个千年形成了鲜明的对照。当时世界人口仅增长了六分之一,而人均收入并没有任何提高。

在1000—1820年间,人均收入的增长是缓慢的。从世界平均水平来看,人均收入提高了50%。这样一个收入增长,在相当大的程度上支持了这一期间4倍的人口增长。

同以往相比,世界的发展在1820年后要活跃得多。1998年的人均收入提高为1820年的8倍以上,而人口则增长为1820年的5倍以上。

人均收入增长并不是唯一的经济福利指标。在漫长的发展中,人口预期寿命也有了惊人的提高。在1000年时,人均寿命只有24岁左右。有三分之一的婴儿在生命的第一年中死去,而剩下的三分之二为饥饿和流行病所折磨。在1820年以前的西欧,预期寿命的提高几乎是微不足道的。重要的改善发生在1820年以后。如今,人均寿命可以达到66岁。

增长的过程无论在空间还是时间上都是不平衡的。预期寿命的提高和收入的增长在西欧、北美、澳大拉西亚*和日本是最为迅速的。到1820年这一组国家的收入水平已经是所有其他国家的两倍。而到1998年时这个差距扩大至7∶1。在世界的领先国家美国和最贫困的非洲之间,这个差距是20∶1,而且仍然在扩大。虽然这种趋势是主流,但并不是不可改变的。在过去的半个世纪,亚洲的复兴已经表明,在相当大的程度上缩小同西方的差距是可行的。然而,在1973年以后,世界经济的增长放缓了,亚洲的进步已经被其他地区的停滞和倒退所抵消。

---

* 英文为Australasia,一般指澳大利亚、新西兰和邻近的太平洋岛屿。——译者注

本书的目的

本书使用定量的方法,综合各种因素,考察世界收入与人口的长期变化,并解释导致富国的成功和阻碍落后地区进步的主要因素。它也探讨富国与穷国的关系,目的是评价在何种程度上后者的落后可能是源于西方的政策。

对长期经济表现的考察并不是一个新的课题。1776 年,亚当·斯密(Adam Smith)在他开创性的著作中曾经对此有过一个宽泛的讨论。其他研究者也有过类似的宏论。近年来在人口史学的研究上也有可观的进步。[①] 本书的特点在于它对经济表现的比较研究进行了系统的量化。

在过去,计量经济史的研究主要集中在增长最快的 19 世纪和 20 世纪。追溯较早的历史则只能依靠对气候条件和其他线索的掌握及假设的提出。然而这是有意义的、有用的,而且是有必要的工作。因为对世界经济的主要部分而言,其演变的速度与模式深深植根于它的过去。

定量分析旨在澄清定性分析中那些模糊的地方。同定性分析相比,它更容易受到质疑,而且也更可能受到质疑。因此,它可以使学术探讨更尖锐,从而有助于刺激针锋相对的假说的建立,以推动研究的发展。只有使提供数量证据和选择代表性变量的过程透明化,才可以使持有不同看法的读者补充或拒绝部分数据,或者建立不同的假说。本书第一、二、三章的分析就是由六个旨在提供必要透明度的附录所支持的。

解释经济表现

在过去的一千年当中人口与收入的增加由三个相互关联的活动所支持:

[①] Wrigley and Schofield(1981)和 Wrigley et al.(1997)使用家庭复原法和逆向预测法研究了教会保留的关于出生、死亡和婚姻的记录。他们研究的结果为我们提供了自 1541 年以来英格兰的人口数量及其人口学特征的估计。Bagnall and Frier(1994)依靠罗马人普查的残留资料重新建立了公元 3 世纪时埃及的人口与经济统计。我们还要感谢 de Vries(1984)和 Rozman(1973)分别对欧洲和亚洲很长一段历史时期中有关城市化比例及其重要性的估计。中国官方所保存的人口登记可以追溯至两千多年以前。这些记录被用来评估纳税能力,它包括了有关耕地面积和作物产量的统计。珀金斯(Perkins,1969)曾经依靠这些材料评价了中国人均 GDP 的长期动态。珀金斯的工作鼓励了我写作《中国经济的长期表现》(OECD 发展中心,1998)——那本书同本书的时间跨度是一样的。

(1) 对人烟相对稀少、土地肥沃和有着新生物资源地区的占领和殖民；(2) 国际贸易与资本流动；(3) 技术和制度上的创新。

地域占领与殖民

在这个过程中的一个主要事件就是中国人对长江以南相对空旷和潮湿地区的殖民，以及从越南引进适合多季种植的快熟稻米。这发生在8—13世纪。在此期间，人口增长加速了，人均收入提高了三分之一，人口与经济活动的分布也改变了。在8世纪，只有四分之一的中国人居住在长江以南的地方，而到了13世纪，四分之三以上的中国人居住在这个地区。新技术需要更多的劳动力投入，所以生产率的增长慢于人均收入的增长。①

更具有戏剧性的例子是欧洲人对美洲的发现。直至1492年哥伦布(Columbus, 1451—1506)航行之前，欧洲人并不知道那个大陆的存在。② 这个发现向他们展现了一片广阔的、大部分都是人烟稀少的土地。墨西哥和秘鲁是其中最先进的也是人口最多的地区，但是很容易就被西方人征服了。这个地区四分之三的人口死于被欧洲人不经意地带进来的疾病。这片新大陆提供了前所未知的作物，如玉米、土豆、甜薯、木薯、辣椒、西红柿、落花生、菠萝、可可和烟草。这些农作物被输入欧洲、非洲和亚洲，提高了那里的生产潜力和支持人口增长的能力。同时，这些地区也补偿性地向美洲输入了农作物，因此又大大提高了美洲的农业生产潜力。这些新输入的作物包括小麦、水稻、甘蔗、葡萄、莴苣、橄榄、香蕉和咖啡。新的可作为食物的动物包括牛、猪、鸡、绵羊和山羊，以及用作交通役备的马、牛、骡和驴。

美洲最初的吸引力是墨西哥和秘鲁富饶的银矿，以及种植园发展所引起的对非洲奴隶的进口贸易。此后在北美和拉丁美洲的核心地区发展起来新式的欧洲经济。直到18世纪的后半叶，美洲的人口才恢复到其1500年的水平。随

---

① 参见麦迪森(Maddison, 1998a, pp. 24—33)对中国农业发展史的分析，以及波斯拉普(Boserup, 1965)对马尔萨斯关于在资源给定条件下人口压力必然导致收益递减的简单论断的精彩批判。波斯拉普的分析表明了"传统的"亚洲农业是如何通过一系列的技术进步来适应人口压力。土地的集约化利用是从捕猎-采集活动到林地休作，再到伴随工具改良的定居农业，以及从旱地耕作与休耕到灌溉和多季轮耕等演变而来。在现代化学肥料和机械出现之前，这个过程可能导致了严重的劳动生产率下降。

② 参见Maddison(1971)关于挪威人从冰岛向格陵兰岛的迁徙以及雷夫·埃里克森(Leif Ericsson)在1001年经过巴芬岛、贝尔岛和拉布拉多海向纽芬兰最北端的旅行。在纽芬兰的艾安斯-奥克斯草原有一个非常短暂的且早已被遗忘的殖民活动(Morison, 1971, p. 44)。

着19世纪大量欧洲移民涌进和铁路发展带来的生产前沿的西移,美洲的潜力才充分显现出来。

目前美洲各国在经济表现上的差异,如美国、拉美和加勒比国家之间的差异,部分地是由于它们在资源禀赋上的不同,部分地是由于它们过去的制度和社会影响。在北美和巴西,相对较少的土著居民被边缘化和消灭了。在原西班牙的殖民地,土著居民一直作为下层阶级而存在。而在所有曾经实行过奴隶制的地区,奴隶的后代也属于社会上的贫困阶级。除此之外,殖民时期在伊比利亚制度和北美制度上的差异也很重要。这些都影响了这些地区以后在经济增长上的表现。①

国际贸易与资本流动

国际贸易在西欧经济的发展中起了至关重要的作用,而它在亚洲或非洲的历史中却远没有那么重要。

1000—1500年,威尼斯在打开欧洲内部(佛兰德斯、法国、德国以及巴尔干国家)和地中海地区各国之间的贸易中扮演了一个关键角色。它开拓了沿商旅之路至黑海港口之间的对中国商品的贸易,以及通过叙利亚和亚历山大港进行的对印度和其他亚洲地区商品的贸易。这些贸易的重要之处在于它们不仅将贵重的香料和丝绸带给了欧洲,而且向欧洲输入了亚洲、埃及和拜占庭的生产技术(譬如意大利的丝绸和棉布生产、玻璃制造、水稻种植,以及威尼斯在其克里特岛和塞浦路斯殖民地的蔗糖生产和加工)。在相当重要的程度上,威尼斯的海上扩张依赖于它在阿森纳(Arsenal)造船技术上的进步、航海上罗盘的使用及其他方面的改进。威尼斯之所以成为那个时代的领先经济体也取决于一系列的制度创新,如银行、会计、外汇和信用市场的发展,公共财产清偿制度的创立,以及有效的外交服务制度的创立。威尼斯在促进西欧思想运动的发展上也起了重要作用。它开创了旨在收藏手稿的图书馆和书籍出版事业。它的玻璃工业使其成为第一个可以大规模制造眼镜的国家。在文艺复兴时期,它在将希腊著作介绍给西方的过程中起了主导作用。它的帕多瓦大学(The University of

---

① 亚当·斯密在其1776年出版的《国富论》第四卷第七章的第二部分中有先见之明地评价了这些制度的差异以及它们对随后经济发展的意义。他强调了西班牙殖民地中诸如阻碍土地发展和转让的对土地的垄断居奇,旨在维持平民和教会政府的虚荣活动的沉重赋税,以及官方对市场的控制等问题。参见我在本书第二章中关于葡萄牙对巴西的影响和墨西哥与美国之间在殖民地统治上的差异。

Padua)是当时欧洲的主要学习中心,而伽利略(Galileo)则是其中杰出的教授之一。

威尼斯同亚洲的联系最终由于拜占庭的衰落、奥斯曼帝国的崛起、黎凡特地区十字军国家的崩溃以及埃及马穆鲁克政权的垮台而中断。在15世纪的下半叶,葡萄牙发动了一个更为雄心勃勃的、促使欧洲和世界其他地方经济交往的大航海活动。

在发展欧洲对大西洋诸岛的贸易、航行和殖民方面,在开拓环绕非洲、进入印度洋和联系中国与日本的贸易路线方面,葡萄牙都起了主要作用。在整个16世纪,它取代了威尼斯成为将香料运送到欧洲的主要运输者。它的航海家发现了巴西。它用相当精明的外交手段说服了西班牙认可它在那里的领土要求,同时允许它行使对摩洛哥香料岛屿和印度尼西亚的贸易垄断。虽然西班牙拥有一个更庞大的帝国,但它在美洲之外唯一主要的基地只有菲律宾,而它的两个最著名的航海家是哥伦布和麦哲伦(Magellan),前者是在葡萄牙受过训练的热那亚人,而后者就是葡萄牙人。

葡萄牙在发展其海外商业与扩张其帝国疆域方面有着重要的优势。它坐落于靠近地中海的出口处。欧洲的南大洋海岸使之拥有战略上的利益。从事深海捕捞的渔民不但为葡萄牙提供了主要的食物供给,也积累了关于大西洋风力、气象和潮汐的独一无二的知识。王室对大西洋探险的支持、对导航技术的研究、对导航员的训练、采用罗盘方位绘制的航海图以及航海经验的积累等,又加强了这些知识的积累和技能的改进。里斯本和波尔图的葡萄牙造船厂在船舶设计中吸收了不断积累的对于大西洋航行条件的认识。最重要的进步发生在桅帆和索具技术方面。最初,葡萄牙人主要采用三角帆技术。然后,为进一步深入大西洋并进行远绕好望角的航行,他们增加了方形帆和三角帆的混合技术。导致葡萄牙人成功的另一个因素是他们可以吸收"新基督徒",即那些在穆斯林统治伊比利亚期间起了重要作用的犹太商人和学者。他们当中很多人在被赶出西班牙后到葡萄牙避难,因此使后者的人口增加。虽然他们被要求进行形式上的皈依和受到一定程度的虐待,但是他们在促进葡萄牙在非洲、巴西和亚洲的商业利益上,在科学的发展上,在充当同伊斯兰世界的贸易中介以及吸引热那亚人和加泰罗尼亚人对葡萄牙企业的投资上,都做出了重要的贡献。

是葡萄牙人把蔗糖的生产与加工技术引入了大西洋的马德拉群岛和圣多美岛,进而又引入了巴西;也是他们开创了向新世界工业提供劳动力的奴隶贸易。在1500—1870年间,约有一半的非洲奴隶是葡萄牙人输往美洲的。在15

世纪的欧洲,糖是非常稀缺和昂贵的商品。到了18世纪末,它已成了欧洲大众的消费品。糖的贸易量的增长快于任何其他热带商品的贸易量的增长。

在葡萄牙的先驱们拓展世界的同时,欧洲北部各地区的贸易因荷兰航海能力的显著提高而加强了。到了1570年,荷兰商船的运输量大约相当于英格兰、法国和德国全部商船队运输量的总和。而从人均水平来看,荷兰商船的运输量相当于后者的25倍。

航运和造船技术的发展、传统农业向园艺的转变、大规模运河系统的建立,以及对由风车和泥炭产生的动力的使用,使荷兰成为从1400年至17世纪中叶欧洲最繁荣的经济体。它在推动国际分工的专业化方面超过了当时任何其他国家。航运和商业服务成为它收入的主要部分。它进口谷物和活畜,同时出口鲱鱼和奶制品。在1700年时,它只有40%的劳动力从事农业。

在1580年之前,荷兰一直是一个较大政治实体的一部分。它包括了佛兰德斯和布拉班特这些欧洲工业最繁荣的地区,同时又是一个银行、金融和国际商业中心,相当于欧洲北部的威尼斯。这个地区曾在15世纪末之前一直为勃艮第人控制,然后落入由西班牙人统治的哈布斯堡王朝手中。荷兰人因为这个掠夺成性的王朝过重的税赋,以及政治和宗教上的压迫而奋起反抗,并创造了一个保障商人和企业家财产、促进非宗教的人文教育和宗教宽容的现代国家。

大多数金融与企业界的精英和很多熟练的工匠从佛兰德斯和布拉班特迁到这个新的共和国。荷兰人封锁了斯凯尔特河和安特卫普港口达200年之久。同时荷兰也打破了伊比利亚对非洲、亚洲和美洲贸易的垄断。

从1580年起到拿破仑战争的结束,荷兰人戏剧性地展示了西欧在那个时代同世界经济交往的方式。

荷兰共和国在经济上最初的成功,以及它在航海和商业上的霸权地位,在相当大的程度上取决于它在战争上的胜利,以及它同葡萄牙和西班牙竞争中以邻为壑的商业政策的成功。然而,到了18世纪,由于两个新的对手英国和法国的崛起,荷兰丧失了它的霸权地位。英法两国极大地增强了它们的航海实力,使用同样的技术把荷兰人赶出了他们曾经统治的市场。1720—1820年间,荷兰的对外贸易下降了20%,英国的出口则增长了7倍以上,法国的出口增加了2.75倍。与此同时,荷兰的人均收入下降了六分之一,而英国的人均收入上升了二分之一,法国的人均收入上升了四分之一。

在1680—1820年间,英国人均收入的增长超过了其他任何一个欧洲国家。

这归功于它对由荷兰人建立的银行、金融、财政和农业制度的改进,以及在此期间工业生产率的提高。同时,这也得益于英国人因巧妙地采用以邻为壑的商业策略而获得的商业霸权地位。经过六十多年的武装冲突和限制性的《航海法》,英国把寻求垄断地位的竞争者们逐出了市场。到1820年,英国已占据了从非洲向加勒比贩运奴隶的领先地位,同时建立了一个拥有一亿人口的海外帝国。

其他欧洲势力在与英国人竞争霸权时都沦为失败者。在拿破仑战争结束时,荷兰人失去了除印度尼西亚外所有的亚洲殖民地。法国人在亚洲的殖民地缩小到仅为一种象征的地步,同时也失去了他们在加勒比的主要财产。战后不久,巴西从葡萄牙的统治下获得了独立。西班牙失去了它在拉丁美洲的庞大殖民帝国,只保留了古巴、波多黎各和菲律宾。英国人获得了法国人和荷兰人曾经在亚洲和非洲的领地,并将他们的控制扩张至印度,同时建立了在拉丁美洲的商业特权。

其他的失败者包括印度的前统治者们,他们的权力和收入在相当程度上落到了英国东印度公司雇员们的手中。在后者的统治下,在1757—1857年间,印度的人均收入下降了,而英国却大受其益。

在1820—1913年间,英国人均收入的增长快于以往任何时代,是其1700—1820年间人均收入增长率的3倍。收入改善的根本原因在于技术进步的积累,以及与之伴随的物质资本的迅速增长、教育和劳动力技能的改进。商业政策的变化也有着重要的贡献。在1846年,对农业进口的保护性关税被取消了。在1849年,《航海法》被中止了。到了1860年,英国单方面取消了所有的贸易和关税上的限制,并同法国和其他欧洲国家建立了旨在促进自由贸易的互惠条约。这些含有最惠国条款的条约意味着双边自由化同等地应用于所有参与国家。

自由贸易同样被强加于印度和英国的其他殖民地,以及其他非正式的帝国成员。中国、波斯、泰国和奥斯曼帝国虽然不是英国的殖民地,但是在削弱它们自身的商业主权和赋予外国人治外法权的条约下,也承担了低关税的义务。这种自由贸易帝国主义不但有利于英国的出口,同18世纪时的情况相比,它也较少地损害殖民地的利益。因为在18世纪时,牙买加只可以同英国及其殖民地进行贸易,而瓜德罗普岛只可以同法国进行贸易。

英国的自由贸易政策以及愿意依赖进口食品对世界经济有着正面的影响。这些政策加强和传播了技术进步。其中最大的受益者是北美洲、拉丁美洲南部和澳大拉西亚(包括澳大利亚、新西兰及附近诸岛),它们因为有着富饶的自然资源而获得了大量的投资。同时,应当指出,作为这个帝国中最大也是最穷困部分的印度也受到了一些正面的影响。

通信方面的创新在连接各国的资本市场和促进国际资本流动方面起了重要的作用。当时英国在国际金融方面已经扮演了重要的角色。这应当归功于它的稳固的公共信用和货币制度、它的资本市场和公共债务的规模,以及它所能维持的货币金本位制度。这个帝国的存在创造了一种产权制度,它使英国国民在海外的投资看起来如同在英国国内的投资一样得到保护。英国当时已是一个很富有的国家,它所使用的几乎是当时最前沿的技术,因而它的食利阶层也可以在边际利润较小的情况下进行对外投资。

从1870年起,以海外投资为目的的英国资本大量流出,数量相当于它一半的储蓄。在此期间也出现了大量的法国、德国和荷兰对海外的投资。

这样一种旧的自由秩序由于两次世界大战以及20世纪30年代以邻为壑的政策所导致的资本流动、人口迁移和贸易的停滞而被破坏了。同1870—1913年相比,1913—1950年间,世界经济的增长大大放慢,世界贸易的增长远远慢于世界收入的增长,地区间的收入不平等也大大增加了,其中退步最大的是亚洲。

到1950年时,殖民主义的解体加速了。除去一两个例外,到了20世纪60年代,从帝国制度的退出已大致完成,英国的帝国秩序已宣告结束。同时,比利时、法国、荷兰和日本的帝国时代也相继结束了。在西方,美国作为一种新崛起的霸权势力同苏联集团竞争,以对刚刚独立的亚洲和非洲国家施加影响。

世界经济在1950—1973年间比以往任何时候增长都要快。这是一个无与伦比的黄金时代,世界人均GDP每年提高近3%(这个速度意味着每25年翻一番)。在全世界GDP总额每年增长近5%的同时,世界贸易额每年增长将近8%。这样的增长影响了所有的地区。增长最快的地区是欧洲和亚洲。地区之间的差距因此在逐渐缩小,其中主要是美国同其他发达资本主义国家(西欧和日本)之间的差距明显缩小了。

这个黄金时代异常突出的经济表现是有原因的。首先,发达资本主义国家创造了一种新型的自由国际秩序。在经济合作方面,它规定了一种前所未有的、明确合理的行为规范和组织制度,包括经济合作与发展组织(OECD)及其前身欧洲经济合作组织(OEEC)、国际货币基金组织(IMF)、世界银行和关税及贸易总协定(GAAT)。从1948年起,东西方之间一直存在严重的分裂。然而,这种分裂却加强了资本主义国家之间的利益调和,所以战前的那种以邻为壑的行为不再出现。美国在欧洲最需要的时候提供了巨额的援助,因而使它可以推动经济合作和贸易自由政策。在20世纪70年代之前,它也为国际货币稳定提供了一个有力的保证。南北关系也从战前的殖民地托管转向了更多地强调推动发展。发达资本主义经济间巨大的贸易扩张推动了世界经济增长。

其次,这种经济力量也得益于发达国家自觉地推动高水平的需求和就业的国内政策。不仅增长是前所未有的,商业周期也事实上消失了。投资达到了史无前例的水平,而且对投资的前景有着乐观的预期。20世纪70年代之前,通货膨胀的压力比人们在这样持久的繁荣中可能预期的水平要低得多。

最后,从供给方面看,增长也是有潜力的。饱受连年萧条和战争折磨的欧洲和亚洲在那些促进"经济复苏"的"正常"因素上表现出巨大的潜力。此外,也是更主要的因素,就是领先国家中持续的和不断加速的技术进步。应当更进一步地指出,同其在两次世界大战之间的做法不同,美国在这个黄金时代扮演了一个促进技术扩散的角色。

在黄金时代之后,整个世界的情况发生了很大的变化。人均收入增长速度下降了一半。地区之间的表现出现了很大的差异。在西欧和日本,人均收入增长速度大大低于其在黄金时代的速度,但是仍然高于其在1870—1913年间的水平。令人瞩目的成功出现在拥有世界一半人口的、崛起的亚洲经济体中。它们在1973年后经历了比在黄金时代更快的人均收入的增长,是其在旧的自由秩序下增长速度的十倍。

如果这个世界只由这两组经济体组成,我们可以说世界发展的模式明显地展示出一种走向趋同的可能性。在有效地动员和分配资源上的成功,以及在对人力和物质资本上的改进以模仿和接受适用技术,使这些崛起的亚洲经济体在追赶发达资本主义国家过程中取得了重要的进步。

然而,这个世界上还有另外一组经济体(共有168个经济体,大约占世界人口的三分之一),它们从黄金时代以来的经济恶化已经引起我们的警觉。在过去的四分之一世纪里,非洲的人均收入水平完全停滞不前。在东欧和前苏联国家,1998年时的人均收入只是1973年的四分之三。在拉丁美洲和许多亚洲经济体中,收入的增长相对其在黄金时代的水平而言是微不足道的。这组经济体虽然收入水平各异,但都是"步履蹒跚的经济",它们不是在追赶而是在被进一步抛在后面。这组经济体多数没有能够成功地进行经济调整以适应黄金时代后大大改变了的国际经济秩序。

关于战后经济秩序迄今的发展变化,我们会以对主要地区经济表现进行概括比较的表 3-5 为基础,在第三章详细讨论。

技术与制度创新

在 1000—1820 年间,技术进步比以往要慢得多,然而它却是增长的主要动力。没有农业上的改进就不可能有世界人口的持续增长。没有航海技术和商业制度的改进,就不可能有世界经济的开放。重要领域中的技术进步依赖于在科学方法、实验检验、新知识的系统积累和出版发行上的一些根本性的改进。这种长达数世纪的努力为 19 和 20 世纪更加迅速的进步提供了知识和制度的基础。

航海和导航技术发展的历史清楚地展示了这种技术进步积累的过程。同罗马帝国时代相比,欧洲的船舶和导航技术在 1000 年时并没有什么进步。进步开始于 1104 年,当时威尼斯建成了一所公共船坞,即阿森纳。在这座船坞中,它建成了帆桨并用的大木船,同时也改进了船舶设计。而罗盘和沙漏的引进有助于改进对海上时间的测量,进而使船舶的生产率提高了一倍。这样,船只可以在恶劣的天气中航行并且在一年中两次往返威尼斯和亚历山大之间,而不再是一次。葡萄牙人为航行印度而进行的准备是一个举足轻重的研究计划。它得益于延续多年的在船舶技术方面的试验、导航仪器和海图的改进、天文学的应用以及关于海风和海流知识方面的发展,再加上对一系列其他可替代航线的研究。荷兰人创造了一种新型的船舶工厂以便在海上处理刚刚捕捞上船的鲱鱼。他们还开发了批量生产低成本通用货船的方法。英国政府则资助和鼓励了在天文学和地磁学上的研究,以及第一台航海天文钟和天文历的生产。英国人还证实了泡菜和柑橘汁在预防坏血病方面的作用。

18 世纪末的航海船只可以运载相当于 14 世纪威尼斯帆桨船运载量 10 倍的货物,但其所需要的船员数量却大大减少了。同时,长途航行的安全状况也得到了极大的改进。在达伽马(da Gama,约 1469—1524)和卡布拉尔(Cabral,约 1468—1520,葡萄牙航海家)第一次的亚洲航行中,他们损失了一半船员和一半以上的船只。麦哲伦(Magellan,1480—1521,葡萄牙航海家)在他第一次环球航行时损失了 90% 以上的船员。而库克(Cook,1728—1779)在 240 年后成功进行的环球航行基本上达到了现代航海的安全标准。

在 15 世纪之前,欧洲在很多领域中的进步都依赖于来自亚洲和阿拉伯世界的技术。在1405—1433年,中国人在造船技术上的优势表现在郑和"七下西洋"的航行中(见表2-11)。中国的舰船比葡萄牙人的舰船更大,更经得起风浪,而且因装备有水密舱和更多的舱位而更为舒适,同时亦具备长途航行远至非洲的能力。然而在此之后,中国与世界经济隔绝了,其航海技术也随之衰落了。

到了17世纪末,欧洲在造船和武器方面已经很明显地处于领先地位,同时它也有很多制度上的进步。譬如,同亚洲相比,它有着更先进和复杂的银行、信用、外汇市场、金融和财政管理、会计、保险以及公司治理制度等等。这一切都同荷兰和英国的东印度公司的发展有关,是欧洲得以成功地开拓世界经济的基本制度因素。

在欧洲内部,技术的扩散是相当迅速的,即使存在频繁的战争,各国之间技术水平的差距也并不悬殊。促进各国技术联系的主要因素是人本主义的学术发展、大学的建立和印刷术的发明。

在16和17世纪,由于有哥白尼(Copernicus,1473—1543)、伊拉斯谟(Erasmus,1466—1536)、培根(Bacon,1561—1626)、伽利略(Galileo,1564—1642)、霍布斯(Hobbes,1588—1679)、笛卡尔(Descartes,1596—1650)、配第(Petty,1623—1687)、莱布尼茨(Leibnitz,1646—1716)、惠更斯(Huyghens,1629—1695)、哈雷(Halley,1656—1742)和牛顿(Newton,1643—1727)这样一些学者和科学家之间的交流,西方科学研究的质量发生了革命性的变化。他们中的很多人同其他国家的研究同行们保持了紧密的联系,或者长时间生活在海外。这种合作由于科学院的创立而制度化了。科学院鼓励讨论、研究,并将这些结果以讨论报告的形式发表出来。这些工作中的相当一部分同技术应用相关,也有很多领先的学者关心公共政策问题。

这些进步在欧洲之外的扩散是相对有限的。耶稣会的学者们在北京生活了近两个世纪,其中一些人如利玛窦(Ricci,1552—1610)、汤若望(Schall)、南怀仁(Verbiest)等与统治者有着很密切的接触,但是中国的精英阶层对西方的知识和科学发展几乎没有什么好奇心。同中国相比,日本对西方知识的接触虽然更为有限,但是它受到的影响反而更为深刻。葡萄牙人和耶稣会在日本待了近一个世纪。在那段时间里,日本人对欧洲的船舶、地图、导航术和枪炮产生了极大的兴趣。在葡萄牙人被赶走之后,日本同西方知识的唯一联系就是荷兰东印度公司中那些身为科学家的官员们,如肯普费(Kaempfer)、桑博格(Thunberg)和冯西博尔德(von Siebold)。虽然这些接触是有限的,但是它在打破日本人对"中国事物"尊重的同时,刺激了他们对"西方事物"的好奇心(见附录 B)。

自 1757 年起控制了印度达一个世纪之久的东印度公司的官员们具有一种强烈的边沁激进主义(Benthamite Radicalism)倾向,他们迫切要求修改印度的法律和财产制度。在 1857 年印度反英暴乱之后,直接的帝国统治建立起来了,那些激进的希望将印度西方化的目标也就被放弃了。拿破仑战争期间,在英国管制下的印度尼西亚也曾有着类似的目标,但是在 19 世纪 30 年代的蒂博·尼哥罗反叛(Diponogoro Revolt)之后也被放弃了。

到 18 世纪末,欧洲技术和科学的唯一有效的海外转移是在英属的 13 个北美殖民地。在 1776 年时,相对于 250 万人口来说,这些殖民地已经有了九所大学和一个十分熟悉当时欧洲情况的知识精英阶层,如富兰克林(Franklin,1706—1790)和杰斐逊(Jefferson,1743—1826)。相比之下,作为西班牙殖民地的巴西和加勒比地区有 1 700 万人口,但是只有两所以神学和法律为主的大学(分别位于墨西哥城和墨西哥西部的瓜达拉哈拉市)。

对于 1820 年以后影响技术进步加快的因素,我曾在较早的《1820—1992 年世界经济之考察》(1995)中有着详细的分析,特别是在其第二章的第 71—73 页中。因此在本书中我并没有对此作任何展开的分析。1913—1973 年间的技术进步是有史以来最快的。然而这种进步现在已经放慢了。在过去四分之一世纪中,较缓慢的技术进步是世界经济增长放慢的原因之一。那些自封的"新经济"权威们不愿意接受技术进步放缓的观点,并用一些零散的微观经济证据为自己辩护。然而,他们所谓的技术革命的作用至今还没有在宏观经济统计上显示出来。所以,我无法赞同他们那种乐观的预期。①

---

① 参见第三章和框图 3-1 中关于美国经济表现的讨论。

第一章
世界发展的轮廓

在我们纪元的第二个千年,世界经济的表现大大超过了它的第一个千年(见表1-1、表1-2、表1-3)。在1000—1998年之间,人口增加了21倍,同时,人均收入(即人均GDP)增长了12倍。而在第一个千年,在人口增长了约六分之一的同时,人均收入竟略有下降。

第二个千年包括了两个显著不同的时期。在1000—1820年间,人均收入向上缓慢爬升,从全世界来看大约提高了50%。这个时期的收入增长在很大程度上具有"粗放"的特征,以支持该时期4倍的人口增长。而1820年以来的世界经济发展呈现出更强劲的势头,更具有"集约"的特征。这个时期的人均收入增长超过了人口增长。到1998年时,人均收入已经相当于1820年水平的8.5倍左右,世界人口相当于1820年的5.6倍左右。

在这两个时期,地区之间的经济表现存在着很大的差异。增长最快的是A组,它包括了西欧、西方后裔国(美国、加拿大、澳大利亚和新西兰)和日本。在1000—1820年间,该组人均收入增长的幅度几乎是世界其他地区(B组)的4倍。这一差距在1820—1998年间继续存在,在这个时期A组的人均收入提高了18倍,而B组只提高了4.4倍。

我们这个时代的收入差距远超过以往任何时代。在两千年以前,A组与B组的人均收入水平是相近的。公元1000年时,罗马帝国灭亡后的经济崩溃使A组的人均收入水平降低了。到1820年时,A组的进步使其人均收入水平大约达到B组的两倍。而到了1998年,A组和B组的人均收入水平之比几乎达到7∶1;在西方后裔国与非洲之间,即我们这个世界最富有与最贫困的地区之间,人均收入水平之比高达19∶1。

B组内各经济体1820年以来的经济表现并不像A组内各经济体那样接

近。拉丁美洲的人均收入比东欧和亚洲增长得更快,增长速度几乎是非洲的两倍。然而,站在西方的角度,所有这些地区的表现一直令人失望。

不同地区在全世界收入中的比重也发生了重大变化。在公元 1000 年时,亚洲(不包括日本,下同)收入占世界 GDP 的三分之二以上,西欧的比重则不到 9%。在 1820 年,亚洲和西欧的相对比重分别是 56% 与 24%。而到了 1998 年,亚洲的比重大约为 30%,西欧与西方后裔国加在一起的比重大约是 46%。

表 1-1　人口规模和增长率:世界和主要地区(0—1998)

	人口数量(百万)				年均复合增长率(%)		
	0	1000	1820	1998	0—1000	1000—1820	1820—1998
西欧	24.7	25.4	132.9	388	0.00	0.20	0.60
西方后裔国	1.2	2.0	11.2	323	0.05	0.21	1.91
日本	3.0	7.5	31.0	126	0.09	0.17	0.79
A 组合计	28.9	34.9	175.1	838	0.02	0.20	0.88
拉丁美洲	5.6	11.4	21.2	508	0.07	0.08	1.80
东欧和苏联*	8.7	13.6	91.2	412	0.05	0.23	0.85
亚洲(不包括日本)	171.2	175.4	679.4	3 390	0.00	0.17	0.91
非洲	16.5	33.0	74.2	760	0.07	0.10	1.32
B 组合计	202.0	233.4	866.0	5 069	0.01	0.16	1.00
世界	230.8	268.3	1 041.1	5 908	0.02	0.17	0.98

资料来源:本书附录 B。

表 1-2　人均 GDP 规模和增长率:世界和主要地区(0—1998)

	人均 GDP(1990 年国际元**)				年均复合增长率(%)		
	0	1000	1820	1998	0—1000	1000—1820	1820—1998
西欧	450	400	1 232	17 921	−0.01	0.14	1.51
西方后裔国	400	400	1 201	26 146	0.00	0.13	1.75
日本	400	425	669	20 413	0.01	0.06	1.93
A 组合计	443	405	1 130	21 470	−0.01	0.13	1.67
拉丁美洲	400	400	665	5 795	0.00	0.06	1.22

---

* 这里的"苏联"仅指地域上的概念,数据的时间跨度包括苏联成立之前和苏联解体之后。出于统计的一致性和表述上的方便,作者在原书中统一使用了"苏联",译文中保留了这一处理方式。下同。——译者注

** 直译为吉尔瑞-开米斯元(简称 G-K 元),与本书中常用的国际元通用,是多边购买力比较中将不同国家货币转换成统一货币单位的方法。最初由爱尔兰经济统计学家 R. G. Geary 创立,随后由 S. H. Khamis 发展。参见 R. G. Geary, "A Note on the Comparison of Exchange Rates and PPPs between Countries", *Journal of the Royal Statistical Society*, Series A, 121, 1958, pp. 97—99 和 S. H. Khamis, "A New System of Index Numbers for National and International Purposes", *Journal of the Royal Statistical Society*, Series A, 135, 1972, pp. 96—121。——译者注

(续表)

	人均 GDP(1990 年国际元)				年均复合增长率(%)		
	0	1000	1820	1998	0—1000	1000—1820	1820—1998
东欧和苏联	400	400	667	4 354	0.00	0.06	1.06
亚洲(不包括日本)	450	450	575	2 936	0.00	0.03	0.92
非洲	425	416	418	1 368	−0.00	0.00	0.67
B 组合计	444	440	573	3 102	−0.00	0.03	0.95
世界	444	435	667	5 709	−0.00	0.05	1.21

资料来源：本书附录 B。

表 1-3　GDP 规模和增长率：世界和主要地区(0—1998)

	GDP(10 亿 1990 年国际元)				年均复合增长率(%)		
	0	1000	1820	1998	0—1000	1000—1820	1820—1998
西欧	11.1	10.2	163.7	6 961	−0.01	0.34	2.13
西方后裔国	0.5	0.8	13.5	8 456	0.05	0.35	3.68
日本	1.2	3.2	20.7	2 582	0.10	0.23	2.75
A 组合计	12.8	14.1	198.0	17 998	0.01	0.32	2.57
拉丁美洲	2.2	4.6	14.1	2 942	0.07	0.14	3.05
东欧和苏联	3.5	5.4	60.9	1 793	0.05	0.29	1.92
亚洲(不包括日本)	77.0	78.9	390.5	9 953	0.00	0.20	1.84
非洲	7.0	13.7	31.0	1 939	0.07	0.10	1.99
B 组合计	89.7	102.7	496.5	15 727	0.01	0.19	1.96
世界	102.5	116.8	694.4	33 726	0.01	0.22	2.21

资料来源：本书附录 B。

第一节
人口变化的本质及其福利含义

在刚刚过去的千年之中，世界人口的加速增长可能源于生育率的上升或死亡率的下降。我们的证据(见表 1-4)表明，死亡率的缓慢且不规则的下降是 1820 年前人口增长的主导原因。1820 年以后，死亡率的下降要比以往明显得多，并且显然产生了主导性的影响。事实上，自从 1820 年以来，生育率也有了大幅度的下降(见表 1-5a)。预期寿命的提高是人类福利改善的重要反映。它虽然不在 GDP 所测算的范围内,但是无论是比较各个时期还是各个地区,人均收入的提高与预期寿命的改善都有着显著的一致性。

表 1-4　性别综合的预期寿命和婴儿死亡率(33—1875)

国家和时期	出生时预期寿命(岁)	婴儿死亡率(每千名婴儿中的死亡人数)	资料来源和作者
罗马埃及(33—258)	24.0	329	罗马人口普查的零散资料(Bagnall and Frier,1994)
英格兰(1301—1425)	24.3	218	以财政记录为基础的非常粗略的估计(Russell,1948)
英格兰(1541—1556)	33.7	—	根据生育和死亡记录进行的家庭重构和逆向预测(Wrigley et al.,1997)
英格兰(1620—1626)	37.7	171	
英格兰(1726—1751)	34.6	195	
英格兰(1801—1826)	40.8	144	
法国(1740—1749)	24.8	296	家庭重构法(Blayo,1975)
法国(1820—1829)	38.8	181	
瑞典(1751—1755)	37.8	203[a]	教区记录和人口普查(Gille,1949)
日本(1776—1875)	32.2	277	寺庙记录(Jannetta and Preston,1991)
日本(1800—1850)	33.7	295	寺庙记录(Yasuba,1987)
日本(1751—1869)	37.4	216	人口登记(Saito,1997)

a. 1751—1800 年的数据。

资料来源:罗马埃及的数据取自 Bagnall and Frier(1994,pp.70,100)。英格兰 1301—1425 年的数据取自 Russell(1948,pp.186,218)。英格兰(蒙默思郡除外)1541—1826 年预期寿命和婴儿死亡率的数据分别取自 Wrigley et al.(1997),第 614 页和第 291 页。法国预期寿命和婴儿死亡率的数据分别取自 Blayo(1975),第 141 页和第 138—139 页。瑞典的数据取自 Gille(1949)。有关日本的数据取自 Jannetta and Preston(1991,pp.428,433—435),以及 Yasuba(1987,p.291),年龄数据向下调整一年以便同西方的算法一致。对 Saito(1997,p.143)两种性别的高婴儿死亡率估计采取了平均数。表中前两个估计数字出自寺庙登记(過去帳),第三个估计出自人口登记(宗門改帳)。日本资料中有关婴儿死亡率的信息远少于欧洲记录中的信息。人口登记中没有覆盖儿童。寺庙记录提供了分年龄的死亡资料但没有人口资料。进一步的问题是,日本记录年龄的方法与西方不同,有关婴儿年龄的计算更为模糊。日本婴儿在出生时就被说成是 1 岁,在进入第一个新年时就被认为是 2 岁。因此,当一个日本小孩按日本年龄计算方法是 2 岁时,他可以是 2 天和 1 周岁之间的任何年龄(Saito,1997)。所以对日本婴儿死亡率的估计只是假设性的或推断性的。斋藤修(Saito)使用了 Coale and Demeny(1983)为填补分年龄的死亡信息而建立的随机模型中的一个。Saito(1997,p.136)列出了比我在此所列出的三个预期寿命估计值要高得多的估计结果。在我看来,这些估计值是不可信的,它们显示或者推断了不切实际的低水平婴儿死亡率。Kalland and Pederson(1984,pp.54,61)的研究显示钟崎(Kanezaki)在 1700—1824 年时的人口平均预期寿命是 44 岁,婴儿死亡率小于 100‰。Smith(1977,pp.57,162)的研究表明中原(Nakahara)在 1717—1830 年时的人口预期寿命是 43.2 岁,以及一个包括不同婴儿死亡率的选择区间,Saito 计算出这些不同婴儿死亡率的平均数为 145‰。Hanley and Yamamura(1977,p.222)的研究则表明,西方(Nishikata)在 1782—1796 年间的预期寿命是 45 岁,藤户(Fujito)在 1800—1835 年间的预期寿命是 43 岁,但是他们没有给出婴儿死亡率。

在公元1000年时,世界人口平均预期寿命很可能大约为24岁,这并不比我们在该纪元开始时的情况更好;到1820年时,它仅提高到大约26岁(表1-5a)。A组的人口平均预期寿命的提高是最多的,在1000—1820年间从24岁提高到了36岁;自1820年以来它已经上升到目前(1999)的78岁,后两个世纪的预期寿命提高速度是前8个世纪的10倍以上。对于B组,我们非常粗糙的估计表明,在1000—1820年间它们在人口平均预期寿命方面并无改善;但到1999年时,它们的人口平均预期寿命已经急剧地上升到了64岁。(表1-5b和表1-5c显示了1000—1999年间A组和B组的人口平均预期寿命及其增长率)

表 1-5a 出生率和预期寿命(1820—1998/1999)

	出生率(%)				出生时预期寿命(两种性别平均值,岁)			
	1820	1900	1950	1998	1820	1900	1950	1999
法国	3.19	2.19	2.05	1.26	37	47	65	78
德国	3.99	3.60	1.65	0.96	41	47	67	77
意大利	3.90	3.30	1.94	0.93	30	43	66	78
荷兰	3.50	3.16	2.27	1.27	32	52	72	78
西班牙	4.00	3.39	2.00	0.92	28	35	62	78
瑞典	3.40	2.69	1.64	1.01	39	56	70	79
英国	4.02[a]	2.93	1.62	1.30	40[a]	50	69	77
西欧平均	3.74	3.08	1.83	1.00	36	46	67	78
美国	5.52	3.23	2.40	1.44	39	47	68	77
日本	2.62[b]	3.24	2.81	0.95	34	44	61	81
俄罗斯	4.13	4.80	2.65	0.88	28[c]	32	65	67
巴西	5.43[d]	4.60	4.44	2.10	27[e]	36	45	67
墨西哥	—	4.69	4.56	2.70	—	33	50	72
拉丁美洲平均	—	—	4.19	2.51	(27)	(35)	51	69
中国	—	4.12[f]	3.70	1.60	—	24[f]	41	71
印度	—	4.58[g]	4.50[h]	2.80	21[i]	24[g]	32[h]	60
亚洲平均[j]	—	—	4.28	2.30	(23)	(24)	40	66
非洲平均	—	—	4.92	3.90	(23)	(24)	38	52
世界	—	—	3.74	2.30	26	31	49	66

a. 1821年的数据;b. 1811—1829年的数据;c. 1880年的数据;d. 1818年的数据;e. 1872年的数据;f. 1929—1931年的数据;g. 1891—1911年的数据;h. 1941—1951年的数据;i. 1833年的数据;j. 不包括日本。

资料来源:关于1820年和1900年的出生率数据:欧洲国家的数据大部分取自Maddison(1991a,p.241);1821年的英国数据取自Wrigley et al.(1997,p.614);1818年的巴西数据取自Marcilio(1984),其余年份的巴西和墨西哥数据取自Maddison and Associates(1992);1820年和1900年的美国数据取自 *Historical Statistics of the United States*(1975,Vol.1,p.49);1929—1931年的中国数据取自Barclay et al.(1976);印度1900年和1950年的数据取自Mari Bhat(1989,p.96);日本1816—1820年的数据(横帳*)取自Hayami(1973,p.160),1900年和1950年的数据取自Japan Statistical Association(1987)。1950年的数据一般取自OECD(1979)和有关国家官方资料来源。1998年的数据取自OECD, *Labour Force Statistics*, *Population et Sociétés*(INED,Paris,July-August 1999)和UN Population Division(1999)。

关于1820年的预期寿命数据:法国的数据取自Blayo(1975);德国的数据取自Knodel(1988,p.59)(采用其不同估计值的平均值);意大利的数据取自Caselli(1991,p.73);西班牙的数据取自Livi Bacci and Reher(1993,p.68);瑞典的数据取自Gille(1949,p.43);英国的数据取自Wrigley et al.(1997,p.614);俄罗斯的数据(1874—1884)取自Ohlin(1955,p.411);美国的数据取自 *Historical Statistics of the United States*(1975,Vol.1,p.56)(1850年的数据仅为马萨诸塞州的数据);日本1820年的估计值为表1-4中三个估计值的平均值;巴西1872年和1900年的数据取自Merrick and Graham(1979,pp.41,42,57);中国1929—1931年的数据取自Barclay et al.(1976,p.621);印度(德里)1833年的数据取自Visaria and Visaria(1983,p.473),1891—1911年和1941—1951年的数据取自Mari Bhat(1989,p.92),这里使用了所列三个估计值的平均值。1900年的数据取自Maddison(1995a,p.27),只有英国是例外,取自Wrigley et al.(1997)。大部分OECD国家1950年的数据取自OECD(1979),墨西哥的数据取自Maddison and Associates(1992)。中国的数据取自Lee and Wang(即将出版)。印度的数据取自Mari Bhat(1989)。日本的数据取自Japan Statistical Association(1987)。其他国家和地区1950年的数据取自UN Population Division(1999),1999年的数据取自 *Population et Sociétés*。各地区1820—1900年的数据通过对各国估计值的加权平均求得。世界平均值是以地区人口为权重的加权平均数。

表1-5b A组和B组的人口平均预期寿命(1000—1999)

(出生时预期寿命,两种性别的平均值,岁)

	1000	1820	1900	1950	1999
A组	24	36	46	66	78
B组	24	24	26	44	64
世界	24	26	31	49	66

资料来源:1820—1999年的数据取自表1-5a所列地区的加权平均值。1000年的数据是根据表1-4中数据和其他零散线索粗略推断的。

表1-5c A组和B组的人口平均预期寿命增长率(1000—1999)

(年均复合增长率,%)

	1000—1820	1820—1900	1900—1950	1950—1999
A组	0.05	0.31	0.72	0.34
B组	0.00	0.10	1.06	0.77
世界	0.01	0.22	0.92	0.61

到1999年时,A组内各国的人口预期寿命已经相当接近了。而在B组中,

---

* 横帳(yokochou),原文为yokoucho,疑原文有误。——译者注

虽然在俄罗斯、拉丁美洲和亚洲之间并无多大差别,其平均值是67岁,但是在非洲,人口平均预期寿命只有52岁,显著低于其他国家和地区。

尽管人口预期寿命和人均收入改善的模式一直是相似的,但是,目前人均收入上的地区差异远大于人口预期寿命上的地区差异。1999年时领先国家日本的人口预期寿命是81岁,而非洲只有52岁,其差距之大实在令人难过。但是,与它们之间15∶1的收入差距相比,这个差距还是小得多。

西欧的经验

图1-1和表1-6提供了西欧人口长期增长的证据。在这过去的两千年中,人口变化的步伐很不均匀。在6世纪和14世纪中发生了一些重大灾难。在17世纪时也有几个国家遭受了重大挫折。在19世纪以前,人口增长不断地被时间长短不一、严重程度不同的危机所打断。这些危机主要有三类:因农业歉收引起的饥荒,连续不断的传染性疾病,或者是战争。当然,这些事件的前因后果会在不同程度上相互关联。

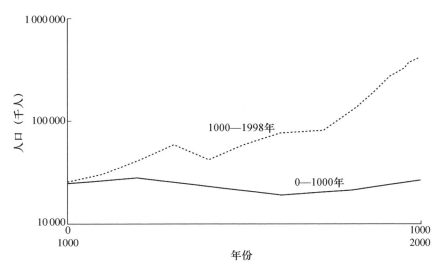

图1-1　西欧人口变化的两千年比较

资料来源:表1-6a。纵轴刻度为对数标准。

表 1-6a 西欧人口规模（0—1998） （千人）

年份	0	200	400	600	800	1000	1200
人口	24 700	27 600	22 900	18 600	20 400	25 413	40 885
年份	1300	1400	1500	1600	1700	1820	1998
人口	58 353	41 500	57 268	73 776	81 460	132 888	388 399

资料来源：McEvedy and Jones（1978）和本书附录 B。地中海国家（法国、希腊、意大利、葡萄牙、西班牙）在其中的比重从 0 年的 77％下降到 1000 年的 67％、1500 年的 60％、1820 年的 52％和 1998 年的 45％。

表 1-6b 西欧人口增长率（0—1998） （年均复合增长率，％）

时期	0—200	200—600	600—1000	1000—1300	1300—1400
人口增长率	0.06	−0.10	0.08	0.28	−0.34
时期	1400—1500	1500—1600	1600—1700	1700—1820	1820—1998
人口增长率	0.32	0.24	0.08	0.41	0.60

资料来源：同表 1-6a。

由于欧洲国家过去的经济水平同现在相比更接近于仅仅维持生计的水平，再加上落后的运输与储藏设施，农业歉收会造成死亡率的剧烈上升。农业歉收还会影响生育率，因为营养不足会引起女人闭经或使年轻男女推迟结婚。这类危机的重要例子是爱尔兰的土豆饥荒，它使爱尔兰在 1846—1851 年这五年间的死亡率比正常时期高出一倍，"过量"死亡人数几乎有 100 万，大约是其 1845 年人口的 12％（Ó Gráda，1988）。

传染病的反复出现也造成了死亡率的急剧上升。其中最严重的是黑死病，它使欧洲人口分别在 6 世纪和 14 世纪减少了三分之一。第二次黑死病延续了几个世纪，最终于 1665 年在英格兰消失，于 1720—1721 年在法国消失。约翰·格兰特（John Graunt），第一位人口科学家，记录了 1592 年、1603 年、1625 年、1630 年、1636 年和 1665 年黑死病对伦敦的冲击。在最惨的一年，人们共埋葬了 97 000 具尸体（大约占其人口的 16％）。比拉本（Biraben，1972）估计，一艘带病船只从叙利亚来到马赛，致使普罗旺斯地区在 1720—1721 年间有 94 000 人死于黑死病（大约占其人口的 32％）。黑死病的冲击最后因严格地控制人们出入感染地区而受到限制。虽然这个瘟疫被消灭了，但许多其他致命疾病如霍乱、白喉、痢疾、流感、麻疹、天花、结核病、斑疹伤寒和伤寒仍然存在着。它们的发病率因瘟疫消灭掉了抵抗力最弱的人群而暂时下降。在某些情况下，对疾病长期反复的接触似乎已经带来了人类抵抗力或免疫力的提高。在其他情况下，引起感染的病菌或病毒组织也许已经发生变化。尽管人类所获得的免疫力模式及其持续性因各种未被充分理解的原因而不同，在19世纪末和20世纪，传染病的影响在欧洲明显地下降了。只是1918—1919年的全球性流感再一次使死亡人数猛增。至于来自艾滋病的威胁，它似乎在A组国家中已经得到遏制。

在20世纪前，死亡率下降进程的主要抵消力量是城市化的扩大。尽管与农村相比，城市居民收入更高，食品市场组织得更好，但其死亡率却显著高于农村。约翰·格兰特在7世纪的伦敦观察到了这一现象，那里的葬礼数量远远超过洗礼数量。伦敦的死亡率比他所调查的拉姆西、蒂弗顿和克兰布鲁克这些小城镇要高得多。伦敦城市规模的扩大是由于大量移民的流入，但这个大城市也因卫生条件差而成为各种传染病的汇集之处，这些传染病对幼儿和新移民的影响是最致命的。Wrigley et al. (1997，p. 218)指出，在18世纪早期，伦敦的婴儿死亡率是全国的两倍。速水融(Hayami, 1986a)援引1840—1868年间日本首都江户的证据，指出同一现象也曾发生在日本。在20世纪的发展过程中，这一差距已经消失了[关于在19世纪时法国这一差距的缩小见Preston and van der Walle (1978)]。

从长期看，在1820年以前的数个世纪里，农业生产率呈缓慢上升趋势，可供利用的食品也在增多，饥荒不再那么频繁和严重。对疾病的抵抗力因为生活水平的上升而提高，也因为以葡萄酒、啤酒和茶水代替受污染的水，以及对衣服和被褥的改进而得到增强。在19世纪和20世纪，更好的环境卫生和公共健康设施，以及医疗知识与设施的改善，极大地降低了未成年人的传染病死亡率[关于死亡率下降的因果分析见Fogel (1986)]。最显著的特征是婴儿死亡率的下降。在1820年左右，西欧每1 000个婴儿中大约有150—200人死亡，日本大约有200人死亡。而到了20世纪90年代，西欧每1 000个婴儿中大约只有7人死亡，日本大约只有4人死亡。1950年以来，西欧、西方后裔国和日本的老年人口预期寿命的增加，已引起医疗支出的迅速上升。相比之下，人们对出现于19世纪和20世纪的死亡率下降所付出的经济代价却要小得多。

图1-2是关于欧洲出生率与死亡率变化情况的一幅相当有代表性的图示。它的时间起点是1736年，代表国家是瑞典。这是可以得到的有关此类数据的最早记录。沃林(Vallin, 1991)为英格兰、法国、芬兰和挪威描绘了1720年以来类似的死亡率变化曲线。在19世纪后半叶以前，所有这些国家的变化模式与

其随后的时代相比都更加不规则。因为从那时以后,危机时期的死亡率已经极大地降低了。图1-2还显示出从19世纪中期开始的贯穿西欧大多数地区的人口迁移。

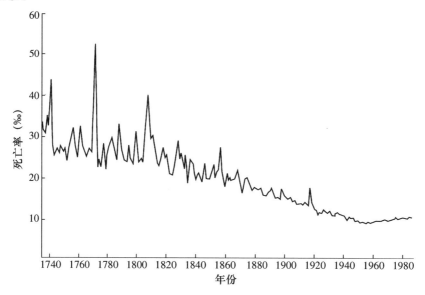

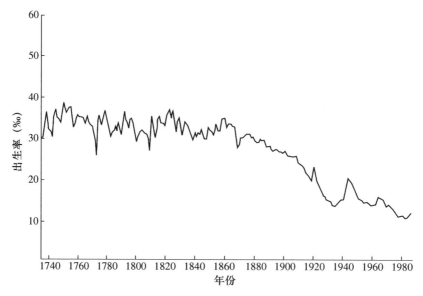

图1-2　瑞典年出生率与死亡率的变化(1736—1987)

资料来源:H. Gille, "The Demographic History of the Northern Countries in the Eighteenth Century", *Population Studies*, June 1949; *Historical Statistics for Sweden*, vol. i, CBS, Stockholm, 1955; *OECD Labour Force Statistics*, Paris, 有关各期。

同死亡率相比,出生率的下降更快。1998年欧洲的出生率大约只是1820年的三分之一。其结果是人口增长大大放慢,人口结构发生了急剧的变化。英格兰的经历在西欧相当典型。在1821年,英格兰将近39%的人口是在15岁以下,而只有不到5%的人口达到或超过65岁;到了1998年,15岁以下的人口只占19%,将近16%的人口达到或超过65岁,年龄在15—64岁的人口比重从60%上升到65%。

美洲与澳大拉西亚*

美洲与澳大利亚人口的死亡、迁移和增长的模式因与西欧的接触而发生了剧烈的变化。人口相对密集的墨西哥和秘鲁的农业文明,随着16世纪西班牙人的征服而被迅速地破坏了。其主要原因是这种征服不经意地带来了欧洲的传染性疾病(如天花、麻疹、流感和斑疹伤寒)。随后不久的奴隶贸易又带来了黄热病和疟疾。其后果对当地土著人口的命运是毁灭性的,至少三分之二的人口因此而死去(见附录B)。在整个拉丁美洲,因此导致的人口死亡率相当于欧洲因黑死病导致的人口死亡率的两倍。

在主要从事狩猎和采集、人口密度较低的美洲地区(如巴西和后来属于加拿大及美国的一些地区),疾病对死亡率的影响要略微小一些。

西方与澳大利亚和其他太平洋岛屿的接触发生在18世纪末。疾病对当地人口死亡率的影响与美洲相似。但比起西班牙人统治下的美洲,那里流行着更加人为的毁灭当地人口的政策。

尽管征服与殖民化的最初影响对土著人口是极具毁灭性的,但它却使美洲的长期经济潜力得到极大的提高(Crosby,1972)。美洲所获得的新农作物是小麦、稻子、甘蔗、葡萄、莴苣、橄榄、香蕉和咖啡,新食用动物是牛、猪、鸡、绵羊和山羊。运输和牵引牲畜如马、牛、骡、驴与轮式运输工具和犁(代替了掘土棍)的一道引进,使美洲的生产能力增强了。反过来,美洲的农作物也得以输入欧洲、亚洲和非洲,包括玉米、土豆、甜薯、木薯、辣椒、西红柿、落花生、菠萝、可可和烟草。这一切提高了全世界的生产潜力和支撑人口增长的能力。

新的经济视野和广阔领土的获得导致了人口大规模地从欧洲和非洲迁出。在1500—1870年间,有将近950万名非洲奴隶被运送到位于巴西、加勒比和美

---

* 英文为Australasia,一般指澳大利亚、新西兰和邻近的太平洋岛屿。——译者注

国南部的糖料、烟草、咖啡和棉花种植园去工作。

在1820年以前,西班牙和葡萄牙向拉丁美洲移民定居的人数要少于它们所输入的奴隶人数。葡萄牙向外移民的人数大约是50万(Marcilio,1984),而西班牙向外移民的人数不到100万(Sanche-Albornoz,1984)。盖伦森(Galenson,1996)估计在1630—1780年间,英国向加勒比地区移民的人数大约是25万。如果把法国和荷兰的移民人数也包括进来,在1820年前白人向拉丁美洲的净移民人数总计约为200万。而这些地区在同一时期却输入了750万名奴隶。可是,奴隶的预期寿命要比白人低得多。据麦瑞克和格兰姆(Merrick and Graham, 1979, pp.56—57)估计,在1872年,巴西男性奴隶的预期寿命只有18岁,但是巴西全部人口的预期寿命达到了27岁。由于奴隶建立家庭生活的机会很不确定,他们的生育率也更低。白人移民中的女性人口比重较低,四分之三或更多的白人人口由成年男性所组成。由于与当地土著和黑人的非正式通婚,白人的生育率非常高。其结果是,同北美洲相比,拉丁美洲有更多的种族融合。

1820年以来,拉丁美洲的人口增长超过了欧洲。其主要原因是拉丁美洲较高的出生率,因为其死亡率的下降出现较迟且下降幅度较小。1913年以前,这种人口增长差距的很大一部分是由欧洲向拉丁美洲的移民造成的,但此后,移民的重要性下降了。

在今天的美国和加拿大地区,欧洲人的殖民始于17世纪,在18世纪时迅速扩张,同时奴隶也被大量输入该地区。在欧洲人定居的地区,土著人口或被杀掉或被赶走。在1700年,土著人口占当地人口的四分之三,而到了1820年,他们只占当地人口的3%左右(见附录中的表B-15)。农业种植园集中于南方,其劳动力的主要部分由奴隶组成。在北方,白人人口占了绝大多数,他们主要经营家庭农场。

北美白人人口的预期寿命与欧洲人相似。北美奴隶人口的寿命低于白人人口寿命,但其差距要小于巴西的水平。麦瑞克和格兰姆(1979,p.57)指出,19世纪50年代,奴隶人口的预期寿命是35.5岁,而同期美国总人口的预期寿命是40.4岁。当时的生育率很高,美国在1820年时的每百人出生率为5.5,加拿大(魁北克)为5.7。这远高于英国的4.0和法国的3.2。

1820年以来,美国人口增长的速度远远超过西欧。两者的死亡率相似,但前者的出生率一直高于后者,尽管两者下降的幅度一致。美国移民的规模一直很大。因为在20世纪60年代之前,大多数美国移民来自欧洲,所以人口迁移在很大程度上可以解释美国与欧洲人口增长的差距。

（图 1-3 显示了 1500—1998 年三个最大的美洲国家与其宗主国人口水平的变化。表 1-7a 至表 1-7d 显示了这一期间的人口增长、移民等数据。）

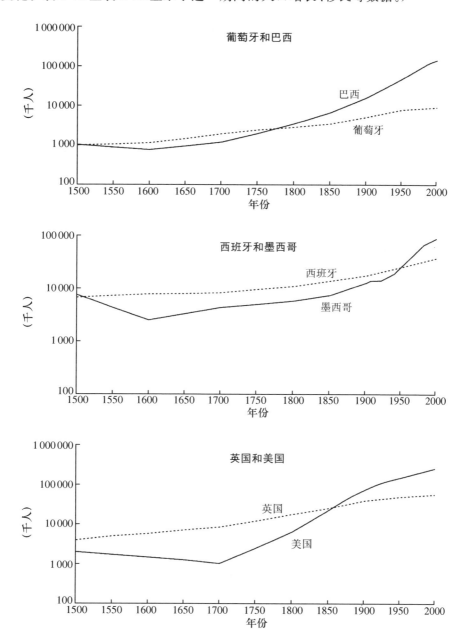

图 1-3　三个最大的美洲国家与其欧洲宗主国人口水平的比较（1500—1998）

资料来源：参见附录 A、B 和 C。纵轴刻度为对数标准。

表 1-7a　西方和伊比利亚后裔国人口增长的比较（1500—1998）

(年均复合增长率,%)

	1500—1700	1700—1820	1820—1950	1950—1973	1973—1998
美国	−0.35	1.94	2.12	1.45	0.98
加拿大	−0.11	1.18	2.20	2.18	1.19
澳大利亚和新西兰	0.00	−0.20	2.45	2.16	1.27
巴西	0.11	1.07	1.92	2.91	2.00
其他拉丁美洲和加勒比地区	−0.21	0.36	1.63	2.65	2.02
西欧	0.18	0.41	0.64	0.70	0.32
日本	0.28	0.12	0.77	1.15	0.61
世界其他地区	0.17	0.47	0.58	2.09	1.85

资料来源：附录 A 和 B。

表 1-7b　美洲与其欧洲宗主国人口增长的比较（1500—1998）

	人口规模（百万人）		倍增系数		人口规模（百万人）		倍增系数
	1500	1998	1500—1998		1500	1998	1500—1998
巴西	1	170	170	美国	2.00	271	136
葡萄牙	1	10	10	英国	3.94	59	15
其他拉丁美洲地区	16.5	338	20	加拿大	0.25	30	120
西班牙	6.8	39	6	法国	15.00	59	4

资料来源：附录 A 和 B。

表 1-7c　贩运到美洲的非洲奴隶人口数量（1500—1870）　（千人）

	1500—1600	1601—1700	1701—1810	1811—1870	1500—1870
巴西	50	560	1 891	1 145	3 647
加勒比地区[a]	—	464	3 234	96	3 793
西班牙属美洲	75	293	579	606	1 552
美国	—	—	348	51	399

a. 英国、法国、荷兰和丹麦的殖民地。

资料来源：Curtin（1969，p.268），也见后面的表 2-5。

表 1-7d　自英国迁往巴西、澳大利亚和美国的净移民数量（1500—1998）　（千人）

	1500—1600	1600—1700	1700—1820	1820—1869	1870—1913	1913—1950	1950—1998
巴西	+40	+60	+400	+400	+2 200	+1 294	—
澳大利亚	—	—	+33	+1 069	+885	+673	+4 184

（千人）（续表）

	1500—1600	1600—1700	1700—1820	1820—1869	1870—1913	1913—1950	1950—1998
美国	—	+131	+587	+6 131	+15 820	+6 221	+24 978
英国	—	−714	−672	−5 548	−6 415	−1 405	+132

资料来源：巴西的数据取自 Marcilio (1984)，Merrick and Graham (1979)和 IBGE (1960)；澳大利亚 1788—1973 年的数据取自 Vamplew (1987, pp. 4—7)，以后年度的数据取自 OECD, *Labour Force Statistics*；美国 1630—1780 年的数据取自 Galenson (1996, p. 178)，1790—1820 年的数据取自 Potter (1965)，假定 1780—1790 年的迁出人数与 Potter 对 1790—1800 年的估计值相同；英国 1600—1820 年的数据取自 Henry and Blanchet (1983)，其中显示了英国的净移民数（不包括海上和国外战争的死亡人数）；1820—1869 年的数据取自 Mitchell (1975, pp. 137—140)，使用与 1855—1869 年相同的迁出/迁入比率，显示 1820—1854 年的毛迁出人数下降了六分之一。英国和美国 1870 年以后的数据取自 Maddison (1991a, p. 240)和 OECD, *Labour Force Statistics*。

日本

从 17 世纪到 19 世纪中叶，日本在经济、社会和制度的各个方面都模仿中国，但却有着完全不同的人口变化：(1) 在较长时期内，日本人口增长的主要障碍是饥荒，疾病和战争对其的影响远小于中国（和欧洲）。(2) 到 18 世纪后半叶，也许更早一些，日本的人口预期寿命已经与西欧相似，远高于中国。

饥饿、疾病和战争发生率的比较

麦克法兰（Macfarlane, 1997）对影响英格兰和日本死亡率的长期因素进行了总体比较；杰尼塔（Jannetta, 1986）详细研究了日本流行病的历史；斋藤修（Saito, 1996）在长期和可比的基础上对日本的饥荒和疾病发生率进行了评价。他们的研究工作中都提到的一个重要观点是日本并未受到淋巴腺鼠疫的影响。这主要是由于日本与外部世界的隔离。200 公里宽的多风暴的海洋将它与朝鲜半岛隔开，距中国内地的最近距离也有 750 公里。这种海洋屏障以及官方政策强加了一条有效的防疫线。进出日本受到很大的限制，与日本进行贸易的外国人或多或少被永久性地限于长崎附近的一小块地方。日本没有谷物和其他可能带来病虫害的农产品的进口。蒙古人在 1274 年和 1281 年的两次入侵企图都未能得逞。如果他们得逞了，日本的人口历史（以及许多其他方面的发展史）就会截然不同。

在我们纪元的第一个千年和接下来的五百年中，日本人口增长快于欧洲和中国的主要原因是免于鼠疫之灾。天花是日本最主要的流行病。其他疾病如霍乱、痢疾、疟疾、麻疹、结核病和伤寒所引起的死亡率都低于欧洲的水平。流行性斑疹伤寒则没有在日本发生过。这主要得益于日本民族的卫生习惯和与动物非常有限的接触。日本有丰富的溪流和温泉。神道教对身体洁净的重视使人们每天在家里或在公共浴室沐浴。日本人的房屋俭朴，但一尘不染、通风良好。鞋子放在入门处，家里除了蚊帐事实上没有其他家具和悬挂物。日本人的食物主要由大米、鱼、各种各样的蔬菜、竹笋和萝卜组成。佛教传统意味着日本人事实上不怎么吃肉。他们没有牛、猪、绵羊、山羊，或者说没有家畜粪便。尽管人的排泄物被用作肥料，但到过日本的外国人很少不对其清洁的厕所和污水的卫生处理方式印象深刻。1853年，外国人迫使日本人对外开放，这极大地扩大了日本人同外国人的接触范围。其结果是很快导致了霍乱在1858—1860年的流行，以及流感、结核病、斑疹伤寒、伤寒和痢疾在更大范围内的传染（Saito，1996；Honda，1997）。这也造成了一直持续到19世纪90年代的死亡率显著上升（Ishii，1937，pp. 124—125）。

斋藤修（1996）核对了从8世纪至20世纪期间日本历次饥荒和农作物歉收的历史记录。尽管人们不可能衡量这些饥荒的严重程度，但可以了解到它们间隔期的变化：从8世纪到10世纪，饥荒每3年发生一次；从11世纪到15世纪，每5年发生一次；从16世纪到18世纪，每4年发生一次；在19世纪，每9年才发生一次；在20世纪，则没有发生过。

将日本的饥荒与中国或欧洲的情况进行比较是不可能的。然而，日本的饮食同欧洲相比有着本质上的不同。欧洲人消费大量的肉、奶和其他动物性食品，这些在日本人的饮食中是很少的。欧洲人要有足够的谷物产量以用于制造日本人所没有的麦芽酒和啤酒。日本的土地更加稀缺，所以他们的劳动强度不得不超过欧洲人。同欧洲人相比，更加俭朴或苦行的生活，加上更高的生理紧张程度，完全可能使日本人在饥荒面前更加脆弱。他们对饥荒的这种敏感性很可能与中国人相似。

抑制人口增长的第三个重要因素是战争。与中国相比，日本所经历的战争是非常温和的，很可能也比西欧所经历的战争要温和。

1234年蒙古灭金的战争使中国蒙受了重大损失。许多城市被夷平，农业也遭受了极大的破坏。随后元军于1279年灭南宋。虽然这次战争的破坏性远不如上次，但蒙古骑兵于1353年带来了淋巴腺鼠疫，结果大约有3 000万中国人因此而丧生。

从元朝的统治到明朝的过渡并没有造成大量的死亡。下一个人口大灾难则发生在满族入主中原并以清朝取代明朝的时期。清军于 1644 年迅速占领了北方,但是他们与忠于明朝的反抗者的斗争一直持续到 1683 年。战争的残暴加上天花和饥荒使中国人口减少了 2 000 多万。从中国内地向境外迁移的人口数量也很大。在与以台湾为基地的郑成功的斗争中,清政府在台湾对面的广东、福建和浙江的沿海地区实行了焦土政策,将纵深大约为 8 到 30 英里地区的庄稼和村庄烧毁,致使大量人口从这一地区向台湾地区流动,同时也出现了中国移民向东南亚迁移的浪潮(Purcell,1965)。

在 19 世纪五六十年代,在太平天国运动和其他反清运动中也出现了重大的人口损失。由于这些事件和与其相伴随的饥荒与疾病,在 1850—1870 年间,中国人口减少了 5 000 多万。

1840—1945 年间西欧国家、日本和俄国的入侵,以及中国在 1946—1949 年* 的国内战争,也使中国遭受了严重的人口损失。

日本从未遭受过外国入侵带来的苦难。其两次主要内战分别发生在 12 世纪后半叶建立第一个(镰仓)幕府的时期,以及 1467—1568 年间。然而,它们所产生的影响远无法与中国所经历过的战争相比。

德川幕府时期出现的较早的人口转变

在经历了一个世纪的迅速扩张后,日本的人口增长在 18 世纪早期到 19 世纪中叶之间显著地放慢了。

这反映了一个较早的、向低死亡率与低生育率水平以及向高于亚洲正常人口预期寿命水平的转变。在某些方面,这与西欧国家在 19 世纪中叶到 20 世纪所经历的人口转变过程相似。(表 1-8a 至表 1-8c 显示了日本、中国和西欧的人口增长情况和城市化率)

表 1-8a　日本、中国和西欧的人口增长情况(0—1998)　　(千人)

	日本	中国	西欧
0	3 000	59 600	24 700
1000	7 500	59 000	25 413
1300	10 500	100 000	58 353

---

* 作者原文误作 1937—1949 年。——译者注

(千人)(续表)

	日本	中国	西欧
1400	12 700	72 000	41 500
1500	15 400	103 000	57 268
1600	18 500	160 000	73 778
1700	27 500	138 000	81 460
1820	31 000	381 000	132 888
1850	32 000	412 000	164 428
1870	34 437	358 000	187 532
1998	126 469	1 242 700	388 399

资料来源：中国的数据取自附录 B 和 Maddison(1998a)；西欧的数据取自表 1-6a；日本的数据取自 Farris(1985)，Honjo(1935)，Taeuber(1958)；一些数据使用插值法求得。

表 1-8b　日本、中国和西欧的人口增长率(0—1998)

(年均复合增长率,%)

	0—1500	1500—1700	1700—1850	1850—1998
日本	0.11	0.28	0.10	0.93
中国	0.04	0.15	0.73	0.75
西欧	0.06	0.18	0.47	0.58

资料来源：表 1-8a。

表 1-8c　日本、中国和西欧的城市化率(1000—1890)

(居民达到 1 万人的城镇人口百分比,%)

	日本	中国	西欧
1000	—	3.0	0.0
1500	2.9	3.8	6.1
1820	12.3	3.8	12.3
1890	16.0	4.4	31.0

资料来源：附录 B 中的表 B-14，de Vries(1984)，Perkins(1969)，Ishii(1937)。

日本 18 世纪的人口记录有某些不足，但较早几个世纪的记录则好得多。在过去的 40 年中，受到速水融高产的开拓性工作的激励，新一代人口史学家对这些人口记录进行了极其仔细的审核。结果，对这一时期的解释发生了完全的变化。18 世纪时出现的人口增长下降，曾被认为是马尔萨斯式的贫困现象，但现在的解释是，它反映了这个时期的福利上升。

根据德川幕府时期最好的统计资料，几乎毋庸置疑的是，人口增长在

1721—1846年间是停滞的,而有合理的证据表明在此之前的17世纪有着更快的人口增长。有理由相信这个时期的出生率相对较低,而预期寿命相对较高,虽然关于预期寿命水平仍有争论。最令人信服的预期寿命的估计区间是32—37岁。这个估计区间反映了由于缺乏婴儿死亡率的直接证据而造成的不确定性。这就需要用到我在表1-4注释中所介绍的推断方法。

日本传统的限制家庭规模的方法是流产和溺婴。在18世纪,家庭规模因结婚年龄的推迟和更低的婚内生育率水平而进一步缩小。这一变化是由新的制度安排、人均收入的上升和人均劳动投入的增加引起的。

早在17世纪,德川幕府政权就迫使其军事精英(大名)将武士们从乡下迁移到有城堡守卫的城镇中来。农民因此不再受到严密的控制,所以可能有更大的自由获得由于生产率提高而带来的收益。虽然大量的大米作为贡赋上缴给武士们,但这些贡赋或多或少是固定的,因而这种税收负担随着时间的推移而下降了。

日本在17世纪进行了大规模的垦荒和灌溉工程,当时种子得以改良,对肥料的利用也增加了。用于双季稻生产的土地有了显著的增加,新的经济作物(棉花、蚕桑、油菜籽、糖料和烟草)和工业性副业也有了迅速的发展。虽然这些变化带来了实际收入的提高,但它们要求更高的劳动集约度,这就增加了妇女的劳动量(Saito,1996)。

在这种情况下,大家庭被认为是一种负担。如果需要赡养的人口减少,人均收入就能够提高或更容易维持。限制家庭规模在社会上是可以被接受的。因为一个村庄有共同上缴强制性大米税赋的责任,所以整个村庄社区的福利因较低的赡养率而得到保障。家系断代的危险因广泛流行的成年人过继制度(如招女婿)而消除了,因为所过继来的成年人可以继承家庭姓氏并最终继承家庭财产。日本的继承制度或多或少与只要求一个继承人的长子继承权相似,而不是那种在中国流行的继承权可分割的制度。

日本的死亡率和出生率在19世纪的最后25年略有上升。由于官方态度和做法的变化,其中的一些上升与其说是实际发生的,不如说是表面上的。其原因是德川幕府对流产和溺婴的态度从容忍变为压制。由于日本在明治时代实施了有着更大有效覆盖面的新人口登记系统,流产和溺婴的做法也更易于被发现。然而,按后来亚洲其他地区的标准来判断,日本的家庭规模和人口增长的变化过程一直是相当温和的。

第二节
人均 GDP

对世界 GDP 的长期估计是直到最近才出现的。计量经济史学家们一直把实际收入增长的研究重心放在欧洲,一般说来也仅限于过去的两个世纪。直到最近,人们对较早一些世纪的了解在很大程度上都是推测性的。

我在 1995 年所做的研究中包括了对 1820 年以来世界经济各个部分的详细估计,以及对 1500—1820 年这一时期的粗糙、初步的估计(Maddison,1995a)。在本书中,我对 1820 年前的各个世纪的证据作了更加仔细的检查,并把它们同我对过去两千年中国经济表现的研究结果结合了起来(Maddison,1998a)。虽然其中仍然包括大量的推测,但我在附录 A 和附录 B 中尽可能透明地解释了我的证据和假设。所以持批评眼光的读者可以很容易地在我的研究结果的基础上进行修改、调整和增补。

人均 GDP 水平及其变动是反映福利和生产潜力变化的基本的、具有一般目的性的指标。但是不应该忘记的是,同人均 GDP 相比,人均消费在长期中的增长比较缓慢,因为产出中有越来越多的份额被用于投资和被政府征用。劳动生产率的变动并不总是与人均收入的变动相平行的。中国在宋朝(960—1279)和日本在 17—18 世纪时所取得的进步要求人均劳动投入的大量增加。而在 20 世纪我们却发现了相反的现象——在西欧和西方后裔国,人均劳动投入出现了大幅度的下降(见附录 E)。

表 1-9 概括了我对过去这个千年(1000—1998)的研究结果。它清楚地显示了西欧在一个较长时期内出现的持续经济上升是例外的,它也说明了西方(A 组)与世界其他地区(B 组)之间所存在的巨大差距的根源。

表 1-9a 主要地区的人均 GDP 增长率（1000—1998）

（年均复合增长率，%）

	1000—1500	1500—1600	1600—1700	1700—1820	1820—1998
西欧	0.13	0.14	0.15	0.15	1.51
西方后裔国	0.00	0.00	0.17	0.78	1.75
日本	0.03	0.03	0.09	0.13	1.93
A 组平均	0.11	0.13	0.12	0.18	1.67
拉丁美洲	0.01	0.09	0.19	0.19	1.22
东欧和苏联	0.04	0.10	0.10	0.10	1.06
亚洲(不包括日本)	0.05	0.01	−0.01	0.01	0.92
非洲	−0.01	0.00	0.00	0.04	0.67
B 组平均	0.04	0.02	0.00	0.03	0.95

资料来源：附录 B。

表 1-9b A 组和 B 组的人均 GDP 水平（1000—1998）

（1990 年国际元）

	1000	1500	1600	1700	1820	1998
A 组平均	405	704	805	907	1 130	21 470
B 组平均	440	535	548	551	573	3 102

资料来源：附录 B。

表 1-9c A 组和 B 组的人口（1000—1998）

（百万人）

	1000	1500	1600	1700	1820	1998
A 组合计	35	76	95	110	175	838
B 组合计	233	362	461	493	866	5 069

资料来源：附录 B。

表 1-9d A 组和 B 组的 GDP（1000—1998）

（10 亿 1990 年国际元）

	1000	1500	1600	1700	1820	1998
A 组合计	14.1	53.2	76.1	100.0	198.0	17 998
B 组合计	102.7	194.0	252.9	271.8	496.5	15 727

资料来源：附录 B。

我从长期定量证据中得到的主要结论如下：

(1) 西欧的人均收入在 1000 年左右处于最低点。其水平不仅显著低于其在公元 1 世纪时的水平，也低于同时期的中国、印度以及东亚、西亚等其他地区的水平。

(2) 11 世纪是西欧经济开始上升的转折点。它以缓慢的步伐前进，但到了

1820年,它的实际人均收入已经三倍于其起点水平。经济领先的地区及其特征发生了变化。意大利北方城邦国家,特别是威尼斯开始了增长的进程并重新打开了地中海贸易。葡萄牙和西班牙开辟了通往美洲和亚洲的贸易通道,但与在1600年左右成为领先经济的荷兰以及19世纪的英国相比,其增长势头则不那么强劲。

(3)在14世纪时,西欧在人均收入方面超过了作为亚洲领先经济体的中国(见图1-4)。此后一直到20世纪后半叶,按人均GDP来衡量,中国和亚洲大部分其他地区或多或少都停滞不前(见图1-5和图1-6)。这种停滞源于当地的制度和政策,但由于西方强国的殖民剥削而被强化了。这是自18世纪以来最显著的特点。

(4)西欧获得了北美的自然资源,并向后者输出了人口以及技术和组织方式,这给18世纪以来西方经济的上升拓展了新的巨大空间。到19世纪末,美国已成为世界经济的领先者。

(5)日本是亚洲正常状态的一个例外。在17、18和19世纪的前半叶,它的人均收入赶上并超过了中国。1868年的明治维新推进了大量旨在追赶西方的制度变化。到了20世纪80年代,在收入方面它已实现了这一目标,但在生产率方面它仍然落后于西方。

(6)拉丁美洲的殖民占领与北美洲有些相似,但伊比利亚的制度比起北美的制度较不利于资本主义的发展。相比之下,拉丁美洲有更多的土著人口,他们被作为下层阶级对待,无权得到土地和享有教育,其独立之后的社会秩序也没有多大改变。从长期来看,它的人均收入增长速度要慢于北美,但超过了亚洲或非洲。

(7)非洲在1820年时的人均收入要低于其在公元1世纪的水平。从那以后它的人均收入的增长比其他任何地区都要慢。到1998年,它的人均收入水平仅比西欧1820年时的水平略高一些。它目前的人口增长比任何其他地区都要快,增长速度是西欧的8倍。

(8)最强劲的增长表现集中在最近两个世纪。自1820年以来,A组的人均收入增长了18倍,而世界其他地区也增长了4倍多——这使得早期的进步都相形见绌,因为要取得同样的进步,如今只需要很短的时间。

人们也许会问,在这些结论中有哪些是新的。首先,这种定量分析弥补了定性分析中的模糊不清之处。它有助于把整理后的事实与那些有时被当作事

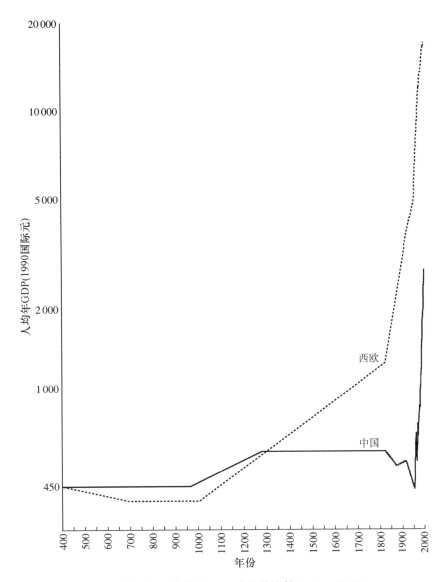

图 1-4 中国与西欧人均 GDP 水平的比较（400—1998）

资料来源：附录 A、B 和 C。纵轴刻度为对数标准。

实的想象区分开。它更容易被质疑，也更可能被质疑。它可以使学术性的争论更加针锋相对，从而推动研究的发展。我们因此而得到一幅有用的关于世界发展的图景，它有助于我们弄清什么是正常的，什么是例外的。

我的发现在某些方面不同于较早的对西欧经济上升的时间跨度和速度的解释。过去总的倾向是把这种上升追溯至 1500 年时欧洲人与美洲的接触和第

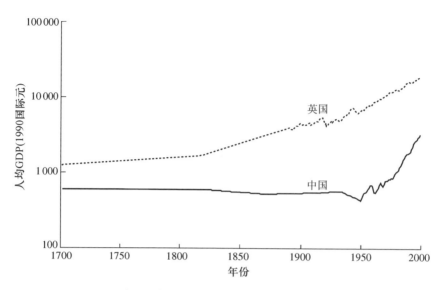

图 1-5 中国与英国人均 GDP 水平的比较(1700—1998)
资料来源:附录 A、B 和 C。纵轴刻度为对数标准。

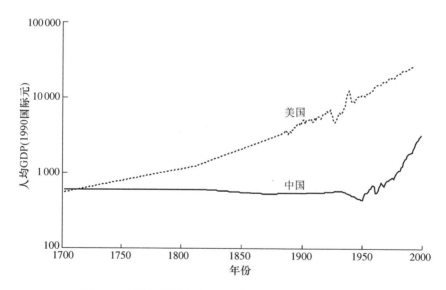

图 1-6 中国与美国人均 GDP 水平的比较(1700—1998)
资料来源:附录 A、B 和 C。纵轴刻度为对数标准。

一次直接进入亚洲的贸易世界。马克斯·韦伯(Max Weber)把欧洲人的进步归因于新教伦理主义的崛起。这种看法之所以引起关注,是因为它在关于欧洲经济何时开始上升的问题上,同传统的认识是一致的。而我已不再相信在 1500

年左右，在人均收入的提高速度方面会有任何突破。

库兹涅茨（Kuznets，1966，Chapter 1）认为，"现代经济增长"时期同"15世纪末至18世纪后半叶之间"在西欧出现的商业资本主义时期，以及"更早之前的封建组织时期"，是截然不同的时代。在其著作（Kuznets，1973，pp. 139—141）中，他提出了有关在商业资本主义时期西欧人均GDP增长率的似乎合理的看法。我在1995年的研究中接受了这个关于商业资本主义时期经济表现的库兹涅茨假说（Maddison，1995a）。但是，现在我认为那个时期的经济增长比库兹涅茨所认为的速度要慢，与11—15世纪间的经济增长速度相比，它并没有什么不同。因此，把"封建组织"时期与"商业资本主义"时期分开似乎是站不住脚的。相反，我把1000—1820年的整个时期称为"原始资本主义"时期。

在向被库兹涅茨称为"现代经济增长"时期（而我称之为"资本主义发展"时期）过渡的具体时间上，我也与他有分歧。现在可以得到的证据表明，这个过渡发生在1820年左右而不是在1760年。克拉夫茨等人（Crafts，1983；Crafts and Harley，1992）和其他人的修正性著作有助于推翻英国在18世纪后半叶突然起飞的旧观点。有关荷兰的最新研究表明，在18世纪末，荷兰的收入水平已经超过了英国。20世纪最后20年中有关其他西欧国家的计量史学的研究使我们更有理由将这个过渡时间确定得更晚，并修正那种强调英国例外的旧观点。

我对美国经济表现的分析表明，它在18世纪时有着迅速的发展，这与戈尔曼（Gallman，1972）以及曼考尔和韦斯（Mancall and Weiss，1999）的发现完全不同。造成这一差别的基本原因是我的分析包括了对土著人口及其GDP的粗略估计以及欧洲定居者的活动（对澳大利亚、加拿大和新西兰，我也做了同样的分析）。

我对日本经济的评估也不同于传统观点。我对日本在德川幕府时代的经济表现进行了定量分析，并将其与中国进行了比较。大多数研究者注重将明治维新时期的日本与西欧进行比较，忽略了它的亚洲背景。

格申克龙（Gerschenkron，1965）和罗斯托（Rostow，1960，1963）都强调了在整个18世纪西欧各国的"起飞"是此消彼长的、非同步的。库兹涅茨（1979，p. 131）支持了这一观点。事实上，西欧各国在经济增长上的加速比他们所认为的更具有同步性。

关于欧洲与亚洲的经济表现有两个思想流派。亚当·斯密在1776年时清晰地表达了作为主流派的观点。他并不擅长政治算术，但基于"劳动价格"和其

他证据,他对18世纪70年代的各国经济作出了以下排序:

荷兰

英格兰

法国

英属北美殖民地

苏格兰

西班牙

西班牙属美洲殖民地

中国

孟加拉(因东印度公司的掠夺而使经济活动受到压制)

这一主流观点在兰德斯(Landes,1969,pp.13—14)的著作中得到了反映。他总的看法同斯密的观点一样,也与我的观点相似。他说:"在工业革命之前,西欧就已经富裕了,即与那个时代世界其他地区相比是富裕的。它们的财富是数世纪以来缓慢积累的结果。这种积累依次依赖于投资、对欧洲之外的资源和劳动的利用以及重大的技术进步。它不仅发生在物质产品的生产方面,也发生在它们的交换和分配的组织及金融方面。……似乎明显的是,从1000年到18世纪的近千年时间里,人均收入经历了显著的增长——很可能是三倍的增长。"

我在1983年的一个研究(Maddison,1983)中,将兰德斯的观点与拜罗克等人(Bairoch and Levy-Leboyer,1981)关于人均相对收入的观点作了对比。从人均收入来看,拜罗克认为,在1800年时,中国遥遥领先于欧洲,日本和亚洲其他地区也只比欧洲低5%,拉丁美洲远超过北美洲,而非洲则大约是欧洲水平的三分之二。无论是对亚洲、拉丁美洲还是非洲,他都没有用资料来证明这种极不可能发生的情况。有关这些地区的数字基本上是猜测的。拜罗克一直坚持这样的立场,即富裕国家造成了第三世界的贫困化(Bairoch,1967)。事实上,他为这种假设捏造了数据[见Chesnais(1987)的批评]。

尽管基础不牢固,但拜罗克的观点一直有着影响力。布罗代尔(Braudel,1985,Vol.3,pp.533—534)曾经感谢"保罗·拜罗克向历史学家们提供的伟大服务",他据此相信"毫无疑问,欧洲比它当时所剥削的世界要贫穷,即使在拿破仑时代过去之后也是如此"。弗兰克(Frank,1998,p.171,p.284)也引述拜罗克的材料,认为"大约在1800年,欧洲和美国在长期落后于亚洲之后,突然在经济上和政治上赶上并随后超过了亚洲"。彭慕兰(Pomeranz,2000,p.16)在引述拜罗克的观点时显得比较谨慎,但他的中国情结使他得到了相同的结论。他认为:"几乎没有理由认为在1750年甚至1800年以前,西欧人比人口密集的旧大陆的其他地区的同时代人有着更高的生产率。"

我在1983年将兰德斯和拜罗克的观点进行了对比,并评论道:"这些显著不同的定量结论有着非常不同的分析含义。如果拜罗克是正确的,那么第三世界的落后在很大程度上很可能必须由殖民剥削来解释,欧洲的优势只能在小得多的程度上归因于较早的科学进步、数世纪来缓慢的积累以及组织和金融上的繁荣。"(Maddison,1983)

迄今为止我在积累有关这一论题的定量证据方面所做的辛勤努力使我断定拜罗克和他的追随者们的观点是相当错误的。拒绝接受他们的观点并不是要否认殖民剥削的作用,而是对1800年前后那个时期欧洲的强大和亚洲的衰弱采取更现实的看法,从而能够更好地理解殖民剥削的作用。

增长分析的主要问题是要解释为什么在发达的资本主义集团与世界其他地区之间会产生如此之大的差距。当然,过去也有一些在发展上趋同的例子。例如,欧洲从最低点崛起并赶上中国,日本在德川幕府时代赶上中国,后来又赶上发达的资本主义集团。在第二次世界大战后的黄金时代,西欧在追赶美国的过程中取得了非常大的进步。在20世纪的最后25年中,复兴的亚洲(包括中国内地、印度和所谓的"亚洲四小龙"以及其他地区)已经极大地缩小了它们曾因落后而与西方世界产生的差距。

在试图理解世界经济不同部分之间差距扩大的原因时,以及在试图理解落后地区追赶先进地区的可能性时,并不存在一个跨越千年的普遍模式。影响增长的力量会因时因地而异。我们将在第二章中试图说明,在上一个千年中,领先经济体和落后经济体的特征及其变化。

第二章
西方发展对世界其他地区的影响
（1000—1950）

从我们的宏观统计证据来看,世界发展的一个主要特征是西欧经济在相当长的时期内的超常表现。虽然到公元1000年时,它的收入水平降到了亚洲和北非之下,但经过漫长的复兴后,它在14世纪时追赶上了中国(当时世界的领先经济体)。到1820年时,它的收入和生产率水平是世界其他地区的两倍以上。到了1913年,西欧及西方后裔国的收入水平已达到世界其他地区水平的六倍以上。

为了理解促进西欧繁荣的力量以及西欧比世界其他地区更具活力的原因,应当深入地探讨西欧与其他地区之间长期的相互影响。当然,要想对世界经济的所有部分都进行全面的考察是不现实的。鉴于此,本章主要考察四个个案。对这些个案详细剖析的一个好处在于它可以说明将西欧各国的经验视为同质或一致的是多么具有误导性。

第一个例子是威尼斯共和国。它是11世纪到16世纪期间最富有和最成功的西欧经济实体。

第二个例子是葡萄牙。它虽然没有威尼斯富有,但是它所开发的船舶设计和航海技术,使开辟新的航线以及发展与非洲和亚洲之间的商业往来成为可能。葡萄牙是欧洲向大西洋扩张的先驱,在公元1500年它发现了巴西,并由此在美洲开始了长达三个世纪的殖民开发。

第三个例子是荷兰。在1600—1820年间,按人均收入水平来衡量,它是欧洲的领先经济体。它不仅具有很高的国际开放和专业分工程度,而且在亚洲拥有一个非常庞大的贸易帝国。

第四个例子是英国。它在国际专业化和商业发展方面采取了荷兰模式,建立了更加庞大的殖民帝国,而且是工业和运输技术方面的先驱。

把研究重点放在西方特例上可能会被认为是宣扬欧洲中心论,但是西方国家确实是最成功的国家,它们的经验是理解经济增长源泉的最佳基础。分析它们与世界其他部分的相互作用,有助于我们理解经济落后的原因,以及在什么程度上西方国家的进步可能对落后国家产生影响。

应该指出的是,西方国家发达的过程离不开其对世界其他地方的武力征服。欧洲对美洲的殖民意味着对土著居民的灭绝、边缘化或征服。欧洲与非洲长达三个世纪的接触集中在奴隶贸易上。从18世纪中叶到20世纪中叶,欧洲与亚洲国家之间的频繁战争的目的在于建立或维护殖民统治和贸易特权。另外,西方国家的经济发展还伴随着一系列掠夺性战争和以邻为壑的政策。例如,威尼斯的进步也引发了它与热那亚的冲突。葡萄牙人也与荷兰人交恶。荷兰为了从西班牙的统治下独立出来整整斗争了80年,它又同英国交战了四次,同法国交战的次数则更多。在1688—1815年间,英国同其他西欧国家之间的战争长达60多年,而在1914—1945年间又交战了10年。

在开始详细的个案研究之前,有必要简要回顾一下西欧在公元1—10世纪期间以及公元1000—1500年期间的总体表现。

第一节
从1世纪到10世纪期间欧洲的衰落

在公元1世纪和2世纪,罗马帝国正处于鼎盛时期,其政治疆域从苏格兰边界一直延伸到埃及,包括居住在欧洲的2 000万人口、居住在西亚的2 000万人口,以及居住在北非的800万人口。① 在这些区域内实行相同的法律制度和罗马式和平保障体系。那里大约有4万英里长的铺石路②,5%的人口居住在城镇并生活在

---

① Beloch(1886,p.507)估计总人口为5 400万(2 300万在欧洲,1 950万在西亚,1 150万在非洲)。我的估计值来自附录B中的表B-2、表B-8和表B-9b。

② 参看李约瑟(Needham,1971)的 *Civil Engineering and Nautics*(*Science and Civilisation in China*, Vol.4:3, p.29)。他将罗马帝国200万平方英里的铺石路面积调整为4万英里长的铺石路,又将中国汉朝150万平方英里的铺石路面积调整为2.2万英里长的铺石路。

一个活跃的非宗教文化氛围中。① 主要城市都有水道、公共澡堂和喷泉、圆形剧场、图书馆、寺院以及其他公共纪念物。地中海像是一个属于罗马人的湖泊,通过它将从亚历山大利亚和迦太基进贡的粮食运到罗马港口普陀里(靠近那不勒斯)和新港(靠近罗马)。来自亚洲的丝绸和香料由陆路先抵达安条克,再沿红海抵达埃及。到1世纪时,罗马公民们(希腊人、叙利亚人和犹太人)已经发现了如何借助季风直接与西印度进行贸易。②

罗马帝国主要建立在掠夺、奴役和武力统治的基础上。实际上,当戴克里先(Diocletian)在公元285年创立东西罗马两个分离的帝国时,维持如此庞大的系统就已经力不从心了。最终,西罗马帝国已无力征收税赋和贡品。它越来越依赖野蛮人充军,当这些野蛮人造反时,这个体系也就随之土崩瓦解了。

到5世纪时,西罗马帝国已经分崩离析。高卢、西班牙、迦太基和意大利的大部分领土都被未经教化的野蛮侵略者占领,不列颠也被遗弃了。在6世纪,东罗马皇帝对意大利、西班牙和北非的收复带来了短暂复兴。在公元640—800年间,阿拉伯人对埃及、北非、西班牙、西西里、叙利亚和巴勒斯坦的占领给了罗马帝国最终一击。罗马文明硕果仅存的是拜占庭帝国一些微不足道的残余。

在1世纪和10世纪之间发生的主要变化有三点:一是一个庞大的、有凝聚力的政治实体的崩溃,且再也没有复兴,取而代之的是一个破碎的、脆弱的和不稳定的政体;二是都市文明的消失,取而代之的是自给自足、相对封闭和愚昧无知的乡村社会,在那里封建名流从隶属于他们的农民那里攫取实物收入;三是西欧和北非与亚洲之间贸易联系的消失。③

比利时历史学家皮仁(Pirenne,1939)对9世纪的情形提供了一个简洁描述:"如果我们考虑到在卡洛林王朝时代,金币铸造停止了,有偿贷款被禁止了,职业商人不再作为一个阶级而存在,东方商品(纸草、香料和丝绸)不再进口了,货币流

---

① 参看 Goldsmith(1984,pp. 271—272)有关城镇化证据的讨论。他估计罗马的城镇化率为9%—13%。但我这里给出的5%仅包括那些人口规模超过1万人的城镇。

② 参看 Warmington(1928)有关罗马与亚洲贸易的内容。

③ Hopkins(1980,pp. 105—106)利用意大利、法国和西班牙海岸有日期记载的545起海难事故的信息,估计出在西地中海贸易量的变化。他的结论是"在罗马帝国扩张时期和鼎盛时期(公元前200年到公元200年)在地中海的海运贸易量不仅高于此前任何时期,而且高于此后的一千年"。他指出公元400—650年的罗马帝国贸易水平大约为其鼎盛时期的五分之一。Ashtor(1976,p. 102)分析了阿拉伯人从事地中海贸易活动的证据并得出结论:"当阿拉伯人在地中海的东部、南部和西部海岸建立其统治时,地中海成了两个相互陌生、不理解和抱有敌意的文明之间的边界。过去它是那样一个伟大的湖泊,它沿岸的人民有着同样或相似的统治者、法律、宗教以及语言,而现在却成为海战和海盗活动的舞台。在8世纪,地中海的贸易几乎全部消失,在西欧很难找到香料、珍贵的丝织品和其他东方物品。"

通减少到最低限度,平民既不会读书也不会写字,不再有征税,城镇变成军事要塞,那么我们就可以毫不迟疑地说,我们的文明又退回到纯粹农耕时代了,不再需要为维持社会网络所需的商业、信用和正常交换。"①

第二节
西欧的复苏和振兴(1000—1500)

在公元1000—1500年期间,西欧的人口增长比世界上其他任何地方都要快。其中北部国家的人口增长又明显快于那些靠近地中海的国家。城市(指人口超过1万人的城镇)人口的比率从0增长到6%,充分表明了制造业和商业活动的扩张。能够养活日益增多的人口的主要原因,一是在许多地区尤其在荷兰、德国北部和波罗的海沿岸农村定居地的扩大,二是逐步采用的新技术提高了土地的生产率。林恩·怀特(Lynn White)对当时这些农业变化有过如下经典分析:"……沉甸甸的犁,开阔的田野,种植业和畜牧业的新结合,三季轮作,现代化马具,带钉的马掌和车前横木,所有这些构成了公元1100年时农业开发的一个体系,它给从大西洋到第聂伯河之间横跨北欧的大地带来了一派欣欣向荣的景象。"(White, 1962)怀特可能有点夸大了新技术的作用和繁荣的程度,但不容置疑的是技术进步起到了至关重要的作用。另外,从两季轮作制度转变为三季轮作制度也保障了食物的供给,减少了饥荒的发生。如此一来,农产品中越来越多的部分被用来生产服装(用羊毛)、酿造葡萄酒和啤酒(用谷物和葡萄)以及转换成饲养马匹的饲料。在食物生产中也出现了一定程度的区域专业化迹象,同时谷物、牲口、奶酪、鱼和酒的国际贸易也与日俱增。食盐贸易的增加和对香料的重新进口不仅改善

---

① 参看皮仁的 Mohammed and Charlemagne (1939, p.242)。虽然皮仁对9世纪形势的描述是言简意赅和基本正确的,但他对罗马崩溃的时间和原因的先验分析令人难以信服。他认为,野蛮人对高卢和意大利的占领仍保留了罗马文明优势的主要精髓,罗马文明毁灭的罪魁祸首是伊斯兰入侵者和查理曼大帝。Hodges and Whitehouse (1998)总结了现代考古证据和以前对皮仁论文的批评意见,得出的结论是皮仁夸大了罗马体制的生命力:"到6世纪末,西地中海的形势已经与2世纪时完全不同。在阿拉伯人到来之前,罗马的制度转变已经基本上完成了。"(p.53)

了肉类和鱼类食品的口味,而且促进了肉和鱼的保存。

对水和风车的利用的提高,为工业加工尤其是像制糖业和造纸业这类新型工业增加了动力。当时在羊毛业中已存在专业化的国际分工,即英国的羊毛被出口到佛兰德斯生产服装,然后服装又被销售到整个欧洲。丝绸工业在12世纪才被引入欧洲,但到1500年时已在南欧得到相当规模的发展。纺织品的质量、花色品种和设计都有了重大改进。热那亚在13世纪时已通过定期航运将明矾从希俄斯岛输入布鲁日。采掘和冶金技术的进步有助于欧洲武器生产的改进和发展(Nef,1987;Cipolla,1970)。11世纪到15世纪期间船舶和航海技术的进步是地中海、波罗的海、大西洋群岛和非洲西北海岸之间贸易增长的基础。

在此期间,金融、会计和海运保险也获得了长足的进步,大学的建立和发展使知识阶层的生活质量得到提高,人类的学识水平也有了增长;在15世纪末印刷术又被引进欧洲。

这个时期的政治秩序也发生了重要变化。曾经攻打过英格兰、低地国家(荷兰、比利时和卢森堡)、诺曼底,并深入俄国的那些斯堪的纳维亚入侵者最终变成了商人,并在斯堪的纳维亚、英格兰、诺曼底和西西里建立了有效的管理制度。一个民族国家体系开始崭露头角,中世纪时代的政治权力分割得到了遏制。虽然发生在英国和法国之间的百年战争(1337—1453)并不是最后一次,但在战争结束后两国的国家身份得到了更加明确的确认。在15世纪末,西班牙通过再征服确立了其现代国家的身份。但在东地中海,情形正好相反,奥斯曼帝国不仅在1453年攻占了君士坦丁堡,而且很快又将其霸权扩展到巴尔干、叙利亚、巴勒斯坦、埃及和北非。

很明显,对这个时期欧洲和世界其他地方的GDP进行估计,会存在较大的偏差。本书的第一章和附录B中尽可能详细明了地介绍了我采用的估计方法。我的结论是,公元1000—1500年,西欧的人均GDP几乎翻了一番,而同期中国的人均GDP只增加了三分之一,亚洲其他经济体的人均GDP增加得更少,非洲的人均GDP反而减少了。似乎很清楚,在这个时期结束时,西欧的收入和生产率水平要高于亚洲和非洲的水平,但在公元1000年时,它们还落后于亚洲。就西亚和埃及而言,我的以上看法似乎得到了穆斯林史学家们如阿布拉菲亚(Abulafia,1987)和阿布-卢格霍德(Abu-Lughod,1989)的认同。至于有关中国和西欧经济表现的比较,我在1998年的一项研究中已对这一结论的证据做了详细的讨论(Maddison,1998a)。

这个时期欧洲内部最重要的经济进步出现在佛兰德斯——北欧的羊毛生产、国际金融和商业中心,以及意大利的几个城邦,如佛罗伦萨、热那亚、比萨、米兰和威尼斯,其中最成功和最富有的就是威尼斯。在下一节中我们将详细探讨威尼斯资本主义发展的动力。

第三节
威尼斯共和国

威尼斯在地中海经济重新向西欧商业开放,以及发展它与北欧的联系方面发挥了主要作用。它不仅为商业资本主义创立了一个制度基础,而且在航运技术方面也取得了长足的进步。此外它还帮助把亚洲和埃及的蔗糖生产、丝绸纺织、玻璃吹制和珠宝加工等技术引入了西方。

在创立和维护由商业资本家精英统治的共和国方面,威尼斯是意大利北部城市国家中最成功的一个。由于它所处的独特地理位置和勇于捍卫自己权利的意志,它能够在封建地主和王室的敲诈下确保自治和自由。

它所创立的政治和法律制度保护了财产所有权和合同的强制执行。它在发展国际汇兑和信贷市场、金融和会计业务方面是先驱者。[①] 以定期支付利息的强制性政府贷款为基础,它创立了一个有效的政府公债市场。此外,它的财政体系也是有效率的,有利于商业利润和资本的积累,其收入主要来自商品税和根据土地清册调查而征收的财产税。

威尼斯是一个既宽容又相当世俗化的国家。在那里的外国商人(亚美尼亚人、希腊人和犹太人)也可以和当地人一样自由地做生意。虽然从理论上来讲它是天主教世界的一部分,但是它在拜占庭帝国那里享有一种特惠关系。公元828年,它通过获得来自亚历山大的圣马可的遗骸,使自己的宗教有效地独立于教皇和元老的统治。

---

① 参看 Lane and Mueller (1985)。

威尼斯的外交策略具有极高的专业性、实用性和投机性,并完全致力于追求商业利益。其外交策略可以根据政治上的变化而迅速调整。在9—10世纪,威尼斯的主要商业活动是同君士坦丁堡进行的。它向君士坦丁堡提供来自意大利的粮食和葡萄酒、来自达尔马提亚的木材和奴隶,以及来自其自身的潟湖食盐。作为交换,它从君士坦丁堡取得丝绸和香料。到11世纪末,拜占庭帝国受到了来自塞尔柱突厥部族的压力,后者侵占了安纳托利亚,同时法兰克人又入侵了意大利南部领土。威尼斯在公元1082年从拜占庭帝国获得了商业特权(免交商品税),作为它帮助拜占庭帝国加强海军防御力量的回报。在公元1204年,它极力说服第四次十字军东征的将领们将攻打目标从伊斯兰改为君士坦丁堡。战争结束后,威尼斯在达尔马提亚获得了基地,并在爱琴群岛建立了帝国统治。它还获得了伯罗奔尼撒半岛的南半部、科孚岛和克里特岛。它占领了君士坦丁堡接近一半的领土,并控制了在黑海和亚速海的经商通道。在公元1261年,拜占庭皇帝重新夺取了君士坦丁堡,并将经商特权和一个领地赠予了威尼斯的竞争对手热那亚。但是,由于威尼斯保住了它在希腊的殖民地,它的船队不久后得以重新进入黑海,那里正由于蒙古重新开放经过中亚的丝绸之路而变得繁荣起来。

在公元1099—1291年期间,西欧的十字军成功地攻占了叙利亚和巴勒斯坦海岸,并在安条克、阿卡和耶路撒冷建立了一些小的基督教国家。他们将那里的贸易特权给予那些曾经资助他们东征的比萨和热那亚商人。威尼斯商人虽然没有资助东征军,但仍设法在提尔建立了一个贸易基地。

公元1291年,土耳其马穆鲁克政权重新占领了叙利亚和巴勒斯坦,并统治埃及一直到公元1517年。在这些地方,威尼斯设法建立了优惠的贸易关系。它购买了大部分由亚历山德里亚的卡里米商人从亚洲经红海运到埃及的香料。作为交换,威尼斯商人出售金属、盔甲、毛织物和奴隶。奴隶们来自巴尔干和俄国,其中男性奴隶被编入马穆鲁克军队服役,女性奴隶则作为土耳其人的女仆或妻妾。

公元1453年,当奥斯曼土耳其人占领君士坦丁堡时,威尼斯很快就与其谈判以保持它在君士坦丁堡的贸易权利。但是在公元1479年,奥斯曼人关闭了威尼斯到黑海的通道。公元1517年,他们又占领了埃及并终结了威尼斯商人的大部分香料交易。

威尼斯与北欧有着重要的商业联系。它与佛兰德斯的贸易主要在香槟集市进行。在那里意大利商人购买羊毛织物,销售丝绸、香料、明矾、糖和油漆。① 在西地中海与大西洋之间的海上通道开通后,它与佛兰德斯的贸易便直接通过航运进行。

布伦纳山口是威尼斯连接奥格斯伯格、纽伦堡、布拉格和维也纳的第二条通道。德国商人带来了金属和金属制品(包括银制品),威尼斯商人再将这些金属和金属制品销售到波河峡谷和地中海一带。公元 1318 年,威尼斯修建了德国商馆以满足德国商人经商和住宿的需要。

威尼斯也在发展贸易的过程中创立了一个政治帝国。到公元 1171 年时,威尼斯城已拥有 6.6 万居民。而到了 16 世纪,当它的人口达到 17 万人的顶峰时,它已成为西欧三座最大的城市之一。但威尼斯也经历了三次人口灾难。第一次灾难是在公元 1347—1348 年间,将近 40% 的人口死于由一艘帆船从黑海加发港所带来的瘟疫。其他两次灾难分别发生在公元 1575—1577 年和公元 1630 年,均造成该城市大约三分之一人口的死亡。②

威尼斯的海外帝国拥有大约 50 万人口。在公元 1388—1499 年间,威尼斯在意大利大陆获得了部分领土,包括乌迪内、弗留利、维琴察、帕多瓦、维罗纳、贝加莫、罗维戈和克雷莫纳;在 1557 年时,这些地区的人口大约为 150 万(见表 2-1)。

表 2-1　威尼斯帝国的人口(1557)　　　　　　　　　(千人)

威尼斯城	158	爱奥里亚	52
潟湖群岛	50	克里特(岛)	194
伊斯特里亚(半岛)	52	意大利大陆	1 542
达尔马提亚	93	合计	2 141

资料来源:Beloch(1961, pp. 164,352)。在 16 世纪 50 年代中期,塞浦路斯(1489—1573 年在威尼斯控制之下)的人口大约为 16 万(McEvedy and Jones, 1978, p. 119)。

威尼斯政府在商业活动中发挥了领导作用。作为主要造船者,它将国有帆

---

① 这些集市大约在巴黎东南方向 40 公里,距布鲁日 110 公里,每年举行 6 次。其中,两个集市在特鲁瓦,两个在普罗旺斯,一个在拉尼,一个在奥布河畔巴尔。1200—1350 年,它们一直是西欧商业活动的主要中心,吸引了法国各地、意大利的北部和中部、佛兰德斯、埃诺、布拉班特、西班牙、英格兰、德国和萨伏伊公国的商人。集市的主人开始是香巴尼伯爵们,后来是法国的国王。他们通过向商人征收税款、摊位费和安全通行费获得收入。作为回报,他们派人维持市场秩序,监督合同的执行,负责公证记录。在出现纠纷时,大部分意大利城镇由他们的领事作为代表负责处理。随着到意大利的海上通道的开通,这种集市逐渐消失(Verlinden,1963)。

② 参看 Lane(1973, p. 19)。

船租赁给私人企业,并负责组织护航船队和确定护航时间表。它开发出适合威尼斯商业活动和地中海贸易条件的各种类型的帆船。这种国家活动为商业活动创造了免受敌人攻击的安全环境,从而降低了私人企业的成本。此外,它也使资本有限的小商人得以参与国际贸易。

威尼斯最大的企业是阿森纳,一个在公元1104年创建的国有造船厂。它经营的时间长达几个世纪,雇用的工人多达数千人。

在10世纪到14世纪之间,造船技术和航海技术发生了重大变化。罗马帆船的制造工序是先做船体,然后通过防水的榫眼和榫头的细木工艺将船体连接起来;随后的工序是在船体中间插入肋骨和托架。到了11世纪,帆船制造技术发生了一个变化,因而极大地降低了成本。那就是,先做船的龙骨和肋骨,然后再装上用木板钉成的船体,并采用纤维和沥青使船体具有防水性能。后来的一个发展是用艉柱舵代替拖桨从而更有效地控制船的航向。舵的动力通过使用曲柄和滑轮得到增强。① 另外,船帆也有了各种改进,尤其是引入与主桅成一定角度的三角形侧帆,以取代原先与主桅成直角形的直角帆。最后,帆船的大小和运载量也在不断增大(见表2-2)。

表2-2 威尼斯商业帆船的大小和运载量(1318—1559)

	长度(米)	宽度(米)	高度(米)	运载量(吨)
威尼斯至塞浦路斯(1318)	40.4	5.3	2.4	110
威尼斯至佛兰德斯(1320)	40.4	5.7	2.4	115
威尼斯至佛兰德斯(1420)	41.2	6.0	2.7	170
商业帆船(1549—1559)	47.8	8.0	3.1	280

资料来源:Lane(1966, p.369)。

公元1270年后不久,指南针在地中海投入使用,再加上航海图的改进,使得全年出海航行成为可能。而在此之前与埃及进行贸易的威尼斯帆船在10月到次年4月之间是不敢出海的。有了指南针的帮助,同一艘帆船从威尼斯到亚历山大之间的往返航行可以由原来的每年一次增加到每年两次。

威尼斯的帆船有两种主要类型。第一种类型是通用载货帆船,又称"方帆帆船"。它主要由私人船厂建造,长度大约是宽度的三倍,完全依赖风帆提供的

---

① 参看Lane(1966,pp.143—252)有关威尼斯造船技术和航海的分析,以及Unger(1980, pp.161—194)。

动力。第二种类型是由阿森纳船厂建造的桨帆并用的大木船,主要运送旅客和昂贵货物,以及执行海军任务。这种船的船体既长又宽,可容纳200名船员,其中大部分是桨手。它速度快,进出港口灵活机动,适合在无风的情况下执行运输任务。威尼斯的客船通常每侧备有25排长凳,每排长凳上配备3个桨手。长凳之间成一定的角度,桨的长度各不相同,因此桨手在划桨时不会相互碰撞。这种船一般配备150名桨手和30名弓箭手,后者不仅参与战斗,而且还要轮流帮助划桨。这种船只一般为国家所有,并在每次探险活动中通过公开拍卖租给出价最高的人。它还可以用作公共运输工具。如果承租人的船只有空余容量,他必须承运其他商人的货物。

公元1291年,热那亚人击败了控制直布罗陀海峡的摩洛哥舰队,从而为欧洲商业贸易在地中海到大西洋之间开辟了一条通道。① 从那以后,威尼斯船只就利用这条通道与伦敦和布鲁日进行贸易。

虽然国际贸易、金融、造船以及同造船相关的木材、木工、绳索和制帆等是威尼斯经济中几个最大的部门,但威尼斯也拥有相当规模的为本地消费和出口进行生产的制造业。玻璃工业是威尼斯最早出现的制造业之一,在10世纪时就已存在。威尼斯是欧洲玻璃吹制工艺技术方面的先驱者,可以制造出平板玻璃、高脚玻璃杯、玻璃壶、碟子、水瓶、花瓶、镜子、佩饰、枝形烛台和高质量的玻璃装饰品。从13世纪起威尼斯人就能制造出精心吹制的沙漏,作为船员的计时工具。从14世纪起,威尼斯人开始制造眼镜。眼镜是意大利人的发明,它的出现极大地提高了艺人和学者的劳动生产率。② 安杰洛·巴罗维尔(Angelo Barovier)是15世纪最著名的玻璃吹制大师,他完善了水晶制作工艺。当时,威尼斯人制造的彩色的、雕刻的、嵌金丝边的、涂瓷釉的和金叶装饰的玻璃器皿,品种繁多,应有尽有。到了公元1291年,按照众议院(Maggior Consiglio*)的法令,所有玻璃吹制厂都迁移到穆拉诺岛,从而使得威尼斯能够严密控制玻璃吹制品的贸易和工艺秘密。

与玻璃吹制同样较早出现的还有威尼斯金匠、镶嵌师、木雕艺人和装饰艺

---

① 随着从阿拉伯人手中夺回西西里(1090年)、科西嘉(1091年)、撒丁和马略卡(1232年),威尼斯在西地中海的贸易已经恢复。这有利于热那亚、巴塞罗那和普罗旺斯的贸易。

② 参看Landes(1998,pp.46—47):"到了15世纪中期,意大利尤其是佛罗伦萨和威尼斯为患有近视眼和老花眼的人们制作了几千副配有凹透镜和凸透镜的眼镜。"

* 原文为Maggior Consilio,疑误。——译者注

人的技术和产品,这些供不应求的艺人将教堂内部、民用纪念物和私人宅邸变成了艺术品。威尼斯的这类艺术风格受到拉文纳的前几代镶嵌师和插图师作品的熏陶,以及13世纪从君士坦丁堡掠夺来的艺术品的影响。

威尼斯与亚洲在生丝和丝织品上的贸易最终导致欧洲出现进口替代品。早在12世纪,蚕丝生产技术就已从中国传播到印度和叙利亚,然后传播到意大利——开始传到卢卡,然后传到威尼斯、佛罗伦萨、热那亚、米兰和博洛尼亚,再后传到了法国的里昂。在阿拉伯世界内,蚕丝生产技术从叙利亚传到西班牙。威尼斯的蚕丝生产早在13世纪就有记载。当时的威尼斯政府规范蚕丝生产以保证质量,阻止竞争者的介入,降低技术被盗窃的风险。威尼斯的丝织品、缎织品和绒织品的质量在当时是最好的,其产品的设计体现出本地创造性与东方智慧的绝妙融合。五颜六色的绒锦缎通常由金线和银线织成,它们被用作威尼斯政坛精英的礼服、家具外套、墙壁挂毯和桌布,以及凤尾船的装饰物,等等。这些产品对威尼斯的出口做出了巨大的贡献。

威尼斯的另一个重要的经济领域是图书生产。在9世纪和10世纪,许多抄写员和绘图员在修道院的缮写室里忙于抄写圣书和为圣书绘制插图。随后出现了为圣马可图书馆、公爵、公共和私人图书收藏家们制作的民事记录、史书、亚里士多德著作和其他希腊文著作的译文。这就为那些职业抄写员、装订工人、装饰书法家和插图家提供了就业机会。在古登堡(Gutenberg,1398—1468,德国金匠,西方活字印刷术发明人,排印过《四十二行圣经》等书)发明印刷术*后不到15年,一个德国移民在1469年将此技术带到了威尼斯。从此威尼斯印刷业的生产率大大提高了,一次印刷量可达到4 500册。与先前的手抄书本不同,相当大部分的印刷书籍被出口到国外。威尼斯很快就成为意大利的主要印刷中心,以及欧洲最大的印刷中心之一。到了16世纪中叶,威尼斯累计出版了2万种不同的书籍。威尼斯出版业通过向公众提供乐谱、地图、医学书籍和希腊经典著作的译文,丰富了欧洲的文化生活和知识阶层的生活。阿尔丁出版社(Aldine Press,成立于1494年)编辑和出版了一系列希腊文原著,使威尼斯成为希腊文书籍的主要出版者。①

---

  * 存在活字印刷术发明之争,这里代表西方观点。——译者注
  ① 在教育领域应该记住的是,帕多瓦大学自1405年成立时起就属于威尼斯地域的一部分,它的世界系对文艺复兴时期的学术和科学发展做出了杰出贡献,其代表人物有伽利略(Galileo)教授和佛兰德斯的解剖学家维萨里(Vesalius)教授。

糖料是威尼斯的另一重要产品。威尼斯借助叙利亚的技术,利用来自克里特和塞浦路斯的奴隶作为劳动力,创建了甘蔗种植农业并发展了蔗糖加工设备。威尼斯人的做法后来被葡萄牙人在马德拉和巴西所效仿。

在16世纪初,由于新奥斯曼当局限制威尼斯与叙利亚和埃及的贸易,再加上来自葡萄牙人直接从亚洲贩运香料带来的竞争,威尼斯在香料贸易方面的作用大大降低了。莱恩(Lane,1966,p.13)估计,威尼斯的香料进口量从15世纪末的1600吨左右下降到16世纪前10年的不足500吨。莱恩认为,虽然到了1560年威尼斯进口胡椒装船的绝对规模已恢复到以前的水平,但威尼斯在香料贸易方面的领先角色已一去不复返了。

在通往英格兰和佛兰德斯的西部航线上,威尼斯的航运业同样也面临着日益增加的竞争压力。另外,随着葡萄牙人在马德拉后来又在巴西生产糖料而带来的竞争,威尼斯在克里特和塞浦路斯的制糖业也衰落了。

随着大西洋国家造船技术的不断进步,威尼斯那种帆桨并用的帆船也很快就落伍了。15世纪时,造船技术在两个方面发生了重要变化,一是圆形帆船的帆装设备,二是船载枪炮的发展。莱恩(1966,pp.15—16)描述了这些变化:

> 在15世纪中叶,单桅帆船变成了全帆装备的三桅帆船,三个桅杆上分别配备前桅帆(又称撑杆帆)、中桅帆和后桅帆——1485年的帆船在外观上更接近1785年的帆船,而不是1425年的帆船。再就是海军战斗中日益增加了对枪炮的使用。当然,枪炮在对付那些对桨帆商船队的抢劫中的重要作用,已经说明了它们为什么会被广泛使用。

如此一来,威尼斯商业船队对阿森纳船厂主要产品——桨帆并用帆船的需求量大幅度下降了,而对方帆帆船的需求量上升了。由于威尼斯造船厂在适应技术变化上碰到的种种问题,再加上同大西洋各国造船厂相比较难获得廉价的木材,威尼斯商人开始更多地从国外购买船只。

从1500年起,相当大比例的威尼斯资本开始转移到对意大利大陆的垦荒和土地开发上,以及帕拉第奥式别墅和乡村庄园的建造上。

在16、17和18世纪,威尼斯的人口(见表2-3)和人均收入都没有什么显著的增长。但是到17世纪被荷兰人占领时,它仍然是意大利和欧洲最富裕的地区之一。

表 2-3　31 个西欧最大城市的人口（1500—1800） （千人）

	1500	1600	1700	1800
		意大利		
那不勒斯	150	281	216	427
威尼斯	100	139	138	138
米兰	100	120	124	135
佛罗伦萨	70	70	72	81
热那亚	60	71	80	91
罗马	55	105	138	163
博洛尼亚	55	63	63	71
巴勒莫	55	105	100	139
		法国		
巴黎	100	220	510	581
里昂	50	40	97	100
鲁昂	40	60	64	81
波尔多	20	40	50	88
		低地国家		
安特卫普	40	47	70	60
根特	40	31	51	51
布鲁塞尔	35	50	80	74
布鲁日	30	27	38	32
阿姆斯特丹	14	65	200	217
		德国和奥地利		
纽伦堡	36	40	40	27
科隆	30	40	42	42
卢卑克	24	23	—	23
但泽	20	50	50	40
奥格斯堡	20	48	21	28
维也纳	20	50	114	231
		伊比利亚		
格拉纳达	70	69	—	55
瓦伦西亚	40	65	50	80
里斯本	30	100	165	180
巴塞罗那	29	43	43	115
科尔多瓦	27	45	28	40
塞维利亚	25	90	96	96
马德里	0	49	110	167
		英国		
伦敦	40	200	575	865

资料来源：de Vries（1984，pp. 270—277）。

第四节

葡　萄　牙

葡萄牙的崛起始自1147年里斯本被阿拉伯人所占领,直到1249年它摆脱了阿拉伯人的统治,并建立了一个面积与现代葡萄牙大致相当的独立主权国家。葡萄牙的政治制度与威尼斯大相径庭。由于它的独立主要归功于十字军骑士团,因此,军队贵族和教会成为土地的主要所有者。像西班牙一样,葡萄牙的教会和国家也是紧密联系在一起的。拥有圣职授予权(padroado real)的国王可以任命主教和征收教会税。虽然葡萄牙与西班牙之间存在一些冲突,但在1580—1640年,一个西班牙国王成为葡萄牙君主的时期,两国在涉及它们各自利益的领土划分上达成了一个异常有效的长期协定。在两国签署的各种条约被教皇批准后,葡萄牙就可以在基本上不受西班牙干预的情况下,在非洲、除菲律宾外的整个亚洲以及巴西开发自己的商业利益和帝国利益。

葡萄牙在开拓海外商业和建立帝国方面拥有三个重要优势。一是由于它位于欧洲的大西洋南海岸和靠近地中海出口而获得的明显的战略利益。二是从事深海捕捞的渔民不但为葡萄牙提供了大部分食物供应,而且积累了有关大西洋风向、气候和潮汐的无与伦比的知识。这些知识的价值因国王对大西洋考察、航海技术研究、领航员培训以及标有罗盘定位和航线地图的航海记录等各个方面的资助,而得到极大的增强。随着对大西洋航行条件的不断了解,葡萄牙的里斯本和波尔图的造船技术人员设计出适应大西洋航行条件的多桅帆船和索具。当时帆船设计中的最大变化发生在索具上。起初他们的设计重点在发展三角帆上,然后为了能远航到南大西洋,他们设计出方形帆和三角帆的混合帆;后来为了实现绕过好望角的更远距离的航行,他们对索具又做了进一步的改进。为了保护这些技术秘密,葡萄牙禁止向国外出售这类船只。葡萄牙的第三个商业优势是其吸纳"新基督教徒"的能力。犹太商人和学者在穆斯林统治时期发挥了重要作用。当他们被逐出西班牙后,许多人逃到葡萄牙避难,增加了那里犹太人的规模。虽然他们被要求改变宗教信仰,而且也遭受了一定程度的迫害，但是在帮助葡萄牙开发其在非洲、巴西和亚洲的商业利益方面，在科学发展方面，在充当与伊斯兰世界的贸易中介以及吸引热那亚和加泰罗尼亚资本到葡萄牙企业投资方面，他们都提供了重要的技能和知识。

影响葡萄牙商业利益的第四个重要因素是其承袭下来的奴隶制度。在中世纪的西欧，大部分地区的奴隶制或多或少都已消亡，仅在威尼斯与拜占庭和伊斯兰世界的贸易中占有次要地位。葡萄牙与伊斯兰世界的接触程度要高于西欧的任何其他地区。葡萄牙人本身曾经有过被奴役的经历。里斯本有大约10%的人口是北非的柏柏尔人（berber）或黑人奴隶。这些人在葡萄牙人投资的马德拉和圣多美的甘蔗种植园与制糖厂中也被用作劳动力。（表2-4 显示了1456—1894年糖产量的原产地分布）

表2-4　糖产量的原产地分布（1456—1894）　　　　　　　　　　　（吨）

	塞浦路斯	马德拉	圣多美	巴西	英属加勒比	法属加勒比	其他加勒比	世界其他地方
1456	800	80						
1500	375	2 500						
1580		500	2 200[a]	2 300				
1700				20 000	22 000	10 000	5 000	
1760				28 000	71 000	81 000	20 000	
1787				19 000	106 000	125 000	36 000	
1815				75 000	168 000	36 600	66 200	18 500
1894				275 000	260 200	79 400	1 119 000	6 523 600

a. 16世纪50年代的数据。
资料来源：1486—1787年数据来自 Blackburn（1997，pp. 109，172，403）和 Schwartz（1985，p.13）；1815—1894年的数据来自 Williams（1970，pp. 366，377—380）。在世界其他地方的糖产量数据中，1815年的数据包括1万吨甜菜糖，1894年的数据包括472.5万吨甜菜糖。欧洲的甜菜生产始于拿破仑战争时期。

大约在1445年左右，在葡萄牙航海家发现和定居佛得角群岛（塞内加尔的对面）后不久，葡萄牙人就开始从事规模较大的奴隶交易。他们从上述地区的非洲商人那里用服装、马匹、小装饰物和食盐来交换奴隶。1450—1600年，大约17.5万名奴隶被用船运送到葡萄牙及其大西洋岛屿。后来，随着这种交易的发展，葡萄牙在安哥拉更远的南部直接参与抓捕奴隶的活动。在15世纪80年代，葡萄牙国王在里斯本建立了奴隶家园。在16世纪末和17世纪，葡萄牙的奴隶贸易因利润极高而得到迅速发展。西班牙政府向从事奴隶贸易的葡萄牙商人出售奴隶交易许可证，这些商人将奴隶用船运送到巴西，也进行了大部分向西班牙属美洲的奴隶贩运活动。1455年，根据罗马教皇的一级诏书，奴隶交易被视为一种传教活动,因此获得了合法性。1500—1870 年,被贩运到美洲的奴隶有 940 万人,其中大约 450 万人是由葡萄牙提供的。(表 2-5 显示了 1701—1800 年葡萄牙及其竞争者通过大西洋贩运的奴隶人口数量)

表 2-5　葡萄牙及其竞争者通过大西洋贩运的奴隶人口数量(1701—1800)　(千人)

英格兰	2 532	北美洲	194
葡萄牙	1 796	丹麦	74
法国	1 180	其他	5
荷兰	351	合计	6 132

资料来源:Lovejoy(1982,p.483)。

葡萄牙国王率先开发了大西洋群岛并发展了其制糖业,同时也开辟出运送黄金的一条新的海上通道,以取代先前自马里的廷巴克图到摩洛哥海岸的运送黄金的旧航线。这条新航线运送了进入欧洲的三分之二的黄金。

在以上两个领域的开拓中起主导作用的是亨里克王子。他是葡萄牙国王约翰一世的第三个儿子,英国国王亨利四世的侄子。在长达 40 年的时间(1420—1460 年)中,他将自己的巨额资产投入这些冒险事业,通过开发航海技术为后来葡萄牙人成功地进入亚洲贸易奠定了基础。[①]

在 1420 年,葡萄牙国王接管了富有的军人集团,亨里克成为基督教修道会的行政长官(葡萄牙圣殿骑士团的继任者),而他的兄弟则在圣地亚哥修道会获得相似的职位。亨里克利用他的教会资产资助在大西洋和非洲的冒险事业,并说服他的继任统治者们(他的兄弟们)以他个人的名义在这两个地方投资并赋予他主要产权。

马德拉(位于从摩洛哥海岸进入大西洋约 560 公里处)在 1420 年被发现,此前是一个无人居住、土地极其肥沃的岛屿。葡萄牙仿效威尼斯在克里特和塞浦路斯的做法,利用奴隶作为劳动力在那里建立起了制糖业。制糖业包括甘蔗种植和蔗糖加工两个部门,较大规模的企业可以同时涉及这两个领域。该行业

---

① 亨里克王子在 1415 年唆使葡萄牙攻打摩洛哥中发挥了重要作用。摩洛哥的战略港口休达被攻占,并成为葡萄牙的根据地(直到 1580 年它被割让给西班牙)。休达是撒哈拉黄金商队的终点站之一,在热那亚、威尼斯和加泰罗尼亚商人从地中海到大西洋的贸易中发挥了作用,又似乎是征服摩洛哥的第一站。然而亨里克王子在 1437 年试图攻占丹吉尔时遭到了可耻的失败。他通过许诺割让休达并将他的弟弟留作阿拉伯人的人质才得以保全残兵败将,但是他回国后并没有兑现他的诺言,致使他的弟弟惨遭杀害(Russell,2000)。

随着葡萄牙人将种植园和糖厂出租给热那亚人和"新基督教徒"企业家而发展起来。这种发展伴随着相当数额的资本需求,以及最新技术的采用。威尼斯的糖厂使用圆形大石磙碾压切短的甘蔗以完成榨汁过程。而在马德拉的糖厂中,则采用一种新型的可以提高榨汁量的双磙压榨机,且无须将甘蔗切短就可以加工。这种压榨机不是依靠人力,而是依靠役畜或水力来操作的。[①] 到1500年,马德拉的糖产量是塞浦路斯糖产量的六倍多。这导致了后者的糖产量直线下降并在安特卫普和布里斯托的蔗糖市场上被葡萄牙产品所取代。此外,马德拉还是木材的主要产地,小麦和葡萄酒的生产也举足轻重。它生产的葡萄酒是甜酒型的,当初是由威尼斯人从叙利亚引入克里特的。

荒无人烟的亚速尔群岛是在1427年于大西洋中部(距葡萄牙大约1300—1500公里处)被发现的,而向那里的殖民始于1439年。那里的气候和土壤条件并不适宜种植糖料作物,但可作为随后开展的大西洋贸易的中转站,另一方面,它的发现也加深了葡萄牙人对大西洋航行条件的了解。

在开发沿非洲海岸的航线中,葡萄牙在两个岛屿上建立了重要的前哨定居地。它在佛得角群岛上的定居地建于1460年,作为奴隶贸易的中转站。葡萄牙人在那里发现了几内亚胡椒(粗胡椒的替代品),后来又在贝宁发现了品质更好的胡椒。葡萄牙人的另一个定居地是佛得角东边的圣多美和普林西比(位于几内亚湾),建于1480年之后。在那里,葡萄牙人引进了制糖业。到了16世纪50年代,它作为马德拉的补充,成为大西洋的主要蔗糖生产中心。

建于1482年,位于现在加纳海岸的埃尔米纳要塞是黄金贸易的中心。黄金当时已成为葡萄牙国王的最大收入来源。在埃尔米纳交易的黄金主要是出现在几内亚海岸贸易市场上的来自阿散蒂(Ashanti)地区的黄金,由葡萄牙商人从沿廷巴克图到摩洛哥路线的商队手中所购得。在1471—1500年间,从西非输出的黄金总量达17吨。这些黄金资助了葡萄牙国王成本最高昂的冒险活动——打通好望角到亚洲的贸易之路。[②]

绕过非洲直接进入亚洲的香料产地并不是什么新想法。早在1291年,维瓦尔第兄弟就从热那亚出发寻找通往亚洲之路,但他们在那次尝试中失踪了。直到15世纪末,人们才知道这种尝试是多么成本高昂和危险。而且,东地中海

---

① 参看 Schwartz(1985, pp. 4, 7, 504)。
② 巴雷特(Barrett)在 Tracy(1990, p. 247)中给出了 1471—1800 年西非黄金出口的数据。1471—1700 年,该出口量为145吨,其中大部分流向了葡萄牙。

的政局发展也表明,以埃及和叙利亚的商人为中介的旧威尼斯贸易路线并不安全。因此,开辟一条新的贸易路线必将是非常有利可图的。

葡萄牙人对大西洋和沿非洲海岸一半航程的航行条件有着无与伦比的知识。船体设计、帆装索具和航海技能的不断改进使得长距离航行成为可能,即使这种航行所可能遇到的风暴比威尼斯人在地中海上所遇到的风暴更为强烈。

为了这次冒险航行,葡萄牙人精心筹划和准备了二十多年。他们仔细研究了航海、气象和地图绘制方面的技术,并且收集了有关亚洲和东非贸易条件方面的信息。这种准备的第二部分包括一系列的试航,旨在探寻可能的航线和整个非洲海岸的风向规律。这种准备的第三部分是一次到印度的航行,旨在了解亚洲的贸易条件以及在亚洲建立与其在非洲海岸类似基地的可能性。

在地中海,13世纪的航海家们主要依靠罗盘来确定方向,使用沙漏来测量时间,以及使用航向航速推算板*(traverse board)来测定航程的偏差。由于主要航线在很早以前就已被探明,因此,他们掌握了较准确的航海图、大致的航行距离,以及粗略判断航行速度的方法。

相比之下,葡萄牙人现在所要探索的却是一个未知的水域,他们不得不更多地依赖天文导航。在北半球的航行中,葡萄牙航海者们知道北极星可以提供一个大致恒定的方位和高度,从而可以使其与某一平行纬线之间保持大致相同的距离。如果从北向南航行,航行者每天早晨和黄昏都可以观测到北极星,此时,他能同时看到北极星和地平线。通过观察北极星位置的变化,他就可以大致判断自己所在的位置。如果由东向西航行,只要与北极星保持相同的高度,他就能确保航线不出现偏差。由于完全依赖指宽或其他简单手段来判断北极星位置的变化,这种航线估计是非常粗糙的。象限仪的发明使这种测量方法得到了极大的改进。应用象限仪的最初记录是1460年由亨利王子雇用的职业航海家戈姆斯(Gomes)所记载的。对象限仪,帕里(Parry,1974,p.174)是这样描述的:"海员们使用的象限仪是一个非常简单的装置;它有四分之一圆,在圆弧边上标有刻度,并且在其中一个直边上有两个针孔瞄准器。用一根铅垂线挂在顶点,同时用瞄准器对准恒星,就可以从铅垂线与圆弧边相交的刻度点获得读数,从而可以根据以度为单位的极地高度(polar altitude)推算观测者的纬度。"通过这种方式,导航员就可以测量他与里斯本或其他已知其极地高度的地

---

* 中世纪航海时流行的一种辅助海员记忆和推算航向、航速的简单测量工具。——译者注

第二章 西方发展对世界其他地区的影响（1000—1950）

点之间的距离。

在南半球既看不到北极星，也找不到与北极星相似的其他星座。在这种情况下，人们只能借助观测太阳的高度来确定自己的位置。但是太阳的位置是无法用肉眼观测的。1484 年约翰二世成立了一个由数学家和天文学家组成的委员会，其主要任务是观测太阳的高度。用于测量太阳与赤道之间距离的仪器是海员使用的星盘，它是由中世纪天文学家的星盘发展而来的。这是一个带柄的和标有刻度的黄铜圆盘，操作时将曲柄旋转直到光线穿过圆盘的上观测孔并正好落到其下观测孔为止。通常使用该仪器的时间是正午，此时太阳处在最高点。由于当时没有精确的时钟，因此只能在大约中午的那段时间内进行多次测量，以确定太阳的最大高度。由于太阳与赤道之间的距离每天都在变化，每年也不一样，因此，海员需要太阳赤纬的精确制表。约翰二世的委员会制作了一个由犹太天文学家查库托(Zacuto)编制的年历简本，并在 1485 年的一次到非洲海岸的航行中，成功地测算了确定纬度的各种可能的方法。有关太阳赤纬的估计值在一本名叫《星盘和象限仪管理》(*Regimento do Astrolabio e do Quadrante*)的航海手册中可以找到。达伽马在他 1497 年的印度航行中就已经使用这本手册了。达伽马也曾与从西班牙逃到里斯本避难的查库托有过直接接触。该手册还收录了 13 世纪英国数学家霍利伍德(Holywood，又称 Sacrobosco)著作的译文。霍利伍德是一个球面天文学的先驱者。他指出了儒略历法(Julian calendar)中的错误，他对该历法的修正值与 350 年后格里高利历法(Gregorian calendar)中所报告的修正值大致相同。葡萄牙人的以上所有研究都是在哥白尼 1543 年出版有关天体运行轨道著作的 50 年前完成的。可以肯定的是，约翰二世的委员会立即认识到了这些研究的重要性。

葡萄牙人曾经几次试航以探寻到达印度的可能航线，一次是由迪奥戈·卡奥(Diogo Cão)率队于 1482—1484 年间进行的，另一次是由巴托洛梅乌·迪亚斯(Bartolomeu Dias)率队于 1487—1488 年间进行的。卡奥发现了刚果河的出口，经过了安哥拉的罗安达和本格拉的未来定居点。相比之下，迪亚斯的试航收获更大些。凭借两艘多桅帆船和一艘补给船，他发现了一条到达安哥拉的更佳的航线。在纳米比亚海岸的卢得立次湾遭遇逆风时，他发现如果改变航向，向西进入大西洋，就会获得可以绕过好望角的顺风。他的船队在返程前向好望角以东航行了 1 000 公里。他的整个航程耗时 18 个月，从里斯本出发航行了近13 000 公里。但他的回程有所缩短，因为他从好望角到亚速尔遇到了顺风。另外,他还证实了大西洋和印度洋是连在一起的。

葡萄牙人还曾经在陆地进行过一次探险性旅行。佩罗·达·柯维拉（Pero da Covilhã）曾是在西班牙和摩洛哥活动的葡萄牙侦探,操一口流利的阿拉伯语,可能被认为是穆斯林。他怀揣信用证取道巴塞罗那、那不勒斯、罗德岛和亚历山德里亚到达开罗,跟着商队沿红海海岸旅行,又在亚丁乘船到达位于印度喀拉拉邦境内的卡利卡特。卡利卡特是印度的主要香料贸易中心,主要与一个盛产香料的内陆地区进行香料贸易。他对北至果阿的印度西海岸和南至索法拉港的东非海岸进行了广泛的侦察,并在1490年通过在开罗的葡萄牙使馆向葡萄牙政府呈送了他撰写的报告。在接到葡萄牙政府的第二轮指令后,他又造访了作为波斯湾地区香料贸易中心的霍尔木兹。

由此可见,在委托达伽马进行1497—1499年的印度航行之前,葡萄牙委员会对印度和东非的贸易条件以及在大西洋航行的可能性已经有了深入的了解。

1484年,约翰二世收到了哥伦布向西航行的建议。哥伦布是一个来自热那亚的航海家,曾经用了8年时间跟随葡萄牙船只航行到大西洋群岛和几内亚海岸。他要求国王提供给他一些船只去寻找西洋的"日本岛"（Ile Cypango）（Morison,1974,p.31）。葡萄牙委员会拒绝了他的建议,因为他们认为那个"日本岛"是马可·波罗虚构出来的,并且认为哥伦布大大低估了到亚洲的距离。最终,哥伦布的冒险航程得到了西班牙王后伊萨贝拉的资助。1492年,他航行到加那利群岛,并从那里出发,33天后抵达巴哈马。他在加勒比海用了三个多月时间发现了古巴和海地,但并没有意识到这些群岛是在一个庞大的未知大陆的中部。1493年,由于在返程途中遇到暴风雨天气,他被迫在里斯本靠岸进行船只整修,并向约翰二世汇报了他的发现。葡萄牙人不相信哥伦布已经到过亚洲,只是知道他并没有发现香料。葡萄牙预见到西班牙将进行一系列海上探险活动,为了保护自身的利益,在1494年与西班牙签署了《托德西利亚斯条约》。该条约规定,葡萄牙将不参与大西洋西部的竞争。在葡萄牙的坚持下,两国利益的分界线定在亚速尔以西的370里格*处（位于格林尼治子午线以西的48°左右）。如此一来,葡萄牙不仅可以放手开发其在亚洲的商业项目和在非洲的商业利益,而且还对（6年后发现的）巴西拥有合法的主权。

---

* 里格（League）,一种用于陆地和海洋的古老测量单位。用于海洋时,1里格大约相当于5.556千米。——译者注

达伽马探险航行的最后一个准备步骤是按照迪亚斯的建议建造两艘特制船只。琼斯(Jones,1978,p.30)对达伽马和以前航行者所用的船只进行了如下比较:"一个更牢固、更宽大的船只高高地耸立在水中央,它能够胜任沿海水域的航行,在大洋中它能够航行更长的时间,能够更安全地抵御热带的风暴,它也拥有条件较好的船员舱室。他的船上有前桅和主桅,其中主桅上配有方形主帆和中桅帆,船头上配有方形撑杆帆,在船楼右舷部有小后桅三角帆。如果不包括辅助帆在内,船上帆布形成的面积大约有4 000平方英尺。主桅和前桅各有一个瞭望台,船体长度接近75英尺,船的宽度为其长度的三分之一。"这种船如果"按现代计量单位计算,其登记的装载量为200吨左右"。每艘船上配有20支能发射几盎司重的石弹的火枪。另外,达伽马还拥有一艘50吨位的多桅帆船和一艘小型补给船。他的船员大约有160人,其中包括火枪手、乐师和三名阿拉伯语翻译。他的船队装有在西非所流行的货物(如粗布、铃铛和念珠等),尽管它们在亚洲没有什么实际用处。

1497年7月,达伽马从里斯本出发航行到佛得角,此后不久,在距离塞拉利昂150公里处,他改变了朝东南方向驶向非洲海岸的正常路线,转为朝西南方向驶向大西洋,最终随东南风绕过了好望角。到圣诞节前夕,他已环绕非洲一圈,而且沿非洲东海岸访问了莫桑比克、蒙巴萨和马林迪。他发现那里的经济生活比西非要先进和丰富得多。其沿海城镇有阿拉伯商人、来自古吉拉特和马拉巴尔的印度商人以及波斯商人。他们进口丝织品和棉织品、香料和中国瓷器,出口棉花、木材和黄金。他们的船上配有熟悉印度洋季风条件的专业领航员。葡萄牙人注意到,他们的船只虽然坚固,但是船板不是用钉子固定的,而是用椰子壳粗纤维做成的绳索固定在一起的,这种椰子壳在印度南部和锡兰随处可见。当地人口是非洲黑人和阿拉伯人的混血人种,他们讲阿拉伯语和斯瓦希里语,喜欢穿棉制服装,并使用铸造货币。达伽马设法从马林迪(在肯尼亚境内)的统治者那里雇到一个能干的古吉拉特领航员,后者帮助他在不到一个月的时间内就抵达了喀拉拉邦境内的卡利卡特。

葡萄牙人在卡利卡特停留了三个月,深入了解了当地香料市场上的价格和条件,但未能与当地统治者建立友善的关系,也没有出售掉他们带来的货物。返回马林迪的路程耗时三个月。因为许多船员死于坏血病,正常航行操作受到严重影响,为此,他们焚烧了特制船之一的圣加布里尔号船。他们的补给船在出航的途中就已经被拆掉了。

在 1499 年 7 月,多桅帆船返回到里斯本。而达伽马则于同年 8 月才回到里斯本(他为了安葬他的兄弟而在亚速尔稍作停留)。在这两年航行期间,达伽马损失了一半的船员和两艘船只,他几乎没有带回什么货物,但他证明了当初选择的航线是可行的。他在东非发现了一个新的黄金产地,证实了在印度洋并不存在能够阻止葡萄牙香料贸易的海上舰队,而且告诉人们在喀拉拉邦有基督徒。①

里斯本对上述消息反响热烈,很快就涌现出许多后续冒险船队。在 1500 年 3 月,佩德罗·卡布拉尔(Pedro Cabral)率领 12 艘船和 1 000 多人对原有路线进行了改进,他们带回了大量货物,并在喀拉拉邦海岸建立了一个基地。许多私人也参与了这次远航,并与船队共担成本和共享收益。

卡布拉尔比达伽马在大西洋上向西航行得更远。在海上航行一个月后,他非常幸运地成为发现巴西的第一个航海家。他在巴伊亚以南 350 公里处的一个被他称为塞古鲁港口的地方逗留了几天,立即派船返回里斯本报告他所发现的领土,该领土正好位于《托德西利亚斯条约》中划分给葡萄牙的领土范围内。②

他在东非海岸的索法拉和基尔瓦停留,这是两个被达伽马错过的地方。他在马林迪找到了一个领航员,在离开里斯本的 6 个月内抵达了卡利卡特。在那里他逗留了两个月,并接受了一个很大的赠房作为贸易基地(工厂)。但是,他必须匆忙离开,因为葡萄牙人在到古吉拉特的途中掠获了一艘当地船只,并在驶向红海的吉达的途中掠获了另一艘当地船只。当地穆斯林商人为了报复,攻占了葡萄牙人的工厂,杀死了 50 多个葡萄牙人,并霸占了他们的货物。作为回应,卡布拉尔又抢夺了另外 10 艘当地船只,并炮击了没有设防的城镇(Subrahmanyam,1997,pp.180—181)。他继续沿海岸航行了 150 公里到达科钦,并在那里装载了另外一些货物,建立了一个永久工厂。在离开时他留下一部分人看守基地,并将三名科钦代表带回葡萄牙。在去马林迪之前,他又在卡那奴尔(卡

---

① 葡萄牙人深信在非洲和亚洲有大量基督徒,其探险者的使命之一就是要解开祭司王约翰(Prester John)王国的谜团。葡萄牙密探柯维拉为此目的于 1493 年来到了埃塞俄比亚。他为尼格斯-埃塞俄比亚国王效劳,在那里一直待到 1520 年。在非洲的其他地方,规模较大的基督徒群体是埃及的科普特人。另外在南印度也发现了零星的基督徒群体。

② 为了核实卡布拉尔的发现,1501 年葡萄牙人雇用佛罗伦萨航海家韦斯普奇(Amerigo Vespucci)去探寻巴西海岸。两年前他曾经沿着委内瑞拉和圭亚那的海岸为西班牙做过一次试探性航行。李约瑟(Needham,1971,Vol.IV:3,p.513)曾提出这样的观点,即在哥伦布航行到加勒比海之前,葡萄牙人就已经知道巴西的存在了。

利卡特以北约70公里处)停留以装载肉桂。

大约在1501年7月初,卡布拉尔率领5艘船只返回里斯本。他带回的货物大都是胡椒,大约有700吨重。① 但是他的船队损失了7艘船(其中6艘损失在去途中,1艘损失在回程中),而且在卡利卡特与当地人发生的暴力冲突令人望而却步。

在1502年2月,达伽马受命率领20艘船离开里斯本,开始了他的第二次印度航行。当时的计划是其中15艘船返回葡萄牙,5艘船(归达伽马的叔叔指挥)留在当地以保护葡萄牙在印度的基地和封锁从印度出发到红海的运输船只。到了同年6月,达伽马横穿好望角并在索法拉停留以购买黄金。在基尔瓦,他强迫当地统治者同意每年向葡萄牙进贡珍珠和黄金,然后离开那里继续他的印度航行。他在卡那奴尔沿岸等候从红海返回的船只,截获了一艘从麦加返程的载有朝圣者和贵重货物的船只。在掠夺了船上部分货物后,他将该船同它的大部分乘客和船员一起焚烧掉了(Subrahmanyam,1997,pp.205—209)。然后,达伽马继续率船驶入卡那奴尔,与当地统治者交换了礼物(用银交换宝石),但没有和当地人做生意,因为他发现香料的价格太高。接着,他率船队直奔科钦,在卡利卡特对面的港口城市停留,要求当地统治者逐出所有穆斯林商人(4 000户)。这些穆斯林商人利用该港口作为与来往红海的船只进行贸易的基地。当地印度统治者萨姆德里拒绝了他的要求,于是,达伽马仿效卡布拉尔的做法炮击了这个港口城市。他在同年11月初抵达科钦,在那里,用其从所焚毁船只上抢来的银、铜和纺织品来购买香料;建立起一个永久工厂,并且留下了5艘船来保护葡萄牙的利益。

在返程之前,达伽马的船队遭到由卡利卡特商人资助的30多艘船的袭击。但在葡萄牙船队的炮击下,这些袭击船只溃败而逃。因此,卡利卡特的部分穆斯林商人决定迁移到别的地方经商。海上交战的结果清楚地表明,当时葡萄牙的武装船只比亚洲的武装船只更有优势。

在1503年10月,达伽马率领13艘船并带着近1 700吨的香料返回里斯本,这些香料相当于15世纪末威尼斯从中东地区一年的进口量。但是,葡萄牙

---

① Subrahmanyam(1997,p.182)引用了"4 000坎塔(cantari)"这个数字,但"坎塔"这个度量单位有许多意思。Ashtor(1980,pp.756—757)将"kintars"(用于从亚历山德里亚向威尼斯出口香料的度量单位)定义为180公斤。因此,我假定该单位是Subrahmanyam引用的文献中使用的计量单位。

人的这项贸易所获得的利润要远大于威尼斯人,大部分香料通过西班牙属荷兰的主要港口安特卫普销往欧洲。

迪亚斯、卡布拉尔和达伽马的远航为葡萄牙在东非和亚洲建立贸易帝国奠定了基础。葡萄牙对好望角周围的航线的垄断地位一直维持到16世纪的最后10年。

1509年埃及马穆鲁克政府曾派出一支船队试图阻止葡萄牙人对红海航运的干预,但他们在古吉拉特海岸的第乌被葡萄牙人所击败。尽管如此,葡萄牙始终未能在红海成功地建立起它的贸易基地。1538年,亚丁被土耳其所占领。大约从16世纪中叶起,亚洲与埃及的贸易通道重新开放。葡萄牙人在霍尔木兹海峡占领了一个有防御工事的据点,从而将波斯湾的入口控制了长达一个世纪之久。虽然与在萨法维王朝新建的政权之间的贸易并没有被封锁,但那些进入波斯湾的商人和那些使用其他葡萄牙基地的商人必须购买安全通行许可证(cartazes)。另外,葡萄牙还对经过其在亚洲基地的货物征收关税。

维克(Wake,1979,p.377)对当时葡萄牙香料的年进口量进行了大致估计。在16世纪的前50年,葡萄牙平均每年进口1 475吨香料,在后50年平均每年进口1 160吨。到了1600年,整个西欧对香料的消费量可能是1500年的两倍左右,人均消费量增长了一半。①

表2-6至表2-10分别显示了欧洲国家抵达亚洲的船只数量、葡萄牙来往亚洲的船只数量、从美洲到欧洲的金银贩运量、中国的白银进口量以及西欧的金银出口量。

---

① 李约瑟(他还是一个生化学家)是这样解释欧洲对香料的需求的:"通常的想法是胡椒和香料只是用于餐桌上的辛辣佐料或掩盖变质肉味道的佐料,但这不足以解释西方中世纪对香料如此大量的进口。我们倾向的假设是,正如传统中国和伊斯兰国家所做的那样,实际上胡椒与盐混合在一起可以用于肉的保存。适量加入香料可以抑制脂肪的自解酶,因此具有抑菌和抗氧化作用。"(Needham, 1971, Vol. IV:3, pp. 520—521)

Landes (1998, pp. 132—133)用不同语言指出了上述最后一点:"那个时代的人可能不知道,烈性香料可以杀死或削弱那些促进组织腐烂并以此为生的细菌和病毒。"

表 2-6　7 个欧洲国家抵达亚洲的船只数量（1500—1800）　　　　　　　（艘）

	1500—1599	1600—1700	1701—1800
葡萄牙	705	371	196
荷兰	65[a]	1 770	2 950
英格兰		811	1 865
法国		155	1 300
其他		54	350
合计	770	3 161	6 661

a. 16 世纪 90 年代的数据。

资料来源：葡萄牙 1500—1800 年的数据来自 Magalhães-Godinho（Bruijn and Gaastra, 1993, pp. 7, 17）；其他国家的数据来自 Bruijn and Gaastra（1993, pp. 178, 183）。"其他"是指丹麦和瑞典贸易公司以及奥斯坦德（Ostend）公司的船只。

表 2-7　葡萄牙来往亚洲的船只数量（1500—1800）　　　　　　　　　（艘）

	去程		返程	
	从里斯本出发到印度洋	抵达亚洲	从印度和马六甲出发	返回里斯本
	（各时期总数）			
1500—1549	451	403	262	243
1550—1599	254	217	212	170
1600—1635	207	152	95	74
1636—1700	164	—	—	—
1701—1800	196	—	—	—
	（年平均数）			
1500—1549	9.0	8.1	5.2	4.9
1550—1599	5.1	4.3	4.2	3.4
1600—1635	5.8	4.2	2.6	2.1
1636—1700	2.5			
1701—1800	1.9			

资料来源：Magalhães-Godznho（Bruijn and Gaastra, 1993, pp. 7, 17）。从里斯本出发和返回船只数量之间差异的原因，一是由于船只损坏，二是有些船只直接回到母港，三是有些船只留在亚洲保护基地或者参与亚洲内的交易。一旦贸易关系牢固建立，从里斯本出发到科钦航程的平均时间为 5.75 个月，返程时间平均为 6.5 个月。船只的平均规模随时间推移而增大，16 世纪时的最大载重量为 300 吨，17 世纪时增加到 1 000 吨。

表 2-8　美洲对欧洲的金银输出（1500—1800）　　　　　　　　　（吨）

	金	银
1500—1600	150	7 500
1600—1700	158	26 168
1700—1800	1 400	39 157
1500—1800 合计	2 708	72 825

资料来源：Morineau（1985, p. 570）。

表 2-9　中国的白银进口量及来源地(1550—1700)　　　　　(吨)

	日本	菲律宾	葡萄牙 (贩运到澳门)	合计
1550—1600	1 280	584	380	2 244
1601—1640	1 968	719	148	2 835
1641—1685	1 586	108	0	1 694
1685—1700	41	137	0	178
1550—1700 合计	4 875	1 548	428	6 951

资料来源：Von Glahn(1996，pp.140，232)。

表 2-10　西欧的金银出口量(1601—1780)　　　　　(吨银当量)

	到波罗的 海海岸	到地中海 东海岸	从荷兰(VOC) 到亚洲	从英国(EIC) 到亚洲	合计
1601—1650	2 475	2 500	425	250	5 650
1651—1700	2 800	2 500	775	1 050	7 125
1701—1750	2 800	2 500	2 200	2 450	9 950
1751—1780	1 980	1 500	1 445	1 450	6 375
1601—1780 合计	10 055	9 000	4 845	5 200	29 100

资料来源：Barrett(Tracy,1990，p.251)，但是他并没有给出金银的换算比率。
注：VOC 指荷兰东印度公司，EIC 指英国东印度公司。

第五节
印度洋的贸易世界

1500 年时亚洲的人口(2.84 亿人)是西欧人口(0.57 亿人)的 5 倍左右，到 1600 年时这种格局基本未变。这是一个非常巨大的市场，亚洲贸易商的经营网络横跨东非和印度，以及东印度和印度尼西亚。在马六甲海峡以东，贸易主要由中国主导。印度船只难以抵御中国海的台风袭击，它们的军事配备也不足以应付中国沿海一带的海盗活动(Chaudhuri,1982, p.410)。

后来葡萄牙人取代了亚洲商人，向红海和波斯湾港口供应香料，再将这些香料销售给威尼斯、热那亚和加泰罗尼亚的商人。但是，香料贸易仅仅是亚洲商品贸易的一部分，也许仅占后者的四分之一。亚洲内部的海上贸易还包括纺织品、瓷器、贵金属、地毯、香水、珠宝、马匹、木材、食盐、生丝、金、银、草药，以及其他许多商品。

因此，香料贸易不再是葡萄牙人和后来加入的其他欧洲商人（荷兰人、英国人、法国人等）的唯一贸易机会，丝绸和瓷器贸易也发挥着越来越重要的作用。到了17和18世纪，棉织品和茶叶贸易已经变得十分重要。另外，也存在参与亚洲内部贸易的机会。在16世纪50年代至17世纪30年代，葡萄牙通过参与中日之间的贸易赚取了可观的利润。

亚洲商人对印度洋的季风规律及其他各种问题比较熟悉。亚洲商船上有经验丰富的舵手，有关于天文和航海的科学研究记录，也有不比葡萄牙逊色多少的航海仪器。[①]

从东非到马六甲（位于苏门答腊与马来半岛之间的狭窄海峡）的亚洲贸易路线主要由商人团体经营，没有武装船只护航，也没有受到政府过多的干预。南印度是葡萄牙人在亚洲经商的第一站。虽然它被维贾亚纳加尔帝国所统治，但其沿海贸易条件由少数政治团体的首领制定，这些首领通过向商人提供保护和市场而获取收入。维贾亚纳加尔帝国以及后来的莫卧儿帝国统治者们的收入主要来自土地税收，他们对国际贸易活动没有明显的兴趣。但是，中国和日本的情况却有所不同。

亚洲商人喜欢在种族、宗教、家族、语言相近的一个相互影响的群体网络中做生意，并且唯利是图。就唯利是图这一点来说，他们的经商习惯与威尼斯商人或在地中海阿拉伯世界经商的犹太商人没有本质上的区别。[②] 在西亚和中东，商人一般都是阿拉伯人和穆斯林，但再往东边就包括"来自古吉拉特的瓦尼雅斯人、泰米尔人和泰卢固仄迪人、来自西南印度的叙利亚基督徒，以及来自福建省和邻省的中国人"[③]。如果他们交纳保护费和市场准入费，就可以在那里自由地做生意；如果保护费太高，他们通常就会转移到其他地方另辟天地。

葡萄牙人的经商网络在两个方面有所不同：一是它由一系列构筑有坚固的防御工事的基地组成，并受其武装舰队的保护，因此，市场力量因武力恫吓而被

---

① 参看 Tibbetts（1981）有关阿拉伯先驱航海家伊本·马吉德（Ibn Majid）著作的译文，以及 Jones（1978）有关利用星座和太阳确定航行位置的阿拉伯仪器的描述。
② 参看 Goitein（1967）有关地中海阿拉伯世界中犹太群体活动的描述。
③ 参看 Subrahmanyam（1997，p.96）。

调整;二是与亚洲贸易公司或后来渗入亚洲的欧洲贸易公司不一样,葡萄牙商人同时也参与宗教传播活动。

葡萄牙贸易帝国的总部于1510年设立在被占领的阿拉伯港口果阿,一个处在西印度海岸中部的海岛港口。西印度海岸作为葡萄牙的殖民地长达近460年。① 它是葡萄牙总督的居住地,自1542年起成为耶稣会士在亚洲活动的大本营。马六甲是控制从印度输往印度尼西亚和中国的货物以及它们之间往来船只的港口。它于1511年被葡萄牙占领,直到1641年被荷兰抢占。葡萄牙在斯里兰卡的贾夫纳建立了一个肉桂的贸易基地,从那里运走大部分原产于印度马拉巴尔海岸的胡椒和生姜。但对于价值较高的香料,葡萄牙人在摩鹿加(位于西伯里斯岛和新几内亚之间)的德那第岛建立了一个丁香、肉豆蔻和肉豆蔻皮的贸易基地。

第六节
中国、日本和菲律宾的贸易世界

马六甲东部亚洲各国的贸易条件各不相同。同印度洋国家相比,与中国和日本建立正式贸易关系更费周折。葡萄牙在1513年和1521—1522年向中国提出的通商要求遭到了拒绝,直到1557年*它获得澳门居住权时才有了转机,尽管在此之前它已参与了中国海岸的地下贸易。葡萄牙与日本在1543年开始贸易接触,但与日本之间的真正贸易往来是在16世纪50年代以澳门为基地展开的。

15世纪时的中国已不再是亚洲贸易中的积极角色,它对私人贸易进行了严

---

① 在1509—1515年,阿尔布克尔克是葡萄牙在亚洲的总督,正是他在果阿和马六甲建立了贸易基地。开始时他率队试图攻占卡利卡特岛,但在登陆时被击溃。后来他选择了果阿并获得了成功。印度君主维贾亚纳加尔对果阿穆斯林据点的清除感到高兴,随即与葡萄牙人建立了良好关系(Panikkar,1953,pp.38—39)。

* 中国官方说法是1553年。——译者注

格控制,并对日本实行禁运。鉴于中国退出亚洲贸易的历史重要性,有必要回顾一下中国在1100—1433年间作为亚洲贸易中最活跃力量的历史。

到宋室被赶出中国的北部并在长江以南的临安(今浙江杭州)重新建都时,中国的对外贸易程度已经大大提高了。江南是一个以种植水稻为主的人口稠密地区,它不需要远距离地供应食物。因此,宋朝比中国的其他大多数朝代更倚重商业税收,因而鼓励了港口和对外贸易的发展。当时的主要港口是位于广东以东600公里处的泉州。宋朝发展起大规模的用于出口贸易的陶器生产,江西的景德镇因精于烧制陶器的窑炉技术而繁荣起来。

为了保护长江及沿岸地区不受蒙古的侵犯,中国于1232年建立了职业海军。在一个世纪内中国海军发展成为以上海为主要基地并拥有52 000名官兵和20个编队的舰队。它的舰艇包括在长江服役的装有防护装甲板并依靠踏车操作的明轮船,这些船上配有可以向敌船发射重型石弹或其他飞弹的强力弩炮。

在宋朝被推翻后,蒙古族建立的元朝为了开展对外贸易和将粮食运到位于中国北部的北京(元朝的新首都),以及为了与亚洲其他国家进行海上贸易和增强其海军实力,进一步扩大了造船业的规模。在1274年和1281年,元朝曾先后两次组织庞大舰队征战日本,但均告失败。第一次征战的舰队包括900艘战船。第二次征战的舰队规模更加庞大,它载有25万名登陆作战的士兵。元朝亦重新开通了与欧洲和中东进行陆上贸易的丝绸之路。

就像在宋朝一样,元朝商界中很大一部分人来自伊斯兰世界的各个角落。这一点在马可·波罗和伊本·巴图塔(Ibn Battuta)的观察中得到证实,前者是在13世纪最后25年来到中国的威尼斯人,后者是五十多年后造访中国的摩洛哥人。他们两人都留下了显著的证据,足以证明当时中国的国际贸易是非常活跃的。

在明朝早期,在永乐皇帝的授意下,中国海军到其传统利益范围"东洋"以外的水域开展了一系列远洋航行(见表2-11)。这些大规模海上远征的主要动机是政治上的,尽管它们也有开展国家对外贸易的重要成分。

表 2-11　中国海军的"西洋"航行外交（1405—1433）

时间	船只数量（艘）	海军及其他人员数量	所访问的"西洋"地点	所访问的"东洋"地点
1405—1407	62（大型船只）	27 000	卡利卡特	占婆、爪哇、苏门答腊
1407—1409	—	—	卡利卡特、科钦	暹罗、苏门答腊、爪哇
1409—1411	48	30 000	马六甲、奎隆	苏门答腊
1413—1415	63	29 000	霍尔木兹、红海、马尔代夫、孟加拉	占婆、爪哇、苏门答腊
1417—1419	—	—	霍尔木兹、亚丁、摩加迪沙、马林迪	爪哇、琉球群岛、文莱
1421—1422	41	—	亚丁、东非	苏门答腊
1431—1433	100	27 500	锡兰、卡利卡特、霍尔木兹、亚丁、吉达、马林迪	越南、苏门答腊、爪哇、马六甲

资料来源：Needham（1971）和 Levathes（1994）。这些航行的详细官方记录后来被那些反对恢复此类航行的官僚所销毁。本表的信息主要依据当事者的记录和后来的宫廷史书。

　　永乐皇帝是一个篡位者，他通过发动一次成功的军事政变而将他的侄子赶下了台。由他发起的中国海军远洋航行的目的在于展示中国的国力和财富，提高其政权的合法性，同时也通过远洋航行扩大中国对更多领土的宗主权。朝鲜是中国附庸关系体系的永久成员，永乐皇帝在 1404 年说服日本也加入了这个体系（除了中间有一个短暂的中断外，这种关系一直维持到 1549 年）。在这个附庸体系中，由一方发起赠送"礼物"（中国方面的"礼物"主要是一些特产，如丝绸、黄金、漆器和瓷器等），另一方则需要回赠礼物。在永乐皇帝之前，这种礼物交换通常每隔几年进行一次，并带动了两国之间的私人贸易。但是，这类私人贸易遭到了永乐皇帝的禁止。

　　这种附庸关系被认为是对中国自诩的道德和文化优势的一种承认，是开化中国边境"蛮人"的一种力量，从而可以增强中国的安全。基于这种理由，政府期望在发展和监督贸易关系方面发挥主导作用。其潜在的思想不是建立殖民帝国，而是维护中国的"霸主"地位。在处理中国与外部世界关系的问题上，传统的观念与元朝时期统治者的观念有着很大的不同，后者的目的就是征服世界。永乐皇帝也许感到有必要重塑更吸引人的中华文明形象。

　　1405—1433 年，中国先后七次派船远航到"西洋"。这七次远航都是由郑和将军统率完成的，他是一个宦官和内廷成员，15 岁就开始从军。在明朝宫廷中像他这样的宦官有数千人之众，皇帝将他们视为心腹，并依靠他们与官僚势力相抗衡。官僚中大多数人都认为海外远航是劳民伤财之举。当时明朝正将首都从南京迁到北京,同时重修大运河。这些工程极大地加重了财政负担,迫使政府在沿海一带省份征收特别税。永乐皇帝通过印制大量纸币以增加国库收入。由此造成的通货膨胀最终导致私人经济中纸币交易的消失(见表 2-12)。从 15 世纪 30 年代起,白银成为交易和纳税的主要货币。

表 2-12 明朝纸币与白银之间的汇率(1376—1426)

	官方汇率	市场汇率
1376	1.00	1.00
1397	0.07	
1413	0.05	
1426	0.0025	
1436	—	0.0009

资料来源:Atwell(Twitchett and Mote,1998,p.382)。

在永乐皇帝统治时期,明朝海军"总共由 3 800 艘舰船组成,其中 1 350 艘巡逻舰和 1 350 艘战斗舰用于保卫军事基地或岛屿,400 艘大型舰船布置在南京附近,400 艘运输船用于粮食运输,另外还有 250 多艘适合远距离航行的宝船(treasure-ships)"(Needham,1971,p.484)。这种宝船是远航至西洋时最重要的船只,其大小是达伽马船只的 5 倍,船长为 120 米,船宽将近 50 米。

中国船只与在印度洋航行的船只和葡萄牙的船只有着显著的不同。宝船上设有九桅,即使小型船也有多桅。船上的帆布用竹杠横向固定,使得收帆操作可以有条不紊。当船帆收起时,船帆迅速落下成褶裥状。如果船帆局部破损,受影响的面积因竹杠的固定变得非常有限。大型船只一般都有 15 个或更多的水密舱,因此,即使船只局部受损也不会下沉,并可以在海上就地修复。船上配有 60 个船舱,因此,船员的休息舱同葡萄牙船只相比要舒适些。

表 2-11 列出了由永乐皇帝发起的六次远航的特点,第七次远航是在他去世后进行的。这些远航的舰队都非常庞大,它们的舰船也非常大,目的在于恫吓舰队经过的国家的统治者们。远航的意图是和平性的,但其军事实力足以有效地抵御外来的攻击。实际上,这种外来攻击只发生过三次。第一次是发生在到印度寻找香料的途中,其余两次是发生在到非洲东海岸、红海和波斯湾探险的途中。

中国这些远航的主要目的是通过赠送礼物和护送外国大使或首脑到达或

离开中国,寻求与外国建立良好的关系,并没有在国外建立贸易或军事基地的任何企图。这些远航的另一个目的是寻找新的草药,为此,其中一次远航携带了180名医生。此外,他们对那些在中国从未见过的非洲动物很有兴趣,通过远航带回了鸵鸟、长颈鹿、斑马、象牙和犀牛角。然而,这仅仅是出于对异域事物的好奇心,不同于欧洲与美洲接触后所开始的动植物种群的交换。

永乐皇帝死后,中国朝廷内对远距离外交政策的支持迅速下降。中国与"西洋"国家的附庸关系的扩大没有提高中国的安全度,而远洋航行的高昂费用使得国内财政和金融危机更加严重。朝廷内大臣们一直反对这种提高宦官势力的冒险活动。他们通过毁灭远洋航行的官方记录来巩固他们的优势。此时朝廷的注意力日益转向如何防止在北方新建的首都遭受来自蒙古族或满族的侵犯。当时新首都的食物供应主要是由大运河来保证的。大运河全程2 300公里,相当于巴黎到伊斯坦布尔的距离,经整修后于1415年全线重新开通。① 由于可以保证新建水闸的全天候运营,它比以往发挥了更大的作用。以前通过海上运输粮食到首都的做法已经停止,取而代之的是航行于大运河的运粮驳船。

随着海洋外交的终止,宝船不再需要了,沿海防御体系被削弱了,精简海军主力的压力很大。到1474年,中国大型战舰的数量已从400艘减少到140艘。大部分造船厂被关闭了,海军人数也由于精简和逃兵而减少了。

中国与"东洋"内各国的宗主-附庸关系得以继续维持。例如,日本的船只仍然可以每隔几年来中国一趟。但是永乐皇帝禁止私人进行海外贸易的政策仍然有效,两桅以上的帆船是不允许出海的。

朝廷这种禁止和管制制度导致了大量非法的私人贸易和猖獗的海盗活动,而海岸警卫队对于贿赂往往是来者不拒。当葡萄牙人1557年在澳门建立其贸易基地时,他们已经对中国边境的贸易形势了如指掌,并且轻而易举地与中国和日本的海盗建立了关系。

1567年,中国取消了禁止私人贸易的法令,但依然禁止私人与日本进行贸易,这给葡萄牙人提供了一个千载难逢的良机。

---

① 大运河的长度大约是欧洲最大的朗格多克运河的10倍,后者是由柯尔贝尔建造并从1681年开始投入运营的,全长大约240公里,只能航行相对较小的船只(Parry,1967,p.215)。

日本

1539年，中国海关没收了日本参与朝贡贸易船只的货物。1544年，中国又拒绝了日本要求恢复朝贡贸易的请求。这足以引起日本人对中国的敌意，而这种敌意因日本政局的变化而得到增强。在16世纪中叶，足利[*]幕府在其濒于灭亡之际承认中国为日本的名义宗主国。接下来连续三届冷酷无情的军人统治者织田信长、丰臣秀吉和德川家康建立了一个强有力的统一政府，他们完全拒绝接受中国为日本宗主国这一思想。

在这些政治变革的同时，日本成为白银的主要生产国之一。它在16世纪30年代发现了丰富的银矿，其出口潜力巨大。而当时中国市场对白银的需求量非常大，其金银价格比率比日本要高得多。因此，向中国出售白银非常有利可图。但是由于中国不允许日本船只驶入其港口，从日本向中国贩运白银的主要运输者是华人海盗和葡萄牙人。

葡萄牙船只将印度尼西亚的香料从马六甲运到中国澳门，再销往中国内地；然后购买中国的丝绸和黄金，从澳门出发抵达日本的南部港口（先到平户再到长崎），在那里销售丝绸和黄金；其后再将换得的日本白银返销到澳门，在那里购买丝绸运往日本或他们在果阿的仓库。

葡萄牙的贸易还伴随耶稣会士的传教活动。方济各·沙勿略（Francis Xavier）在1549—1551年间在日本传教，耶稣会士在日本南部成功地使很多人改信基督教。最终，日本的基督信徒增长到30余万人，大大超过耶稣会士在果阿或中国所发展的信徒数量。日本人对葡萄牙的船只、地图和航海技术产生了兴趣，并从中学到一些东西。不过他们更感兴趣的是葡萄牙的枪炮。日本南蛮艺术中描绘了葡萄牙当时的一些技术，并将其清晰地展示在大型多扇屏风上。1543年，到达日本的第一个葡萄牙人携带了日本人从未见过的火枪。这种新型武器的潜力很快就被日本军人意识到，并设法加以仿造。它曾对日本内战产生了决定性的影响。1615年后，新一届军人政府采取有效措施禁用了火枪，只允许日本武士使用刀。

1596年，在马尼拉的西班牙当局试图仿效葡萄牙在日本的成功经验，派遣

---

[*] 足利（Ashikaga），原文为Ashigawa，疑误。——译者注

方济各会传教士去日本传教。日本人认为西班牙人企图使用其在菲律宾的方式来占领日本,因此,在丰臣秀吉的命令下,这些西班牙传教士和 19 个新皈依的日本信徒在长崎被处死。从那时起,日本对葡萄牙的传教活动的敌意与日俱增,开始转向与没有宗教企图的英国和荷兰商人打交道。最终,基督教在日本成为非法宗教,葡萄牙人在 1639 年被逐出日本。从那以后,葡萄牙与日本大陆的贸易只能通过中国和荷兰商人而进行。

马尼拉

麦哲莱斯(Fernao de Magalhaes)在 1511 年曾参与葡萄牙到摩鹿加香料岛的第一次远航,他回到葡萄牙后对他此行的报酬和前途并不满意。1517 年,他叛逃到西班牙,将自己的名字改为麦哲伦(Magellan),并说服西班牙国王资助他向西航行。他率领船队在 1519—1522 年进行了第一次环球航行,并开发了一条绕道阿根廷南部的航线。麦哲伦在菲律宾战役中被杀死,但他的船队继续航行到香料岛并最终返回西班牙。回到西班牙时,船队只剩下 15 人,共有 200 多船员丧身此行。

西班牙以现金交易的方式将摩鹿加让给葡萄牙,但在 1571 年有效地控制了菲律宾。菲律宾是西班牙帝国在美洲以外唯一举足轻重的地方。在位于墨西哥西海岸的阿卡普尔科到马尼拉的航线上,西班牙人垄断了用西班牙白银换取中国丝绸和瓷器的交易。但西班牙人很少直接参与中国贸易,此类贸易主要由中国商船利用居住于马尼拉的大量华人作为中介来完成。在 16 世纪的末期,有两千名左右西班牙人和上万名中国人居住在马尼拉。

西班牙与中国从未建立十分友好的关系。在 1603 年,一群代表福建总督府的无礼的中国商人访问了菲律宾,令西班牙人误以为中国企图侵占菲律宾。西班牙人对此的反应是袭击和杀害了在马尼拉的大部分华人。中国万历皇帝得知此消息后立即处死了那个冒犯西班牙人的中国商人。那次事件以后,西班牙人设法与中国继续保持了贸易往来。但是,对西班牙人来说,占领菲律宾从来就不是一件特别有利可图的事,从墨西哥经马尼拉流入中国的白银数量远远低于从日本流入中国的白银数量(见表 2-9)。

第七节
葡萄牙人在巴西

当葡萄牙人在1500年到达巴西时,他们作为殖民主义者的处境与西班牙当年在墨西哥和秘鲁的情况大不相同。在那里他们既没有发现一个先进的文明社会以及可供他们掠夺的贵金属矿产,也没有发现一个可向他们提供稳定贡品的井然有序的社会组织。巴西印第安人主要靠狩猎和采集为生,其中部分人正在转向刀耕火种式的木薯种植农业。他们的简陋技术和有限资源决定了他们的人口数量不会很多。他们没有城镇,没有家畜。他们是石器时代的男人和女人,只会抓鸟和捕鱼。他们不穿衣服,不识字,也不识数。

葡萄牙人在巴西定居的第一个世纪里,显然难以利用印第安人作为奴隶劳力。他们桀骜不驯,如果传染上西方疾病死亡率极高,而且稍不注意他们就逃匿得不知所踪。无奈之下,葡萄牙转而使用进口的非洲奴隶作为劳力。巴西印第安人的最终命运与北美印第安人极为相似,都被排斥在殖民社会之外。他们之间最大的不同之处在于,巴西印第安人与当地的白人入侵者和黑人奴隶的通婚比例要高于北美印第安人。

与西班牙从其殖民地所获得的利益相比,葡萄牙从巴西获得的来自商品出口和商业利润的利益的占比要高得多。在16世纪和17世纪,来自巴西的官方收入较少,只相当于1588年葡萄牙财政收入的3%左右,1619年的这一比重达到5%(Bethell,1984,Vol.1,p.286)。在16世纪,其经济活动主要集中在由少数葡萄牙定居者在巴西东北部从事的出口导向的高额利润的制糖业。该产业所使用的技术,包括黑人奴隶制度,都是先前在马德拉和圣多美开发出来的。位于干燥偏僻地区(半沙漠地带)的养牛厂为那些从事蔗糖生产的人们提供了食物。

巴西的蔗糖出口在17世纪50年代达到顶峰。从那以后,随着蔗糖价格的下跌和来自加勒比地区迅速增长的糖产量的竞争(见表2-4),来自蔗糖出口的收益下降了。

糖料贸易遭受的挫折使得巴西东北部的大部分地区沦为自给经济。分别于17世纪90年代和18世纪20年代在米纳斯吉拉斯南部发现的金矿和钻石矿带来了新的机会。在18世纪期间,来自欧洲和巴西东北部的大量移民纷纷涌入米纳斯参与金矿和钻石矿的开发。米纳斯在18世纪的繁荣是显而易见的,这一点从今天欧鲁普雷图(当时的采掘活动中心)的数量众多的精致建筑物和教堂中可见一斑。由于米纳斯吉拉斯的土地当时非常贫瘠,采矿区对食品和运输的需求刺激了南部邻省和东北部地区的食品生产业以及南里奥格兰德州的养骡业的发展。黄金采掘业在1750年前后达到顶峰,年产量达15吨左右。但随着最好的金矿被开采殆尽,黄金产量和出口量开始下降。在18世纪的前50年,从黄金开采获取的利润汇款年平均为523万密尔雷斯*(相当于140万英镑),其中确认为国王收入的部分为18%左右(Alden,1973, p.331)。在整个18世纪,巴西的黄金总装船量在800吨到850吨之间(Morineau,1985)。

在18世纪的后50年,葡萄牙的财政陷入极度困境。一是作为宗主国从巴西获得的收入因黄金产量的下降而减少,二是来自亚洲的收入也大幅度下滑,三是在1755年大地震后葡萄牙需要承担重建里斯本的费用。为了解决财政困境,葡萄牙首相彭巴尔在1759年将耶稣会士赶出巴西,并将因此而没收的巨额财产出售给富有的地主和商人。在随后几年中,其他宗教阶层的大部分财产也相继被没收。

在黄金产量锐减之后,巴西转向农产品出口。在1822年独立时,巴西三大主要出口商品是棉花、蔗糖和咖啡(见表2-13)。咖啡的生产始于19世纪初,当时正值海地的咖啡产量因奴隶暴乱的影响而下降。巴西的东南部种植咖啡,而甘蔗和棉花是其东北部的主要作物。

表2-13　巴西出口商品的构成(1821—1951)　(占合计数的比重,%)

	棉花	蔗糖	咖啡	橡胶	可可
1821—1823	25.8	23.1	18.7	0.0	—
1871—1873	16.6	12.3	50.2	0.0	—
1901—1903	2.6	2.4	55.7	22.5	2.5
1927—1929	2.0	0.5	71.7	2.0	3.8
1949—1951	10.0	0.3	60.5	0.2	4.8

资料来源:1821—1873年的数据来自Leff(1982,Vol. 2, p.9)。1901—1951年的数据来自《巴西数据》(O Brasil em Numeros)。

---

* 密尔雷斯(milreis),1911年前的葡萄牙货币单位。——译者注

在殖民统治末期,巴西的一半人口为奴隶。他们的食品是粗糙的豆子和牛肉干,工作几年后就会死亡。白人中的一小部分特权阶层享受高收入,而其他人(包括自由黑人、黑白混血、印第安人和大部分白人)则很贫穷。土地所有权主要集中在奴隶主手中,因此,财产分配的严重不均导致了收入分配的严重不均。巴西的地区间贫富差距也很悬殊,最贫穷的地方是东北部。米纳斯吉拉斯也已经过了它的鼎盛期。最繁华的地区是在新建的首都里约热内卢的周围。

按照拉丁美洲的标准,巴西的独立到来得非常顺利。1808年,葡萄牙王后和摄政王为躲避法国对葡萄牙本土的侵略而来到巴西。跟随他们一起到巴西的还有各机构官员一万余人,包括贵族、官僚和一些军人。他们在里约热内卢和彼得罗波利斯建立了政府和宫廷,使得巴西和葡萄牙成为一个联合王国(两者在当时的人口大致相当)。在拿破仑战争结束后,两国在基本和平状态下分而治之。巴西成为一个独立国家,其皇帝是葡萄牙君主的儿子。

独立后,巴西不再向葡萄牙缴纳贡赋。但是过于庞大的帝国统治机构造成了更重的国内税负。成为巴西新保护国的英国抽走了不断增长的商业利润。尽管如此,独立意味着巴西可以有自己的银行体系,可以印制纸币,可以搞温和通货膨胀,也可以从国际资本市场上筹措资本。

19世纪20年代后,国外资本时断时续地流入巴西,其中大部分是政府直接贷款或在国外出售巴西政府债券获取的收入。在君主统治时期,巴西一共获得17笔国外贷款。对这些债务,巴西从来都是按期偿付。对于向巴西提供贷款的英国银行家来说,巴西一直保持了良好的偿债信誉。

巴西独立后的商业政策有所变化。在1808年以前,巴西的港口只对英国或葡萄牙船只开放①,重商主义束缚了巴西制造业的发展。这些禁令在1808年被废除。但是英国的特殊治外法权和关税优惠一直保留到1827年。在这些关税优惠被取消后,巴西被迫将其关税水平限制在其进口价值的15%,并一直维持到1844年。这对一个既要承担王室的所有服饰费用,而且又没有政治能力开征土地税或所得税的政府来说是一种严重的财政约束。这鼓励了扩张性财政政策和纸币贬值政策。1844年,在巴西重新获得关税自治权时,政府将制造

---

① 1640年,当葡萄牙从西班牙重新获得独立时,就与英国紧密结盟。英国人被允许在巴西和葡萄牙经商,并享有治外特权。英国货物的进口关税税率固定不变。1703年,两国签署的《梅休因条约》(Methuen Treaty)允许英国货物免税进入葡萄牙和巴西市场。作为回报,英国在军事上支持葡萄牙帝国。

业产品的关税总体水平提高到 30%,同时取消了对原材料和机械设备的关税。这些措施有力地促进了棉纺织业的建立和发展。在帝国时期,关税收入占政府税收收入总额的三分之二。关税政策对保护国内产业起到了重要作用。就关税收入占进口额的比重而言,巴西是除葡萄牙外水平最高的国家。①

1833 年,英国在西印度群岛废除奴隶制,并开始积极干预奴隶贸易活动。在 1840—1851 年间,流入巴西的奴隶为 37 万人。此后奴隶贸易因英国海军的干预而告终止。巴西国内的奴隶制又维持了四十多年。随着奴隶贸易的终止,巴西经济发生了显著的变化。它的即期效应是奴隶价格上涨了一倍,因此,让奴隶因过度工作而过早夭折就不那么经济了。黑人人口的性别和年龄结构开始发生变化,总的趋势是参加劳动的人口比例在下降。1888 年,巴西废除了奴隶制,没有对奴隶做出补偿,也没有对其重新安置提供任何帮助。当时,巴西的奴隶人口占总人口的比重为 7%,而在内战爆发前夕的 1860 年的美国,这一比重为 13%。

军队于 1889 年推翻了帝制,建立了一个寡头共和国,实现了教会和国家的分离。选举权仅赋予那些拥有财产的人。总统一般在预先安排好的基础上由来自圣保罗和米纳斯吉拉斯的政客轮流出任。在君主统治时期,权力主要集中在君主手中,现在各省则变成享有充分自治权的州。该自治权包括对关税的控制权,外国和外省的货物都可能被征收关税。在各州,权力主要集中在任人唯亲的少数政客手中。

在州以下的地方政治中,盛行"长官统治"(rule of the colonels)。这些半土匪半绅士之流通过不全是合法的手段将大量土地占为己有,对那些不很富有的平民实行庄园主式的统治。

在共和国成立的头几年,如何将奴隶转变成工资劳动者是一个令人头痛的问题。在里约热内卢附近的地区,由于种植咖啡不再有利可图而转向养牛业。于是,圣保罗有利竞争的地理优势得到增强,因为它的气候和土壤比里约热内卢附近被侵蚀的峡谷地带更适宜咖啡种植。从 19 世纪 40 年代参议员维尔古

---

① 穆尔哈尔(Mulhall,1899, p.172)指出,1887 年巴西的关税收入为贸易总额的 21%(扣除 5%的出口税后相当于进口总值的 37%),而同期的世界平均水平为 5.6%。关税收入占贸易总额的比重最高的国家是葡萄牙(41%),其次是美国(15%)。在荷兰,该比重为 0.2%;比利时为 1.1%;印度为 2.2%;英国为 3.1%。他还指出(p.258),在 1871—1880 年的 10 年中,巴西财政收入的 72%来自关税(比其他任何国家都高),而在印度,该比重仅为 4%(最低)。

埃洛（Vergueiro）在他的种植园首次引入白人移民起，圣保罗逐步建立起一个白人移民的自由劳动力市场。1880—1928年，该州政府对移民（主要是意大利人）实行大规模补贴。在20世纪20年代，圣保罗的移民中有许多是日本人。随着铁路运输的引入和桑托斯港口的开发，圣保罗的经济得到了进一步的发展。移民的平均受教育水平要显著高于当地土生土长的巴西人。他们的识字率是当地巴西人的两倍，他们中间受过中等和高等教育的人口比例是当地巴西人的三倍（Merrick and Graham，1979，p.111）。虽然他们的工资水平比奴隶要高，但他们的生产率也更高。他们的人口数量随着移民而迅速增加。

在共和国时期，巴西东北部的经济停滞不前。无论在哪里，黑人和混血种人都几乎没有从经济增长中得到什么好处，因为他们没有选举权，没有土地，没有受教育的机会，也没有在巴西向工资制经济转变的过程中得到政府任何形式的帮助。

葡萄牙在巴西的统治产生了如下几方面的深远影响：

（1）巴西的主要特征是在收入、财富、教育和机会诸方面极为不平等，其程度要远高于亚洲、欧洲或北美洲。它的社会结构仍然保留着殖民时期的传统，即土地占有极不平等，绝大多数劳动力是奴隶。即使按照拉丁美洲的标准，巴西对普通教育的长期忽视也是非常严重的，从而阻碍了劳动生产率的提高。另外，不平等还表现在地区差距上。在最贫困的皮奥伊州与联邦区之间的人均收入差距大约是7∶1。与巴西地区收入不平等程度相当的其他国家只有墨西哥和中国。

（2）巴西的收入和机会不平等与种族密切相关，但其奴隶制的延续并没有造成像在美国那样的社会紧张状况。弗雷尔（Freyre，1959）认为，巴西是个或多或少没有肤色歧视的社会，是一个富人和穷人之间没有尖锐社会对抗的社会统一体（social continuum）。巴西与美国的差异主要是因为在殖民地时期葡萄牙与伊斯兰世界交往甚密，因而其社会和道德观点深受后者的影响。费尔南德斯（Fernandes，1969）对巴西社会持更加批判的观点，认为它事实上已经形成不很显著的社会歧视。

（3）与拉丁美洲其他国家相比，巴西的政治改革比较顺利。《托德西利亚斯条约》（1494）将美洲在西班牙和葡萄牙之间友好地瓜分了。葡萄牙得到以格林尼治子午线48°为分界线以东的区域，但巴西目前边界所包含的陆地面积接近于当初的三倍——这种边境的划分是通过和平谈判在 1750 年的《马德里协定》中确认的。事实上,这种领土扩张大部分都是由边境居民创造的。历史上仅有的一次大规模入侵是荷兰对巴西东北部的占领(1630—1654)。而为保卫边境导致的巴西与法国或西班牙的冲突并不严重。巴西最后一次获得的领土是阿卡,它是从玻利维亚购入的。历史上巴西进行的规模最大的对外战争是对巴拉圭的战争(1865—1870)。巴西的情况与墨西哥、欧洲和亚洲因边界争端而发生的战争形成了鲜明的对比,其中墨西哥在与美国的战争中损失了一半领土。

(4)巴西的另一个突出特征是它平稳地实现了国内政治体制的转变。葡萄牙国王的儿子在 1822 年成为巴西国王。巴西的独立没有经过任何重大的战争。在没有发生任何内战的情况下,巴西于 1888 年成功地废除了奴隶制。在 1889 年,巴西由帝制成功地转变成共和制。在 1930—1945 年间,瓦加斯(Vargas)独裁统治的开始和结束时几乎都没有发生什么暴力冲突,而 1964—1985 年间的军人政权也是如此。

(5)平稳的政治过渡、国际上的和平共处以及国内各民族之间的社会和睦关系,使得巴西能够成为一个世界性的国家,其中包括最初的葡萄牙定居者、非洲奴隶的后裔,以及随后来自意大利、日本、德国和黎巴嫩的移民。它是一个具有高度自信心的新开拓的国家,对强大邻国而言又是一个没有寻衅感的国家。它的联邦制比许多大国更加松散,它还是一个有着丰富多元的知识阶层生活的国家。

(巴西经济发展的五个关键时期与美国经济表现的比较如表 2-14 所示。)

表 2-14　巴西经济发展的五个关键时期与美国经济表现的比较(1500—1998)

	巴西增长记录		
	人口 (千人)	GDP (百万 1990 年国际元)	人均 GDP (1990 年国际元)
1500	1 000	400	400
1820	4 507	2 912	646
1890	14 199	11 267	794
1929	32 894	37 415	1 137
1980	122 936	639 093	5 199
1998	169 807	926 919	5 459

(续表)

	巴西各时期增长率(年复合增长率,%)		
	人口	GDP	人均 GDP
殖民地时期(1500—1820)	0.47	0.62	0.15
帝国时期(1820—1890)	1.65	1.95	0.30
寡头共和国时期(1890—1929)	2.18	3.13	0.92
发展时期(1929—1980)	2.62	5.72	3.03
"调整"时期(1980—1998)	1.81	2.09	0.27
1500—1998	1.04	1.57	0.53

	美国增长记录		
	人口 (千人)	GDP (百万1990年美元)	人均GDP (1990年美元)
1500	2 000	800	400
1820	9 981	12 548	1 257
1890	63 302	214 714	3 392
1929	122 245	843 335	6 899
1980	227 757	4 239 558	18 575
1998	270 561	7 394 598	27 331

	美国各时期增长率(年复合增长率,%)		
	人口	GDP	人均 GDP
1500—1820	0.50	0.86	0.36
1820—1890	2.67	4.14	1.43
1890—1929	1.70	3.57	1.83
1929—1980	1.23	3.21	1.96
1980—1998	0.96	3.15	2.17
1500—1998	0.99	1.85	0.85

资料来源:附录 A、B 和 C,以及 Maddison(1995a)。

第八节
荷 兰

1400—1700年,荷兰的人均收入增长是欧洲最快的,而从1600年到19世纪20年代,荷兰的人均收入水平亦是欧洲最高的。在1600年前,这主要是由

于荷兰抓住了北欧存在的贸易机会,并利用水利工程成功改造了农业。此后,它在世界贸易中的地位进一步促进了它的经济繁荣。

1579年,荷兰从由西班牙统治的面积更大的尼德兰中脱离出来,成为一个独立的共和国。① 此后为了争取和维护独立,荷兰人整整斗争了将近80年。他们击败了西班牙帝国,这个庞大帝国包括卡斯蒂利亚、阿拉贡、葡萄牙(1580—1640)、那不勒斯、西西里、米兰公爵领地、法兰西伯爵领地、墨西哥、秘鲁、菲律宾、西印度群岛、突尼斯、佛兰德斯、布拉班特、卢森堡、里尔、阿图瓦和埃诺地区。

考察荷兰经济起飞的政治和经济环境是很有意义的。从12世纪起,佛兰德斯和布拉班特是北欧最繁荣的地区。佛兰德斯的主要城市(布鲁日、根特和伊普尔)是欧洲毛纺织工业的重要中心,那里可以制作高质量的布匹、挂毯和家具装饰材料,并畅销全欧洲。其原材料在很大程度上依赖进口,其中羊毛来自英国,明矾(服装染整过程中一种必不可少的清洗剂)是由热那亚商人从希俄斯运来的。靛蓝和其他染料、漂白土及其他原料则主要来自当地。在14世纪中

---

① 佛兰德斯和布拉班特在1384年和荷兰省在1428年相继成为勃艮第公国的一部分,其总部设在布鲁塞尔。布鲁塞尔是公爵及其宫廷的主要所在地,他们偶尔出行到第戎和布鲁日。随后确立的比利时和荷兰的区域共拥有17个省(州),各省每年派代表参加省际大会,会上确定各省须征收的税额。这17个省被分成三个大区,每个大区由从贵族中选出的省长(总督)领导。该区域内各城市享有相当大的"自由权"。这些权利由一群富有的商业精英们行使,包括制定产业标准、安排定期集市贸易和大宗商品出口。在这17个省组成的区域内有三个教区,在由勃艮第人控制的法国北部范围内还有另外两个教区。按照后来的标准,这是一个温和有效的统治方式。该公国承认法国的统治权,但实际上它是自治的。1477年,公国最后一个女继承人嫁给哈布斯堡的马克西米连(Maximilian),在她1482年死后,该公国成为神圣罗马帝国的一部分。1493—1519年间,马克西米连为罗马帝国的皇帝。1519—1555年间,查尔斯五世(Charles V)为继任皇帝。哈布斯堡的统治者剥夺了勃艮第贵族和城市的特权,并对他们课以较重的税赋。当新教改革(路德教、再洗礼教和加尔文主义)波及这些省时,异教徒遭到了无情的镇压。查尔斯五世在1555年退位时将罗马帝国分成几个部分,将奥地利部赠予他的兄弟,其余部分赠予他的儿子菲利普二世(Philip II)。事实上,菲利普二世从1548年首次访问布鲁塞尔时起直到1598年死时为止,统治荷兰长达50年之久。荷兰是他庞大帝国中最富裕的地区,他想把它的财富榨干以资助他的诸多冒险活动,包括与法国的战争、侵占英格兰的企图、与奥斯曼帝国的大规模海战。他为了实现自己的野心而不择手段,包括联姻和战争。为此他连续娶葡萄牙的玛丽(Mary,1543年)、英格兰的玛丽王后(Mary Queen,1554年)、法国的伊莎贝拉(Isabella,1559年)和奥地利的安妮(Anne,1570年)为妻。他还大肆侵吞来自墨西哥和秘鲁的贡赋。国库亏空致使西班牙在1557年、1575年和1597年不能偿还公债。他的所作所为的最终后果是严重削弱了西班牙的实力。

1609—1621年间,西班牙和荷兰共和国之间处于休战阶段。两国由于在17世纪20年代对德国境内新教州和正统教州之间长达30年的争斗持不同的立场又重新开战。西班牙军队从德国攻打荷兰。但是在17世纪30年代后西班牙的进攻已不再对荷兰人构成严重威胁。西班牙在比利时的统治持续到1714年西班牙继承权战争结束为止,当时比利时被转让给奥地利。

叶,英国羊毛的年出口量大约为7 000吨,其中大部分经过英国的加来港输送到佛兰德斯(Postan,1987,p.180)。到了15世纪中叶,英国羊毛出口量下降了五分之四,佛兰德斯转而从西班牙进口羊毛,途经西班牙的毕尔巴鄂和大西洋的其他港口。此时,英国已成为毛纺织产品的出口国而不是进口国,但其相当一部分的出口布料是未经染色的,需要送到佛兰德斯进行染整。麦克尼尔(McNeill,1974,pp.53—54)是如此描述14世纪中叶到16世纪中叶期间热那亚商人是如何大规模地将明矾运送到佛兰德斯的:"(热那亚人)在1346年占领希俄斯岛后,就利用该岛作为仓库,收集小亚细亚所有明矾矿生产的明矾,以保证相当于20只特制船舱容量所需要的稳定的明矾供应量。这些船只的容量超过先前或以后的任何木船。它们不分寒暑地定期来往于希俄斯和布鲁日,途中仅在加的斯停留以补充淡水和其他必需品。"波斯坦(Postan)估计,在14世纪和15世纪,长度为28码(25.8米*)的佛兰德斯呢料的年产量超过15万件。另外,佛兰德斯还利用本地亚麻生产用于出口的麻织品。

当时的佛兰德斯已是一个高度城市化的地区,其所需食品的大部分来自进口。它需要从国外大量进口谷物,例如,从英格兰和法国进口小麦和大麦,从波罗的海地区进口黑麦,此外也从波罗的海和荷兰进口鱼类,从法国进口葡萄酒。波斯坦估计,14世纪初时波尔多的葡萄酒年出口量为2 500万加仑,其中很大一部分出口到英格兰,一部分出口到波罗的海地区,还有相当一部分出口到佛兰德斯和布拉班特。

到了14世纪中叶,由于到布鲁日的水路淤塞、安特卫普企业规模的扩大,以及英国与佛兰德斯在毛纺织业上的竞争,布拉班特的一些城市(安特卫普、勒芬和布鲁塞尔)在经济上已经开始超过佛兰德斯。在佛兰德斯,其产品、营销和生产受荷兰盾的影响较大,对外贸易主要通过定期市场或大宗商品协定进行,这种安排使得其国际贸易仅限于特定城镇,同时给予汉萨同盟中的德国商人特殊优惠。安特卫普在斯凯尔特河的出口处有一个大型港口,并实行管制较松的商业制度。它是北欧的主要国际金融中心,从那里可以贷款给外国统治者们,如英国的亨利八世。安特卫普交易所为日后的伦敦交易所提供了一个范例。

佛兰德斯和布拉班特都大量从事高附加值出口品的陆上国际贸易,但对于

---

* 按1英制码=0.9144米计算,28码折合的长度应为25.6米。——译者注

大批量的进口货物,海上运输成本要低得多。因此,大部分来自荷兰、泽兰和北部省份的进口品通过船只以海运或河运的方式运送到佛兰德斯和布拉班特。

联合成立荷兰共和国的七个北部省份(荷兰、泽兰、乌德勒支、海尔德兰、上艾瑟尔、弗里斯兰和格罗宁根在1579—1580年间相继加入)与佛兰德斯和布拉班特有着很大的不同。① 它们拥有一个平坦的两栖地带,那里水和陆地的关系非常紧密。此外那里还有一些很大的天然河道。莱茵河的运输可以直达德国的科隆和法兰克福,它的三角洲上布满了岛屿和天然港口。艾瑟尔省可以直通须得海,而埃姆斯省则提供了一条通往德国北部海岸的优良通道。在这种条件下,荷兰的主导产业是渔业、海上和内河运输业以及造船业。另外,由于水利管理和灌溉技术的应用,那里的农业也很发达。

在14世纪,所有北部省份的商船队都在北海和波罗的海建立了一个主要基地,在那里,它们进口来自德国东部和波兰(取道但泽)的黑麦和木材,来自俄国(取道纳尔瓦和里加)的毛皮、蜡、蜂蜜、沥青、焦油和木材,来自瑞典的铜、铁矿石、武器和腌鲱鱼,以及来自挪威卑尔根的腌鳕鱼和木材。作为交换,它们转口输出英国的毛纺织品和盐(用于鱼肉的保存)以及法国的葡萄酒。除了从事商品贸易活动,当机会来临时,它们还参与运输业,如承担但泽和里加之间的运输。

波罗的海的航运和贸易曾经被德国商人财团(汉萨同盟)所垄断,该财团的

---

① 1579年,荷兰的七个省以乌德勒支联盟的形式成为一个独立国家。1581年该联盟正式拒绝承认西班牙的统治权。这个新成立的国家既不是真正的共和制国家,也不是一个君主制国家。它包括了北布拉班特的大部分领土,其中有布雷达、贝亨奥普佐姆和马斯特里赫特。这些地方实行的并不是省建制,部分是因为奥兰治王室在布雷达享有广泛的领主权。奥兰治亲王、拿骚公国伯爵威廉(William,1533—1584)在建立这个新国家的过程中发挥了重要作用。他是勃艮第和哈布斯堡贵族中最富有的一个,在布雷达周围以及在德国和普罗旺斯都拥有大量的财产。他在布鲁塞尔接受天主教的教育,后来曾在西班牙对法国的战争中立下了卓著战功。他深受查尔斯五世(Charles V)的器重,出任荷兰省和泽兰省的省长(总督)。由于反对菲利普二世(Philip II)的高压政策,他的财产被没收,并成为菲利普二世悬赏剌杀的目标。他组织陆军和海军对抗西班牙军队,改信加尔文主义,并被推举为这个新建国家中荷兰、泽兰、弗里斯兰和乌德勒支省的总督。威廉在1584年被暗杀身亡。从那以后,奥兰治王室继续发挥了领导作用,虽然不再担任这些地方的总督。奥兰治王室终于在1814年成为荷兰王国的世袭君主。1685年,奥兰治王室在奥兰治的土地被路易十四(Louis XIV)侵占后并入法国版图。奥兰治王室最著名的成员有莫里斯伯爵(Count Maurice)(他是1584—1625年间在保卫共和国中发挥了领导作用的战士)和奥兰治亲王威廉,后者从1672年起出任总督,并在1688年加冕英格兰国王直到1702年去世。出任海牙英国大使的威廉·坦普尔爵士(Sir William Temple,1693,p. 133)这样描述17世纪70年代的形势:"联邦各省的总督代表了其辖区的自主权,奥兰治亲王则代表了国家尊严,他依靠的是公共卫兵和所有军官的拥护,依靠他宫殿的辉煌,依靠他极尽铺张的花费。他不仅有年金和数项收费的权利,而且在一些国家和主权公国、领地以及在法国、德国和17个省的一些地区享有大量的世袭收入。"

总部设在卢卑克,其商业基地设在伦敦、布鲁日等地。汉萨同盟在波罗的海的贸易在很大程度上依赖从卢卑克到汉堡的短距离陆地通道。荷兰是最早开辟经过丹麦海峡的海上通道的,该通道尽管较长但费用更低。在1437—1441年间,汉萨同盟发起了一些试图将荷兰船只赶出波罗的海的敌对行动,但由于得到但泽的支持,荷兰人保住了他们在那里的贸易权利。有关这方面的贸易记录保存完好,因为丹麦控制了波罗的海的入口并对来往船只征收过路费。当时丹麦的领土包括了瑞典南部地区。在1500年时,每年进入波罗的海的荷兰船只有300—400艘,而到了16世纪60年代,增加到了1300多艘。在后一时期,荷兰船只每年的粮食运输量达到10万吨左右。

荷兰商船参与了泽兰、荷兰和弗里斯兰的海岸港口的贸易。多德雷赫特是经由莱茵河连接德国以及通过默兹河连接列日的主要贸易港口。正对斯凯尔特河出口的米德尔堡(在瓦尔赫伦岛上)进口英国的呢料、法国的葡萄酒、粮食和盐,在16世纪时又从葡萄牙进口香料和糖。荷兰商业船队是当时欧洲最大的商业船队。在荷兰独立前夕的16世纪60年代,仅荷兰省就拥有1800艘海船(Israel,1995,p.117)。1570年时,荷兰商船的运载量大约相当于法国、德国和英国船只运载量之和(见表2-15)。若按人均水平计算,荷兰的人均运载量相当于这三国人均运载量的25倍。

表2-15 荷兰和其他欧洲商船队的运载量(1470—1824)　　　　　(吨)

	1470	1570	1670	1780	1824
荷兰	60 000	232 000	568 000	450 000	140 000
德国	60 000	110 000	104 000	155 000	
英国	—	51 000	260 000	1 000 000	
法国	—	80 000	80 000	700 000	
意大利、葡萄牙、西班牙	—	—	250 000	546 000	
丹麦、挪威和瑞典				555 000[a]	
北美洲				450 000	

a. 1786—1787年的数据。

资料来源:荷兰、德国和法国1470—1670年的数据以及英国1570年的数据来自Vogel(1915,p.331)。英国1670年和1780年的数据、荷兰1780年和1824年的数据、法国1780年的数据来自de Vries and van der Woude(1997, pp.411,484,490,492)。丹麦、挪威和瑞典的数据,以及德国、意大利、葡萄牙和西班牙1786—1787年的数据来自Unger(1992, p.258)。意大利、葡萄牙和西班牙1670年的数据来自Petty(1690,p.251)。

表2-16和表2-17显示了按运营区域划分的荷兰商船数量和航运业就业人数。

表 2-16　1670 年前后按照运营区域划分的荷兰商船数量

	船只数量(艘)	总运载量(吨)	平均每艘船运载量(吨)
挪威	200	40 000	200
阿尔汉格尔	25	9 000	360
格陵兰	150	40 000	267
地中海	200	72 000	360
波罗的海和其他欧洲地区	735	207 000	282
鲱鱼业	1 000	60 000	60
沿海交通	1 000	40 000	40
西非和西印度群岛	100	40 000	400
亚洲	100	60 000	600
合计	3 510	568 000	162

资料来源：Vogel(1915, p.319)。

表 2-17　荷兰航运业按照运营区域划分的就业人数(1610—1770)

	1610	1630—1640	1680	1770
波罗的海	4 000	4 000	2 000	—
挪威	4 000	4 200	4 000	—
阿尔汉格尔	500	1 000	1 200	—
北海	500	800	800	—
英格兰	1 000	1 000	500	—
法国	4 500	4 500	4 000	—
伊比利亚和地中海	5 000	6 000	6 000	—
西非和美洲	2 000	4 000	2 000	—
商业海运合计	21 500	25 500	22 500	21 000
亚洲[a]	2 000	4 000	8 500	11 500
海洋渔业	6 500	7 000	6 500	4 000
捕鲸业	0	1 500	9 000	6 000
海军[b]	3 000	8 000	11 000[c]	2 000
合计	33 000	46 000	57 500	44 500

a. 由荷兰东印度公司(VOC)所垄断；b. 海军防御兵力；c. 1670 年的数据。

资料来源：De Vries and van der Woude(1997, p.406)，参看第 98—100 页的"海军"职能；1670 年的海军数据来自 Israel(1995, p.263)。在战争时期,海军防御兵力可以通过从商业和渔业船队中抽调人力得到加强(Israel, 1995, p.768)。

鲱鱼捕捞业是荷兰航运活动的一个重要部分。在港口附近可见鲜鲱鱼或用少量盐腌制的鲱鱼出售,鲱鱼在加工和装桶后准备出售到国外。在 1400 年前,最适宜腌制的鲱鱼群大都集中在瑞典的沿海一带,但到了 15 世纪,它们迁移到了北海。因此,大部分鲱鱼都被荷兰船只捕获。鲱鱼业的一项技术突破极大提高了劳动生产率。当时的荷兰造船厂开发出一种新型的工厂船("鲱鱼船"),船上配有渔网、索具和鲱鱼加工设备。这样,18—30个船员在海上就可以对刚捕捞的鲱鱼完成破膛、清洗、撒盐和装桶的全部工序。这种船只在每年6月到12月的捕捞季节可以往返三次,每次航行时间为5—8个星期。到了16世纪60年代,来自荷兰省的400艘这类船只从事这项活动,这些船只大都为城镇投资者所有。当时,荷兰向波罗的海出口而不是进口鲱鱼(de Vries and van der Woude, 1997, pp.243—254)。到17世纪时,荷兰渔船开始在北极的斯匹次卑尔根群岛附近海域从事捕鲸业。

水利工程在荷兰农业发展中发挥了重要作用。沼泽地、泥塘和低洼地经常遭受洪涝灾害,因此在其自然状态下缺乏吸引力。中世纪的农业定居者占据较高地带,通过构筑堤坝拦截洪水将其转变成圩田。随着水利管理技术的改进,大面积的水淹低地被转变成新农田。到了16世纪初,水利管理和水利工程被委托给负责开发和维护的专业人员。农场主们通过纳税向水利委员会提供资金。风车被用来推动水泵,从而控制运河中的水流量。正如德弗里(de Vries, 1974, p.27)所指出的:"在14世纪的大部分时间内,荷兰实际上是一个崭新的国家。只有在德国的易北河东岸,人们才能发现如此系统和大规模的土地围垦。"

对自然的征服有着重要的社会意义。荷兰人口中只有一小部分人受制于封建领地的约束。荷兰农民比欧洲任何其他地方的农民都要自由。一些人拥有土地,更多的人租种土地或作为工资劳动者。这种对水利管理的依赖所产生的合作态度至今在荷兰社会中还可以观察得到。

荷兰发展起了高度专业化的农业。其粮食供应的大部分来自进口,而国内农业则主要集中在肉、奶、黄油和奶酪的生产上。同欧洲其他地方相比,荷兰农业有两方面重大的发展:一是在冬天时对牛群实行圈养,二是大规模种植蔬菜。随着时间的推移,蔬菜种植逐步转移到经济作物种植,如啤酒酿造业中所需的啤酒花,纺织业中所需的亚麻、大麻和茜草(可作为染料),以及后来发展起来的烟草和郁金香球茎的生产。荷兰的农业逐渐转变成园艺业。

在荷兰北部的大片土地上有几米深的泥炭层,它是一种多用途的潜在廉价能源。在1600年后,大约27.5万公顷的泥炭沼泽地被开采殆尽。土地围垦、排涝和抽水的工程技术很容易地被转移到泥炭开采上。在格罗宁根地区,城镇投资者们设立了公司,在被没收的寺院土地上大规模地从事泥炭开采。

在 17 世纪中叶,由于荷兰创造了配备有纤道的运河网络,泥炭、干草、小麦、牛、木材、建材和其他笨重货物的运输成本大大降低了。靠马牵引的运河驳船几乎可以不分昼夜地以每小时 7 公里的速度在全国各地定期运送货物、邮件和旅客。"在 17 世纪 60 年代,每年有近 30 万人往返于阿姆斯特丹和哈勒姆之间,14 万人往返于哈勒姆和莱顿之间,还有 20 万人往返于莱顿与海牙和代尔夫特之间。"(de Vries and van der Woude, 1997, p. 187)其他任何国家都不具备如此廉价和稠密的运输网络。其他地方通过马车进行的陆地货物运输不仅速度慢,而且费用非常高。正如威廉·坦普尔爵士所指出的那样:"一匹马可以牵引一艘装载量超过 50 辆马车的船只。在这种轻松的旅行中,一个勤劳的商人不会浪费任何时间,他可以在旅行时写信、吃饭和睡觉。"(Temple, 1693, p. 152)

到独立时,荷兰各省中规模最大的产业是船舶业,帆布、渔网、绳索、鱼桶及相关产品的制造业,盐加工业,酿酒业,建材(砖和木材)业以及毛纺和麻纺织业。

造成尼德兰分裂的因素对新成立的荷兰共和国的经济潜力产生了巨大的正面影响,但同时也损害了葡萄牙、西班牙和西班牙属尼德兰的经济利益。

发生在尼德兰南部和北部的镇压和反抗,推动了反对西班牙人统治的斗争。异教审判始于 1523 年,当时两个持不同政见的荷兰牧师在布鲁塞尔被火刑处死。在随后的 50 年中,又有两千多人惨遭杀害,其中大部分来自尼德兰南部。作为佛兰德斯总督的埃格蒙特伯爵是一个天主教徒,也曾经是西班牙军队中出色的将军。但由于抗议西班牙的财政搜刮和剥夺南方贵族的政治权利,他在 1567 年被西班牙处死。1572 年,西班牙军队洗劫了梅赫伦,一部分人惨遭屠杀。1576 年,残暴的西班牙士兵洗劫了安特卫普,造成了当地的人员伤亡和严重的财产损失。1583—1585 年,西班牙对安特卫普的围攻造成了更加严重的损失。

以上事件促使人们纷纷从佛兰德斯和布拉班特迁移到新成立的荷兰共和国。在 1583—1589 年间,安特卫普的人口从 84 000 人下降到 42 000 人,布鲁日和根特也大约有相同数量的难民迁出。梅赫伦的人口下降了三分之二。相反,在新成立的荷兰共和国,米德尔堡的人口增加了两倍,莱顿的人口增加了一倍,还有 3 万人迁到了阿姆斯特丹(Israel, 1995, pp. 307—312)。总之,流入荷兰共和国的人口总量为15万人左右,占南部人口总量的10%强,而北部人口增加的比例要更高。由于北部有大量的粮食和鱼类进口,这些食物也不需要向南部输送,供养新增人口是不成问题的。另外,北部当局通过没收寺院的财产,缓解了新涌入人口的住房压力。

难民中有相当一部分是来自尼德兰南部的商人和银行家(尽管有部分人去了德国),他们带来了资本、技术和国际化的合同。事实上所有的犹太人口都迁移到了北部。熟练工人的到来增强了莱顿的纺织业实力。移民还带来了其他产业的技术,包括印刷、出版和蔗糖加工。在分裂前,荷兰只有一所成立于1425年的鲁汶大学*,它是欧洲最大和最杰出的大学之一。但它的学术自由被异教审判制度所剥夺了。莱顿大学于1575年在荷兰北部成立,随后相继成立的是弗拉纳克大学(1585)、哈尔德韦克大学(1600)、格罗宁根大学(1614)和乌德勒支大学(1634)。其中,莱顿大学规模最大、学科最全,并提供伊拉斯谟传统式的人文学科教育。它的成立很快就吸引了大批来自德国、英国和斯堪的纳维亚各国的留学生,同时也吸引了南部难民中的学生。

政治的变化为荷兰航运业在世界范围内的扩张提供了各种机会,但这种扩张损害了葡萄牙和西班牙的利益。在16世纪90年代,荷兰通过一些试验性航行开始了同亚洲的贸易,包括绕过好望角进入印度洋到达香料岛的航行,以及向西经麦哲伦海峡到达日本的航行。1596—1597年,威廉·巴伦支(Willem Barents)试图寻找一条经过阿尔汉格尔和新地岛(进入亚洲)的东北通道,但未能成功。1609年,亨利·哈得孙(Henry Hudson)在寻找西北通道时发现了纽约。在30年内,荷兰人就取代葡萄牙人主导了欧洲对亚洲的贸易。他们夺取了葡萄牙在西非的基地,并在黄金和奴隶贸易方面获得了一个相当大的份额。他们还攻击了在美洲的西班牙帝国。1630—1654年间(当时葡萄牙正处于西班牙的统治之下),他们占领了巴西的东北部及其有利可图的制糖业,然后将贸易基地转到了加勒比海的库拉索岛和苏里南岛。另外,荷兰人还积极参与了海盗活动,其中规模最大的一次是1628年皮特·海恩(Piet Heijn)在古巴沿海截获了西班牙运送白银的整个商船队。

1585—1795年,出于军事上和海军安全上的考虑以及维持其商业优势的需要,荷兰人成功地封锁了斯凯尔特河的出口,这加速了安特卫普的衰败,对西班

---

* 鲁汶大学(University of Leuven)在20世纪60年代分解为荷兰的Leuven大学和比利时的Louvain大学。——译者注

牙属尼德兰的经济发展形成了严重障碍。在 17 世纪，虽然西班牙的军事实力已经被严重削弱，但荷兰并无意征服尼德兰的南部，因为它是一个防范法国的领土扩张野心的有益缓冲带。

在整个 17 世纪和 18 世纪的大部分时期，英国经济学家意识到了荷兰经济表现和经济政策的优越性。威廉·配第（William Petty）著于 1676 年、出版于 1690 年的开拓性著作《政治算术》（Political Arithmetick）中对荷兰的经济表现做出了可能是最敏锐的评价："一个人口不多的小国在财富和实力上可与人口众多和领土宽广的大国相媲美。"他在比较法国和荷兰的经济表现时，首先提出了一种新的推理方法，后来先后被亚当·斯密和道格拉斯·诺斯（Douglass North）所采用。法国的人口是荷兰各省联邦的 10 倍多，但他估计荷兰的商船数量是法国的 9 倍，外贸总额是法国的 4 倍，而利息率大约只是法国的一半。荷兰拥有巨额的国外资产，而法国的国外资产却微不足道。荷兰经济高度专业化。它的大部分食品来自进口，它雇用外国士兵为它参加战争，而自己的劳动力则集中投入那些高生产率的部门。平坦的土地可以充分使用风力。稠密的市区人口、优良的港口和四通八达的内河系统降低了运输和基础设施建设的成本，降低了政府服务的费用，也减少了对存货的需求。此外，荷兰的社会经济制度亦有利于经济增长。它对宗教的宽容吸引了许多有技能的移民。在荷兰，产权是清晰的，土地清册登记方便了产权的转让。高效的法律体系和健全的金融体系有利于企业的发展。荷兰的税负虽然较高，但它是对支出而不是对收入征税，从而鼓励储蓄、节俭和勤奋工作。总而言之，荷兰是高效率经济的楷模，它的确有很多经验可以供英国在制定政策时所借鉴。

格里高利·金（Gregory King，1696）采用类似的方法对在奥格斯堡联盟战争中英格兰、法国和荷兰的资源调动情况进行了比较研究。在这场长达 9 年的战争中，当时已成为英格兰国王的荷兰总督威廉三世，组织了一个由英国、荷兰、德国的新教徒州、西班牙和萨伏伊组成的联盟共同对抗法国。主要原因是法国挑战威廉三世继承英格兰王位的合法性，并试图扩大自己的版图而惹恼了它的邻国。金估计，在 1695 年时法国和英格兰的人均财政收入相似，而荷兰的人均财政收入却相当于法国或英国水平的 2.5 倍以上。

荷兰为维护独立付出了高昂的代价。它在南部和东部修建了一连串的城堡，因为这里易受到来自德国信奉天主教的一些州尤其是明斯特州的攻击。另外，它的陆军和海军支出庞大，使它不得不建立军火产业。在 17 世纪和 18 世纪时，荷兰卷入了一系列战争，它的最主要敌人是英格兰和法国。到了 17 世纪末,荷兰的经济扩张开始放缓了。荷兰成为商业资本主义时代以邻为壑政策的受害者,而不是受益者。在这个时期,英国和法国的航运、贸易和工业发展速度超过了荷兰。这两个国家都采取了贸易保护政策,从而损害了荷兰的利益。其中,最重要的是《英国航运法》和法国相似法令的颁布。从1651年起,进入英国港口的荷兰货物和船只受到严格的限制。荷兰被禁止同英国和法国的殖民地进行贸易。当这些国家与荷兰发生战争时,它们往往集中各国可以动员的力量来共同对付荷兰,这与西班牙耗尽自身资源的孤军作战方式有很大不同。(表2-18a和表2-18b显示了荷兰所卷入的欧洲军事冲突及欧洲各国的陆军规模情况)

荷兰在18世纪丧失经济活力的主要原因是它在与法国和英国的冲突中失去了贸易垄断特权,被英法两国排斥在经济主流之外。

表 2-18a　荷兰所卷入的欧洲军事冲突(1560—1815)

为独立和捍卫独立 与西班牙交战	为商业利益 与英格兰交战	为权力均衡、领土和宗教 在欧洲进行的战争
16世纪60年代—1609	1652—1654	1618—1648:三十年战争
1621—1648	1665—1667	1688—1697:奥格斯堡联盟战争
	1672—1674	1701—1713:西班牙继承权战争
	1780—1783	1756—1763:七年战争
		1795—1815:革命战争和拿破仑战争

资料来源:Israel(1989,1995)。

表 2-18b　欧洲各国陆军的规模(1470—1814)　　　　(千人)

	法国	西班牙	荷兰	英国	瑞典	俄罗斯
15世纪70年代	40	20	0	25	—	—
16世纪50年代	50	150	0	20	—	—
16世纪90年代	80	200	20	30	15	—
17世纪30年代	150	300	50	—	45	35
17世纪50年代	100	100	29	70	70	—
17世纪70年代	120	70	110	15	63	130
18世纪	400	50	100	87	100	170
1812—1814	600			250		500

资料来源:除荷兰1650年的数据来自Israel(1995,p.602)外,15世纪70年代到18世纪的数据均来自Parker(1979,p.96)。英国17世纪70年代的数据来自Brewer(1989,p.8),1812—1814年的数据来自Kennedy(1987,p.99)。

随着经济不再能够吸引移民,荷兰的人口增长减缓了。荷兰西部工业省的经济停滞不前,但以农业为主的上艾瑟尔省经济发展较快。该省农业产出的增加使得农业进口下降而出口增加。荷兰的纺织业(尤其是莱顿的毛纺织业)、渔业和造船业的生产和出口下降了。1720—1820 年,荷兰的对外贸易量下降了20%,但是同期英国的出口增长了 7 倍多,法国的出口增长了 2.75 倍。(表 2-19 显示了 17 世纪 50 年代至 18 世纪 70 年代的荷兰商品贸易额)

表 2-19　17 世纪 50 年代至 18 世纪 70 年代荷兰商品贸易额

(百万荷兰盾,以现价计算)

	17 世纪 50 年代	18 世纪 20 年代	18 世纪 70 年代
进口			
以欧洲为来源地	125	84	105[a]
其他	15	24	38
合计	140	108	143
出口和转口[b]			
以欧洲为目的地	115	83	92
其他	5	7	8
合计	120	90	100
其中转口	60	48	69

a. 包括由英国(500 万荷兰盾)和法国(2 000 万荷兰盾)转口的殖民地产品;
b. 不包括奴隶和船只的出口、航运和保险服务所得以及国外贷款所得。
资料来源:de Vries and van der Woude (1997, p.498)。

荷兰的服务业在本国经济中继续发挥着重要作用,同时它在海外的投资也有大幅增长。1790 年时,它在国外的投资总额可能达到 8 亿荷兰盾,国民收入在 4.4 亿荷兰盾左右。如果国外投资的回报率为 4% 左右,则它从国外投资所能获得的收入大约为 3 000 万荷兰盾,从而使其国民总收入比其 GDP 高出 8% 左右。食利阶层收入的不断增长,加上老工业区的贫困及失业,共同加大了社会不平等的程度。

荷兰在欧洲以外的经济活动

非洲

荷兰人在非洲活动的主要目的,一是染指几内亚海岸的黄金,二是参与美洲的奴隶交易,三是为其在亚洲的冒险事业建立一个基地。

1637 年,荷兰人成功地占领了埃尔米纳和其他几个葡萄牙在西非从事黄金和奴隶贸易的基地。他们曾经一度占领了葡萄牙人的主要奴隶贸易基地安哥拉,但没能守住。他们也未能攻占东非的莫桑比克。然而他们在南非的好望角建立了一个新的基地,通过引入欧洲移民为其远航亚洲提供了一个前哨站和补给站。

荷兰人的主要经济收益来自参与奴隶贸易。奴隶们被船运送到巴西东北部和苏里南荷兰人经营的甘蔗种植园,以及库拉索的英国人和法国人开办的甘蔗种植园。但是,与葡萄牙、英格兰和法国相比,荷兰在奴隶贸易方面所占的份额要小得多(见表 2-5)。

美洲

荷兰在美洲的第一个主要的冒险活动就是在 1630—1654 年间对盛产蔗糖的巴西东北部地区(累西腓附近)的占领。糖料被运送到荷兰进行加工,到 1650 年时,荷兰已有 40 个糖料加工厂。

虽然荷兰在巴西的冒险活动得到了荷兰陆军和海军的大力支持,但甘蔗种植园主要还是由私人企业经营的。大部分企业的所有者是来自阿姆斯特丹的西班牙犹太人,其中许多人具有葡萄牙血统。在此期间,由于葡萄牙被西班牙所统治,荷兰人在巴西还可以得到礼遇,但当葡萄牙重新获得独立后,他们就被驱逐了。因此,许多荷兰种植园主就迁移到了加勒比地区,在那里引入了同样的生产技术和销售模式。他们的到来改变了巴巴多斯的经济。1627 年巴巴多斯被英国占领后,白人定居者开始种植烟草。在短期内,该岛奴隶的数量达到 3 万人之众,全部从事甘蔗种植[参见 Eltis(1995)对巴巴多斯 1644—1701 年间 GDP 所进行的代表性指标估计]。来自巴西的种植园主在瓜德罗普和马提尼克有着类似的影响。这两个岛屿从 1635 年起就归法国统治(Verlinden,1972,pp.642—644)。到了 17 世纪 60 年代和 70 年代,英国人和法国人将荷兰人赶出该地区,荷兰人的甘蔗种植活动因此转移到了苏里南。

在 17 世纪早期,美洲的甘蔗生产主要集中在巴西。但从该世纪中叶起,巴西的糖料生产停滞不前了,高度扩张的糖料市场被法国和英国所支配,后者的生产规模远远超过了荷兰在苏里南的糖料生产规模(参看表 2-4)。

荷兰人在美洲的另一个机遇是亨利·哈得孙无意中所发现的一个优良港口和一条大河。他在 1609 年受荷兰东印度公司的委派探索到达亚洲的西北航道,遗憾的是他的船只偏离了航线。但是他的新发现导致了 1614 年成立新荷兰公司以向那里殖民,并于 1623 年在这个被命名为新阿姆斯特丹的地方建立了首都。1664 年时,它被英国占领,并在 1674 年被正式转让给英国,命名为纽约。作为交换,荷兰获得了在苏里南的糖料生产的支配权(de Vries and van de Woude,1997,pp.397,467)。

亚洲

荷兰人在欧洲以外最大的成功是在亚洲。

荷兰人极为熟悉亚洲的贸易前景,因为他们中许多人曾经在葡萄牙人的船上工作过。其中有一个名叫范林肖顿(Jan Huygen van Linschoten)的人,他在1595年和1596年写下了两本配有详细地图的航海日志,收录了有关亚洲市场、风向和潜在航线的信息。1602年,在官方压力下,所有参与亚洲贸易的荷兰商人都被迫加入荷兰东印度公司(VOC)。该公司享有贸易垄断权利,并被授予建立海外军事基地以及与外国统治者谈判的权力。它拥有并且独自建造所有的船只。有关荷兰在亚洲贸易活动的相对规模可参看表2-6。17世纪时荷兰派往亚洲的船只数量是葡萄牙派往亚洲船只数量的将近5倍,而到了18世纪,是后者的15倍。但荷兰船只的平均规模比葡萄牙船只要小,葡萄牙使用的是1 000吨位的大帆船,而荷兰船只的平均吨位只有600吨。同葡萄牙的公司相比,英国东印度公司(EIC)是荷兰更重要的竞争对手。该公司与VOC同时进入亚洲,并在印度两个城镇马德拉斯(于1639年)和加尔各答(约于17世纪90年代)以及孟买建立了主要贸易基地。孟买曾是葡萄牙在1661年送给查尔斯二世的结婚礼物。在17世纪时,EIC在亚洲的业务量是VOC的一半左右,到了18世纪它达到了VOC的三分之二左右。法国是通过柯尔贝尔(Colbert,1619—1683)于1664年创立的东印度公司涉足亚洲贸易的,该公司于1673年在位于科罗曼德尔海岸上的庞迪切利建立了一个贸易基地。到了18世纪,一家成立于1719年的法国公司在亚洲贸易方面占据了非常重要的地位。后来,丹麦和瑞典的公司相继涉足亚洲贸易。1715—1732年间,奥斯坦德公司以奥地利政府于尼德兰南部建立的新港口为基地开展亚洲贸易业务。

在18世纪时,欧洲在亚洲的贸易总量大约是其在16世纪时的9倍,但是其中亚洲传统出口商品胡椒和香料的增长是有限的。这意味着,同英国、法国以及后来加入的商人相比,在胡椒和香料贸易上占有更大份额的荷兰必须小心地控制胡椒和香料的供应量以维持它们的价格水平。对于所有亚洲市场的参与者来说,亚洲对欧洲出口的新产品,譬如各种各样的棉纺织品、咖啡和茶,则有着更好的贸易前景。这些新产品在贸易总额中的份额迅速提高(见表2-20)。

表 2-20　欧洲从亚洲进口商品的构成（1513—1780）

葡萄牙（印度国家贸易公司，总部设在果阿）

	商品占总重量的比重（%）	
	1513—1519	1608—1610
胡椒	80.0	69.0
马鲁卡香料	9.0	0.03
其他香料	9.4	10.9
纺织品	0.2	7.8
靛青	0.0	7.7
其他	1.4	4.6

荷兰东印度公司（VOC,享有垄断经营权,总部设在巴达维亚）

	商品占总价值的比重（%）	
	1619—1621	1778—1801
胡椒	56.4	11.0
其他香料	17.6	24.4
纺织品和生丝	16.1	32.7
咖啡和茶叶	0.0	22.9
其他	9.9	9.0

英国东印度公司（EIC,主要在孟买、加尔各答和马德拉斯从事垄断经营）

	商品占总价值的比重（%）	
	1668—1670	1758—1760
胡椒	25.3	4.4
纺织品	56.6	53.5
生丝	0.6	12.3
茶叶	0.03	25.3
其他	17.5	4.5

资料来源：Prakash（1998，pp.36，115，120）。

VOC最初的企图是利用经过好望角的新航道绕过葡萄牙直接驶往印度尼西亚。这样，他们就可以直达马六甲群岛，获得最有价值的香料（丁香、豆蔻和豆蔻皮）。这样他们也不用去印度就可以在印度尼西亚找到胡椒。印度尼西亚群岛的土著首领们比印度、波斯、中国和日本的统治者们要软弱得多，更容易屈服于荷兰人在垄断贸易权利和低价格方面的压力。VOC于1621年在爪哇海岸上的巴达维亚（目前的雅加达）建立了总部。在1603年，他们将葡萄牙人赶出了德那第岛，并在1641年捣毁了葡萄牙在马六甲的贸易基地。此外，他们还驱逐了先前在爪哇海岸经商的穆斯林商人。

香料岛在 1621 年发生了暴乱,当地人口要么被杀害,要么被驱逐,取而代之的是荷兰种植园主以及为他们工作的奴隶。

为了给其在印度尼西亚的活动提供资金,VOC 在印度东海岸(科罗曼德尔)的马苏利帕特南建立了一个贸易基地。在那里 VOC 得到了戈尔康达国王的同意,并获得了优惠的贸易条件。VOC 的主要兴趣是在棉纺织品上,尤其是在印度尼西亚畅销的印度印染布。后来 VOC 在 1690 年将其贸易基地沿着海岸移到奈伽帕塔姆,以便购买那里更加便宜的纺织品。

VOC 在 1617 年征得了莫卧儿皇帝的允许,在印度西北部古吉拉特邦的苏拉特建立了一个贸易基地,赶走了那里的葡萄牙商人。这使得他们可以用那里的胡椒和香料换取粗棉纺织品,后者可以在非洲奴隶交易中用作交换物品。

在 17 世纪晚期,VOC 试图将葡萄牙商人赶出其在果阿和锡兰的贸易基地。荷兰人虽未能占领果阿,但却封锁了它。与此同时,他们占领了锡兰的贾夫纳,取代了葡萄牙人从事桂皮贸易,并成为该岛的统治者。虽然葡萄牙人在马拉巴尔海岸的贸易受到了侵扰,但是对荷兰人来说该地区并没有多大的商业利益。

荷兰人很早就想染指葡萄牙人所从事的利润丰厚的与中国和日本的贸易。不像葡萄牙人,荷兰人没有从事福音传道的使命感,他们是在 1639—1853 年间唯一被允许在日本进行贸易的欧洲人。从 1641 年起,他们的贸易活动被限制在长崎港中的一个叫出岛的非常小的岛屿上。几十年以后,他们在日本的贸易利润逐渐减少了,这是因为日本限制了贵金属的出口并坚持让荷兰商人按固定价格出售商品。毋庸置疑的是,一方面,荷兰人在贸易中盘剥了日本,但另一方面,日本人急于将贸易作为了解西方技术的一个渠道(见附录 B)。

VOC 未能将葡萄牙人赶出澳门。在 17 世纪 20 年代,荷兰人在澎湖列岛建立了一个贸易基地,并于 1624 年获准将该基地迁移到台湾。1662 年,他们被迫离开台湾,从此以后未能在中国获得任何贸易基地。17 世纪 40 年代到 60 年代是明朝濒于崩溃的时代。素以瓷都著称的景德镇遭到了毁灭性破坏,因此而中断的中国陶瓷制品的出口直到 17 世纪 80 年代才得以恢复。这就促使荷兰人在代尔夫特建立自己的陶瓷工业,生产中国青花瓷的廉价复制品。与此同时,日本人发展了自己的陶瓷工业以取代中国的进口瓷器。荷兰人又进而复制日本的中国陶瓷复制品。后来欧洲的塞夫勒和梅森也开始了瓷器生产。

从 17 世纪 30 年代起,VOC 开始在孟加拉经营,因为那里有品种繁多的高质量的(棉和丝)织品。然而,他们遭到了与葡萄牙人相同的命运,被莫卧儿当局在 1632 年赶出了胡格利。

起初 VOC 的贸易重点是将孟加拉的生丝和棉丝混纺织品出口到日本,同时将鸦片出口到印度尼西亚。作为交换,他们在孟加拉出售日本的铜、银和金。1680 年后,日本对孟加拉纺织品的需求量出现了显著下降,但欧洲市场对孟加拉纺织品的需求却在迅速增长。在 1680—1740 年间,孟加拉纺织品曾是 VOC 向荷兰出口的最大宗的商品(Prakash,1998,pp. 198,218)。细棉布、平纹细布、丝织品以及其他各种布匹比较符合欧洲人的新喜好和不断增长的收入水平,尽管同生丝或鸦片相比,市场对这些时尚产品的需求更难以掌握。

在 17 世纪的最后 25 年中,英国和法国公司也对孟加拉纺织品产生了浓厚的兴趣,它们经营的纺织品出口量甚至超过了荷兰公司。为了保护国内纺织业,法国和英国在 1686 年和 1700 年相继禁止了印花棉布的进口。然而两国商人为从事转口贸易继续从孟加拉进口这些产品(其中大部分通过走私进入了英格兰)。荷兰并不保护本国的纺织业,它在欧洲范围内主要推销印度纺织品,其中相当大一部分通过法国转口,略小的一部分通过英国转口(见表 2-19)。英国商人则大大增加了孟加拉的漂白布进口以便在英格兰进行印染加工处理(Rothermund,1999)。

接近 17 世纪后半叶的时候,欧洲对咖啡的需求出现了非常迅速的增长。伦敦第一家咖啡馆于 1652 年开业。这种饮料随后于 17 世纪 60 年代在法国、于 70 年代在荷兰也受到了欢迎。VOC 在 18 世纪初开始在也门的穆哈购买咖啡豆,购买量从 1711 年的 300 吨上升到 1720 年的 875 吨。爪哇的灌木因此被砍掉,种上了咖啡树。到 18 世纪 20 年代末时,爪哇每年的咖啡豆产量大约为 2 000 吨。VOC 对作为它的附庸的爪哇统治者强行规定了咖啡树的种植面积,后者则强迫其臣民种植咖啡树。从 18 世纪 30 年代起,爪哇的咖啡经济受到了来自苏里南的竞争,后者的咖啡豆产量和出口量出现了非常迅速的增长(Bulbeck et al.,1998)。

就在几年后,在欧洲,尤其是在英格兰和荷兰,出现了对茶叶的大量需求。中国在 1685 年向外国商人开放了广州。英国的茶叶进口量从 1669 年的约 100 公斤增加到了 1760 年的 28 000 吨(Chaudhuri,1978, p.539)。尽管在 1729 年从广州到阿姆斯特丹之间已开发出一条直达航道,但荷兰的大部分茶叶是从驶往巴达维亚的中国商船上购买的。英国贸易公司在广州可以通过销售孟加拉的鸦片和生棉来支付购买茶叶的费用，但荷兰商人不得不用金条来支付（Glamann，1981，pp. 212—243）。

欧洲人对咖啡和茶叶的新喜好伴随着糖的消费量的上升。在英国和荷兰，对这些新饮料的需求在相当程度上替代了人们对啤酒和杜松子酒的需求。

在18世纪下半叶，VOC不再是一个赢利的公司。在经历了数十年的超过其利润的红利分配之后，它终于在1795年破产了。

VOC破产的另一个原因是印度莫卧儿帝国的解体和1757年英国人对孟加拉的接管。从那以后，印度对荷兰商人的歧视沉重地打击了VOC。另外，英国和荷兰在1781—1784年的敌对状态（当时两国对美国独立战争持相反立场）也对亚洲贸易产生了意外的影响。拿破仑战争的爆发最终导致英国完全接管了荷兰在印度、马六甲、锡兰、南非的商业利益，以及暂时接管了荷兰在印度尼西亚的商业利益。这场战争也终结了法国与印度之间任何重要的联系。

导致VOC利润下降的因素也包括它要承担的非常高的经常性费用，用于雇用陆军和海军来管理已成为荷兰帝国领土的爪哇和锡兰。VOC的官员拿不到理想的薪水，因而利用公司船只参与走私活动的情况愈演愈烈。另外，爪哇和锡兰的管理层也存在大量的腐败现象，受益者是官员而不是公司的股东。鉴于贸易商品的结构和经营地点的变化，巴达维亚亦不再是VOC理想的总部所在地。

1815年后印度尼西亚成为新荷兰王国的一个殖民地。用于出口的热带作物的生产得到了集约化发展。在英国统治下的战争时期，英国人在印度尼西亚推行了行政管理、产权和土地征税完全西化的政策。1825—1830年间爆发的蒂博·尼哥罗动乱中止了这种政策的推行。从那以后，荷兰人坚持了双重管理的政策：一方面保留传统的统治者，将法律和习俗作为他们统治的主要工具；另一方面维持了对贸易的垄断，因为如果没有贸易垄断，大部分利润就会流入实力雄厚的英国和美国商人的口袋中。

在19世纪30年代，荷兰人在印度尼西亚开始推行"农作物开垦制度"（Cultivation System），以增加贡品为理由，用强制性交纳农作物或提供劳动服务的方法取代了土地税。其目的是进一步索取当地人的收入。1816—1914年，荷兰建立起一系列控制当地人口和中国移民的流动和居住的通行证法（pass-laws），目的在于维护劳动纪律和强化种族隔离。

从 19 世纪 30 年代起,荷兰人在榨取印度尼西亚人的收入方面获得了巨大成功。在 1830—1870 年间,印度尼西亚人的一半收入作为"实物税"缴纳给荷兰人,成为荷兰政府的财政收入。另外,为荷兰国王所有的 NHM 航运公司从运送印度尼西亚的出口农作物中获取了垄断利润,荷兰人也从向鸦片商出售特许经销权中获取了收入。政府控制了全国糖料和咖啡的生产,但烟草种植大部分分散在私人手中。一些拥有特权的个人因开办糖料加工厂而得到政府的补贴。对于荷兰人把持的政府管理层,以及对于在爪哇的 76 个地方摄政王和 34 000 个村长来说,贪污腐败的机会可谓俯拾即是。1844 年,为了弥补清偿 VOC 债务的费用和镇压印度尼西亚 1825—1830 年动乱的费用,印度尼西亚被强制分摊了一笔高达 2.36 亿荷兰盾的莫须有的债务。

在 19 世纪 30 年代,非洲奴隶贸易的废除导致了蔗糖和咖啡生产中劳动力成本的上升。这一方面导致加勒比的生产者破产,另一方面使巴西的生产成本上升。

从 1848 年起,随着荷兰接受了更加民主的政治制度,国内对荷兰当局在印度尼西亚的剥削做法和权贵制度持批评态度的人越来越多。这些来自国内的压力,再加上苏伊士运河的开放和蒸汽轮船运输的发展,最终促使荷兰当局将该殖民地向私人企业和投资者开放。到了 19 世纪 90 年代,荷兰政府在印度尼西亚出口中的份额降到了零。

表 2-21a 提供了 1698—1930 年间荷兰在印度尼西亚施加的殖民负担和获取的殖民收益的概算。它显示在 VOC 破产以后印度尼西亚出口的增长比以往要快得多,其占国内生产净值的比重也越来越大。相应地,荷兰从印度尼西亚获取的收益占荷兰国内生产净值的比重也有非常迅速的增加。表 2-21b 提供了有关印度情况的类似估计。同荷兰相比,英国在印度施加的殖民负担和获取的殖民收益相对要小得多。

表 2-21c 提供了 1698—1929 年间印度尼西亚分种族人口和人均收入水平的粗略估计。

表 2-21a　荷兰从印度尼西亚"攫取"的财富(1698—1930)

	印度尼西亚出口顺差占其 国内生产净值的比重(%)	印度尼西亚出口顺差占荷兰 国内生产净值的比重(%)
1698—1700	0.7	1.1
1778—1780	0.9	1.7
1868—1872	7.4	5.5
1911—1915	7.6	8.7
1926—1930	10.3	8.9

资料来源：Maddison(1989b, pp.646—647)。参看 van der Eng(1998)对这些估计值的评论。

表 2-21b　英国从印度"攫取"的财富(1868—1930)

	印度出口顺差占其 国内生产净值的比重(%)	印度出口顺差占英国 国内生产净值的比重(%)
1868—1872	1.0	1.3
1911—1915	1.3	1.2
1926—1930	0.9	0.9

资料来源：Maddison(1989b, pp.647—648)对印度与英国之间的收入比率进行了修正。这种殖民地财富"流出"(以殖民地的贸易顺差来衡量的殖民负担)数据最初见于 19 世纪 70 年代以纳奥罗吉为代表的印度民族主义者的文献中(Naoroji,1901)。我采用同样的概念计算了印度尼西亚的殖民负担,并分别以它占本国国民收入的比重以及宗主国的收益占其国民收入的比重,将印度尼西亚与印度进行了比较。也可参看 Maddison(1971, pp.63—66)中的有关讨论。

表 2-21c　印度尼西亚分种族人口和实际收入的增长(1700—1929)

（人口单位为千人,人均收入按 1928 年荷兰盾计算）

	印度尼西亚人		中国人和其他亚洲人		欧洲人[a]	
	人口	人均收入	人口	人均收入	人口	人均收入
1700	13 015	47	80	156	7.5	1 245
1820	17 829	49	90	193	8.3	2 339
1870	28 594	50	279	187	49.0	2 163
1913	49 066	64	739	240	129.0	3 389
1929	58 297	78	1 334	301	232.0	4 017

a. 包括欧亚混血人。

资料来源：Maddison(1989b, p.665),对印度尼西亚的人口和收入的估计值进行了修正。

第九节

英 国

在考察英国经济表现时，最好将爱尔兰和英国的其他部分区分开来。威尔士在1301年在政治上加入英国。而苏格兰直到1707年才加入英国，但其政治基础早在1603年一个苏格兰国王被加冕为英国国王时就已奠定了。爱尔兰是被英国在17世纪50年代用野蛮武力征服的。威廉·配第的《爱尔兰的政治解剖》(Anatomy of Ireland，1691)显示，由于战争死亡、饥饿、瘟疫和流放，爱尔兰的人口锐减了四分之一。战争结束后，紧接着的是财产的大规模被没收和社会结构的调整，三分之二的宜耕种土地从爱尔兰人手中转让到了英格兰地主手中。

从1700年到19世纪50年代，爱尔兰的人均收入是英国其他地方的一半（见表B-13），而且有着与其他地方显著不同的人口史。由于1846—1851年的大饥荒和随后的大规模人口迁移，爱尔兰的人口在1840—1913年间下降了一半。因此，将爱尔兰作为英国的殖民地来处理似乎是合理的（我在表2-22中就采用了这样的处理方式）。

从1066年的诺曼征服到1950年期间，英国的经济和政治发展及其在海外的活动可以分为以下几个主要阶段。

诺曼-安茹王朝（1066—1485）

在公元1000—1500年间，英国的人口增长略慢于西欧的平均水平。从各种可能性上来看，其人均收入的增长也比较慢。英国在1500年的收入水平远低于当时作为欧洲领先经济体的意大利、佛兰德斯和布拉班特的收入水平（见表B-21和表2-22）。

表 2-22a 欧洲殖民主义国家及前殖民地国家的人均 GDP 水平（1500—1998）

（1990 年国际元）

	1500	1700	1820	1913	1950	1998
英国a	762	1 405	2 121	5 150	6 907	18 714
法国	727	986	1 230	3 485	5 270	19 558
意大利	1 100	1 100	1 117	2 564	3 502	17 759
荷兰	754	2 110	1 821	4 049	5 996	20 224
葡萄牙	632	854	963	1 244	2 069	12 929
西班牙	698	900	1 063	2 255	2 397	14 227
中国	600	600	600	552	439	3 117
印度	550	550	533	673	619	1 746
印度尼西亚	565	580	612	904	840	3 070
巴西	400	460	646	811	1 672	5 459
墨西哥	425	568	759	1 732	2 365	6 655
美国	400	527	1257	5 301	9 561	27 331
爱尔兰b	526	715	880	2 736	3 446	18 183

a. 1500—1913 年的数据包括英格兰、苏格兰和威尔士，1950 年和 1998 年的数据包括北爱尔兰；b. 1500—1913 年的数据包括当时爱尔兰全境，1950 年和 1998 年的数据包括爱尔兰共和国。

资料来源：附录 A 和 B。

表 2-22b 欧洲殖民主义国家及前殖民地国家的人均 GDP 增长率（1500—1998）

（年均复合增长率，%）

	1500—1700	1700—1820	1820—1913	1913—1950	1950—1998
英国a	0.31	0.34	0.96	0.80	2.10
法国	0.15	0.18	1.13	1.12	2.77
意大利	0.00	0.01	0.90	0.85	3.44
荷兰	0.52	−0.12	0.86	1.07	2.56
葡萄牙	0.15	0.10	0.27	1.38	3.89
西班牙	0.13	0.14	0.81	0.17	3.78
中国	0.00	0.00	−0.08	−0.62	4.17
印度	0.00	−0.03	0.25	−0.23	2.18
印度尼西亚	0.01	0.04	0.42	−0.20	2.74
巴西	0.07	0.28	0.24	1.97	2.50
墨西哥	0.15	0.24	0.89	0.85	2.18
美国	0.14	0.73	1.56	1.61	2.21
爱尔兰b	0.15	0.17	1.23	0.63	3.53

a. 1500—1913 年的数据包括英格兰、苏格兰和威尔士，1950 年和 1998 年的数据包括北爱尔兰；b. 1500—1913 年的数据包括当时爱尔兰全境，1950 年和 1998 年的数据包括爱尔兰共和国。

资料来源：附录 A 和 B。

从 11 世纪到 15 世纪中叶,英国的民族身份非常模糊。王室和统治精英都是英法军阀,他们的财产权和收入最初都来自在英国和法国的领土征服。国家可以征用的资源来自封建封臣及其奴役的农民所交纳的贡品。唯命是从的教会支撑该王朝的政治合法性,并充当社会管理的工具。"征服者"威廉一世(William the Conqueror)任命他的朋友兰弗朗克为坎特伯雷的大主教,任命诺曼牧师担任其他教区的教职。1170 年,由于与大主教贝克特意见相左,亨利二世派人将其杀害。这个王朝的主要投资是修建坚固的城堡(如为巩固威尔士征服成果而在卡那封和哈勒赫修建的城堡)或庄严的教堂和修道院(如在卡昂修建的男子修道院和女子修道院,前者作为"征服者"的坟墓,后者作为他妻子的坟墓)。

英国在法国获得及掠夺土地主要是依靠战争和联姻。在 12 世纪后半叶,在亨利二世与阿基坦的法国国王路易七世离异的妻子埃莉诺结婚后,英国所拥有的法国领土面积是有史以来最大的。当时,法国的一半领土都属于英国。英国军队分别于 1346 年在克雷西、1356 年在普瓦提埃、1415 年在阿让库尔击败了法国军队。依靠勃艮第人的帮助,英国人于 1430 年抓获并杀害了圣女贞德。从那以后,勃艮第人倒戈了。在英法"百年战争"结束时的 1453 年,幸免于难的只有加来地区,后来法国人在 1558 年对它进行了重建。

在此期间,英国在经济和政治上取得了一些进步。英国通过森林开垦扩大了农作物的种植面积,同时,由于在农业上发生了与北欧其他地区相同的技术进步,土地生产率得到了提高(White, 1962)。英国出口到佛兰德斯的羊毛生产获得了巨大的发展,但从 14 世纪下半叶开始,呢料出口逐步取代了羊毛出口。英国与国外的大量贸易由外国商人操纵,并且主要依赖安特卫普提供的信贷和融资服务。1500 年时英国的城市化水平远低于西欧的平均水平(见表 B-14)。在英格兰和威尔士,只有约 3% 的人口居住在人口规模在 1 万人以上的城市中。相比之下,佛兰德斯和布拉班特的城市化率约为 21%,荷兰约为 16%,意大利约为 15%。

在国会初期形成的过程中,因王室的财政困难而诱发了一些反对势力。黑死病的爆发使英国人口减少了三分之一,从而造成人均土地占有量增加,进而引发了提高劳动收入的要求,这成为从封建土地产权制度向市场制度转化运动的重要推动因素。

英国政府在 14 世纪时采取的一项重要措施是确立英语为主流语言。在此之前,法语一直用于所有法律诉讼中,对产权产生了明显的歧视性影响。这种状况直到 1362 年《诉讼程序法》颁布才得到改变,其理由正如该法令所指出的:"在本王国内,法语不被很多人知晓,因此,在国王的法庭或其他法庭内,控告人或被控告人对有利或不利于他的陈述无从了解。"(Baugh and Cable,1993,p.145)

利于商业资本主义的现代民族国家和制度的创立(1485—1700)

从 15 世纪末到 17 世纪末,英国人口增长了大约三倍,同期荷兰人口增长了一倍,而法国人口增长不到 50%,德国和意大利人口只增长了大约四分之一。英国人均寿命的增加幅度也显著高于法国(见表 1-4)。在此期间,农业劳动力占总劳动力的份额出现了明显的下降(到 1700 年时大约为 56%)。除了农业生产率的提高,食物供给的保障能力也提高了(Wrigley,1988)。加上沿海航运在缓解局部食物短缺方面提高了效率,英格兰和威尔士基本上消除了由饥荒导致的死亡。而同期在法国由饥荒导致的死亡仍然还很严重。[①] 在此期间,英国的城市化率提高了三倍多(见表 B-14),伦敦的人口增长了 13 倍(伦敦已成为欧洲最大的城市,见表 2-3)。

从 1500 年到 1700 年,英国人均收入几乎翻了一番,而同期法国和德国的人均收入只增长了三分之一,意大利的人均收入几乎没有增长(见表 B-21)。到 1700 年时,只有一个国家的收入增长超过英国并达到了更高的水平,那就是荷兰。其原因是荷兰人在农业、航运、金融和商业服务方面有着更高的生产率和更高的国际专业化程度。尽管它的人口不到英国人口的四分之一,但它的商船队规模却超过了英国。在当时的荷兰,只有 40% 的劳动力从事农业生产。

17 世纪的英国经济学家和外交官们(如配第、金、戴夫南特和坦普尔)都视荷兰为经济楷模加以追随。在很大程度上,英国经济制度改革就是沿着荷兰的

---

① 参看 Walter and Schofield (1989,p.42):"对非谷物食品和非农产品的不断增长的需求促进了农村中(耕作与牲畜饲养相结合的)混合农业的发展和职业多样化,使得谷物种植与家畜饲养之间达到更佳的平衡,从整体上促进了市场网络的发展。除此之外,燕麦和大麦种植面积和产量的增加创造了更有利的生产组合,避免了所有农作物产量的同时下降,从而减轻了谷物歉收的影响。"在同一本书中(p.199),Dupaquier 指出了另外一个重要方面:"在法国由于粮食在不同地区间极少流动,因此当某个地区粮食出现减产时就很难实现地区间的丰歉补偿。但是英格兰的情况大不相同,这是因为它有一个良好的海岸运输体系。"

方向进行的。这一改革进程在1688年随着新国王的就任得到了进一步的巩固,因为他同时也是荷兰总督。

有利于商业资本主义利益的现代民族国家的建立经历了几个阶段。原先那种在权力和资源基础上的封建割据被一个更集中化的体系所代替。亨利七世,一个在1485年的内战中因胜利而崛起的威尔士人,没收了许多封建贵族的地产,并将其赠予那些上升中的,但出身较低的中上阶层。他还剥夺了贵族拥有武装家奴的权利。从那以后,贵族在乡下的住宅不再构筑防御工事。随后,他的儿子亨利八世与教皇决裂,创建了一个奉行温和新教的国家教会,废除了僧侣等级制度,并没收了他们的财产(其中包括占英格兰土地四分之一左右的土地财产)。他的女儿伊丽莎白挥霍掉了主教的财产。这些教会资产的大部分通过王室的出售和赠予落入商人和绅士阶层的一些精英手中。

17世纪时英国的国家治理模式发生了重大变化(包括成立临时共和国和废除上议院)。这种变化的结果是,国王的资金来源主要依赖于由地主和商人中的一些精英所控制的众议院。

到了17世纪末,经济政策领域中的政府管理实现了现代化。在任命政府官员时,政府会更多地考虑使用那些有才干的专业人士。另外,改进的政府统计数据开始成为制定政策时的重要参考。政府的重要职务任命权仍然很重要,但是政治上的任人唯亲已经开始取代裙带关系。

从1679年起,政府规定烟囱税①的包税人必须出示全部详细账目。关税的承包制度在1671年被废除了,并在1696年设立了进出口总监。1683年,消费税的承包制度也被废除了。同时,经济学家戴夫南特被任命为税务专员。劳资协商委员会成立于1696年,哲学家约翰·洛克(John Locke)被任命为专员之一。塞缪尔·佩皮斯(Samuel Pepys)负责在海军管理方面实行类似的现代化建设。1702年,经济学家格里高利·金(Gregory King)成为公共会计专员。所有这些新设立的行政职位的薪金都很高,以确保就任者不会以权谋私。英格兰银行成立于1694年,并于1696年开始大规模重铸货币。此时货币政策也实现了现代化,一个管理良好的公债市场正在形成。

经过一系列的变革后,18世纪的英国已成功地建立起一套稳健的公共财政

---

① 以住户为基础每年征收一次的捐税。——译者注

体系,这与同期法国薄弱的公共财政体系形成了强烈对比。英国政府以永续年金的形式保持了对大部分公债的偿付能力。这时没有任何特权群体可以免税,没有税收承包人,不准出售公共职位,也不存在税收自治的管辖区。税收的政治合法性在国会的控制下得到了保证。人均公职人员的数量也远低于当时法国的水平。①

文化知识生活在 17 世纪已经非常活跃并越来越世俗化了,它与北欧出现的类似的发展有着密切的相互影响。极为富有的银行家和作为皇家财政代理的托马斯·格雷欣爵士(Sir Thomas Gresham)1579 年慷慨解囊,在格雷欣学院创立了一个组织,以每天讲授不同专题的形式向外界公开提供高等教育。该学院特别成功的学科是应用数学和关于航海工具及造船的实用研究。在 17 世纪 40 年代和 50 年代时,它已经成为实验科学新成果的研讨中心,也是于 1662 年成立的皇家学会的前身。该学会的杰出人物有克里斯托弗·雷恩(Christopher Wren,格雷欣学院和牛津大学的天文学教授和建筑学家,在伦敦大火后帮助修复了伦敦的一些教堂)、约翰·威尔金斯(John Wilkins,数学家和瓦德汉学院校长)、罗伯特·玻意耳(Robert Boyle,化学家和解剖学家)、威廉·配第[曾任牛津大学解剖学教授,政治经济学的创始人,爱尔兰土地清册调查总监;他也是双底船(与筏类似)、陆地快速运输技术、邮政服务改进计划、水泵和海水淡化技术的发明者]。在这个启蒙世纪,许多知名学者如培根(Bacon)、霍布斯(Hobbes)、洛克(Locke)和牛顿(Newton)都参与了公共政策实务(牛顿从 1695 年起担任铸币厂的督导,之后担任厂长直至身逝)。他们的工作从很多方面对技术进步产生了重要影响。

复辟时期的国王对推动航海理论和实践的研究很有兴趣,他创建了皇家天文台并设立了皇家天文学家的职位。数学家兼天文学家埃德蒙·哈雷(Edmund Halley)在 20 岁时就已开始了他富有成果的学术生涯。他在圣赫勒拿岛上经过两年的观察奠定了南半球星体天文学的理论基础,并最终成为皇家天文学家。1693 年,他利用由莱布尼茨提供的布雷斯劳的人口死亡数据,撰写了一篇有关人口生命预期数学的基础性论文,为人寿保险业奠定了科学基础。

荷兰和法国也进行了与英格兰相似的科学探索。与之形成鲜明对比的是,

---

① 参看 Brewer(1989,pp.14—20)。

西班牙狂热的宗教偏见和审讯制度扼杀了学术好奇心。在意大利,情形有点相似,反宗教改革不断困扰伽利略,并削弱了这个国家在几个世纪前曾显示出的非凡的创造力。

从16世纪50年代到1700年,英国的海外活动和外交政策发生了重大变化。它摒弃了先前征服欧洲的思想,明智地探讨其作为岛国的战略优势。英国的商业船队规模急剧扩大。在伊丽莎白统治时期英国的海军力量得到了发展壮大,并具备了击退西班牙侵略的能力。到1700年,英国海军已具备相当规模的进攻实力。据格里高利·金的估计,在1697年英国商业船队规模已超过2 000艘,总吨位达到32.3万吨。同时,英国海军拥有189艘战船,其总吨位达12万吨。[①] 这已经超过除荷兰外世界上任何其他国家的海上实力(见表2-15)。

英国保持相对较小的陆军力量(见表2-18b)。1688—1815年,英国与欧洲大陆国家发生过多次战争,但陆上战争的大部分负担由英国的盟国承担。这种分工通过机会主义外交、补贴和欧洲大陆国家之间由于朝代、领土或宗教的原因造成的长期敌对状态而得到保证。

从16世纪到19世纪,英国的商业政策受到重商主义思想的支配。在英格兰和欧洲大陆,当时人们习惯地认为,国际竞争就是以邻为壑。形成这种思想的主要原因是,19世纪前的经济增长是建立在技术进步非常缓慢的基础上的,国内投资率按今天的标准来看是非常低的。在1688年的英格兰,按照格里高利·金的估计,投资率不到GDP的7%。因此,当时普遍认为,提高收入的最佳途径或者是像荷兰人那样提高专业化和劳动分工的程度,或者是在美洲开发新产业,或者是在非洲从事奴隶交易,或者是从亚洲进口香料、纺织品和瓷器。荷兰和英国的收入水平,足以支持其在海外的冒险事业并将其与技术知识相结合。航海和造船技术的进步使得这些冒险事业成为可能并且有利可图,尽管到东亚的往返航程可能需要长达两年之久。

从事这种商业贸易的吸引力还在于新产品所可能带来的利润。在16世纪,糖并未作为一种大众消费品而为人所知。而到1700年时,英格兰和威尔士的人均糖消费量已达到2.6公斤,烟叶的人均消费量从零增加到大约1公斤,对茶叶和咖啡的消费需求也开始出现了。[②] 从印度进口的印花棉布给人们带来

[①] 参看格里高利·金的手写笔记(p.208),该笔记由Laslett(1973)重新整理出版。
[②] 参看Shammas(Brewer and Porter, 1993, pp.182, 184)。

了新品位和新时尚,从中国进口的陶瓷制品也对国内器皿用具产生了相似的影响。这些新消费品的需求弹性非常大,而且占据了个人消费的很大比重。格里高利·金的估计表明,在 1688 年的英格兰和威尔士,对食品、饮料和纺织品的支出额占 GDP 的 58.5%(在 20 世纪 90 年代末时,该比重大约仅为 16%)。

为了攫取海外机会的更大份额,战争发生的频率在不断增加。在 1652 年后的 25 年中,英国和荷兰交战过三次,其结果是荷兰在美洲和非洲的贸易机会明显减少了。英国商业船队规模由于缴获荷兰船只而显著扩大,尤其是荷兰的"弗留特帆船"(fluyt),它是为了低价批量生产和降低运营成本(配备较少人手)而设计的一种船,但未配备武器。①

商业政策进一步强化了贸易战的目标。从 1651 年开始,英国先后颁布了一系列航海法案,以禁止国外船只涉足与英国殖民地之间的贸易,并强迫其殖民地通过英国港口出口本国商品。结果英国形成了一种新的贸易模式,那就是从殖民地的进口商品被大量用于转口,这也是荷兰和法国贸易模式的特征(见表 2-19 和表 2-23 的注解)。这些法案最终在 1849 年都被废除了。表 2-23 清楚地显示出英国贸易在 17 世纪就已开始的这种地理转移趋势。

表 2-23　按输入地和输出地划分的英国商品贸易结构(1710—1996)

(占现价总值的比重,%)

	欧洲	亚洲	非洲	北美洲	英属西印度群岛	美洲其他地区	澳大利亚和新西兰
					进口		
1710[a]	63.6	6.9	0.4	7.3	21.7	0.1	0.0
1774	46.1	11.4	0.4	12.5	29.3	0.3	0.0
1820	26.8	24.6	0.5	14.6	26.0	7.5	0.0
1913	40.7[b]	15.7	3.0	22.6	0.8[c]	9.6	7.6
1950	27.8[b]	17.2	11.0	15.9	5.1[c]	8.6	14.4
1996	61.7	18.8	2.2	14.1	0.3[c]	1.7	1.2
					出口和转口		
1710[a]	87.6	2.1	1.2	5.1	3.4	0.6	0.0
1774	58.5	3.9	6.0	21.5	10.0	0.1	0.0
1820	61.8	7.1	1.1	11.7	9.0	9.3	0.0
1913	37.4[b]	22.7	6.4	13.5	1.0[c]	8.7	10.3

---

① 参看 Parry(1967,pp.210—216)有关"弗留特帆船"的特征和对荷兰造船技术的描述。

(占现价总值的比重,%)(续表)

	欧洲	亚洲	非洲	北美洲	英属西印度群岛	美洲其他地区	澳大利亚和新西兰
				出口和转口			
1950	28.8[b]	18.9	13.2	14.4	1.7[c]	7.2	15.8
1996	63.3	16.8	3.0	13.3	0.3[c]	1.5	1.8

a. 英格兰和威尔士;b. 包括北非;c. 包括所有加勒比地区。

资料来源:1710—1820 年的数据来自 Mitchell and Deane (1962, pp. 309—311)。1913 年的数据来自 Mitchell and Deane (1962, pp. 317—323)。1950 年的数据来自 Mitchell and Jones (1971, pp. 136—139)。1996 年的数据来自 UN Yearbook of International Trade Statistics (1996, p. 1065)。在 Mitchell and Deane(1962, pp. 2679—2684)中提到,在 18 世纪 20 年代和 70 年代,英国的转口占其国内出口的 58%(即占其总出口的 37%),而同期荷兰的这一比例分别为 53%和 220%(见表 2-19)。在 1913 年,英国的转口占其国内出口的 20.8%,在 1950 年降为 3.9%。在 1710 年,羊毛纱和绒纱及其制品占国内出口的 78%,1774 年为 49%,1820 年为 12%,1913 年为 6%。在 1774 年,棉纱及其制品仅占国内出口的 2%,1820 年上升到 62%,1913 年为 24%,1938 年为 11%。

英国成为世界商业霸主(1700—1820)

1700—1820 年,英国人口增长出现了明显加速,其增长率是由于内战和瘟疫造成人口减少的 17 世纪的两倍多。英国的人口增长率是欧洲国家中最快的,它的人口城市化率在全国各地都有显著的提高,这再次与欧洲其他地方的发展形成了鲜明的对比(见表 B-14)。

在此期间,英国的人均收入增长要快于 17 世纪,是欧洲平均水平的两倍多。相比之下,荷兰出现了灾难性的经济下滑,它的人口增长率急剧下降,人均收入水平也降低了。1700 年时,英国(不包括爱尔兰)的 GDP 是荷兰的两倍,到了 1820 年时它相当于后者的七倍。

随着农业劳动力比重的明显下降和工业及服务业劳动力比重的大幅攀升,英国的经济结构(就业结构)发生了重要的变化(见表 2-24)。而在荷兰,却出现了逆工业化和逆城市化的趋势,导致农业部门的比重重新上升。

表 2-24 荷兰、英国和美国的就业结构(1700—1998)

(占总就业人数的比重,%)

		荷兰	英国	美国
1700	农业	40	56	—
	工业	33	22	—
	服务业	27	22	—

(占总就业人数的比重,%)(续表)

		荷兰	英国	美国
1820	农业	43[a]	37	70
	工业	26[a]	33	15
	服务业	31[a]	30	15
1890	农业	36[b]	16	38
	工业	32[b]	43	24
	服务业	32[b]	41	38
1998	农业	3	2	3
	工业	22	26	23
	服务业	75	72	74

a. 1807 年的数据;b. 1889 年的数据。

资料来源:1700 年的数据来自 Maddison(1991a, p. 32)。英国和美国 1820 年和 1890 年的数据来自 Maddison(1995a, p. 253)。荷兰 1807 年和 1889 年的数据来自 Smits, Horlings and van Zanden(2000, p. 19)。1998 年的数据来自 OECD 的 *Labour Force Statistics 1978—1998*。本表中的农业包括林业和渔业;工业包括采掘业、制造业、电力、自来水和煤气供应业以及建筑业;服务业是一个残差项,包括其他所有私人和政府的活动(包括军事活动)。

随着国内和海外投资机会的减少,荷兰的储蓄不断流向外国资本市场,其中大部分投到英国的公债上。因此,荷兰的资金支持了英国的经济增长(Maddison,1991a, pp. 34—35,45—46)。

1720—1820 年,英国的出口每年增长 2%,而荷兰的出口则每年下降 0.2%(Maddison,1982, p. 247)。在 1700 年时,英国的船舶运载量占世界的五分之一强,荷兰则超过了四分之一。但到了 1820 年,英国的份额已超过 40%,荷兰的份额则下降到只有 2%强(见表 2-15 和表 2-25a)。

表 2-25a 英国和世界的船舶运载量(1470—1913)

	英国			世界		
	帆船(千吨)	蒸汽轮船(千吨)	运载量合计(帆船当量)	帆船(千吨)	蒸汽轮船(千吨)	运载量合计(帆船当量)
1470	—	0	—	320	0	320
1570	51	0	51	730	0	730
1670	260	0	260	1 450	0	1 450
1780	1 000	0	1 000	3 950	0	3 950
1820	2 436	3	2 448	5 800	20	5 880

(续表)

	英国			世界		
	帆船（千吨）	蒸汽轮船（千吨）	运载量合计（帆船当量）	帆船（千吨）	蒸汽轮船（千吨）	运载量合计（帆船当量）
1850	3 397	168	4 069	11 400	800	14 600
1900	2 096	7 208	30 928	6 500	22 400	96 100
1913	843	11 273	45 935	4 200	41 700	171 000

资料来源：英国1470—1780年的数据来自表2-15，1820—1913年的数据来自Mitchell and Deane（1962，pp.217—219）。世界1470—1780年的数据来自表2-15，由于欧洲船队的统计口径不全，因此我将世界1470年、1570年和1670年的数据向上做了调整。其中，1470年的调整系数为1.85，1570年为1.34，1670年为1.07。对于1470—1780年间，在世界合计中我还加上了亚洲船只货运量的粗略估计值（100 000吨）。1800—1913年的数据来自Maddison（1989a，p.145）。考虑到蒸汽轮船较快的速度和较稳定的正常运营能力，将蒸汽轮船与帆船之间的当量系数定为1∶4，即1艘蒸汽轮船的运载量相当于4艘帆船的运载量（Day，1921，p.290）。

表2-25b 英国和世界的船舶运载量及GDP增长率（1570—1913）

（年均复合增长率，%）

	英国船舶运载量	英国GDP	世界船舶运载量	世界GDP
1570—1820	1.56	0.79	0.84	0.33
1820—1913	3.20	2.13	3.69	1.47

资料来源：运载量数据来自表2-25a，GDP数据来自附录B中的表B-13和表B-18。

这是一个英国通过灵活运用以邻为壑战略逐步成为世界商业霸主的时期。而荷兰地位的下降在很大程度上归因于英国和法国的商业政策以及1795—1815年战争的灾难性影响。

1700—1820年，英国先后卷入了与欧洲国家不同联盟之间的一系列战争（1700—1713年、1739—1748年、1756—1763年和1793—1815年），还参与了美国的独立战争（1776—1783）。在这些战争中，英国独自对抗它的殖民地国家及其欧洲同盟（法国、荷兰和西班牙）。英国之所以卷入这些冲突，在很大程度上是出于它对全球商业霸权地位的追求。英国在1713年和1763年的和平协定中获得了实质利益。1763年的协定将法国人赶出了加拿大，同时削弱了西班牙在加勒比和佛罗里达的地位。然而1776—1783年的美国独立战争却以英国的惨败而告终——英国丧失了其在北美的13个殖民地。

与法国、荷兰、西班牙和其他欧洲大陆国家相比，革命战争和拿破仑战争给英国造成的损失微不足道。拿破仑征战的范围从莫斯科到埃及，从德国北部到西班牙。在法国方面，50多万士兵被杀死，其他国家的死亡人数至少也相当于这个水平。法国军队的经费在很大程度上依靠征税，或者是让被占领的国家出资为法国士兵提供膳宿。在这次战役中，德国、俄罗斯和西班牙的大片土地遭到毁灭性破坏[参看 Kennedy(1987，pp.115—139)有关战争代价的分析]。战争中的商业封锁也延缓了欧洲大陆工业发展的进程[参看 Crouzet(1964)的分析]。

这次战争也使欧洲大陆国家在海外的商业利益和殖民利益遭受巨大损失。荷兰损失了除印度尼西亚外所有它在亚洲的殖民地以及在南非的商业基地。法国人在亚洲沦为象征性的殖民者，并损失了作为其在加勒比主要资产的圣多米尼克。战后不久，巴西脱离葡萄牙的统治获得独立，西班牙损失了其在拉丁美洲的庞大殖民帝国，仅剩下古巴、波多黎各和菲律宾。

英国接管了法国和荷兰在亚洲和非洲失去的殖民地，扩大了对印度的控制范围，并在拉丁美洲确立了其商业特权地位。

1750 年，大英帝国的人口包括了它在美洲的约 150 万人(见表 2-28)，在爱尔兰及在加尔各答、马德拉斯和孟买基地的约 240 万人。到了 1820 年，它虽然丧失了在北美的 13 个殖民地，却控制了大约有一亿人口的印度领土。

1700—1820 年，虽然英国的经济增长由于其成功地施行以邻为壑的商业战略而得以加强，但它的发展还有一些其他原因。与其他欧洲大陆国家不同，它的国内发展没有受到其在 17 世纪所经历的那些武装冲突的干扰。英国通过创建收税公路和渠道网络以及发展海岸运输极大地提高了国内市场的统一程度。这促进了不同地区之间更有效率的专业化和劳动分工。此外，稳健的公共财政和银行业的发展也进一步提高了资源配置效率。

从 18 世纪 60 年代起，棉纺织业出现了惊人的发展。在此之前长达一个半世纪中，英国国内对棉布和家庭装饰品的需求都是通过进口印度纺织品而得到满足的。接连不断的技术创新使得国内棉纺织业的发展呈现出新的前景和利润潜力。由于棉花比羊毛更易于机械化操作，因此，适量的资本投资所形成的机械化就可以大大提高劳动生产率。哈格里夫斯(Hargreaves)在 1764—1767 年发明的珍妮纺纱机在纺软纬纱时可以将生产率提高为原来的 16 倍。阿克赖特(Arkwright)在 1768 年发明的纺纱机可利用水利作为动力纺出结实的经纱。克朗普顿(Crompton)在 1779 年发明的走锭纺纱机可同时纺出纬纱和经纱。卡特赖特(Cartwright)在 1787 年发明的动力织布机提高了织布的生产率。最后，美国人伊莱·惠特尼(Eli Whitney)在 1793 年发明的轧花机极大地降低了从美洲进口原棉的成本。在1774—1820年间,原棉的进口量增长为原来的20多倍。棉纺织业的就业人数也从18世纪70年代的几乎可以忽略的水平增加到1820年占总劳动力的6%以上。棉纱及其制成品占英国出口量的比重从1774年的2%迅速提高到1820年的62%——尽管这些出口纺织品的价格急剧下降了。同期,羊毛制品在出口中的份额从49%下降到12%。

在欧洲也出现了棉纺织业在生产和新技术应用方面的扩张,但是法国在1820年的人均棉纺织品消费量大约只有英国的四分之一。

在18世纪,由于政府对皇家天文学家的支持,并提供2万英镑奖金用于精确测定经度的船舶经线仪的研制,航海技术得到了极大的改进。《船舶年鉴》(*Naval Almanacs*,航海者的实践指南)的第一卷于1767年出版。1773年,政府将最后一笔奖金奖给发明经线仪的约翰·哈里森(John Harrison)。由于配备了哈里森经线仪的复制品和一系列在18世纪发明的其他仪器,詹姆斯·库克船长得以成功地探索和测绘了澳大利亚和新西兰的海岸,而且并未因坏血病而损失任何船员。

技术进步和实际收入增长的加速阶段(1820—1913)

在1820—1913年间,英国的人均收入增长比过去任何时候都要快,增长速率大约为1700—1820年间的3倍。这个时期是英国和其他西欧国家发展的一个新纪元。英国经济表现突出的基本原因是技术进步的加速,以及它所伴随的实物资本存量的快速增长、劳动力教育水平的提高和劳动技能的改进。资源配置效率的提高得益于劳动力国际分工的改善。在此期间,英国的出口年均增长率达到3.9%,几乎是其GDP增长率的2倍。另外,在此期间未与其他国家发生重大军事冲突也有利于英国的经济发展。与此形成鲜明对照的是,在此之前的1688—1815年间,英国先后卷入了6次主要战争(共持续了63年),从而严重阻碍了经济的发展。

在1820—1913年间,大英帝国的版图又有所扩大。它从19世纪70年代起在非洲先后获取了埃及、加纳、肯尼亚、尼日利亚、罗得西亚*、苏丹、德兰士瓦省(南非)、奥兰治自由邦(南非)和乌干达;在亚洲先后占领了亚丁、阿拉伯半岛

---

* 1980年4月18日更名为津巴布韦。——译者注

周围的酋长国、缅甸、马来半岛诸国、中国香港和一些太平洋岛国(屿),并控制了整个印度。1913年,它在非洲领地上的人口大约有5200万,在亚洲大约有3.3亿,在加勒比大约有160万,在澳大利亚、加拿大、爱尔兰和新西兰大约有1800万。大英帝国的总人口为4.12亿人,是英国本土人口的10倍。大英帝国的核心国是印度,它占整个帝国人口的四分之三。印度的税收可供养在英国人控制下的庞大部队,该部队可被派往亚洲其他地方和中东,最终也可以被派往欧洲。大英帝国的安全主要由英国的制海权以及分布在直布罗陀、马耳他、塞浦路斯、埃及、苏伊士运河、亚丁和中国香港的陆海军基地所保障。

在19世纪中,英国的商业政策发生了重大变化。对农产品进口的保护性关税在1846年被取消,《航海法》在1849年被废除。到了1860年,所有贸易和关税限制被单边取消。在此期间,荷兰采取了与英国相似的政策。1860年,英国和法国签署了《科布登-谢瓦利埃条约》(*Cobden-Chevalier Treaty*),使两国之间实现了自由贸易。法国随后也与比利时、意大利、西班牙和瑞士签署了类似的条约。这些条约中所规定的最惠国条款意味着双边贸易自由化可以同等地适用于所有国家。在19世纪晚期,贸易自由化在欧洲大陆国家出现了倒退,但英国在1931年之前一直坚持了它的自由贸易政策。

印度和其他英殖民地国家也采取了自由贸易政策,即使英国的非正式殖民地国家也是如此。虽然中国、波斯、泰国和土耳其不是英国的殖民地,但它们通过与英国签订不平等条约而被迫维持低关税水平,这些条约降低了它们在商业事务上的主权,并赋予了外国人治外法权。为了保证中国偿还它的债务,英国接管了中国的海关管理权。

虽然从19世纪中期开始大英帝国采取了自由贸易政策,但殖民主义有利于英国的出口。在亚洲和非洲国家,英国在航运、金融和保险业享有事实上的垄断特权。这些殖民地国家不再由垄断贸易公司所左右,而是由帝国官僚阶层来管理。尽管他们的工作效率较高并且清正廉洁,但实行的是白人制定的规则。他们住在隔离的军营中,并经常光顾英国人俱乐部。因此,他们非常自然地青睐英国货而歧视其他国家的商品,并且在制定政府采购政策时实行明显的歧视性做法。

英国的商业政策以及愿意进口其需要的大部分食品的做法,对世界经济产生了重要而积极的影响,有力地促进了技术的进步和传播。受其影响最大的是西方后裔国,因为那里有丰富的自然资源可以开发。另外,英国的这些政策对印度的发展也产生了一些积极影响，因为印度当时是大英帝国版图内最大和最贫穷的地方。

从19世纪早期起，不断加速的通常被喻为"工业革命"的技术进步成为世界经济的主要特征。但"工业"这个词很不恰当地将技术创新的影响狭隘地限于工业部门之内。事实上，技术进步的加速对经济活动所产生的影响是非常广泛的，与此相应的组织方式的改进也加快了经济增长。

在促进全球经济增长方面最重要的技术创新是交通和通信技术的进步。1812年，世界上第一艘利用蒸汽机作为动力的轮船出现在英国，到了19世纪60年代，几乎所有新下水的船舶都已经采用煤作为能源。到了1913年，只有不到2%的英国船只是帆船。在随后一个世纪中，轮船发动机的功率及其燃料利用效率稳步提高。由钢铁制成的轮船比木船更大、更快、更可靠。19世纪80年代，横越大西洋的定期航线开通，可以在10天内从利物浦抵达纽约。苏伊士运河在1869年开通，使伦敦到孟买的距离缩短了41%，到马德拉斯的距离缩短了35%，到加尔各答的距离缩短了32%，到中国香港的距离缩短了26%。这不但降低了蒸汽轮船的燃料成本，而且使帆船处于一个非常不利的竞争地位，因为运河中缺乏风力。

由于廉价和可靠的旅客运输服务的发展，欧洲移民大量涌向美国、加拿大、澳大利亚、新西兰、阿根廷和巴西。1820—1913年，英国人口的净流出量大约是1200万人（其中一半来自爱尔兰）；从欧洲其他国家流出的人口大约为1400万人；印度人口的净流出量超过了500万人，其中450万人迁移到缅甸、马来亚和斯里兰卡，30多万人迁移到非洲，还有30多万人迁移到加勒比地区（Davis，1951，pp.99—101）。从中国向亚洲其他国家迁移的人口超过了从印度向亚洲其他国家迁移的人口（Purcell，1965）。

来自西欧的移民加快了北美洲、拉丁美洲和澳大利亚对其丰富自然资源的开发，同时也提高了移民的收入水平。移民寄回的汇款促进了其国家的经济发展。人口的迁出减少了贫困农村的多余劳动力，从而加快了爱尔兰和意大利的人均收入增长（O'Rourke and Williamson，1999，p.155）。从印度和中国向东南亚富裕国家（缅甸、马来亚、斯里兰卡、泰国和越南）的移民也有着类似的作用。

造船和航海技术的加速发展是始于 13 世纪的一种技术发展过程的延伸。[①] 美国发明的快速帆船在速度上可与 19 世纪 60 年代以前的蒸汽船相媲美。从长期来看,陆地运输技术的进步相对比较缓慢,但从马车运输转向铁路运输是一个重大飞跃。铁路运输始于 1826 年的英国北部,到 1913 年,全世界投入使用的铁路长度已达到近 100 万公里,其中,近一半在美国和其他西方后裔国,还有 30% 在欧洲,但到 1913 年时,印度和阿根廷的铁路网都已经超过了英国的规模。这种大规模和高造价的铁路投资为经济发展开辟了新的途径,扩大了有效市场的规模,增大了国内移民的范围,提高了城镇化水平,从经济学意义上改变了产业区位选择,极大地提高了国际分工的程度[参看 O'Rourke and Williamson (1999, pp.41—54)有关运输成本下降及其影响的详细分析]。正像在造船业那样,在铁路运输的发展过程中,英国在传播和资助新技术方面发挥了主导作用。

冷冻设备的发明使通过铁路和海运进行肉类、奶制品和水果的远距离运输成为可能。在 19 世纪 70 年代,冷藏车在美国的铁路上首次出现。1879 年,澳大利亚的冻肉首次通过海运抵达英格兰;1882 年,新西兰的冻肉首次运抵英格兰。就在同一年,世界上第一家冷冻厂在布宜诺斯艾利斯建成,目的也是将那里的肉运送往英格兰。

1840 年,英国创建了现代邮政服务,在全国范围内实行了对信函和包裹的统一收费标准制度,并利用新的铁路设施保证了比传统的驿站马车服务更快的邮件投递制度。但是对商务和政务通信产生更重要影响的是在 19 世纪 50 年代所发明的电报。到了 1870 年,英国已与印度和北美洲建立了直接电报通信联系。这项新发明极大地促进了国际金融市场的统一,因为通过电报基本上可以达到市场间信息传递的同步化。到了 1913 年,电话的发明和无线电通信技术的初步开发进一步增强了电报在通信中的地位。

通信技术的创新在连接各国的资本市场和促进国际资本流动方面发挥了关键作用。当时英国在国际金融方面的作用已经很重要,这是因为它有一个稳定健全的公共信用和货币体系,有一个相当规模的资本市场和公债市场,也有一个旨在稳定汇率的从 1821 年起就沿用下来的金本位制度。大英帝国创建了

---

① 参看 North (1968)和 Harley (1988)有关造船成本下降程度的描述,以及 Parry (1967, pp. 216—217)有关在铁路发明之前陆地运输发展的描述。

一个产权制度,它对产权的保护程度看来丝毫不亚于英国本国证券投资所能获得的保护程度。英国是一个富有的和接近技术前沿水平的国家,它的食利阶层常为国外投资机会所吸引,即使这些机会所能提供的额外利润很小。

从 19 世纪 70 年代起,英国出现了大量以海外投资为目的的资本流出,约占其储蓄的一半。法国、德国和荷兰也有巨大的海外投资。到 1913 年时,英国在国外的资产相当于本国 GDP 的 1.5 倍左右,来自它们的收入意味着其国民总收入比 GDP 多出 9% 以上。表 2-26a 反映了 1914 年英国海外投资的来源和去向。应该说,资本的流动对澳大利亚、加拿大、新西兰、阿根廷、巴西南部、乌拉圭、俄罗斯和南非的经济增长具有显著的贡献,但从人均角度看,其对亚洲的影响并不大(见表 2-27)。海外投资的大部分是以债券形式进行的,并且大量集中在铁路建设方面。

表 2-26a　海外投资的现价总值(1914)　　(百万美元,当期汇率)

	欧洲	西方后裔国	拉丁美洲	亚洲	非洲	合计
英国	1 129	8 254	3 682	2 873	2 373	18 311
法国	5 250	386	1 158	830	1 023	8 647
德国	2 979	1 000	905	238	476	5 598
其他	3 377	632	996	1 913	779	7 700
美国	709	900	1 649	246	13	3 514
合计	13 444	11 173	8 390	6 100	4 664	43 770

资料来源:Maddison(1995a, p.63)。"其他"包括比利时、荷兰、葡萄牙、俄罗斯、瑞典、瑞士和日本。

表 2-26b　海外投资的现价总值(1938)　　(百万美元,当期汇率)

	欧洲	西方后裔国	拉丁美洲	亚洲	非洲	合计[a]
英国	1 139	6 562	3 888	3 169	1 848	17 335
法国	1 035	582	292	906	1 044	3 859
德国	274	130	132	140	—	676
荷兰	1 643	1 016	145	1 998	16	4 818
其他[b]	1 803	1 143	820	101	646	4 579
美国	2 386	4 454	3 496	997	158	11 491
日本	53	48	1	1 128	—	1 230
合计	8 331	13 935	8 774	8 439	3 712	43 988

a. 包括其他未分类地区的投资,其中流向美国的投资为 7.29 亿美元;b. 包括 19 个欧洲国家。

资料来源:英国的数据来自 Bank of England, *United Kingdom Overseas Investments 1938 to 1948*, London, 1950, p.14;所有其他国家的数据均来自 C. Lewis, *The United States and Foreign Investment Problems*, Brookings, Washington, 1948, pp.292—294。

表 2-27　9 个主要外资接受国的外资现价总值(1913)

	合计 (百万美元,当期汇率)	人均 (美元)
中国	1 600	3.7
印度	2 100	6.9
印度尼西亚	600	12.0
阿根廷	3 136	409.8
巴西	1 932	81.7
墨西哥	1 700	113.6
澳大利亚	1 800	373.4
加拿大	3 850	490.3
南非	1 650	268.2

资料来源：外国资本存量（证券组合投资和直接投资）数据来自 Maddison(1989a, p.45)。人口数据来自附录 A。

1870—1913 年,世界人均 GDP 的年均增长率为 1.3%,而在 1820—1870 年间为 0.5%,在 1700—1820 年间为 0.07%。经济增长的加速不仅源于技术的快速进步,也源于以英国为主所建立的自由经济秩序加剧了新技术的扩散。虽然这不是一个全球收入均等化的过程(有关扩大的地区间收入差距可参看表 3-1b),但是它使全世界所有地区的收入都有所提高。到了 1913 年,澳大利亚和美国的人均收入水平超过了英国。大多数西欧和东欧国家、爱尔兰、西方后裔国、拉丁美洲国家以及日本的经济增长率也超过了英国。在印度、其他亚洲国家(除中国外)和非洲,这种进步要慢得多,但是这些国家的人均收入水平在 1870—1913 年间仍然提高了四分之一以上。

从全世界来看,1870—1913 年,几乎所有国家的贸易增长都快于它们的收入增长(见表 3-2a 和表 F-4)。

与 18 世纪相比,无论从哪个方面来考察,这一时期都取得了巨大的进步。而在 18 世纪时,奴隶的贩运数量大于移民数量,资本流入和技术转让极为有限,商业政策则是建立在以邻为壑的基础上。

凯恩斯(Keynes,1919,pp.9—10)对这一自由时代末期像他一样的英国人所能享受的贵族式的生活方式和所能获得的投资机会,有一个富有启发性的描述：

伦敦的居民可以一边在床上喝着早茶,一边用电话订购这个世界上他认为合适数量的任何产品,并合理地预期有人会将它们尽快地送到他的门口;同时,他可以用同一方式将他的资产投资到全球任一角落的自然资源开发上和新成立的企业上;如果他愿意,他就可以立即获得廉价的、舒适的、可以到达任何不需要办理护照或其他手续的国家或气候区的交通工具;他可以派仆人到附近一家银行的营业部去采购合适的贵金属并且铸成钱币,然后,可以在对外国的宗教、语言和风俗一无所知的情况下去旅行。任何轻微的干涉都会使他感到极大的委屈和惊讶,因为他视这种生活和办事的方式为一种正常的、理所当然的、永久的方式。

战争、衰退和帝国的瓦解(1913—1950)

这是一个复杂而晦暗的时期,它深深地打上了两次世界大战和其间经济衰退的烙印。[①] 已经建立的自由经济秩序已不复存在。1950 年的世界贸易量与世界收入之比远低于 1913 年。在这个时期,世界移民数量仅为 19 世纪的几分之一。西欧大部分的国外资产被出售、掠夺或破坏了。海外殖民帝国要么崩溃了,要么处于瓦解的边缘。

尽管存在这些灾难性的打击,以及经济政策和政策工具上的重大改变,但它们对世界经济增长的影响比人们所预期的要小,这是因为 20 世纪的技术进步速度要大大快于 19 世纪。

道路交通工具的发展延续了早期运输革命的势头。西欧的轿车数量从 1913 年的 30 万辆增加到 1950 年的近 600 万辆,同期美国的轿车数量从 110 万辆增加到 4 000 万辆(Maddison,1995a,p.72)。道路货运发生了类似的变化,农业生产中突出的是拖拉机对马匹的取代。航空技术不仅对 1950 年前的武器装备产生了重要的影响,而且在降低运输距离重要性上的经济作用也已经很明显。

电的开发在生产热、光和动力的同时也产生了巨大的派生性影响:"电使机器和工具摆脱了位置的束缚;它使动力无处不在,而且使每个人都能利用这种动力。"(Landes,1966,p.72)电使得建立新型工厂成为可能,在那里可装配和批

---

① 至于对这个时期更详尽的分析,参看 Maddison(1976)和 Maddison(1995a,pp.65—73)。

量生产汽车以及一系列的新型家用电器,如缝纫机、电冰箱、洗衣机、真空吸尘器、收音机和照相机。电也对新型的大众电影娱乐的迅速普及做出了贡献。

在化学方面也取得了一些重要的突破,从而使得人工合成材料、化肥和化学药品的制造成为可能。这些新产品对经济增长潜力的提高和医学的发展产生了重要影响。

在生产率和人均收入方面已成为世界领先者的美国在开发这些20世纪的新技术方面发挥了主导作用。技术创新的动力从19世纪开始发生变化,其特征是个人发明者的作用降低了,美国开创的应用科学研究受到了更大的重视。美国以一种英国从未尝试过的方式使技术创新制度化。1913年,在美国的制造业中大约有370个研究单位,雇用了3 500名员工。到了1946年,这样的研究单位增加到2 300个,雇用了118 000名员工。1946年,在美国制造业中每1 000名雇员中就有4名科技工作者,这一比率是英国的5倍。与英国相比,美国政府资助的研究在农业和采掘业中发挥了更为重要的作用,美国企业和大学之间的联系也更为紧密(Mowery and Rosenberg,1989)。

美国发展出了新型的职业化企业管理模式,其中大企业在推行标准化和扩大市场方面发挥了战略性的作用。拥有多个部门的企业在各部门之间协调广告、包装、运输和市场营销业务。它们还在广泛的新兴产业上发挥了分配资本、分散风险和提高生产率的作用。

要想对技术变化的幅度或加速度进行总体的估计是很困难的。对拥有最高生产率的领先国家,我们可以用全要素生产率(TFP,产出对劳动力和资本综合投入的反应)对它的技术进步做一个大致的替代指标估计。到了1913年,美国取代英国成为最接近当时技术前沿的国家。在1913—1950年间,美国的全要素生产率年均增长1.6%,是其自身或英国在1870—1913年间所达到的生产率增长速度的四倍多。这是技术繁荣的第一个阶段,它持续了60年。在此期间,英国全要素生产率的增长也出现了加速现象,但仍然慢于美国(Maddison,1995a,pp.40—50,252—255)。同时,大多数西欧国家的劳动生产率也出现了加速增长(见附录E中的表E-8)。

这种经济增长潜力提高的重要性被美国在两次世界大战之间的行为及其经济政策的本质所掩盖。美国在20世纪30年代的深度经济衰退对世界经济产生了很强的紧缩效应,这种衰退又因美国提高关税和从国外撤回投资而进一步加深。在欧洲,经济增长潜力被两次世界大战所扼杀,因为两次世界大战消耗了大量资源。

在第一次世界大战中,英国有75万名军人死于战争,有780万吨航运货物损毁(主要是由于受到潜水艇的攻击)。但是,这些损失按比例计算要大大低于法国、德国和俄罗斯的损失。到1914年第一次世界大战结束时,英国海外资产的名义价值量大体上并没有改变,而德国的海外资产则被没收用于战争赔偿,法国的海外资产因通货膨胀和俄罗斯的违约而损失了三分之二。英国则因为获得了德国在坦噶尼喀和纳米比亚的前殖民地,并接管了土耳其在中东的占领地(伊拉克、约旦和巴勒斯坦),而进一步扩大了其海外帝国的规模。但是,爱尔兰相当大一部分领土此时已成为独立的共和国。

在20世纪20年代,英国经济增长受阻于压低工资和维持本币价值高估(维持于战前水平)的高通货紧缩政策。它的目的是恢复伦敦战前作为国际金融中心的地位,以及维护持有英镑债券的食利阶层的利益。其结果却使英国的失业率大幅度攀升,出口产品丧失了竞争力。在20世纪20年代,若以GDP增长率和出口额来衡量,英国的经济表现在整个西欧是最差的。

20世纪30年代的经济萧条导致了英镑的贬值、利率的大幅度降低、自由贸易政策的放弃以及帝国(关税)特惠网络的建立。这些政策措施在一定程度上缓解了世界经济衰退对国内经济的影响。20世纪20年代的高利率抑制了住房投资,但随着利率的下降,住房投资有所回升。另外,英国也没有发生像美国、德国和奥地利那样的金融体系崩溃。英国向其殖民地的出口因货币贬值和帝国关税特惠制的建立而有所增长。因此,除丹麦外,同所有西欧国家相比,英国受世界经济衰退的影响最小。

在第二次世界大战中由于德国采用闪电战攻占了整个西欧大陆,英国的处境同第一次世界大战相比更加岌岌可危,英国最后的胜利归因于它可以大量动用国内资源和出售它的国外资产,来自美国、加拿大、印度和澳大拉西亚的资金、物质和军事上的支持,以及苏联在东部战线对德国的抵抗。

第二次世界大战改变了大英帝国的经济形势。日本人迅速征服了英国在东亚的防御薄弱的殖民地。印度民族主义运动力量的加强迫使英国当局在政治上有必要通过借债而不是在当地征税以支持其在印度的军事支出。因此,印度不但得以偿还战前的12亿美元的债务,而且还获得了价值50多亿美元的英镑结余。如此一来,英国维持其殖民帝国的成本已远超出它所能带来的收益。另外,技术进步的加速也增强了英国国内投资的吸引力。

英国于1947年从印度撤出,于1948年从斯里兰卡和缅甸撤出。在1956年美国要求英国从埃及撤军的几年后,英国也相继从其他非洲殖民地撤出了。至此,英国的殖民统治时代宣告结束。同样,比利时、法国、荷兰和日本的殖民统治时代也终结了。在西方,美国已成为霸权国家,并与苏联阵营互相竞争,目的是对非洲和亚洲新独立的国家施加影响。美国采取的对外经济和商业政策与战前有很大不同,主要致力于技术传播、促进海外投资和世界贸易自由化。美国的这种政策新动向在其1948年时所推行的旨在重建欧洲的马歇尔计划中就已经明显地反映出来了。

第十节
英国在美洲、非洲和亚洲领土扩张的影响

作为欧洲的主要沿海岛屿,英国向来与海外有着千丝万缕的联系。到11世纪之前,英国一直是异族征服和野蛮人侵略的一个目标。在12世纪和15世纪之间,即在诺曼王朝和安茹王朝统治时期,它极为热衷于在法国开疆拓土。

从那以后,英国曾在欧洲卷入多场战争,主要敌手是西班牙、法国和荷兰,但都是出于商业和外交目的。到了16世纪中期,征服欧洲的思想被摒弃了。虽然英国在波罗的海和地中海的贸易得到发展,但它的海外野心主要集中在美洲和亚洲。直到19世纪,英国在非洲的唯一重要的兴趣就是奴隶贸易。

在16世纪,英国在欧洲以外的主要活动是海上抢劫以及通过侦察航行来探索建立殖民帝国的可能性。其中,最大胆的举动是政府资助德雷克在1577—1580年间的航行。当时德雷克率领5艘舰船和116名船员,绕过麦哲伦海峡,在智利和秘鲁海岸夺取和洗劫了西班牙的珍宝船,并在返程中与马六甲的香料岛、爪哇、好望角和几内亚进行了有益的接触。

英国的海盗行为和对荷兰共和国的支持引发了它与西班牙的战争。该战争从 1585 年开始持续了二十余年。到了此时,英国的海上实力和技术足以击败西班牙的无敌舰队。西班牙人的侵略舰队由 130 艘战船组成,从加的斯出发,并打算与西班牙属荷兰的另一支侵略舰队相汇合。英国人在格拉沃利讷的胜利阻止了西班牙舰队的汇合,并迫使西班牙舰队远绕苏格兰西北部返回西班牙。此战使西班牙的无敌舰队损失过半,它清楚地表明英国已经拥有足以支持它在美洲和亚洲冒险事业的海军实力。

由于英国在海外的冒险事业性质各异,再加上它比其他欧洲国家所涉及的领域更宽广,因此,我们的研究必须有所取舍。下面我们从四个侧面分别进行考察:

(1) 从 17 世纪 20 年代起在加勒比殖民地开发制糖业并参与相应的非洲奴隶贸易;

(2) 1607—1713 年间在北美 13 个殖民地的定居活动,这些殖民地在 1776 年独立成为美利坚合众国;

(3) 在 1600 年创立东印度贸易公司和在 1757 年后对印度帝国的征服;

(4) 强迫中国开放对外贸易并在自由贸易帝国主义的原则下建立了通商口岸。

加勒比和奴隶交易

加勒比群岛是西班牙在美洲的第一批领地,可是在伊斯帕尼奥拉(即海地和多米尼加共和国)的阿拉瓦克人因疾病很快消亡了,在安的列斯的大多数加勒比人也未能幸免。于是,当秘鲁和墨西哥在 16 世纪中期开始出现大规模的白银生产时,西班牙人的兴趣就转向了那里。1627 年,英国人占领了无人居住的巴巴多斯岛,并依靠契约白人定居者作为劳力在那里种植烟叶。从事巴西蔗糖贸易的荷兰船主们萌生了一个主意,那就是在加勒比利用奴隶劳力从事糖料生产。当荷兰企业家从巴西被赶出后,他们就开始在巴巴多斯岛建立甘蔗种植园。由于该岛水源充足,它附近的风力可以使帆船快速抵达欧洲,因此,到 1655 年英国从西班牙手中夺取牙买加为止,它一直是英国最大的产糖殖民地。通过荷兰人类似的帮助,法国人在马提尼克和瓜德罗普开始了糖料生产,后来接管了在圣多米尼克（海地）的更大区域。荷兰人被赶出英国和法国的殖民地后，在苏里南建立了一个小规模的糖料生产基地。1763年，英国占领了一些法属群岛（圣文森特、格林纳达、多米尼加和多巴哥），在1727年又从西班牙手中夺走了特立尼达岛。

英国人霍金斯于1562年涉足奴隶贸易。在17世纪和18世纪时，英国成为贩运奴隶的主要国家，共计贩运250万名非洲黑人到美洲（见表2-5）。其中以运送到加勒比的奴隶为最多。在17世纪，英国将塞拉利昂和几内亚海岸上游地区圈定为奴隶供应地，同期，法国主要从塞内加尔-冈比亚地区获得奴隶，荷兰主要从黄金海岸地区获得奴隶。葡萄牙在非洲更南边的安哥拉从事非洲与巴西间的奴隶贸易。1672—1698年，皇家非洲公司垄断了英国的奴隶贸易。到了18世纪，"私人业主组织一次或几次的奴隶贩运已经司空见惯了"（Klein，1999，p.80）。除欧洲奴隶贩子外，还有来自新英格兰、弗吉尼亚、西印度群岛和巴西商人的资金支持。奴隶主一般用贸易品，如东印度的纺织品、酒、烟、铁棍、武器、珠宝以及在非洲可作货币使用的来自马尔代夫的宝贝*来购买奴隶。"在绝大多数情形下，在被卖给船长之前奴隶都是由非洲人控制的。这些非洲奴隶贩子常年有规律地带着一批批的奴隶来到海岸或河岸的知名贸易地，而欧洲奴隶贩子一般在海岸或溯河而上，用几个月时间收购奴隶，每次收购几个。"（Klein，1999，pp.90—91）

在非洲内陆，奴隶的主要来源是地方战争的俘虏、附属部落的贡品，或者是判刑后的罪犯，但是也有大量奴隶来自非洲内部的劫掠和绑架。克莱因估计，在1500—1900年间非洲共出口了大约1800万名奴隶，"其中约1100万名被运到大西洋国家，其他奴隶被运到印度洋地区或越过撒哈拉沙漠被运到东方的奴隶市场"（Klein，1999，p.129）。

每只船正常装运奴隶的数量在400人到500人之间。克莱因估计，在1590—1867年间，非洲到美洲的航线上的奴隶的平均死亡率为12%，而在1787—1800年间，航行到更远的澳大利亚的罪犯船上的死亡率只有10%（Klein，1999，p.139）。

从欧洲到非洲、西印度群岛，然后再返回，进行一趟奴隶交易平均需要20个月左右，其中包括在非洲的几个月的装船时间，以及航行到西印度群岛所需要的两个月的时间。来自英国和法国的航行记录表明，贸易货物的成本相当于

---

* 宝贝（cowrie shell），一种贝类。——译者注

运输成本、保险成本和船员工资之和的两倍。克莱因估计，在18世纪晚期欧洲贸易货物的价值低于全部西非收入的5%（Klein，1999，p.125）。他指出："按照欧洲的标准，奴隶贸易的利润并不是特别高。在当时，平均利润率能达到10%就被认为是相当不错了，但这并没有超出同时期其他投资收益率的范围。"（Klein，1999，p.98）

大西洋奴隶贸易对非洲人口增长的影响是显著的。在1700—1800年间，非洲人口从6 100万增加到7 000万（见表B-9a）。在同一时期，奴隶主运送了610万名奴隶到美洲。考虑到在运送过程中12%的死亡率，这就意味着奴隶装运总量为690万。考虑到未实现的人口出生，如果没有大西洋奴隶贸易，18世纪的非洲人口增长率很有可能是当时的三倍。

如果没有奴隶出口到美洲，则加勒比、弗吉尼亚、马里兰和卡罗来纳的经济发展可能会非常缓慢。如果从殖民地汇回的利润变少并且失去奴隶贸易的收入，英国的经济增长就会放慢，欧洲的糖消费量就会大大减少。如果没有奴隶贸易，新英格兰的那些殖民地也会受到负面影响，因为它们的繁荣部分地依赖对西印度群岛的商品出口和航运服务。

英国在1807年取消了奴隶贸易，在1833年废除了奴隶制，并提供2 000万英镑补偿奴隶所有者，但对奴隶没有提供任何补偿。因为成功的奴隶暴动，法国失去了在海地的主要产糖殖民地，海地在1804年宣布独立。随后，法国在1817年取消了奴隶贸易，在1848年废除了奴隶制。

英国废除奴隶制在很大程度上归因于人道主义改革派的努力，他们成功地说服了公众，从而终结了这种令人厌恶的剥削形式。1783年在北美洲以及19世纪20年代在拉丁美洲卓有成效的独立运动、在海地成功的奴隶暴动，以及1831—1832年在牙买加的不成功的奴隶暴动，使种植园主相信他们余下的日子已经屈指可数了，接受补偿并终结奴隶制也符合他们的自身利益。

巴西继续进口奴隶直到19世纪50年代因英国海军的干预而终止。巴西的奴隶制一直维持到1888年。1789年前，西班牙一直限制其殖民地进口奴隶，但此后便取消了该限制，对所有奴隶贩子开放奴隶贸易。这大大促进了19世纪古巴和波多黎各（西班牙在美洲仅存的两个殖民地国家）糖产量的增长。波多黎各于1873年废除奴隶制，古巴于1880年废除奴隶制。1894年，古巴糖产量为110万吨，英属加勒比为26万吨，法属加勒比为7.9万吨，波多黎各为4.9万吨，苏里南为0.8万吨（Williams，1970，p.378）。

作为从非洲进口的奴隶劳动力的替代，来自印度的契约工人于1838年首次被运到英属圭亚那。从那时起直到 1914 年,从印度迁入英属加勒比的人口达到 45 万人。在 1849—1875 年间,也有大量的爪哇人被输送到苏里南,同时古巴因相同的原因输入了 15 万名中国劳工。然而,奴隶制的废除提高了加勒比制糖业的成本,削弱了它的竞争优势。1787 年,加勒比的糖产量占世界糖产量的 90%,但到 1894 年,它的份额降到 22%(见表 2-4)。加勒比的生产结构逐步趋向多元化,咖啡和棉花生产的比重越来越大,但这种生产结构变化的结果是人均收入的停滞不前或下降。艾斯纳(Eisner,1961,pp. 119,153)指出,1930 年牙买加的人均收入大约为 1830 年的四分之三。表 2-23 反映了 1820 年后英国与加勒比贸易的重要性的急剧下降。

13 个北美殖民地

北美洲的情况与加勒比有着很大的不同。1750 年时,在五个主要依赖奴隶劳动力的殖民地(马里兰、弗吉尼亚、南卡罗来纳、北卡罗来纳和佐治亚),奴隶占到当地总人口的 40% 左右,而在加勒比殖民地,该比例为 85% 左右(见表 2-28)。白人(契约仆役和其他人)占了劳动力的大多数。种植农业中的主要作物是烟叶、水稻和木兰属植物,其劳动强度比种植蔗糖的劳动强度要小,这里的气候也要比加勒比地区的气候更益于健康。这里的黑人人口的自然增长率和预期寿命都高于加勒比地区的水平,因此劳动力的增长对奴隶贸易的依赖性也较低。

表 2-28 英国在美洲的殖民地和前殖民地的人口(1750,1830)

	1750		1830	
	A. 19 个输出奴隶和盛产糖的加勒比殖民地			
	总人口(千人)	奴隶比例(%)	总人口(千人)	奴隶比例(%)
圣基茨(1625)	21.8	88.3	23.4	81.6
巴巴多斯(1627)	63.4	78.9	102.2	80.3
安提瓜(1632)	31.1	89.3	37.0	80.0
牙买加(1655)	127.9	90.1	378.1	84.4
格林纳达(1763)	12.0	87.3	28.4	84.1
特立尼达(1797)	0.3	42.4	42.1	54.1
英属圭亚那(1803)	8.0	91.0	100.6	88.1
12 个其他殖民地	66.0	79.4	132.1	75.6
19 个殖民地合计	371.2	85.3	843.7	81.2

(续表)

	1750		1830	
	B. 13个北美洲殖民地和美国			
	总人口(千人)	黑人比例(%)	总人口(千人)	黑人比例(%)
新罕布什尔(1679)	27.5	2.0	269	0.4
马萨诸塞(1620)	188.0	2.2	610	1.1
康涅狄格(1635)	111.3	2.7	298	2.7
罗得岛(1644)	33.2	10.1	97	4.1
纽约(1664)	76.7	14.4	1 919	2.3
新泽西(1664)	71.4	7.5	321	6.5
宾夕法尼亚(1681)	119.7	2.4	1 348	2.8
特拉华(1704)	28.7	5.2	77	24.7
马里兰(1632)	141.1	30.8	447	34.9
弗吉尼亚(1607)	231.0	43.9	1 221	42.6
北卡罗来纳(1662)	73.0	27.1	738	35.9
南卡罗来纳(1662)	64.0	60.4	581	55.6
佐治亚(1713)	5.2	19.2	517	42.6
13个殖民地合计	1 170.8	20.2	8 443	19.2
其他州			4 458	15.7
合计			12 901	18.1
	C. 加拿大			
新斯科舍(1713)			143	
加拿大上游和下游地区*(1759)			612	
其他			83	
加拿大合计			838	

资料来源：A组数据取自 Higman(1996, p.302)。B组数据取自 *Historical Statistics of the United States* (1975)，其中1830年数据取自 Part Ⅰ,第14、24—37页；1750年数据取自 Part Ⅱ,第1168页。表中所列殖民地的顺序为由北至南。1830年黑人总人口为230万人，其中200万人为奴隶(占美国总人口的15.6%)。C组数据取自 Pebrer(1833, p.386)，表中数字为1829年数字。殖民地名称右边括号内数字为英国占领该殖民地的日期。

1750年时，在占殖民地总人口56%的北部殖民地，其奴隶占当地总人口的比例不到5%。大部分劳动力从事农业，其人均土地耕种面积远远大于英国的水平。1807年时，新英格兰、大西洋中部各洲和宾夕法尼亚的家庭农场的平均规模远超过100公顷(Lebergott, 1984, p.17)。大多数北部殖民地都是由热衷

---

* 1791年的《宪法法案》将魁北克殖民地沿渥太华河分为上、下游两个地区，"上游"和"下游"的名称来自其在圣劳伦斯河沿岸的位置。——译者注

于教育的、信奉各种教派的新教徒所建立的。这一时期殖民者在北部建立了8所大学,包括成立于1636年的哈佛大学、成立于1701年的耶鲁大学、成立于1740年的宾夕法尼亚大学、成立于1746年的普林斯顿大学、成立于1754年的哥伦比亚大学、成立于1764年的布朗大学、成立于1766年的罗格斯大学,以及成立于1769年的达特茅斯学院。而在南部只有一所成立于1693年的威廉和玛丽大学。在加勒比却没有一所大学。因此,北部殖民地的教育水平要高于英国的水平。它的人均收入水平与英国相差无几,但收入差距比英国小。

虽然英国的《航海法》要求它的殖民地必须以英国本土为口岸从事其与欧洲之间的主要货物的进出口,但它为进入英殖民帝国的市场提供了优惠条件,该市场对出口航运服务和船只尤其重要。在独立战争前夕,殖民地的所有商船吨位已超过45万吨。所有船只(近海船、西印度群岛纵帆船、捕鱼和捕鲸船,以及与英格兰之间的贸易船只)都是在新英格兰船厂建造的,因为那里的船厂很容易得到廉价的木材、沥青和焦油(见表2-15)。

另外,在18世纪时美洲船厂还为英国建造了越来越多的商业船只。1774年,英国百万吨级商业船只的30%都是在美洲建造的(Davis,1962,pp.66—68)。

北美洲殖民地在波士顿、纽约和费城有着相当数量的城镇人口,他们当中不乏熟悉法国启蒙思想和理想的、思维敏捷的政治精英。1763年,在"七年战争"结束后,英国终结了法国在加拿大的统治并迫使法国放弃了对13个殖民地西部的领土要求,这增强了北美洲殖民地想摆脱殖民统治的愿望。在此之前,他们在英国统治之外最有可能接受的选择是法国的统治,而在此之后,他们选择了独立。

独立后美国经济增长的突出特征是它的活力远大于它的邻国墨西哥,后者在1825年前一直是西班牙的殖民地。因此,有必要比较一下西班牙和英国在制度、社会和政策上对其殖民地的不同影响。

与英国在北美洲的前殖民地相比,墨西哥落后的主要原因可能是:

(1)西班牙对其殖民地的资源掠夺更为严重。首先,墨西哥相当一部分的国内收入流到西班牙殖民统治者的口袋,他们并不待在殖民地,而是将储蓄带回西班牙。其次,墨西哥每年正式提供给西班牙的贡品价值占其GDP的2.7%左右(Maddison,1995b,pp.316—317)。

(2)虽然英国殖民当局对其北美殖民地的对外贸易施行了商业限制,但其程度要低于新西班牙(即墨西哥)所受到的贸易限制。托马斯(Thomas,1965)

估计,按 1770 年的水平,英国对美洲殖民地实行贸易限制的净损失大约只是每人 42 美分(相当于其 GDP 的 0.6%)。

(3) 英国的殖民地拥有受教育程度更高的人口、更大的学术自由和更高的社会流动性。它的教育内容不带宗教色彩,重点放在实用技术和培养北美人的创造性上,其中本杰明·富兰克林就是一个典范。这 13 个在 1776 年时仅拥有 250 万人口的英国殖民地却有 9 所高等学府。而拥有 500 万人口的新西班牙,仅在墨西哥市和瓜达拉哈拉各有一所大学,而且其教学的重点只是神学和法律。另外,在整个西班牙殖民统治时期,宗教法庭维持了严格的审查制度,压制了非正统思想。

(4) 在新西班牙,最好的土地都被庄园主占有。而在北美洲,白人可以轻而易举地获得土地,在新英格兰,家庭农场式的企业非常普遍。亚当·斯密和新西班牙总督(雷维利亚希赫多)都认为,西班牙的殖民地对土地获得的限制阻碍了经济的增长。罗森茨维格(Rosenzweig, 1963)引述雷维利亚希赫多的话如下:"土地分配不当,是农业和商业进步的主要障碍,尤其是在地产继承人沦为在外地主(absentee)或小微产权地主(negligent owner)的情况下。我们有很多国王陛下的属臣,他们占有几百平方里格的土地——其面积足以形成一个小王国,但几乎没有任何有价值的产出。"

(5) 在新西班牙,身居高位的是那些享有特权和挥金如土的上层阶级。社会地位上的差异——世袭贵族、享有免税和法律豁免权的牧师及军人等特权群体——意味着新西班牙的创业精神远低于英国殖民地。新西班牙的精英们都是一群对生产性投资热情不高的寻租者。

(6) 在新西班牙政府中,权力高度集中,而在英属北美洲,存在着 13 个独立的殖民地,所以那里的政治权力比较分散,因此,个人拥有更大的自由度去追求自己的经济利益。

(7) 北美洲的另一个优势在于,它的人口增长由于移民的迅速增加而具有很大的活力。1700—1820 年,北美洲的人口增加了 9 倍。而墨西哥的人口则增长了不到一半。市场的迅速扩张促进了北美洲企业的发展。

| 印度 |

英国与印度的联系始于 1600 年,当时它在印度创办了垄断性贸易公司,即东印度公司(EIC)。在该公司存在的第一个 150 年中,它主要依托加尔各答、马

德拉斯和孟加拉的基地在印度海岸附近进行贸易。到了 18 世纪中期,印度的主要出口商品是纺织品和生丝,中国的主要出口商品是茶叶。该公司主要用金条来购买印度的产品,用来自孟买的鸦片和原棉来购买中国的产品(参看表 2-20 以及上述有关英国、荷兰和法国贸易公司之间竞争的讨论)。

18 世纪前,总体来讲,英国与莫卧儿帝国保持了和平共处,因为当时后者的军事力量强大,英国难以与之抗衡。1707 年奥朗则布皇帝(Aurangzeb,1618—1707)死后,莫卧儿集权统治解体了,莫卧儿皇帝沦为封建主的一种象征。作为后继州的行政长官,各省省长成为事实上的统治者。①

考虑到印度的规模(其人口规模大于欧洲)及其种族、语言和宗教的复杂性,它的分裂就不足为奇了。在阿克巴(Akbar,1542—1605)统治的鼎盛时期,莫卧儿帝国采取了宗教宽容政策。这就是阿克巴比先前德里的穆斯林君主在扩张领土方面取得更大成功的原因之一。但后来奥朗则布放弃了宗教宽容政策,摧毁了印度教的寺院,重新对非穆斯林人口征收"人头税"(jizya),并没收了一些失去封号的非穆斯林王公的领地。在他死后发生了一系列争夺帝国珍宝的战争。在西印度,马拉地人建立了一个独立的信奉印度教的国家,其首都为浦那。尼扎姆·穆尔克(Nizam-ul-Mulk),一个莫卧儿高官,预见莫卧儿帝国行将崩溃,于 1724 年自封为海得拉巴的自治统治者。1739 年,波斯皇帝纳德尔沙侵略了印度,屠杀了德里的居民,抢走了大量战利品(包括沙贾汉*的孔雀皇冠和科依诺尔钻石),这些战利品价值之大以致他得以对波斯臣民免税三年。他还吞并了旁遮普,并在拉合尔建立了一个独立王国。旁遮普后来被锡克人所攻占。其他地区如孟加拉、迈索尔和乌德,虽然在名义上仍归属于莫卧儿帝国,但莫卧儿皇帝的权力如同他的收入一样已经日渐式微。连年不断的内战极大地削弱了莫卧儿帝国的经济和贸易实力。

正是因为这些内部政治和宗教的冲突,英国东印度公司才得以控制印度。该公司灵活地利用各地帮派的差异,通过与某些地区的暂时结盟而逐个清除掉地方当权者。其军队大部分是从当地招募的,军人们训练有素,并能定期获得军饷。东印度公司的军队在 1757 年征服了孟加拉省,在 1803 年接管了马德拉斯省和孟买省,在 1848 年从锡克人手中夺取了旁遮普。他们还成功地将英国

---

① 这里有关英国统治对印度影响的分析主要来自 Maddison (1971),也可参看 Habib (1995) 和 Lal (1988)。

* 沙贾汉(1592—1666),1628—1658 年间为印度莫卧儿帝国皇帝。——译者注

的商业竞争对手——法国人和荷兰人——赶出了印度。直到 1857 年东印度公司破产和印度发生暴乱以后，英国才在印度建立起由其直接控制的政府。

1757 年，当英国东印度公司在普拉西取得军事胜利时，它在孟加拉省建立了一个由它控制的双重统治体系。表面上行政长官是当地人，但实际上他只是英国东印度公司的一个傀儡。该公司这样做的主要目的，一是使其官员发财，二是利用该省的税收收入取代从国内运来的金条来购买印度的产品。英国东印度公司的领土征服和扩张使它的角色发生了变化，即从经商转向统治。1813 年，它在印度失去了贸易垄断权；1833 年，它在中国也同样失去了贸易垄断权。1773 年，公司的政策受制于国会的监督，孟加拉省的行政长官被总督（沃伦·黑斯廷斯）所取代。总督享有直接管理权，但是有印度官员参与他的管理。1782 年，黑斯廷斯被解职，他的继任者康华里从 1785 年起创建了印度殖民统治的基础。

印度政府的所有高级职位都留给了英国人，而印度人则被排斥在外。英国人创造了一个文职政府，与莫卧儿政府相比，它的工作效率更高，运营成本更低。从 1806 年起，该公司在位于伦敦附近的海利布里瑞学院培训其新录用的职员。从 1833 年起，通过竞争性考试对被提名者进行甄选。1853 年以后的职员录用完全基于个人能力。1829 年，这种制度通过在英属印度设立行政区而得到进一步增强。每个行政区小得足以由一个英国官员来管理，这个官员可以行使作为行政区税务官、法官和警察局长所能拥有的所有权力。

在英国东印度公司的行政管理中有一股强烈的边沁激进主义的倾向。詹姆斯·穆勒（James Mill）、约翰·斯图亚特·穆勒（John Stuart Mill）和麦考利（Macaulay）都曾是有影响的公司官员。马尔萨斯（Malthus）是海利布里瑞学院的经济学教授。边沁（Bentham）本人曾接受过有关印度制度改革的咨询。功利主义者（Utilitarians）曾利用印度来做实验以尝试一些他们打算在英国实施的想法（如公务员的竞争性选拔制度）。在 1857 年印度发生暴乱后，英国政府开始对印度实行直接控制，放弃了这些西化的激进做法。其政策变得更加保守，并不再尝试将直接控制扩展到那些在英国顾问协助下由印度王公治理的省份。①

---

① 由印度王公统治并接受英国人指导的"土邦"人口约占印度总人口的五分之一。这类土邦有数百个，其中规模较大的有海德拉巴、查漠和克什米尔以及迈索尔。葡萄牙占领的果阿的人口仅相当于印度人口的 0.15%，而法国在印度占领的地方就更微不足道。

实际上,在印度的英国统治者极少。1805年,在印度的英国人只有3.1万人(其中,2.2万人在军队,0.2万人在文职政府);到了1931年,共有16.8万人(6万人在军队和警察局,0.4万人在文职政府,6万人在私营部门)。他们占印度人口的比重从来就没有超过0.05%——一个比穆斯林统治时期穆斯林人口所占比重小得多的少数人阶层。

英国给印度的政府管理体制带来的变化产生了重要的社会经济后果(参看框图2-1和框图2-2,这两个框图比较了处于莫卧儿帝国鼎盛时期和英国统治末期的印度社会结构)。英国人接管了莫卧儿帝国的税收体系,后者提供了占

框图2-1 莫卧儿帝国的社会结构

占劳动力的百分比(%)		占税后国民收入的百分比(%)
18	非乡村经济	52
1	莫卧儿皇帝及宫廷 曼萨卜达尔 贾吉达尔 土邦王公 册封地主 世袭地主	15
17	商人和银行家 传统职业者 小商贩和小业主 士兵和小官僚 城镇手工艺人和建筑工人 仆人 清洁工人 拾荒者	37
72	乡村经济 统治种姓阶级 耕种者和农村手工艺人 无土地劳动者 仆人 清洁工人 拾荒者	45
10	部落经济	3

资料来源:Maddison(1971,p.33)。

框图 2-2　英国统治末期的印度社会结构

占劳动力的百分比(%)		占税后国民收入的百分比(%)
18	**非乡村经济**	**44**
0.05	英国官员和军人 英国资本家、种植园主、商人、银行家和管理人员	5
0.95	土邦王公 大的柴明达尔和贾吉达尔 印度资本家、商人和管理人员 印度新兴职业阶层	3 3 3
17	小商贩和小业主 传统职业者 政府部门的文职人员和体力劳动者 士兵 铁路工人 产业工人 城镇手工艺人 仆人 清洁工人 拾荒者	30*
75	**乡村经济**	**54**
9	乡村食利者、农村放款人 小的柴明达尔、国王土地承租人	20
20	自营业主、受保护的佃农	18
29	自由佃农、收益分成的佃农、乡村手工艺人和仆人	12
17	无土地劳动者和拾荒者	4
7	**部落经济**	**2**

资料来源：Maddison（1971，p.69）。

国民收入 15% 的土地税收收入。但到了殖民统治末期，土地税收收入仅占国民收入的 1%，全部税收收入占国民收入的 6%。从税收减少和产权相关变化中获益最大的是印度乡村经济的上层阶级、地主和乡村放款人。莫卧儿时期挥霍

---

* 原书中的数字为"37"，疑误。——译者注

无度的军阀贵族被根除了,取而代之的是少数西化的精英们,他们的收入占国民收入的份额低于过去的贵族们。在20世纪20年代以前,这些新的统治精英几乎全部是英国人。因为他们的消费模式是英国式的,所以极大地降低了对印度传统手工奢侈品的需求。19世纪时从英国进口的免税棉纺织品又进一步损害了作为印度传统工业的纺织业。

在英国人统治的第一个世纪中,社会结构的变化以及旧的政府管理方法的被取代,导致了人均收入水平自18世纪初莫卧儿帝国解体时开始持续下降。从1857年到1947年独立期间,印度的人均收入增长缓慢,但其人口增长却快于人均收入增长。表2-29显示了1830年英国在其各个领地的人口状况。表2-30大致比较了在1600—1947年(殖民统治末期),印度和英国的收入和人口的变化情况。

表2-29　英国在其亚洲、非洲、澳大利亚和欧洲领地的人口状况(1830)

	人口(千人)	面积(平方英里)
(1) 亚洲		
孟加拉省	69 710	220 312
圣乔治堡(马德拉斯)省	13 509	141 924
孟买省	6 252	59 438
德加区	11 000a	91 200
EIC控制领土合计	100 578	512 874
在EIC"保护"下的面积	40 000a	614 610
锡兰	933	
毛里求斯	101	
新加坡、马六甲、槟榔屿	107	
(2) 非洲		
好望角	129	
塞拉利昂	15	
塞内加尔、戈里和斐南多波	10	
(3) 澳大利亚(白种人口)	70b	
(4) 欧洲		
直布罗陀	17	
马耳他	120	

a. Pebrer的粗略估计值;b. 1839年的数据。

资料来源:印度的数据来自Pebrer(1833, pp. 454,465)。英国东印度公司(EIC)的武装力量为223 461人,其中36 606人是欧洲人。锡兰和毛里求斯的数据来自Pebrer(1883, p. 410),新加坡等国的数据来自Pebrer(1833, p. 454)。英国分别在1795年和1825年从荷兰手中获得了锡兰和马六甲,在1795年从法国手中获得了毛里求斯。毛里求斯的奴隶人口为79 000人,锡兰的奴隶人口为20 000人。非洲的数据来自Pebrer(1833, p. 418);好望角在1806年由荷兰人获取,它在1830年时的奴隶人口为36 000人。澳大利亚1839年的数据来自Vamplew(1987, p. 44)。直布罗陀和马耳他的数据来自Pebrer(1833, p. 374)。

表 2-30　印度和英国的宏观经济表现（1600—1947）

	1600	1700	1757	1857	1947
	人均 GDP（1990 年国际元）				
印度	550	550	540	520	618
英国	974	1 250	1 424	2 717	6 361
	人口（千人）				
印度	135 000	165 000	185 000	227 000	414 000
英国	6 170	8 565	13 180	28 187	49 519
	GDP（百万 1990 年国际元）				
印度	74 250	90 750	99 900	118 040	255 852
英国	6 007	10 709	18 768	76 584	314 969

资料来源：本书附录 B 和 Maddison（1995a）。

表 2-21 可以让我们大致了解到在英国统治下印度资源流入英国的情况。从 1868 年到 20 世纪 30 年代，印度的资源流出量大约占其国民收入的 0.9% 到 1.3%，也就是说，约五分之一的印度净储蓄被转移到了英国，本来这笔储蓄可以用于进口资本品。从 19 世纪末开始，这种资源流出成为印度民族主义者批评英国统治的一个主要目标。按照他们的观点，更重要的是印度国民收入的 5% 被在印度的英国人所消费掉。如果英国人早 50 年离开印度，则这些消费的大部分将被转到印度的精英阶层手中。这些追求现代化的精英们可能采取更有利于印度发展的政策。然而，如果英国人（抑或是他们的竞争对手法国人）在 18 世纪中期到 19 世纪晚期不曾统治过印度，这类现代化的精英阶层或者他们赖以治国的现代化法律和制度框架，看来不大可能从莫卧儿帝国的废墟中崛起。

由于我有关英国统治对印度的影响和后果的结论是有争议的，因此，有必要从以下几个方面提供细节以佐证我的观点：英国人从莫卧儿时期的印度所继承的社会经济结构；英国统治对印度农业的影响；英国统治对印度工业的影响。

莫卧儿时期印度的社会经济结构

从 13 世纪起到印度被英国占领之前，穆斯林一直是印度的统治阶层。他们的军事力量足以榨取逆来顺受的乡村社会的大部分剩余。这些统治阶级有着极为奢侈的生活方式，他们需要城镇手工艺人们提供高质量的棉纺织品、丝绸、珠宝、装饰佩剑和武器。

莫卧儿贵族虽不是地主，但是可以从指定的领地（jagir）上获取税收。一部分税收用于他们自身的基本生活需要，剩余部分或者以现金形式或者以提供军需的形式上缴中央国库。原则上，贵族身份是不能继承的。莫卧儿人的这种做法源自曾在阿拉伯和奥斯曼帝国创立伊斯兰教的游牧社会的一些传统，即贵族们定期地从一个领地被委派到另一个领地，他们死后这些领地会被皇家收回。这是一种促使军阀们掠夺式地利用土地的制度，它导致了资源的浪费，因为它丝毫不鼓励对土地的改良。莫卧儿官员们需要高收入以抚养大量的家眷。他们维持着一夫多妻的大家庭，并拥有大量的奴隶和仆人。另外，他们的军事开支也很大，因为从军和征战是莫卧儿精英们的主要职责。贾吉达尔（jagirdar，即领地的地主）一方面将乡村社会压榨到最低生存水平，另一方面则是穷奢极侈，希望在死时仍欠有国家债务。除此之外，还有享有乡村税收继承权的印度贵族柴明达尔（zamindars），以及在莫卧儿帝国统治范围内的自治邦（如拉杰普塔纳）中可以继续统治和征税的印度王公们。

问题是在没有一个统治阶级直接监督生产过程的前提下，为什么莫卧儿人还能征到如此多的税收？答案是当时的乡村社会太驯服了。

印度社会有别于其他社会的主要特征是它的种姓制度（caste）。这种制度将全部人口划分成相互排斥的、具有界定明确并且可以继承的社会职能的不同群体。旧的宗教经文将印度人分成四个群体：最高种姓是婆罗门（brahmins），为处在社会最顶层的祭司们所组成，他们仪式性的纯洁不容被体力劳动所玷污；其次是刹帝利（kshatriyas）或武士种姓；再次是吠舍（vaishyas）或商人种姓；最底层是首陀罗（sudras）或农民种姓。在此之下还有不能列入种姓的阶级，它由那些从事卑贱和肮脏工作的贱民所组成。不同种姓的成员不能相互通婚，不能在一起吃饭，也不可以有任何社会生活交往。

《梨俱吠陀》（Rigveda）的理论模型就是印度制度的一个简化版本。一般说来，婆罗门种姓的人和种姓等级之外的人在任何地方都很容易区分，但中间各种姓的区分就很复杂，经常同经文中有关刹帝利、吠舍和首陀罗的分类不一致。

在与邦的关系上，村通常算作一个基层单位。一般说来，土地税是以村的名义集体上缴的，而税赋的内部分配主要由村长或会计来决定。乡村的上层群体和邦的关系密切，他们是这个剥削系统中的受益者。在每个村的最底层是那些被榨干的几乎无法维持基本生存条件的种姓之外的人。如果没有种姓制度，印度乡村社会可能会更平等些，地位上更同质的农民可能不愿意忍受如此沉重的税负。

从经济观点来看,种姓制度最令人感兴趣的特点是它通过继承而将职业固定下来。对于牧师或理发师来说,从事其祖先们世代相传的职业可能并不那么难以接受。但对于那些世世代代只能清扫厕所的人来说,这是一个不会给他们带来欢乐的世界。既然如此,为什么人们还会接受它呢?原因之一是印度教所笃信的转世说。它告诉人们只要在今世兢兢业业地完成他们所被分派的工作,他们就有希望在来世获得一个更高的社会地位。

在印度乡村社会以下还有大约10%的人口生活在为数众多的部落之中。未开化的土著部落过着与世无争的原始生活,从事狩猎或森林采集。他们完全游离于印度社会之外,也不向莫卧儿帝国缴纳任何税赋。

英国统治对印度农业的影响

印度殖民政府在农业中改变了传统的制度安排,并创立了一种在主要特征上大致接近西方资本主义的产权制度。除在王公自治邦外,旧的军阀贵族的特权被剥夺了,他们以前从领地上获取的收入及从莫卧儿帝国获得的收入都由英国人支配使用。在孟加拉省(即现代的孟加拉、比哈尔、奥里萨和部分马德拉斯),莫卧儿帝国产权中的第二部分(即由作为征税者的印度贵族地主享有的特权)则得到了加强。只要这些贵族缴纳土地税,就能获得世袭地位。他们的税赋被固定在1793年的水平。在马德拉斯和孟买省,英国人剥夺了多数莫卧儿和马拉地旧贵族以及大地主的财产,将产权和纳税义务分派给乡村社会中在传统上占主导的种姓阶层,低种姓阶层的种植业劳动者于是成为他们的佃户。

由于出现了更清楚的产权契据,土地抵押便成为可能。由于从伊斯兰法律转向英国法律,放款人的地位也得到了提高。虽然在莫卧儿时期社会上就存在着放款人,但他们的重要性只是在英国人的统治下才得到了显著的提高。随着时间的推移,相当数量的土地通过取消抵押品赎回权而易手。

随着时间的推移,有两个因素提高了土地所有者的收入:一是土地因人口的膨胀而变得更加稀缺,这促使土地价值和租金上涨;二是土地税收负担的减轻。结果是在收入增加的同时,乡村内的不平等程度也扩大了。乡绅阶层由于土地税负的减轻和地租的上涨而增加了收入,而佃农和农业劳动者的收入却下降了,这是因为他们不但丧失了传统权利,而且他们的议价能力也因土地短缺程度的提高而降低了。因此,在英国统治时期丧失土地的农业劳动者阶层不断扩大。

殖民政府使土地灌溉面积增加为原来的 8 倍左右。其结果是英属印度四分之一以上的土地得到了灌溉,而在莫卧儿时期这一比例仅为 5%。灌溉面积的增加既可作为税收的来源,也可以作为减轻饥荒的举措。殖民政府在旁遮普和信德建造了大量的水利灌溉工程,主要目的之一是为退役的印度军人提供土地,因为这些人中多数来自旁遮普。另一个目的是在与阿富汗有争议的边境地区增加人口。这些曾经非常荒凉的地区因此而成为世界上最大的灌溉区以及小麦和棉花的主要产区。其产品既出口到国外又销往印度的其他地区。

运输设施的改进,尤其是铁路、蒸汽船和苏伊士运河的出现,使经济作物的生产在某种程度上实现了专业化,从而提高了产量。尽管如此,印度大多数地区的农业仍处在维持生存的水平。种植园主要从事木兰属植物、糖料、黄麻和茶叶的生产,其产品对印度的出口做出了显著贡献,但它们在印度的整个农业中的地位并不是很重要。1946 年,两个主要出口产品——茶叶和黄麻——的产值占印度农作物总产值的比例还不到 3.5%。因此,与亚洲其他国家如缅甸、锡兰、印度尼西亚不同,国际贸易所带来的市场扩张并没有对印度经济产生明显的刺激。

在英国统治时期,印度人口仍然不断遭受饥荒和传染病的侵袭。1876—1878 年间和 1899—1900 年间,饥荒夺去了几百万人的生命。在 19 世纪 90 年代,爆发了大范围的腺鼠疫,在 1919 年又爆发了严重的传染性流感。在 20 世纪 20 年代和 30 年代没有出现饥荒。1944 年孟加拉的饥荒可归咎于战争和运输困难,而不是粮食歉收。然而,印度在 1920 年后出现的稳定的粮食供给,在一定程度上是因为气候循环中断所带来的一种运气,而不是因为农业生产中某种新的稳定性的出现。

英国统治对印度工业的影响

莫卧儿时期印度的工业规模比其他任何一个欧洲殖民地的工业规模都要大,并且印度是前殖民时期唯一的工业品出口国。英国的统治在相当大程度上将印度工业毁掉了。

1757—1857 年间,英国人铲除了莫卧儿宫廷,废除了四分之三的贵族(只保留了王公自治邦的贵族们）。他们还废除了一多半地方乡绅，以欧洲风格的官僚取而代之。这些新统治者们身着欧洲的衣服和鞋，饮用进口的啤酒、葡萄酒和烈性酒，使用欧洲的武器。他们的这些爱好被作为他们的职员和代理人的印度新"中产阶级"的男性成员所模仿。这些政治和社会的变化对奢侈手工艺品制造业造成了毁灭性的打击，它使国内需求量减少了四分之三左右。它极大地削弱了平纹细布、珠宝、华丽服装和鞋、装饰佩剑和武器的制造业。我个人的推测是，国内市场对这些奢侈品的消费量大约占莫卧儿时期印度国民收入的5%，国外市场对印度纺织品的需求量可能占印度国民收入的1.5%。

对印度工业的第二个打击来自拿破仑战争之后从英国大量涌进的廉价纺织品。乡村妇女业余时间从事的家庭纺纱活动，因进口纺织品的冲击而大量减少。随着工厂纺出的纱大幅取代了家庭纺出的纱，对乡村手工织布的需求也发生了变化。

现代棉纺厂于1851年在孟买创立，先于日本20年，更比中国早了40年。它主要生产粗纱，其产品销往国内以及中国和日本，出口量占了产量的一半。在19世纪90年代，印度开始受到来自日本纺织业的竞争。到1898年时，日本已不再从印度进口粗纱。之后不久，日本在中国开办的工厂使印度纺织品在当地的市场份额开始下降。到了20世纪30年代末，印度棉纱在中国和日本消失了，它的布匹出口也下降了，并且转而从中国和日本进口棉纱和布匹。

如果英国人一开始就在印度实行关税保护的话，则印度很可能更快地模仿兰开夏的纺织技术。相反的是，英国纺织品可以免税进入印度市场。但是，到了20世纪20年代，当印度的进口纺织品主要来自日本时，英国的政策改变了。到了1934年，棉布的关税提高到50%，同时保持了对英国产品一定幅度的优惠。这样一来，印度本地产品的生产大幅增长以替代进口品。1896年，印度纺织厂只能提供国内棉布消费量的8%，到1913年这一比例提高到了20%，到1945年则提高到了76%。此时印度已不再进口布匹了。

印度的现代黄麻制造业始于1854年，并在加尔各答的周围地区得到了迅速发展。但它主要由外国人（主要是苏格兰人）所控制。在1879—1913年间，黄麻纺锭的数量增长了9倍，远快于棉纺织业的增长速度。大多数黄麻制品用于出口。

煤炭采掘业主要集中在孟加拉省，是印度另一个有影响的产业。到了1914年，印度的煤炭产量达到1570万吨，基本上满足了印度铁路运输的需要。

印度第一家钢铁厂由塔塔公司 1911 年在比哈尔的詹谢普尔创建，比中国晚了 15 年（中国于 1896 年在汉阳建立了第一家钢铁厂）。日本第一家钢铁厂建于 1898 年。中国和日本的第一家钢铁厂（以及第一家纺织厂）都是政府创办的企业。

从 1905 年开始，印度的工业、保险业和银行业的发展在民族主义者发动的、旨在支持民族企业的"抵制英货运动"（swadeshi movement）中得到了推动。在第一次世界大战期间，英国进口货的减少巩固了印度民族企业在国内纺织品和钢铁市场中的地位。战争结束后，在民族主义者的压力下，印度政府在采购备用品时开始向印度民族企业倾斜，并于 1921 年同意成立关税委员会，该委员会为了保护国内企业开始提高关税水平。

印度现代部门中利润最为丰厚的商业、金融业、贸易和种植业中的许多职位被外国人占据。在东印度公司的法定垄断特权被取消后的相当长一段时间内，英国人继续通过对银行业[①]的控制和"管理代理制"保持他们事实上的主导优势。这些代理机构最初由英国东印度公司的前雇员建立，后来被英国人用来管理工业企业和经营印度大部分的国际贸易。它们同英国的银行、保险和运输公司保持了十分紧密的联系。这些代理机构在资本获取方面具有准垄断地位，它们也通过互相兼任董事以控制资本供给和资本市场。它们主导着亚洲的国外资本市场。代理人们比印度人更容易接触到印度政府官员。他们有很多办法做出对自己有利，但损害股东利益的决策。他们的佣金是根据毛利润或总销售额来提取的。他们通常也是他们所管理的公司的原料代理人。因此，那些崭露头角的印度资本家们对英国商业资本高度依赖，其结果是印度的许多部门，如造船、银行、保险、煤炭，以及种植业和黄麻业都由英国企业控制了。

由于英国管理者忽视技术教育，再加上英国企业及其管理代理机构不情愿为印度员工提供培训和管理经验，印度的工业效率很难得到提高。即使在孟买的大部分资本由印度人所有的纺织业，在 1925 年时 28% 的管理和监督人员仍为英国人（这一比率在 1895 年时为 42%）。在技术程度更复杂的行业中，英国

---

① 1913 年，外国银行拥有四分之三以上的印度存款，印度联合股份银行拥有小于四分之一的印度存款。在 18 世纪，印度有几家实力非常强的钱庄（由贾格斯·塞斯家族所主导）为莫卧儿帝国、孟加拉的行政长官、东印度公司、其他外国公司和印度商人进行收入汇寄和预付方面的服务活动，另外他们还从事印度不同地区和年份之间的货币套利活动。后来这些本土钱庄大部分都被英国银行所挤垮。

管理人员所占的比例更高。这就自然提高了印度的生产成本。① 在工厂的下层,广泛使用包工头来招收工人和维持纪律。这些工人本身完全没有任何技能,一般通过贿赂包工头以便获得和保住工作。另外,在管理人员、监督人员和工人之间也存在因民族、语言和种姓差别而产生的问题。同时,经营规模过小和产品过于分散也阻碍了效率的提高。正是这些因素,再加上币值的高估,使印度的出口产品难以同日本的产品竞争。

中国

19世纪之前,中国比欧洲或亚洲任何一个国家都要强大。从5世纪到14世纪,它较早发展起来的技术和以精英为基础的统治所创造的收入都要高于欧洲的水平(见图1-4)。14世纪以后,虽然欧洲的人均收入逐渐超过了中国,但是中国的人口增长更快。1820年时,中国的GDP比西欧及其后裔国的总和还要高出将近30%。②

在欧洲贸易向外扩张的头三个世纪中,与美洲、非洲或亚洲其他地区相比,中国的市场更难以渗透,因为贸易受到中国政府制定的条件的限制。

在19世纪40年代到20世纪40年代之间,中国的经济崩溃了。它在1950年时的人均GDP不到其1820年水平的四分之三。它的人口增长也由于重大军事冲突而陷于停顿。1950年时中国人均GDP还不到西欧和其后裔国水平的十二分之一。

与中国的衰落同时出现的是外国列强的商业渗透和日本武力征服的企图。虽然这两个过程之间有着明显的联系,但是中国内部的因素也加速了中国的衰落。

中国在15世纪初叶采取了闭关锁国的政策,当时它的航海技术已经优于欧洲(见表2-11)。但从那以后,中国取消了海军。中国的饱学之士似乎对西欧

---

① 参看 D. H. Buchanan, *The Development of Capitalist Enterprise in India*, Cass, London, 1966, pp. 211, 321。他在该著作中给出了英国管理人员成本的数字。在1921—1922年塔塔钢铁厂外国监督人员的年平均工资为13 527卢比,而印度工人的年平均工资仅为240卢比。这些外国人员的工资相当于其在美国工资的两倍,但是其效率却低于美国。另外,外国职员通常带来不当的设计,例如,他们在气候炎热的地区建造多层纺织厂,应用走锭而不是环锭纺纱机等。

② 参看 Maddison (1998a)有关中国传统政府统治体制优缺点的评论(pp. 22—23),以及有关中国在1840—1949年间的经济衰退和遭受的外来欺凌的评论(pp. 39—54)。

的技术发展和军事潜力不感兴趣。1793年,一个英国使团试图与中国建立外交关系,并带来600箱礼物以展示西方科技的魅力,其中包括经线仪、望远镜、太阳仪、化学和金属制品。中国官方以"天朝物产丰盈,无所不有,原不藉外夷货物以通有无"*回绝了。中国直到1877年才在国外建立公使馆。

从19世纪中期开始,清朝就处于分崩离析的状态。而伴随其后的国民党政权同样是无能的。清朝的垮台与印度莫卧儿王朝垮台的性质相同,后者因此被英国所占领。但是,在中国的西方殖民主义与在印度的有着很大的不同,事实上是日本,而不是西方殖民主义国家,试图征服中国。

对中国的殖民渗透始于1841年**英国炮舰对香港的攻占。当时英国的动机是要确保自由地进入广州,用印度鸦片换取中国茶叶。1858—1860年英法联军的第二次进攻打开了通过长江和内陆庞大的水道网络进入中国内地贸易的通道,上海是该贸易通道的口岸。

这是一个自由贸易帝国主义的时代。西方商人都是个体企业,而不是垄断公司。同在18世纪时我们所看到的敌意和相互排斥的贸易体制不同,英法两国在这个时期缔结了《科布登-谢瓦利埃条约》,在最惠国待遇基础上打开了欧洲商业贸易。随后,它们将同一原则通过一系列条约强加给了中国。因此,在第一次世界大战之前共有12个其他欧洲国家、日本、美国和3个拉丁美洲国家在中国获得了相同的贸易特权。

这些条约迫使中国维持低关税,接受鸦片贸易合法化,并且允许外国人在中国旅游和经商。它们使得中国在1842—1917年间先后开放了92个通商口岸,并让外国人享有治外法权和领事管辖权。为了监督中国对低关税的承诺,外国人成立了海关检查署(罗伯特·赫德爵士在1861—1908年间担任署长)为中国政府代征关税。关税收入的很大部分被用于所谓的"赔偿",即殖民主义者要求弥补它们攻打中国的费用。

这一多边殖民统治的中心位于上海的国际租界。1843年,英国人在中国人居住的上海城区以北挑选了第一块定居地。随后法国人、德国人、意大利人、日本人和美国人以英国租界为邻沿着黄浦江岸在浦东的对面纷纷建立起自己的

---

  * 原文引自邓嗣禹和费正清(1954)[S. Y. Teng and J. K., Fairbank et al.(eds.)(1954)China's Response to the West: A Documentary Survey 1839—1923, Harvard University Press, Cambridge, MA]。——译者注

  ** 原书中为"1842年",疑误。——译者注

租界,并在那里大规模地兴建起各国公司的总部、板球俱乐部、乡村俱乐部、网球俱乐部、游泳池、赛马场、高尔夫俱乐部、电影院、教堂、学校、旅馆、医院、夜总会、妓院、酒吧、领事馆和警察局。在天津和汉口也有类似的设施,但规模较小。被允许进入这些租界的大部分中国人是佣人。①

除了香港处于英国的殖民统治之下,中国还将五个地方"租给"了英国、法国、德国、日本和俄国,其中包括租给英国的毗邻香港的新界,其租期始于1898年,为期99年。

外国居民和外国贸易公司是自由贸易帝国主义和治外法权的主要受益者。租界是充满现代气息的花花世界,相比之下,中国其他城市的面貌根本没有什么改观,尤其是那些在1850—1864年太平天国运动中被破坏的城市更是每况愈下。中国的农业并没有显著地受到经济开放的影响。出口在中国GDP中所占的份额很小(在1870年时为0.7%,在1913年时为1.2%),远低于印度的水平。1928年,中国重新获得关税的自治权,它在根据条约开放的通商口岸受到的其他主权限制也有所松动。但是这些改善都被日本不断强化的压力所抵消了。

对中国主权的最大侵犯和对中国经济的最大损害均来自日本。早在16世纪90年代,丰臣秀吉就通过侵略朝鲜试图攻打中国,在1894—1895年明治政府故伎重施并获得了更大的成功。

从19世纪70年代起日本对中国的压力逐渐增大,当时日本派遣军队侵犯了中国台湾省,并声称对琉球群岛拥有主权。1876年,日本海军进入朝鲜,迫使朝鲜向日本领事管辖权开放釜山港、仁川港和元山港。1894年,日本对朝鲜宣战并且越过鸭绿江进入中国。根据中日两国1895年签署的《马关条约》,中国被迫放弃对朝鲜的宗主权,并割让台湾和澎湖列岛给日本。这样,日本公民(和其他外国人)被允许在中国开办工厂和企业。同时,中国被迫向日本赔款,其数额高达日本GDP的三分之一,以至于中国从国外借债来支付赔款。于是,外国列强纷纷仿效日本要求中国赔款,无奈之下,中国清政府在1900年向外国列强宣战。在两个月的时间内,清军就被外国联军所击败,俄国因此占领了满洲地区。在1905年的日俄战争中,日本击败了俄国,并占领了南满地区。朝鲜沦为

---

① 参看 Feuerwerker(1983,pp.128—207)有关中国通商口岸和租界的性质,以及有关外国人在中国的生活方式和特权的评论。

日本的保护国,并在1910年沦为日本的殖民地。

1931年,日本占领了整个满洲地区,并在1933年建立了一个傀儡政权(伪满洲国),其包括中国的三个省以及内蒙古和河北的部分地区。中国被迫将北平和天津周围地区变为非军事化区,遂使得华北地区成为不设防地带。1937年7月,日本人再次侵犯中国,他们期望在速战后占领整个华北地区,之后控制在南方的软弱政府,从而把中国作为他们所推行的"亚洲新秩序"的一部分。但是,中国人民进行了顽强的抵抗,坚持与日本进行了长达8年[*]的战争。这场战争的影响由于国民党和共产党军队之间的内战而复杂化了。1937—1949年间,中国一共经历了12年的战争,其对经济的破坏程度与1850—1864年间的太平天国运动大致相当。

---

[*] 作者这里仅指1937年至1945年之间的抗日战争。——译者注

第三章
20 世纪后半叶的世界经济

20世纪后半叶的世界经济表现要优于以往任何时代（见表3-1）。1998年世界的GDP水平相当于1950年的6倍，年均增长率达到3.9%。与此相比，1820—1950年间世界GDP的年均增长率为1.6%，而1500—1820年间的年均增长率仅为0.3%。*

表3-1a　世界和主要地区人均GDP、人口和GDP增长率（1000—1998）

（年均复合增长率，%）

	1000—1500	1500—1820	1820—1870	1870—1913	1913—1950	1950—1973	1973—1998
				人均GDP			
西欧	0.13	0.15	0.95	1.32	0.76	4.08	1.78
西方后裔国	0.00	0.34	1.42	1.81	1.55	2.44	1.94
日本	0.03	0.09	0.19	1.48	0.89	8.05	2.34
亚洲（不含日本）	0.05	0.00	−0.11	0.38	−0.02	2.92	3.54
拉丁美洲	0.01	0.15	0.10	1.81	1.42	2.52	0.99
东欧和苏联	0.04	0.10	0.64	1.15	1.50	3.49	−1.10
非洲	−0.01	0.01	0.12	0.64	1.02	2.07	0.01
世界	0.05	0.05	0.53	1.30	0.91	2.93	1.33
				人口			
西欧	0.16	0.26	0.69	0.77	0.42	0.70	0.32
西方后裔国	0.07	0.43	2.87	2.07	1.25	1.55	1.02
日本	0.14	0.22	0.21	0.95	1.31	1.15	0.61

---

* 原作者在本章使用的1950—1998年的所有GDP、人口和人均GDP数据都在伍晓鹰的《解读战后全球经济增长》（北京大学出版社，即将出版）中更新至2018年，其中包括世界大型企业联合会经济部和国际"麦迪森项目"在作者去世后对数据的修改，特别是伍晓鹰对中国数据的修改。——编者注

(年均复合增长率,%)(续表)

	1000—1500	1500—1820	1820—1870	1870—1913	1913—1950	1950—1973	1973—1998
				人口			
亚洲(不含日本)	0.09	0.29	0.15	0.55	0.92	2.19	1.86
拉丁美洲	0.09	0.06	1.27	1.64	1.97	2.73	2.01
东欧和苏联	0.16	0.34	0.87	1.21	0.34	1.31	0.54
非洲	0.07	0.15	0.40	0.75	1.65	2.33	2.73
世界	0.10	0.27	0.40	0.80	0.93	1.92	1.66
				GDP			
西欧	0.30	0.41	1.65	2.10	1.19	4.81	2.11
西方后裔国	0.07	0.78	4.33	3.92	2.81	4.03	2.98
日本	0.18	0.31	0.41	2.44	2.21	9.29	2.97
亚洲(不含日本)	0.13	0.29	0.03	0.94	0.90	5.18	5.46
拉丁美洲	0.09	0.21	1.37	3.48	3.43	5.33	3.02
东欧和苏联	0.20	0.44	1.52	2.37	1.84	4.84	−0.56
非洲	0.06	0.16	0.52	1.40	2.69	4.45	2.74
世界	0.15	0.32	0.93	2.11	1.85	4.91	3.01

资料来源:本书附录 A 和附录 B。

表 3-1b 人均 GDP 水平和地区间差距(1000—1998) (1990 年国际元)

	1000	1500	1820	1870	1913	1950	1973	1998
西欧	400	774	1 232	1 974	3 473	4 594	11 534	17 921
西方后裔国	400	400	1 201	2 431	5 257	9 288	16 172	26 146
日本	425	500	669	737	1 387	1 926	11 439	20 413
亚洲(不含日本)	450	572	575	543	640	635	1 231	2 936
拉丁美洲	400	416	665	698	1 511	2 554	4 531	5 795
东欧和苏联	400	483	667	917	1 501	2 601	5 729	4 354
非洲	416	400	418	444	585	852	1 365	1 368
世界	435	565	667	867	1 510	2 114	4 104	5 709
最大地区间差距	1.1∶1	2∶1	3∶1	5∶1	9∶1	15∶1	13∶1	19∶1

资料来源:本书附录 A 和附录 B。

表 3-1c 世界 GDP 的结构(1000—1998)

(占世界 GDP 的比重,%)

	1000	1500	1820	1870	1913	1950	1973	1998
西欧	8.7	17.9	23.6	33.6	33.5	26.3	25.7	20.6
西方后裔国	0.7	0.5	1.9	10.2	21.7	30.6	25.3	25.1
日本	2.7	3.1	3.0	2.3	2.6	3.0	7.7	7.7
亚洲(不含日本)	67.6	62.1	56.2	36.0	21.9	15.5	16.4	29.5

（占世界GDP的比重，%）（续表）

	1000	1500	1820	1870	1913	1950	1973	1998
拉丁美洲	3.9	2.9	2.0	2.5	4.5	7.9	8.7	8.7
东欧和苏联	4.6	5.9	8.8	11.7	13.1	13.1	12.9	5.3
非洲	11.8	7.4	4.5	3.7	2.7	3.6	3.3	3.1
世界	100.0	100.0	100.0	100.0	100.0	100.0	100.0	100.0

资料来源：本书附录A和附录B。

收入增长的加速在一定程度上维持了较快的人口增长。1950—1998年实际人均收入平均每年增长2.1%。与此相比，1820—1950年的人均收入年均增长率为0.9%，而1500—1820年的这一增长率仅为0.05%。因此，该时期的人均收入增长速度相当于原始资本主义时期的42倍，也相当于资本主义时期最初130年速度的两倍多。

在这个时期，世界经济不同部分之间的相互联系极大地加强了。商品贸易量的增长快于GDP的增长，出口额与世界GDP之比从1950年的5.5%上升到1998年的17.2%（见表3-2b）。国际旅行、通信及其他服务性交易也有大幅增长。这些变化改进了国际劳动分工，促进了思想和技术的国际扩散，并把来自发达资本主义国家集团的高水平的需求传递到世界其他地区。

表3-2a 世界和主要地区商品出口实际增长率（1870—1998）

（年均复合增长率，%）

	1870—1913	1913—1950	1950—1973	1973—1998
西欧	3.24	−0.14	8.38	4.79
西方后裔国	4.71	2.27	6.26	5.92
东欧和苏联	3.37	1.43	9.81	2.52
拉丁美洲	3.29	2.29	4.28	6.03
亚洲	2.79	1.64	9.97	5.95
非洲	4.37	1.90	5.34	1.87
世界	3.40	0.90	7.88	5.07

资料来源：根据本书表F-3中的数据计算得出。

表 3-2b　按 1990 年价格计算的世界和主要地区商品出口额占 GDP 的比重（1870—1998）

（%）

	1870	1913	1950	1973	1998
西欧	8.8	14.1	8.7	18.7	35.8
西方后裔国	3.3	4.7	3.8	6.3	12.7
东欧和苏联	1.6	2.5	2.1	6.2	13.2
拉丁美洲	9.7	9.0	6.0	4.7	9.7
亚洲	1.7	3.4	4.2	9.6	12.6
非洲	5.8	20.0	15.1	18.4	14.8
世界	4.6	7.9	5.5	10.5	17.2

资料来源：根据本书表 F-3 中以 1990 年美元计算的出口额除以按 1990 年国际元计算的 GDP 得出。

表 3-2c　地区出口额占世界总出口额的比重（1870—1998）　　　　（%）

	1870	1913	1950	1973	1998
西欧	64.4	60.2	41.1	45.8	42.8
西方后裔国	7.5	12.9	21.3	15.0	18.4
东欧和苏联	4.2	4.1	5.0	7.5	4.1
拉丁美洲	5.4	5.1	8.5	3.9	4.9
亚洲	13.9	10.8	14.1	22.0	27.1
非洲	4.6	6.9	10.0	5.8	2.7
世界	100.0	100.0	100.0	100.0	100.0

资料来源：根据表 F-3 中的数据计算得出。

1950—1998 年的这半个世纪中，世界上较贫穷的部分（即非洲、除日本以外的亚洲和拉丁美洲）的外国投资迅速增长。因此，它们的外国资本存量从占 GDP 的 4% 左右上升到了 22% 左右（见表 3-3）。尽管如此，这一水平也只相当于它们 1914 年水平的三分之二。这半个世纪中出现的巨额国际投资膨胀的大部分还是发生在发达资本主义国家集团内部。

表 3-3　发展中国家的外国资本存量总值（1870—1998）

	1870	1914	1950	1973	1998
当年价格（十亿美元）	4.1	19.2	11.9	172.0	3 590.2
1990 年价格（十亿美元）	40.1	235.4	63.2	495.2	3 030.7

（续表）

	1870	1914	1950	1973	1998
外国资本存量占发展中国家GDP的百分比(%)	8.6	32.4	4.4	10.9	21.7

注：表中数据为年末值。

资料来源：表中数据为非洲、亚洲（不含日本）和拉丁美洲的合计。按现价计算的1870—1973年存量数据取自 Maddison（1989a，p.30）所引用的资料。1998年的外国直接投资存量数据取自 UNCTAD，*World Investment Report*，Annex B；1998年的债务数据取自 World Bank，*Global Development Finance*，*Country Tables*，1999；我假定1998年的资产组合股权投资为2000亿美元（通过累加1988—1998年股权流量得到，后者取自前述 World Bank 的报告）。平减指数为美国消费者价格指数，其中1870—1980年的数据取自 Maddison（1991a，Table E-2），并用 OECD 的 *Economic Outlook*（December 1999，p.210）中的数据进行了更新和校正。第三行数字计算中使用的分母为本书附录 A 中以1990年国际元表示的GDP，其中因1914年的数据不可得，采用1913年的 GDP 代替。

这个时期再一次出现了国际移民潮。如表 3-4 所示，1950—1998 年，西欧国家吸纳了 2 000 多万名移民，同时，西方后裔国吸纳了 3 400 多万名移民。西欧经历了与以往截然不同的变化：1870—1949 年，人们为了寻求更好的机会而移居海外，但是自从 1950 年以来，大量人口反而涌向西欧。

表 3-4　西欧、日本和西方后裔国的净移民量（1870—1998）

（千人）

	1870—1913	1914—1949	1950—1973	1974—1998
法国	890	−236	3 630	1 026
德国	−2 598	−304[a]	7 070	5 911
意大利	−4 459	−1 771	−2 139	1 617
英国	−6 415	−1 405[b]	−605	737
其他[c]	−1 414	54	1 425	1 607
西欧合计	−13 996	−3 662	9 381	10 898
日本	—	197	−72	−179
澳大利亚	885	673	2 033	2 151
新西兰	290	138	247	87
加拿大	861	207	2 126	2 680
美国	15 820	6 221	8 257	16 721
西方后裔国合计	17 856	7 239	12 663	21 639

注：表中数据为负时表示人口净流出。

a. 1922—1939 年的数据；b. 不包括 1939—1945 年的数据；c. 包括比利时、荷兰、挪威、瑞典和瑞士。

资料来源：1870—1973 年的数据主要取自 Maddison（1991a，p.240）；澳大利亚 1870—1873 年的数据取自 Vamplew（1987，pp.4—7）；新西兰 1870—1973 年的数据取自 Hawke（1985，pp.11—12）；加拿大 1870—1950 年的数据取自 Firestone（1958）。1974—1998 年的数据取自 OECD，*Labour Force Statistics*，1978—1998。

我们可以把迄今为止的资本主义发展历史区分为五个截然不同的时期(见表3-1a)。1950—1973年是它的"黄金时期",即迄今为止经济增长表现最好的时期。仅次于它的是始于1973年的,可以用"新自由秩序"时期来表示的我们目前正在经历的时期。从经济增长表现上来看,第三个最好的时期是1870—1913年间的"旧自由秩序"时期,其经济增长率只略低于我们现在的时期。第四个最好的时期为1913—1950年,由于两次世界大战以及其间发生的世界贸易和资本市场的崩溃、移民的中断,这一时期的经济增长明显低于它的增长潜力。资本主义发展的初始时期(1820—1870)是经济增长最缓慢的时期,当时经济增长的主要动力几乎完全来自一些欧洲国家和西方后裔国。

虽然我们目前所处的时期是迄今为止世界经济增长表现第二好的时期,国际经济关系也因为持续的自由化而更加紧密,但是总的经济增长动力已经开始急剧下降,世界不同地区的经济表现呈现出极大的不平衡。在资本主义发展的"黄金时期",最贫穷和最富有地区之间的人均收入差距从15∶1下降到13∶1,但是此后它又上升到了19∶1(见表3-1b)。

表3-5对资本主义时代最成功的三个发展时期中世界经济不同部分的经验进行了比较,即将它在1973—1998年间的经济表现与在"黄金时期"(1950—1973)和"旧自由秩序"时期(1870—1913)的经济表现进行了比较。

表3-5 资本主义时代三个最成功时期的人均GDP增长表现

	年均复合增长率(%)			占世界GDP的比重,1998(%)	占世界人口的比重,1998(%)
	1950—1973(黄金时期)	1973—1998(新自由秩序时期)	1870—1913(旧自由秩序时期)		
A 组					
西欧	4.08	1.78	1.32	20.6	6.6
西方后裔国	2.44	1.94	1.81	25.1	5.5
日本	8.05	2.34	1.48	7.7	2.1
发达资本主义国家合计	3.72	1.98	1.56	53.4	14.2
"复兴的亚洲"	2.61	4.18	0.38	25.2	50.9
发达资本主义国家和"复兴的亚洲"(49个)	2.93	1.91	1.36	78.6	65.1

(续表)

	年均复合增长率(%)			占世界GDP的比重,1998(%)	占世界人口的比重,1998(%)
	1950—1973（黄金时期）	1973—1998（新自由秩序时期）	1870—1913（旧自由秩序时期）		
			B 组		
40 个其他亚洲经济体	4.09	0.59	0.48	4.3	6.5
44 个拉丁美洲国家	2.52	0.99	1.79	8.7	8.6
27 个东欧和前苏联国家	3.49	−1.10	1.15	5.4	6.9
57 个非洲国家	2.07	0.01	0.64	3.1	12.9
徘徊或衰落中的经济体(168 个)	2.94	−0.21	1.16	21.4	34.9
世界	2.93	1.33	1.30	100.0	100.0

资料来源：本书附录 A。资本主义时代的五个时期包括表内所示的三个时期，此外还有 1820—1870 年(其间世界人均 GDP 平均每年增长 0.53%)以及 1913—1950 年(其间世界人均 GDP 平均每年增长 0.91%)。

表 3-5 中的 A 组数据显示了创造世界四分之三以上 GDP、拥有世界三分之二人口的 49 个经济体的经济增长表现。按照 1998 年的数字，发达的资本主义国家(即西欧、西方后裔国和日本)所创造的 GDP 超过世界 GDP 总量的一半。这组国家在 1973—1998 年间的人均 GDP 增长速度大大低于它们在"黄金时期"的速度，但又明显高于它们在 1870—1913 年间的速度。A 组的第二部分显示了"复兴的亚洲"(Resurgent Asia)的经济增长表现。这 15 个亚洲经济体创造了世界四分之一的 GDP，养活了世界一半的人口。这些经济体的成功是超常的。它们在 1973 年以后的人均 GDP 增长速度超过了其在"黄金时期"的速度，相当于"旧自由秩序"时期速度的十倍以上。它们在追赶领先国家方面已经取得了重要的进步，并且正在不同程度上重复日本在"黄金时期"所实现的经济跨越。

如果这个世界只由 A 组中的这两类经济体所组成，那么世界发展的模式就可以被解释为新古典增长理论中的有条件趋同假说的一个清晰的例证。这意味着低收入经济体具有"因落后而产生的机会"，因此可能比更接近技术前沿的高收入经济体实现更快的经济增长。当然，这些经济体只有在有效地动员和分配资源，改进其人力和物质资本以吸收和采取适用技术等诸方面获得成功，才可以使这种可能性变为现实。"复兴的亚洲"已经抓住了这些机会。B 组中的经济体则没有抓住这些机会，它们在世界中的相对地位自 1973 年以来急剧下降了。

表 3-5 中的 B 组数据反映了"徘徊或衰落中的经济体"所经历的变化。这些经济体总共拥有世界三分之一左右的人口，创造了世界五分之一左右的 GDP。自"黄金时期"以来，在所有这些地区出现了让人警觉的经济恶化。在苏联解体后形成的国家中，经济状况的恶化是灾难性的。在 20 世纪的后四分之一世纪中，从总体上看 B 组经济体的人均收入实际上每年下降 0.21%。而在"黄金时期"，这些经济体的人均收入增长表现与 A 组经济体是一样的。在 1870—1913 年，这些经济体的总体表现也并不比 A 组经济体的表现差很多。

在对 1973 年以来的经济发展进行详细分析以前，人们应当注意到四次影响经济增长的重大冲击，这些冲击在不同时间对世界的不同地区产生了不同程度的影响。第一次冲击是 20 世纪 70 年代初期出现的对发达资本主义集团的三重挑战，即不断加速的通货膨胀、布雷顿森林国际货币秩序的崩溃，以及 OPEC（石油输出国组织）提升石油价格的行动。第二次冲击是 20 世纪 80 年代初期重创拉丁美洲经济的债务危机。第三次冲击是 1990 年左右日本出现的资产价格暴跌，它对曾经是世界上最具活力的经济产生了惊人的通货紧缩影响。第四次冲击是 1991 年苏联的解体，其结果是苏联对东欧国家控制的瓦解、经济互助委员会（COMECOM，简称"经互会"）和华沙条约组织（Warsaw Pact，简称"华约"）的解散，以及苏联分裂成为 15 个国家。

虽然这些冲击产生了深刻的影响，但自由国际秩序表现得非常稳健，既没有发生世界贸易的中断，也没有出现资本市场的崩溃。尽管发生了若干小的战争，但是因旧冷战时期的对峙所酝酿的全球毁灭性冲突的可能性却极大地降低了。

资本主义发展的第五个时期内影响经济发展的因果关系更复杂，地区之间的差异更大，与"黄金时期"相比，不同地区在发展上也更缺乏同步性。因此，有必要分别考察每一个地区的发展经历。

（表 3-6 显示了 1998 年世界 20 个最大经济体的经济特征。）

表 3-6　世界 20 个最大经济体的经济特征（1998）

	GDP （十亿 1990 年 购买力元）	人均 GDP （1990 年 购买力元）	人口 （百万）	占世界 GDP 的百分比 （%）	占世界人口 的百分比 （%）
美国	7 394.6	27 331	270.6	21.9	4.6
中国大陆	3 873.4	3 117	1 242.7	11.5	21.0
日本	2 581.6	20 410	126.5	7.7	2.1
印度	1 702.7	1 746	975.0	5.0	16.5
德国	1 460.1	17 799	82.0	4.3	1.4
法国	1 150.1	19 558	58.8	3.4	1.0

(续表)

	GDP (十亿1990年 购买力元)	人均GDP (1990年 购买力元)	人口 (百万)	占世界GDP 的百分比 (％)	占世界人口 的百分比 (％)
英国	1 108.6	18 714	59.2	3.3	1.0
意大利	1 022.8	17 759	57.6	3.0	1.0
巴西	926.9	5 459	169.8	2.7	2.9
俄罗斯	664.5	4 523	146.9	2.0	2.5
墨西哥	655.9	6 655	98.6	1.9	1.7
印度尼西亚	627.5	3 070	204.4	1.9	3.5
加拿大	622.9	20 559	30.3	1.8	0.5
韩国	564.2	12 152	46.4	1.7	0.8
西班牙	560.1	14 227	39.4	1.7	0.7
土耳其	423.0	6 552	64.6	1.3	1.1
澳大利亚	382.3	20 390	18.8	1.1	0.3
泰国	372.5	6 205	60.0	1.1	1.0
阿根廷	334.3	9 219	36.3	1.0	0.6
中国台湾	327.0	15 012	21.8	1.0	0.4
20个最大经济体合计	26 755.0	7 023	3 809.7	79.3	64.5
世界	33 725.6	5 709	5 907.7	100.0	100.0

注：1990年购买力元(PP dollars)是用购买力平价法代替汇率法,对本币进行转换后估计出来的。购买力平价估计主要是利用OECD、欧盟统计局(Eurostat)和联合国的ICP(国际比较项目)数据计算出来的;详细解释见本书附录A的引言部分。

第一节
发达资本主义国家

西欧

同"黄金时期"每年平均增长4.8％相比,西欧GDP在1973—1998年间的年均增长率降为2.1％。这种下降可以分解为三个因素:(1)出生率出现了明显和普遍的下降,致使人口增长速度从"黄金时期"的每年0.7％下降到0.3％;(2)失业人数大幅上升,同时还有其他导致劳动力市场僵化的一些因素;(3)劳动生产率的增长速度也出现了下降,由"黄金时期"的4.8％下降到2.3％。

西欧生产率增长速度的下降是不可避免的。在 1950—1973 年间，西欧抓住了追赶美国的难得机会，当时作为领先国家的美国的技术进步速度远超过它 1973 年后的水平。事实上，这次追赶过程一直持续到 1973 年以后。西欧的平均生产率水平从 1973 年的相当于美国水平的三分之二上升到 1998 年的五分之四以上。然而，由于劳动力市场的僵化，大多数西欧国家的人均收入水平的上升要慢于美国（见表 3-7 和图 3-1）。

表 3-7　西欧和美国的生产率以及人均 GDP 的趋同程度（1950—1998）

	人均 GDP 增长率（年均复合增长率，%）		每工作小时的 GDP 增长率（年均复合增长率，%）	
	1950—1973	1973—1998	1959—1973	1973—1998
法国	4.1	1.6	5.0	2.5
德国	5.0	1.6	5.9	2.4
意大利	5.0	2.1	5.8	2.3
英国	2.4	1.8	3.1	2.2
12 个西欧国家	3.9	1.8	4.8	2.3
爱尔兰	3.0	4.0	4.3	4.1
西班牙	5.8	2.0	6.4	2.9
美国	2.5	2.0	2.8	1.5

	人均 GDP 水平（美国＝100）			每工作小时的 GDP 水平（美国＝100）		
	1950	1973	1998	1950	1973	1998
法国	55	79	72	46	76	98
德国	41	72	65	32	62	77
意大利	37	64	65	35	67	81
英国	72	73	68	63	67	79
12 个西欧国家	52	73	72	44	68	83
爱尔兰	36	41	67	29	41	78
西班牙	25	52	52	21	46	64

	就业人口占总人口的百分比（%）			总人口的人均工作小时数		
	1950	1973	1998	1950	1973	1998
法国	47.0	41.1	38.6	905	728	580
德国	42.0	44.9	44.0	974	811	670
意大利	40.1	41.5	42.3	800	669	637
英国	44.5	44.6	45.8	871	753	682
12 个西欧国家	43.4	43.3	43.5	904	750	657
爱尔兰	41.1	34.7	40.6	925	698	672
西班牙	41.8	37.4	34.0	921	805	648
美国	40.5	41.0	49.1	756	704	791

资料来源：本书附录 A 和附录 E。

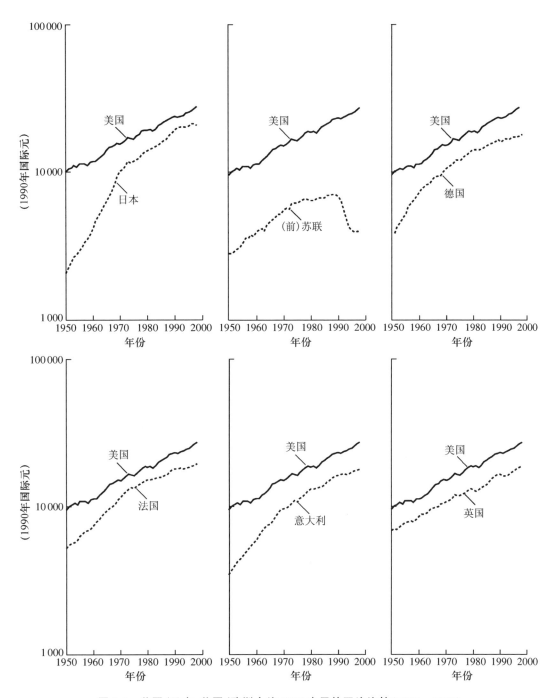

图 3-1 美国/日本、美国/欧洲人均 GDP 水平的双边比较(1950—1998)
资料来源:本书附录 C。

1973年以来,妨碍西欧增长的最主要因素是失业人数的激增。西欧在1994—1998年的平均失业人数接近它的劳动力数量的11%(见表3-8),这一失业率高于20世纪30年代大萧条时期的水平,是"黄金时期"失业率的四倍。这样大规模的失业如果没有来自社会保障体系的大规模的收入支持,就会导致严重的经济萧条。失业水平上升的主要原因在于宏观政策目标的变化。最初的变化是由偶然事件引起的,但后来的情况则反映了基本观念的改变。

表 3-8　发达资本主义国家的失业和通货膨胀(1950—1998)

	失业水平 (占劳动力的百分比,%)				消费者价格指数的变化 (年均复合增长率,%)			
	1950— 1973	1974— 1983	1984— 1993	1994— 1998	1950— 1973	1973— 1983	1983— 1993	1994— 1998
比利时	3.0	8.2	8.8	9.7	2.9	8.1	3.1	1.8
芬兰	1.7	4.7	6.9	14.2	5.6	10.5	4.6	1.0
法国	2.0	5.7	10.0	12.1	5.0	11.2	3.7	1.5
德国	2.5	4.1	6.2	9.0	2.7	4.9	2.4	1.7
意大利	5.5	7.2	9.3	11.9	3.9	16.7	6.4	3.5
荷兰	2.2	7.3	7.3	5.9	4.1	6.5	1.8	2.2
挪威	1.9	2.1	4.1	4.6	4.8	9.7	4.2	2.0
瑞典	1.8	2.3	3.4	9.2	4.7	10.2	6.4	1.5
英国	2.8	7.0	9.7	8.0	4.6	13.5	5.2	3.0
爱尔兰	—	8.8	15.6	11.2	4.3	15.7	3.8	2.1
西班牙	2.9	9.1	19.4	21.8	4.6	16.4	6.9	3.4
西欧平均值	**2.6**	**6.0**	**9.2**	**10.7**	**4.3**	**11.2**	**4.5**	**2.2**
澳大利亚	2.1	5.9	8.5	8.6	4.6	11.3	5.6	2.0
加拿大	4.7	8.1	9.7	9.4	2.8	9.4	4.0	1.3
美国	4.6	7.4	6.7	5.3	2.7	8.2	3.8	2.4
平均值	**3.8**	**7.1**	**8.3**	**7.8**	**3.4**	**9.6**	**4.5**	**1.9**
日本	1.6	2.1	2.3	3.4	5.2	7.6	1.7	0.6

资料来源:1950—1983年的失业数据取自Maddison(1995a, p.84),并用OECD的 *Labour Force Statistics* 中的数据进行了更新。1950—1983年的消费者价格指数数据取自Maddison(1995a),并用OECD的 *Economic Outlook*(December 1999)中的数据进行了更新。

埃里克·伦德伯格(Erik Lundberg, 1968, p.37)将"黄金时期"经济政策目标的"传统观点"表述如下:"在战后时期,实现充分就业和快速经济增长成为各国政府首要关心的事情。可是这样的政策目标并没有……主导两次世界大战之间大部分时期的政府活动……当时的政策目标反而是那些在今天被认为是中间的、次要的、不相干的或不合理的目标,例如,恢复或保持某一特定汇率,实现政府预算的年度平衡,以及将价格水平稳定在现有的或以前曾经达到的水平之上。"

在 20 世纪 70 年代,充分就业和高速经济增长的目标被放弃了,各国政府转向强调实现价格稳定。最初,这种政策变化似乎是相当正确的。当时,布雷顿森林固定汇率制度的崩溃正使决策者们对失去货币的稳定基础感到无所适从。这又恰巧发生在通货膨胀压力增大,以及公众的通货膨胀预期因为第一次 OPEC 冲击而极大地增强的时候。当时的看法是,对通货膨胀的容忍超过某一点就会导致恶性通货膨胀,从而威胁到整个社会政治秩序,这就是所谓的剃刀刃定理*(razor's edge theorem)。收入政策受到了怀疑,而反通货膨胀政策似乎是当时唯一的选择。

决策者态度的变化被流行的学术观点所强化了。凯恩斯主义者们被疏远了,失去了他们对政策的影响力。政治家们从其他地方寻找知识分子的支持。弗里德曼(Friedman)、哈耶克(Hayek)和新奥地利学派把失业作为一种有效率的矫正措施。理性预期学派否定相机抉择政策(discretionary policy)的效果。他们断言,如果简单的原则被遵守足够长的时间,经济就可以实现自行调节。制定经济政策措施的职责应当从财政部长们的手中转移到中央银行家们的手中,后者的运作应当尽可能地避免政治压力。

到 1983 年时,反通货膨胀政策取得了相当的成功,OPEC 的作用被极大地削弱了。在 1973—1983 年间,西欧的通货膨胀率平均每年为 11.2%,到 1983—1993 年时降到了 4.5%,而到 1993—1998 年时进一步降到了 2.2%——大约是其"黄金时期"通货膨胀率的一半左右(见表 3-8)。

20 世纪 90 年代通货紧缩政策在高失业和低通货膨胀的状况下继续得以实施,在很大程度上是由新的政策目标,即建立货币联盟所决定的。

货币联盟的主张由 1970 年的《维尔纳报告》(Werner Report)在欧洲经济共同体(European Economic Community,EEC)范围内所提倡,但这一目标因 20 世纪 70 年代初的货币混乱和"蛇形"浮动汇率制[即欧洲货币体系(European Monetary System,EMS)的前身]的崩溃,于 1976 年被放弃。欧洲货币体系是为了建立一个稳定的汇率区间而于 1979 年创立的。1987—1992 年,这一货币

---

* 这里提到的是在理论模型发展中使用的、作为一种溯因启发原则的奥卡姆剃刀(Occam's razor)法则,也称为简约法则。该法则并不是作为候选理论模型之间的逻辑仲裁者,而是强调更简单的理论比更复杂的理论更具可检验性。这里作者认为反通货膨胀政策就是政府宏观经济管理中最简单的解决方法。——译者注

体系获得了一定的成功。在此基础上,1989年的《德洛尔报告》(Delors Report)再次提出了建立货币联盟的目标。它重申这个在1968年被伦德伯格视为次要或非理性政策目标的重要性。它并没有提及就业或增长目标,也没有认真考虑实施统一的价格、工资、货币和财政政策所要承担的制度、社会和经济上的成本。它在经济上的主要好处就是可能在更一体化的和更具竞争性的欧洲市场上降低交易成本,提高经济的稳定性和实现规模经济。这一建议于1991年被欧洲共同体(European Community,EC)采纳,并于1993年在欧盟《马斯特里赫特条约》(Maastricht Treaty)中被正式批准。

通往货币联盟的道路是不平坦的。1992年西欧发生了大的货币危机。尽管付出了巨大的代价以捍卫当时的汇率,仍有一些货币出现了贬值。此后,意大利和英国脱离了欧洲货币体系。1993年法国法郎面临的压力导致欧洲货币体系当局把其允许的汇率浮动幅度从2.25%放宽到15%。然而,有关国家建立货币联盟的决心是非常强的,尤其是那些历史上曾经发生过严重的通货膨胀和汇率动荡,并且似乎最有希望从货币联盟中获得长期利益的国家。为了履行成员国间的"趋同"义务,即把通货膨胀率降到它们认为非常低的水平,同时维持汇率稳定和减少预算赤字,它们愿意在更长的时期内承受高失业率。在共同实现上述目标方面,这些政策在各国获得了显著的成功。货币联盟在1999年年初成立,除希腊外的所有志愿加入国都被接纳为成员国(希腊于2001年加入该联盟)。

虽然西欧各国政府的政策意图是在一个较长的时期内实现通货紧缩,但它们的财政自由却在相当大的程度上受到其福利国家制度所承担的义务的限制,这些义务所带来的负担远大于美国和日本相应的负担(见表3-9)。当失业增加的时候,它会自动引发转移支付机制。在许多情况下,尤其是在法国和荷兰,政府认为失业是由过多的劳动供给引起的,并因此说服人们提早退休或申请"残疾"身份。由于人口的老龄化,政府在养老金方面的支出也在逐步增加。1974—1996年间西欧各国的预算赤字远高于"黄金时期"的水平。在1997—1998年,当来自建立货币联盟的趋同标准的压力达到顶点的时候,预算赤字开始下降了。实际利率水平可以更清楚地反映出政府政策的通货紧缩意图。与"黄金时期"和1974—1981年的高通货膨胀时期相比,实际利率水平在1982年以后的价格温和上升时期要高得多。

表 3-9　西欧、美国和日本政府总支出占现价 GDP 的百分比（1913—1999）　（％）

	1913	1938	1950	1973	1999
法国	8.9	23.2	27.6	38.8	52.4
德国	17.7	42.4	30.4	42.0	47.6
荷兰	8.2ª	21.7	26.8	45.5	43.8
英国	13.3	28.8	34.2	41.5	39.7
算术平均值	12.0	29.0	29.8	42.0	45.9
美国	8.0	19.8	21.4	31.1	30.1
日本	14.2	30.3	19.8	22.9	38.1

a. 1910 年的数据。
资料来源：1913—1973 年的数据取自 Maddison（1995a, p.65）；1999 年的数据取自 OECD, *Economic Outlook*, December 1999, Table 28。

从 1973 年起，西欧各国更加重视利用市场力量提高资源配置的效率，这一点反映在各国取消对国际资本流动和政府企业私有化的控制上。然而，农业仍然受到高度保护，法规和税收政策依然妨碍着劳动力市场的有效运行。

美国

在实现收入增长潜力方面，美国在 1973 年以后的经济政策远胜于西欧和日本同期的政策。这一时期美国的失业率下降到西欧水平的一半以下，而在 1950—1973 年间，其失业率通常是西欧水平的两倍。随着参与经济活动的劳动力的增加，美国就业人口占总人口的比重从 1973 年的 41％ 上升到 1998 年的 49.1％，而同期欧洲的平均水平从 43.3％ 上升到 43.5％（见表 3-7）。此外，美国的人均工作小时数上升了，而西欧的人均工作小时数下降了。与西欧相比，总的来说，美国以比较温和的通货膨胀率获得了相当高的经济活动水平。

美国的决策者在管理高水平的需求方面比他们的欧洲同行们受到较少的约束。由于拥有世界上主要的储备货币以及长期习惯于国际资本的自由流动，他们一般对汇率波动采取放任自流的态度。里根政府进行了大幅度的减税，同时采取了放松管制的重要措施，期望这些措施会刺激有效供给，从而抵消潜在通货膨胀的影响。美国拥有灵活的劳动力市场。它的资本市场较为完善，能有效地向创新者提供风险资本。它的经济规模同西欧不相上下，但经济一体化程度要比西欧高得多。在 20 世纪 90 年代，繁荣的股票市场支撑了需求的上升。

美国是国际资本市场全球化的主要获益者。从第二次世界大战后到 1988 年，美国的国外资产总额一直超过其负债总额。但此后它的国外净资产水平从零左右降到 1998 年的 −1.5 万亿美元左右（超过其 GDP 的 20％）。因此，全世界帮助美国保持了长期的繁荣,为它巨额的国际收支赤字提供了资金(见表3-10)。

表3-10　美国、日本、德国和英国的国外资产及负债存量(1989—1998)

(按当期汇率计算,十亿美元)

	资产	负债	净资产	资产	负债	净资产
		美国			日本	
1989	2 348	2 397	−49	1 771	1 477	294
1990	2 291	2 459	−168	1 858	1 529	329
1991	2 468	2 731	−263	2 007	1 622	385
1992	2 464	2 919	−455	2 035	1 520	515
1993	3 055	3 237	−182	2 181	1 569	612
1994	3 276	3 450	−174	2 424	1 734	690
1995	3 869	4 292	−423	2 633	1 815	818
1996	4 545	5 092	−547	2 653	1 762	891
1997	5 289	6 355	−1 066	2 737	1 779	958
1998	5 948	7 485	−1 537	2 986	1 833	1 153
		德国			英国	
1989	864	595	269	1 514	1 432	82
1990	1 100	751	349	1 728	1 744	−16
1991	1 146	818	328	1 756	1 750	6
1992	1 175	881	294	1 731	1 697	34
1993	1 285	1 080	205	2 001	1 948	53
1994	1 432	1 237	195	2 090	2 096	35
1995	1 656	1 537	119	2 386	2 394	−8
1996	1 691	1 612	79	2 775	2 778	−3
1997	1 759	1 695	64	3 212	3 348	−14
1998				3 521	3 695	−17

资料来源:IMF,*International Financial Statistics*。

另一方面,美国进口的大量增长又维持了世界需求的增长。1973—1998年,美国进口量的增长快于西欧和日本。同1950—1973年相比,美国进口量的增长速度下降得不太大,而大部分西欧国家和日本则出现了明显下降(见表3-11)。美国进口的增长反映了国内需求的强劲,同时也反映了在关税及贸易总协定(GATT)和世界贸易组织(WTO)安排下的一系列关税下调的影响,以及像北美自由贸易区(NAFTA)这样的地区贸易协定的作用。

尽管美国成功地维持了高水平的需求和经济活动,但是其1973年以后的增长率降到了1950—1973年的水平之下。这主要归咎于生产率增长速度的骤然下降。在1950—1973年间,美国的劳动生产率平均每年上升2.8%;而在1973—1998年间,该速度下降到1.5%,低于1870年以来任何一个持续增长时期。1913—1973年,美国的全要素生产率年均增长1.6%—1.7%;而在1973—

1998年间,它的增长速度大约只相当于上述速度的三分之一。

表 3-11　西欧、日本和美国商品进口量的增长及进口额占 GDP 的比重(1950—1998)

	进口量增长 (年均复合增长率,%)		进口额占 GDP 的比重 (按 1990 年价格计算,%)		
	1950—1973	1973—1998	1950	1973	1998
法国	9.3	4.6	6.1	15.2	27.7
德国	12.6	4.7	4.1	17.6	36.1
意大利	11.3	4.0	4.9	16.3	24.9
英国	4.8	4.0	11.4	17.2	28.2
日本	16.0	4.0	2.5	9.7	12.4
算术平均值	10.8	4.3	5.8	15.2	25.9
美国	6.6	5.6	3.9	6.9	13.0

美国生产率增长的放慢被其利用现有潜力方面的进步所掩盖了,但是,如果这种情况继续的话,对未来的增长会产生非常严重的影响,因为它无法继续支持需求水平的进一步提高。美国生产率增长的放慢,可能导致了与美国技术水平最接近的其他发达资本主义国家的生产率增长速度的下降。从长期来看,这种影响将会渗透到技术水平较低的贫穷国家。

许多"新经济"(信息技术和相关的活动)的参与者认为技术进步速度降低的观点是不能被接受的。他们假定由新经济带来的计算机和通信技术方面的不断加速的技术进步,已经对其他经济部门产生了巨大的影响。他们用他们所喜欢的部门中出现的有关新经济的趣闻轶事或微观经济证据,以及专门交易"新经济"企业股票的纳斯达克(Nasdaq)市场股票价格的飙升来支持他们的观点。然而,这种技术"革命"的作用直到最近才在宏观经济统计中反映出来。纳斯达克对许多低利润或没有利润的企业给予了很高的估值。然而,在 2000 年下半年,这些企业的股票价格已从它们的顶峰水平下跌了将近 50%。

研究新经济的专家们认为国民经济账户统计方法误测了增长率。这种观点有一定的道理,因为美国传统的经济增长率估计方法是以某一近年的固定权数计算一个长达六十多年的时期的增长率。与西欧流行的加权方法相比,这种方法的确低估了美国的经济增长率。

1993 年,两种新的可供选择的方法修改了美国传统的经济增长率计算方法:一种是当时大部分西欧国家采用的每五年变换一次权数的方法(五年分段式指数法);另一种是当时只有荷兰采用的逐年改变权数的链式指数法(chained index)。五年分段式指数法得出的增长率最高,比传统的计算方法高出 0.28 个百分点,比链式指数法高出 0.04 个百分点。我在 1995 年的研究中采用了由五年分段式指数法计算的美国经济增长率,并尽可能地将其反推至 1959 年(Maddison,1995a)。

从那时起,美国国民经济账户统计在方法上又得到了进一步的修正,其结果显示了更高的增长率和 GDP 水平。通过新的计算方法,人们仍然能够发现在 1973—1995 年间生产率的增长速度出现了明显的下降,但是在 1995—1998 年间生产率的增长速度已接近于"黄金时期"的水平。1973—1995 年间,劳动生产率平均每年增长 1.4%,而在 1995—1998 年间的平均增长率达到 2.5%。这个加速主要是由于"新经济"权重的增加。框图 3-1 对美国统计方法的变化及其

框图 3-1 统计方法上的修正对美国 GDP 水平和增长率测算的影响(1929—1998)

(a) 统计方法上的修正对美国 GDP 水平的影响(百万 1990 年美元)

	Maddison(1995a) 更新值	BEA (1998)	BEA (1999)	BEA (2000)
1929	844 324	740 311		711 309
1950	1 457 624	1 508 235	(1 455 916)	1 459 127
1959	1 981 830	2 068 828	1 997 061	2 006 235
1973	3 519 224	3 665 799	3 536 622	3 567 274
1990	5 464 795	5 743 800	5 803 200	5 803 200
1991	5 410 089	5 690 540	5 790 784	5 775 948
1992	5 562 302	5 844 986	5 983 457	5 952 089
1993	5 697 296	5 980 898	6 124 987	6 110 061
1994	5 907 953	6 187 856	6 371 321	6 356 710
1995	6 059 772	6 329 197	6 544 370	6 526 361
1996	6 276 136	6 547 387	6 784 105	6 759 427
1997	6 522 904	6 804 797	7 089 655	7 046 304
1998	6 777 297		7 394 598	7 349 878
1999				7 654 836

注:1950—1959 年的变动数据取自美国经济分析局(BEA,1998)。

资料来源:第一列中的 1913—1990 年的数据取自 Maddison(1995a),1990—1997 年的修正数据取自 OECD 的 *National Accounts 1960—1997*(Paris,1999),1997—1998 年的数据取自 OECD 的 *Economic Outlook*(June 1999)。第二列中的 1929—1997 年的数据取自 *Survey of Current Business*(August 1998)。第三列数据取自 *Survey of Current Business*(December 1999)中 Seskin 的文章。第四列数据取自 BEA 网站(June 2000)。为便于比较,我把 BEA(1998)的估计值从 1992 年美元转换为 1990 年美元,把 BEA(1999,2000)的估计值从 1996 年美元转换为 1990 年美元。直到 20 世纪 90 年代,BEA 发布了对整个时期都采用一组单一权数计算的,并可追溯到 1929 年的实际 GDP 数据。1993 年,它发布了三种可供选择的估计值,可追溯到 1959 年;第一种采用了旧式的固定权数法;第二种采用了权数逐年变化的链式法;第三种是权数每五年更新的分段式指数法。为了进行国际比较,我采用了第三种方法(Maddison,1995a),因为它当时是欧盟国家的标准做法。第一列中的 1959—1990 年的数据,我采用的是五年分段式指数法。计算结果表明,其计算出的增长率比固定权数法高 0.28%,比链式指数法高 0.04%。第二列 BEA(1998)的数据完全转换到链式指数法,追溯到 1929 年。BEA(1999)对 1959—1998 年的数据做了进一步调整(其中包括把计算机软件作为投资处理)。BEA(2000)将新的估计值追溯到 1929 年。

(b) 统计方法上的修正对美国 GDP 增长率的影响

（年均复合增长率，%）

	Maddison （1995a）	BEA （1998）	BEA （1999）	BEA （2000）
1929—1950	2.63	3.45	—	3.48
1950—1973	3.91	3.93	3.93[a]	3.96
1973—1998	2.66	2.68[b]	2.99	2.93

a. 1950—1959 年的变动数据取自 BEA（1998）；b. 1997—1998 年的变动数据取自 BEA（1999）。

表中反映了统计方法的修正对增长率的影响。对于 1950—1973 年来说，新的测算与我在 1995 年所做的测算几乎没有差异（Maddison,1995a）。对于 1973—1998 年来说，我在进行这项研究时所采用的 BEA（1999）数据显示增长率比旧的测算结果大约高出 0.3 个百分点。然而，对 1929—1950 年的修正却要大得多。接受这些结果将涉及对美国经济历史做出重大的重新解释。它们意味着 1929 年的 GDP 水平比原来低 16%，如果将其和 1929 年前的年份连接起来的话，则那些年份的水平将相应降低。1913—1950 年间的劳动生产率每年上升 2.5% 到 3%，而 1913 年的劳动生产率水平则低于英国。BEA 新的估计值也改变了战争及战后经济的图景。对于 1929—1950 年来说，如果不进一步研究其影响如此之大的原因而采用新的测算结果似乎是有风险的。我们也必须记住，没有其他国家曾对过去这样长的时期采用链式指数法或特征价格指数（hedonic price indices）。

最近，许多西欧国家也改变了测算宏观经济增长率的方法。尤其是其中大多数国家采纳了 SNA 的新建议，这涉及把计算机软件作为投资来处理。然而，一般来说，与美国相比，这些变化产生的影响并不广泛，对增长率的影响较小。大多数其他 OECD 国家还没有采用链式指数法。在采用链式指数法的国家中，只有澳大利亚、法国和挪威往前追溯了相当长一段时间（法国和挪威追溯到 1978 年，澳大利亚追溯到 1960 年）。大多数其他国家没有采用特征价格指数（该指数对产品特征变化进行质量调整）。特征价格指数在比利时、芬兰、德国、希腊、意大利、日本、西班牙或英国都没有被采用。Wyckoff（1995）把美国 1976—1993 年间计算机和办公室机械价格指数每年下降 13% 与德国同期该类商品价格指数每年下降 2% 进行了对照，发现大部分差异源于指数构建方法的不同。

影响进行了详细的分析。它也表明，与欧洲国家和日本测算新经济影响时所采用的更保守的方法相比，这种统计方法的确在某种程度上夸大了美国的 GDP 水平和增长率。

最近，乔根森和斯蒂罗（Jorgenson and Stiroh,2000）利用修正后的 GDP 估计值对过去 40 年的美国经济增长表现做了一个权威性的考察。他们发现，在计算机和通信部门中加速的技术变化主要影响了这些部门所生产的产品，而计算机应用部门的生产率增长仍然滞后。他们指出，没有证据表明信息技术的生产已经对其他产业产生了外溢效应——经验记录几乎不支持人们所描绘的信息技术从其生产者向使用者扩散这样一种"新经济"的图景。

奥林纳和西谢尔（Oliner and Sichel,2000）与戈登（Gordon,2000）的研究得到了几乎同样的结论，即过去二十多年在"新经济"上的巨额投资对宏观经济的生产率产生了一个滞后而又积极的影响。

到目前为止信息技术并没有在计算机应用部门产生非常明显的外溢效应的事实，可能主要是由于吸收新技术的成本过高，因为它涉及投入大量经过高级培训的人员,对迅速过时的设备和技能的淘汰,以及承受某些严重的因无知而造成的大错,如代价极高的"千年虫"(Y2K)恐慌。从长期来看,当新技术被完全吸收的时候,可能就会对经济的其他部门产生明显的外溢效应。

判断美国最近的生产率提高是否预示美国将重新获得在1913—1973年间取得的经济增长速度,目前还为时尚早。但是,有理由期望其增长速度可能会超过1973—1995年的速度。

其他西方后裔国

澳大利亚是其他西方后裔国中最具上升潜力的国家。它因贸易壁垒的大量削减、竞争的日益增强,以及与迅速增长的亚洲国家为邻而获益。但是加拿大和新西兰的经济增长表现就不那么突出了。

日本

在"黄金时期",日本的经济增长速度远快于西欧。日本在1973年的人均收入水平相当于1950年的6倍,平均每年增长8%,而西欧平均每年增长4%;日本的劳动生产率平均每年增长7.7%,而西欧平均每年增长4.8%;日本的全要素生产率平均每年增长5.1%,而西欧平均每年增长2.9%。

日本的经济表现优于西欧要归因于几方面的因素:(1)1950年时,它的人均收入和生产率水平只略高于欧洲的三分之一,所以它更有可能利用因落后而产生的发展机会;(2)在1950年时,日本劳动力的教育水平与西欧没有太大的差别,并且拥有在军队服务时所获得的完全可用于和平事业的大量技能储备;(3)日本的投资率远高于西欧;(4)日本的人均劳动投入率也高于西欧。

日本之所以具有动员这样大规模投资的能力,主要在于日本家庭具有非常高的储蓄倾向。对此,堀冈(Horioka,1990)认为有若干复杂的原因,其中包括日本人的节俭传统,它使日本人在收入提高的同时仍然保持简朴的生活方式。日本人具有极高的风险规避倾向,他们通过储蓄来防范疾病和不可预见的风险。在日本,社会保障的重要性不如欧洲,这使人们为应付老龄而要准备更多的私人储蓄。另外,一年发放两次的作为劳动报酬的红利和消费信贷的相对缺乏也是重要的影响因素。

日本追赶西方的努力得到了政府政策上的不同寻常的支持。这种努力具有深远的历史渊源。在17世纪和18世纪，德川时期的日本就成功追赶并超过了中国的收入水平。从1868年起，日本的目标就是追赶西方。

战后时期，各利益集团通过一个错综复杂的网络追求这个发展目标。在日本，受过高等教育的官僚精英们、自由民主党（从1955年起除了一次短暂的失败以外一直在执政）的政客们、大企业以及银行之间存在着极为密切的关系。日本的大型集团公司（系列企业，keiretsu）与银行之间在金融上经常密切勾结并互相牵制。大企业与小企业之间往往具有长期稳定的合作关系。日本的工会是以公司为基础组织起来的，工人们具有长期的工作保障，他们视雇主的利益为自己的利益。最成功的官僚精英们频繁地转向政坛或加入企业领导层。MITI（日本通商产业省）向公司和银行提供"管理指南"以引导资源流向那些被认为具有增长机会和出口市场的关键产业。日本诉讼和律师活动的无足轻重可以反映出这些关系的融洽。

在德川时期，外贸因奉行闭关自守（锁国，sakoku）的政策而受到严格的控制，该政策的目的是阻止外国对日本的干涉。在战后时期，虽然贸易比以前更加开放，但是仍然将旧的自给自足的原则作为政策予以保留。政府在促进技术发展、吸收外国技术，以及在维护国家独立的前提下应用这些技术方面发挥了重要作用。外国在日本的投资是非常有限的，现在仍然如此。政府通过各种进口限制措施保护劣势部门以及某些优势部门。

虽然这种形式的资本主义在促进高速增长和提高人均收入水平方面是极为有效的，但是，与那种更多地使用市场力量、更加代表消费者利益以及更加开放的贸易体系相比，它要付出更大的代价。20世纪初，日本每个工人的资本存量超过西欧水平近四分之一，但是其生产率却大大低于西欧。工人和"工薪族"的工作时间都相当长，极少有休假时间。与发达资本主义国家的正常状况相比，日本部门间发展不平衡的程度要高得多，即一方面是生产率极低的农业和营销业，另一方面却是具有世界领先水平的汽车、钢铁、机床和家用电器业。

像西欧一样，日本在1973年以后的增长率下降是不可避免的，而且与其在"黄金时期"取得的更大成功相比，这种下降更加明显。虽然在1973—1990年间日本的人均GDP和生产率的增长要快于西欧，但它的经济减速的确是太明显了。此后的情况更加恶化。1990—1998年，日本人均GDP的年均增长率只有1%,明显低于它的潜在水平。

在20世纪的70年代和80年代,日本保持了高投资率。高投资预期导致了资产价格的暴涨。但是随着增长潜力的下降,出现了收益递减和利润下降,股票价格遂在1989—1992年暴跌。自此之后,日本经济一直没有复苏。1999年的日经股票价格指数仅仅是1989年的一半左右,而同期美国的股票价格指数是期初水平的四倍以上,西欧国家的股票价格指数则是期初水平的约两倍半(见表3-12)。日本和西欧国家本币对美元汇率的变化情况见表3-13。

表3-12　日本、美国和西欧国家按本币计算的股票价格指数(1950—1999)

(1989年=100)

	日本	美国	法国	德国	意大利	英国
1950	4.4	5.2	2.4	3.6	3.5	3.1
1973	14.1	32.6	19.8	33.5	15.0	15.2
1989	100.0	100.0	100.0	100.0	100.0	100.0
1992	53.1	132.6	104.6	100.8	71.0	112.6
1998	45.9	344.4	209.7	238.7	211.8	217.4
1999	54.0	435.5	260.0	247.4	238.5	—

资料来源:IMF, *International Financial Statistics*。表中数据为相关年度的平均数。

表3-13　日本和西欧国家本币对美元的汇率(1950—1999)

(1美元相当于本国货币单位的年平均数)

	日本	法国	德国	意大利	英国
1950	361	3.5	4.2	625	0.36
1973	272	4.5	2.7	583	0.41
1989	138	6.4	1.9	1 372	0.61
1992	127	5.3	1.6	1 232	0.57
1998	131	5.9	1.8	1 736	0.60
1999	114	6.2	1.8	1 817	0.62

资料来源:IMF, *International Financial Statistics*。

1990—1998年间,日本住宅用地的价格下降了三分之一,从而加剧了股票价格的崩溃。从比例上看,这比股票市场的崩溃更严重。1990年,日本居民的所有类型财富的净值相当于当年可支配国民收入的8.5倍,1998年时降到了6.5倍。而在同一时期,美国的居民财富净值从当年可支配国民收入的4.8倍上升到5.9倍,德国从5.2倍上升到5.4倍,法国则从4.2倍上升到5.2倍。

日本经济的利润和资产价值的暴跌导致了严重的通货紧缩。消费者在支出方面变得极为谨慎。许多企业已无清偿能力或宣告破产,银行则出现巨额的不良资产,这限制了它们扩展新信贷的意愿和能力。1994—1998年,年平均价格上升的幅度降到了0.6%。

政府对这种情况的反应不是减税而是过度增加公共工程投入。日本银行的贴现率降了9次,从1991年的6%降到1995年的0.5%,并在此水平上维持了近五年。在1998年后的两年,银行间拆借利率几乎为零。政府在清理金融系统混乱局面方面的进展非常缓慢。它向那些早该破产的金融机构提供资金援助,进一步加剧了这个部门的长期问题。政府的措施虽然防止了经济的大崩溃,但无法使需求复苏。

日本经济减速以两种方式传递到世界的其他国家。在进口增长速度下降的同时,它的资本输出在增加。日本持续的高储蓄大部分转变成了资本输出。1990—1998年,它的国外净资产占GDP的比重从10%上升到30%。它对世界经济的影响恰恰与美国对世界经济的影响相反(见表3-10)。

第二节
复兴的亚洲

在从1950年开始的半个世纪中,亚洲是世界经济增长最快的部分,超过了所有其他地区。这种情况与它过去的经历截然不同。在1500—1950年的四个半世纪中,当所有其他地区都在发展的时候,亚洲却一直处于停滞状态。在1500年,亚洲的GDP曾占世界GDP的65%,而到了1950年却只占世界GDP的18.5%。但是从1950年以来,亚洲的份额已经增加了一倍。

在1950—1973年间,日本经济经历了超常的增长,其人均收入增长率每年超过8%,相比之下,亚洲正在复兴的部分(以下称为"复兴的亚洲")的人均收入增长率为2.5%。而在1973—1999年间,后者的人均收入增长率相当于日本的两倍,到了20世纪90年代,相当于日本的四倍。(日本和东亚其他经济体人均GDP水平的双边比较见图3-2)

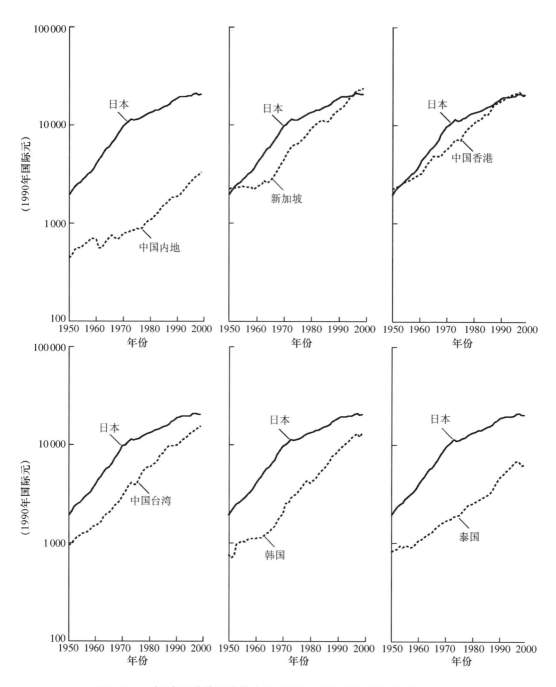

图 3-2　日本/东亚其他经济体人均 GDP 水平的双边比较（1950—1999）

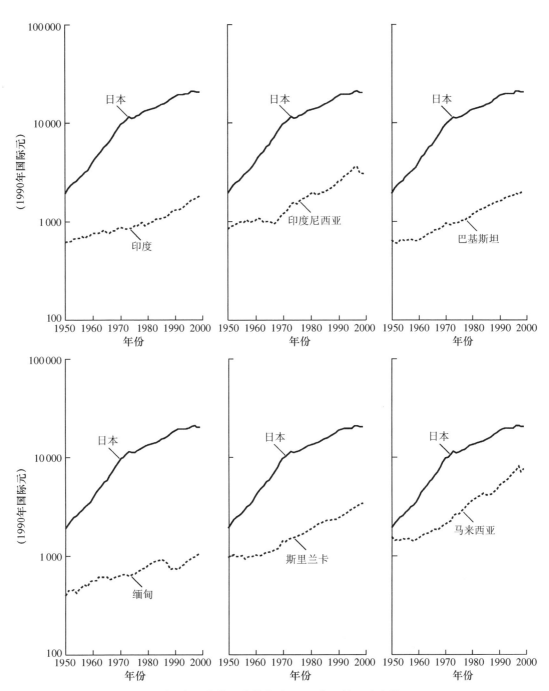

图 3-2(续)　日本/东亚其他经济体人均 GDP 水平的双边比较(1950—1999)
资料来源:附录 C。

如表 3-14 所示,"复兴的亚洲"由 15 个经济体组成。其中 7 个经济体是世界经济中最具活力的部分(包括中国内地、中国香港地区、马来西亚、新加坡、韩国、中国台湾地区和泰国)。其中 4 个经济体的人均收入水平已经与西欧国家的人均收入水平相当。1999 年,这一组经济体的 GDP 总额已经达到 5.8 万亿 1990 年国际元(数据经过购买力平价调整)。这一水平比西欧 12 个核心国家的总量低得不太多,是日本 GDP(2.6 万亿国际元)的两倍多。

表 3-14 "复兴的亚洲"在人均 GDP 增长上的差异(1913—1999)

(年均复合增长率,%)

	1913—1950	1950—1999	1950—1973	1973—1990	1990—1999
日本	0.9	4.9	8.1	3.0	0.9
中国内地	−0.6	4.2	2.9	4.8	6.4
中国香港	—	4.6	5.2	5.4	1.7
马来西亚	1.5	3.2	2.2	4.2	4.0
新加坡	1.5	4.9	4.4	5.3	5.7
韩国	−0.4	6.0	5.8	6.8	4.8
中国台湾	0.6	5.9	6.7	5.3	5.3
泰国	−0.1	4.3	3.7	5.5	3.6
7 个经济体平均值	**−0.4**	**4.4**	**3.4**	**5.1**	**5.8**
孟加拉国	−0.2	0.9	−0.4	1.5	3.0
缅甸	−1.5	2.0	2.0	1.1	3.8
印度	−0.2	2.2	1.4	2.6	3.7
印度尼西亚	−0.2	2.7	2.6	3.1	2.1
尼泊尔	—	1.4	1.0	1.5	1.9
巴基斯坦	−0.2	2.3	1.7	3.1	2.3
菲律宾	0.0	1.6	2.7	0.7	0.5
斯里兰卡	0.3	2.6	1.9	3.0	3.9
8 个经济体平均值	**−0.3**	**2.2**	**1.7**	**2.5**	**3.0**
15 个"复兴的亚洲"经济体	**−0.3**	**3.4**	**2.5**	**3.9**	**4.6**
其他亚洲经济体	1.8	2.3[a]	4.1	0.4	1.1[b]
拉丁美洲	1.4	1.7	2.5	0.7	1.4
非洲	1.0	1.0[a]	2.1	0.1	−0.2[b]
东欧和苏联	1.5	1.1[a]	3.5	0.7	−4.8[b]
西欧	0.8	2.9[a]	4.1	1.9	1.4[b]
美国	**1.6**	**2.2**	**2.5**	**2.0**	**2.1**

a. 1950—1998 年的数据;b. 1990—1998 年的数据。

资料来源:本书附录 C。1999 年的更新数据取自 Asian Development Bank, *Asian Development Outlook 2000*, Manila, 2000。

第二组中有 8 个经济体,其 GDP 总额为 3.1 万亿国际元(相当于德国的两倍多）。它们的人均收入水平低于第一组。在1950—1999年间，其人均收入增长率相当于第一组的一半，每年为2.2%（见表3-14）。从1973年起，它们的增长率超过了亚洲以外的世界任何地区。

表3-15表明了促进亚洲经济增长的某些因素。每一组中的经济体都按其收入水平从高到低排列。每一项的平均值都是算术平均值，与表3-14中的加权平均值形成对比。

表3-15 "复兴的亚洲"的经济增长特征（1950—1999）

	人均GDP水平（1999）（1990年国际元）	人均GDP增长率（1973—1999）（%）	固定投资占GDP比率（1973—1997）（%）	每年实际出口增长（1973—1998）（%）	出口占GDP的比重（1998）（%）	就业人数占人口的比重（1997）（%）
日本	20 431	2.3	0.30	5.3	0.10	0.52
新加坡	23 582	5.4	0.38	11.1	1.30	0.49
中国香港	20 352	4.1	0.27	11.7	1.05	0.48
中国台湾	15 720	5.3	0.24	12.1	0.42	0.44
韩国	13 317	6.1	0.31	13.9	0.41	0.46
马来西亚	7 328	4.1	0.32	9.5	1.03	0.41
泰国	6 398	4.8	0.31	11.7	0.47	0.55
中国内地	3 259	5.4	0.30	11.8	0.19	0.52
算术平均值	**12 851**	**5.0**	**0.30**	**11.7**	**0.70**	**0.48**
斯里兰卡	3 451	3.3	0.22	5.0	0.30	0.30
印度尼西亚	3 031	2.7	0.24	7.3	0.25[a]	0.43
菲律宾	2 291	0.6	0.23	9.0	0.31[a]	0.38
巴基斯坦	1 952	2.8	0.17	7.5	0.14	0.26
印度	1 818	3.0	0.20	5.9	0.08[a]	0.39[b]
缅甸	1 050	2.0	0.14	6.3	0.01[a]	0.40
尼泊尔	954	1.7	0.17	4.8	0.09	0.39[c]
孟加拉	835	2.0	0.14	9.3	0.12	0.26[d]
算术平均值	**1 923**	**2.3**	**0.19**	**6.9**	**0.16**	**0.35**
美国	28 026	2.0	0.18	6.0	0.08	0.52
墨西哥	6 762	1.3	0.19	10.9	0.16[a]	0.40
巴西	5 421	1.3	0.21	6.6	0.07	0.38[e]

a. 1997年的数据；b. 1995年的数据；c. 假定与印度相同；d. 假定与巴基斯坦相同；e. 1994年的数据。

资料来源：第一列和第二列数据取自本书附录A，1999年的更新数据取自 *Asian Development Outlook 2000*, Manila, 2000。第三列数据取自ADB, *Key Indicators of Developing Asia and Pacific Countries*, Manila, 1999。前述来源不包括中国内地、中国台湾地区和日本。中国内地的数据取自《中国统计年鉴1999》(pp. 67-68)和Maddison(1998a, p. 164)；中国台湾地区的数据取自《台湾"国民"所得》（台湾"行政院"，台北）；日本的数据取自OECD, *National Accounts 1960—1997*, Vol. 1, Paris, 1999。第四列数据取自IMF, *International Financial Statistics*。第五列和第六列数据大部分取自ADB, *Key Statistics*。

第一组中经历超常增长的经济体都具有高投资率。而这种高投资率与GDP的高增长相结合,意味着这些经济体的实物资本存量的增长要比世界其他部分更快。此外,它们人口的就业比率也比较高,这既与因出生率下降和工作年龄人口比例上升而出现的人口转变有关,也与传统的多季水稻经济需要高劳动力投入有关。在有文献记载的所有案例中,这些经济体都表现出了明显的人力资本质量的提高[参看 Maddison(1995a)对教育水平的估计]。同样引人注目的是出口的迅速增长和出口占 GDP 的比重的提高。后一特点与日本的发展模式截然不同。另一个与日本不同的特点在于,这些经济体愿意吸引外商直接投资,将其作为模仿外部技术的手段(见表 3-16)。

表 3-16 主要经济体和世界的外商直接投资资本存量和人均水平(1998)

	总量(百万美元)	人均水平(美元)		总量(百万美元)	人均水平(美元)
日本	47 856	209	美国	875 026	3 234
中国内地	261 117	183	加拿大	141 772	4 679
中国香港	96 158	14 373	澳大利亚	104 977	5 598
马来西亚	41 005	1 959	新西兰	34 093	8 946
新加坡	85 855	24 600	西方后裔国	1 155 868	3 574
韩国	20 478	441			
中国台湾	20 070	921	比利时a	164 093	15 448
泰国	19 978	333	法国	179 186	3 047
合计/平均	544 661	388	德国	228 794	2 789
			爱尔兰	23 871	6 443
孟加拉国	652	5	意大利	105 397	1 830
缅甸	1 139	24	荷兰	164 522	10 798
印度	13 231	14	西班牙	118 926	3 021
印度尼西亚	61 116	299	英国	326 809	5 517
尼泊尔	81	3	其他西欧国家	264 441	4 311
巴基斯坦	8 221	61			
菲律宾	10 133	130	阿根廷	45 466	1 254
斯里兰卡	2 164	114	巴西	156 758	923
合计/平均	96 737	60	智利	30 481	2 061
			墨西哥	60 783	617
其他亚洲经济体	75 492	198	其他拉丁美洲国家	122 126	649
亚洲合计	764 746	217	**全世界**	4 088 068	692
非洲	93 994	124			
东欧	66 397	549			
前苏联国家	33 804	116			

a. 包括卢森堡。

资料来源:UNCTAD, *World Investment Report*, Geneva, 1999。

与第一组经济体相比,第二组经济体的平均收入水平要低得多,而且它们也有着较低的投资率、较低的劳动力利用率和较低的国际贸易开放度。在某种程度上,它们较低的增长率表明,因落后而产生的机会与收入水平并非是负相关的。在相对较高的收入水平上,落后经济体似乎更有能力实现成功追赶。

很难以这7个最成功的经济体的经验对政府政策的作用得出非常明确的结论,因为它们各自的政策组合是相当不同的。

这组超常增长的经济体中有3个是实行市场导向的、开放的、高度竞争的资本主义制度。中国香港地区的成功几乎完全是由市场力量驱动的,但它的活力也归因于其特殊的环境。在1952—1973年美国对中国内地实施封锁期间,香港是内地与世界其他地方进行贸易和金融交易的一个享有特权的中转口岸。目前它仍因作为内地和台湾地区之间的贸易中介而受益。它的低税制度部分地归因于政府可以从未开发土地的垄断权中获取大量收入。一个巨大的廉价劳动力的"蓄水池"近在咫尺。它还可以从来自境外的大量直接投资中获益(见表3-16)。它在邻近的内地的经济特区进行了巨额投资,到1998年时那里的直接投资存量已达到1 550亿美元。这是一个自由放任制度在实现资源有效配置方面创造奇迹的故事。虽然中国在1997年对香港恢复行使主权,但是这并没有改变它的经济制度和政策的性质。

新加坡经济增长的原因与中国香港地区相类似。作为转口贸易中心,新加坡在战略上具有重要位置,它的增长得到政府更大的推动。其开明的、奉行威权主义的政府实行了提倡高储蓄、改善教育、鼓励出口和吸收外国技术的政策。它从外商直接投资中获得的利益甚至高于中国香港(见表3-16)。随着其制造业生产变得更加精细和劳动力成本的上升,新加坡成为主要的资本输出国,在邻国发展合资企业。到1998年,它在国外直接投资的资本存量达到480亿美元。

第三个实行市场导向的、开放的资本主义制度的经济体是中国台湾地区。它的产业特征是高度竞争的、可以自由设立的小企业,而主管部门也愿意让那些失败的企业破产。在过去20年中,随着制造业生产变得更加精细、劳动力成本的上升以及境内投资率的下降,台湾地区出现了大量的境外直接投资,尤其是对大陆的直接投资。到1998年,台湾地区在境外直接投资的资本存量达到380亿美元,也一直保持着大量的外汇储备。

1949年后的中国*有着完全不同的制度和政策。1978年以前几乎整个经济都被国家所拥有和控制。但是同1949年以前的经济相比,它的表现要好得多,而且经济结构也得到了改造。中国经济的加速依赖于巨额的实物和人力资本的投入,但是"大跃进"和"文化大革命"使经济受到重创。在当时的大部分时间中,中国几乎与外部世界隔绝。1952—1973年,美国对中国的贸易、旅游和金融交易进行了全面封锁。从1960年起,苏联也对中国进行了同样的封锁。在当时,中国经济的资源配置效率是极低的。同其他社会主义经济体相比,它的增长比较慢,并略低于世界平均水平。

1978年以后的中国经济因自由化政策而得到改变,国家对农业控制的放松取得了极大的成功。小企业(特别是乡镇企业)因此获得了巨大的发展。

1978年以后,中国放弃了对外贸的严格垄断和闭关自守的自给自足政策。政府下放了外贸决策权。贬值后的人民币极大地提高了中国的竞争力。中国也创立了作为自由贸易区的经济特区。由于市场力量发挥了更大作用,竞争出现了,资源配置得到了改善,消费者的满意程度也上升了。由于贸易的增长、外商直接投资的流入以及中国人出国学习、旅游和外国人访问中国机会的大大增加,中国经济与世界经济之间的相互影响极大地提高了。同时,中国谨慎地保持对那些更具波动性的国际资本流动的控制。虽然中国不得不为加入世界贸易组织(WTO)等了15年,但是到本书付梓时它已经成为世界第四大出口国(统计口径包括中国内地和中国香港)。

如今,中国已经成为世界上人均GDP增长最快的国家之一。20世纪70年代以来,它的增长过程比亚洲大多数国家都稳定。它的成功与苏联经济活动的崩溃形成了鲜明的对比。

中国仍然有许多重要的问题需要解决。它需要关闭早期遗留下来的、大部分处于严重亏损状态的国有工业企业。它们的运转主要靠政府补贴和拖欠国有银行的贷款来维持。这些企业的相对重要性正在明显地下降。1996年时国有工业部门雇用了4300万人,到1999年时已下降到2400万人。同一时期,国有的批发、零售和餐饮业的就业人数从1060万下降到600万。

另一个与此相关的重要问题是,主要由国家控制的银行部门存在大量的不良贷款。虽然其不良贷款的程度不如日本严重,但是国家对来自储蓄的大量资金未能进行有效的配置,致使迅速成长的私人部门无法得到它所急需的资金。

---

* 这里指中国内地。下同。——译者注

韩国的制度和政策组合与日本有些相似,政府与大型工业集团在战略决策上具有密切的相互影响。过去的十年中,它在制度上迅速的自由化伴随着政府作用的下降。韩国与日本的主要差异在于其经济具有高度的出口导向特征。

在20世纪的后半个世纪中,韩国成功地实现了亚洲和世界最快的人均收入增长率。其人均收入在1950—1973年间平均每年增长5.8%,在1973—1999年间平均每年增长6.1%。在前一个时期,它的增长速度慢于日本;在后一个时期,它的增长速度却是日本的两倍多。而这是在军事支出很高的情况下实现的。

1998年,韩国出现了严重的经济衰退,人均收入下降了6.7%。这是由亚洲金融危机中外国短期资本的外逃所引起的。但是,韩国有成功应对外部冲击的历史。1999年,它的人均收入增长率又反弹到9.6%。像其他亚洲经济体一样,这次危机在很大程度上是20世纪90年代初期资本交易自由化的结果。当时出现了国外投资者的大量短期资金流入,目的是在蓬勃发展的经济中迅速获利。对日本投资者来说,从事这种投资的动机尤其强烈,因为日本经济正处于停滞状态,其股票投资的回报为负值,固定利率债券的回报几乎为零。在1997—1998年,韩国受到了外国短期投资者预期的变化的严重影响。在泰国危机的感染下,外国投资者因恐慌而突然撤走资金。

在向国际货币基金组织借入大量资金,采取了一定程度的通货紧缩政策,并经历了利润、股价及汇率的短暂暴跌之后,韩国战胜了1998年的危机。这次危机对韩国也具有某些有利的影响。政府在鼓励波动性较强的资本流入方面可能变得更加谨慎。它转向鼓励更多的外国直接投资,同时推动某些大型企业集团(财阀,chaebol)出售其已经贬值的资产。银行系统仍具有相当数量的不良贷款的资产组合,但从比例上来看要小于日本。

1997—1998年的经济衰退对几个亚洲经济体产生了严重的影响(见表3-17和表3-18),印度尼西亚受到的冲击是最大的。1998年,它的人均GDP下降了七分之一。它经历了比其他任何地方严重得多的破产事件以及各种社会和政治后果,至今几乎没有复苏的迹象。中国香港、马来西亚和泰国的增长也受到严重的阻碍。究其根本原因,是1995—1997年时流入这一地区的巨额短期资本发生了逆转。当时这些短期资本是由于这一地区迅速的经济增长和资本流动的自由化所引发的美好憧憬而蜂拥而至的(见表3-19)。所有这些经济体已经在某种程度上出现复苏,但是,评价此次衰退对它们的长期增长动力的损害程度还为时尚早。

表 3-17 日本和"复兴的亚洲"人均实际 GDP 年度百分比变化(1997—1999)　(%)

	日本	中国内地	中国香港	马来西亚	新加坡	韩国	中国台湾	泰国
1997	1.2	5.4	2.1	5.4	6.2	3.8	5.8	−1.4
1998	−3.1	4.8	−7.8	−8.7	0.1	−6.7	3.9	−8.9
1999	0.1	4.6	0.8	3.2	4.1	9.6	4.7	3.1
	孟加拉国	缅甸	印度	印度尼西亚	尼泊尔	巴基斯坦	菲律宾	斯里兰卡
1997	3.7	2.8	3.3	2.8	1.4	−0.9	2.9	5.1
1998	3.7	4.5	4.1	−14.1	−0.6	3.1	−2.6	3.6
1999	2.7	2.5	4.1	−1.3	0.7	0.9	1.0	3.0

资料来源：本书附录 C，根据亚洲开发银行的数据更新至 1999 年。

表 3-18　汇率：每一美元相当的亚洲经济体本币单位(1973—1999)

(年度平均值)

	中国内地	中国香港	马来西亚	新加坡	韩国	中国台湾	泰国
1973	1.99		2.44	2.46	398		20.62
1989	3.77	7.80	2.71	1.95	671	26.41	25.70
1997	8.29	7.74	2.81	1.48	951	28.70	31.36
1998	8.28	7.75	3.92	1.67	1 401	33.46	41.36
1999	8.28	7.76	3.80	1.70	1 189	32.27	37.84
	孟加拉国	缅甸	印度	印度尼西亚	尼泊尔	巴基斯坦	菲律宾	斯里兰卡
1973	7.74	4.93	7.74	415	10.50	9.99	6.76	6.40
1989	32.27	6.70	16.23	1 770	27.19	20.54	21.74	36.05
1997	43.89	6.24	36.31	2 909	58.01	40.87	29.47	59.00
1998	46.91	6.34	41.26	10 014	65.98	44.92	40.89	64.59
1999	49.09	6.29	43.06	7 855	68.25	47.70	39.09	70.40

资料来源：IMF, *International Financial Statistics*。中国香港地区和中国台湾地区的数据取自亚洲开发银行有关资料。

表 3-19　五个东亚国家危机前后储蓄占 GDP 的比重(1990—1998)　(%)

	1990—1996		1998	
	本国	外国	本国	外国
印度尼西亚	29.3	2.6	15.5	−4.9
韩国	35.5	1.8	32.8	−12.8
马来西亚	34.2	6.0	41.8	−13.7
菲律宾	19.3	3.9	16.3	−1.9
泰国	34.8	7.1	32.2	−13.2

资料来源：Reisen and Soto (2000)。

第三节
东亚的问题经济体

1950年以来,六个收入水平较低的东亚经济体(阿富汗、柬埔寨、老挝、蒙古、朝鲜和越南)的经济表现远不如亚洲其他部分(见表3-20),其中大部分经济体长期坚持社会主义路线,它们的经济因战争受到了严重阻碍。情况最糟糕的是朝鲜和蒙古,它们曾紧密地融入苏联的势力范围,但是1991年苏联的解体中断了对它们的援助和贸易。曾经是斯大林主义孤立前哨的朝鲜的经济遭受了最严重的损害。蒙古已经实现了经济私有化和市场化,困扰它的是转型问题,但其程度似乎要小于某些从苏联分离出来的亚洲经济体(见后面的第六节)。阿富汗因外国入侵和内战而饱受创伤,目前是亚洲人均收入水平最低的经济体。与从苏联分离出来的那些经济体相比,柬埔寨、老挝和越南正在经历较为成功的转型。

表3-20 东亚六个问题经济体的人均GDP表现(1950—1998)

	人均GDP(年均复合增长率,%)			1998年人均GDP
	1950—1973	1973—1990	1990—1998	(1990年国际元)
阿富汗	0.3	−0.8	−1.9	514
柬埔寨	2.0	0.9	1.4	1 058
老挝	1.0	1.1	2.1	1 104
蒙古	3.0	2.6	−2.4	1 094
朝鲜	5.8	0.0	−10.4	1 183
越南	1.1	1.3	6.2	1 677

第四节
西　亚

西亚由15个经济体组成,其中10个是重要的石油生产国。石油的重要性

可以解释为什么这些国家具有较高的人均收入，以及为什么它们的增长动力与亚洲的大部分经济体不同。这些石油生产国1950年的人均收入超过它们的战前水平，也超过亚洲其他经济体的水平。它们在1937年的原油和天然气总产量是0.16亿吨，1950年是0.86亿吨，1973年达到了10.54亿吨，即1950—1973年间的平均增长率达到了11.5%。OPEC提高价格和限制供给的作用导致西亚1999年的原油和天然气总产量与1973年的水平基本相同（见表3-21）。战争严重地影响了伊拉克、伊朗、以色列、科威特、黎巴嫩、巴勒斯坦、叙利亚和也门等国家的经济增长。这一组国家1998年的GDP总值约占亚洲GDP的10%。

表 3-21　世界原油和天然气产量（1950—1999）　　　　（百万吨）

	1950	1973	1999		1950	1973	1999
巴林	1.5	3.4	2.2	苏联	37.9	429.1	370.2
伊朗	32.3	293.2	176.2	罗马尼亚		14.3	6.6
伊拉克	6.6	99.5	124.7	其他东欧国家		8.2	5.6
科威特	17.3	150.6	95.6	东欧合计		22.5	12.3
阿曼		14.6	46.1				
卡塔尔	1.6	27.5	31.2	阿根廷	3.4	21.9	43.0
沙特阿拉伯	26.6	380.2	426.3	巴西	—	8.3	57.4
叙利亚	—	5.5	29.2	哥伦比亚	4.7	9.8	41.8
阿拉伯联合酋长国	—	73.6	101.7	厄瓜多尔	0.3	10.6	20.7
也门			19.4	墨西哥	10.4	27.2	163.4
西亚合计	85.9	1 054.1	1 052.7	秘鲁	2.1	3.6	5.3
中国	—	53.6	160.6	委内瑞拉	80.0	178.4	161.7
印度	0.3	7.2	38.0	其他拉丁美洲国家	—	12.3	13.0
印度尼西亚	6.4	66.1	63.9	拉丁美洲合计	—	272.1	506.3
马来西亚		4.3	37.6				
其他东亚经济体	—	13.6	37.6	阿尔及利亚		51.1	58.5
东亚合计	—	91.3	177.0	安哥拉		8.2	37.6
挪威		1.6	149.3	刚果		2.1	12.9
英国	0.2	0.5	139.2	埃及	2.6	8.5	41.5
其他西欧国家	—	18.3	31.7	加蓬		7.6	16.8
西欧合计	—	20.4	320.2	利比亚		106.2	65.0
美国	266.7	513.3	359.5	尼日利亚		101.4	99.5
加拿大		94.1	114.1	其他非洲国家	—	3.9	17.5
澳大利亚		19.2	24.6	非洲合计		289.0	349.3
新西兰		0.2	2.1	世界	523.0	2 858.9	3 449.5
西方后裔国合计		626.8	500.4				

资料来源：1950年的数据取自 UN *Statistical Yearbook 1955*，New York，pp. 142—145。1973年和1999年的数据由设在巴黎的 International Energy Agency 所提供。

应当指出的是，我们测算的实际人均 GDP 是按 1990 年价格计算的，它没有根据贸易条件的变化进行调整。对大多数经济体来说，这一点对于评估长期经济表现并不重要。但是，对于那些出口主要集中在一种商品，并且它的价格又非常不稳定的经济体来说，这些变化就显得重要了。1972—1974 年，每桶原油的平均价格上升了三倍；1978—1980 年，它又上升了将近两倍。相比之下，从 1997 年年中到 1998 年年中，每桶原油的平均价格下跌了一半。而到了 2000 年年中，它又相当于 1998 年年中水平的三倍。

石油生产国的另一个特点是极其迅速的人口增长，因为经济繁荣创造了对外国工人的巨大需求。1950—1998 年，卡塔尔的人口增长了 27 倍，阿拉伯联合酋长国的人口增长了 31 倍，科威特的人口增长了 12 倍，沙特阿拉伯的人口增长了 4 倍。

第五节 拉 丁 美 洲

在拉丁美洲，20 世纪 70 年代初布雷顿森林体系的崩溃和通货膨胀的加速，并没有对政策制定产生如同在欧洲那样的影响。其大多数国家从来就没有试图认真地遵守布雷顿森林体系关于固定汇率的规定。各国屡次进行货币贬值，经常漠视国际货币基金组织倡导的正确的财政和货币政策，其结果是高通货膨胀率成为一种"流行病"。新出现的麻烦常常被看作某种形式的"旧病复发"。通货膨胀的加速并不被认为是经济已经处在要求对现有政策进行重大调整的危急时刻。石油输出国组织的冲击对于巴西这样一个能源进口大国来说是严重的，但对于作为石油出口国的墨西哥、哥伦比亚和委内瑞拉来说是带来意外利润的机会，对于像阿根廷、智利和秘鲁这样自给自足的石油生产国来说则几乎没有什么影响。

因此，大多数拉丁美洲国家对世界范围内的价格暴涨漠不关心，它们的政府认为可以应付高通货膨胀率，有能力以负的实际利率大量借债来弥补因其扩张性经济政策而产生的对外赤字。其结果是 1973—1980 年间，它们的 GDP 增长率并没有出现下降。（图 3-3 显示了美国和拉丁美洲国家人均 GDP 水平的双边比较）

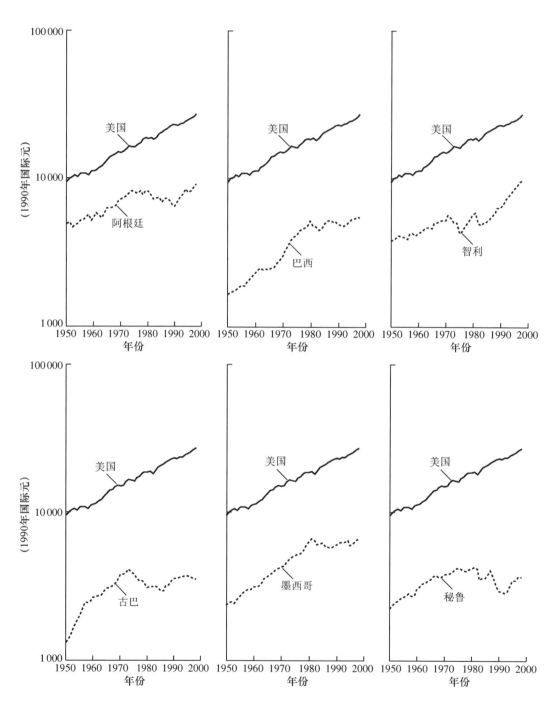

图 3-3 美国/拉丁美洲国家人均 GDP 水平的双边比较（1950—1998）
资料来源：本书附录 C。

然而,到 20 世纪 80 年代初,很多基本面因素发生了变化。当时,OECD 国家正在积极推动反通货膨胀政策。美国联邦储备委员会转向实行紧缩性货币政策,在短期内大幅度地提高了利率。在美元升值的同时,世界出口价格开始下降。1981—1983 年,浮动利率美元债务的平均实际利息成本上升至接近 16%,而在此之前的 1977—1980 年则是负的 8.7%。在整个 1973—1982 年间,整个拉丁美洲的对外债务增加了 6 倍,其良好的借贷信誉因 1982 年墨西哥的债务违约而受到严重的损害。自愿的私人放款突然中止,遂使得这些处于恶性通货膨胀和财政危机边缘的经济需要大规模地收缩。大多数国家的资源配置因各种补贴、控制、对政府企业的广泛支持以及过细的干预而存在扭曲。其中多数国家因此产生了非常紧张的社会局势,个别国家产生了很糟糕的政治制度。

在 20 世纪 30 年代,大多数拉丁美洲国家曾采取债务违约的手段。到了 20 世纪 80 年代,虽然这种办法仍然被某些国家(如玻利维亚和秘鲁)所采用,但这已经不是一种很有吸引力的选择。世界贸易没有崩溃,大规模的国际私人放款仍然在持续。国际货币基金组织和世界银行动用许多手段来缓解这种形势,利用其影响迫使西方银行进行非自愿性贷款,并使大量的逾期债务合法化。

20 世纪 80 年代,解决这些问题的努力带来了经济政策的重大变化。但是,在大多数国家,这种变化是非自愿性的。在阿根廷和巴西尝试了非正统的政策措施之后,多数国家最终推崇由智利首创的新自由主义政策组合。它们开始转向更具市场化倾向的政策,对国际市场更加开放,减少政府干预,提高贸易自由化的程度,减少对汇率的扭曲,实现财政收支平衡,以及建立更民主的政治制度。

用经济学术语来说,这种转型的成本是长达十年的人均收入下降。1990 年以后,拉丁美洲的经济增长明显恢复,但这个过程被一些具有传染力的资本外逃所中断。第一次是由 1995 年墨西哥债务危机所引发的,第二次则是由 1998 年俄罗斯债务违约所造成的。考虑到 20 世纪 80 年代的倒退所可能带来的对复苏程度的影响,拉丁美洲 90 年代的增长表现是令人失望的。在 1980—1999 年间,拉丁美洲的人均收入每年仅上升了不到 0.3%,而在 1950—1980 年间的人均收入增长率则在 2.5% 以上(见表 3-22)。1950—1980 年间的增长率意味着人均收入可以每 28 年翻一番,但是 1980—1999 年的增长率却意味着人均收入需要 250 年才可以翻一番。

表 3-22　拉丁美洲的经济表现（1870—1999）

	人均GDP（年均复合增长率，%）				
	1950—1973	1973—1980	1980—1990	1990—1999	1980—1999
阿根廷	2.06	0.48	−2.33	3.38	0.33
巴西	3.73	4.26	−0.54	1.07	0.47
智利	1.26	1.72	1.10	4.47	2.68
墨西哥	3.17	3.80	−0.31	1.16	0.38
其他40个拉丁美洲国家	2.04	1.19	−0.67	1.28[a]	0.19[b]
拉丁美洲合计	2.52	2.57	−0.68	1.36	0.28

	通货膨胀率（年均复合增长率，%）			
	1950—1973	1973—1994	1994—1998	1999
阿根廷	26.8	258.4	1.3[c]	−1.7[c]
巴西	28.4	268.5	19.4[c]	8.0[c]
智利	48.1[c]	71.8	6.7[c]	2.6[c]
墨西哥	5.6	37.6	26.4[c]	13.9[c]
算术平均值	27.2	159.1	13.5	5.7

	商品出口量（年均复合增长率，%）			
	1870—1913	1913—1950	1950—1973	1973—1998
阿根廷	5.2[d]	1.6	3.1	6.7
巴西	1.9	1.7	4.7	6.7
智利	3.4[e]	1.4	2.4	9.1
墨西哥	5.4[f]	−0.5	4.3	10.9
拉丁美洲合计	3.4	2.3	4.3	6.0

	按1990年价格计算的出口占GDP的比重（%）				
	1870	1913	1950	1973	1998
阿根廷	9.4	6.8	2.4	2.0	7.0
巴西	11.5	9.2	3.9	2.5	5.4
智利	—	7.5	5.0	4.0	12.6
墨西哥	3.1	9.1	3.0	1.9	10.5
拉丁美洲合计	9.2	8.9	6.0	4.7	9.7

a. 1990—1998年的数据；b. 1980—1998年的数据；c. 采用消费者价格指数，其他则为GDP平减指数；d. 1877—1912年的数据；e. 1888—1913年的数据；f. 1877/1878年到1910/1911年的数据。

通过仔细考察已经基本完成转型的智利的经验，我们可以认识到这种政策制度转型所涉及的各种困难和成本。

智利的范例

智利经济有着最长的高通货膨胀历史。它的物价水平在1880—1913年间平均每年上升5.6%,在1913—1950年间平均每年上升8.3%,而在1950—1973年间则平均每年上升48.1%。

智利处于结构主义学派的心脏地带。该学派认为经济的刚性使得传统的货币主义疗法并不适用于解决智利的通货膨胀问题。他们认为制度改革能够减轻通货膨胀,但是从根本上说,人们不得不与通货膨胀共处,忍受它,甚至把它作为一种积极的政策工具。这个学派的经济学家倾向于使用过细的规则和补贴、对外汇和贸易的控制以及对国内价格的行政管理。早在20世纪50年代,这些主张就与国际货币基金组织的正统观点发生过冲突。

1970年上台的阿连德政府的政策是囊括结构主义、马克思主义,再加上少许庞隆式民粹主义意识形态的一个大杂烩。它在实施扩张性财政政策和货币政策的同时,没收外国铜矿企业,增加社会支出,实行土地改革,没收私营企业,从而削弱了投资者信心,致使生产下降,最终加速了通货膨胀。

于1973年推翻了阿连德政府的军人组织制定了完全相反的政策。他们受到芝加哥大学经济学家们的极大影响,并从后者那里得到了帮助。这些经济学家们看到了在一个因国家强权而享有高度"信用"的制度下,实验货币主义和经济自由主义的机会。

这个新的政权将经济进行了私有化,把土地归还给了以前的所有者,廉价出售了507个国有企业中的472个,并对那些被阿连德政府不正当剥夺的外国铜矿企业给予了补偿。

为了制止通货膨胀的势头,政府采用了休克疗法——将公共支出压缩了四分之一,将关税水平从94%削减到10%,将货币大幅度贬值,取消汇兑控制,压制工会权利,紧缩货币政策,提高间接税,以及降低对资本和利润的征税。结果是,1971—1975年间智利的人均GDP下降了24%。到1975年时,通货膨胀率降到了375%,到1982年降到了10%。

1975年以后,智利经济恢复了增长,但是在1981—1983年间又出现了另一次经济大衰退,使人均GDP下降了14%。这次衰退源于两次大的政策失误。

在1979年左右,货币主义思想的重点从控制国内货币供给转向了固定汇率,期望将国内通货膨胀率控制在世界平均水平。然而,1979—1981年间稳定的汇率和铜出口价格的下跌造成了很大的经常项目赤字(约占GDP的15%),所以汇率被允许大幅向下浮动。

比索的贬值对那些已经出售给私人所有者但并没有受到严格监管的银行和金融机构产生了很大的影响。这些机构通过向国外大量借款来弥补所发生的损失,但是在新的汇率下无法清偿它们的债务。政府帮助它们摆脱困境,并承担了所有偿还外债的义务。由于这种大错特错的做法,金融资产和生产性资产(以及负债)普遍地向公有制和国家控制回归。

经过这段插曲之后,政府设法重返更值得肯定的增长路径。在控制国际资本流动的同时,它将四分之一的外债兑换成证券。在经历了短期较高的关税之后,政府以平和的方式回归到预算平衡、低通货膨胀、浮动汇率和将政府资产重新私有化的政策。

在1990年,智利又重返民主体制。艾尔文、弗雷和拉哥斯三个连续的文官政府对它们所继承的新自由主义政策组合没有做过本质的改变。在整个20世纪90年代,该政策组合被证明是行之有效的。

第六节
前苏联国家和东欧国家的经济转型

苏联解体之后的国家

1991年苏联解体后分裂为了15个国家。它们在1973—1990年间都经历了非常明显的经济增长减速(见表3-23)。这种减速(在某些情况下是绝对下降)的原因与西欧的情况是非常不同的。苏联与世界经济处于相对隔离的状态,它不会受到引起西方政策关注的通货膨胀冲击和投机性资本流动的影响。它也不存在失业,而且,因为生产率水平不到西欧的一半,它也不会受到那种一劳永逸的追赶所造成的影响。最让人吃惊的情况是,在1973年以后,它的全要素生产率变成严重的负数,劳动生产率的增长明显减缓,资本生产率出现了严重的倒退(Maddison,1989a,pp.100—102)。

表 3-23　苏联和东欧人均 GDP 增长表现(1950—1998)

	人均 GDP(年均增长率,%)			1998 年人均 GDP(1990 年国际元)	1998 年 GDP(百万 1990 年国际元)
	1950—1973	1973—1990	1990—1998		
苏联	3.36	0.74	−6.86	3 893	1 132 434
亚美尼亚		−0.04	−7.33	3 341	12 679
阿塞拜疆		−0.29	−9.35	2 135	16 365
白俄罗斯		1.85	−3.71	5 743	58 799
爱沙尼亚		1.27	−0.73	10 118	14 671
格鲁吉亚		1.48	−11.94	2 737	14 894
哈萨克斯坦		−0.23	−5.09	4 809	74 857
吉尔吉斯斯坦		−0.18	−6.82	2 042	9 595
拉脱维亚		1.39	−0.58	6 216	15 222
立陶宛		0.73	−4.55	5 918	21 914
摩尔多瓦		0.85	−10.77	2 497	9 112
俄罗斯联邦		0.98	−6.53	4 523	664 495
塔吉克斯坦		−1.84	−14.82	830	5 073
土库曼斯坦		−1.67	−8.88	1 723	8 335
乌克兰		1.15	−10.24	2 528	127 151
乌兹别克斯坦		−1.17	−3.32	3 296	79 272
东欧	3.79	0.51	0.06	5 461	660 861
阿尔巴尼亚	3.59	0.57	−0.41	2 401	7 999
保加利亚	5.19	0.29	−2.36	4 586	37 786
捷克斯洛伐克	3.08	1.12			
捷克共和国			−0.36	8 643	88 897
斯洛伐克共和国			−0.01	7 754	41 818
匈牙利	3.60	0.85	0.05	6 474	66 089
波兰	3.45	−0.35	3.41	6 688	258 220
罗马尼亚	4.80	0.08	−2.45	2 890	64 715
南斯拉夫	4.49	1.60	−3.45	4 229	95 337
克罗地亚			−1.93	5 963	27 858
斯洛文尼亚			1.09	11 980	23 625
其他前南斯拉夫国家			−6.37	2 758	43 854

资料来源:本书附录 A 和附录 D。

苏联经济增长减速有三个主要原因：一是微观经济效率降低，二是军事支出及相关费用的负担增大，三是自然资源优势丧失殆尽或者因生态原因而遭到破坏。

苏联在资源配置上的问题是显而易见的。它的平均和边际资本-产出比要高于资本主义国家。它在原材料的使用上存在浪费问题，因为原材料是以低于成本的价格供给的。短缺造成了储备存货的长期倾向。它的单位GDP所需要的钢铁消耗高达美国的4倍，而单位产出的工业增加值却远低于西方国家。1987年，苏联平均每家工业企业拥有814名工人，而德国和英国平均每家工业企业则拥有30名工人。来自西方的技术转移因为贸易限制、缺少外国直接投资以及严格限制外国技术人员和学者的进入而受到阻碍。由于缺乏工作激励，人们在工作时偷懒装病的情形司空见惯。该制度所提供的低工资降低了人们的工作积极性。

消费品的质量低劣，零售和服务网点寥寥无几，价格与成本没有关系，面包、黄油和住房却享受大量的补贴。消费者浪费时间排长队，做易货交易，或者有时以贿赂的方式得到所需要的物品和服务。与此同时，存在着活跃的黑市以及为特权阶层（nomenklatura）服务的特殊商店。愤世嫉俗和灰心丧气的情绪不断蔓延，酗酒者有增无减，人们的平均预期寿命在下降。

20世纪70年代和80年代，苏联在军事和太空方面的支出大约占其GDP的15%，这一比率接近美国的3倍，高达西欧的5倍。与此同时，它还对阿富汗、古巴、蒙古、朝鲜、越南及其在非洲的附庸国承担了大量的义务。

开发自然资源的实际成本在上升。20世纪50年代，苏联在原始土地上进行了大规模的农业扩张，致使其土壤肥力被迅速耗尽。咸海的大部分面积变成了盐碱化荒漠。苏联在西伯利亚和中亚进行的矿产资源和能源的开发，比在其欧洲部分的开发需要更大的基础设施投资。切尔诺贝利核电站事件对乌克兰的广大地域造成了灾难性的污染影响。

在1985—1990年间，虽然戈尔巴乔夫提高了政治上的自由度，"解放"了东欧，废除了指令经济，但在改变经济体制方面却无所作为。叶利钦在1991年年底至1999年年底期间建立了市场经济体制，同时解散了苏联。

叶利钦最初主要关心的是摧毁苏联原有的经济和政治制度。苏联是在1991年12月初由俄罗斯总统叶利钦、乌克兰的克拉夫丘克和白俄罗斯的舒什克维奇参加的秘密会议上被解体的。波罗的海国家被允许自由走上资本主义道路。亚洲几个共和国原来的共产党领袖事先并没有得到通知,对变化一无所知,但是他们被默许成为总统,并加入一个松散的联邦,即独立国家联合体(CIS)。苏联共产党被解散,其财产被没收。

1992年1月,俄罗斯组建了由激进的年轻经济改革者所组成的政府。它抛弃了旧的管理结构,放开了大多数商品的国内价格,消除了外贸障碍,把军事预算削减到只相当于其先前水平的一小部分,废除了国有经济,使所有形式的私人交易合法化,最终用一个以极低价格出售大多数国有企业的方式启动了私有化进程。1990—1998年间,俄罗斯源于私有化的收入总计只有75亿美元,而同期巴西的私有化收入却高达667亿美元。这两个经济体在这一时期的平均GDP水平相当,但巴西源于私有化的收入占其资本存量的比例要比俄罗斯低得多(World Bank,2000,pp.186—187)。

向市场经济的转型进行得相当迅速,但是它所带来的经济结果却是大多数人的实际收入长达十年的持续下降。在1998年,俄罗斯的GDP比1990年下降了42%,固定资产投资陡降至其1990年水平的17.5%。因为政府的军事支出大大下降了,所以与人均GDP下降的幅度相比,人均实际私人消费水平下降的情况并不是很严重(下降幅度大约为10%)。白俄罗斯的人均实际私人消费水平下降了五分之一左右(见表3-24)。乌克兰的情况更糟,其人均消费水平下降了44%。

表3-24 白俄罗斯、俄罗斯和乌克兰的生产和消费的变化(1990—1998)

(1990年=100)

	白俄罗斯	俄罗斯	乌克兰
GDP	80.1	57.7	41.1
工业生产	92.7	47.3	31.6
农业生产	65.5	58.1	58.3
金融服务	196.3	144.7	773.6[a]
私人消费	79.0	88.8	51.2
政府消费	79.4	70.8	76.9
固定资产投资	62.9	17.5	15.5
人口	99.8	99.1	96.9

a. 1990—1997年的数据。

资料来源:Interstate Statistical Committee of the Commonwealth of Independent States, *The Main Macroeconomic Indicators of the Commonwealth of Independent States 1991—1998*, Moscow, 1999。

向资本主义制度的转型致使收入分配状况发生了巨大的变化。在旧制度下,政府对基本必需品(面包、住房、教育、卫生、托儿所和社会服务)提供了大量的补贴,或者由国有企业将它们免费提供给工人们,现在它们都相对变得更贵了。工资和养老金的实际价值由于恶性通货膨胀而下跌,民众储蓄也大大贬值了。排队的结束、因自由进口而实现的消费品质量和多样性的提高带来了福利收益,但是,只有那些在市场经济中获得成功的人们才能享受这种收益。

欧洲复兴开发银行(EBRD)最近估计了贫困率的变化(见表3-25)。在1987—1988年和1993—1995年之间,西部4个独联体国家(其在1998年的人口合计为2.12亿)的贫困率从2％上升到总人口的一半以上;在中亚4个独联体国家(其人口合计为0.49亿),这一比率从15％上升到66％;在波罗的海3个国家,这一比率从1％上升到29％。这远不如中欧和东南欧的情况,在那里只有罗马尼亚的情况与之相似。其他显示贫困程度加剧的证据也很明显,主要表现在预期寿命下降、入学率降低,以及失业增加。但是许多工人与企业仍然保持联系,并且在停发工资时继续享受企业向他们提供的社会福利,这减轻了失业的严重性。

表3-25 前苏联国家和东欧国家贫困人口百分比(1987—1988,1993—1995)

(％)

	1987—1988	1993—1995		1987—1988	1993—1995
爱沙尼亚	1	37	捷克共和国	0	1
拉脱维亚	1	22	匈牙利	1	4
立陶宛	1	30	波兰	6	20
波罗的海3个国家平均值	1	29	斯洛伐克	0	1
			斯洛文尼亚	0	1
白俄罗斯	1	22	中欧5个国家平均值	1.4	12
摩尔多瓦	4	66			
俄罗斯联邦	2	50	保加利亚	2	15
乌克兰	2	63	罗马尼亚	6	59
西部4个独联体国家平均值	2	52	东南欧2个国家平均值	4	37
哈萨克斯坦	5	65			
吉尔吉斯斯坦	12	88			
土库曼斯坦	12	61			
乌兹别克斯坦	24	63			
中亚4个独联体国家平均值	15	66			

有两个主要原因可以解释为什么前苏联国家的经济转型比东欧国家的经

济转型更加痛苦:一是虚弱的货币和财政政策导致了恶性通货膨胀;二是按照 EBRD 的说法,国家被一群新的企业寡头所控制。这两个原因严重地妨碍了资源的有效配置,并且促使收入流向特权阶层。

不稳定的宏观经济

表 3-26 给出了前苏联国家和东欧国家在 1990—1994 年和 1994—1998 年的平均通货膨胀率。第一波恶性通货膨胀已经缓和,但是 1994—1998 年价格上升的势头仍然远高于西方资本主义国家每年 2% 左右的水平(见表 3-8)。1994—1998 年波罗的海国家和东欧国家的通货膨胀率与同期的拉丁美洲类似(13.5%,见表 3-22)。

表 3-26 前苏联国家和东欧国家消费者价格指数年平均变化率(1990—1998) （%）

	1990—1994	1994—1998		1990—1994	1994—1998
爱沙尼亚	333.7	15.2	捷克共和国	23.2	8.3
拉脱维亚	320.3	11.5	匈牙利	24.0	19.2
立陶宛	435.0	14.9	波兰	42.9	15.5
波罗的海 3 个国家平均值	363.0	13.9	斯洛伐克	26.1	6.2
			斯洛文尼亚	95.6	8.3
白俄罗斯	1 402.0	132.1	**中欧 5 个国家平均值**	42.4	11.5
摩尔多瓦	825.5	17.1			
俄罗斯联邦	927.8	61.5	阿尔巴尼亚	96.9	18.6
乌克兰	3 361.8	62.7	保加利亚	151.0	230.8
西部 4 个独联体国家平均值	1 629.3	68.4	克罗地亚	583.5	4.1
			马其顿	615.4	2.0
			罗马尼亚	194.8	69.2
亚美尼亚	3 529.3	14.6	**东南欧 5 个国家平均值**	328.3	64.9
阿塞拜疆	1 150.8	20.9			
格鲁吉亚	3 817.6	22.4			
高加索地区 3 个国家平均值	2 932.6	19.3			
哈萨克斯坦	1 612.5	25.6			
吉尔吉斯斯坦	721.9	25.0			
塔吉克斯坦	2 228.2	585.0			
土库曼斯坦	2 969.3	437.3			
乌兹别克斯坦	811.3	64.3			
中亚 5 个国家平均值	1 268.6	227.4			

资料来源:EBRD, *Transition Report 1999*, London, p.76。

可以理解为什么在从指令经济主导的价格结构向市场力量支配的价格结构转变的过程中会出现一场恶性通货膨胀,但是这种通货膨胀的程度因国库虚空而加剧了。然而对于一个曾经依靠最终廉价出售资产所有权而获得收入的国家来说,这又是不可避免的。另外,在企业迅速习惯避税、逃税以及在国内和国外各种"税收天堂"隐瞒利润的情况下,设计和实施新的税收机制也是非常困难的。在俄罗斯,这个问题由于把权力下放给19个联邦共和国和61个地区政府而变得更加严重。

导致恶性通货膨胀的另一个主要因素是草率的货币政策。在改革的第一阶段,盖达尔政府采纳了国际机构的建议,把卢布作为独联体成员国的通用货币并保持到1993年,这样它不得不负担这些成员国的相当于俄罗斯GDP 10%的赤字。1992—1994年,中央银行为了弥补联邦预算赤字和支持那些早应被强制破产的企业,以负的实际利率进行大量信贷扩张,从而引发了恶性通货膨胀。在改革的后一阶段,政府通过培育国库券市场和向国外举债来弥补赤字。在1996年7月叶利钦重新当选总统之后,大量外国投资流入俄罗斯的证券和国库券市场。从1996年年中到1997年年底,在汇率没有大的变化的情况下,股票价格上升为原来的三倍。许多外国投资者大量从事投机交易,并从俄罗斯银行购买美元期货合同以预防汇兑风险。1998年的切尔诺梅尔金总理被免职和亚洲金融危机导致大量的外资撤离。俄罗斯政府利用从IMF借入的近50亿美元将卢布汇率支撑了两周,但是卢布最终还是在1998年8月中旬发生了贬值,大多数国内债务发生违约,俄罗斯的公司和银行宣告延期偿付国外债务。

新金融寡头政治的崛起

据欧洲复兴开发银行(EBRD,1999,pp.110—111)的诊断,俄罗斯向资本主义转型中的另一个主要问题是:"在1995年实施的'资产担保贷款'计划下,许多重要的资源型公司落入一小撮金融家即所谓的'寡头'的手里。这导致财富和收入的不平等性急剧上升。到1997年,俄罗斯的基尼系数大约为0.5,达到了哥伦比亚或马来西亚的水平。这更易于造成一种腐败、不透明的商业交易——包括易货贸易,以及任人唯亲的投资环境。""在收入不平等程度急剧上升的同时,转型过程中的社会福利支出却在下降。这表明了一些狭隘利益集团对国家的控制。"

虽然俄罗斯已经以法律的形式建立起西方式的产权制度,但是实践中的会计工作却是不透明的,政府关于产权的解释也是随意的。许多企业的业务受到犯罪集团的压力。财产所有者们,如股东或投资者,并不能确定他们的权利是否会受到尊重;工人们不能确定他们的工资是否能够得到支付。这些特点使得资源配置非常缺乏效率。

未被改革触动的农业

俄罗斯转型政策的第三个主要失败之处在于其对农业的处理。俄罗斯和乌克兰1998年的农业产出要比它们在1990年的水平低42%。这种情况与中国形成惊人的反差(在1978年改革之后的7年中,中国的农业产出上升了56%)。事实上,俄罗斯政府在为这个落后部门创造活力方面毫无作为。由于过去制度的后遗症,任何有效的改革行动都是困难的。正如科尔奈(Kornai,1992,p.437)所指出的:"直到今天,苏联农民还没能从集体化的巨大创伤中恢复过来。即使经历了那一过程的人们已经过世,他们的子孙们仍然感到私有财产没有保障,土地可能会再一次地被剥夺。如果他们通过个人耕种经营成为成功的农场主,可能意味着会被再次划为富农(kulaks)而遭受迫害、放逐或屠杀。"

东欧国家

直到20世纪80年代末,东欧国家的经济制度与苏联相似,所以它们的宏观经济表现也相似。在1950—1973年的"黄金时期",像苏联一样,东欧的人均GDP增长与西欧差不多保持相同的速度。而在1973—1990年,随着经济和政治制度开始走向瓦解,东欧经济出现了严重衰退,其人均收入年均增长率大约为0.5%,而西欧为1.9%。

从1990年起,东欧国家在向资本主义转型的过程中,遇到了一些严重的问题,但是它在这个过程中所遭受的痛苦远比前苏联国家要小得多。它在1998年的人均收入水平与1990年的水平相似,而前苏联国家的人均收入水平则降低了40%。

事实上,不同的东欧国家在转型成功方面具有很大的差异。波兰是目前东欧最大的,也是在1973—1990年间表现得最差的经济体。但是,它自1990年以来的收入增长却超过了除爱尔兰外的所有其他欧洲国家。捷克和斯洛伐克共和国以及匈牙利的人均收入水平目前已经差不多恢复到它们1990年的水平。南斯拉夫的情况最差,它在血腥的冲突过程中被分裂为5个独立的国家。

保加利亚和罗马尼亚的情况也很糟糕,部分原因在于这两个国家的经济受到波斯尼亚和科索沃战争、对南斯拉夫的制裁以及多瑙河大桥被炸毁的严重影响。

除波兰外,东欧国家的经济发展一直令人失望。考虑到东欧的平均人均收入水平大约只是西欧的30%,它们应当有一定程度的追赶机会。

事实上,经济转型涉及的问题极为深刻。最容易做的是放开价格和对西方开放贸易。它结束了短缺和排队现象,改进了可获得的商品的质量,增加了消费者福利,当然这并没有在GDP测算中得到恰当的反映。然而,大部分旧的资本存量已经没有价值了,劳动力需要获得新的技能,政府不得不对法律和行政制度、税收和社会福利结构进行改造,此外,也不得不对分配制度和银行体系进行重建。

将东欧的情况与民主德国进行比较可以得到一些有趣的结论,后者于1990年并入了德意志联邦共和国。在其他东欧国家,西方的援助是相对有限的,它们对西方市场的进入受制于欧盟的共同农业政策和对敏感工业产品出口的限制。相反,民主德国的各个州的产品可以完全自由地进入联邦德国和西方市场,自从重新统一以来,它获得了大约一万亿美元的各种类型的转移支付,但是其人均产出和劳动生产率仍然达不到德国其他地区水平的一半。在民主德国,把社会主义企业转换为有生产能力的资本主义企业的问题比其他地方更加突出,因为当民主德国被并入货币联盟后,以民主德国马克(Ost Mark)计价的工资和资产价值被大大高估了。大多数工业资本存量被废弃了。1990年以来,随着工人(以及养老金领取者和其他社会阶层)有资格享受较高的社会保险福利,其总就业水平下降了30%。

东欧国家的经济表现优于前苏联国家似乎可以由以下原因得到解释:

(1) 与大多数前苏联国家所经历的70多年的指令经济相比,东欧国家所经历的指令经济的历史较短,大约只是40年。波罗的海各国的经济表现比其他前苏联国家更好,其原因也是如此。

(2) 有几个东欧国家一直有摆脱指令经济和苏联霸权的强烈愿望,比如,20世纪50年代的南斯拉夫、1956年的匈牙利、1968年的捷克斯洛伐克和80年代的波兰。这些国家的知识界曾一直对转型问题具有积极的兴趣。在苏联解体以前,南斯拉夫、匈牙利和波兰就已经是IMF的成员,它们获得了一些关于宏观经济政策和资本主义经济惯用的政策工具的知识。与苏联、保加利亚或罗马尼亚相比,捷克斯洛伐克、波兰、匈牙利和斯洛文尼亚更亲近西方资本主义,并且有更多的关于西方资本主义的知识。

(3) 东欧国家比前苏联国家更关心在宏观经济稳定的框架内实施转型政策。在 1990 年年初开始激进改革的波兰尤其如此,当时它正在遭受因工资指数化和对团结工会运动中好战工会主义的让步所造成的通货膨胀的威胁(Balcerowicz,1995, pp. 324—326)。波兰的改革政策包括通货紧缩和强化财政纪律。

(4) 东欧国家的改革过程更强调为合同和产权建立一个透明的法律基础,它们的私有化进程也没有产生新的掠夺性的资本主义寡头。波兰改革的主要设计者巴尔采洛维奇(Balcerowicz)一再强调波兰和苏联政策之间的差异,这使东欧各国在改革方向和目标上有着较少的模糊性。

第七节

非　洲

非洲拥有接近 13% 的世界人口,但只能生产 3% 的世界 GDP(它与美国人均 GDP 水平的比较见图 3-4)。非洲是世界上最贫穷的地区,其 1998 年的人均收入水平只相当于世界上最富裕地区的 5%,不到亚洲(不包括日本)人均收入水平的一半。它的人口预期寿命也是最低的,只有 52 岁,而西欧为 78 岁。但是它却有着最快的人口膨胀速度,大约相当于西欧人口增长速度的 9 倍。

由于人口的迅速增长,非洲的年龄结构与西欧相比差异很大。在西欧,三分之二以上的人口处于工作年龄;而在非洲,仅略多于一半的人口处于工作年龄。在非洲,15 岁以下的人口占 43%,65 岁或 65 岁以上者只占 3%;而在西欧,15 岁以下的人口占 18%,65 岁或 65 岁以上者占 15%。几乎有一半的非洲成年人是文盲(见表 3-27)。在非洲,传染性和寄生性疾病(如疟疾、昏睡病、十二指肠病、盘尾丝虫病、黄热病)的发病率很高。三分之二以上的艾滋病病毒感染者生活在非洲。因此,非洲人均劳动投入的数量和质量要远低于世界其他地区的水平。

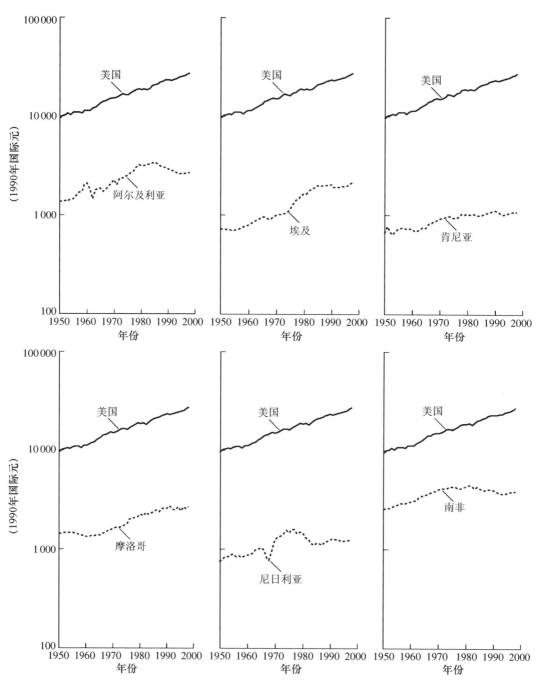

图 3-4 美国与非洲人均 GDP 水平的双边比较(1950—1998)
资料来源:附录 C。

表 3-27　非洲国家文盲率(1997)

（文盲占成年人口百分比，%）

国家	文盲率	国家	文盲率
阿尔及利亚	40	莫桑比克	59
贝宁	66	纳米比亚	21
博茨瓦纳	26	尼日尔	86
布基纳法索	80	尼日利亚	40
布隆迪	55	卢旺达	37
喀麦隆	28	塞内加尔	65
中非共和国	57	南非	16
刚果*	23	坦桑尼亚	28
科特迪瓦	58	多哥	47
埃及	48	突尼斯	33
埃塞俄比亚	65	乌干达	36
加纳	33	赞比亚	25
肯尼亚	21	津巴布韦	9
马拉维	42	**算术平均值**	45
马里	65	前苏联国家	4
毛里塔尼亚	62	拉丁美洲	13
摩洛哥	54	中国	17

资料来源：World Bank, *World Development Report 1999/2000*, Washington, D.C., 2000, pp. 232—233。

与大多数其他地方相比，非洲经济更加不稳定，因为它的出口收入主要依赖于少数初级商品，它有着更为严峻的极端天气状况（如干旱和洪水），天气状况对经济有着严重的影响。

虽然比较来说非洲的经济表现一直较差，但是它在较早的资本主义时期曾经历过经济增长。1820—1980 年，非洲人均收入约增长了 2.5 倍（见表 3-1b 和表 C5-c），与亚洲（不包括日本）的表现大致相同。但自 1980 年以来，非洲的人均收入水平一直在下降。

贫穷和经济停滞或下降是非洲的主要特征，但是在收入水平和增长表现方面各国之间有着很大的差异。表 3-28 对人均收入在 2 000 国际元以上的 14 个经济体和在此水平以下的 43 个经济体进行了区分。前一组国家经济体 1998 年的人均收入平均值为 2 816 国际元，后一组经济体只有 840 国际元。前一组

---

* 指刚果共和国，即刚果（布）。下同。——译者注

经济体1998年的平均收入水平类似于西欧1900年的水平,而后一组经济体1998年的平均收入水平低于西欧1600年的水平。

表3-28 非洲各经济体收入水平的差异(1998)

	人均GDP (1990年国际元)	GDP (百万1990年国际元)	人口 (千人)
阿尔及利亚	2 688	81 948	30 481
埃及	2 128	140 546	66 050
利比亚	3 077	15 000	4 875
摩洛哥	2 693	78 397	29 114
突尼斯	4 190	39 306	9 380
地中海5个国家平均值	2 539	355 197	139 900
博茨瓦纳	4 201	6 803	1 448
纳米比亚	3 797	6 158	1 622
南非	3 858	165 239	42 835
斯威士兰	2 794	2 699	966
南部非洲4个国家平均值	3 860	180 899	46 871
加蓬	4 885	5 901	1 208
毛里求斯	9 853	11 508	1 168
法属留尼汪岛	4 502	3 174	705
塞舌尔	5 962	471	79
刚果	2 239	5 951	2 658
5个特殊情况经济体平均值	4 642	27 005	5 818
人均GDP在2 000国际元以上的14个经济体合计	2 816	563 101	192 589
43个其他经济体合计	840	476 307	567 365
非洲合计	1 368	1 039 408	759 954

资料来源:与其他地区的数据相比,非洲的GDP增长估计值的质量较差。它们的国民经济核算账户一般是由殖民当局在20世纪50年代建立的。独立以后各国统计局的质量和统计人员水平一直较低。与其他地区相比,非洲在可比价GDP估计上存在更严重的问题,参见表A4-g及附加评论。

相对繁荣的第一组包括地中海沿岸的五个国家,即阿尔及利亚、埃及、利比亚、摩洛哥和突尼斯。其中,埃及、摩洛哥和突尼斯在1973—1998年具有大致不错的增长表现,但是,阿尔及利亚1998年的人均收入水平比1985年高峰时低了15%,利比亚的人均收入大约为其1973年水平的一半。

第二组包括位于非洲大陆南端的博茨瓦纳、纳米比亚、南非和斯威士兰。博茨瓦纳是世界上经济增长最快的国家之一,其人均收入在1973—1998年间平均每年增长5.4%。这一增长表现与新加坡相似,但是它主要依赖于对钻石资源的开发。南非 1998 年的人均收入比其 1981 年高峰时的水平低 14%,纳米比亚比其 1981 年的水平低 9%。

第三组由具有特殊情况的五个小经济体组成。加蓬和刚果有着相对大规模和不断扩张的石油生产和出口。其他三个经济体是印度洋上的岛国(屿),人口增长率明显低于非洲平均水平。留尼汪岛是法国在海外的一个领地,它从宗主国那里可以获得大量的补贴。塞舌尔和毛里求斯的大多数人具有印度血统,能说英语和法语两种语言。其中,塞舌尔的旅游收入很高,而毛里求斯在制造业出口方面很成功。

四分之三的非洲人属于第四组,其人均收入在 1980 年时达到了最高点,而到 1998 年时下降了约四分之一(表 3-29 显示了撒哈拉沙漠以南 13 个最大的非洲国家的人均收入下降情况),这组经济体是非洲最贫困的地区。

表 3-29 撒哈拉沙漠以南 13 个最大的非洲国家人均收入下降的程度和持续时间

	1998 年人口 (千人)	1998 年人均收入 占峰值的百分比(%)	峰值年	与峰值年的时间间隔 (年)
安哥拉	10 865	36.6	1970	28
喀麦隆	15 029	60.0	1986	12
科特迪瓦	15 446	64.7	1980	18
埃塞俄比亚	62 232	95.0	1983	15
肯尼亚	28 337	97.5	1990	8
马达加斯加	14 463	55.4	1971	27
马里	10 109	92.3	1979	19
莫桑比克	18 641	63.3	1973	25
尼日利亚	110 532	77.1	1977	21
苏丹	33 551	75.5	1977	21
坦桑尼亚	30 609	88.8	1979	19
扎伊尔*	49 001	30.0	1974	24
津巴布韦	11 004	100.0	1998	0
13 个国家合计/平均值	409 859	72.0	1980	18

资料来源:本书附录 C。

在解释非洲贫困的原因方面,人们必须把较长期的影响和过去二十多年经济发展逆转的原因区分开来。

---

* 1997 年恢复国名为刚果民主共和国。此处作者使用的是 1990 年的领土范围和国家名称。下同。——译者注

直到 19 世纪后期,这片大陆的大部分还是未知的和未被开发的,并为狩猎者、采集者、放牧者或维持生存农业生产活动*的从事者所占据。它的教育和技术水平完全是原始的。相对充裕的土地是由传统的头领来分配的,不存在西方式的产权制度。当时仅有的、延续至今的国家是埃及、埃塞俄比亚、利比里亚、摩洛哥和南非。奴隶贸易是当时主要的出口活动。

19 世纪 80 年代,欧洲列强对瓜分非洲发生了兴趣,其中最为成功的是法国和英国。结果是,在当年法国的殖民地上形成了 22 个国家,在英国的殖民地上形成了 21 个国家,在葡萄牙的殖民地上形成了 5 个国家,在比利时的殖民地上形成了 3 个国家,在西班牙的殖民地上形成了 2 个国家。第一次世界大战之后,德国失去了它在非洲的殖民地。第二次世界大战之后,意大利失去了它在非洲的殖民地。

殖民主义者从方便它们自己的角度划定边界,极少考虑当地的传统或种族关系。在引进欧洲的法律和产权制度时,极少照顾传统的土地分配形式。因此,殖民者获得了最好的土地,大部分收益来自矿产开发和种植农业。强迫劳动和种族隔离使得非洲收入一直保持在低水平上。殖民主义者在交通运输基础设施或普及民众教育方面几乎无所作为。

欧洲殖民者从 20 世纪 50 年代中期起开始撤走。1956 年,英国与埃及和苏丹的殖民关系破裂。加纳于 1957 年独立,尼日利亚于 1960 年独立,坦桑尼亚于 1961 年独立,肯尼亚于 1963 年独立。在津巴布韦和纳米比亚,白人定居者的利益延缓了独立进程。在南非,直到 1994 年,黑人才获得政治权利。法国的非殖民化于 1956 年从摩洛哥和突尼斯开始。几内亚于 1958 年脱离了法国的殖民统治,其他次撒哈拉殖民地于 1960 年独立,阿尔及利亚于 1962 年独立。比利时于 1960 年放弃了对扎伊尔的殖民统治,于 1962 年放弃了对布隆迪和卢旺达的殖民统治。葡萄牙和西班牙也于 1975 年放弃了对其殖民地的统治。

这是冷战达到顶点的年代,非洲则成了国际对抗的焦点。中国、苏联、古巴和东欧国家对这些在世界范围的利益冲突中被视为自身盟友的新国家提供了经济和军事援助。相比之下,西方国家、以色列等在提供援助方面更加慷慨,在援助的分配方面更少挑剔。结果,非洲积累了大量的几乎不会对其发展产生任何好处的外债。

---

* 指生产基本口粮的农业生产活动。——译者注

独立带来了许多严重的挑战。政治领导者或多或少不得不从头做起,一点一滴地努力实现国家团结和稳定。新的国家实体在大多数情况下实践的也是殖民主义时期的规则。种族差异很大,没有传统或本土意义上的国家制度。行政和教育的语言工具一般是法语、英语或葡萄牙语,而不是大多数人口广泛使用的语言。13 个使用法语的新国家过去属于两个大的联邦,其行政和运输网络曾经集中在达喀尔和布拉柴维尔。这些行政和运输网络不得不因独立而进行改造。

受过教育或具有行政经验的人非常缺乏。对于这些国家迫在眉睫的是必须马上培养出政治精英,配备政府官员,建立司法体系,创建警察和武装力量,以及派遣许多外交官。最初出现的工作机会的浪潮强化了行政任命权力和寻租行为,降低了创建工商企业的吸引力。现有的大学毕业生寥寥无几,根本满足不了需求,只好大量地依赖外国人才。

在许多情况下,建立国家的过程都涉及武装冲突。在阿尔及利亚、安哥拉、莫桑比克、苏丹、扎伊尔和津巴布韦,独立斗争涉及同殖民统治者或白人定居者之间的战争。几年之后,尼日利亚、乌干达和埃塞俄比亚均遭受到内战的折磨和血腥独裁者的统治。后来,布隆迪、厄立特里亚、利比里亚、卢旺达、塞拉利昂和索马里也出现了同样的问题。这些战争构成了发展的主要障碍。

多数试图解释非洲落后经济表现的新近研究(Bloom and Sachs, 1998; Collier and Gunning, 1999; Ndulu and O'Connell, 1999)都强调了所谓的"治理"问题。

Ndulu and O'Connell(1999)发现,在 1988 年时只有 5 个国家"拥有允许在全国范围内进行有意义的政治竞争的多党制"。他们把 11 个国家划为军事寡头统治的国家,把 16 个国家划为国民投票的一党制国家,把 13 个国家划为竞争性的一党制国家,把 2 个国家划为定居者寡头统治的国家(即纳米比亚和南非,但目前其情况已经发生变化)。在大多数一党制国家,现任统治者追求终身任职。在大多数国家,统治者依赖于一个小集团的支持,这个集团在该统治者选举获胜后得以分享官职。腐败的情况司空见惯,产权缺乏保障,经营决策风险较高。Collier and Gunning(1999, p. 93)认为,目前近五分之二的非洲私人财富由外国资产组成,而拉丁美洲的这一比率是 10%,东亚是 6%。这种估计肯定是粗略的,但是,对于像扎伊尔的蒙博托(Mobutu)总统或尼日利亚的阿巴查(Abacha)来说,不难相信其海外私人财产的这一高比例。

促使1980年以来非洲经济放缓的一个主要因素是外债。随着20世纪80年代中期以后冷战的结束，外国援助不再增长，对非洲的净贷款下降了。虽然外国直接投资量上升了，但无法弥补其他金融流量的下降。表3-30清楚地表明，1990年以来，对非洲贷款的增长低于对亚洲、拉丁美洲、东欧和前苏联国家贷款的增长。

表3-30　非洲、亚洲、拉丁美洲、东欧和前苏联国家外债总额(1980,1990,1998)

（百万美元）

	1980	1990	1998		1980	1990	1998
阿尔及利亚	19 365	27 877	30 665	阿根廷	27 151	62 730	144 050
安哥拉	—	8 594	12 173	巴西	71 520	119 877	232 004
喀麦隆	2 588	6 679	9 829	智利	12 081	19 227	36 302
科特迪瓦	7 462	17 251	14 852	哥伦比亚	6 941	17 222	32 263
埃及	19 131	32 947	31 964	墨西哥	57 365	104 431	159 959
埃塞俄比亚	824	8 634	10 351	秘鲁	9 386	20 967	32 397
加纳	1 398	3 881	6 884	委内瑞拉	29 344	33 170	37 003
肯尼亚	3 387	7 058	7 010	其他国家	43 471	99 143	112 041
摩洛哥	9 258	24 458	20 687	**拉丁美洲合计**	257 259	475 867	786 019
莫桑比克	—	4 653	8 208				
尼日利亚	8 921	33 440	30 315	保加利亚	—	10 890	9 907
苏丹	5 177	14 762	16 843	捷克	—	6 383	25 301
南非	—	—	24 712	斯洛伐克	—	2 008	9 893
坦桑尼亚	5 322	6 438	7 603	匈牙利	9 764	21 277	28 580
突尼斯	3 527	7 691	11 078	波兰	—	49 366	47 708
扎伊尔	4 770	10 270	12 929	塞尔维亚	18 486	17 837	13 742
津巴布韦	786	3 247	4 716	俄罗斯[b]	—	59 797	183 601
其他国家	20 217	52 171	63 999	其他前苏联国家	—	—	34 888
非洲合计	112 133	270 051	324 814				
				其他东欧国家	—	1 489	21 123
中国	—	—	154 599	**东欧和前苏联**			
印度	20 581	83 717	98 232	**国家合计**	56 263	171 004	383 842
印度尼西亚	20 938	69 872	150 875				
韩国	29 480	34 986	139 097				
巴基斯坦	9 931	20 663	32 229				
土耳其	19 131	49 424	102 074				
其他国家	83 688	284 759	375 775				
亚洲合计[a]	183 749	543 421	1 052 881				

a. 不包括文莱、日本、新加坡、中国香港地区和中国台湾地区；b. 俄罗斯承担了苏联的债务。
资料来源：World Bank, *Global Development Finance 2000*, Washington, D.C., 2000. 这些数字以137个报告国家的数据以及世界银行对另外12个国家的估计值为基础。

1998年非洲国家的总外债是人均427美元,亚洲是人均314美元,拉丁美洲是人均1548美元,东欧和前苏联国家是人均932美元。但是亚洲人均收入水平是非洲的两倍多,拉丁美洲是非洲的四倍多,东欧和前苏联国家是非洲的三倍。非洲的外债负担显然是最重的,而非洲各国自身国内储蓄的金融投资能力低于其他大陆。

　　虽然一些非洲国家能够指望从1996年和1999年世界银行和IMF对HIPC(Heavily Indebted Poor Countries,高负债贫穷国家)债务减免的动议中获益,更多国家已经从巴黎俱乐部债务减免中获益,但是这些在非洲进行的债务结构调整的范围比在拉丁美洲要小得多(见表3-31)。与最近处于债务危机的亚洲和前苏联国家相比,非洲国家在获得IMF资金上也受到更多的限制。

表3-31　非洲和其他大陆逾期外债(1980—1998)

	逾期外债(百万美元)			1998年逾期外债占1998年外债的比重(%)
	1980	1990	1998	
非洲	3 907	32 704	55 335	17.0
拉丁美洲	666	50 119	11 925	1.5
亚洲	76	10 067	29 491	2.8
东欧和前苏联国家	576	19 509	22 923	6.0

　　资料来源:World Bank, *Global Development Finance 2000*, Washington, D. C., 2000。这些数字反映了逾期利息和本金的综合影响。

　　虽然过去的20年中非洲在增长上的退步在数量上要小于前苏联国家,但其未来的前景更加暗淡。它的教育和健康水平更加恶化,人口仍在爆炸性地增长,政治稳定和武装冲突问题越来越严重,制度调整以及如何与自由资本主义世界秩序相融合的问题似乎也同样严重。这些问题中的大多数要求来自非洲内部的变革,但是来自外部的、旨在减少其债务负担的帮助,显然会对这些变革的进程产生影响。

附 录

附录 A
1820—1998 年基准年份世界人口、GDP 和人均 GDP 水平与增长情况

本附录从定量的角度描述了 1820—1998 年间的世界经济。它估计了 7 个基准年份的人口、GDP 和人均 GDP 水平,以及它们在 1820—1870 年、1870—1913 年、1913—1950 年、1950—1973 年和 1973—1998 年这 5 个发展阶段的增长速度。

第一节包括欧洲和西方后裔国(即美国、加拿大、澳大利亚和新西兰);第二节是拉丁美洲;第三节是亚洲;第四节是非洲。我们在表格的资料来源和注释中说明了估计数据的出处。

表 A-a 给出了我们的 GDP 样本的覆盖率。该样本代表了 1820 年世界经济的 81%,1913 年的 93%,1950—1998 年间的 99% 以上。由于我们的目标是覆盖整个世界经济,因此需要使用替代指标法填补数据空白,其步骤在正文中已经做了解释。我们一般的假定是,遗漏经济体的人均收入增长速度与同一地区其他经济体的速度相同。

表 A-a　GDP 样本覆盖率和替代指标估计值的作用(1820—1998)

(十亿 1990 年国际元;括号内数字为所覆盖的经济体数量)

	1820	1870	1913	1950	1998
			样本经济体 GDP		
欧洲和西方后裔国	180.3(16)	579.5(21)	1 785.9(24)	3 729.7(32)	17 197.1(50)
拉丁美洲	7.9(2)	17.2(5)	101.4(8)	419.6(23)	2 919.9(23)
亚洲	371.7(4)	374.8(6)	612.3(12)	981.2(37)	12 507.9(37)
非洲	0.0(0)	0.0(0)	23.9(4)	176.9(42)	961.6(42)
样本合计	559.9(22)	971.5(32)	2 523.5(48)	5 307.4(134)	33 586.5(152)

(十亿 1990 年国际元;括号内数字为所覆盖的经济体数量)(续表)

	1820	1870	1913	1950	1998
GDP 合计(包括替代指标估计值)					
欧洲和西方后裔国	238.0	611.1	1 845.9	3 732.3(42)	17 210.0(60)
拉丁美洲	14.1	27.9	121.7	423.6(44)	2 941.9(44)
亚洲	411.2	422.2	664.2	985.7(57)	12 534.6(56)
非洲	31.0	40.2	72.9	194.6(56)	1 039.4(57)
世界合计	694.4	1 101.8	2 704.7	5 336.1(199)	33 725.9(217)
样本覆盖率(占地区和世界合计的百分比,%)					
欧洲和西方后裔国	75.8	94.8	96.7	99.9	99.9
拉丁美洲	56.0	61.6	83.3	99.0	99.3
亚洲	90.4	88.8	92.2	99.5	99.8
非洲	0.0	0.0	32.8	90.9	92.5
全世界	80.6	88.2	93.3	99.5	99.6

资料来源:"样本"经济体是指那些能够获得 GDP 物量变化率数据的经济体。为了获得地区和全世界 GDP 估计值,需要对那些缺乏 GDP 物量变化率数据经济体的 GDP 进行替代指标估计(参看附录 A-3 中对亚洲经济体 1820—1913 年 GDP 缺失数据弥补方法的详细解释)。一般假定,这些经济体人均 GDP 的变动幅度与那些处在同一时期和地区的样本经济体的人均 GDP 相同,然后将人均 GDP 乘上相应人口(相对而言,人口统计有比较全面的覆盖)就可以推算出它们的 GDP 总量估计值。由于 1950 年后许多经济体的官方统计人员建立了国民经济账户,样本的覆盖率大大提高了。1913 年或更早一些年份的样本经济体的 GDP 数据主要是由计量经济史学家估计的。由于世界政局在 20 世纪 90 年代发生了重大变化,经济体总数从我 1995 年研究(Maddison,1995a)中的 199 个增加到目前的 217 个。其中,苏联分裂为 15 个国家,南斯拉夫分裂为 5 个国家,捷克斯洛伐克分裂为 2 个国家,厄立特里亚从埃塞俄比亚中独立出来,联邦德国和民主德国则合二为一。这里我将西岸和加沙看成一个统一的政治实体。在大多数情形下,要推算这些新出现的经济体的 1990 年数据几乎是不可能的。但是,这些新出现的经济体(如苏联解体后形成的 15 个共和国)的 GDP 当前估计值(在合并后)与它们在独立前所隶属的政治实体的历史估计值还是可比的。

为了将各个经济体的 GDP 估计值相加以得到地区或世界总值,必须将它们转换成同一种货币。汇率转换法不能令人满意地衡量不同经济体的实际收入值,相比之下,基于购买力平价(PPP)系数转换的 PPP-GDP 更可取。过去 50 年中,国际组织一直在开发和利用这些 PPP-GDP 数据。目前可以得到的最佳 PPP-GDP 数据来自联合国、欧盟统计局(Eurostat)和 OECD 的国际比较项目(International Comparison Programme,ICP),尽管这些数据的覆盖面尚不完全。表 A-b 说明了不同的转换系数如何被应用于我们的 PPP-GDP 估计之中。如表 A-b-1 所示,ICP 方法被用于 70 个经济体,代表了基准年 1990 年世界 GDP 的 93.9%。另外有 83 个经济体的估计值来自《宾夕法尼亚大学世界表》

(Penn World Tables，PWT)(5.6 版)(Summers and Heston,1995)，代表了世界 GDP 的 5.5%。替代指标法用于没有进行 ICP 或 PWT 估算的 45 个经济体（大多数是非常小的经济体），它们只代表了世界 GDP 的 0.6%。将 1990 年的基准水平与各国不变价的 GDP 时间序列衔接，就可以得到每一年按同一基准货币（the benchmark numeraire）计算的，因而可以进行收入水平比较的数据。表 A-b-2 也列出了我在 1995 年研究中所使用的转换系数（Maddison，1995a）。

表 A-b-1　按照购买力平价转换系数估计的 1990 基准年国际元 GDP 水平

（十亿 1990 年国际元；括号内数字为所覆盖的经济体数量）

	欧洲和西方后裔国	拉丁美洲	亚洲	非洲	全世界
ICP 或同等方法估计值	15 273(28)	2 131(18)	8 017(24)	0 (0)	25 421 (70)
《宾夕法尼亚大学世界表》估计值	59 (3)	71(14)	524(16)	846(50)	1 500 (83)
替代指标估计值	16(10)	38(12)	87(16)	14 (7)	155 (45)
合计	15 349(41)	2 239(44)	8 628(56)	860(57)	27 076(198)

资料来源：

欧洲和西方后裔国：99.5% 的地区 GDP 来自 ICP，28 个经济体的数据参见表 A1-g 和表 A1-h；地区 GDP 的 0.4%（保加利亚、塞浦路斯和马耳他）来自《宾夕法尼亚大学世界表》；地区 GDP 的 0.1%（阿尔巴尼亚、安道尔、海峡群岛、法罗群岛、直布罗陀、格陵兰、马恩岛、列支敦士登、摩洛哥和圣马力诺）来自替代指标估计值。

拉丁美洲：地区 GDP 的 95.1% 来自 ICP（18 个国家的数据参见表 A2-g）；地区 GDP 的 3.2%（巴哈马、巴巴多斯、伯利兹、多米尼加、格林纳达、圭亚那、海地、尼加拉瓜、波多黎各、圣基茨和尼维斯、圣卢西亚、圣文森特、苏里南、特立尼达和多巴哥）来自《宾夕法尼亚大学世界表》；地区 GDP 的 1.7%（安提瓜和巴布达、阿鲁巴、百慕大、古巴、福克兰群岛（马尔维纳斯群岛）、法属圭亚那、瓜德罗普、马提尼克、安的列斯、圣皮埃尔和密克隆、特克斯和凯科斯、维尔京群岛）来自替代指标估计值。

亚洲：地区 GDP 的 65.5% 来自 ICP，27.4%（孟加拉国、中国内地和巴基斯坦）来自 ICP 同等方法估计值，具体数据参见表 A3-g、表 A3-h 和表 A3-i 所列的 23 个经济体和蒙古；地区 GDP 的 6.1%（不丹、缅甸、斐济、伊拉克、约旦、科威特、阿曼、巴布亚新几内亚、沙特阿拉伯、所罗门群岛、中国台湾地区、汤加、阿联酋、瓦努阿图、西萨摩亚和也门）来自《宾夕法尼亚大学世界表》；地区 GDP 的 1%（包括阿富汗、东萨摩亚、文莱、柬埔寨、法属波利尼西亚、关岛、基里巴斯、黎巴嫩、中国澳门地区、马尔代夫、马绍尔群岛、密克罗尼西亚、新喀里多尼亚、朝鲜、太平洋群岛、瓦利斯和富图纳）为替代指标估计值（Maddison，1995a, pp. 214, 219—220）。

非洲：地区 GDP 的 98.4%（50 个经济体）来自《宾夕法尼亚大学世界表》；地区 GDP 的 1.6%（赤道几内亚、厄立特里亚、利比亚、马约特、圣赫勒拿、圣多美和普林西比以及西撒哈拉）来自替代指标估计值。

表 A-b-2　Maddison(1995a)按照购买力平价转换系数估计的1990年国际元GDP水平

(十亿1990年国际元;括号内数字为所覆盖的经济体数量)

	欧洲和西方后裔国	拉丁美洲	亚洲	非洲	全世界
ICP或同等方法估计值	14 847(27)	1 835 (7)	5 111 (9)	0 (0)	21 793 (43)
《宾夕法尼亚大学世界表》估计值	72 (5)	232(24)	4 211(28)	813(50)	5 328(107)
替代指标估计值	16(10)	39(13)	164(20)	14 (6)	233 (49)
合计	14 941(42)	2 106(44)	9 486(57)	827(56)	27 359(199)

注:先前的研究(Maddison,1995a)中,我使用了当时所能得到的不同回合的ICP的估计值,并对1990年56个样本经济体中的43个经济体的数据进行了必要的调整。对于非样本经济体和非洲样本经济体我采用了《宾夕法尼亚大学世界表》的估计值(因为我对ICP估计值的质量表示怀疑)。在本表的前一部分(表A-b-1)中,对中国内地我采用了一个新的估计值(Maddison,1998a),并尽可能使用了ICP 1975年、1980年、1985年和1990年回合的结果,同时也部分地使用了PPP 1993年和1996年回合的结果。在此过程中,我对以本经济体价格表示的名义GDP进行了调整。但对于非洲国家(见表A4-g)我没有采用ICP的结果。在1995年的研究中,我采用了《宾夕法尼亚大学世界表》(5.5版)(1993),而在目前的研究中采用了《宾夕法尼亚大学世界表》(5.6版)(1995)。

人口数据不会有GDP数据中出现的指数和加总问题,数据库中的空白也很少见。1950年以来的人口数据都是以美国人口普查局国际项目中心(International Programs Center of the US Bureau of the Census)掌握的官方来源为基础的,这些数据似乎有些缺陷。对1950年以前的年份的估计是以人口普查资料和人口历史学家的工作为基础的。非洲的估算数据是最差的,亚洲和拉丁美洲的数据则要好得多,而欧洲和西方后裔国的数据是最好的。

目前的估计是在Maddison(1995a)的基础上所进行的更新和修订。Maddison(1995a)集中研究了56个经济体的样本,并注明了所有的资料来源。其他经济体的数字仅以摘要的形式给出,没有详细的资料来源注释(Maddison,1995a,Appendix F)。与Maddison(1995a)相比,本研究的资料来源注释涵盖了更多的经济体,并且提供了更详细的统计信息。

对亚洲数据的修订和覆盖面的扩大最为显著;本研究的资料来源注释包括了37个经济体,而Maddison(1995a)只包括了11个经济体。对22个20世纪90年代从苏联、南斯拉夫和捷克斯洛伐克的解体中产生出来的新东欧国家也提供了估算结果。对德国的数据也进行了修订以反映民主德国的并入。

对西欧、拉丁美洲和非洲GDP指数的修订则相对温和,所以对这些地区而言,没有必要无删节地复制 Maddison(1995a)中的资料来源注释。但我对以 1990 年国际元计量的 GDP 的基准估计值的出处仍作了充分的说明,对非洲和拉丁美洲的人口数据作了显著的修订。表 A-c 将以前研究中对全世界及各地区人口和 GDP 的估计值与本研究中的估计值进行了比较。

表 A-c Maddison(1995a)和本研究中对全世界及各地区的人口和 GDP 的估计值比较(1820—1990)

	Maddison(1995a)	本研究	Maddison(1995a)	本研究	Maddison(1995a)	本研究
	人口(百万,年中值)					
	欧洲和西方后裔国		拉丁美洲		亚洲	
1820	228.7	235.3	20.3	21.2	745.8	710.4
1870	360.4	374.5	37.9	40.0	779.0	765.1
1913	595.0	608.2	80.2	80.5	987.0	977.6
1950	748.8	748.5	162.5	165.9	1 377.9	1 381.9
1990	1 087.6	1 086.7	444.8	443.0	3 106.2	3 102.8
	非洲		全世界			
1820	73.0	74.2	1 067.9	1 041.1		
1870	82.8	90.5	1 260.1	1 270.0		
1913	109.7	124.7	1 771.9	1 791.0		
1950	223.0	228.3	2 512.2	2 524.5		
1990	618.9	620.8	5 257.4	5 253.3		
	GDP(十亿 1990 年国际元)					
	欧洲和西方后裔国		拉丁美洲		亚洲	
1820	239.0	238.1	13.8	14.1	409.2	411.2
1870	607.7	611.5	28.8	27.9	451.7	422.2
1913	1 812.3	1 845.9	115.4	121.7	735.3	664.2
1950	3 718.7	3 732.3	404.0	423.6	1 064.6	985.7
1990	14 940.7	15 348.9	2 105.9	2 239.4	9 485.7	8 627.8
	非洲		全世界			
1820	32.9	31.0	694.8	694.4		
1870	39.8	40.2	1 127.9	1 101.7		
1913	63.1	72.9	2 726.1	2 704.8		
1950	185.0	194.6	5 372.3	5 336.1		
1990	826.7	859.8	27 359.0	27 076.0		

资料来源:来自 Maddison(1995a)和下面涉及的详细表格和正文。在本研究中,土耳其被划分到西亚,而在 Maddison(1995a)中,它被划分到欧洲。这里我将以前的估计值根据本研究的区域划分进行了必要调整。

估计值的更新

GDP

以下的国际资料来源对于那些希望更新 GDP 估计值的研究者是有用的。

对 21 个欧洲国家和 4 个西方后裔国来说,OECD 的《OECD 国家国民经济核算账户》(*National Accounts of OECD Countries*)第 1 卷,以标准形式给出了以现价和不变价计算的最新国民经济核算账户数据。其先前的覆盖范围可追溯至 1960 年,由于向 1993 年新国民经济核算账户体系(SNA)的转换所涉及的显著变动,新的覆盖范围最多只可以追溯至 1988 年。OECD 的《经济展望》(*Economic Outlook*)每年两次提供当年和下一年 GDP 物量变动的暂定估计值。这些出版物也包括了日本、韩国、墨西哥和土耳其的数据。

对 11 个东欧国家和 15 个前苏联国家来说,可从联合国欧洲经济委员会(Economic Commission for Europe of the United Nations,ECE)统计司得到 1990 年以来的不变价 GDP 估计值(按照物质产品方法进行的估计可追溯至 1980 年)。独联体国家间统计委员会(Interstate Statistical Committee)已经出版了关于 12 个前苏联国家的详细国民经济核算账户的资料《1991—1998 年独立联邦国家主要宏观经济指标》(*Osnovie Makroekonomikie Pokazateli Stran Sodruschestva Nezavisimich Gosudarstv 1991—1998*,Moscow,1999)。

对 32 个拉丁美洲国家,拉丁美洲和加勒比地区经济委员会(Economic Commission for Latin America and the Caribbean,ECLAC)每年的 12 月底在《拉丁美洲和加勒比地区经济初步概览》(*Preliminary Overview of the Economies of Latin America and the Caribbean*)上公布有关当年和前 9 年的年度 GDP 物量变动的估计值。

对 38 个东亚经济体来说,亚洲开发银行(Asian Development Bank,ADB)在其每年出版的《发展中的亚洲和太平洋经济体的关键指标》(*Key Indicators of Developing Asian and Pacific Countries*)中报告了较详细的以现价和不变价计算的国民经济核算账户数据,其数据可以向前追溯 18 年。

对 11 个西亚经济体和埃及来说,西亚经济和社会委员会(Economic and Social Commission for West Asia,ESCWA)在其每年出版的《ESCWA 地区国民经济核算账户研究》(*National Accounts Studies of the ESCWA*)中报告了以现价计算的国民经济核算账户数据、前10年的年度GDP物量变动的估计值和当年的暂定估计值。

对51个非洲国家来说,国际货币基金组织(IMF)在其每年两次的《世界经济展望》(*World Economic Outlook*)上提供了这些国家前10年的年度GDP物量变动数据。对世界其他地区,它也提供了类似的估计数据。在互联网上,IMF的数据库可追溯至1970年(http://www.imf.org/external/pubs/ft/weo/2000/01/data/index.htm)。

还有两个尽管目前已不再延续,但对1990年以前的年度仍然非常有用的资料来源。一个是OECD发展中心设立的国际数据库。OECD发展中心于1968年出版了《1950—1966年欠发达国家国民经济核算账户》(*National Accounts of Less Developed Countries, 1950—1966*),后来它又在《发展中国家国民经济核算账户的最新信息》(*Latest Information on National Accounts of Developing Countries*)中公布了1969—1991年间的23个年度的更新数据。另一个是世界银行的《世界数据表》(*World Tables*)。它于1976年首次出版,于1980年和1983年出版了第2版和第3版,并在1987—1995年间每年连续出版。

人口

美国人口普查局国际项目中心提供了所有国家和地区从1950年起的年度估算数据和到2050年的年度预计数据。他们对估算的数据进行定期修订。对20世纪90年代出现的新国家,其历史数据亦可以追溯至1950年。这些估算数据可以在http://www.census.gov./ipc上查到。我使用了他们对178个经济体(包括25个欧洲国家、美国、44个拉丁美洲经济体、51个亚洲经济体和57个非洲经济体)从1950年起的估算数据。

用国际元计算的GDP水平

在本研究中,GDP估算数据是以1990年国际元为基准的。我在Maddison (1995a)的第164—179页解释了采用PPP(购买力平价)转换系数而不采用汇率的理由,以及吉尔瑞-开米斯(G-K)多边购买力平价的优点(Maddison,

1995a)。采用这种方法的估算结果可以从联合国、欧盟统计局和 OECD 的国际比较项目(ICP)中得到。

ICP 的工作始自宾夕法尼亚大学的克莱维斯(Irving Kravis)、海斯顿(Alan Heston)和萨默斯(Robert Summers),它是 20 世纪 50 年代 OEEC(欧洲经济合作组织,OECD 的前身)所从事的工作的继续和极大扩展。他们的巨著是 1982 年出版的《世界产品和收入:实际生产总值的国际比较》(*World Product and Income: International Comparisons of Real Gross Product*)。他们采用了高度复杂的比较定价方法。参与比较的经济体的给定年份的国民经济核算账户支出被详细分解为消费、投资和政府服务的代表项目。由于采用了确保传递性、基准国不变性和可加性的 G-K 方法,比较结果实现了多边化。他们 1982 年的研究覆盖了 34 个经济体。宾夕法尼亚的研究小组创立了《宾夕法尼亚大学世界表》,将所有以前几个回合的 ICP 结果进行了更新和协调,并对没有被 ICP 覆盖的许多经济体补充了简单的估算数据(使用更有限的价格资料)。对 ICP 的这一重要补充发表在 1978—1995 年《宾夕法尼亚大学世界表》的几个连续的版本中。

在 20 世纪 80 年代,ICP 作为一个合作项目由联合国统计局(UNSO)、欧盟统计局和 OECD 接手。其分工是由不同的机构估算各自地区的数据,估算结果由联合国统计局进行可比性调整和合并。联合国统计局提供了 60 个经济体 1980 年的合并数据和 57 个经济体 1985 年的合并数据。此后,在世界范围内合并估算结果的计划中断,但地区间的比较仍继续进行。1990 年只有两个地区比较。OECD 在 G-K 方法的基础上对 22 个国家(其结果列在表 A1-g 中)以及土耳其、日本进行了 PPP 比较,欧洲经济委员会研究了 5 个东欧国家和苏联的情况(结果列在表 A1-h 中)。

在我写作前一本书(Maddison,1995a)的时候,已经有了几个回合的 ICP 比较,其中至少有一年包括了 87 个经济体。我使用了 1990 年 OECD 和欧洲经济委员会对 26 个经济体的估计值。对 14 个其他经济体(7 个在拉丁美洲,7 个在亚洲),我将较早回合的 ICP 比较结果更新至 1990 年。对民主德国、孟加拉国和巴基斯坦,我使用了 ICP 同等方法的估算数据。这样,我对 43 个经济体使用了 ICP 或 ICP 同等方法的估算数据,代表了世界 GDP 的 79.7%。此外,对 106 个经济体,我使用了萨默斯和海斯顿的《宾夕法尼亚大学世界表》(5.5 版,1993 年发布)。对中国,我也使用了他们的估计结果。在总计中,萨默斯和海斯顿的估计部分代表了1990年世界GDP的19.5%。对剩下的代表世界GDP 0.8%的那些经济体,我使用了替代指标估计值(Maddison,1995a, Appendix F)。

在本研究中,我继续把1990年作为基准年。这样做有几个理由:这个基准可以确保较高的透明性,从而有助于理解我对Maddison(1995a)的修订和更新的性质。我曾经在1998年以西方国家使用的SNA标准化体系为基础,对中国的GDP进行了详细的重新估计,得到了1990年国际元的估算结果(Maddison,1998a)。要在统一的基础上将对世界不同部分的估计值从1990年基准转换为1993年基准是一项非常复杂的工作,转换的质量很可能不如1990年的结果。

就1993年而言,地区性ICP估算提供了68个经济体的结果。其中,OECD提供了24个国家的结果,亚太经济和社会委员会提供了14个东亚经济体的结果,西亚经济和社会委员会提供了8个西亚经济体的结果,欧盟统计局提供了22个非洲国家的结果。所有这些结果都可在G-K方法的基础上得到(当然也可以在EKS方法*的基础上得到。出于政治原因,欧盟统计局更愿意使用EKS方法的结果,因为它给每个国家以同样的权重)。在可比的基础上将所有这些材料统一在一起存在相当大的问题。亚太经济和社会委员会所做的估算是将港币而不是美元作为基准货币。西亚经济和社会委员会在信息不足的情况下采用了简约的方法。欧盟统计局关于非洲的估算结果是采用通过标准化的汇率,得到与美元挂钩的非洲内部各国之间的相对数的方法得出的,而不是采用以美国作为基准国的购买力平价方法。要使这些比较结果适用于我们的目的,需要采用与联合国统计局一样的方法对它们进行调整,该方法曾用于处理欧盟和非洲的比较结果(见表A4-g)。

在OECD最近出版的两个研究报告中,公布了总数为48个国家的1996年的ICP第8回合的估算数据。一个是涉及28个OECD成员国和其他4个国家(以色列、斯洛伐克、斯洛文尼亚和俄罗斯联邦)的《购买力平价和实际支出》(*Purchasing Power Parities and Real Expenditure*,1999),另一个是《新独立国家的PPP比较》(*A PPP Comparison for the NIS*,2000),后者覆盖了苏联的15个后继国、土耳其和蒙古。此外,欧盟经济委员会还估算了其他5个东欧国家(阿尔巴尼亚、保加利亚、克罗地亚、马其顿和罗马尼亚)1996年的数据。这

---

* EKS(即 Èltetö-Köves-Szulc)方法是国际收入比较中用于购买力平价(PPP)转换的一种常用方法,是与G-K(即Geary-Khamis)方法不同的加总方法。——译者注

三项研究的结果通过 EKS 方法实现了多边化比较。以 G-K 方法为基础的估算结果还没有公布。对世界其他地区,我们还没有关于 1996 年的估计值。附录 D 评价了这些针对东欧和前苏联国家的研究结果,并说明了将它们与目前的研究进行协调时存在的问题。

在目前对 1990 年基准数据的估计值中,我使用了与之前研究（Maddison, 1995a）相同的 ICP 资料来源。我将亚太经济和社会委员会与西亚经济和社会委员会对 8 个亚洲经济体 1993 年的比较结果回推至 1990 年,同时采用了 OECD 1993 年对土耳其的估计值和 1996 年对蒙古的估计值。我放弃了欧盟统计局关于非洲的估算结果,采用了《宾夕法尼亚大学世界表》(5.6 版)的估算结果。

A-1 西欧、西方后裔国、东欧和苏联的人口、GDP 和人均 GDP

12 个西欧国家

这些国家的定量历史证据好于世界大多数地区,有关详情可参看 Maddison(1995a)。

1820—1960 年奥地利、比利时、丹麦、芬兰、法国、挪威、瑞典和瑞士的 GDP 和人口资料以及 1820—1970 年意大利的 GDP 和人口资料均来自 Maddison(1995a)。根据 OECD 的《国民经济核算账户（1960—1997）》(*National Accounts 1960—1997*, Vol.1, Paris,1999)的 GDP 和人口资料,又将前述资料更新到 1990 年(但不包括法国和挪威,参看下面的注释);对 1990 年以来的数据,根据 OECD 的《OECD 国家国民经济核算账户（1988—1998）》(*National Accounts of OECD Countries*, 1988—1998, Vol.1, 2000)进行了更新。为了剔除领土变动的影响,我们对有关数据进行了调整。除德国和英国外,所有国家的边界都以1998年的边界为准。

德国：1950年以来的数据以1991年的边界为准，1820—1913年的数据以1913年的边界（不包括阿尔萨斯-洛林地区）为准。详情见表A-d。

表A-d 德国边界变动的影响

	联邦德国 （1990年边界）	民主德国 （1990年边界）	德国 （1991年边界）	德国 （1936年边界）	德国 （1913年边界，不包括 阿尔萨斯-洛林地区）
			GDP（百万1990年国际元）		
1820	16 390				26 349
1870	44 094				71 429
1913	145 045			225 008	237 332
1936	192 911	74 652	267 563	299 753	
1950	213 942	51 412	265 354		
1973	814 786	129 969	944 755		
1990	1 182 261	82 177	1 264 438		
1991	1 242 096	85 961	1 328 057		
			人口（千人，年中值）		
1820	14 747				24 905
1870	23 055				39 231
1913	37 843			60 227	65 058
1936	42 208	15 614	57 822	67 336	
1950	49 983	18 388	68 371		
1973	61 976	16 890	78 866		
1990	63 254	16 111	79 365		
1991	63 889	15 910	79 799		

资料来源：联邦德国1820—1860年的GDP数据来自Maddison（1995a），并根据OECD资料进行了更新，再按照表A1-g所示的1990年GDP水平进行了微调。民主德国1950—1991年的GDP指数来自Maddison（1995a，p.132），并采用以1990年马克表示的1991年官方估计值（在OECD国民经济核算账户中可以得到统一后的德国与联邦德国之间的差额）进行了必要调整。民主德国1991年官方GDP基准水平低于我在Maddison（1995a）中假定的水平，因此，这里有关民主德国1950—1991年的GDP水平也随之降低。联邦德国、民主德国和奥得-尼斯河线以东领土以及德国（1936年边界）1936年的GDP数据来自Maddison（1995a，p.131），德国（1913年边界）1820—1913年的GDP数据来自Maddison（1995a，p.231）。联邦德国1820—1991年的人口数据和民主德国1936—1991年的人口数据来自Maddison（1995a，pp.104—105，132，231）。

荷兰：1820—1913 年 GDP 的变化率来自 Smits，Horlings and van Zanden (2000)。1913—1960 年 GDP 的变化率和 1820—1960 年的人口数据取自 Maddison(1995a)，并根据 OECD 资料来源进行了更新。

瑞士：假定 1820—1870 年人均 GDP 的变动与德国同步。

英国：1820—1913 年的估算数据包括整个爱尔兰，参见 Maddison(1995a, p.232, Table B-13)。1950 年以来的数据包括北爱尔兰。1960 年以来的数据根据 OECD 资料来源进行了更新。

最新的 OECD 国民经济核算账户出版物包括了 15 个国家按照 1993 年 SNA 标准化体系而修订的新的估算结果。在统计处理上，它涉及两个明显的变动：

(1) 计算机软件作为投资而不是中间产品处理。这一变动与其他变动一道提高了 1990 基准年 GDP 的规模，结果显示在表 A1-g 中。

(2) 关于采用链式加权指数法测算 GDP 物量变动的建议。现在采用这类指数的国家只有法国、希腊、卢森堡、荷兰、挪威和瑞典。对大多数国家，只有最近年份才能得到新的估算结果，这也是新的 OECD 年鉴不再像过去 30 年那样具有较长的历史追溯性的原因之一。采用了链式加权指数法的法国和挪威 1978—1998 年的 GDP 指数可以通过 OECD 得到，而且已在本研究中引用。对这些国家 1960—1978 年的新的估计值可以从 1999 年的 OECD 国民经济核算账户出版物中一并得到。链式加权指数法对挪威的增长似乎没有影响，却使法国的增长变得稍快一些。

希腊、爱尔兰、葡萄牙和西班牙

希腊：1900—1960 年的人口和 1913—1960 年的 GDP 数据取自 Maddison (1995a)，并根据 OECD 的《国民经济核算账户》进行了更新。假定 1820—1913 年希腊的人均 GDP 与东欧的总量同步变动。1820—1900 年的人口变动数据来自 Mitchell(1975, p.21)，并就希腊领土变动的影响进行了相应的调整。这涉及了一系列的调整，因为自 19 世纪 20 年代希腊从土耳其独立出去后，它逐渐将其领土扩张至爱奥尼亚群岛(1864)，色萨利(1881)，克里特(1898)，伊庇鲁斯、马其顿、色雷斯和爱琴群岛(1919)以及多德卡尼斯群岛(1947)。

爱尔兰：1950—1960 年的 GDP 数据取自 Maddison(1995a)，并根据来源于

OECD 的资料进行了更新。

葡萄牙：1820—1970 年的人口数据和 1950—1960 年的 GDP 数据取自 Maddison(1995a)，并根据来源于 OECD 的资料进行了更新；1913—1950 年的 GDP 取自 Batista，Martins，Pinheiro and Reis（Bank of Portugal，October 1997）的"1910—1958 年葡萄牙 GDP 的新估算数"（New Estimates of Portugal's GDP 1910—1958）；1850—1913 年数据取自 Pedro Lains(1989)。正如 Maddison(1995a，p.138)的做法一样，假定 1820—1850 年的 GDP 变化率与 Braga de Macedo(1995)估计的 1834—1850 年的 GDP 变化率一致。

西班牙：1820—1990 年人口和 1820—1873 年 GDP 的变动取自 Maddison (1995a)，并根据来源于 OECD 的资料进行了更新。

13 个西欧小国

爱尔兰和卢森堡 1950—1998 年的 GDP 数据取自 OECD；塞浦路斯和马耳他 1950—1990 年的 GDP 数据取自 Maddison(1995a)，并根据 IMF 资料进行了更新。对于 9 个更小的国家（安道尔共和国、海峡群岛、法罗群岛、直布罗陀、格陵兰、马恩岛、列支敦士登、摩纳哥、圣地亚哥），假定它们 1950—1998 年的人均 GDP 与 12 个较大的西欧国家的平均水平一致。这 13 个国家 1950—1998 年的人口数据取自美国人口普查局国际项目中心。至于它们 1820—1950 年的数据，假定其人口和人均 GDP 水平与 12 个较大的西欧国家的平均水平同步变动。详情见表 A-e。

表 A-e 13 个西欧小国的人口和 GDP（1950—1998）

	1950	1973	1990	1998
	人口（千人，年中值）			
冰岛	143	212	255	271
卢森堡	296	350	382	425
塞浦路斯	494	634	681	749
马耳他	312	322	354	380
其他 9 个国家	285	388	483	513
13 个国家合计	**1 529**	**1 906**	**2 155**	**2 337**

(续表)

	1950	1973	1990	1998
GDP（百万 1990 年国际元）				
冰岛	762	2 435	4 596	5 536
卢森堡	2 481	5 237	8 819	13 324
塞浦路斯	930	3 207	6 651	8 600
马耳他	278	855	2 987	4 424
其他 9 个国家	1 429	4 718	8 152	9 615
13 个国家合计	5 880	16 452	31 205	41 499
人均 GDP（1990 年国际元）				
冰岛	5 336	11 472	18 024	20 205
卢森堡	8 382	14 963	23 086	31 058
塞浦路斯	1 883	5 058	9 767	11 169
马耳他	894	2 655	8 438	11 642
其他 9 个国家	5 013	12 159	16 877	18 742
13 个国家平均	3 846	8 631	14 480	17 757

西方后裔国：4 个国家

美国：1820—1949 年的人口数据取自 Maddison(1995a)，并对其中 1820 年和 1870 年的数据进行了修订，以包括 325 000 人和 180 000 人的土著人口(Maddison,1995a,p.97)。1950 年后的数据取自美国人口普查局。

1820—1950 年的 GDP 变动数据取自 Maddison(1995a)，并对 1820—1870 年的数据进行了修订，以包括土著人口的收入(以 1820 年和 1870 年人均 GDP 400 美元计算)。

1950—1959 年的 GDP 变动数据取自《当前商业调查》(*Survey of Current Business*，August 1998)的"1929—1997 年 GDP 和其他主要的国民收入和生产账户(NIPA)序列"(GDP and Other Major NIPA Series，1929—1997)。该序列以兰德费尔德(J. S. Landefeld)和帕克尔(R. P. Parker)在《当前商业调查》1997 年 5 月发表的《经济分析局的链式指数、时间序列和长期增长的测算》(BEA's Chain Indexes，Time Series and Measures of Long Term Growth)中所描述的链式指数为基础。1959—1998 年的 GDP 变动数据和 1990 基准年的水平取自《当前商业调查》1999 年 12 月刊载的经济分析局的新估算数。1959—1998 年的数据是采纳 1993 年通过的新的标准化 SNA(由欧盟统计局、IMF、

OECD、联合国和世界银行共同出版)建议的结果,即把计算机软件作为投资而不是中间产品处理。这种修订的结果是提高了增长率和 1990 基准年的 GDP 水平,详情请参见塞斯金(E. P. Seskin)在《当前商业调查》1999 年 12 月发表的《1959—1998 年国民收入和产品账户的改进估算数:综合修订的结果》(Improved Estimates of the National Income and Product Accounts for 1959—1998:Results of the Comprehensive Revision)。

澳大利亚、新西兰和加拿大:1820—1973 年的人口数据取自 Maddison (1995a),并根据来源于 OECD 的资料加以更新。对其中 1820 年和 1870 年的资料进行了修订以包括土著人口。土著人口的数据如下:澳大利亚在 1820 年有 300 000 人,1870 年有 150 000 人;加拿大在 1820 年有 75 000 人,1870 年有 45 000 人;新西兰在 1820 年有 100 000 人,1870 年有 50 000 人(Maddison, 1995a, pp. 96—97)。

1820—1960 年的 GDP 变动数据取自 Maddison(1995a),并对其中 1820—1870 年的数据进行了修订以包括土著人口的收入(以 1820 年和 1870 年人均收入 400 美元计)。加拿大和新西兰 1960—1998 年的 GDP 变动数据取自 OECD。新西兰 1969—1987 年的估算数是按财政年度计算的。澳大利亚 1960—1998 年的 GDP 变动数据是建立在新的官方链式指数(由 OECD 提供)的基础上的,它比旧的指数方法估计的增长率略高一些(1960—1990 年的年均复合增长率是 3.95%,而用旧方法估计的增长率是 3.87%)。澳大利亚和加拿大 GDP 的测算方法与 1993 年核算体系一致,但新西兰尚未采用这一体系。

东欧(12 个国家中的 7 个)

在过去 10 年中这些国家的政治体系和统计体系都发生了重大变动,这意味着它们的估计值的质量要比西欧低。

阿尔巴尼亚 1820—1913 年,保加利亚 1820 年,波兰、罗马尼亚和南斯拉夫 1820—1870 年的人口数据取自 McEvedy and Jones(1978),除此之外的 1820—1949 年人口数据取自 Maddison(1995a, p. 110)。1950 年以来的人口数据取自美国人口普查局国际项目中心。

到 1990 年为止,东欧的 GDP 取自 Maddison(1995a),其中,捷克共和国、匈牙利和波兰的 GDP 根据来源于 OECD 的资料进行了更新,其他国家的 GDP 则取自联合国欧洲经济委员会统计司的数据库。仅有 1 个国家(捷克斯洛伐克)有 1820 年 GDP 的估计值;有 2 个国家(捷克斯洛伐克和匈牙利)有 1870 年

GDP 的估计值；有 4 个国家（保加利亚、捷克斯洛伐克、匈牙利和南斯拉夫）有 1913 年 GDP 的估计值。为了得到 1820—1913 年这 7 个国家大致的 GDP 合计估算数字，我们假定无数据国家的人均 GDP 的变动与有数据国家的平均水平的变动是一致的。在 20 世纪 90 年代，捷克斯洛伐克分裂成捷克共和国和斯洛伐克共和国，南斯拉夫分裂成 5 个共和国。1990—1998 年这 5 个共和国的 GDP 物量变动取自欧洲经济委员会统计处，对 1990 年 GDP 按各共和国比重进行的分解根据《1990 年南斯拉夫统计年鉴》(Yugoslavia Statistical Yearbook, 1990)（见表 A-f）。

表 A-f 南斯拉夫各后继共和国的人口和 GDP(1990—1998)

	1990	1997	1998
人口（千人，年中值）			
波斯尼亚	4 360	3 223	3 366
克罗地亚	4 754	4 665	4 672
马其顿	2 031	1 996	2 009
斯洛文尼亚	1 968	1 973	1 972
塞尔维亚-黑山	9 705	10 534	10 526
南斯拉夫*	22 819	22 390	22 545
GDP（百万 1990 年国际元）			
波斯尼亚	16 530	9 028	9 261
克罗地亚	33 139	27 182	27 858
马其顿	7 394	5 706	5 871
斯洛文尼亚	21 624	22 730	23 625
塞尔维亚-黑山	51 266	28 000	28 722
南斯拉夫	129 953	92 646	95 337
人均 GDP（1990 年国际元）			
波斯尼亚	3 791	2 801	2 851
克罗地亚	6 971	5 827	5 963
马其顿	3 641	2 859	2 922
斯洛文尼亚	10 988	11 521	11 980
塞尔维亚-黑山	5 282	2 658	2 729
南斯拉夫	5 695	4 138	4 229

资料来源：人口数据来自美国人口普查局。南斯拉夫 1990 年 GDP 数据来自表 A1-h，并根据 Statisticki Godisnjak Jugoslavije 1990 (Statistical Yearbook of Yugoslavia, Statistical Office, Belgrade, 1990) 中提供的 1988 年物质部门总产值的比例，将其摊到南斯拉夫各后继共和国。南斯拉夫分裂后各共和国（除波斯尼亚外）1990—1998 年的 GDP 增长率数据来自欧洲经济委员会统计处。这里假定波斯尼亚的 GDP 变动趋势与塞尔维亚-黑山的趋势相同。

---

* 这里的"南斯拉夫"是地域上的概念，1990 年的数据指的是解体前的南斯拉夫，1997 年和 1998 年的数据指的是解体后的前南斯拉夫国家合计，下同。——译者注

苏联*

1913—1990年的人口数据取自Maddison(1995a),对苏联亚洲地区的1820年和1870年人口数据进行了修订(见附录B)。15个后继共和国中每一个国家的1950年人口数据取自《1987年苏联人口》(*Naselenie SSSR 1987*, *Finansi i Statistika*, moscow, 1988, pp. 8—15),数据调整为年中值;1973年数据取自《苏联国民经济》(*Narodnoe Khoziastvo SSSR*, 1972, 1973, p. 9),数据调整为年中值;1990年数据取自《1992年数字世界》(*Mir v Tsifrakh 1992*, Goskomstat CIS, Moscow, 1992);1990年以来的变动取自欧洲经济委员会统计处。

在苏联1990年边境范围内的1870—1990年的GDP数据取自Maddison(1995a)。Maddison(1998b)提供了详细的分析技术,把苏联时代的基于MPS的国民经济核算账户调整为基于SNA的国民经济核算账户。假定俄罗斯1820—1870年的人均GDP与东欧的总量同比例变动。

1991年GDP在苏联后继共和国之间的分解出自鲍罗廷(B. M. Bolotin)的文章《国民账户统计所反映的前苏联》("The Former Soviet Union as Reflected in National Accounts Statistics", in S. Hirsch, ed., memo 3: In Search of Answers in the Post-Soviet Era, Bureau of National Affairs, Washington D. C., 1992),Maddison(1995a, p. 142)引用了这个估计值并将其追溯计算到1990年,再调整到1990年苏联GDP的总量水平。1990—1998年各后继共和国的GDP物量变动取自欧洲经济委员会统计处。

对15个后继国中的每一个国家的1973—1990年GDP物量变动的大致测算是基于苏联官方公布的实际"国民收入"指数(MPS概念)。1958—1990年的这一指数是可以得到的,参看《苏联国民经济》(*Narodnoe Khoziastvo SSSR*, 1990 ed., p. 13; 1987 ed., p. 123; 1974 ed., p. 574; 1965 ed., p. 590)。在将1973—1990年实际"国民收入"的增长率调整为GDP口径的增长率时,我使用了苏联作为一个整体在该时期的调整系数(0.49075)。参看Maddison(1998b, p. 313)对1913—1990年间这两种测算的比较。

俄罗斯联邦的官方国民经济核算账户(*Natsionalnie Schchota Rossii*, 1999)提供了俄罗斯联邦GDP总量和人均GDP在9个地区和90个行政区的

---

* 这里的"苏联"仅指地域上的概念,数据的时间跨度包括苏联成立之前和苏联解体之后。出于统计的一致性和表述上的方便,作者在原书中统一使用了"苏联",译文中保留了这一处理方式。下同。——译者注

分解数据。5个西伯利亚地区和远东地区合计占1997年按地理划分的俄罗斯联邦GDP的29%,高加索地区占5.8%。这样,略多于三分之一的俄罗斯联邦GDP是在亚洲形成的,大约是俄罗斯联邦1997年GDP总量(6 970亿国际元)中的2 320亿国际元。苏联的其他后继国中有8个是在亚洲(亚美尼亚、阿塞拜疆、格鲁吉亚、哈萨克斯坦、吉尔吉斯斯坦、塔吉克斯坦、土库曼斯坦、乌兹别克斯坦)。它们1997年的GDP总量是2 160亿国际元。这样,俄罗斯联邦的亚洲部分加上苏联在亚洲的这8个后继国,其1997年的GDP总量大约为4 480亿国际元,大约是苏联各后继国GDP总量的39%。

俄罗斯联邦不同地区的人均产量也出现在其1999年的年鉴上。莫斯科市的人均收入是全国平均数的2.3倍,而圣彼得堡市的人均收入则与全国平均数相同。西伯利亚和远东地区的收入水平远在全国平均数以上。收入最低的地区是高加索地区,印古什的收入不到全国平均数的五分之一,达吉斯坦是28%,车臣的数据则不可得。

在目前的计算中,按国际元计算的1990年GDP水平出自1990年ICP比较,如表A1-h所示。正如前面指出的那样,对苏联后继共和国的分解是建立在鲍罗廷估算的基础上的。最近,OECD、欧洲经济委员会和大多数苏联后继共和国的政府已合作进行了新一轮的1996年PPP的计算工作。这项工作采用的是EKS方法而不是G-K方法,其测算结果与我使用的ICP第6回合的估计值有着显著的不同(见附录D)。

(A-1小节的相关数据见表A1-a至表A1-h。)

表A1-a 欧洲、苏联和西方后裔国的人口(1820—1998) (千人,年中值)

	1820	1870	1913	1950	1973	1990	1998
奥地利	3 369	4 520	6 767	6 935	7 586	7 729	8 078
比利时	3 434	5 096	7 666	8 640	9 738	9 971	10 197
丹麦	1 155	1 888	2 983	4 269	5 022	5 138	5 303
芬兰	1 169	1 754	3 027	4 009	4 666	4 986	5 153
法国	31 246	38 440	41 463	41 836	52 118	56 735	58 805
德国	24 905	39 231	65 058	68 371	78 956	79 364	82 029
意大利	20 176	27 888	37 248	47 105	54 751	56 719	57 592
荷兰	2 355	3 615	6 164	10 114	13 438	14 947	15 700
挪威	970	1 735	2 447	3 265	3 961	4 241	4 432
瑞典	2 585	4 164	5 621	7 015	8 137	8 566	8 851
瑞士	1 829	2 664	3 864	4 694	6 441	6 796	7 130
英国	21 226	31 393	45 649	50 363	56 223	57 561	59 237
西欧12国合计	114 419	162 388	227 957	256 616	301 037	312 753	322 507

(千人,年中值)(续表)

	1820	1870	1913	1950	1973	1990	1998
13个西欧小国	657	933	1 358	1 529	1 907	2 155	2 337
希腊	2 312	3 657	5 425	7 566	8 929	10 161	10 511
爱尔兰				2 969	3 073	3 506	3 705
葡萄牙	3 297	4 353	6 004	8 512	8 634	9 899	9 968
西班牙	12 203	16 201	20 263	27 868	34 810	38 851	39 371
西欧合计	132 888	187 532	261 007	305 060	358 390	377 325	388 399
澳大利亚	333	1 770	4 821	8 177	13 505	17 085	18 751
新西兰	100	341	1 122	1 909	2 971	3 380	3 811
加拿大	816	3 781	7 852	13 737	22 560	27 701	30 297
美国	9 981	40 241	97 606	152 271	211 909	249 984	270 561
4个西方后裔国	11 230	46 133	111 401	176 094	250 945	298 150	323 420
阿尔巴尼亚	437	603	898	1 227	2 318	3 273	3 331
保加利亚	2 187	2 586	4 794	7 251	8 621	8 966	8 240
捷克斯洛伐克	7 190	9 876	13 245	12 389	14 550		
(1)捷克共和国						10 310	10 286
(2)斯洛伐克						5 263	5 393
匈牙利	4 571	5 717	7 840	9 338	10 426	10 352	10 208
波兰	10 426	17 240	26 710	24 824	33 331	38 109	38 607
罗马尼亚	6 389	9 179	12 527	16 311	20 828	22 775	22 396
南斯拉夫	5 215	6 981	13 590	15 949	20 416	22 819	22 545
东欧合计	36 415	52 182	79 604	87 289	110 490	121 867	121 006
苏联	54 765	88 672	156 192	180 050	249 748	289 350	290 866
亚美尼亚				1 355	2 697	3 335	3 795
阿塞拜疆				2 900	5 468	7 134	7 666
白俄罗斯				7 755	9 235	10 260	10 239
爱沙尼亚				1 115	1 411	1 582	1 450
格鲁吉亚				3 261	4 857	5 460	5 442
哈萨克斯坦				6 711	13 812	16 742	15 567
吉尔吉斯斯坦				1 742	3 182	4 395	4 699
拉脱维亚				1 951	2 442	2 684	2 449
立陶宛				2 570	3 247	3 726	3 703
摩尔多瓦				2 344	3 743	4 365	3 649
俄罗斯联邦				102 317	132 651	148 290	146 909
塔吉克斯坦				1 534	3 235	5 303	6 115
土库曼斯坦				1 222	2 395	3 668	4 838
乌克兰				36 951	48 280	51 891	50 295
乌兹别克斯坦				6 322	13 093	20 515	24 050

表 A1-b 欧洲、苏联和西方后裔国的 GDP(1820—1998)

(百万 1990 年国际元)

	1820	1870	1913	1950	1973	1990	1998
奥地利	4 104	8 419	23 451	25 702	85 227	130 476	152 712
比利时	4 529	13 746	32 347	47 190	118 516	171 442	198 249
丹麦	1 471	3 782	11 670	29 654	70 032	94 863	117 319
芬兰	913	1 999	6 389	17 051	51 724	84 103	94 421
法国	38 434	72 100	144 489	220 492	683 965	1 026 491	1 150 080
德国	26 349	71 429	237 332	265 354	944 755	1 264 438	1 460 069
意大利	22 535	41 814	95 487	164 957	582 713	925 654	1 022 776
荷兰	4 288	9 952	24 955	60 642	175 791	258 094	317 517
挪威	1 071	2 485	6 119	17 838	44 544	78 333	104 860
瑞典	3 098	6 927	17 403	47 269	109 794	151 451	165 385
瑞士	2 342	5 867	16 483	42 545	117 251	146 900	152 345
英国	36 232	100 179	224 618	347 850	675 941	944 610	1 108 568
西欧 12 国	145 366	338 699	840 743	1 286 544	3 660 253	5 276 855	6 044 301
13 个西欧小国	667	1 553	3 843	5 880	16 452	31 205	41 499
希腊	1 539	3 338	8 635	14 489	68 355	101 452	118 433
爱尔兰				10 231	21 103	41 459	67 368
葡萄牙	3 175	4 338	7 467	17 615	63 397	107 427	128 877
西班牙	12 975	22 295	45 686	66 792	304 220	474 366	560 138
西欧合计	163 722	370 223	906 374	1 401 551	4 133 780	6 032 764	6 960 616
澳大利亚	172	6 452	27 552	61 274	172 314	291 180	382 335
新西兰	40	922	5 781	16 136	37 177	46 729	56 322
加拿大	729	6 407	34 916	102 164	312 176	524 475	622 880
美国	12 548	98 374	517 383	1 455 916	3 536 622	5 803 200	7 394 598
4 个西方后裔国	13 489	112 155	585 632	1 635 490	4 058 289	6 665 584	8 456 135
阿尔巴尼亚				1 228	5 219	8 125	7 999
保加利亚			7 181	11 971	45 557	49 779	37 786
捷克斯洛伐克	6 106	11 491	27 755	43 368	102 445		
(1) 捷克共和国						91 706	88 897
(2) 斯洛伐克						40 854	41 818
匈牙利		7 253	16 447	23 158	58 339	66 990	66 089
波兰				60 742	177 973	194 920	258 220
罗马尼亚				19 279	72 411	80 277	64 715
南斯拉夫			13 988	25 277	88 813	129 953	95 337
东欧合计	23 149	45 448	121 559	185 023	550 757	662 604	660 861

（百万 1990 年国际元）（续表）

	1820	1870	1913	1950	1973	1990	1998
苏联	37 710	83 646	232 351	510 243	1 513 070	1 987 995	1 132 434
亚美尼亚					16 691	20 483	12 679
阿塞拜疆					24 378	33 397	16 365
白俄罗斯					48 333	73 389	58 799
爱沙尼亚					12 214	16 980	14 671
格鲁吉亚					28 627	41 325	14 894
哈萨克斯坦					104 875	122 295	74 857
吉尔吉斯斯坦					11 781	15 787	9 595
拉脱维亚					18 998	26 413	15 222
立陶宛					24 643	32 010	21 914
摩尔多瓦					20 134	27 112	9 112
俄罗斯联邦					872 466	1 151 040	664 495
塔吉克斯坦					13 279	15 884	5 073
土库曼斯坦					11 483	13 300	8 335
乌克兰					238 156	311 112	127 151
乌兹别克斯坦					67 012	87 468	79 272

表 A1-c　欧洲、苏联和西方后裔国的人均 GDP（1820—1998）

（1990 年国际元）

	1820	1870	1913	1950	1973	1990	1998
奥地利	1 218	1 863	3 465	3 706	11 235	16 881	18 905
比利时	1 319	2 697	4 220	5 462	12 170	17 194	19 442
丹麦	1 274	2 003	3 912	6 946	13 945	18 463	22 123
芬兰	781	1 140	2 111	4 253	11 085	16 868	18 324
法国	1 230	1 876	3 485	5 270	13 123	18 093	19 558
德国	1 058	1 821	3 648	3 881	11 966	15 932	17 799
意大利	1 117	1 499	2 564	3 502	10 643	16 320	17 759
荷兰	1 821	2 753	4 049	5 996	13 082	17 267	20 224
挪威	1 104	1 432	2 501	5 463	11 246	18 470	23 660
瑞典	1 198	1 664	3 096	6 738	13 493	17 680	18 685
瑞士	1 280	2 202	4 266	9 064	18 204	21 616	21 367
英国	1 707	3 191	4 921	6 907	12 022	16 411	18 714
西欧 12 国	1 270	2 086	3 688	5 013	12 159	16 872	18 742
13 个西欧小国	1 015	1 665	2 830	3 846	8 627	14 480	17 757
希腊	666	913	1 592	1 915	7 655	9 984	11 268

(1990年国际元)(续表)

	1820	1870	1913	1950	1973	1990	1998
爱尔兰				3 446	6 867	11 825	18 183
葡萄牙	963	997	1 244	2 069	7 343	10 852	12 929
西班牙	1 063	1 376	2 255	2 397	8 739	12 210	14 227
西欧合计	**1 232**	**1 974**	**3 473**	**4 594**	**11 534**	**15 988**	**17 921**
澳大利亚	517	3 645	5 715	7 493	12 759	17 043	20 390
新西兰	400	2 704	5 152	8 453	12 513	13 825	14 779
加拿大	893	1 695	4 447	7 437	13 838	18 933	20 559
美国	1 257	2 445	5 301	9 561	16 689	23 214	27 331
4个西方后裔国	**1 201**	**2 431**	**5 257**	**9 288**	**16 172**	**22 356**	**26 146**
阿尔巴尼亚				1 001	2 252	2 482	2 401
保加利亚				1 651	5 284	5 552	4 586
捷克斯洛伐克	849	1 164	2 096	3 501	7 041		
（1）捷克共和国						8 895	8 643
（2）斯洛伐克						7 762	7 754
匈牙利		1 269	2 098	2 480	5 596	6 471	6 474
波兰				2 447	5 340	5 115	6 688
罗马尼亚				1 182	3 477	3 525	2 890
南斯拉夫			1 029	1 585	4 350	5 695	4 229
东欧合计	**636**	**871**	**1 527**	**2 120**	**4 985**	**5 437**	**5 461**
苏联	**689**	**943**	**1 488**	**2 834**	**6 058**	**6 871**	**3 893**
亚美尼亚					6 189	6 142	3 341
阿塞拜疆					4 458	4 681	2 135
白俄罗斯					5 234	7 153	5 743
爱沙尼亚					8 656	10 733	10 118
格鲁吉亚					5 894	7 569	2 737
哈萨克斯坦					7 593	7 305	4 809
吉尔吉斯斯坦					3 702	3 592	2 042
拉脱维亚					7 780	9 841	6 216
立陶宛					7 589	8 591	5 918
摩尔多瓦					5 379	6 211	2 497
俄罗斯联邦					6 577	7 762	4 523
塔吉克斯坦					4 105	2 995	830
土库曼斯坦					4 795	3 626	1 723
乌克兰					4 933	5 995	2 528
乌兹别克斯坦					5 118	4 264	3 296

表 A1-d　欧洲、苏联和西方后裔国的人均 GDP 增长率（1820—1998）　　（%）

	1820—1870	1870—1913	1913—1950	1950—1973	1973—1998
奥地利	0.85	1.45	0.18	4.94	2.10
比利时	1.44	1.05	0.70	3.55	1.89
丹麦	0.91	1.57	1.56	3.08	1.86
芬兰	0.76	1.44	1.91	4.25	2.03
法国	0.85	1.45	1.12	4.05	1.61
德国	1.09	1.63	0.17	5.02	1.60
意大利	0.59	1.26	0.85	4.95	2.07
荷兰	0.83	0.90	1.07	3.45	1.76
挪威	0.52	1.30	2.13	3.19	3.02
瑞典	0.66	1.46	2.12	3.07	1.31
瑞士	1.09	1.55	2.06	3.08	0.64
英国	1.26	1.01	0.92	2.44	1.79
西欧 12 国	**1.00**	**1.33**	**0.83**	**3.93**	**1.75**
13 个西欧小国	0.99	1.24	0.83	3.58	2.93
希腊	0.63	1.30	0.50	6.21	1.56
爱尔兰				3.04	3.97
葡萄牙	0.07	0.52	1.39	5.66	2.29
西班牙	0.52	1.15	0.17	5.79	1.97
西欧合计	**0.95**	**1.32**	**0.76**	**4.08**	**1.78**
澳大利亚	3.99	1.05	0.73	2.34	1.89
新西兰	3.90	1.51	1.35	1.72	0.67
加拿大	1.29	2.27	1.40	2.74	1.60
美国	1.34	1.82	1.61	2.45	1.99
4 个西方后裔国	**1.42**	**1.81**	**1.55**	**2.44**	**1.94**
阿尔巴尼亚				3.59	0.26
保加利亚				5.19	−0.57
捷克斯洛伐克	0.63	1.38	1.40	3.08	(0.67)
（1）捷克共和国					
（2）斯洛伐克					
匈牙利		1.18	0.45	3.60	0.59
波兰				3.45	0.91
罗马尼亚				4.80	−0.74
南斯拉夫			1.17	4.49	−0.11
东欧合计	**0.63**	**1.31**	**0.89**	**3.79**	**0.37**

(%)(续表)

	1820—1870	1870—1913	1913—1950	1950—1973	1973—1998
苏联	**0.63**	**1.06**	**1.76**	**3.36**	**−1.75**
亚美尼亚					−2.44
阿塞拜疆					−2.90
白俄罗斯					0.37
爱沙尼亚					0.63
格鲁吉亚					−3.02
哈萨克斯坦					−1.81
吉尔吉斯斯坦					−2.35
拉脱维亚					−0.89
立陶宛					−0.99
摩尔多瓦					−3.02
俄罗斯联邦					−1.49
塔吉克斯坦					−6.20
土库曼斯坦					−4.01
乌克兰					−2.64
乌兹别克斯坦					−1.74

表 A1-e 欧洲、苏联和西方后裔国的 GDP 增长率（1820—1998） (%)

	1820—1870	1870—1913	1913—1950	1950—1973	1973—1998
奥地利	1.45	2.41	0.25	5.35	2.36
比利时	2.25	2.01	1.03	4.08	2.08
丹麦	1.91	2.66	2.55	3.81	2.09
芬兰	1.58	2.74	2.69	4.94	2.44
法国	1.27	1.63	1.15	5.05	2.10
德国	2.01	2.83	0.30	5.68	1.76
意大利	1.24	1.94	1.49	5.64	2.28
荷兰	1.70	2.16	2.43	4.74	2.39
挪威	1.70	2.12	2.93	4.06	3.48
瑞典	1.62	2.17	2.74	3.73	1.65
瑞士	1.85	2.43	2.60	4.51	1.05
英国	2.05	1.90	1.19	2.93	2.00
西欧 12 国	**1.71**	**2.14**	**1.16**	**4.65**	**2.03**
13 个西欧小国	1.70	2.13	1.16	4.58	3.77
希腊	1.56	2.23	1.41	6.98	2.22

(%)(续表)

	1820—1870	1870—1913	1913—1950	1950—1973	1973—1998
爱尔兰				3.20	4.75
葡萄牙	0.63	1.27	2.35	5.73	2.88
西班牙	1.09	1.68	1.03	6.81	2.47
西欧合计	**1.65**	**2.10**	**1.19**	**4.81**	**2.11**
澳大利亚	7.52	3.43	2.18	4.60	3.24
新西兰	6.48	4.36	2.81	3.70	1.68
加拿大	4.44	4.02	2.94	4.98	2.80
美国	4.20	3.94	2.84	3.93	2.99
4个西方后裔国	**4.33**	**3.92**	**2.81**	**4.03**	**2.98**
阿尔巴尼亚				6.49	1.72
保加利亚			1.39	5.98	−0.75
捷克斯洛伐克	1.27	2.07	1.21	3.81	(0.98)
(1) 捷克共和国					
(2) 斯洛伐克					
匈牙利		1.92	0.93	4.10	0.50
波兰				4.78	1.50
罗马尼亚				5.92	−0.45
南斯拉夫			1.61	5.62	0.28
东欧合计	**1.36**	**2.31**	**1.14**	**4.86**	**0.73**
苏联	**1.61**	**2.40**	**2.15**	**4.84**	**−1.15**
亚美尼亚					−1.09
阿塞拜疆					−1.58
白俄罗斯					0.79
爱沙尼亚					0.74
格鲁吉亚					−2.58
哈萨克斯坦					−1.34
吉尔吉斯斯坦					−0.82
拉脱维亚					−0.88
立陶宛					−0.47
摩尔多瓦					−3.12
俄罗斯联邦					−1.08
塔吉克斯坦					−3.78
土库曼斯坦					−1.27
乌克兰					−2.48
乌兹别克斯坦					0.67

表 A1-f　欧洲、苏联和西方后裔国的人口增长率（1820—1998）　　　　　　（%）

	1820—1870	1870—1913	1913—1950	1950—1973	1973—1998
奥地利	0.59	0.94	0.07	0.39	0.25
比利时	0.79	0.95	0.32	0.52	0.18
丹麦	0.99	1.07	0.97	0.71	0.22
芬兰	0.81	1.28	0.76	0.66	0.40
法国	0.42	0.18	0.02	0.96	0.48
德国	0.91	1.18	0.13	0.63	0.15
意大利	0.65	0.68	0.64	0.66	0.20
荷兰	0.86	1.25	1.35	1.24	0.62
挪威	1.17	0.80	0.78	0.84	0.45
瑞典	0.96	0.70	0.60	0.65	0.34
瑞士	0.75	0.87	0.53	1.39	0.41
英国	0.79	0.87	0.27	0.48	0.21
西欧 12 国	**0.70**	**0.79**	**0.32**	**0.70**	**0.28**
13 个西欧小国	0.70	0.88	0.32	0.97	0.82
希腊	0.92	0.92	0.90	0.72	0.65
爱尔兰				0.15	0.75
葡萄牙	0.56	0.75	0.95	0.06	0.58
西班牙	0.57	0.52	0.87	0.97	0.49
西欧合计	**0.69**	**0.77**	**0.42**	**0.70**	**0.32**
澳大利亚	3.40	2.36	1.44	2.21	1.32
新西兰	2.48	2.81	1.45	1.94	1.00
加拿大	3.11	1.71	1.52	2.18	1.19
美国	2.83	2.08	1.21	1.45	0.98
4 个西方后裔国	**2.87**	**2.07**	**1.25**	**1.55**	**1.02**
阿尔巴尼亚	0.65	0.93	0.85	2.80	1.46
保加利亚	0.34	1.45	1.12	0.76	−0.18
捷克斯洛伐克	0.64	0.68	−0.18	0.70	(0.30)
(1) 捷克共和国					
(2) 斯洛伐克					
匈牙利	0.45	0.74	0.47	0.48	−0.08
波兰	1.01	1.02	−0.20	1.29	0.59
罗马尼亚	0.73	0.73	0.72	1.07	0.29
南斯拉夫	0.59	1.56	0.43	1.08	0.40
东欧合计	**0.72**	**0.99**	**0.25**	**1.03**	**0.36**

(%)(续表)

	1820—1870	1870—1913	1913—1950	1950—1973	1973—1998
苏联	**0.97**	**1.33**	**0.38**	**1.43**	**0.61**
亚美尼亚				3.04	1.38
阿塞拜疆				2.80	1.36
白俄罗斯				0.76	0.41
爱沙尼亚				1.03	0.11
格鲁吉亚				1.75	0.46
哈萨克斯坦				3.19	0.48
吉尔吉斯斯坦				2.65	1.57
拉脱维亚				0.98	0.01
立陶宛				1.02	0.53
摩尔多瓦				2.06	−0.10
俄罗斯联邦				1.14	0.41
塔吉克斯坦				3.30	2.58
土库曼斯坦				2.97	2.85
乌克兰				1.17	0.16
乌兹别克斯坦				3.22	2.46

表 A1-g 22 个 OECD 国家按国际元计算的 1990 基准年 GDP 水平

	GDP（百万本币）	G-K PPP 换算系数	汇率（本币/美元）	GDP（百万国际元）	汇率折算的 GDP（百万美元）
奥地利	1 813 482	13.899	11.370	130 476	159 497
比利时	6 576 846	38.362	33.418	171 442	196 805
丹麦	825 310	8.700	6.189	94 863	133 351
芬兰	523 034	6.219	3.824	84 103	136 777
法国	6 620 867	6.450	5.445	1 026 491	1 215 954
联邦德国[a]	2 426 000	2.052	1.616	1 182 261	1 501 238
意大利	1 281 207	1 384.11	1 198.1	925 654	1 069 366
荷兰	537 867	2.084	1.821	258 094	295 369
挪威	722 705	9.218	6.26	78 333	115 448
瑞典	1 359 879	8.979	5.919	151 451	229 748
瑞士	317 304	2.160	1.389	146 900	228 441
英国	554 486	0.587	0.563	944 610	984 877
卢森堡	345 738	39.203	33.418	8 819	10 346
冰岛	364 402	79.291	58.284	4 596	6 252
希腊	13 143	129.55	158.51	101 452	82 916
爱尔兰	28 524	0.688	0.605	41 459	47 147

(续表)

	GDP (百万本币)	G-K PPP 换算系数	汇率 (本币/美元)	GDP (百万国际元)	汇率折算的 GDP (百万美元)
葡萄牙	9 855	91.737	142.56	107 427	69 129
西班牙	501 452	105.71	101.93	474 366	491 957
澳大利亚	393 675	1.352	1.281	291 180	307 319
新西兰	72 776	1.5574	1.676	46 729	43 422
加拿大	668 181	1.274	1.167	524 475	572 563
美国	5 803 200	1.000	1.000	5 803 200	5 803 200

a. 1990 年民主德国按国际元计算的 GDP 为 821.77 亿元。

资料来源：除荷兰和美国外，以本币表示的 GDP 数据来自 OECD, *National Accounts of OECD Countries*, *1988—1998*, Vol.1, Paris, 2000。荷兰的数据来自 OECD, *Quarterly National Accounts* (1999:4)。美国的数据来自 *Survey of Current Business*, December 1999, p.132。意大利官方的 GDP 估计值向下调整了 3%(Maddison, 1995a, p.133)。1990 年 G-K 方法的 PPP 换算系数取自 ICP 第 6 回合的结果(Maddison, 1995a, Table C-6, p.172)；汇率数据也取自同一资料来源。PPP 换算系数和汇率分别以每单位 PPP 和每美元相当于多少本币单位表示。通过 PPP 换算的以百万国际元表示的 GDP 等于第 1 列除以第 2 列。通过汇率换算的以百万美元表示的 GDP 等于第 1 列除以第 3 列。以下三种方法通常用于双边购买力比较，如法国和美国的比较：(1)按照美国的价格重新估计法国的支出，从而得到 GDP 实物量的拉氏值(Laspeyres)；(2)按照法国的价格重新估计美国的支出，从而得到 GDP 实物量的帕氏值(Paasche)；(3)取以上拉氏和帕氏结果的几何平均值就可得到 GDP 实物量的费氏值(Fisher geometric average)。这种双边比较可延伸到多个国家的比较。譬如，通过美国就可以将法国/美国、德国/美国以及英国/美国这些双边比较连接起来，从而获得其他三国之间的比较，如法国/德国、英国/德国以及法国/英国的比较。但是这样得出的比值与直接双边比较得出的结果并不完全一致，因为这种双边比较并不具备传递性。只有多边的 PPP 比较才具备传递性和可加性。G-K 方法就是这样一种多边比较方法。我之所以倾向于采用这个方法，是因为它根据不同国家的 GDP 规模对购买力平价进行了加权处理[详细解释可参看 Maddison(1995a, p.163)]。对多数国家来说，表中新的以本币表示的 GDP 数字都于 Maddison (1995a)中所使用的数字。这主要是因为数据的常规修订和引入 1993 年新国民经济核算体系(SNA)。例如，挪威于 1995 年采用了 1993 年 SNA，丹麦和加拿大于 1997 年采用了 1993 年 SNA，澳大利亚、奥地利、比利时、芬兰、法国、德国、希腊、爱尔兰、意大利、卢森堡、荷兰、葡萄牙、西班牙、瑞典和英国随后也相继采用了 1993 年 SNA。OECD 在 1988—1998 年的年鉴中第一次公布了以上 15 个国家采用 SNA 后的 GDP 数据。在这个新体系中，矿藏勘探和计算机软件支出被作为投资而不是中间产品处理。在有些国家，如法国和意大利，"娱乐、文学和原创艺术品"也被按照投资处理。冰岛、新西兰和瑞士仍在使用旧的 1968 年 SNA，并没有在核算方法上做出任何改变。下面列出了经修正的 1990 年 GDP 水平与 Maddison (1995a)中所估计的 GDP 水平之间的比值：

奥地利	1.00676	英国	1.00928
比利时	1.02342	卢森堡	1.15206
丹麦	1.02779	冰岛	1.03700
芬兰	1.01591	希腊	0.99539
法国	1.01774	爱尔兰	1.06406
德国	1.00033	葡萄牙	1.014765
意大利	1.00668	西班牙	1.00051
荷兰	1.04184	澳大利亚	1.04055
挪威	1.09314	新西兰	0.99290
瑞典	1.00000	加拿大	1.00567
瑞士	1.01041	美国	1.06192

表 A1-h 5 个东欧国家和苏联按国际元计算的 1990 基准年 GDP 水平

	GDP (百万本币)	隐性 PPP 换算系数	汇率 (本币/美元)	GDP (百万国际元)	按汇率折算的 GDP(百万美元)
捷克斯洛伐克	811 309	6.12	17.95	132 560	45 198
匈牙利	1 935 459	28.89	63.206	66 990	30 621
波兰	608 347	3.12	9.5	194 920	64 037
罗马尼亚	857 180	10.678	22.43	80 277	38 216
苏联	1 033 222	0.520	1.059	1 987 995	975 658
南斯拉夫	1 113 095	8.565	11.318	129 953	98 347

资料来源：以本币表示的 GDP 数据来自 *International Comparison of Gross Domestic Product in Europe 1990*，United Nations Statistical Commission and ECE, Geneva and New York, 1994, p.61。上述比较得到了有关国家统计局的支持和合作，并根据西方国家采用的标准国民经济核算体系对国民经济核算账户的核算口径进行了调整，另外还根据东欧国家产品质量较低的情况进行了调整。利用 EKS 方法（而不是 G-K 方法）得到的结果是多边化的，经 PPP 调整的 GDP 用奥地利先令表示，通过前面引文中表 2.4 中的以国际元表示的奥地利 GDP 作为桥梁，可将 GDP 相对物量指数换算成 G-K 估计值（参看该引文第 5 页），这就是第 4 列数字的来源过程。第 2 列的隐性 PPP 值为第 1 列除以第 4 列得到。除苏联外的汇率数据来自 IMF，*International Financial Statistics*，苏联的汇率数据来自世界银行的《世界数据表》(1995)。1990 年以后，以上 6 个国家分解成 25 个国家，其中捷克斯洛伐克分解成 2 个，南斯拉夫分解成 5 个，苏联分解成 15 个。为了获得这些新成立的 22 个国家 GDP 的大致估计值，我假定它们在 1990 年 GDP 中的份额与其在以本币表示的 GDP 中的份额相同。OECD 利用多边化的 EKS 方法，计算并公布了其中 20 个国家（不包括波斯尼亚和塞尔维亚）以国际元表示的 GDP 估计值，参看 OECD, *A PPP Comparison for the NIS, 1994, 1995 and 1996* (February 2000)。关于这些新估计值与我在这里使用的估计值的比较参看附录 D。

A-2
44 个拉丁美洲和加勒比经济体的人口、GDP 和人均 GDP

我们可以获得 8 个核心国家 1950 年以前的 GDP 估计值。1820—1990 年阿根廷、智利、哥伦比亚、秘鲁和委内瑞拉的 GDP 变动取自 Maddison(1995a)，并根据以下资料进行了更新：拉丁美洲和加勒比地区经济委员会（ECLAC）的《拉丁美洲和加勒比地区经济调查：1998—1999 年摘要》(*Economic Survey of*

Latin America and the Caribbean: *Summary 1998—1999*, 1999, p. 32)。巴西1950—1998年的GDP数据来自以上出处，1820—1900年的GDP数据取自Maddison(1995a)，1900—1950年的人均GDP变动取自Maddison and Associates(1992, p. 212)。墨西哥1870—1910年的GDP变动数据取自Coatsworth(1989)，1910—1960年的数据取自Maddison(1995a)，1960年起的数据取自OECD。我假定1820—1870年墨西哥的人均GDP比Coatsworth的估计值有一个小幅下降。乌拉圭1820—1936年的GDP数据取自勃托拉(Luis Bertola)等人的《1870—1936年乌拉圭的GDP》(*PBI de Urngnay 1870—1936*, Monterideo, 1998)，1936—1990年的GDP由勃托拉提供，1990年起的数据取自ECLAC(1999)。8个国家以国际元计算的1990年GDP水平取自表A2-g。

1820—1950年的人口数据(除乌拉圭外)取自Maddison(1995a)(乌拉圭的人口数据由勃托拉提供)，1950年起的人口数据取自美国人口普查局。

还有15个其他国家，它们详细的人口和GDP估算数字已被列出来。其中13个国家1870—1913年的人口估计值是利用奥勃诺兹(N. Sanchez Albornoz)在"1850—1930年拉丁美洲的人口"(The Population of Latin America, 1850—1930, in L. Bethell ed., *The Cambridge History of Latin America*, Vol. 4, Cambridge University Press, 1986, p. 122)中的估计值进行内插得到的。牙买加1870年和1913年的数据取自艾斯纳(G. Eisner)的《牙买加1830—1930年：经济增长研究》(*Jamaica, 1830—1930: A Study in Economic Growth*, Manchester University Press, 1961, p. 134)。我假定1870—1950年间特立尼达和多巴哥的人口与牙买加人口同比例变动。我也假定1820—1870年间这15个国家的人口与8个核心国家的人口是同比例变动的。1950—1998年的人口变动数据取自美国人口普查局。

15个国家中有11个国家1950—1973年的GDP数据取自ECLAC的《拉丁美洲经济增长率的历史序列》(*Series Historicas del Crecimiento de America Latina*, Santiago, 1978)，1973—1990年的数据取自世界银行的《世界数据表》(1995)，1990年起的数据取自ECLAC(1999)。古巴1950—1990年的数据取自ECLAC的各种资料来源，1990年后的数据取自ECLAC的《拉丁美洲经济的初步概览》(*Preliminary Overview of the Economies of Latin America*, Santiago,1998,1999)。波多黎各1950—1998年的GDP数据取自《GDP历史

数据》(*PBI Historico*，Junta de Planificación，San José，1998)。牙买加、特立尼达岛和多巴哥 1950—1973 年的 GDP 数据取自 OECD 发展中心数据库，1973—1990 年的数据取自世界银行的《世界数据表》，1990 年起的数据取自 ECLAC(1999)。我假定 1820—1950 年这 15 个国家的总体人均 GDP 与 8 个核心国家的总体人均 GDP 同比例变动。

21 个加勒比小经济体的合计估计值列在表 A2-a 至表 A2-f 中；1950—1998 年各经济体的详细情况列在表 A-g 中。

表 A2-g 列出了根据 ICP 研究得到的按 1990 年国际元计算的 8 个核心国家和 10 个其他国家的 1990 基准年 GDP 水平。至于对巴哈马、巴巴多斯、伯利兹、多米尼加、格林纳达、圭亚那、海地、尼加拉瓜、波多黎各、圣基茨和尼维斯、圣卢西亚、圣文森特、苏里南、特立尼达和多巴哥的估计，我们采用了《宾夕法尼亚大学世界表》(PWT)的估计。

对 11 个加勒比小经济体和古巴而言，我们既无 ICP 的 PPP 估计数据，又无 PWT 的 PPP 估计数据。因此，我们假定这些经济体的人均 GDP 水平与可以得到这些指标的 32 个经济体的人均 GDP 水平相同，但古巴的人均 GDP 大约比拉丁美洲的平均水平低 15%。

对拉丁美洲而言，ICP 的估计值大约占了拉丁美洲 1990 年 GDP 总值的 95.2%，PWT 的估计值大约占了 3.2%，替代指标估计值大约占了 1.7%。

对于 3 个缺失数据的国家，我们假定其 1870—1913 年按比例加总的人均 GDP 的变动与其他 5 个核心国家的平均水平一致。对于缺失 1820 年数据的那些核心国家，我们假定其人均 GDP 的平均水平与巴西和墨西哥的平均水平相同。

对于 36 个缺少 1820—1950 年 GDP 变动估计值的其他国家，我们假定其人均 GDP 的平均水平与 8 个样本国家的平均水平（包括其中采用替代指标估计的部分）同比例变动。这样，在拉丁美洲 GDP 总值中替代指标估计值所占的比重在 1820 年是 44.0%，在 1870 年是 38.2%，在 1913 年是 16.7%；从 1950 年起，替代指标估计值所占的比重可以忽略不计。

表 A-g　21 个加勒比小经济体的 GDP 和人口（1950—1998）

	GDP（百万 1990 年国际元）				人口（千人）			
	1950	1973	1990	1998	1950	1973	1990	1998
巴哈马	756	3 159	3 946	4 248	70	182	251	180
巴巴多斯	448	1 595	2 138	2 366	211	243	255	259
伯利兹	110	341	735	929	66	130	190	230
多米尼加共和国	82	182	279	344	51	74	72	66
格林纳达	71	180	310	388	76	97	94	96
圭亚那	462	1 309	1 159	2 018	428	755	748	708
圣卢西亚	61	199	449	508	79	109	140	152
圣文森特	79	175	392	506	66	90	113	120
苏里南	315	1 046	1 094	1 209	208	384	396	428
A 组合计	**2 384**	**8 186**	**10 502**	**12 516**	**1 255**	**2 064**	**2 249**	**2 339**
安提瓜和巴布达	82	328	413	510	46	68	63	64
百慕大	65	238	310		39	53	58	62
瓜德罗普	359	1 568	1 801		208	329	378	416
圭亚那（法属）	138	238	516		26	53	116	163
马提尼克	293	1 568	1 857		217	332	374	407
安的列斯	393	1 097	980	1 100	159	225	253	274
圣基茨和尼维斯	61	215	233	345	44	45	40	42
B 组合计	**1 391**	**5 252**	**6 110**	**7 787**	**739**	**1 105**	**1 284**	**1 428**
其他 5 个经济体	181	667	1 094	1 446	68	139	183	233
21 个经济体合计	**3 956**	**14 105**	**17 706**	**21 749**	**2 062**	**3 308**	**3 726**	**3 990**

资料来源：1950—1990 年的 GDP 数据来自 Maddison（1995a，p. 218）及其数据库。A 组中 7 个国家 1990 年后的 GDP 数据来自 ECLAC 的《1998—1999 年拉丁美洲和加勒比地区经济调查》（*Economic Survey of Latin America and the Caribbean 1998—1999*，Santiago, 1999，p. 32）。1990—1998 年安提瓜和巴布达、巴哈马、荷兰属安的列斯群岛、圣基茨和尼维斯的人均 GDP 数据来自 IMF。对于其他经济体，假定其人均 GDP 变动与 A 组人均 GDP 均值成比例，则可推算出其 GDP。1950 年后的人口数据来自美国人口普查局人口研究部；1820—1850 年 21 个经济体的总人口变动与表 A2-a 中所示的 15 个经济体的总人口变动成比例。第 3 组中的 5 个经济体包括阿鲁巴、福克兰群岛（马尔维纳斯群岛）、圣皮埃尔和密克隆群岛、特克斯和凯科斯群岛以及维尔京群岛。

表 A2-a 44个拉丁美洲经济体的人口（1820—1998） （千人，年中值）

	1820	1870	1913	1950	1973	1990	1998
阿根廷	534	1 796	7 653	17 150	25 174	32 634	36 265
巴西	4 507	9 797	23 660	53 443	103 463	151 040	169 807
智利	885	1 943	3 491	6 091	9 897	13 128	14 788
哥伦比亚	1 206	2 392	5 195	11 592	23 069	32 985	38 581
墨西哥	6 587	9 219	14 970	28 485	57 643	84 748	98 553
秘鲁	1 317	2 606	4 339	7 633	14 350	21 989	26 111
乌拉圭	55	373	1 177	2 194	2 834	3 106	3 285
委内瑞拉	718	1 653	2 874	5 009	11 893	19 325	22 803
8个核心国家合计	**15 809**	**29 779**	**63 359**	**131 597**	**248 323**	**358 955**	**410 193**
玻利维亚		1 495	1 881	2 766	4 680	6 620	7 826
哥斯达黎加		155	372	867	1 886	3 022	3 605
古巴		1 331	2 469	5 785	9 001	10 545	11 051
多米尼加共和国		242	750	2 312	4 781	6 997	7 999
厄瓜多尔		1 013	1 689	3 310	6 629	10 308	12 337
萨尔瓦多		492	1 008	1 940	3 853	5 041	5 752
危地马拉		1 007	1 486	2 969	5 801	9 631	12 008
海地		1 150	1 891	3 097	4 748	6 048	6 781
洪都拉斯		404	660	1 431	2 964	4 740	5 862
牙买加		499	837	1 385	2 036	2 466	2 635
尼加拉瓜		361	578	1 098	2 241	3 591	4 583
巴拿马		176	348	893	1 659	2 388	2 736
巴拉圭		384	594	1 476	2 692	4 236	5 291
波多黎各		645	1 181	2 218	2 863	3 537	3 860
特立尼达和多巴哥		210	352	632	985	1 198	1 117
15个其他国家合计	**5 077**	**9 564**	**16 096**	**32 179**	**56 819**	**80 368**	**93 443**
21个非样本小经济体合计	**334**	**630**	**1 060**	**2 062**	**3 308**	**3 726**	**3 990**
44个拉丁美洲经济体合计	**21 220**	**39 973**	**80 515**	**165 837**	**308 450**	**443 049**	**507 623**
43个拉丁美洲经济体合计(不包括墨西哥)	**14 633**	**30 754**	**65 545**	**137 352**	**250 807**	**358 301**	**409 070**

表 A2-b 44个拉丁美洲经济体的 GDP(1820—1998)

(百万1990年国际元)

	1820	1870	1913	1950	1973	1990	1998
阿根廷		2 354	29 060	85 524	200 720	212 518	334 314
巴西	2 912	6 985	19 188	89 342	401 643	743 765	926 919
智利			9 261	23 274	50 401	84 038	144 279
哥伦比亚			6 420	24 955	80 728	159 042	205 132
墨西哥	5 000	6 214	25 921	67 368	279 302	516 692	655 910
秘鲁			4 500	17 270	56 713	64 979	95 718
乌拉圭		748	3 895	10 224	14 098	20 105	27 313
委内瑞拉		941	3 172	37 377	126 364	160 648	204 433
8个核心国家合计	11 275	22 273	101 417	355 334	1 209 969	1 961 787	2 594 018
玻利维亚				5 309	11 030	14 446	19 241
哥斯达黎加				1 702	8 145	14 370	19 272
古巴				19 613	29 165	31 087	23 909
多米尼加共和国				2 416	9 617	17 503	25 304
厄瓜多尔				6 278	21 337	40 267	51 378
萨尔瓦多				2 888	9 084	10 805	15 627
危地马拉				6 190	18 593	29 050	40 522
海地				3 254	4 810	6 323	5 532
洪都拉斯				1 880	4 866	8 898	11 929
牙买加				1 837	8 411	8 890	9 308
尼加拉瓜				1 774	6 566	5 297	6 651
巴拿马				1 710	7 052	10 688	15 609
巴拉圭				2 338	5 487	13 923	16 719
波多黎各				4 755	20 908	37 277	51 159
特立尼达和多巴哥				2 322	8 553	11 110	13 683
15个其他国家合计	2 676	5 289	19 058	64 266	173 626	259 934	325 843
21个非样本小经济体合计	169	335	1 206	3 956	14 105	17 706	21 749
44个拉丁美洲经济体合计	14 120	27 897	121 681	423 556	1 397 700	2 239 427	2 941 610
43个拉丁美洲经济体合计(不包括墨西哥)	9 120	21 683	95 760	356 188	1 118 398	1 722 735	2 285 700

表 A2-c 44 个拉丁美洲经济体的人均 GDP（1820—1998）

（1990 年国际元）

	1820	1870	1913	1950	1973	1990	1998
阿根廷		1 311	3 797	4 987	7 973	6 512	9 219
巴西	646	713	811	1 672	3 882	4 924	5 459
智利			2 653	3 821	5 093	6 401	9 756
哥伦比亚			1 236	2 153	3 499	4 822	5 317
墨西哥	759	674	1 732	2 365	4 845	6 097	6 655
秘鲁			1 037	2 263	3 952	2 955	3 666
乌拉圭		2 005	3 309	4 660	4 975	6 473	8 314
委内瑞拉		569	1 104	7 462	10 625	8 313	8 965
8 个核心国家合计	**713**	**748**	**1 601**	**2 700**	**4 873**	**5 465**	**6 324**
玻利维亚				1 919	2 357	2 182	2 459
哥斯达黎加				1 963	4 319	4 755	5 346
古巴				3 390	3 240	2 948	2 164
多米尼加共和国				1 045	2 012	2 502	3 163
厄瓜多尔				1 897	3 219	3 906	4 165
萨尔瓦多				1 489	2 358	2 143	2 717
危地马拉				2 085	3 205	3 016	3 375
海地				1 051	1 013	1 045	816
洪都拉斯				1 314	1 642	1 877	2 035
牙买加				1 326	4 131	3 605	3 532
尼加拉瓜				1 616	2 930	1 475	1 451
巴拿马				1 915	4 251	4 476	5 705
巴拉圭				1 584	2 038	3 287	3 160
波多黎各				2 144	7 303	10 539	13 254
特立尼达和多巴哥				3 674	8 683	9 274	12 250
15 个其他国家合计	**527**	**553**	**1 184**	**1 997**	**3 056**	**3 234**	**3 487**
21 个非样本小经济体合计	**506**	**532**	**1 138**	**1 919**	**4 264**	**4 752**	**5 451**
44 个拉丁美洲经济体合计	**665**	**698**	**1 511**	**2 554**	**4 531**	**5 055**	**5 795**
43 个拉丁美洲经济体合计（不包括墨西哥）	**623**	**705**	**1 461**	**2 593**	**4 459**	**4 808**	**5 588**

表 A2-d　44 个拉丁美洲经济体的人均 GDP 增长率（1820—1998）　　　（％）

	1820—1870	1870—1913	1913—1950	1950—1973	1973—1998
阿根廷		2.50	0.74	2.06	0.58
巴西	0.20	0.30	1.97	3.73	1.37
智利			0.99	1.26	2.63
哥伦比亚			1.51	2.13	1.69
墨西哥	−0.24	2.22	0.85	3.17	1.28
秘鲁			2.13	2.45	−0.30
乌拉圭		1.17	0.93	0.28	2.08
委内瑞拉			5.30	1.55	−0.68
8 个核心国家合计	0.10	1.79	1.42	2.60	1.05
玻利维亚				0.90	0.17
哥斯达黎加				3.49	0.86
古巴				−0.20	−1.60
多米尼加共和国				2.89	1.83
厄瓜多尔				2.33	1.04
萨尔瓦多				2.02	0.57
危地马拉				1.89	0.21
海地				−0.16	−0.86
洪都拉斯				0.97	0.86
牙买加				5.06	−0.62
尼加拉瓜				2.62	−2.77
巴拿马				3.53	1.18
巴拉圭				1.10	1.77
波多黎各				5.47	2.41
特立尼达和多巴哥				3.81	1.39
15 个其他国家合计				1.87	0.53
21 个非样本小经济体合计				3.53	0.99
44 个拉丁美洲经济体合计	0.10	1.81	1.43	2.52	0.99
43 个拉丁美洲经济体合计（不包括墨西哥）	0.25	1.71	1.56	2.38	0.91

表 A2-e 44 个拉丁美洲经济体的 GDP 增长率(1820—1998)　　　　(%)

	1820—1870	1870—1913	1913—1950	1950—1973	1973—1998
阿根廷		6.02	2.96	3.78	2.06
巴西	1.77	2.38	4.24	6.75	3.40
智利			2.52	3.42	4.30
哥伦比亚			3.74	5.24	3.80
墨西哥	0.44	3.38	2.62	6.38	3.47
秘鲁			3.70	5.31	2.12
乌拉圭		3.91	2.64	1.41	2.68
委内瑞拉			6.89	5.44	1.94
8 个核心国家合计	**1.37**	**3.59**	**3.45**	**5.47**	**3.10**
玻利维亚				3.23	2.25
哥斯达黎加				7.04	3.51
古巴				1.74	−0.79
多米尼加共和国				6.19	3.95
厄瓜多尔				5.46	3.58
萨尔瓦多				5.11	2.19
危地马拉				4.90	3.17
海地				1.71	0.56
洪都拉斯				4.22	3.65
牙买加				6.84	0.41
尼加拉瓜				5.85	0.05
巴拿马				6.35	3.23
巴拉圭				3.78	4.56
波多黎各				6.65	3.64
特立尼达和多巴哥				5.83	1.90
15 个其他国家合计				4.42	2.55
21 个非样本小经济体合计				5.68	1.75
44 个拉丁美洲经济体合计	1.37	3.48	3.43	5.33	3.02
43 个拉丁美洲经济体合计(不包括墨西哥)	1.75	3.51	3.61	5.10	2.90

表 A2-f　44 个拉丁美洲经济体的人口增长率（1820—1998） （%）

	1820—1870	1870—1913	1913—1950	1950—1973	1973—1998
阿根廷	2.46	3.43	2.20	1.68	1.47
巴西	1.57	2.07	2.23	2.91	2.00
智利	1.59	1.37	1.52	2.13	1.62
哥伦比亚	1.38	1.82	2.19	3.04	2.08
墨西哥	0.67	1.13	1.75	3.11	2.17
秘鲁	1.37	1.19	1.54	2.78	2.42
乌拉圭	3.90	2.71	1.70	1.12	0.59
委内瑞拉	1.68	1.29	1.51	3.83	2.64
8 个核心国家合计	**1.27**	**1.77**	**2.00**	**2.80**	**2.03**
玻利维亚		0.54	1.05	2.31	2.08
哥斯达黎加		2.06	2.31	3.44	2.63
古巴		1.45	2.33	1.94	0.82
多米尼加共和国		2.67	3.09	3.21	2.08
厄瓜多尔		1.20	1.84	3.07	2.52
萨尔瓦多		1.68	1.79	3.03	1.62
危地马拉		0.91	1.89	2.96	2.95
海地		1.16	1.34	1.88	1.44
洪都拉斯		1.15	2.11	3.22	2.77
牙买加		1.21	1.37	1.69	1.04
尼加拉瓜		1.10	1.75	3.15	2.90
巴拿马		1.60	2.58	2.73	2.02
巴拉圭		1.02	2.49	2.65	2.74
波多黎各		1.42	1.72	1.12	1.20
特立尼达和多巴哥		1.21	1.59	1.95	0.50
15 个其他国家合计	**1.27**	**1.22**	**1.89**	**2.50**	**2.01**
21 个非样本小经济体合计	1.28	1.22	1.81	2.08	0.75
44 个拉丁美洲经济体合计	1.27	1.64	1.97	2.73	2.01
43 个拉丁美洲经济体合计（不包括墨西哥）	1.50	1.78	2.02	2.65	1.98

表 A2-g 18 个拉丁美洲国家按 1990 年国际元计算的 1990 年 GDP 水平

	GDP （百万基准 年本币）	PPP 换算系数 （基准年本 币/美元）	GDP （百万基准年 国际元）	1990 年 GDP （百万基准年 国际元）	1990 年 GDP （百万 1990 年 国际元）
		ICP 3（以 1975 年为基准年）			
牙买加	2 611	0.742	3 519	3 865	8 890
墨西哥	1 007 036	7.4	136 086	224 649	516 692
		ICP 4（以 1980 年为基准年）			
阿根廷	3 840	0.026 04	147 465	134 607	212 518
玻利维亚	128 614	14.51	8 864	9 150	14 446
巴西	13 164	0.032 52	404 797	471 096	743 765
智利	1 075 269	26.67	40 318	53 299	84 038
哥伦比亚	1 579 130	21.99	71 811	100 736	159 042
哥斯达黎加	41 406	5.79	7 151	9 102	14 370
多米尼加共和国	6 625	0.594	11 153	11 086	17 503
厄瓜多尔	293 337	14.16	20 716	25 505	40 267
萨尔瓦多	8 917	1.31	6 807	6 844	10 805
危地马拉	7 879	0.467	16 871	18 400	29 050
洪都拉斯	4 976	1.12	4 443	5 636	8 898
巴拿马	3 559	0.564	6 310	6 770	10 688
巴拉圭	560 459	83.87	6 682	8 819	13 923
秘鲁	5 970 000	129.6	46 065	41 157	64 979
乌拉圭	92 204	7.58	12 164	12 734	20 105
委内瑞拉	297 800	3.14	94 841	101 753	160 648

资料来源：第 1 列数据为基准年以百万本币表示的 GDP，在大多数情形下和 ICP 原始估计值相同。对于阿根廷、秘鲁和委内瑞拉，根据 ICP 的计算结果，将以上三国 1980 年官方现价 GDP 估计值分别往上调整了 36%、6.5% 和 17.2%，以纠正以前对非正规部门的低估。对于墨西哥，我的估计值比 OECD 的《国民经济核算账户（1960—1997）》（National Accounts, 1960—1997）中提供的 1975 年官方估计值低 12.2%，这个调整的目的是纠正其在农业、制造业和一些服务业产出中的高估成分。我在 Maddison(1995a, p.166) 中解释了这种调整的理由。第 2 列的 PPP 数据来自 ICP。第 3 列数据为第 1 列除以第 2 列得到。第 4 列是将第 3 列数据根据基准年与 1990 年之间 GDP 物量变动调整后得到的。第 5 列是将第 4 列数据根据基准年与 1990 年之间美国 GDP 平减指数变动调整后得到的。

A-3
1820—1998年56个亚洲经济体的人口、GDP和人均GDP

关于亚洲的估计值是对 Maddison(1995a)估计值的更新和大幅度修订。其中最大的修订是对中国内地 GDP 增长估计值的修订,这在 Maddison(1998a)中已有描述。此外,对印度、日本、菲律宾、中国台湾地区以及很多其他经济体的估计值也有了改进。本研究给另外 26 个经济体加上了资料来源注释,使详细资料覆盖面从 11 个经济体扩大到 37 个经济体。本研究对人口数据也有修订。对以 1990 年为基准年的 GDP 估计值所采用的修订方法如下:对 24 个占亚洲 GDP 93%的经济体,以 ICP 或 ICP 同等方法为基础;对 16 个占亚洲 GDP 6% 的经济体,采用了《宾夕法尼亚大学世界表》(5.6 版)的估计值;对剩下的 1% (16 个经济体)的 GDP 水平采用了替代指标估计值。

根据数据质量可将亚洲经济体分成三组。对第一组的 16 个东亚经济体,由于存在对其经济核算账户的大量研究,我们有最可靠的 GDP 增长估计值。这些经济体代表了亚洲 1820 年 GDP 的 95%,1950 年 GDP 的 85%,1998 年 GDP 的 88.4%。用来填补 GDP 数据库空白的替代指标估计值列示在表 A-m 中。

就第二组的 25 个东亚经济体而言,目前可得到的 GDP 增长指标有严重缺陷,它们的 1990 年基准估计值是低质量的。本研究对存在严重数据问题的阿富汗、柬埔寨、老挝、蒙古、朝鲜和越南给出了详细的注释,其中之一是将这些经济体的苏联式物质产品核算数据转换为 GDP,当然这种转换也只能以粗糙的方式进行。这一组中另外一些经济体包括不丹、文莱、中国澳门地区、马尔代夫群岛和 15 个太平洋岛屿。这 25 个经济体共占亚洲 1950 年 GDP 的 3.7%,1998 年 GDP 的 1.7%。

第三组由 15 个西亚经济体组成,其中许多经济体到第一次世界大战结束时一直是土耳其帝国的省份,大多数在 1950 年以前并没有关于宏观经济表现的定量研究。其中 10 个经济体的战后经济受到石油工业的强烈影响。这些石油生产国1950年的人均收入比战前要高得多,更大大高于亚洲其他经济体的水平。该地区的石油产量在1937年是1 600万吨,1950年是8 600万吨,1973年达到105 300万吨,这就是说,在1950—1973年间平均每年的增长率达到11.5％左右。OPEC提高价格和限制供应的行动意味着1998年的石油产量大致与1973年相当(见表3-21)。伊朗、伊拉克、以色列、科威特、黎巴嫩、叙利亚和也门的经济增长受到战争的显著影响。这一组经济体代表了亚洲1950年GDP的11.2％,1973年GDP的14.4％,1998年GDP的9.9％。

我们对亚洲的估计值不包括苏联的8个后继共和国(亚美尼亚、阿塞拜疆、格鲁吉亚、哈萨克斯坦、吉尔吉斯斯坦、塔吉克斯坦、土库曼斯坦、乌兹别克斯坦)和俄罗斯联邦的亚洲领土(见附录A-1和附录D中关于苏联的注释)。

16个东亚经济体

孟加拉国*:Maddison(1995a)对孟加拉国和巴基斯坦的可追溯至1820年的GDP和人口数据进行了估计。在本研究中,有关印度1820—1913年的数据包括了现在的孟加拉国和巴基斯坦。

孟加拉国1950—1966年GDP的物量变动数据取自《阶级结构和经济增长》(Maddison, *Class Structure and Economic Growth*, Allen and Unwin, London,1971,p.171)。1966—1978年的GDP变动数据取自世界银行各期的《世界数据表》,1978年后的数据取自亚洲开发银行。1967年以来的数据是以财政年度为基础的。1950年以来的人口数据取自美国人口普查局国际研究中心。

就印度、孟加拉国和巴基斯坦而言,必须有与它们直到1947年仍是统一的事实相匹配的基准GDP水平。孟加拉国和巴基斯坦的ICP估计值与印度的ICP估计值是不相匹配的(见表A3-g)。因此,我假设在1950年孟加拉国和巴基斯坦合在一起的人均GDP水平与印度的水平相同(以1990年国际元计算)。1950年时,孟加拉国和巴基斯坦是前巴基斯坦的"两翼"。1950年它们GDP的相对规模取自巴基斯坦政府计划委员会的《专家顾问组关于第四个五年计划的报告》(*Reports of the Advisory Panels for the Fourth Five-Year Plan*, Islam-

---

* 这里的"孟加拉国"是地域上的概念,在提到1972年以前的数据时,作者指的是孟加拉国1990年的领土范围。下同。——译者注

abad, July 1970, p. 136）。

缅甸：我们假定缅甸1820—1870年的人口变动在比例上与印度一致。1870—1941年的数据取自莱英（A. Hlaing, 1964）, 1950年后的数据取自美国人口普查局。以1901年价格计算的分产业的1901—1938年的国内生产净值数据取自莱英的"1870—1940年缅甸经济增长和收入分配的趋势"（Trends of Economic Growth and Income Distribution in Burma 1870—1940, *Journal of the Burma Research Society*, 1964, p. 144），将其同海根（E. E. Hagen）的《关于社会变化的理论》（*On the Theory of Social Change*, Dorsey, Homewood, Illinois, 1962）中以1947/1948年价格计算的分产业的1938—1959年的GDP估计值相连接，再同OECD发展中心对1950—1978年的估计值相连接。从1978年起的GDP数据来自亚洲开发银行。以1990年国际元估计的1990年GDP水平来自《宾夕法尼亚大学世界表》（5.6版）。

中国内地：1820—1995年的GDP水平和人口数据取自《中国经济的长期表现》（Maddison, *Chinese Economic Performance in the Long Run*, OECD Development Centre, 1998, pp. 158—159, 169），其中1950—1952年GDP的变动数据取自Maddison（1995a）。1995—1998年GDP的变动数据出自《中国统计年鉴1999》（国家统计局，北京，1999，p. 58）。中国官方的数据所给出的1995—1998年的年均GDP增长率是8.7%，我利用Maddison（1998a, p. 160）中的一个针对1978—1995年的校正系数，将它调低至6.6%。参看许宪春（1999）对我的估计值的评论。1990年的基准GDP水平参看表A3-g。

中国香港：1820—1950年的人口数据取自Maddison（1998a, p. 170），1950—1989年的数据取自美国人口普查局，1990年起的数据取自亚洲开发银行。1950—1961年GDP的变动数据取自周（K. R. Chou）所著的《香港经济》（*The Hong Kong Economy*, Academic Publications, Hong Kong, 1966, p. 81）, 1961—1998年的数据取自《1961—1998年GDP的估计》（*Estimates of Gross Domestic Product 1961 to 1968*, Census and Statistics Dept., Hong Kong, March 1999, p. 14）。1990年的基准GDP水平则通过更新ICP第5回合估计值得到（见表A3-g）。

印度：1820—1900年的人口数据取自Maddison（1995a），在此之后的数据取自西瓦苏布拉莫尼安（S. Sivasubramonian）。这些数据是每年10月1日，即财政年度中期的数据。印度分裂之前的按1948/1949年价格计算的分产业1900—1946年的GDP，以及分裂之后的1946—1998年的GDP取自西瓦苏布拉莫尼安的"20 世纪印度的经济增长表现"(Twentieth Century Economic Performance of India, in A. Maddison, D. S. Prasada Rao and W. Shepherd, eds., *The Asian Economies in the Twentieth Century*, Elgar, Aldershot, London, 2001)。1870—1900 年的 GDP 变动是通过将海斯顿在"国民收入"(National Income, in D. Kumar and M. Desai, *Cambridge Economic History of India*, Vol. 2, Cambridge, 1983, pp. 397—398)一文中以不变价计算的 9 个部门的净产值估计值,与西瓦苏布拉莫尼安的 1990 年分部门产出规模的估计值进行衔接而得出来的(见表 A-h)。我假定印度 1820 年的人均 GDP 与 1870 年的水平相同。1990 基准年的 GDP 水平估计值出自 ICP 第 4 回合(见表 A3-g)。

表 A-h　印度 GDP、人口和人均 GDP(1820—1998)

	GDP（百万 1990 年国际元）	人口（百万人）	人均 GDP（1990 年国际元）		GDP（百万 1990 年国际元）	人口（百万人）	人均 GDP（1990 年国际元）
1820	111 417	209.0	533	1920	194 051	305.6	635
				1921	208 785	307.3	679
1870	134 882	253.0	533	1922	217 594	310.4	701
				1923	210 511	313.6	671
1900	170 466	284.5	599	1924	220 763	316.7	697
1901	173 957	286.2	608	1925	223 375	319.9	698
1902	188 504	288.0	655	1926	230 410	323.2	713
1903	191 141	289.7	660	1927	230 426	326.4	706
1904	192 060	291.5	659	1928	232 745	329.7	706
1905	188 587	293.3	643	1929	242 409	333.1	728
1906	193 979	295.1	657	1930	244 097	336.4	726
1907	182 234	296.9	614	1931	242 489	341.0	711
1908	184 844	298.7	619	1932	245 209	345.2	710
1909	210 241	300.5	700	1933	245 433	345.8	710
1910	210 439	302.1	697	1934	247 712	350.7	706
1911	209 354	303.1	691	1935	245 361	355.6	690
1912	208 946	303.4	689	1936	254 896	360.6	707
1913	204 242	303.7	673	1937	250 768	365.7	686
1914	215 400	304.0	709	1938	251 375	370.9	678
1915	210 110	304.2	691	1939	256 924	376.1	683
1916	216 245	304.5	710	1940	265 455	381.4	696
1917	212 341	304.8	697	1941	270 531	386.8	699
1918	185 202	305.1	607	1942	269 278	391.7	687
1919	210 730	305.3	690	1943	279 898	396.3	706

(续表)

	GDP (百万 1990 年 国际元)	人口 (百万人)	人均 GDP (1990 年 国际元)		GDP (百万 1990 年 国际元)	人口 (百万人)	人均 GDP (1990 年 国际元)
1944	276 954	400.3	692	1972	472 766	567	834
1945	272 503	405.6	672	1973	494 832	580	853
1946	258 164	410.4	629	1974	500 146	593	843
1946	212 622	343	620				
1947	213 680	346	618	1975	544 683	607	897
1948	215 927	350	617	1976	551 402	620	889
1949	221 631	355	624	1977	593 834	634	937
1950	222 222	359	619	1978	625 695	648	966
1951	227 362	365	623	1979	594 510	664	895
1952	234 148	372	629	1980	637 202	679	938
1953	248 963	379	657	1981	675 882	692	977
1954	259 262	386	672	1982	697 705	708	985
1955	265 527	393	676	1983	753 942	723	1 043
1956	280 978	401	701	1984	783 042	739	1 060
1957	277 924	409	680	1985	814 344	755	1 079
1958	299 137	418	716	1986	848 990	771	1 101
1959	305 499	426	717	1987	886 154	788	1 125
1960	326 910	434	753	1988	978 822	805	1 216
1961	336 744	444	758	1989	1 043 912	822	1 270
1962	344 204	454	758	1990	1 098 100	839	1 309
1963	361 442	464	779	1991	1 104 114	856	1 290
1964	389 262	474	821	1992	1 161 769	872	1 332
1965	373 814	485	771	1993	1 233 796	891	1 385
1966	377 207	495	762	1994	1 330 036	908	1 465
1967	408 349	506	807	1995	1 425 798	927	1 538
1968	418 907	518	809	1996	1 532 733	943	1 625
1969	446 872	529	845	1997	1 609 371	959	1 678
1970	469 584	541	868	1998	1 702 712	975	1 746
1971	474 238	554	856				

注：1820—1946 年的数据是指未分裂的印度，1946—1998 年的数据是指现代印度。1946 年是一个交叉年份，本表提供了两个数据，分别反映了分裂前和分裂后的情况。

印度尼西亚：三个民族群体（即土著、外来亚洲人和"欧洲人"）1820—1870 年的实际收入数据来自我的"荷兰人在印度尼西亚和来自印度尼西亚的收入"（Dutch Income in and from Indonesia，*Modern Asian Studies*，Vol. 23. 4，1989，pp. 663—665）。以 1983 年价格计算的 1870—1900 年各产业的 GDP 增长数据由范德恩(Pierre van der Eng)提供,这些数据是他的文章"1880—1989年印度尼西亚的实际国内产值"(The Real Domestic Product of Indonesia, 1880—1989, *Explorations in Economic History*, July 1992)中的估计值的修订值。1900—1998年的数据取自范德恩的"20世纪印度尼西亚的经济增长表现"(Indonesia's Growth Performance in the Twentieth Century, in A. Maddison, D. S. Prasada Rao and W. Shepherd, eds., *The Asian Economies in the Twentieth Century*, Elgar, Aldershot, 2001)。1820—1890年的人口数据和GDP数据来自同样的文献,从1990年起人口数据取自亚洲开发银行。1990基准年的GDP水平估计值来自ICP第4回合(见表A3-g)。

日本:1820—1960年的人口数据取自Maddison(1995a),并根据OECD有关资料进行了更新。以1934—1936年市场价格计算的1890—1940年各产业的GDP数据取自大川一司(K. Ohkawa)和筱原三代平(M. Shinohara)编的《日本发展的模式:一个定量评估》(*Patterns of Japanese Development: A Quantitative Appraisal*, Yale, 1979, pp. 278—280)。这是大川一司、筱原三代平和梅村又次(M. Umemura)编的《1868年以来日本长期经济统计的估算》(*Estimates of Long-Term Economic Statistics of Japan since 1868*, LTES)的摘要,LTES的全部成果被刊载在1966—1988年出版的14卷著作中。大川一司和筱原三代平(Ohkawa and Shinohara, 1979)在LTES第1卷(1974, p. 227)中重新整理了分产业的GDP,并做了略微改动。这一LTES系列多卷本原打算追溯至1868年的整个明治时期,但对GDP总量的估计值只追溯到1885年,尽管其中几卷包含了早些年份的估计值。未能公布1885年以前数据的主要原因是1966年出版的LTES第9卷《农业和林业》(*Agriculture and Forestry*)中的估计值一直受到中村(James Nakamura, *Agricultural Production and the Economic Development of Japan, 1873—1922*, Princeton, 1966)的批评,认为他们夸大了明治早期大米产量的增长率。同样,基础数据上的一些漏洞也使他们更不愿意估算1885年以前年度的GDP总量。关于1874—1889年大米产量的新估计值出现在1979年(Saburo Yamada and Yujiro Hayami, Agricultural Growth in Japan, 1880—1970, in Y. Hayami, V. W. Ruttan and H. M. Southworth eds., *Agricultural Growth in Japan, Taiwan, Korea and the Philippines*, Asian Productivity Center, Honolulu, 1979, p. 233)。这个估计值被用来修订LTES关于农业部门的GDP估计值,再加上一些粗略的估算以填补数据上的

漏洞。基于此，我采用与 LTES 相同的 1934—1936 年价格权数，估计了 1874—1889 年的 GDP（见表 A-i）。1820—1874 年 GDP 的增长数据取自附录 B。

表 A-i　日本各经济部门 GDP(1874—1890)

（百万日元，1934—1936 年价格）

	农业 (1)	工业 (2)	建筑业 (3)	运邮业 (4)	小计 (5)	其他服务业 (6)	住宅折旧 (7)	GDP (8)
1874	1 300	207	61	28	1 596	1 418	125	3 139
1875	1 444	225	50	30	1 749	1 506	126	3 381
1876	1 388	226	49	31	1 694	1 480	127	3 301
1877	1 437	240	48	33	1 758	1 520	128	3 406
1878	1 416	249	48	35	1 748	1 519	129	3 396
1879	1 514	266	57	38	1 875	1 593	130	3 598
1880	1 580	277	68	40	1 965	1 648	131	3 744
1881	1 497	274	73	42	1 886	1 608	132	3 626
1882	1 537	280	82	45	1 944	1 644	133	3 721
1883	1 529	281	85	48	1 943	1 648	134	3 725
1884	1 426	293	74	51	1 844	1 598	135	3 775
1885	1 637	266	88	54	2 045	1 713	136	3 894
1886	1 748	307	87	58	2 200	1 833	137	4 170
1887	1 808	328	116	60	2 312	1 908	137	4 357
1888	1 749	331	99	65	2 244	1 778	138	4 160
1889	1 578	374	115	67	2 134	2 085	142	4 361
1890	1 848	369	127	73	2 417	2 217	144	4 778

资料来源：1890 年基准数据来自大川一司、高松信清和山本有造的《国民所得》(*National Income*, Vol. 1 of LTES, 1974, p.227)。第 1 列是农业、林业和渔业的增加值，1874—1889 年的农业总产出数据来自第 9 卷第 152 页，并根据 Yamada and Hayami (1979, p.233) 的发现对农业总产出估计值进行了调整；农业总投入数据来自第 9 卷第 186 页；林业增加值数据来自第 9 卷第 234 页；渔业增加值数据来自第 1 卷第 228 页，并根据大川一司 (1957, p.72) 提供的资料补充了以前年份的数据。第 2 列是制造业和采掘业的增加值，其中，1885—1890 年的数据来自第 1 卷第 227 页；1874—1885 年的数据是根据筱原三代平在第 10 卷第 145 页和第 243 页中提供的总产值估计值推算出来的，其方法是假定 1885 年的增加值率 (30%) 也适用于 1874—1884 年。第 3 列是建筑业，其中，1885—1890 年的数据来自第 1 卷第 227 页，1874—1885 年的数据是根据建筑业投资增长率 (Vol.4, p.230) 推算出来的 (假定建筑业增加值变动与建筑业投资增长率相同)。第 4 列是运输、通信、电力、煤气和自来水供应业 (大川一司称为"辅助性产业")，其中，1885—1890 年的数据来自第 1 卷第 227 页，假定该部门的增长率与 1874—1884 年的增长率相同。第 5 列是前 4 列的合计。第 6 列是"其他服务业"，即商业、公共行政和军事、教育、专业服务和家庭服务，其中，1885—1890 年的数据来自第 1 卷第 227 页；对于 1874—1884 年，假定这些服务业物量值的三分之二的增长率与上述前 4 列 (即第 5 列) 的平均增长率相同，剩余三分之一的增长率与人口增长率相同，从而推算出该时期其他服务业的增加值。第 7 列是住宅建筑物和相关工程 ("riparian") 的折旧 (LTES 对房屋租金没有作任何推算)。其中，1885—1890 年的数据来自第 1 卷第 227 页；对于 1874—1884 年，假定其 GDP 增长率与人口增长率相同。第 8 列是 GDP 总计，即第 5、6 和 7 列之和。

LTES 第 1 卷(p. 214)中关于 1940—1950 年的 GDP 估计值由沟口敏行(Toshiyuki Mizoguchi)和野岛则之(Noriyuki Nojima)在"日本名义和实际 GDP：1940—1955 年"(Nominal and Real GDP in Japan：1940—1955)中修订，其英文版以摘要形式载于沟口敏行的《社会经济变化下的统计制度的改革》(*Reforms of Statistical System under Socio-Economic Changes*，Maruzen, Tokyo, 1995, p. 225)。我采用其 1940—1950 年的估计值(1955 年价格，按行业分类)。1950—1960 年的数据则取自 Maddison(1995a)，1960—1990 年的数据取自 OECD 的《国民经济核算账户（1960—1997）》(*National Accounts 1960—1997*)(Vol. 1, 1999)，1990 年后的数据取自《OECD 国家国民经济核算账户（1988—1998）》(*National Accounts of OECD Countries 1988—1998*，Vol. 1, 2000)。1990 基准年的 GDP 水平估计值来自 ICP 第 6 回合(见表 A3-g)。

(表 A-j 显示了日本 1820—1998 年的 GDP、人口和人均 GDP。)

表 A-j 日本 GDP、人口和人均 GDP(1820—1998)

	GDP（百万 1990 年国际元）	人口（千人）	人均 GDP（1990 年国际元）		GDP（百万 1990 年国际元）	人口（千人）	人均 GDP（1990 年国际元）
1820	20 739	31 000	669	1879	30 540	36 557	835
				1880	31 779	36 807	863
1870	25 393	34 437	737	1881	30 777	37 112	829
1871		34 648		1882	31 584	37 414	844
1872		34 859		1883	31 618	37 766	837
1873		35 070		1884	31 872	38 138	836
1874	26 644	35 235	756	1885	33 052	38 427	860
1875	28 698	35 436	810	1886	35 395	38 622	916
1876	28 019	35 713	785	1887	36 982	38 866	952
1877	28 910	36 018	803	1888	35 310	39 251	900
1878	28 825	36 315	794	1889	37 016	39 688	933
1890	40 556	40 077	1 012	1923	104 828	57 937	1 809
1891	38 621	40 380	956	1924	107 766	58 686	1 836
1892	41 200	40 684	1 013	1925	112 208	59 522	1 885
1893	41 344	41 001	1 008	1926	113 211	60 490	1 872
1894	46 287	41 350	1 119	1927	114 859	61 430	1 870
1895	46 933	41 775	1 123	1928	124 246	62 361	1 992
1896	44 353	42 196	1 051	1929	128 115	63 244	2 026

	GDP（百万1990年国际元）	人口（千人）	人均 GDP（1990年国际元）		GDP（百万1990年国际元）	人口（千人）	人均 GDP（1990年国际元）
1897	45 284	42 643	1 062	1930	118 800	64 203	1 850
1898	53 883	43 145	1 249	1931	119 803	65 205	1 837
1899	49 870	43 626	1 143	1932	129 835	66 189	1 962
1900	52 020	44 103	1 180	1933	142 589	67 182	2 122
1901	53 883	44 662	1 206	1934	142 876	68 090	2 098
1902	51 088	45 255	1 129	1935	146 817	69 238	2 120
1903	54 672	45 841	1 193	1936	157 493	70 171	2 244
1904	55 101	46 378	1 188	1937	165 017	71 278	2 315
1905	54 169	46 829	1 157	1938	176 050	71 879	2 449
1906	61 263	47 227	1 297	1939	203 780	72 364	2 816
1907	63 198	47 691	1 325	1940	209 728	72 967	2 874
1908	63 628	48 260	1 318	1941	214 392	74 005	2 897
1909	63 556	48 869	1 301	1942	214 853	75 029	2 864
1910	64 559	49 518	1 304	1943	211 431	76 005	2 782
1911	68 070	50 215	1 356	1944	206 747	77 178	2 679
1912	70 507	50 941	1 384	1945	156 805	76 224	2 057
1913	71 563	51 672	1 385	1946	120 017	77 199	1 555
1914	69 504	52 396	1 327	1947	125 433	78 119	1 606
1915	75 952	53 124	1 430	1948	135 352	80 155	1 689
1916	87 702	53 815	1 630	1949	138 867	81 971	1 694
1917	90 641	54 437	1 665	1950	160 966	83 563	1 926
1918	91 572	54 886	1 668	1951	181 025	84 974	2 130
1919	100 959	55 253	1 827	1952	202 005	86 293	2 341
1920	94 653	55 818	1 696	1953	216 889	87 463	2 480
1921	105 043	56 490	1 859	1954	229 151	88 752	2 582
1922	104 756	57 209	1 831	1955	248 855	89 790	2 772
1956	267 567	90 727	2 949	1978	1 446 165	114 920	12 584
1957	287 130	91 513	3 138	1979	1 525 477	115 880	13 164
1958	303 857	92 349	3 290	1980	1 568 457	116 800	13 429
1959	331 570	93 237	3 556	1981	1 618 185	117 650	13 754
1960	375 090	94 053	3 988	1982	1 667 653	118 450	14 079
1961	420 246	94 890	4 429	1983	1 706 380	119 260	14 308
1962	457 742	95 797	4 778	1984	1 773 223	120 020	14 774

(续表)

	GDP (百万 1990 年国际元)	人口 (千人)	人均 GDP (1990 年 国际元)		GDP (百万 1990 年国际元)	人口 (千人)	人均 GDP (1990 年 国际元)
1963	496 514	96 765	5 131	1985	1 851 315	120 750	15 332
1964	554 449	97 793	5 670	1986	1 904 918	121 490	15 680
1965	586 744	98 883	5 934	1987	1 984 142	122 090	16 251
1966	649 189	99 790	6 506	1988	2 107 060	122 610	17 185
1967	721 132	100 850	7 151	1989	2 208 858	123 120	17 941
1968	813 984	102 050	7 976	1990	2 321 153	123 540	18 789
1969	915 556	103 231	8 869	1991	2 409 305	123 920	19 442
1970	1 013 602	104 334	9 715	1992	2 433 924	124 320	19 578
1971	1 061 230	105 677	10 042	1993	2 441 512	124 670	19 584
1972	1 150 516	107 179	10 735	1994	2 457 252	124 960	19 664
1973	1 242 932	108 660	11 439	1995	2 493 399	125 570	19 857
1974	1 227 706	110 160	11 145	1996	2 591 213	125 864	20 587
1975	1 265 661	111 520	11 349	1997	2 613 154	126 166	20 712
1976	1 315 966	112 770	11 669	1998	2 539 986	126 469	20 084
1977	1 373 741	113 880	12 063				

马来西亚：对于现代马来西亚的人口（包括旧的组成联邦的和未组成联邦的马来各邦，以及沙巴和沙捞越），不包括文莱和新加坡，其 1820—1913 年的数据来自霍尔（Don Hoerr）提供的估计，1913—1950 年间的变动数据由范德恩提供，1950 年后的数据则取自美国人口普查局。

1913—1990 年 GDP 的变动数据取自范德恩的初步估计值。这些数据是在巴诺基·劳（V. V. Bhanoji Rao）的《1947—1971 年西马来西亚的国民经济核算账户》(*National Accounts of West Malaysia*, 1947—1971, Heinemann, Kuala Lumpur, 1976) 中对西马来西亚按生产法进行的估计的扩展，并将其做了适当的调整以包括沙巴和沙捞越。1990 年后的数据取自亚洲开发银行。1990 基准年的 GDP 水平估计值来自 ICP 第 7 回合（见表 A3-h）。

尼泊尔：我们假定尼泊尔 1820—1913 年的人口变动与印度是同比例的。1913 年的数据取自菲律宾国家联盟（League of Nations）的《1927 年国际统计年鉴》(*International Statistical Yearbook*, 1927, Geneva, 1928, pp. 2—3)；1950 年后的数据取自美国人口普查局。1950—1990 年间的 GDP 变动数据取自 Maddison(1995a)数据库，1990 年后的数据取自亚洲开发银行。1990 基准年的

GDP 水平估计值出自 ICP 第 7 回合(见表 A3-h)。

巴基斯坦：估计方法及资料来源同孟加拉国。

菲律宾：1820—1913 年的人口数据取自 Maddison(1995a),1950 年后的人口数据取自美国人口普查局。1950—1990 年间的 GDP 变动数据取自菲律宾国家统计协调委员会(National Statistical Coordination Board,Manila)的估计值,1990 年后的数据取自亚洲开发银行的《发展中的亚洲和太平洋经济体的关键指标》(*Key Indicators of Developing Asian and Pacific Countries*, Manila),并根据亚洲开发银行的资料进行了更新。我在 Maddison(1995a)使用了胡雷(Hooley,1968)有关 1913—1950 年的估计值。这些数据表明 1950 年菲律宾的人均 GDP 远在 1913 年的水平以下。从那以后,他对 1968 年的估计值作了重大修订以表明 1913—1950 年间的经济表现要好得多。我暂且假定菲律宾 1950 年的人均 GDP 与 1913 年处在同一水平上。1990 基准年的 GDP 水平估计值来自 ICP 第 4 回合(见表 A3-g)。

新加坡：1820—1998 年的人口数据来源与马来西亚相同。假定新加坡 1913—1950 年的人均 GDP 与马来西亚同比例变动。1950—1973 年间的 GDP 变动数据取自 Maddison(1995a)数据库,1973—1990 年的数据取自世界银行的《世界数据表》(1995),1990 年以后的数据取自亚洲开发银行。1990 基准年的 GDP 水平估计值出自 ICP 第 7 回合(见表 A3-h)。

韩国：1820—1913 年的估计值涵盖了整个朝鲜半岛,而 1950 年以后的数据只包括韩国。1820—1906 年的人口变动数据取自权和辛(T. H. Kwon and Y-H. Shin)的"1329—1910 年关于李朝的人口估计数"(On Population Estimates of the Yi Dynasty,1392—1910, *Tong-a Munhwa*, Vol. 14,1977,pp. 324—329)。1906—1938 年的数据取自 Mizoguchi and Umemura(1988,p. 238)。1940 年的数据取自金和罗莫尔(Kim and Roemer,1979,p. 23)。1950 年以后的人口数据取自美国人口普查局国际研究中心。

1911—1938 年的朝鲜半岛 GDP 数据出自沟口敏行和梅村又次的《1895—1938 年前日本殖民地的基本经济统计资料》(*Basic Economic Statistics of Former Japanese Colonies, 1895—1938*, Toyo Keizai Shinposha,Tokyo,1988,p.238)。他们给出了两个总量指标的年度估计值:国内总支出和以要素成本计算的国内生产净值(均以 1934—1936 年价格为基础)。在 1913—1938 年,后者的年均复合增长率是 3.68%,前者是 4.06%。我使用了有关支出的估计值。

徐想哲(Suh Sang-Chul)在其《1910—1940 年朝鲜*经济的增长和结构变化》(*Growth and Economic Structural Changes in the Korean Economy, 1910—1940*, Harvard University Press, Cambridge, Mass., 1978, p. 171)中提供了以 1936 年价格计算的 1910—1940 年间 5 个商品部门(农业、林业、渔业、采掘业和制造业)净产值的年度估计值,由此测算的 1913—1938 年的年增长率(3.07%)低于沟口敏行和梅村又次的估计。我将徐想哲的以商品为基础的估计值,加上对服务业的一个大致估计值(即假定服务业产出与人口呈同比例变动)作为 1938—1940 年 GDP 变动的替代指标。1938—1940 年的人口数据也取自徐想哲(1978, p. 41),其年末估计值被调整为年中估计值。

朝鲜半岛在 1945 年被分裂成两个占领区,从那以后该半岛分为了两个不同的经济体。徐想哲(1978, p. 136)提供了 1934 年、1935 年、1939 年和 1940 年朝鲜半岛北部与南部的分 5 个部门的商品产出数据。利用徐想哲在第 160—166 页上所列的现价市场份额,可以将这些部门加总起来。北部的份额(按其占商品产出总值的份额)从 1934 年的 37.2% 上升到 1940 年的 45.2%,同时,北部的人口份额从 32.4% 上升到 33.6%。所以,在 1934 年北部的人均商品产出水平比南部要高,而到了 1940 年,两者的差距进一步扩大了。这是由于日本为了支持其在中国东北地区的活动,将制造业和采掘业的投资集中在北部。在徐想哲对北部和南部的商品产出估计的基础上加进对服务业的大致估计,我们看到在 1940 年时北部的人均 GDP 水平可能比南部高出约 49%。金广硕(Kim Kwang Suk)和罗莫尔(M. Roemer)在《增长和结构转变》(*Growth and Structural Transformation*, Harvard University Press, 1979, p. 35)一书中估算了南部 1940 年和 1953 年按 1953 年价格计算的分部门商品产出的规模。在考虑了服务业的大致产出后,我将这个估计值调整为 GDP 估计值。这一衔接并不怎么令人满意,因为它是通过将徐想哲的 1940 年南部商品产出的估计值(以 1940 年价格为基础)按 1953 年价格重新估价而得到的。这一重估使用了各种价格指数,并将徐想哲的估计值与按 1953 年价格独立估算的 1953 年商品产出的估计值进行了比较。如果金广硕和罗莫尔能够找到这两年之间物量变化的定量指标,衔接的结果将会更加令人满意。然而,这是目前可以获得的最好的衔接结果。

韩国 1950—1953 年的 GDP 变动数据取自 Maddison(1970, pp. 300—

---

* 这里作者指的是整个朝鲜半岛。——译者注

301),1953—1970 年的数据取自韩国银行(Bank of Korea)的《1975 年韩国国民收入》(*National Income in Korea 1975*,pp. 142—143),1970—1990 年的数据取自 OECD 的《国民经济核算账户(1960—1997)》(*National Accounts 1960—1997*,Vol. 1,Paris,1999),1990 年后的数据取自 OECD 的《OECD 国家国民经济核算账户(1988—1998)》(*National Accounts of OECD Countries 1988—1998*,Vol. 1,2000)。

斯里兰卡:1820—1913 年的人口数据以萨卡(N. K. Sarkar)的《锡兰人口》(*The Demography of Ceylon*,Ceylon Government Press,Colombo,1957,p. 22)为基础,根据他的 1814—1921 年的基准年估算数用内插法推出;1950 年后的数据取自美国人口普查局。

1870—1950 年的 GDP 变动数据出自斯诺格拉斯(D. R. Snodgrass)的《锡兰:转型中的出口经济》(*Ceylon*:*An Export Economy in Transition*,Irwin,Illinois,1966)中提供大量统计数据的附录。按 1950 年价格计算的、以要素成本为基础的 1950 基准年生产法 GDP 被分解成 14 个部门(p. 279)。这些部门 1870—1950 年的年度物量变动数据是以如下资料为基础推算的:出口农作物(茶叶和小庄园的农作物、橡胶、椰子产品)的数据来自第 357—360 页,粮食作物的数据来自水稻和其他农作物的种植面积(p. 333);假定采掘业和制造业的增加值与这些部门的就业平行变动(p. 322);假定建筑业、批发和零售业、银行和保险业的增加值与商品总产出(即农业和工业产出)平行变动;假定交通、通信和公用事业的增加值与铁路货运量平行变动(p. 351);假定其他服务业(包括住宅、公共行政和国防)的增加值与人口平行变动。这些对 1870—1950 年的粗略估计值是暂定的。它将由范德恩和我在进一步仔细分析后进行改进。1950—1985 年 GDP 的变动数据出自布鲁顿等人(H. J. Bruton and Associates)的《贫困、平等和增长的政治经济学:斯里兰卡和马来西亚》(*Political Economy of Poverty*,*Equity and Growth*:*Sri Lanka and Malaysia*,Oxford University Press,1992,p. 375)。1985—1990 年的数据出自世界银行的《世界数据表》(1995),并根据亚洲开发银行的资料进行了更新。1990 基准年的 GDP 水平估计值出自 ICP 第 5 回合(见表 A3-g)。

中国台湾:1820—1990 年的人口数据出自 Maddison(1998a),并根据亚洲开发银行的资料进行了更新。1913—1990 年的 GDP 出自沟口敏行的《台湾的长期经济统计:1905—1990》(*Long-Term Economic Statistics of Taiwan*:

1905—1990，Institute of Economic Research, Hitotsubashi University, 1999)。其中有按 1960 年价格计算的两个总量估计值,一个是总支出,另一个是按生产法计算的 GDP。1913—1951 年间两者在物量变动上并没有太大的差别,但是此后的差别则很大。对 1913—1990 年间的估计值,我使用了沟口敏行按支出法计算的物量变动估计值,对该序列中 1950 年的空白,我假定它在 1950—1951 年的变动与他按生产法计算的估计值的变动相同。1990 年后的 GDP 变动数据取自亚洲开发银行。1990 基准年的 GDP 水平估计值取自萨默斯和海斯顿的《宾夕法尼亚大学世界表》(5.6 版)。

泰国:1820—1913 年的人口数据取自 Maddison(1995a),1950 年后的数据取自美国人口普查局。1870—1951 年的 GDP 变动数据取自 Maddison(1995a) 引用的资料来源。1951—1996 年的数据取自国家经济和社会发展委员会(National Economic and Social Development Board)的《1951—1996 年泰国的国民收入》(*National Income of Thailand 1951—1996*),并根据亚洲开发银行的资料进行了更新。1990 基准年的 GDP 水平估计值取自 ICP 第 5 回合(参见表A3-g)。

25 个东亚经济体

有关这些经济体的估计值的质量明显低于前面一组 16 个经济体的数据质量。

阿富汗:1820—1913 年的人口变动数据取自麦克伊夫迪和琼斯(McEvedy and Jones,1978),1950 年后的数据取自美国人口普查局。1950—1990 年的 GDP 变动数据取自 OECD 发展中心数据库,并根据 IMF 的《世界经济展望》(May 1999,p.147)进行了更新。因为 ICP 或 PWT 没有提供其 1990 年实际产出水平的估计值,我们假定 1990 年的人均 GDP 是 600 美元。

柬埔寨:1820—1913 年的人口变动数据取自 McEvedy and Jones(1978),1950 年后的数据取自美国人口普查局。1950—1990 年 GDP 的变动和水平估计值取自 Maddison(1995a,p.219)和其中的数据库,并根据亚洲开发银行的资料进行了更新。

老挝:假定 1820—1813 年老挝的人口与越南的人口同比例变动,1950 年后的数据取自美国人口普查局。Maddison(1995a)中列出的 1950—1990 年的产出变动,以及取自亚洲开发银行的 1990—1998 年的产出变动都是以物质产品而不是GDP为基础的,因而过高地估计了增长率。我使用应用于中国内地的调整系数下调了老挝的增长率。1990基准年的GDP水平估计值取自ICP第7回合(见表A3-h)。

蒙古:1820—1913年的人口变动数据取自McEvedy and Jones(1978),1950年后的数据取自美国人口普查局。1980—1998年间的GDP变动数据取自亚洲开发银行。没有任何关于1950—1980年GDP变动的估计值。我们假定1950—1980年蒙古的人均收入变动趋势与中国内地的趋势相同。1990年国际元的人均GDP水平取自OECD的《新独立国家的PPP比较》(*A PPP Comparison for the NIS*, Paris, February 2000, p. B-24)。

朝鲜:对于1950年以前的年份,朝鲜的数据包括在整个朝鲜半岛的估计值之中。1950年以后的人口数据取自美国人口普查局。对于1992年以前的各个年份,都没有朝鲜GDP或物质产品估计值的公开数据,因此,任何估计都可能是不准确的。我们知道在1940年朝鲜半岛北部的人均GDP几乎比南部高50%,由此推断1950年朝鲜的人均GDP至少与韩国一样高似乎是合理的。埃伯施塔特(N. Eberstadt)的"分裂以来朝鲜的物质进步"(Material Progress in Korea since Partition), in R. H. Myers, ed., *The Wealth of Nations in the Twentieth Century*, Hoover Institute,1996)一文提供了可能是目前可以得到的最好的估算之一。他认为在"分裂后的许多年里"朝鲜比韩国生产率更高、发展更快,尽管朝鲜的军事支出比重更高。我假定在1950—1973年,朝鲜半岛北部与南部的人均GDP一样高,此后一直到1991年再没有提高。由于1991年后朝鲜失去了苏联的援助,其人均GDP出现大幅度下降。1991年后GDP的物量变动取自赵(M. C. Cho)和张(H. Zang)的《朝鲜经济目前的状况与未来的前景》(*The Present and Future Prospects of the North Korean Economy*, Discussion Paper D99-3, Institute of Economic Research, Hitotsubashi University,June 1999,p. 5)(该研究采用了韩国银行估计的1991—1992年和1996—1997年的GDP变动数据,以及朝鲜向IMF报告的1992—1996年的估计值数据)。我假定在1997—1998年朝鲜的人均GDP没有变化。

越南:1913年的人口数据取自Banens(2000)。他在估计时使用了基于出生率和死亡率的重构技术,将殖民时期的数据进行了大幅上调。1820—1913年的变动率取自McEvedy and Jones(1978),1950年以后的人口数据取自美国人口普查局。

由河内统计当局报告给 OECD 发展中心的 1950—1960 年物质产品估计值,是以苏联的 MPS 体系为基础的。我使用了该中心数据文件中的这些估计值。SNA 口径的 1960—1998 年的新的 GDP 估计值由联合国统计局的吴越(Viet Vu)慷慨提供。1990 基准年的 GDP 水平估计值取自 ICP 第 7 回合(见表 A-3h)。

巴希诺(Jean-Pascal Bassino)(国际经济与金融中心,普罗旺斯)正在利用法国殖民地档案,为一桥大学的亚洲历史统计项目(The Asian Historical Statistics Project of Hitotsubashi University)开展一项针对越南经济史的研究。根据他对 1820—1950 年的初步研究结果,我们可以得到如下的 GDP 水平:如果以 1950 年的水平为 100,则 1913 年的水平是 84.3,1870 年的水平是 31.9,1820 年的水平是 20.7。

19 个东亚小经济体:1950—1998 年的人口数据取自美国人口普查局。1820—1950 年 15 个太平洋岛国的人口数据取自 McEvedy and Jones(1978,pp.330—336);中国澳门地区 1900—1950 年的人口数据取自同一文献的第 173 页。假定不丹、马尔代夫和文莱 1820—1950 年的人口与印度人口平行变动。

不丹、文莱、马尔代夫和中国澳门地区 1950—1990 年的 GDP 变动数据取自 Maddison(1995a)的数据库,并根据 IMF 的资料将其更新到 1998 年。其中中国澳门地区是个例外,我假定它的 GDP 变动与中国香港地区一致。15 个太平洋岛国 1950—1990 年的 GDP 变动数据取自 Maddison(1995a)的数据库,其中对斐济、巴布亚新几内亚、所罗门群岛、汤加、瓦努阿图、西萨摩亚*、基里巴斯、密克罗尼西亚根据 IMF 的资料进行了更新;对马绍尔群岛根据亚洲开发银行的资料进行了更新。假定法属玻利尼西亚、关岛、太平洋群岛、新喀里多尼亚、美属萨摩亚、瓦利斯和富图纳群岛的 GDP 与 9 个有数据的太平洋岛屿的 GDP 平行变动。

关于不丹、斐济、巴布亚新几内亚、所罗门群岛、汤加、瓦努阿图、西萨摩亚,它们以国际元计算的 1990 基准年 GDP 水平取自《宾夕法尼亚大学世界表》。对其他 10 个经济体,我们使用了 Maddison(1995a,pp.219—220)的替代指标数据。中国澳门地区的人均 GDP 被假定是中国香港地区水平的一半。文莱的收入水平主要由石油产量决定。其 1990 年的石油人均产量是 30.7 吨(大约比科

---

* 1997 年更名为萨摩亚独立国,简称萨摩亚。——译者注

威特高6%),由此假定其人均GDP是6 550美元(大约比科威特高6%)。

(19个东亚小经济体的人口和GDP数据如表A-k所示。)

表A-k 19个东亚小经济体的人口和GDP(1950—1998)

	人口(千人,年中值)				GDP(百万1990年国际元)			
	1950	1973	1990	1998	1950	1973	1990	1998
不丹	734	1 111	1 585	1 908	369	645	1 407	2 110
文莱	45	145	254	315	224	1 156	1 663	1 932
中国澳门	205	259	352	429	127	735	3 078	4 331
马尔代夫	79	126	218	290	43	107	497	826
4个经济体合计	1 063	1 641	2 409	2 942	763	2 641	6 645	9 199
斐济	287	556	738	803	851	2 348	3 440	4 498
巴布亚新几内亚	1 412	2 477	3 823	4 600	1 356	4 847	5 865	8 625
13个其他太平洋岛国	649	1 210	1 782	2 148	875	2 296	3 496	4 340
15个太平洋岛国合计	2 348	4 243	6 343	7 551	3 082	9 491	12 711	17 463
19个小经济体合计	3 411	5 884	8 752	10 493	3 845	11 952	19 356	26 662

15个西亚经济体

其1820—1913年的人口数据取自McEvedy and Jones(1978);1950年以后的数据取自美国人口普查局。1820—1913年的有关以色列的数据实际上是参考巴勒斯坦(包括现在的以色列、西岸和加沙地带)的数据。

1950—1990年间巴林、伊拉克、约旦、科威特、黎巴嫩、阿曼、卡塔尔、沙特阿拉伯、叙利亚、阿拉伯联合酋长国和也门的GDP的物量变化数据取自OECD发展中心数据库(Maddison,1995a),之后的数据取自IMF的《世界经济展望》(October 1999)。对于除黎巴嫩和叙利亚外的上述所有国家,按1990国际元(即G-K元)计算的1990基准年GDP水平估计值出自《宾夕法尼亚大学世界表》(5.6版)。叙利亚的1990年GDP水平估计值出自ICP第3回合(见表A3-g)。有关黎巴嫩的数据则是推测的(Maddison,1995a,p.214)。

伊朗:1950—1974年间GDP的物量变化数据取自OECD发展中心数据库,1974—1990年的估计值取自《世界数据表》(1995),1990年后的数据取自IMF。1990基准年的GDP水平估计值取自ICP第3回合(见表A3-g)。

土耳其：1950—1960 年的 GDP 物量变化数据取自 Maddison(1995a)。1960—1990 年的数据取自 OECD 的《国民经济核算账户(1960—1997)》(*National Accounts 1960—1997*, Vol. 1, 1999)，之后的数据取自《OECD 国家国民经济核算账户(1988—1998)》(*National Accounts of OECD Countries 1988—1998*, Vol. 1, 2000)。新的数据包括了对 Maddison(1995a)的估计值的大幅度修订。土耳其官方也已经修订了它们的估计值，结果是大幅上调了 1990 年 GDP 的水平，并调低了 1968 年以来的 GDP 增长率。1990 基准年的 GDP 水平估计值取自 ICP 第 7 回合(见表 A3-g)。

以色列：1950—1973 年间 GDP 的物量变动数据由以色列中央统计局(Israeli Central Bureau of Statistics)提供，1973—1990 年的数据取自世界银行的《世界数据表》(1995)，1990 年后的数据取自 IMF。1990 基准年的 GDP 水平估计值出自 ICP 第 4 回合(见表 A3-g)。关于 1922—1947 年巴勒斯坦的经济表现，参看下面有关西岸和加沙的资料。

西岸和加沙：直到 1948 年分裂为三部分以前，这些地区属于旧的巴勒斯坦政治实体。以色列大约得到 75% 的领土，约旦占据了当时比现在大的西岸地区(包括耶路撒冷)，埃及接管了加沙地带的管理权。以色列于 1967 年占据了西岸和加沙。自从奥斯陆和平协议以后，以色列一直处于放弃部分西岸地区控制权并将其转让给新巴勒斯坦当局的进程当中。

梅茨厄(J. Metzer)在《国联托管下巴勒斯坦的分裂经济》(*The Divided Economy of Mandatory Palestine*, Cambridge University Press, 1998)中分析了巴勒斯坦分裂前的特征，提供了 1922—1947 年阿拉伯人和犹太人区域的人口与 GDP 的年度估计值(pp. 29, 217, 242)。借助帕廷金(D. Patinkin)的《以色列经济：第一个十年》(*The Israeli Economy: the First Decade*, Falk Project, Jerusalem, 1960)中对 1950 年以色列的犹太人口和非犹太人口的估计值，以及由以色列银行(Bank of Israel)提供的 1947—1950 年 GDP 的估计值(主要根据 R. Szereszewski, *Essays on the Structure of the Jewish Economy in Palestine and Israel*, Falk Project, Jerusalem, 1968)，可将上述梅茨厄的估计值扩展至 1950 年。

根据以上资料来源，该地区国内生产净值和人口的变动情况看来应如表 A-1 所示。

表 A-l　巴勒斯坦和以色列的阿拉伯和犹太人口及 GDP 估计值（1922—1950）

	国内生产净值（千巴勒斯坦镑,1936 年价格）			人口（千人,年中值）		
	合计	阿拉伯人	犹太人	合计	阿拉伯人	犹太人
1922	8 360	6 628	1 732	754.6	674.5	80.1
1947	70 877	32 345	38 532	1 942.8	1 333.8	609.0
1950	93 099	3 971	89 128	1 266.8	163.8	1 103.0

注：1922—1947 年的数据是指巴勒斯坦托管的区域,1950 年的数据是指以色列。以色列的"阿拉伯人"包括基督教徒和德鲁兹教派人口。

根据梅茨厄的估计,巴勒斯坦的阿拉伯人的人均收入似乎从 1922 年的 9.83 镑上升到 1947 年的 24.25 镑。在巴勒斯坦的犹太人经济中,人均收入则从 1922 年的 24.6 镑上升到 1947 年的 63.27 镑。以上所引述的以色列银行关于 1950 年的 GDP 估计值并未按犹太人和非犹太人进行分解。我假定 1950 年非犹太人的人均实际收入与其在 1947 年的水平一样,再依据其与以 1990 年国际元计算的以色列 1950 年 GDP 的关系,估计出 1950 年阿拉伯人的人均 GDP 大约是 950 国际元。

设在拉马拉的巴勒斯坦统计局似乎只是估算了 1994 年以来的现价 GDP。我将上面求出的 1950 年人均 GDP 水平与表 A3-i 中所引用的由联合国西亚经济和社会委员会估计的 1993 年人均 GDP 水平相衔接,得到了实际收入趋势的替代指标估计值。这两个点的估计值（即 1950 年人均 950 国际元和 1993 年的人均 4 708 国际元）都是按 1990 年国际元计算的。然后,我利用对数趋势得到这两点的中间插入值,再从 1993 年外推到 1998 年,最后利用这个人均 GDP 水平估计值乘以美国人口普查局估算的人口数以得到 GDP 的总量估计值。

填补 16 个亚洲经济体数据空白的替代指标法

就 1913 年而言,GDP 数据库中有两个空白。我假定 1913—1950 年中国香港地区人均 GDP 的变动与日本相同,尼泊尔人均 GDP 的变动与印度相同（见表 A-m）。对 1870 年而言,GDP 数据库中有 8 个空白。我假定 1870—1913 年中国香港和新加坡人均 GDP 的变动与日本相同,对于另外 6 个经济体（即缅甸、朝鲜、马来西亚、尼泊尔、菲律宾和中国台湾地区）,我假定其人均 GDP 与印度尼西亚、斯里兰卡和泰国 1870—1913 年的人均 GDP 平均水平呈平行变动

(见表 A-m)。最后,对 1820 年而言,GDP 数据库中有 10 个空白,我假定这 10 个经济体 1820—1870 年的人均 GDP 平均水平与日本的水平呈平行变动。

表 A-m GDP 和人均 GDP 的替代指标估计值(1870,1913)

	GDP（百万 1990 年国际元）		人均 GDP（1990 年国际元）	
	1870	1913	1870	1913
缅甸	2 156		508	
中国香港	106	778	862	1 597
马来西亚	534		667	
尼泊尔	1 879	3 039	400	539
菲律宾	4 005		791	
新加坡	58		691	
韩国	9 512		663	
中国台湾	1 299		554	
合计	19 549	3 817	617	623
25 个东亚经济体	11 050	21 583	552	679
16 个西亚经济体	16 782	26 537	552	679
替代指标估计值合计	47 381	51 937	570	675

填补 25 个东亚经济体和 16 个西亚经济体数据空白的替代指标法

就这些经济体而言,1820 年、1870 年和 1913 年都没有 GDP 估计值。我假定它们在 1870 年和 1913 年的人均 GDP 平均水平与 16 个东亚经济体的平均水平相同,同时假定它们在 1820 年的人均 GDP 平均水平与 1870 年的水平相同。

替代指标估计值的相对重要程度

替代指标估计值占 1913 年亚洲 GDP 总值的 7.8%,1870 年亚洲 GDP 总值的 11.2%,1820 年亚洲 GDP 总值的 9.5%。替代指标估计值是有争议的,因为不同的分析人员对于如何填补这些数据空白可能有不同的想法。然而,替代指标估计值所占比重相对较低,所以就整个亚洲的估计值而言,估计结果对估计方法上的差异并不十分敏感。进一步研究的主要任务是通过直接估算填补数据空白,在很多情况下,这似乎是可行的(参看前文有关越南的注释)。

(A-3 小节的相关数据见表 A3-a 至表 A3-i。)

表 A3-a　56 个亚洲经济体的人口(1820—1998)　　　(千人,年中值)

	1820	1870	1913	1950	1973	1990	1998
孟加拉国				45 646	72 471	109 897	125 105
缅甸	3 506	4 245	12 326	19 488	29 227	41 068	47 305
中国内地	381 000	358 000	437 140	546 815	881 940	1 135 185	1 242 700
中国香港	20	123	487	2 237	4 213	5 704	6 690
印度[a]	209 000	253 000	303 700	359 000	580 000	839 000	975 000
印度尼西亚	17 927	28 922	49 934	79 043	124 271	179 248	204 390
日本	31 000	34 437	51 672	83 563	108 660	123 540	126 486
马来西亚	287	800	3 084	6 434	11 712	17 507	20 933
尼泊尔	3 881	4 698	5 639	8 990	12 685	19 333	23 698
巴基斯坦				39 448	71 121	113 914	135 135
菲律宾	2 176	5 063	9 384	21 131	42 094	65 037	77 726
新加坡	30	84	323	1 022	2 193	3 039	3 490
韩国[b]	13 820	14 347	16 070	20 846	34 073	42 869	46 430
斯里兰卡	1 305	2 786	4 817	7 533	13 246	17 193	18 934
中国台湾	2 000	2 345	3 469	7 882	15 427	20 230	21 780
泰国	4 665	5 775	8 689	20 042	40 302	55 052	60 037
16 个东亚经济体	670 617	714 625	906 734	1 269 120	2 043 635	2 787 816	3 135 839
阿富汗	3 280	4 207	5 730	8 150	13 421	14 767	24 792
柬埔寨	2 090	2 340	3 070	4 163	7 202	8 717	11 340
老挝	470	755	1 387	1 886	3 027	4 191	5 261
蒙古	619	668	725	779	1 360	2 216	2 579
朝鲜				9 471	15 161	20 019	21 234
越南	6 314	10 146	18 638	25 348	45 737	66 315	76 236
19 个其他小经济体	1 798	1 903	2 237	3 411	5 884	8 752	10 493
25 个东亚经济体	14 571	20 019	31 787	53 208	91 792	124 977	151 935
41 个东亚经济体	685 188	734 644	938 521	1 322 328	2 135 427	2 912 793	3 287 774
巴林			104	115	239	502	616
伊朗	6 560	8 415	10 994	16 357	31 491	55 717	64 411
伊拉克	1 093	1 580	2 613	5 163	10 402	18 135	21 722
以色列	332	429	700	1 286	3 197	4 512	5 644
约旦	217	266	348	561	1 674	3 277	4 453
科威特				145	894	2 131	1 913
黎巴嫩	332	476	649	1 364	2 824	3 130	3 506
阿曼	317	367	421	489	857	1 773	2 364
卡塔尔				25	142	482	697
沙特阿拉伯	2 123	2 464	2 800	3 860	6 667	15 871	20 786

(千人，年中值)(续表)

	1820	1870	1913	1950	1973	1990	1998
叙利亚	1 337	1 582	1 994	3 495	6 931	12 620	16 673
土耳其	10 074	11 793	15 000	21 122	38 503	56 125	64 568
阿联酋				72	391	1 952	2 303
也门	2 953	2 840	3 284	4 461	7 077	12 023	16 388
西岸和加沙				1 016	1 098	1 715	2 611
15个西亚经济体	25 178	30 412	39 083	59 531	112 387	189 965	228 655
56个亚洲经济体	710 366	765 056	977 604	1 381 859	2 247 814	3 102 758	3 516 429
合计(不包括日本)	679 366	730 619	925 932	1 298 296	2 139 154	2 979 218	3 389 943
合计(不包括日本、中国内地和印度)	89 366	119 619	185 092	392 481	677 214	1 005 033	1 172 243

a. 1820—1913年的数据包括后来的孟加拉国和巴基斯坦；b. 1820—1913年的数据包括后来的朝鲜和韩国。

表 A3-b　56个亚洲经济体的GDP(1820—1998)

(百万1990年国际元)

	1820	1870	1913	1950	1973	1990	1998
孟加拉国				24 628	35 997	70 320	101 666
缅甸			8 445	7 711	18 352	30 834	48 427
中国内地	228 600	189 740	241 344	239 903	740 048	2 109 400	3 873 352
中国香港				4 962	29 931	99 770	135 089
印度[a]	111 417	134 882	204 241	222 222	494 832	1 098 100	1 702 712
印度尼西亚	10 970	18 929	45 152	66 358	186 900	450 901	627 499
日本	20 739	25 393	71 653	160 966	1 242 932	2 321 153	2 581 576
马来西亚			2 773	10 032	29 982	89 823	148 621
尼泊尔				4 462	7 894	15 609	22 435
巴基斯坦				25 366	67 828	182 014	261 497
菲律宾			10 000	22 616	82 464	143 025	176 246
新加坡			413	2 268	13 108	43 330	79 025
韩国[b]			14 343	16 045	96 794	373 150	564 211
斯里兰卡		1 782	4 094	7 241	19 759	42 089	63 408
中国台湾			2 591	7 378	63 519	200 477	326 958
泰国		4 081	7 251	16 375	75 511	255 732	372 509
16个东亚经济体	389 305	394 356	616 117	838 533	3 205 851	7 525 727	11 085 231
阿富汗				5 255	9 181	8 861	12 744
柬埔寨				2 155	5 858	8 235	11 998
老挝				1 156	2 331	3 912	5 806
蒙古				339	1 170	2 954	2 821
朝鲜				7 293	43 072	56 874	25 130
越南	3 453	5 321	14 062	16 681	38 238	68 959	127 851

(百万 1990 年国际元)(续表)

	1820	1870	1913	1950	1973	1990	1998
19 个其他小经济体				3 845	11 952	19 356	26 662
25 个东亚经济体	8 043	11 050	21 583	36 724	111 802	169 151	213 012
41 个东亚经济体	397 348	405 406	637 700	875 257	3 317 653	7 694 878	11 298 243
巴林				242	1 046	2 054	2 846
伊朗				28 128	171 466	199 819	274 695
伊拉克				7 041	39 042	44 583	24 564
以色列				3 623	30 839	58 511	85 520
约旦				933	3 999	12 371	18 313
科威特				4 181	23 847	13 111	21 565
黎巴嫩				3 313	8 915	6 099	12 077
阿曼				304	2 809	11 487	17 179
卡塔尔				763	6 228	3 276	5 091
沙特阿拉伯				8 610	73 601	144 438	170 972
叙利亚				8 418	27 846	70 894	96 112
土耳其				38 408	144 483	305 395	423 018
阿联酋				1 130	9 739	25 496	31 913
也门				4 353	12 431	28 212	37 656
西岸和加沙				965	2 455	7 222	14 807
15 个西亚经济体	13 894	16 782	26 537	110 412	558 746	932 968	1 236 328
56 个亚洲经济体	411 242	422 188	664 237	985 669	3 876 399	8 627 846	12 534 571
合计(不包括日本)	390 503	396 795	592 584	824 703	2 633 467	6 306 693	9 952 995
合计(不包括日本、中国内地和印度)	50 486	72 173	146 999	362 578	1 398 587	3 099 193	4 376 931

a. 1820—1913 年的数据包括后来的孟加拉国和巴基斯坦；b. 1820—1913 年的数据包括后来的朝鲜和韩国。

表 A3-c　56 个亚洲经济体的人均 GDP(1820—1998)

(1990 年国际元)

	1820	1870	1913	1950	1973	1990	1998
孟加拉国				540	497	640	813
缅甸			685	396	628	751	1 024
中国内地	600	530	552	439	839	1 858	3 117
中国香港				2 218	7 104	17 491	20 193
印度[a]	533	533	673	619	853	1 309	1 746
印度尼西亚	612	654	904	840	1 504	2 516	3 070
日本	669	737	1 387	1 926	11 439	18 789	20 410
马来西亚			899	1 559	2 560	5 131	7 100
尼泊尔				496	622	807	947
巴基斯坦				643	954	1 598	1 935

（1990年国际元）（续表）

	1820	1870	1913	1950	1973	1990	1998
菲律宾			1 066	1 070	1 959	2 199	2 268
新加坡			1 279	2 219	5 977	14 258	22 643
韩国[b]			893	770	2 841	8 704	12 152
斯里兰卡		640	850	961	1 492	2 448	3 349
中国台湾			747	936	4 117	9 910	15 012
泰国		707	835	817	1 874	4 645	6 205
16个东亚经济体	581	552	679	661	1 569	2 700	3 535
阿富汗				645	684	600	514
柬埔寨				518	813	945	1 058
老挝				613	770	933	1 104
蒙古				435	860	1 333	1 094
朝鲜				770	2 841	2 841	1 183
越南	546	524	754	658	836	1 040	1 677
19个其他小经济体				1 127	2 031	2 212	2 541
25个东亚经济体	552	552	679	690	1 218	1 353	1 402
41个东亚经济体	580	552	679	662	1 554	2 642	3 436
巴林				2 104	4 377	4 092	4 620
伊朗				1 720	5 445	3 586	4 265
伊拉克				1 364	3 753	2 458	1 131
以色列				2 817	9 646	12 968	15 152
约旦				1 663	2 389	3 775	4 113
科威特				28 834	26 674	6 153	11 273
黎巴嫩				2 429	3 157	1 949	3 445
阿曼				622	3 278	6 479	7 267
卡塔尔				30 520	43 859	6 797	7 304
沙特阿拉伯				2 231	11 040	9 101	8 225
叙利亚				2 409	4 018	5 618	5 765
土耳其				1 818	3 753	5 441	6 552
阿联酋				15 694	24 908	13 061	13 857
也门				976	1 757	2 347	2 298
西岸和加沙				950	2 236	4 211	5 671
15个西亚经济体	552	552	679	1 855	4 972	4 911	5 407
56个亚洲经济体	579	552	679	713	1 725	2 781	3 565
合计(不包括日本)	575	543	640	635	1 231	2 117	2 936
合计(不包括日本、中国内地和印度)	565	603	794	924	2 065	3 084	3 734

a. 1820—1913年的数据包括后来的孟加拉国和巴基斯坦；b. 1820—1913年的数据包括后来的朝鲜和韩国。

表 A3-d　56 个亚洲经济体的人均 GDP 增长率（1820—1998）　　　（%）

	1820—1870	1870—1913	1913—1950	1950—1973	1973—1998
孟加拉国				−0.36	1.99
缅甸			−1.47	2.03	1.97
中国内地	−0.25	0.10	−0.62	2.86	5.39
中国香港				5.19	4.27
印度[a]	0.00	0.54	−0.22	1.40	2.91
印度尼西亚	0.13	0.75	−0.20	2.57	2.90
日本	0.19	1.48	0.89	8.05	2.34
马来西亚			1.50	2.18	4.16
尼泊尔				0.99	1.69
巴基斯坦				1.73	2.87
菲律宾			0.01	2.66	0.59
新加坡			1.50	4.40	5.47
韩国[b]			−0.40	5.84	5.99
斯里兰卡			0.33	1.93	3.29
中国台湾			0.61	6.65	5.31
泰国		0.39	−0.06	3.67	4.91
16 个东亚经济体	**−0.10**	**0.49**	**−0.08**	**3.83**	**3.30**
阿富汗				0.26	−1.14
柬埔寨				1.98	1.06
老挝				1.00	1.45
蒙古				3.01	0.97
朝鲜				5.84	−3.44
越南		−0.08	0.85	−0.37	1.05	2.82
19 个其他小经济体				2.59	0.90
25 个东亚经济体	**0.00**	**0.48**	**0.04**	**2.50**	**0.56**
41 个东亚经济体	**−0.10**	**0.49**	**−0.07**	**3.78**	**3.23**
巴林				3.23	0.22
伊朗				5.14	−0.97
伊拉克				4.50	−4.69
以色列				5.50	1.82
约旦				1.59	2.20
科威特				−0.34	−3.39
黎巴嫩				1.15	0.35
阿曼				7.50	3.24
卡塔尔				1.59	−6.92
沙特阿拉伯				7.20	−1.17
叙利亚				2.25	1.45
土耳其				3.20	2.25

(%)（续表）

	1820—1870	1870—1913	1913—1950	1950—1973	1973—1998
阿联酋				2.03	−2.32
也门				2.59	1.08
西岸和加沙				3.79	3.79
15个西亚经济体	**0.00**	**0.48**	**2.75**	**4.38**	**0.34**
56个亚洲经济体	**−0.10**	**0.48**	**0.13**	**3.91**	**2.95**
合计（不包括日本）	**−0.11**	**0.38**	**−0.02**	**2.92**	**3.54**
合计（不包括日本、中国内地和印度）	**0.13**	**0.64**	**0.41**	**3.56**	**2.40**

a. 1820—1913年的数据包括后来的孟加拉国和巴基斯坦；b. 1820—1913年的数据包括后来的朝鲜和韩国。

表 A3-e 56个亚洲经济体的GDP增长率（1820—1998） （%）

	1820—1870	1870—1913	1913—1950	1950—1973	1973—1998
孟加拉国				1.66	4.24
缅甸			−0.25	3.84	3.96
中国内地	−0.37	0.56	−0.02	5.02	6.84
中国香港				8.13	6.21
印度[a]	0.38	0.97	0.23	3.54	5.07
印度尼西亚	1.10	2.04	1.05	4.61	4.96
日本	0.41	2.44	2.21	9.29	2.97
马来西亚			3.54	4.88	6.61
尼泊尔				2.51	4.27
巴基斯坦				4.37	5.55
菲律宾			2.23	5.79	3.08
新加坡			4.71	7.93	7.45
韩国[b]			0.30	8.13	7.31
斯里兰卡			1.55	4.46	4.77
中国台湾		1.95	2.87	9.81	6.77
泰国		1.35	2.23	6.87	6.59
16个东亚经济体	**0.03**	**1.04**	**0.84**	**6.00**	**5.09**
阿富汗				2.46	1.32
柬埔寨				4.44	2.91
老挝				3.10	3.72
蒙古				5.53	3.58
朝鲜				8.03	−2.13
越南	0.86	2.29	0.46	3.67	4.95
19个小经济体				5.05	3.26

(%)(续表)

	1820—1870	1870—1913	1913—1950	1950—1973	1973—1998
25个东亚经济体	0.64	1.57	1.45	4.96	2.61
41个东亚经济体	0.04	1.06	0.86	5.96	5.02
巴林				6.57	4.08
伊朗				8.18	1.90
伊拉克				7.73	−1.84
以色列				9.76	4.16
约旦				6.53	6.28
科威特				7.86	−0.40
黎巴嫩				4.40	1.22
阿曼				10.15	7.51
卡塔尔				9.56	−0.80
沙特阿拉伯				9.78	3.43
叙利亚				5.34	5.08
土耳其				5.93	4.39
阿联酋				9.82	4.86
也门				4.67	4.53
西岸和加沙				4.14	7.45
15个西亚经济体	0.38	1.07	3.93	7.30	3.23
56个亚洲经济体	0.05	1.06	1.07	6.13	4.81
合计(不包括日本)	0.03	0.94	0.90	5.18	5.46
合计(不包括日本、中国内地和印度)	0.72	1.67	2.47	6.05	4.67

a. 1820—1913年的数据包括后来的孟加拉国和巴基斯坦；b. 1820—1913年的数据包括后来的朝鲜和韩国。

表A3-f　56个亚洲经济体的人口增长率(1820—1998)　　　　(%)

	1820—1870	1870—1913	1913—1950	1950—1973	1973—1998
孟加拉国				2.03	2.21
缅甸	0.38	2.51	1.25	1.78	1.94
中国内地	−0.12	0.47	0.61	2.10	1.38
中国香港	3.70	3.25	4.21	2.79	1.87
印度[a]	0.38	0.43	0.45	2.11	2.10
印度尼西亚	0.96	1.28	1.25	1.99	2.01
日本	0.21	0.95	1.31	1.15	0.61
马来西亚	2.07	3.19	2.01	2.64	2.35
尼泊尔	0.38	0.43	1.27	1.51	2.53
巴基斯坦				2.60	2.60

(%)(续表)

	1820—1870	1870—1913	1913—1950	1950—1973	1973—1998
菲律宾	1.70	1.45	2.22	3.04	2.48
新加坡	2.08	3.18	3.16	3.38	1.88
韩国[b]	0.07	0.26	0.71	2.16	1.25
斯里兰卡	1.53	1.28	1.22	2.48	1.44
中国台湾	0.32	0.91	2.24	2.96	1.39
泰国	0.43	0.95	2.28	3.08	1.61
16个东亚经济体	**0.13**	**0.56**	**0.91**	**2.09**	**1.73**
阿富汗	0.50	0.72	0.96	2.19	2.49
柬埔寨	0.23	0.63	0.83	2.41	1.83
老挝	0.95	1.42	0.83	2.08	2.24
蒙古	0.15	0.19	0.19	2.45	2.59
朝鲜				2.07	1.36
越南	0.95	1.42	0.83	2.60	2.06
19个小经济体	0.11	0.38	1.15	2.40	2.34
25个东亚经济体	**0.64**	**1.08**	**1.40**	**2.40**	**2.04**
41个东亚经济体	**0.14**	**0.57**	**0.93**	**2.11**	**1.74**
巴林			0.27	3.23	3.86
伊朗	0.50	0.62	1.08	2.89	2.90
伊拉克	0.74	1.18	1.86	3.09	2.99
以色列	0.51	1.15	1.66	4.04	2.30
约旦	0.41	0.63	1.30	4.87	3.99
科威特				8.23	3.09
黎巴嫩	0.72	0.72	2.03	3.21	0.87
阿曼	0.29	0.32	0.41	2.47	4.14
卡塔尔				7.84	6.57
沙特阿拉伯	0.30	0.30	0.87	2.40	4.65
叙利亚	0.34	0.54	1.53	3.02	3.57
土耳其	0.32	0.56	0.93	2.64	2.09
阿联酋				7.63	7.35
也门	−0.08	0.34	0.83	2.03	3.42
西岸和加沙				0.34	3.53
15个西亚经济体	**0.38**	**0.59**	**1.14**	**2.80**	**2.88**
56个亚洲经济体	**0.15**	**0.57**	**0.94**	**2.14**	**1.81**
合计(不包括日本)	0.15	0.55	0.92	2.19	1.86
合计(不包括日本、中国内地和印度)	0.58	1.02	2.05	2.40	2.22

a. 1820—1913年数据包括后来的孟加拉国和巴基斯坦；b. 1820—1913年数据包括后来的朝鲜和韩国。

表 A3-g 15 个东亚经济体按 1990 年国际元计算的 1990 基准年 GDP 水平

	GDP （百万基准年 本币）	PPP 换算系数 （基准年 本币/美元）	基准年 GDP （百万国际元）	1990 年 GDP （百万基准年 国际元）	1990 年 GDP （百万 1990 年 国际元）
		ICP 3（以 1975 年为基准年）			
伊朗	3 377 740	39.7	85 073	86 878	199 819
叙利亚	20 600	1.48	13 919	23 631	70 894
		ICP 4（以 1980 年为基准年）			
印度	1 360 100	3.37	403 591	695 515	1 098 100
印度尼西亚	48 914 000	280.0	174 693	285 598	450 901
以色列	107 651	4.14	26 003	37 061	58 511
菲律宾	243 750	3.18	76 651	90 591	143 025
韩国	38 148 400	384.0	99 345	236 350	373 150
		ICP 5（以 1985 年为基准年）			
孟加拉国	406 930	6.075	66 984	81 779	98 113
中国香港	271 655	4.680	58 046	83 160	99 770
巴基斯坦	472 160	3.761	125 541	166 380	199 611
斯里兰卡	157 763	5.288	29 834	35 082	42 089
泰国	1 056 496	8.094	130 528	213 158	255 732
		ICP 6（以 1990 年为基准年）			
中国内地	1 956 038	0.9273			2 109 400
日本	430 040 000	185.27			2 321 153
		ICP 7（以 1993 年为基准年）			
土耳其	1 981 867	5 139.3	385 630	333 678	305 395

资料来源：第 1 列反映了基准年以本国货币单位表示的 GDP，在多数情况下，这些数据来自世界银行的《世界数据表》(1995)。日本、土耳其和韩国的数据来自 OECD 的《国民经济核算账户(1960—1997)》(1999, Vol. 1)；泰国的数据来自亚洲开发银行的《关键指标》(1999)。在多数情况下，以上数据都对 ICP 使用的数据进行了小幅修正。第 2 列是购买力平价(PPP)换算系数，其中 1975 年的数据来自 Kravis, Heston and Summers, *World Product and Income*, 1982, pp. 176—179；1980 年的数据来自 UN, *World Comparisons of Purchasing Power and Real Product for 1980*, 1987, p. viii；1985 年的数据来自 UN, *World Comparisons of Real Gross Domestic Product and Purchasing Power*, 1985, 1994, p.5；日本 1990 年的数据来自 OECD, *Purchasing Power Parities and Real Expenditures: GK Results*, 1990, 1993, Vol. 2, p. 32（调整到美国 PPP=1.00）。土耳其 1993 年的数据来自 *Purchasing Power Parities and Real Expenditures: GK Results*, 1993, 1996, Vol. 2, p. 35（调整到美国 PPP=1.00）。这里所有的 PPP 换算系数都是多边的，采用 G-K 方法得到。中国内地的数据来自 1987 年中美双边比较的结果，并按照麦迪森在《中国经济的长期表现》(1998,pp.153—154)中提供的方法转换为 G-K 口径，同时向上调整了中国官方以人民币元表示的 GDP 估计值。第 3 列数据是用第 1 列除以第 2 列得到的，第 4 列数据是将第 3 列数据根据基准年与 1990 年之间的 GDP 物量变动进行调整后得到的，第 5 列数据是将第 4 列数据根据基准年与 1990 年之间美国 GDP 平减指数的变动进行调整后得到的。

表 A3-h　5 个东亚经济体按 1990 年国际元计算的 1990 基准年 GDP 水平

	GDP (百万基准 年本币)	隐含 PPP 换算系数 (基准年 本币/美元)	GDP (百万基准年 国际元)	1990 年 GDP (百万基准年 国际元)	1990 年 GDP (百万 1990 年 国际元)
		ICP 3(以 1993 年为基准年)			
中国香港	897 463	6.9486	129 158	109 010	99 770
老挝	950 973	191.0865	4 977	4 274	3 912
马来西亚	165 206	1.32718	124 479	98 142	89 823
尼泊尔	171 386	8.7553	19 575	17 055	15 609
新加坡	92 905	1.5287	60 774	47 343	43 330
越南	136 571 000	1 538.281	88 749	75 345	68 959

资料来源：第 1 列数据来自亚洲开发银行的《发展中的亚洲和太平洋经济体的关键指标》(1999)。在大多数情形下，除新加坡数据下调了 13% 外，亚太经济和社会委员会(ESCAP)所引用的其他经济体的数据都有小幅度的修正。ESCAP 采用了修正过的 G-K 方法。其中，马来西亚和老挝的估计值是世界银行根据约简信息方法得到的(ESCAP, *Comparisons of Real Gross Product and Purchasing Power Parities 1993*)。因为 ESCAP 将中国香港作为基准，所以无须对中国香港的数据进行 PPP 调整。在上面第 2 列中，通过更新表 A3-g 中的 1990 年结果，我可以计算出中国香港的 PPP 换算系数(即每美元相当于多少港元)。对于其他经济体，ESCAP 给出了各经济体货币对港元的 PPP 换算系数。将第 2 列中各经济体货币对港元的 PPP 换算系数乘以 1993 年港元对美元的 PPP 换算系数，就可以将这些经济体的 GDP 估计值以美国为基准与世界其他经济体进行比较了。第 3 列数据是用第 1 列除以第 2 列得到的，第 4 列数据是将第 3 列数据根据 1990 年与 1993 年之间的 GDP 物量变动进行调整后得到的，第 5 列数据是将第 4 列数据根据 1990 年与 1993 年之间美国 GDP 平减指数的变动进行调整后得到的。

表 A3-i　3 个西亚经济体按 1990 年国际元计算的 1990 基准年 GDP 水平

	GDP (百万基准 年本币)	PPP 换算系数 (基准年 本币/美元)	GDP (百万基准年 国际元)	1990 年 GDP (百万基准年 国际元)	1990 年 GDP (百万 1990 年 国际元)
		ICP 3(以 1993 年为基准年)			
巴林	1 754.2	0.6402	2 740	2 244	2 054
巴勒斯坦	8 844.63	0.8698	10 169	7 890	7 222
卡塔尔	26 183.0	6.5951	3 970	3 579	3 276

资料来源：前 3 列数据来自 Economic and Social Commission for Western Asia and World Bank, *Purchasing Power Parities, Volume and Price Level Comparisons for the Middle East*, 1993, p.59 中的 G-K 运算结果。该研究提供了有关 8 个西亚经济体和埃及 1993 年的数据。它同时采用了 G-K 方法和 EKS 方法，从而得到一个更快捷的约简信息方法。该方法可被视作 ICP 方法的一种近似方法。从该方法得到的结果来看，有些经济体如黎巴嫩和也门的数据显得不够合理，因此，我仅采用了其中 3 个经济体的结果。第 4 列数据是将第 3 列数据根据 1990 年与 1993 年之间的 GDP 物量变动进行调整后得到的，第 5 列数据是将第 4 列数据根据 1990 年与 1993 年之间美国 GDP 平减指数的变动进行调整后得到的。

A-4
57个非洲经济体的人口、GDP和人均GDP

1950年后的人口数据取自美国人口普查局国际项目中心,这些数据完全覆盖了非洲国家1950年以来的年度情况。它的估计值定期进行更新和修订。使用这些资料涉及对Maddison(1995a)所用数据的大幅度修订,后者的数据是对OECD发展中心数据和世界银行数据的综合。4个样本国家1913年的人口数据出自Maddison(1995a),1820—1913年的非洲总人口数据出自McEvedy and Jones(1978,p.206)。

50个非洲经济体的以国际元计算的1990基准年GDP水平可以从萨默斯和海斯顿的《宾夕法尼亚大学世界表》(PWT)中得到。在Maddison(1995a)中,我使用了PWT 5.5版的估计,在这里我使用了5.6版的估计。表A4-g将PWT结果与ICP三个回合的结果(覆盖24个经济体)进行了对比。对7个经济体而言没有ICP或PWT的基准结果。对于赤道几内亚、马约特岛、圣赫勒拿岛、圣多美和普林西比和西撒哈拉,我假定它们1990年的人均GDP水平与PWT所覆盖的50个非洲经济体的平均水平相等。对于利比亚,我假定其人均GDP水平与阿尔及利亚的水平相同。对于厄立特里亚,我假定其与埃塞俄比亚的水平相同。

所有非洲经济体1990—1998年的GDP变动数据都取自IMF的《世界经济展望》(October 1999)。埃及、加纳、摩洛哥和南非1913—1990年的GDP变动数据取自以下所列的资料来源;其他经济体(除了博茨瓦纳、尼日利亚和7个使用替代指标估计值的国家)1950—1990年的GDP变动数据则取自OECD发展中心的数据库。

埃及:1913—1950年的GDP变动数据取自Hansen and Marzouk(1965, p.3);1950—1973年的数据取自Ikram(1980,pp.398—399);1973—1990年的数据取自世界银行的《世界数据表》(1995)。

加纳：1913—1950 年的 GDP 数据取自 Szereszewski(1965, pp. 74, 92, 149); 1950—1955 年的数据取自 Maddison(1970); 1955—1990 年的数据取自加纳共和国政府统计局(Government Statistical Service)。

摩洛哥：1913—1950 年的 GDP 数据取自 Amin(1966), 1950—1990 年的 GDP 数据取自世界银行的《世界数据表》(1983, 1995)。

南非：1913—1920 年用生活费用指数缩减的现价 GDP 数据取自人口普查和统计局(Bureau of Census and Statistics)的《50 年的联盟统计, 1910—1960 年纪念刊》(*Union Statistics for Fifty Years*, Jublilee Issue 1910—1960, Pretoria, 1960); 1920—1950 年的数据取自弗瑞(L. J. Fourie)的"生产要素和生产率对南非经济增长的贡献"(Contribution of Factors of Production and Productivity to South African Economic Growth, IARIW, processed, 1971)。按 1975 年价格计算的 1946—1970 年 GDP 取自南非开发银行(Development Bank of South Africa), 1970—1990 年的数据取自世界银行的《世界数据表》。

博茨瓦纳：1950—1990 年的 GDP 变动数据取自世界银行的《世界数据表》。

尼日利亚：1950—1990 年的 GDP 数据取自 Bevan, Collier and Gunning(1999)。

对 15 个非样本经济体的估计值予以单独列示, 因为它们极不可靠。

这里我们假定 1913—1950 年非洲人均 GDP 与上述 4 个有数据的国家的平均数的变动是一致的。在 1913 年以前, 我们得不到任何指标。作为一种替代指标, 我们假定整个非洲 1820—1913 年的人均 GDP 与"亚洲其他地区"的水平呈同步变动(见表 B-21)。

(A-4 小节的相关数据见表 A4-a 至表 A4-g。)

表 A4-a　57 个非洲经济体的人口(1820—1998)　　(千人, 年中值)

	1820	1870	1913	1950	1973	1990	1998
埃及			12 144	21 198	35 480	56 106	66 050
加纳			2 043	5 297	9 583	15 190	18 497
摩洛哥			4 500	9 343	16 998	24 685	29 114
南非			6 153	13 596	24 549	37 191	42 835
4 个样本国家			24 840	49 434	86 610	133 172	156 496
阿尔及利亚				8 893	15 198	25 352	30 481
安哥拉				4 118	6 028	8 430	10 865
贝宁				1 673	2 836	4 676	6 101

(千人,年中值)(续表)

	1820	1870	1913	1950	1973	1990	1998
博茨瓦纳				430	643	1 304	1 448
喀麦隆				4 888	7 179	11 894	15 029
佛得角				146	277	349	400
中非共和国				1 260	1 945	2 798	3 376
乍得				2 608	3 995	5 889	7 360
科摩罗				148	257	429	546
刚果				768	1 279	2 206	2 658
科特迪瓦				2 860	6 352	11 904	15 446
吉布提				60	189	370	441
加蓬				416	557	1 078	1 208
冈比亚				305	546	964	1 292
肯尼亚				6 121	12 594	23 674	28 337
利比里亚				824	1 528	2 265	2 772
马达加斯加				4 620	7 250	11 525	14 463
马里				3 688	5 909	8 231	10 109
毛里塔尼亚				1 006	1 356	1 979	2 511
毛里求斯				481	861	1 074	1 168
莫桑比克				6 250	10 088	14 056	18 641
纳米比亚				464	831	1 409	1 622
尼日尔				2 482	4 559	7 644	9 672
尼日利亚				31 797	53 121	86 530	110 532
法属留尼汪岛				244	469	600	705
卢旺达				2 439	4 110	7 161	7 956
塞内加尔				2 654	4 727	7 408	9 723
塞舌尔				33	58	73	79
塞拉利昂				2 087	2 925	4 283	5 080
索马里				2 438	3 932	6 675	6 842
苏丹				8 051	15 113	26 628	33 551
斯威士兰				277	493	840	966
坦桑尼亚				8 909	15 321	24 886	30 609
多哥				1 172	2 133	3 680	4 906
突尼斯				3 517	5 426	8 207	9 380
乌干达				5 522	10 386	17 227	22 167
赞比亚				2 553	4 625	7 957	9 461
津巴布韦				2 853	6 041	9 958	11 044
其他 38 个经济体				**129 055**	**221 137**	**361 613**	**448 947**
15 个非样本经济体				**49 853**	**79 898**	**125 980**	**154 511**

（千人，年中值）（续表）

	1820	1870	1913	1950	1973	1990	1998
57个经济体合计	74 208	90 466	124 697	228 342	387 645	620 765	759 954
布基纳法索				4 376	5 947	9 024	11 266
布隆迪				2 363	3 529	5 285	5 537
埃塞俄比亚和厄立特里亚				21 577	34 028	50 960	62 232
几内亚				2 586	3 786	5 936	7 477
几内亚比绍				573	633	998	1 206
莱索托				726	1 142	1 744	2 090
马拉维				2 817	4 865	9 139	9 840
扎伊尔				13 569	23 186	37 978	49 001
其他6个非样本经济体				1 266	2 782	4 916	5 862
15个非样本经济体				49 853	79 898	125 980	154 511

表 A4-b　57个非洲经济体的GDP（1820—1998）

（百万1990年国际元）

	1820	1870	1913	1950	1973	1990	1998
埃及			8 891	15 224	36 249	112 873	140 546
加纳			1 509	5 943	13 484	16 372	23 014
摩洛哥			3 630	13 598	28 800	64 082	78 397
南非			9 857	34 465	102 498	147 509	165 239
4个样本国家			23 887	69 230	181 031	340 836	407 196
阿尔及利亚				12 136	35 814	73 934	81 948
安哥拉				4 331	10 784	7 207	7 029
贝宁				1 813	3 011	5 347	7 668
博茨瓦纳				150	722	4 178	6 083
喀麦隆				3 279	7 201	14 393	15 157
佛得角				66	147	430	544
中非共和国				972	1 627	1 982	2 203
乍得				1 240	1 726	2 573	3 463
科摩罗				83	229	294	285
刚果				990	2 727	5 394	5 951
科特迪瓦				2 977	12 064	16 330	21 201
吉布提				90	412	530	467
加蓬				1 292	4 086	4 500	5 901
冈比亚				165	533	833	1 098
肯尼亚				3 982	12 107	26 093	30 451
利比里亚				869	2 212	2 245	2 580

(百万 1990 年国际元)(续表)

	1820	1870	1913	1950	1973	1990	1998
马达加斯加				4 394	8 292	9 210	9 976
马里				1 685	3 449	6 040	7 917
毛里塔尼亚				467	1 309	1 825	2 494
毛里求斯				1 198	3 169	7 652	11 508
莫桑比克				7 084	18 894	14 105	22 125
纳米比亚				1 002	2 895	4 619	6 158
尼日尔				2 018	3 377	4 289	5 149
尼日利亚				23 933	76 585	107 459	136 162
法属留尼汪岛				485	1 771	2 694	3 174
卢旺达				1 334	2 826	6 125	5 605
塞内加尔				3 341	6 217	10 032	12 659
塞舌尔				63	187	366	471
塞拉利昂				1 370	3 180	4 335	2 837
索马里				2 576	4 625	7 231	6 044
苏丹				6 609	11 783	19 793	29 535
斯威士兰				200	1 114	2 154	2 699
坦桑尼亚				3 362	9 007	13 852	16 933
多哥				673	2 245	2 805	3 159
突尼斯				3 920	12 051	27 387	39 306
乌干达				3 793	8 704	10 206	16 082
赞比亚				1 687	4 930	6 432	6 374
津巴布韦				2 000	8 594	13 766	15 990
其他 38 个经济体				107 629	290 606	448 640	554 386
15 个非样本经济体				17 710	57 548	70 352	77 826
57 个经济体合计	31 010	40 172	72 948	194 569	529 185	859 828	1 039 408
布基纳法索				1 686	3 287	5 482	7 613
布隆迪				772	1 781	3 520	3 005
埃塞俄比亚和厄立特里亚				5 394	13 640	18 964	24 833
几内亚				784	1 861	3 304	4 573
几内亚比绍				166	558	794	736
莱索托				232	790	1 828	2 451
马拉维				913	2 756	5 146	6 949
扎伊尔				6 750	16 915	17 394	10 790
其他 6 个非样本经济体				1 013	15 960	13 920	16 876
15 个非样本经济体				17 710	57 548	70 352	77 826

表 A4-c 57个非洲经济体的人均GDP(1820—1998)

(1990年国际元)

	1820	1870	1913	1950	1973	1990	1998
埃及			732	718	1 022	2 012	2 128
加纳			739	1 122	1 407	1 078	1 244
摩洛哥			807	1 455	1 694	2 596	2 693
南非			1 602	2 535	4 175	3 966	3 858
4个样本国家			**962**	**1 400**	**2 090**	**2 559**	**2 602**
阿尔及利亚				1 365	2 356	2 916	2 688
安哥拉				1 052	1 789	855	647
贝宁				1 084	1 062	1 143	1 257
博茨瓦纳				349	1 123	3 204	4 201
喀麦隆				671	1 003	1 210	1 009
佛得角				452	531	1 232	1 360
中非共和国				771	837	708	653
乍得				475	432	437	471
科摩罗				561	891	685	522
刚果				1 289	2 132	2 445	2 239
科特迪瓦				1 041	1 899	1 372	1 373
吉布提				1 500	2 180	1 432	1 059
加蓬				3 106	7 336	4 174	4 885
冈比亚				541	976	864	850
肯尼亚				651	961	1 102	1 075
利比里亚				1 055	1 448	991	931
马达加斯加				951	1 144	799	690
马里				457	584	734	783
毛里塔尼亚				464	965	922	993
毛里求斯				2 491	3 681	7 125	9 853
莫桑比克				1 133	1 873	1 003	1 187
纳米比亚				2 159	3 484	3 278	3 797
尼日尔				813	741	561	532
尼日利亚				753	1 442	1 242	1 232
法属留尼汪岛				1 988	3 776	4 490	4 502
卢旺达				547	688	855	704
塞内加尔				1 259	1 315	1 354	1 302
塞舌尔				1 909	3 224	5 014	5 962
塞拉利昂				656	1 087	1 012	558
索马里				1 057	1 176	1 083	883
苏丹				821	780	743	880

(1990 年国际元)(续表)

	1820	1870	1913	1950	1973	1990	1998
斯威士兰				722	2 260	2 564	2 794
坦桑尼亚				377	588	557	553
多哥				574	1 053	762	644
突尼斯				1 115	2 221	3 337	4 190
乌干达				687	838	592	725
赞比亚				661	1 066	808	674
津巴布韦				701	1 423	1 382	1 448
其他 38 个经济体				834	1 314	1 241	1 235
15 个非样本经济体				355	720	558	504
57 个经济体合计	418	444	585	852	1 365	1 385	1 368
布基纳法索				385	553	607	676
布隆迪				327	505	666	543
埃塞俄比亚和厄立特里亚				250	401	372	399
几内亚				303	492	557	612
几内亚比绍				290	882	796	610
莱索托				320	692	1 048	1 173
马拉维				324	566	563	706
扎伊尔				497	730	458	220
其他 6 个非样本经济体				800	5 737	2 832	2 879
15 个非样本经济体				355	720	558	504

表 A4-d　57 个非洲经济体的人均 GDP 增长率(1820—1998)　　(%)

	1820—1870	1870—1913	1913—1950	1950—1973	1973—1998
埃及			−0.05	1.54	2.98
加纳			1.14	0.99	−0.49
摩洛哥			1.61	0.66	1.87
南非			1.25	2.19	−0.32
4 个样本国家			**1.02**	**1.76**	**0.88**
阿尔及利亚				2.40	0.53
安哥拉				2.34	−3.99
贝宁				−0.09	0.68
博茨瓦纳				5.21	5.42
喀麦隆				1.76	0.02
佛得角				0.70	3.84
中非共和国				0.35	−0.99

(%)(续表)

	1820—1870	1870—1913	1913—1950	1950—1973	1973—1998
乍得				−0.42	0.34
科摩罗				2.03	−2.12
刚果				2.21	0.20
科特迪瓦				2.65	−1.29
吉布提				1.64	−2.85
加蓬				3.81	−1.61
冈比亚				2.60	−0.55
肯尼亚				1.71	0.45
利比里亚				1.39	−1.75
马达加斯加				0.81	−2.00
马里				1.07	1.18
毛里塔尼亚				3.23	0.11
毛里求斯				1.71	4.02
莫桑比克				2.21	−1.81
纳米比亚				2.10	0.34
尼日尔				−0.40	−1.31
尼日利亚				2.87	−0.63
法属留尼汪岛				2.83	0.71
卢旺达				1.00	0.10
塞内加尔				0.19	−0.04
塞舌尔				2.30	2.49
塞拉利昂				2.22	−2.63
索马里				0.47	−1.14
苏丹				−0.22	0.49
斯威士兰				5.09	0.85
坦桑尼亚				1.95	−0.24
多哥				2.67	−1.95
突尼斯				3.04	2.57
乌干达				0.87	−0.58
赞比亚				2.10	−1.82
津巴布韦				3.12	0.07
其他38个经济体				2.00	−0.25
15个非样本经济体				3.12	−1.42
57个经济体合计	0.12	0.64	1.02	2.07	0.01
布基纳法索				1.58	0.81
布隆迪				1.91	0.29

	1820—1870	1870—1913	1913—1950	1950—1973	1973—1998
埃塞俄比亚和厄立特里亚				2.07	−0.02
几内亚				2.12	0.88
几内亚比绍				4.96	−1.46
莱索托				3.41	2.13
马拉维				2.46	0.89
扎伊尔				1.68	−4.68
其他6个非样本经济体				8.94	−2.72
15个非样本经济体				3.12	−1.42

表 A4-e　57个非洲经济体的GDP增长率(1820—1998)　(%)

	1820—1870	1870—1913	1913—1950	1950—1973	1973—1998
埃及			1.46	3.84	5.57
加纳			3.77	3.63	2.16
摩洛哥			3.63	3.32	4.09
南非			3.44	4.85	1.93
4个样本国家			**2.92**	**4.27**	**3.30**
阿尔及利亚				4.82	3.37
安哥拉				4.05	−1.70
贝宁				2.23	3.81
博茨瓦纳				7.07	8.90
喀麦隆				3.48	3.02
佛得角				3.54	5.37
中非共和国				2.26	1.22
乍得				1.45	2.82
科摩罗				4.51	0.88
刚果				4.50	3.17
科特迪瓦				6.27	2.28
吉布提				6.84	0.50
加蓬				5.13	1.48
冈比亚				5.23	2.93
肯尼亚				4.95	3.76
利比里亚				4.15	0.62
马达加斯加				2.80	0.74
马里				3.16	3.38

(%)(续表)

	1820—1870	1870—1913	1913—1950	1950—1973	1973—1998
毛里塔尼亚				4.58	2.61
毛里求斯				4.32	5.29
莫桑比克				4.36	0.63
纳米比亚				4.72	3.07
尼日尔				2.26	1.70
尼日利亚				5.19	2.33
法属留尼汪岛				5.79	2.36
卢旺达				3.32	2.78
塞内加尔				2.74	2.89
塞舌尔				4.84	3.76
塞拉利昂				3.73	−0.46
索马里				2.58	1.08
苏丹				2.55	3.74
斯威士兰				7.75	3.60
坦桑尼亚				4.38	2.56
多哥				5.38	1.38
突尼斯				5.00	4.84
乌干达				3.68	2.49
赞比亚				4.77	1.03
津巴布韦				6.54	2.51
其他 38 个经济体				**4.41**	**2.62**
15 个非样本经济体				**5.26**	**1.21**
57 个经济体合计	**0.52**	**1.40**	**2.69**	**4.45**	**2.74**
布基纳法索				2.95	3.42
布隆迪				3.70	2.11
埃塞俄比亚和厄立特里亚				4.12	2.43
几内亚				3.83	3.66
几内亚比绍				5.41	1.11
莱索托				5.47	4.63
马拉维				4.92	3.77
扎伊尔				4.08	−1.78
其他 6 个非样本经济体				12.74	0.22
15 个非样本经济体				5.26	1.21

表 A4-f 57个非洲经济体的人口增长率（1820—1998）　　　　（%）

	1820—1870	1870—1913	1913—1950	1950—1973	1973—1998
埃及			1.52	2.26	2.52
加纳			2.61	2.61	2.67
摩洛哥			1.99	2.64	2.18
南非			2.17	2.60	2.25
4个样本国家			**1.88**	**2.47**	**2.39**
阿尔及利亚				2.36	2.82
安哥拉				1.67	2.38
贝宁				2.32	3.11
博茨瓦纳				1.76	3.30
喀麦隆				1.69	3.00
佛得角				2.82	1.48
中非共和国				1.91	2.23
乍得				1.87	2.47
科摩罗				2.43	3.06
刚果				2.24	2.97
科特迪瓦				3.53	3.62
吉布提				5.12	3.45
加蓬				1.28	3.15
冈比亚				2.56	3.51
肯尼亚				3.19	3.30
利比里亚				2.72	2.41
马达加斯加				1.98	2.80
马里				2.07	2.17
毛里塔尼亚				1.31	2.50
毛里求斯				2.56	1.23
莫桑比克				2.10	2.49
纳米比亚				2.57	2.71
尼日尔				2.68	3.05
尼日利亚				2.26	2.97
法属留尼汪岛				2.88	1.64
卢旺达				2.29	2.68
塞内加尔				2.54	2.93
塞舌尔				2.48	1.24
塞拉利昂				1.48	2.23
索马里				2.10	2.24
苏丹				2.78	3.24
斯威士兰				2.54	2.73
坦桑尼亚				2.39	2.81
多哥				2.64	3.39
突尼斯				1.90	2.21

(%)(续表)

	1820—1870	1870—1913	1913—1950	1950—1973	1973—1998
乌干达				2.78	3.08
赞比亚				2.62	2.90
津巴布韦				3.32	2.44
其他 38 个经济体				**2.37**	**2.87**
15 个非样本经济体				**2.07**	**2.67**
57 个经济体合计	**0.40**	**0.75**	**1.65**	**2.33**	**2.73**
布基纳法索				1.34	2.59
布隆迪				1.76	1.82
埃塞俄比亚和厄立特里亚				2.00	2.44
几内亚				1.67	2.76
几内亚比绍				0.43	2.61
莱索托				1.99	2.45
马拉维				2.40	2.86
扎伊尔				2.36	3.04
其他 6 个非样本经济体				3.48	3.03
15 个非样本经济体				2.07	2.67

表 A4-g 非洲 1990 年 GDP 的 ICP 和 PWT 估计值

(百万 1990 年国际元)

	PWT 5.5	PWT 5.6	ICP 4	ICP 5	ICP 7
贝宁	5 248	5 347	—	6 629	1 227
博茨瓦纳	5 479	4 178	5 488	5 662	2 591
喀麦隆	17 115	14 393	16 781	41 534	7 123
刚果	5 972	5 394	—	5 358	1 096
科特迪瓦	14 568	16 330	16 655	18 528	5 562
埃及	105 684	112 873	—	194 267	66 855
埃塞俄比亚	17 891	18 964	16 498	18 622	—
加蓬	3 639	4 500	—	—	2 424
几内亚	3 087	3 304	—	—	2 506
肯尼亚	26 028	26 093	25 698	31 855	7 358
马达加斯加	9 093	9 210	8 001	8 531	3 541
马拉维	4 840	5 146	5 131	6 173	1 582
马里	5 059	6 040	4 561	5 314	1 485

(百万 1990 年国际元)(续表)

	PWT 5.5	PWT 5.6	ICP 4	ICP 5	ICP 7
毛里求斯	7 211	7 652	—	7 671	1 796
摩洛哥	60 193	64 082	56 183	83 696	20 338
尼日利亚	96 521	107 459	126 035	139 453	24 349
卢旺达	5 360	6 125		5 040	—
塞内加尔	9 351	10 032	8 627	12 139	3 361
塞拉利昂	4 041	4 325	—	3 021	774
斯威士兰	1 580	2 154	—	2 181	611
坦桑尼亚	14 676	13 852	13 388	13 199	2 470
突尼斯	26 421	27 387	28 990	35 312	9 409
赞比亚	6 935	6 432	8 358	10 684	2 741
津巴布韦	14 913	13 766	15 256	20 391	5 559

资料来源:第 1 列的数据来自《宾夕法尼亚大学世界表》(5.5 版)中 R. S. Summers, A. Heston, The Penn World Table (Mark 5): An Expanded Set of International Comparisons, 1950—1988, *Quarterly Journal of Economics*, May 1991 一文所附的 PWT 数据软盘。第 2 列的数据来自 1995 年 1 月 PWT(5.6a 版)所附的数据软盘。在有些情况下, PWT 估计值所涉及的年份比 1990 年早 1 年或 2 年, 此时我采用了该年份与 1990 年之间 GDP 物量变化率和美国 GDP 平减指数变化率, 将其估计值调整至 1990 年。在 Maddison(1995a, pp. 192, 221)中, 我采用了 PWT(5.5 版)中 50 个国家的数据, 但在本研究中我采用了 PWT(5.6a 版)中的有关数据。这样一来, 这 50 个国家的 GDP 总值由以前的 8 128.17 亿国际元(Maddison, 1995a)提高到目前的 8 459.08 亿国际元。另外, 在这两项研究中, 6 个国家的 GDP 需要进行替代指标估计, 估计值大约为 138.83 亿国际元(Maddison, 1995a, pp. 214, 221)。总体来说, PWT 所涉及的范围要比 ICP 更广, 例如 ICP 4 包括了 1980 年的 15 个国家, ICP 5 包括了 1985 年的 22 个国家, ICP 7 包括了 1993 年的 22 个国家。但 1990 年的 ICP 6 并不包括非洲。这些 ICP 的结果以在表 A3-g 和表 A3-h 中使用的同样方法调整到 1990 年水平。本表所列的 24 个国家都或多或少参与了 ICP 项目。ICP 4 的结果来自 UN/Eurostat, *World Comparisons of Purchasing Power Parity and Real Product for 1980*, New York, 1987, p. viii; ICP 5 的结果来自 UN/Eurostat, *World Comparisons of Real GDP and Purchasing Power 1985*, New York, 1994, p. 5; ICP 7 的 G-K 结果来自 Eurostat, *Comparisons of Price Levels and Economic Aggregates 1993: The Results of 22 African Countries*, Luxembourg 1996, pp. 43, 145—146。最后一列中所示的 ICP 7 的结果和以前年份的 ICP 结果不可比, 因为它们是通过一个标准化汇率, 而不是以美国为基准国的购买力平价, 将非洲各国以本币表示的 GDP 换算成以美元表示的 GDP。由此计算出各国的实际 GDP 水平大约为 ICP 5 结果的三分之一。从 ICP 7 与 ICP 5 的比率来看, 其变动范围从博茨瓦纳的 0.46 到喀麦隆的 0.17。事实上, ICP 5 有关喀麦隆的 GDP 估计值令人不可思议。但对于规模较大的国家, 该比率的变动范围从尼日利亚的 0.17 到埃及的 0.34。ICP 存在的最大问题是它没有对以前不同回合的估计值进行整合, 而萨默斯和海斯顿的 PWT 方法则没有这个缺点。

附录 B
1820年以前世界人口、GDP 和人均 GDP 的增长情况

我在1995年的研究中包括了追溯至1500年的世界人口、GDP 和人均 GDP 的粗略总量估计,为详细分析1820年以后的发展提供了一幅透视图(Maddison,1995a)。这一简略回顾的主要目的是强调在随后到来的资本主义纪元中激动人心的经济增长。随后,我又对中国与西方在长达两千年的时间跨度中的经济表现进行了对比(Maddison,1998a)。这个对比的结果表明了世界经济的主要部分在其发展速度和发展模式上存在着重要的差异,而这种差异又深深植根于它们过去的历史中。

本研究旨在对1500—1820年间的原始资本主义时期提供一个更加详细的和较为注重个体(即不同经济体)的考察,同时也对这个时期之前的1500年的发展勾勒出一个大致的轮廓。

本附录的定量分析工作以附录 A 中对1820年的估计作为起点,使用了同样的分析技术,即收集人口变化的证据,保留1990年国际元作为估算 GDP 和人均 GDP 变动的时空锚,用替代指标估计值填补证据中的空白以求出世界总计估计值。本附录分为两部分,第一部分涉及人口的估算,第二部分涉及 GDP 增长情况的估算。

人 口

这里有关更加遥远的过去的证据要比我们在附录 A 中搜集的证据弱,数据

库中的空白也更多。但是量化估计不是凭空臆测。人口方面的证据是最强、最综合的证据。在分析那些在人均 GDP 上仅有轻微增长的世纪时,人口因素相对来说更为重要。

人口资料在提供人均收入发展的线索方面是重要的。一个突出的例子是城市化率。由于德弗里(de Vries)关于欧洲的研究和罗兹曼(Rozman)关于亚洲的研究,人们能够测算出生活在有 10 000 名以上居民的城镇的人口比率。在公元 1000 年时,欧洲的这一比率接近于零(大约只有 4 个城镇的居住人口超过了 10 000 人),而中国是 3%。到 1800 年时,西欧的这一比率是 10.6%,中国是 3.8%,而日本则达到了 12.3%。当一个国家能够提高其城市人口的比重时,表明它的农业创造了超过维持生存水平的不断增加的剩余,经济活动的非农业部分正在增加。我曾使用这些证据来推断中国与欧洲在人均 GDP 发展上的差别(Maddison,1998a)。这种推断亦是本研究的一个特点。中国官方进行的人口登记可追溯至两千多年以前。这些官方记录是用来评估人民的纳税能力的,它们包括了耕地面积和农作物产量的资料,珀金斯(Perkins,1969)用它们来评估中国人均 GDP 的长期变化。Bagnall and Frier(1994)出色地利用零碎的古代人口普查资料估计了 3 世纪时罗马人统治下的埃及的职业结构、家庭规模、婚姻模式、生育率和预期寿命。

有关历史人口统计的严肃工作始于 17 世纪的格兰特(Graunt,1662)。他通过对 1603 年以来伦敦出生和死亡周报记录的洗礼和葬礼次数进行加工和分析,得到了伦敦的生命统计、生存表和人口数量。哈雷(Halley,1693)发表了第一个严格的对生命表的数学分析。格里高利·金(Gregory King,1696)通过收集和分析烟囱税,人头税,对出生、结婚和葬礼所征的税以及他自己对几个城镇进行的小型人口普查资料,估计了英格兰和威尔士的人口数量。

历史人口学于 20 世纪在几个重要的研究中心得到了发展:(1) 普林斯顿大学人口研究室(设立于 1936 年);(2) 法国国家人口研究所(INED),设立于 20 世纪 50 年代,探讨由路易斯·亨利(Louis Henry)创立的家庭资料重组技术;(3) 剑桥人口和家庭结构历史研究组(设立于 20 世纪 70 年代),已经开展了大量的旨在按年度(追溯至 1541 年)重新构造英格兰的人口规模和结构的研究项目(Wrigley et al.,1997);(4) 在速水融和斋藤修的领导下,日本人口历史的研究已经开花结果;(5) 在拉丁美洲人口的研究方面,加利福尼亚大学伯克利分校的研究者们已经出版了大量的著作。至于 20 世纪的下半叶,我们有了联合国和美国人口普查局的国际综合调查资料。

其结果是,我们现在有了关于欧洲、拉丁美洲和亚洲人口的大量专题研究,以及旨在构造世界人口总数的一系列努力。这一传统的开拓者是里西奥利(Riccioli,1672)和格里高利·金(1696)。威尔考克斯(Willcox,1931)列举了1650—1850年间的66个出版物,并对早期的估计值进行了有意义的考察。在这方面,当代学术成就的代表人物是克拉克(Clark,1967)、杜兰德(Durand,1974)、麦克伊夫迪和琼斯(McEvedy and Jones,1978)以及比拉本(Biraben,1979)。

对公元1500年以来的详细估计主要依赖于对主要国家的专题研究。为了填补我的数据库的空白,我吸收了麦克伊夫迪和琼斯的研究成果。对公元1500年以前的1500年,我广泛利用了他们的工作。

有几个原因使我倾向利用麦克伊夫迪和琼斯的研究成果而不是克拉克、杜兰德和比拉本的研究成果。麦克伊夫迪和琼斯的研究成果是最详细的和引证最好的。当重新构造过去的历史时,他们按1975年的边界来对国家进行界定,在大多数情况下这与我作为一般原则而采纳的1990年的边界是一致的(除了德国、印度、韩国和英国)。他们还展示了边界变化的影响。在这四个关于长期人口趋势的标准资料来源中,存在明显不同的判断,特别是在对拉丁美洲1500年及其以前的变化以及对亚洲的变化的判断上尤其如此。对于后面这两种情况,我的判断更接近麦克伊夫迪和琼斯的结论而不是克拉克、杜兰德以及比拉本的看法。

表B-1总结性地列出了我的总量估计值与麦克伊夫迪和琼斯、克拉克、杜兰德以及比拉本的不同的总量估计值的比较。

表 B-1　有关世界分地区人口的不同估计值(0—1700)　　　　(千人)

	0	1000	1500	1700
欧洲(包括苏联地域)				
Clark(1967)	44 500	44 200	73 800	111 800
Durand(1974)	42 500	45 500	79 000	—
Biraben(1979)	43 000	43 000	84 000	125 000
McEvedy and Jones(1978)	32 800	38 800	85 500	126 150
Maddison(1991)	33 350	39 013	87 718	126 810
美洲				
Clark(1967)	3 000	13 000	41 000	13 000
Durand(1974)	12 000	37 500	46 500	—
Biraben(1979)	12 000	18 000	42 000	12 000

(千人)(续表)

	0	1000	1500	1700
美洲				
McEvedy and Jones(1978)	4 500	9 000	14 000	13 000
Maddison(1991)	6 320	12 860	19 750	13 250
亚洲（包括大洋洲）				
Clark(1967)	185 000	173 000	227 000	416 000
Durand(1974)	207 000	189 500	304 000	—
Biraben(1979)	171 000	152 000	245 000	436 000
McEvedy and Jones(1978)	114 200	183 400	277 330	411 250
Maddison(1991)	174 650	183 400	284 350	402 350
非洲				
Clark(1967)	23 000	50 000	85 000	100 000
Durand(1974)	35 000	37 500	54 000	—
Biraben(1979)	26 000	38 000	87 000	107 000
McEvedy and Jones(1978)	16 500	33 000	46 000	61 000
Maddison(1991)	16 500	33 000	46 000	61 000
全世界				
Clark(1967)	225 500	280 200	427 800	640 800
Durand(1974)	296 500	310 000	483 500	—
Biraben(1979)	252 000	253 000	461 000	680 000
McEvedy and Jones(1978)	168 700	264 500	423 600	610 000
Maddison(1991)	230 820	268 273	437 818	603 410

资料来源：Clark（1967），Durand（1974），McEvedy and Jones（1978），Biraben（1979）。Durand(1974)的估计值给出了高低限值，我取其中值。我把整个苏联归入欧洲，把整个土耳其归入亚洲，再按此口径将其他作者的估计值进行了适当调整。

西欧

丹麦、芬兰、德国、荷兰、挪威、瑞典和瑞士 1500—1700 年的数据取自 Maddison(1991,pp.226—227)。比利时和意大利的数据取自 de Vries(1984, p.36)。奥地利的数据取自 McEvedy and Jones(1978)。法国 1500—1700 年按目前的边界计算的数据取自 Bardet and Dupaquier(1997,pp.446,449)；1700—1820 年的数据取自 Henry and Blayo(1975,pp.97—99)。关于英国的估计值在后文的表 B-13 中进行了解释。公元 0—1000 年的数据取自 McEvedy and

Jones(1978)。关于 13 个西欧小国,我们假定它们与上述 12 个国家的总数呈平行变动。

葡萄牙 1500—1700 年的数据取自 de Vries(1984,p.36)。西班牙 1600 年和 1700 年的数据取自《1977 年西班牙统计年鉴》(Espana:*Anuario Estadistico 1977*,INE,Madrid,p.49);公元 0—1000 年的数据取自 McEvedy and Jones(1978)。希腊的公元 0—1700 年的数据同样取自 McEvedy and Jones(1978)。

东欧

现在属于阿尔巴尼亚、保加利亚、捷克共和国、希腊、匈牙利、波兰、罗马尼亚、斯洛伐克和南斯拉夫 5 个后继共和国的地理区域的公元 0—1700 年的人口数据取自 McEvedy and Jones(1978)。

(表 B-2 显示了公元 0—1820 年西欧、东欧以及西方后裔国的人口。)

表 B-2　西欧、东欧以及西方后裔国的人口(0—1820)　　　　(千人)

	0	1000	1500	1600	1700	1820
奥地利	500	700	2 000	2 500	2 500	3 369
比利时	300	400	1 400	1 600	2 000	3 434
丹麦	180	360	600	650	700	1 155
芬兰	20	40	300	400	400	1 169
法国	5 000	6 500	15 000	18 500	21 471	31 246
德国	3 000	3 500	12 000	16 000	15 000	24 905
意大利	7 000	5 000	10 500	13 100	13 300	20 176
荷兰	200	300	950	1 500	1 900	2 355
挪威	100	200	300	400	500	970
瑞典	200	400	550	760	1 260	2 585
瑞士	300	300	650	1 000	1 200	1 829
英国	800	2 000	3 942	6 170	8 565	21 226
12 国合计	17 600	19 700	48 192	62 580	68 796	114 419
葡萄牙	500	600	1 000	1 100	2 000	3 297
西班牙	4 500	4 000	6 800	8 240	8 770	12 203
希腊	2 000	1 000	1 000	1 500	1 500	2 312
13 个西欧小国合计	100	113	276	358	394	657
西欧合计	**24 700**	**25 413**	**57 268**	**73 778**	**81 460**	**132 888**
阿尔巴尼亚	200	200	200	200	300	437

(千人)(续表)

	0	1000	1500	1600	1700	1820
保加利亚	500	800	800	1 250	1 250	2 187
捷克斯洛伐克	1 000	1 250	3 000	4 500	4 500	7 190
匈牙利	300	500	1 250	1 250	1 500	4 571
波兰	450	1 200	4 000	5 000	6 000	10 426
罗马尼亚	800	800	2 000	2 000	2 500	6 389
南斯拉夫	1 500	1 750	2 250	2 750	2 750	5 215
东欧合计	4 750	6 500	13 500	16 950	18 800	36 415
美国	640	1 300	2 000	1 500	1 000	9 981
加拿大	80	160	250	250	200	816
澳大利亚和新西兰	450	500	550	550	550	433
西方后裔国合计	1 170	1 960	2 800	2 300	1 750	11 230

苏联

表 B-3 报告了苏联 1991 年解体之前构成其地理区域的人口。公元 0—1870 年的数据取自 McEvedy and Jones(1978, pp. 78—82, 157—163)，并将其按俄国的欧洲部分(不包括芬兰和波兰省)、西伯利亚、高加索地区(目前的亚美尼亚、阿塞拜疆、格鲁吉亚共和国)和土耳其斯坦(目前的哈萨克斯坦、吉尔吉斯斯坦、塔吉克斯坦、土库曼斯坦和乌兹别克斯坦)的划分进行了分解。

表 B-3 俄国的欧洲和亚洲部分的人口(0—1870) (千人)

	0	1000	1500	1600	1700	1820	1870
俄国的欧洲部分	2 000	4 000	12 000	15 000	20 000	44 161	71 726
西伯利亚	100	100	200	200	300	1 443	3 272
高加索	300	500	1 250	1 500	1 750	2 429	4 587
土耳其斯坦	1 500	2 500	3 500	4 000	4 500	6 732	9 087
合计	3 900	7 100	16 950	20 700	26 550	54 765	88 672

资料来源：McEvedy and Jones (1978)。

西方后裔国

丹尼尔斯(Daniels,1992)的著作中列出了有关北美的详细参考书目和文献概览。桑顿(Thornton,1987)分析了北美土著人口减少的过程,引用了尤贝雷克(Ubelaker,1976)为史密森学会(Smithsonian Institution)做的估计。我把桑顿的估计结果取整,作为我估计1500年美国200万人口和加拿大25万人口的基础。桑顿并没有给出北美1600年和1700年的人口估计值。我对这两年的评估是以这一假定为基础的,即北美土著人口减少的速度低于墨西哥的水平(后者的人口密度要大得多)。我假定公元0—1500年北美的人口变动与拉丁美洲的人口变动是同比例的。

就澳大利亚而言,官方通常估计土著人在与欧洲人最初接触时大约有25万—30万人口,但巴特林(Butlin,1983)的关于疾病、迁移和故意灭绝对新南威尔士和维多利亚的可能影响的详细模型所得到的估计值则要高得多。我假定在同欧洲人接触以前,澳大利亚和新西兰的合计人口是55万人,比巴特林的估计值要低些,但比原先的官方估计值要高。关于公元0—1500年间它的人口增长速度,我假定比美洲的增长速度要慢一些。

拉丁美洲

在被西班牙征服时拉丁美洲的土著人口规模是一个相当有争议的问题。尽管缺乏有力的证据,但有两个显著不同的思想流派。不言而喻,在被西班牙征服之后拉丁美洲出现了人口的大幅下降。与外国微生物隔绝了千年以上的土著人口,因为缺乏免疫力而遭受到诸如天花、麻疹和其他致死疾病的严重侵袭。

墨西哥

在仔细考证西班牙征服者的书面证据和西班牙档案文献的基础上,罗森布莱特(Rosenblat,1945)估计当今的墨西哥在被征服前的人口大约为450万。她假定墨西哥在被征服后出现了温和的人口下降——在16世纪中下降了不到

15%。相比之下,伯克利学派(Berkeley school)(Cook and Simpson,1948)对征服前人口的估计值要高得多,对中墨西哥(大约是目前墨西哥领土的四分之一)人口的估计值是 1 100 万。这一估计值是以各种不可靠的推测为基础的。例如,用方济会的僧侣人数乘以洗礼系数,或根据由其作战对手估计的阿兹特克(Aztec)军队的规模来推算人口数量。博拉和库克(Borah and Cook,1963)根据描述阿兹特克财政税收负担的含糊不清的象形文字,甚至得出高达 2 500 万的墨西哥人口估计值。他们假定 1519—1605 年间墨西哥的土著人口减少了 95%,并使用一个等于 25 的乘数回推出西班牙 1605 年的人口估计值。他们没有像 Butlin(1983)对澳大利亚所做的那样,详细说明死亡的不同原因。他们也没有像 Cook(1981)对秘鲁所做的那样,探讨替代指标的测算方法。对 Rosenblat(1967)的批评,他们也从未做出有力的回应。

对伯克利学派估算的极高死亡率的怀疑基于两个理由:(1) 他们假定的死亡率远高于欧洲人在经历黑死病时所发生的死亡率(该疾病导致三分之一的人口死亡);(2) 令人难以置信的是,中墨西哥的人口直到 1970 年都没有恢复到他们所断言的 1519 年的规模,尽管西班牙人的征服带来了生产潜力的增加。在被征服之前,当地没有轮式车辆,没有犁和金属工具;基本的饮食结构与素食主义者相近,没有牛、羊、猪和鸡等动物类食品。马、驴、牛和轮式车辆的缺乏意味着陆地运输的可能性仅限于人力搬运。在实际上并不存在技术进步的情况下,欧洲在一个世纪内从黑死病造成的高死亡率中恢复过来,而墨西哥的恢复则花费了 450 年,这似乎是令人不可思议的。

我自己的判断是伯克利学派有关墨西哥死亡率的估计值太高了。然而,我认为 Rosenblat(1945)低估了被征服前的墨西哥的人口规模和随后人口减少的速度。札姆巴地努(Zambardino,1980)在批评性地回顾伯克利学派的观点时提出,合理的人口规模可能在 500 万和 1 000 万之间。我取 Zambardino(1980)对墨西哥人口估计值的中值[参见 Maddison(1995b)中的讨论],并假定 1500—1600 年间人口减少了三分之二。

Rosenblat(1945)描述了 1825 年西班牙统治结束时墨西哥的人口结构,当时的总人口是 680 万。处于社会顶层的是占总人口一小部分的 7 万欧洲西南部半岛人(半岛西班牙人)。第二阶层是 120 万的西班牙裔拉丁美洲人(西班牙血统的白人)。第三阶层是 190 万名混血人口,其中大部分是白人与印第安人通婚的结果,另一些是抛弃了他们的农村生活方式,穿着西班牙式的衣服,生活在城区的印第安人。处于社会底层的是农村印第安人(370万人)，主要生活在以家族为核心的印第安人村庄，从事维持基本生计的农业活动。此外还有一些属于北方的狩猎者-采集者群体。他们穿着传统的服装，维系着他们自己的语言和除宗教外的所有习俗。还有一小部分人(大约1万人)是居住在这个国家南方的黑人奴隶。这些有关社会结构的资料对构造收入账户是相当有用的(参看下面的讨论)。

巴西

我采用了 Rosenblat(1945)关于 1500 年的人口估计值，该数据也被麦克伊夫迪和琼斯引用。它接近于克罗伯(Kroeber,1939)的估计值，后者是根据对人口，主要是狩猎者-采集者(在沿海地区也有一些人口从事刀耕火种农业)的土地利用和技术性质的假设做出的。海明(Hemming,1978)估计巴西在与欧洲人接触前的人口是 240 万(他将该数据说成是"纯粹的猜想")。他是根据假定的人口下降率，将目前 28 个地区的人口数据放大而得到前面的估计值的。德尼万(Denevan,1976)估计巴西的北部和中部的人口(包括亚马孙河区的印第安人)是 480 万。他是根据农业潜力和来自秘鲁的证据所做的推理而得到这一估计值的。海明夸大了一个只存在极少数的狩猎者-采集者的国家的可能的人口下降率。而德尼万对农业潜力估计值的依赖也不适合于绝大部分是狩猎者-采集者的印第安人。

在开始定居的第一个世纪里，欧洲人已清楚地发现很难把印第安人作为农奴或奴隶劳动力来使用。这是因为他们并不屈服，受到西方疾病感染时有很高的死亡率，而且能够轻易逃走并藏匿起来。所以葡萄牙人向巴西输入了大量的非洲奴隶以从事体力劳动。巴西印第安人的最终命运像北美印第安人一样，被排斥在殖民社会之外。主要差别是，同后者相比，他们与白人入侵者和黑人奴隶有着更多的通婚。(表 B-4 显示了巴西人口的种族构成)

表 B-4　巴西人口的种族构成(1500—1870)　　　　　(千人)

	1500	1600	1700	1820	1870
土著人口	1 000	700	950	500	400
黑人和混血人口		70	200	2 500	5 700[a]
欧洲人口		30	100	1 500	3 700
合计	1 000	800	1 250	4 500	9 800

a. 包括 150 万名奴隶。

资料来源：Rosenblat(1945)，Simonsen(1962)，Merrick and Graham(1979)，Marcilio(1984)。

秘鲁

我采用了Cook(1981,Chapter 7)的400万人的"最低"估计值。尽管这一数据被他称为"最低的",他还是引用了他认为值得尊重的用其他方法得出的更低的估计值。Cook(1981)的方法类似于伯克利学派的方法,但他给出了以下各种可供选择的方法所能得到的估计:(1)"生态"方法,该方法根据当时可获得的资源和技术评估人口增长潜力或人口承载容量;(2)利用考古遗迹的区域范围所作的推断;(3)利用1571年第一个有合理记载的西班牙人口估计值和假定的人口下降率反推人口数量。Cook(1981)倾向于认为在被欧洲人征服前秘鲁有900万人口(p.114),这接近于他给出的宽泛数字区间的上限。这里与估计墨西哥人口时的做法一样,我假定1500—1600年间秘鲁人口也减少了三分之二。

其他拉丁美洲国家

我采用了McEvedy and Jones(1978)关于这些国家在被欧洲人征服前的估计值,在很大程度上这些数据来自Rosenblat(1945)。我假定这些国家在16世纪的人口下降率比McEvedy and Jones(1978)的估计值要高,但比墨西哥和秘鲁的水平要低(见表B-5)。

拉丁美洲人口总数

表B-5将我的估计值与McEvedy and Jones(1978)以及Rosenblat(1945)的估计值进行了比较。我对1500年的估计值较高,在16世纪时人口减少得更多,但与伯克利学派相比,这些差异是适度的。Borah(1976)认为1500年整个美洲的人口达1亿以上。Clark(1967)和Biraben(1979)对Borah(1976)的估计结果印象深刻,但显然觉得他夸大了事实,因而采用了一种妥协的调和方法(但没有具体应用到各个国家)。

表 B-5　关于拉丁美洲人口的不同估计值(0—1820)　　　　(千人)

	0	1000	1500	1600	1700	1820
麦迪森						
墨西哥		4 500	7 500	2 500	4 500	6 587
巴西		700	1 000	800	1 250	4 507
秘鲁		3 000	4 000	1 300	1 300	1 317
其他		3 200	5 000	4 000	5 000	8 809
合计	5 600	11 400	17 500	8 600	12 050	21 220
McEvedy and Jones (1978)						
墨西哥	1 500	3 000	5 000	3 500	4 000	6 309[a]
巴西	400	700	1 000	1 000	1 250	3 827[a]
秘鲁	750	1 500	2 000	1 500	1 500	1 683[a]
其他	1 550	3 300	5 200	4 500	5 400	10 450[a]
合计	4 200	8 500	13 200	10 500	12 150	22 269[a]
Rosenblat (1945)						
墨西哥			4 500	3 645[b]	—	6 800[c]
巴西			1 000	886[b]	—	4 000[c]
秘鲁			2 000	1 591[b]	—	1 400[c]
其他			4 885	4 532[b]	—	10 863[c]
合计			12 385	10 654[b]	—	23 063[c]
Clark (1967)						
合计	2 900	12 600	40 000	14 000	12 000	
Biraben (1979)						
合计	10 000	16 000	39 000	10 000	10 000	23 980[a]

a. 1800 年和 1850 年的估计值采用内插法获得；b. 1570 年和 1650 年的估计值采用内插法获得；c. 1825 年的数据。

资料来源：1500—1820 年的数值是我的估计值(参看正文)。公元 0—1500 年的增长率来自 McEvedy and Jones(1978)的估计值。

中国[*]

中国的人口估计值是建立在官方记录的基础上的。与任何其他国家相比，这些记录可以往回追溯的时间要长得多。旨在建立不同时期之间可比性所作的调整在毕汉思(Bielenstein,1987)和何炳棣(Ho,1959)的著作中已有了详细的讨论。关于公元前 2 世纪的人口，我使用了何炳棣(1970, p.49)的数据。960 年以后的数据见 Maddison(1998a, Appendix D, pp. 167—169)。最近黑德拉

---

[*] 这里的数据不包括中国港、澳、台地区，下同。——译者注

(Martin Heidra)在《剑桥中国史》(*Cambridge History of China*)第8卷中对中国人口做了完全不同的估计,其结果显示明朝时期的中国人口出现了极快的增长。然而他并没有对他所做的修订提供任何细节或文献证据。他的估计结果表明,在17世纪中叶明朝与其后继者清朝的战争中,中国并没有出现人口下降。他的分析止于1650年,他过高的假设实际上没有为清朝时期的人口增长留下任何余地[Heidra, in Twichett and Mote(1998), pp. 436—440]。因此我很难采信他的观点。

印度

印度并不具有像西欧、中国或日本那样的统计记录,这使得不同看法之间的差别很大。许多讨论是围绕关于1600年的人口估计值展开的。对那一年,莫兰德(Moreland)的估计值是1亿人,戴维斯(Davis,1951)的估计值是1.25亿人,哈比伯(Habib,1982)的估计值是1.45亿人(他的估计值区间是1.4亿—1.5亿人)。事实上,所有这些估计值都是以对可耕地生产能力的评估为基础的(Raychaudhuri and Habib,1982),所以在人们对人口表现和经济表现所做的假定之间存在着一种相互依赖。对于1600年的人口,我采用了戴维斯与哈比伯的估计值的平均数,而对于公元元年的人口,我采用了杜兰德的估计值。(表B-6显示了关于印度人口的不同估计值)

表 B-6　关于印度人口的不同估计值(0—1820)　　　　(百万人)

	0	1000	1500	1600	1700	1820
Clark(1967)	70	70	79	100	200	190
McEvedy and Jones(1978)	34	77	100	130	160	200
Biraben(1979)	46	40	95	145	175	194
Durand(1974)	75	75	112.5	—	180[a]	—
麦迪森	55	75	110	135	165	209

a. 1750年的数据。

日本

关于日本人口的一个相当有力的证据来自日本1721年以来每6年一次的

全国人口调查。这些调查取自所有幕府将军的领地和在日本其他地区的大约 250 个大名的领地。其登记数字不包括武士的家庭、皇室家庭、流浪者和乞丐［即"秽多"(eta)和"非人"(hinin)］。这些调查低估了女性人口,在各个领地也不同程度地低估了幼儿人口。尽管如此,将这些调查数字进行调整还是可以得到 1721 年以来合理的人口估计值。1721 年的日本总人口大约是 3 000 万人。在每 6 年一次的调查成为制度以前,每年的入教登记人数是可以得到的,这一登记制度在葡萄牙人被赶出日本和基督教成为非法宗教后就形成了。速水融(Hayami,1986a)列示了 18 世纪 30 年代之前的 30—100 年间 17 个地区大名的统计表,总共大约覆盖了 18 世纪 30 年代 17% 的日本人口。这些估计值意味着当时每年的人口算术平均增长率是 0.35%,加权平均增长率是 0.52%。根据这些增长率数据往回推算,1600 年的日本人口在 1 600 万到 1 970 万之间,这与吉田东伍(Yoshida,1911)估计的 1 850 万相近。后者的估计值基于 1598 年的土地清册调查,该调查显示出的粮食产量是 1 850 万石。因此,按照每年人均消费 1 石(150 公斤)的假定,这些粮食将供养 1 850 万人口。(表 B-7 显示了关于日本人口的不同估计值)

表 B-7 关于日本人口的不同估计值(0—1820)　　　　　(千人)

	0	1000	1500	1600	1700	1820
麦迪森	3 000	7 500	15 400	18 500	27 000	31 000
速水融			10 000	12 000	30 000	31 000

资料来源：对于 1 世纪人口的估计,我采用了 Farris(1985,p.3)引用的弥生时代的区间中值；对于公元 1000 年人口的估计,我采用了内插法,其上下限分别为 Farris(1985, p. 175) 所引用的对 7 世纪中叶的估计值和 Taeuber(1958,p. 20)对 13 世纪中叶的估计值；对于 1500—1600 年,我假定人口增长率与速水融的估计值相同,即每年增长 0.18%。

吉田东伍的推理是粗糙的,但似乎比速水融(1986a)的 1600 年时日本人口在 1 000 万到 1 400 万之间的估计值更为可信。速水融的估计值意味着日本人口在 17 世纪时增长非常迅速,然后在 18 世纪时突然转变为或多或少的完全停滞。

朝鲜半岛

1392—1910 年,朝鲜半岛有一个以征收税赋和征用人力为目的的家庭人口登记系统(hojok),借此官方记录得以保存。这些登记很少覆盖到儿童,地区间覆盖面的差异也很大,其中首都汉城的覆盖情况最好。权(Kwon,1993)借助于其他历史文献和1925年首次现代人口普查的家庭结构资料,对这些记录进行了调整。权和辛(Kwon and Shin,1977)提供了1392—1910年的年度估计值。我采用了他们关于1500年、1600年、1700年和1910年的人口变动的估计值,并将其与附录A中取自沟口敏行和梅村又次(Mizoguchi and Umemura,1988)的关于1910年水平的估计值衔接起来。修订后的估计值大约是McEvedy and Jones(1978)结果的两倍,后者是建立在李(Lee,1936,pp.40—41)所报告的、未经过调整的人口登记资料基础上的。至于公元0—1500年的估计值,我假定朝鲜半岛的人口与日本人口同比例变动。

(表B-8显示了关于亚洲人口的估计值。)

表 B-8　亚洲人口(0—1820)　　　　　　　　　　(百万人)

	0	1000	1500	1600	1700	1820
中国	59.6	59.0	103.0	160.0	138.0	381.0
印度	75.0	75.0	110.0	135.0	165.0	209.0
日本	3.0	7.5	15.4	18.5	27.0	31.0
朝鲜半岛	1.6	3.9	8.0	10.0	12.2	13.8
印度尼西亚	2.8	5.2	10.7	11.7	13.1	17.9
印度支那	1.1	2.2	4.5	5.0	5.9	8.9
其他东亚经济体	5.9	9.8	14.4	16.9	19.8	23.6
伊朗	4.0	4.5	4.0	5.0	5.0	6.6
土耳其	6.1	7.3	6.3	7.9	8.4	10.1
其他西亚经济体	15.1	8.5	7.5	8.5	7.4	8.5
亚洲合计	174.2	182.9	283.8	378.5	401.8	710.4

资料来源:有关中国、印度、日本和朝鲜半岛的资料来源如正文所述。所有1820年的数据来自附录A。印度尼西亚1700年的数据来自Maddison(1989b),公元0—1700年的数据来自McEvedy and Jones(1978)的比例推算。印度支那(包括柬埔寨、老挝和越南)公元0—1820年的数据来自McEvedy and Jones(1978)的比例推算。其他东亚经济体、伊朗、土耳其以及其他西亚经济体公元0—1700年的数据来自McEvedy and Jones(1978)。这里亚洲的人口范围与附录A中的定义相同,不包括苏联的亚洲人口,但是包括土耳其、波利尼西亚和美拉尼西亚的人口。

| 非洲 |

除了埃及,实际上没有关于非洲人口的文献。所有能得到的估计值都是推

测性的。第一个推算是由一位意大利耶稣会士里西奥利(Riccioli)于 1672 年做出的。他认为那时的非洲人口是 1 亿,但并没有解释他是如何推算的。格里高利·金(1696)所估计的人口是 7 000 万,他以非洲大陆的土地面积和大致估计的农业生产率为出发点,根据当时可获得的自然资源、技术和组织水平,估计了非洲所能支撑的人口数量。

美国主流人口学家威尔考克斯(Walter Willcox,1931)认为里西奥利的估计值是可信的,并假定这一数字在 17 世纪和 18 世纪中没有变化。Clark(1967)也采取了同样的做法。卡尔-桑德斯(Carr-Saunders,1964)接受了里西奥利对 17 世纪中叶非洲人口的估计值,但认为随后的人口增长由于奴隶交易而有所下降。Biraben(1979)也考虑到了由奴隶交易引起的某种程度上的人口减少。(关于非洲人口的不同估计值见表 B-9a)

表 B-9a 关于非洲人口的不同估计值(0—1950) (百万人)

	Willcox (1931)	Carr-Saunders (1964)	Clark (1967)	Biraben (1979)	Durand (1974)	McEvedy and Jones (1978)	Maddison (1999)
0			23	26	35	16.5	16.5
1000			50	39	37.5	33	33
1500			85	87	54	46	46
1600			95	113	55	55	55
1650	100	100	100				
1700			100	107		61	61
1800	100	90	100	102		70	
1820		(92)				(74.2)	74.2
1870		(104.3)				(90.5)	90.5
1900	141	120	122	138	159	110	110.0
1913						(124.7)	124.7
1950		207		219		205	228.3

资料来源:Willcox(1931,p.78);Carr-Saunders(1964,p.42);Clark(1967,pp.64,104,108);Biraben(1979,p.16);Durand(1974,p.11)(采用他的区间估计值的中值);McEvedy and Jones(1978,p.206)。括号中的数字为内插值。

Durand(1974)以及 McEvedy and Jones(1978)的看法却有很大的不同。他们假定人口变化是一个更加动态的过程,因此利用其估算的 1900 年的人口水平往回推算。他们在人口压力与生产的相互作用上所持的观点,更接近于波斯拉普(Boserup,1965,1981)的观点,而不是其他学派所接受的所谓"马尔萨斯约束"(Malthusian constraints)的观点。McEvedy and Jones(1978)的假设似乎更加可信,所以对公元 0—1913 年的人口我采用了他们的估计值。

McEvedy and Jones(1978)是有关非洲人口详细分析的唯一资料来源。他们的估计最引人注目的方面是人口向撒哈拉沙漠以南的动态扩张,以及北非人口占非洲总人口的份额从 1 世纪的一半左右大幅下降到 1820 年的七分之一左右(见表 B-9b)。大约四千多年以来,埃及实际上是这片大陆上从事农业种植业的唯一地区,其余地区只是稀稀落落地居住着一些狩猎者-采集者。在公元前的最后一千年中,腓尼基人和希腊人在埃及西边的北非定居,建立了城市并带来了先进的农业技术。到 1 世纪,整个繁荣的地中海沿岸地区都在罗马人的控制之下。在罗马帝国崩溃之后,该地区的经济和人口下降了。后来,随着 7 世纪时被阿拉伯人占领,它又获得了新生,并在公元 1000 年左右达到了一个新的顶点。

表 B-9b 非洲人口的地区分布(0—1820) (千人)

	0	1000	1500	1600	1700	1820
埃及	4 000	5 000	4 000	5 000	4 500	4 195
其他北非国家	4 200	5 500	4 300	6 000	4 800	6 790
其他非洲国家	8 300	22 500	37 700	44 000	51 700	63 223
非洲合计	16 500	33 000	46 000	55 000	61 000	74 208
北非所占比例(%)	49.7	31.8	18.0	20.0	13.6	14.8

资料来源:McEvedy and Jones (1978)。1820 年的数字为 1800 年和 1850 年估计值之间的内插值。

向撒哈拉沙漠以南的动态扩张是由于农业种植业者向东非和南非的扩张驱赶了从事狩猎和采集的人口所造成的。16 世纪时从美洲引入的木薯和玉米增加了农业扩张的可能性。农业的引入使人口的大量增长成为可能,但人均收入很可能并没有多大改变。

奴隶贸易对非洲人口的增长产生了很大的影响(见表 1-7、表 2-5 及第 2 章的分析)。在 1600—1870 年间,超过 900 万名奴隶被运送到美洲。到 18 世纪时奴隶贸易达到了顶峰,当时运抵美洲的奴隶超过了 600 万名。由于途中的死亡,非洲遭受的人口损失要大于这个数字。如果没有奴隶贸易,非洲人口在 18 世纪的增长速度很可能是其实际速度的三倍。

(表 B-10 至表 B-12 显示了全世界以及其中 20 个国家和地区的人口数量与增长情况。)

表 B-10 世界人口以及 20 个国家和地区的人口（0—1998）

（千人）

	0	1000	1500	1600	1700	1820	1870	1913	1950	1973	1998
奥地利	500	700	2 000	2 500	2 500	3 369	4 520	6 767	6 935	7 586	8 078
比利时	300	400	1 400	1 600	2 000	3 434	5 096	7 666	8 640	9 738	10 197
丹麦	180	360	600	650	700	1 155	1 888	2 983	4 269	5 022	5 303
芬兰	20	40	300	400	400	1 169	1 754	3 027	4 009	4 666	5 153
法国	5 000	6 500	15 000	18 500	21 471	31 246	38 440	41 463	41 836	52 118	58 805
德国	3 000	3 500	12 000	16 000	15 000	24 905	39 231	65 058	68 371	78 956	82 029
意大利	7 000	5 000	10 500	13 100	13 300	20 176	27 888	37 248	47 105	54 751	57 592
荷兰	200	300	950	1 500	1 900	2 355	3 615	6 164	10 114	13 438	15 700
挪威	100	200	300	400	500	970	1 735	2 447	3 265	3 961	4 432
瑞典	200	400	550	760	1 260	2 585	4 164	5 621	7 015	8 137	8 851
瑞士	300	300	650	1 000	1 200	1 829	2 664	3 864	4 694	6 441	7 130
英国	800	2 000	3 942	6 170	8 565	21 226	31 393	45 649	50 363	56 223	59 237
西欧 12 国合计	17 600	19 700	48 192	62 580	68 796	114 419	162 388	227 957	256 616	301 037	322 507
葡萄牙	500	600	1 000	1 100	2 000	3 297	4 353	6 004	8 512	8 634	9 968
西班牙	4 500	4 000	6 800	8 240	8 770	12 203	16 201	20 263	27 868	34 810	39 371
其他	2 100	1 113	1 276	1 858	1 894	2 969	4 590	6 783	12 064	13 909	16 553
西欧合计	24 700	25 413	57 268	73 778	81 460	132 888	187 532	261 007	305 060	358 390	388 399
东欧	4 750	6 500	13 500	16 950	18 800	36 415	52 182	79 604	87 289	110 490	121 006
苏联	3 900	7 100	16 950	20 700	26 550	54 765	88 672	156 192	180 050	249 748	290 866

(千人)(续表)

	0	1000	1500	1600	1700	1820	1870	1913	1950	1973	1998
美国	680	1 300	2 000	1 500	1 000	9 981	40 241	97 606	152 271	211 909	270 561
其他西方后裔国	490	660	800	800	750	1 249	5 892	13 795	23 823	39 036	52 859
西方后裔国合计	**1 170**	**1 960**	**2 800**	**2 300**	**1 750**	**11 230**	**46 133**	**111 401**	**176 094**	**250 945**	**323 420**
墨西哥	2 200	4 500	7 500	2 500	4 500	6 587	9 219	14 970	28 485	57 643	98 553
其他拉丁美洲国家	3 400	6 900	10 000	6 100	7 550	14 633	30 754	65 545	137 352	250 807	409 070
拉丁美洲合计	**5 600**	**11 400**	**17 500**	**8 600**	**12 050**	**21 220**	**39 973**	**80 515**	**165 837**	**308 450**	**507 623**
日本	3 000	7 500	15 400	18 500	27 000	31 000	34 437	51 672	83 563	108 660	126 469
中国	59 600	59 000	103 000	160 000	138 000	381 000	358 000	437 140	546 815	881 940	1 242 700
印度	75 000	75 000	110 000	135 000	165 000	209 000	253 000	303 700	359 000	580 000	975 000
其他亚洲经济体	36 600	41 400	55 400	65 000	71 800	89 366	119 619	185 092	392 481	677 214	1 172 243
亚洲合计(不包括日本)	**171 200**	**175 400**	**268 400**	**360 000**	**374 800**	**679 366**	**730 619**	**925 932**	**1 298 296**	**2 139 154**	**3 389 943**
非洲	16 500	33 000	46 000	55 000	61 000	74 208	90 466	124 697	228 342	387 645	759 954
全世界	**230 820**	**268 273**	**437 818**	**555 828**	**603 410**	**1 041 092**	**1 270 014**	**1 791 020**	**2 524 531**	**3 913 482**	**5 907 680**

表 B-11　世界人口增长率以及 20 个国家和地区的人口增长率（0—1998）

（年均复合增长率，%）

	0—1000	1000—1500	1500—1820	1820—1870	1870—1913	1913—1950	1950—1973	1973—1998
奥地利	0.03	0.21	0.16	0.59	0.94	0.07	0.39	0.25
比利时	0.03	0.25	0.28	0.79	0.95	0.32	0.52	0.18
丹麦	0.07	0.10	0.20	0.99	1.07	0.97	0.71	0.22
芬兰	0.07	0.40	0.43	0.81	1.28	0.76	0.66	0.40
法国	0.03	0.17	0.23	0.42	0.18	0.02	0.96	0.48
德国	0.02	0.25	0.23	0.91	1.18	0.13	0.63	0.15
意大利	−0.03	0.15	0.20	0.65	0.68	0.64	0.66	0.20
荷兰	0.04	0.23	0.28	0.86	1.25	1.35	1.24	0.62
挪威	0.07	0.08	0.37	1.17	0.80	0.78	0.84	0.45
瑞典	0.07	0.06	0.48	0.96	0.70	0.60	0.65	0.34
瑞士	0.00	0.15	0.32	0.75	0.87	0.53	1.39	0.41
英国	0.09	0.14	0.53	0.79	0.87	0.27	0.48	0.21
西欧 12 国合计	**0.01**	**0.18**	**0.27**	**0.70**	**0.79**	**0.32**	**0.70**	**0.28**
葡萄牙	0.02	0.10	0.37	0.56	0.75	0.95	0.06	0.58
西班牙	−0.01	0.11	0.18	0.57	0.52	0.87	0.97	0.49
其他	−0.06	0.03	0.26	0.88	0.91	1.57	0.62	0.70
西欧合计	**0.00**	**0.16**	**0.26**	**0.69**	**0.77**	**0.42**	**0.70**	**0.32**
东欧	**0.03**	**0.15**	**0.31**	**0.72**	**0.99**	**0.25**	**1.03**	**0.36**
苏联	**0.06**	**0.17**	**0.37**	**0.97**	**1.33**	**0.38**	**1.43**	**0.61**
美国	0.06	0.09	0.50	2.83	2.08	1.21	1.45	0.98
其他西方后裔国	0.03	0.04	0.14	3.15	2.00	1.49	2.17	1.22
西方后裔国合计	**0.05**	**0.07**	**0.43**	**2.87**	**2.07**	**1.25**	**1.55**	**1.02**
墨西哥	0.07	0.10	−0.04	0.67	1.13	1.75	3.11	2.17
其他拉丁美洲国家	0.07	0.07	0.12	1.50	1.78	2.02	2.65	1.98
拉丁美洲合计	**0.07**	**0.09**	**0.06**	**1.27**	**1.64**	**1.97**	**2.73**	**2.01**
日本	0.09	0.14	0.22	0.21	0.95	1.31	1.15	0.61
中国	0.00	0.11	0.41	−0.12	0.47	0.61	2.10	1.38
印度	0.00	0.08	0.20	0.38	0.43	0.45	2.11	2.10
其他亚洲经济体	0.01	0.06	0.15	0.58	1.02	2.05	2.40	2.22
亚洲合计（不包括日本）	**0.00**	**0.09**	**0.29**	**0.15**	**0.55**	**0.92**	**2.19**	**1.86**
非洲	**0.07**	**0.07**	**0.15**	**0.40**	**0.75**	**1.65**	**2.33**	**2.73**
全世界	**0.02**	**0.10**	**0.27**	**0.40**	**0.80**	**0.93**	**1.92**	**1.66**

表 B-12　20个国家和地区的人口占世界人口的比重(0—1998)

(世界合计＝100)

	0	1000	1500	1600	1700	1820	1870	1913	1950	1973	1998
奥地利	0.2	0.3	0.5	0.4	0.4	0.3	0.4	0.4	0.3	0.2	0.1
比利时	0.1	0.1	0.3	0.3	0.3	0.3	0.4	0.4	0.3	0.2	0.2
丹麦	0.1	0.1	0.1	0.1	0.1	0.1	0.1	0.2	0.2	0.1	0.1
芬兰	0.0	0.0	0.1	0.1	0.1	0.1	0.1	0.2	0.2	0.1	0.1
法国	2.2	2.4	3.4	3.3	3.6	3.0	3.0	2.3	1.7	1.3	1.0
德国	1.3	1.3	2.7	2.9	2.5	2.4	3.1	3.6	2.7	2.0	1.4
意大利	3.0	1.9	2.4	2.4	2.2	1.9	2.2	2.1	1.9	1.4	1.0
荷兰	0.1	0.1	0.2	0.3	0.3	0.2	0.3	0.3	0.4	0.3	0.3
挪威	0.0	0.1	0.1	0.1	0.1	0.1	0.1	0.1	0.1	0.1	0.1
瑞典	0.1	0.1	0.1	0.2	0.2	0.2	0.2	0.3	0.3	0.2	0.2
瑞士	0.1	0.1	0.1	0.2	0.2	0.2	0.2	0.2	0.2	0.2	0.1
英国	0.3	0.7	0.9	1.1	1.4	2.0	2.5	2.5	2.0	1.4	1.0
西欧12国合计	7.6	7.3	11.0	11.3	11.4	11.0	12.8	12.7	10.2	7.7	5.5
葡萄牙	0.2	0.2	0.2	0.2	0.3	0.3	0.3	0.3	0.3	0.2	0.2
西班牙	1.9	1.5	1.6	1.5	1.5	1.2	1.3	1.1	1.1	0.9	0.7
其他	0.9	0.4	0.3	0.3	0.3	0.3	0.4	0.4	0.5	0.4	0.3
西欧合计	10.7	9.5	13.1	13.3	13.5	12.8	14.8	14.6	12.1	9.2	6.6
东欧	2.1	2.4	3.1	3.0	3.1	3.5	4.1	4.4	3.5	2.8	2.0
苏联	1.7	2.6	3.9	3.7	4.4	5.3	7.0	8.7	7.1	6.4	4.9
美国	0.3	0.5	0.5	0.3	0.2	1.0	3.2	5.4	6.0	5.4	4.6
其他西方后裔国	0.2	0.2	0.2	0.1	0.1	0.1	0.5	0.8	0.9	1.0	0.9
西方后裔国合计	0.5	0.7	0.6	0.4	0.3	1.1	3.6	6.2	7.0	6.4	5.5
墨西哥	1.0	1.7	1.7	0.4	0.7	0.6	0.7	0.8	1.1	1.5	1.7
其他拉丁美洲国家	1.5	2.6	2.3	1.1	1.3	1.4	2.4	3.7	5.4	6.4	6.9
拉丁美洲合计	2.4	4.2	4.0	1.5	2.0	2.0	3.1	4.5	6.6	7.9	8.6
日本	1.3	2.8	3.5	3.3	4.5	3.0	2.7	2.9	3.3	2.8	2.1
中国	25.8	22.0	23.5	28.8	22.9	36.6	28.2	24.4	21.7	22.5	21.0
印度	32.5	28.0	25.1	24.3	27.3	20.1	19.9	17.0	14.2	14.8	16.5
其他亚洲经济体	15.9	15.4	12.7	11.7	11.9	8.6	9.4	10.3	15.5	17.3	19.8
亚洲合计(不包括日本)	74.2	65.4	61.3	64.8	62.1	65.3	57.5	51.7	51.4	54.7	57.4
非洲	7.1	12.3	10.5	9.9	10.1	7.1	7.1	7.0	9.0	9.9	12.9
全世界	100.0	100.0	100.0	100.0	100.0	100.0	100.0	100.0	100.0	100.0	100.0

1500—1820 年的 GDP 和人均 GDP

我在 1995 年的研究中对 1500—1820 年间的世界经济增长变动做了非常粗糙的估计(Maddison,1995a,pp.19—20),作为对 1820 年以来详细得多的分析的补充。在那一研究中,我使用了有关人均实际 GDP 增长的三个简单假设。就西欧而言,我遵循了库兹涅茨(Kuznets,1973)的假设,即每年增长 0.2%。我又假定欧洲其他地区和拉丁美洲的年增长速度是 0.1%,假定亚洲和非洲是零增长。我在 1998 年的研究中比较了从 1 世纪直到 1995 年中国与欧洲的发展轮廓(Maddison,1998a,pp.25,40)。其中,我对有关中国的证据进行了相当仔细的审核,但对欧洲的估计则含有大量猜想的成分。

本附录对 1500—1820 年的证据进行了详细得多的审核。其结果强有力地表明在 1500—1820 年间西欧平均的人均 GDP 增长率要比库兹涅茨假设的 0.2% 更低(年均 0.15%),而拉丁美洲和西方后裔国的人均 GDP 增长率要高于 Maddison(1995a)的假设。有关这个时期亚洲人均 GDP 处于停滞状态的假设得到了普遍的证实,但日本显然是一个例外。

本附录的最后一节包括了对 1 世纪和 1000 年时世界主要地区 GDP 水平的粗略和初步的估计。有关世界 GDP 和人均 GDP 的估计值列在本附录最后的表 B-18 至表 B-22 中。

西欧

比利时

布洛姆和范德威(Blomme and van der Wee,1994)提供了有关佛兰德斯和布拉班特 1510—1812 年间分产业的 GDP 估计值。他们给出了这一时期的 7 个点估计值,由此我得到关于 1500 年、1600 年和 1700 年 GDP 的近似估计值。

法国

佩劳(Francois Perroux)得到库兹涅茨的鼓励与支持,于20世纪50年代发起成立了一个测算法国经济增长的小组,马尔切夫斯基(Marczewski)和图坦(Toutain)是该小组中最高产的成员。Marczewski(1961)对18世纪的增长作了初步的研究,但其结果大大夸大了工业的表现。这些估计值已经由图坦提供的修订估计值所替代,并被我用于对1700—1820年的研究。

在过去数十年间,法国的经济历史研究一直由年鉴学派(the Annales school)的成员所主导,他们一直对库兹涅茨的方法相当蔑视。在我们看来,他们的工作有三个主要的缺陷:(1)对宏观定量方法没有兴趣;(2)集中在地区性或跨国研究上而不是国家的研究上;(3)存在马尔萨斯主义的偏见。

勒罗伊-拉杜里(Le Roy Ladurie)着重强调,无论是按照人口本身的特征,还是按照人均收入水平,法国经济在1300—1700年间均具有长期稳定性。朗格多克(Languedoc,1966)在一项针对农民进行的地区性研究中,首次提出了收入停滞的命题。他认为在人口增长与农业生产潜力的刚性之间存在着一种紧张关系,这种关系导致了反复出现的、在时间上拖长的人口倒退。1977年,在综述了一批新的地区性研究后,他继续维持同一结论。

布罗代尔(Braudel)的悲观主义一度曾超过了勒罗伊-拉杜里。在1967年与斯普纳(Spooner)合写的一篇文章中,他在总结了布朗(Phelps Brown)和其他从事实际工资分析的研究人员的工作以及年鉴学派的地区性研究之后指出:"从15世纪末到18世纪初,欧洲的生活水平一直在不断下降。"随后,他改变了看法:"数量化的处理突出了欧洲历史的连续性。无论如何,其中首要一条是GNP(国民生产总值)有规则地上升,如果斯普纳是正确的话,自路易十二*的统治,甚至更长时期以来,法国的GNP一直在上升。"(Braudel,1985,Vol.III,p.314)

我个人的看法是布罗代尔修正后的判断比其早期的观点或勒罗伊-拉杜里的观点更容易被接受。但是,布罗代尔从斯普纳那里复制的图形并未反映实际的GNP,而只是1500—1800年间用固定数量的小麦数量乘以人口数量,再乘以经平滑处理后的巴黎小麦价格指数得到的价值量的变动。因此,评估1500—1700年法国总体表现的数量证据仍然很薄弱。根据可比的人口城市化率的变

---

* 路易十二于1498—1515年执政。——译者注

化(表 B-14)来判断,法国的经济增长显然慢于英格兰。我假定法国在 1500—1700 年间的人均 GDP 增长速度与比利时大致相同。

意大利

马拉尼马(Malanima,1995,p.600)指出,意大利的人均收入在 1570—1700 年间是下降的,而在 1700—1820 年间是稳定的。这些结论是建立在一系列反映城市工商业活动的指标、食品消费水平以及实际工资水平的基础上的,而不是建立在对 GDP 变动的清晰估计值的基础上的。这一方法的性质在他的短文"意大利的经济表现:1600—1800 年的产出和收入"[Italian Economic Performance: Output and Income 1600—1800, in Maddison and van der Wee(1994)]一文中有解释。马拉尼马关于人均收入水平一直下降至 1700 年的假设与西波拉(Cipolla,1976,pp.236—244)的定量指标和估计结果相符,后者指出意大利的人均收入水平从 15 世纪末到 17 世纪一直在下降。然而从塞拉(Sella,1979)对 17 世纪西班牙伦巴第(以米兰为中心的地区)的发展的评估和莱普(Rapp,1976)关于 17 世纪威尼斯情况的判断中,我们可以看到不同的意见。塞拉和莱普都假定,与更具活力的北欧经济相比,这些地区的人均收入水平只是相对下降,而不是绝对下降。我假定意大利的人均收入在 1500—1820 年是停滞的,意大利的人口增长要慢于欧洲其他地区,在 1500—1820 年间意大利人口的城市化率几乎没有变化。

荷兰

有关 1580—1820 年间荷兰 GDP 增长的估计值取自 Maddison(1991a,pp.205,277)。我将其同斯米茨、霍林斯和范赞登(Smits, Horlings and van Zanden,2000)对 1820—1913 年的新估计值相衔接。就 1580—1700 年而言,GDP 的变动是根据 de Vries(1974)提供的有关人口爆炸式扩张的城市化、农村经济转型,以及遗嘱验证清单所揭示的家庭资产规模的证据所推断的。van Zanden(1987)提供了各种证据来支持他对 1650—1805 年的农业和渔业生产、工业、运输和服务业的估计值。这位荷兰人的估计值证明了 1700 年前人均收入的迅速增长和 1700—1820 年间人均收入的显著下降。德弗里和范德伍德(de Vries and van der Woude,1997,p.707)依据不同的假设,用图示反映了荷兰人均收入从其顶点到拿破仑战争结束时的最低点之间的下降过程。他们的结果与我的测算结果并无显著不同。我按1580—1700年间0.43%的人均收入增长率用内插法求出了对1600年的估计值,同时假定荷兰在1500年的人均收入水平要低于比利时的水平。

英国

1700—1820年的GDP增长率估计值取自我1991年的研究(Maddison, 1991a, p.220),并对其中英格兰和威尔士的数据做了修正,以吸收克拉夫茨和哈利(Crafts and Harley, 1992),而不是Crafts(1983)的研究结果。我假定1801年苏格兰的人均GDP是英格兰和威尔士水平的四分之三,并假定在1700—1801年间它与Crafts and Harley(1992)对英格兰和威尔士的估计值呈平行变动。至于爱尔兰,我假定它在1700—1801年间的人均收入只是英格兰和威尔士水平的一半。

有几个指标都表明在1500—1700年间,英国的增长比大多数其他欧洲国家都要强劲。譬如,英国平均每年的人口增长率为0.39%,而西欧其余部分平均每年的人口增长率只有0.15%。英格兰和威尔士的城市化率(指1万人以上城市的人口占总人口的百分比)从3.1%上升到13.3%,增长速度大约是法国或荷兰的两倍。似乎很清楚,英国对外贸易占GDP的比重在1500—1820年间是上升的。现在还没有令人满意的可追溯到1500年的关于农作物产出的估计值(Overton, 1996),但是Clark(1991)有关每英亩产量的估计值、Allen(1991)有关劳动生产率的估计值,以及Wrigley(1988)有关职业结构的证据,都有助于解释不断上升的城市化率,因为人均可得的农作物产量由于农业劳动力在总人口中比重的不断下降而得以维持。畜牧业的增长速度超过农作物种植业的增长速度,表明了饮食结构的改善(Wrigley, 1988)。最近以遗嘱验证清单所揭示的连续几代人的不断增长的消费品种、改善的住房条件、增加的家具和家居用亚麻制品存量为基础的研究,也表明了生活水平在长时期内的改善[参看德弗里(de Vries)、威尔斯(Wills)和沙玛斯(Shammas)在Brewer and Porter(1993)一书中撰写的章节]。

基于以上理由,似乎可以合理地假定,Crafts and Harley(1992)关于1700—1801年间英国人均收入增长率的估计值对1500—1700年间也是适用的。我假定爱尔兰的人均收入增长率是英格兰和威尔士的一半。如果将英国作为一个整体,这意味着它在1500—1700年间的人均收入增长率是0.28%。

斯努克斯(Snooks,1993)将英格兰提兹河南部农村的最终税册调查中对名义收入的估计值与格里高利·金对 1688 年的估计值[根据 Lindert and Williamson(1982)调整]相衔接,估算了 1086—1688 年间英格兰总收入和人均收入的增长率。他用布朗和霍普金斯(Brown and Hopkins,1981,pp. 28—30)的家庭消费品价格指数,辅以索罗尔德·罗杰斯(Thorold Rogers)的小麦价格指数,对名义收入的增长率进行了平减。他的估算结果意味着 1492—1688 年间英格兰的人均实际收入的年增长率是 0.35%(p.24)。若以此速度增长,则英格兰人均收入在 1500—1700 年间将会翻一番。这比我所估算的增长率要高一些。

表 B-13 中的人均 GDP 估计值所显示的变动趋势,与经常被引用的 Brown and Hopkins(1981)估计的南英格兰建筑工人的实际工资指数有着显著的不同。1500—1800 年,他们估计的实际工资下降了 60%,而我的估计结果显示人均 GDP 增长了 2.4 倍。

表 B-13 英国各地区的 GDP、人口和人均 GDP(1500—1920)

年份	英国	英格兰、威尔士和苏格兰	爱尔兰	苏格兰	英格兰和威尔士
		GDP(百万 1990 年国际元)			
1500	2 815	2 394	421	298	2 096
1600	6 007	5 392	615	566	4 826
1700	10 709	9 332	1 377	1 136	8 196
1801	25 426	21 060	4 366	2 445	18 615
1820	36 232	30 001	6 231		
1870	100 179	90 560	9 619		
1913	224 618	212 727	11 891		
1920	212 938	201 860	11 078		
		人口(千人)			
1500	3 942	3 142	800	500	2 642
1600	6 170	5 170	1 000	700	4 470
1700	8 565	6 640	1 925	1 036	5 604
1801	16 103	10 902	5 201	1 625	9 277
1820	21 226	14 142	7 084	2 071	12 071
1870	31 393	25 974	5 419	3 337	22 637
1913	45 649	41 303	4 346	4 728	36 575
1920	46 821	42 460	4 361	4 864	37 596
		人均 GDP(1990 年国际元)			
1500	714	762	526	596	793
1600	974	1 043	615	809	1 080
1700	1 250	1 405	715	1 096	1 463

(续表)

年份	英国	英格兰、威尔士和苏格兰	爱尔兰	苏格兰	英格兰和威尔士
人均 GDP（1990 年国际元）					
1801	1 579	1 931	839	1 505	2 006
1820	1 707	2 121	880		
1870	3 191	3 487	1 775		
1913	4 921	5 150	2 736		
1920	4 568	4 754	2 540		

资料来源：关于 GDP 数据的来源见正文的解释。关于英格兰（不包括蒙默思郡）1541—1871 年间的人口估计值，采用了 Wrigley et al. (1997, pp. 614—615) 的每 5 年估计值的内插值。关于 1500—1541 年间的人口增长率，采用 Wrigley and Schofield (1981, p. 737) 所建议的 1471—1541 年的增长率。关于蒙默思郡和威尔士，其 1700—1820 年间的人口变动估计值取自 Deane and Cole (1964, p. 103)，并假定其在 1500—1600 年间的人口与同期英格兰的人口同比例变动。关于爱尔兰，其 1500 年和 1600 年的人口数据来自 ÓGráda (Bardet and Dupaquier, 1997, Vol. 1, p. 386)，1700—1821 年间的人口数据来自 Dickson, ÓGráda and Daultrey (1982, p. 156)。关于苏格兰，其 1500—1600 年间的人口数据来自 McEvedy and Jones (1978, pp. 45—47)，1700 年的人口估计值来自 Deane and Cole (1964, p. 6)，1820 年的人口估计值来自 Mitchell (1962, pp. 8—10)，1820—1920 年间的人口和 GDP 变动数据来自 Maddison (1995a)。

与人口学或国民经济核算账户的方法相比，测算实际工资的传统方法是相当简单的。布朗和霍普金斯使用了牛津和剑桥学院、伊顿公学和南英格兰的其他一些雇主为建筑工程所雇用的工匠和工人支付的日工资额。在大多数情况下，他们掌握对工匠工资一年内的大约 15 个报价，以及对建筑工人工资一年内的大约 3 个报价。我们最感兴趣的 1500—1800 年这个时期，其中有 82 年没有工资估计值，因为他们所得到的报价之间差异太大或缺乏数据。他们没有周薪或年薪或工作日数的数据，也没有讨论其建筑工人工资指数的代表性。林德特和威廉姆森（Lindert and Williamson, 1982, p. 393）曾指出，1688 年有 5.3% 的家庭（73 000 个）从建筑业中获得生活费。即使假定布朗对该组工人的覆盖面是充分的，甚至也有理由假定建筑工人的报酬主要是现金而不是实物，这一指数对大多数工作人口来讲也肯定没有代表性。

1700 年时有 56% 的劳动者在农业中就业，其中的大部分人生产并直接消费谷物、肉、黄油和干酪，这些产品在价格指数中占很大的比重。其他许多人如仆人、手工艺人、牧师和军人要么不是挣工资的人，要么他们得到的报酬中有相当一部分是实物，因而相当大一部分工作人口的收入并不受价格上涨的影响。

与其他可供选择的测算福利的定量方法相比,de Vries(1993)对这种测算实际工资的方法持非常严厉的批评态度。他质疑在一个收入差距很大的社会中建筑工人工资指数的代表性。他强调了布朗指数中所遗漏的大量重要的项目,以及对这样长的一个时期采用固定权数方法会产生的问题。但是他最强烈的质疑是基于该指数的悲观结论与他在遗嘱验证清单中所发现的不同证据之间的冲突:"我所考察的关于新英格兰和切萨皮克殖民地、英格兰和荷兰的所有研究都一致地揭示出以下特征:除了极少的例外,从17世纪中叶到18世纪末的每一代死者都留下了更多的和更好的财产。"

西欧核心地区的总体表现

我对西欧五个国家(比利时、法国、意大利、荷兰和英国)1500—1820年的平均人均收入年增长率的估计值是0.14%,但这五个国家各自的增长表现却是参差不齐的。英国的人均收入增长率是0.27%,荷兰是0.28%,法国是0.16%,比利时是0.13%,而意大利则是零。事实上,英国和荷兰的快速增长属于特例。意大利的增长停滞也是非典型的(这可以从其城市化率的稳定性中明显观察到)。此外,某种特殊的因素阻碍了比利时的增长。比利时的增长受到了与荷兰断交的不利影响。作为国际贸易、银行业和纺织品大批量生产的中心,比利时在1500年是欧洲最富裕的地区之一。在荷兰独立以后,安特卫普港被封锁了两个世纪,同时大量资本和掌握技艺的人口迁往荷兰。为了对西欧整体做一个大致的勾画,我为奥地利、丹麦、芬兰、挪威、瑞典和瑞士设定了一个替代指标,假定1500—1820年间其人均实际GDP每年增长0.17%。对于德国,因为它在银行业和汉萨商业同盟中的作用的下降以及它所受到的30年战争的影响,我假定其人均增长率为0.14%。将替代指标估计值与有更好证据的5个国家的估计值加总,我们发现12个西欧核心国家的平均人均GDP每年增长0.15%。这明显低于我曾使用的库兹涅茨的0.2%的年增长率假设(Maddison,1995a)。我还假定其他西欧国家(希腊和13个小国)的平均人均收入增长率与这12个核心国家的平均水平相同。

表B-14显示了1500—1890年欧洲和亚洲的城市化率。

表 B-14　欧洲和亚洲的城市化率（1500—1890）

（规模达 1 万人的城市人口占总人口的比重，%）

	1500	1600	1700	1800	1890
比利时	21.1	18.8	23.9	18.9	34.5
法国	4.2	5.9	9.2	8.8	25.9
德国	3.2	4.1	4.8	5.5	28.2
意大利	14.9	16.8	14.7	18.3	21.2
荷兰	15.8	24.3	33.6	28.8	33.4
斯堪的纳维亚	0.9	1.4	4.0	4.6	13.2
瑞士	1.5	2.5	3.3	3.7	16.0
英格兰和威尔士	3.1	5.8	13.3	20.3	61.9
苏格兰	1.6	3.0	5.3	17.3	50.3
爱尔兰	0.0	0.0	3.4	7.0	17.6
西欧	6.1	7.8	9.9	10.6	31.3
葡萄牙	3.0	14.1	11.5	8.7	12.7
西班牙	6.1	11.4	9.0	11.1	26.8
中国	3.8	4.0[a]	—	3.8	4.4
日本	2.9	4.4	—	12.3	16.0

a. 1650 年的数据。

资料来源：欧洲国家（除意大利外）的数据来自 de Vries（1984，pp.30,36,39,46），意大利的数据来自 Malanima（1988b）；中国和日本的数据来自 Rozman（1973），并按照 1 万人的城市人口标准进行了调整（Maddison，1998，pp.33—36）。

西班牙和葡萄牙

尤恩（Yun，1994）对卡斯蒂利亚人均 GDP 的粗略估计值（大约是西班牙人均 GDP 的四分之三）表明，它在 1580—1630 年间的人均 GDP 增长率大约是每年 0.22%，此后开始下降，到 1800 年时人均收入水平略低于峰值时（1630 年）的水平。他对 1580—1800 年间 6 个基准年进行了按现价计算的产出水平估计，并用食品价格指数对其进行了平减。他发现的最有力的证据是农业产出和食品消费相关，但是他的关于第二产业和第三产业活动的估计指标却是薄弱的。他认为他描述的"轨迹似乎与我们所了解的关于卡斯蒂利亚经济的演变是一致的：延续至 16 世纪末的经济扩张；由我们的数字所揭示的因 17 世纪出现的农业衰退、城市网络解体和工业与商业上的危机而引起的 GDP 下降；18 世纪在落后的城市结构和更具活力的边远地区的基础上的增长"。我假定 1500—

1600 年间西班牙的人均 GDP 每年增长 0.25%，在 17 世纪没有增长，此后在 1700—1820 年间则有某种程度的温和增长。对葡萄牙我采用了类似的假定。

东欧和苏联

这两个部分都没有关于 1500—1820 年间 GDP 增长情况的直接证据。我使用了替代指标法，假定在 1500—1820 年间这些国家的人均 GDP 增长速度要慢于西欧，为每年 0.1%[正如我在 Maddison(1995a)中所假定的那样]。

西方后裔国

戈尔曼(Gallman,1972,p.22)按国民净产品(net national product)估计的美国 1710—1840 年间的人均收入增长率是每年 0.42%(取他对 1710 年的估计值区间的中间值)。将其结果加以调整以反映 1820—1840 年间人均收入更快的增长(Maddison,1995a,p.137)，戈尔曼的估计值意味着非土著人口的人均收入每年约增长 0.29%，从 1700 年的人均 909 美元增加到 1820 年的人均 1 286 美元。戈尔曼的估计值只包括了白人和黑人人口。1820 年，土著人口大约只占总人口的 3%；而到 1700 年时，他们占总人口的四分之三(见表 B-15)。假定土著人口的人均收入在 1700 年和 1820 年都是 400 美元，全部人口的人均收入在 1700 年是 527 美元，在 1820 年是 1 257 美元。对 1500 年和 1600 年来说，其人口全部由作为狩猎者-采集者的印第安人组成，假定人均收入是 400 美元。

表 B-15　美国人口的种族构成(1700—1820)　　　　　(千人)

年份	土著	白人	黑人	合计
1700	750	223	27	1 000
1820	325	7 884	1 772	9 981

资料来源：关于白人和黑人人口，1820 年的数据来自 US Bureau of the Census, *Historical Statistics of the United States: Colonial Times to 1970*, 1975, pp.14,18, 1700 年的数据来自同一文献的第 1168 页。关于印第安人口，其 1820 年的数据来自 Rosenblat(1945)，1700 年的数据来源见正文。

曼考尔和韦斯(Mancall and Weiss,1999)最近估计了美国 1700 年和 1800 年的人均收入，其中对白人、奴隶和印第安人分别进行了估计。他们的"多元文化"估计值(p.35)显示1700—1800年间的人均收入增长率每年只有0.28%,而我对1700—1820年间人均收入增长率的估计值是每年0.73%。考虑到那一时期人口种族构成发生的巨大变化,我认为他们的估计值是过低的。他们并没有给出人口总数或GDP总值,所以不可能重复他们的"多元文化"测算方法。他们也没有参考我所使用的戈尔曼的估计值。

对其他西方后裔国,即加拿大、澳大利亚和新西兰来说,1500—1700年间的绝大部分人口是作为狩猎者-采集者的土著,我假定1500年、1600年、1700年的人均GDP都是400美元。

墨西哥

我估计墨西哥在1820年时的人均收入是759美元(见附录A)。那时,土著人口大约占总人口的53%(见表B-16)。其中有一小部分是(欧洲西南部的)"半岛西班牙人",约占总人口的1%。这些人把持了军队、政府、教堂、贸易垄断机构,以及专业服务中的一部分。他们过着巴洛克式的生活,拥有豪华的住宅和成群的仆人。还有大约六分之一的人口是克里奥尔人(Criollos),即有西班牙血统但在墨西哥出生的白人。他们是庄园所有者、商人、牧师、军人和专业人士。超过总人口四分之一的第三个社会群体,是白人和印第安人通婚的混血儿,多数是工人、农场帮工和仆人,也有一些是农场主。我假定土著人口的人均收入是425美元。这样对1820年总的估计意味着非土著人口的人均收入是1 140美元。此外,我还假定1500—1700年间这两类人口的人均收入水平与1820年的水平相同,但是这两类人口合在一起后的平均收入水平则降低了,因为非土著人口在1700年时占总人口的四分之一,在1600年时则只占4%,而在1500年时可以忽略不计。

表 B-16　拉丁美洲人口的种族构成(1820)　　　　　　(千人)

	土著	白人	黑人	混血人种	合计
墨西哥	3 500	1 200	10	1 880	6 590
巴西	500	1 500	2 200	300	4 500
加勒比地区	0	420	1 700	350	2 470
其他拉丁美洲地区	3 160	1 300	200	3 000	7 660
拉丁美洲合计	7 160	4 420	4 110	5 530	21 220

资料来源:巴西的数据来自表B-4,其他国家的数据来自Rosenblat(1945)。

其他拉丁美洲地区

在1500年时,拉丁美洲的其他地区都比墨西哥贫穷。除秘鲁外,大部分定居者都从事狩猎和采集活动,而不是农业生产活动。在1820年殖民时期结束时,这些地区的人均收入要低于墨西哥。所以可以推断,在1500—1820年间,它们的人均收入增长要慢于墨西哥。我假定墨西哥与拉丁美洲其他地区的人均收入增长差距在1500—1820年间是稳定的。

中国

我在1998年的研究中涉及了对过去两千多年来中国人口、总产出和人均收入的广泛分析(Maddison,1998a)。在过去的两千年中,由于官僚体制本身的功能和它为了征税而监测经济活动的努力,中国的人口调查资料的完善程度要超过世界上任何其他国家。

在评估农业产出的增长方面,帕金斯(Perkins,1969)的著作是一项勤勉刻苦学术活动的杰作。该著作覆盖了1368—1968年这段时期,我对其中的分析进行了大量的引用。帕金斯的分析基本上是波斯拉普式的(Boserupian)。他认为中国成功地应对了不断增大的人口压力,并且设法在其研究的那个时期内保持了人均消费的大致稳定。这是通过增加耕地、人均劳动投入和提高土地生产率而实现的。这涉及传统肥料的大量投入、灌溉、对提高复种程度的农作物品种和种子的开发,以及官方资助的旨在传播最佳适用技术的农业手册的分发(这一点之所以很早就可以实现,是因为中国在造纸术和印刷术上发展较早)。来自美洲的农作物是在16世纪中叶之后引进的。玉米、花生、马铃薯和甘薯因为产量高以及能够在贫瘠的土地上种植而显著提高了中国的产出潜力。在明朝时,烟草和糖料的种植得到了广泛的推广。中国人的食品消费模式高度集中于农作物提供的蛋白质和卡路里上。农作物种植活动比放牧活动能够更经济地利用土地。中国人对肉食的消费量要比欧洲人少得多,并且集中在家禽和猪上,因为它们不是食草动物。他们很少食用奶和奶制品。中国人几乎没有怎么利用羊毛,他们平时穿的衣服大部分来自植物纤维(先是大麻和苎麻,后来是棉花）。人们穿以絮棉作为夹层的衣服，这种衣服可以实现与羊毛类似的保暖效果。较富裕的人们则穿丝绸做的衣服（人们在不适合种植其他农作物的山坡上的桑树林中养蚕）。

中国的农户在耕作之外，还进行许多劳动密集型的生产活动。他们在小池塘养鱼，用草和其他植物作燃料。重要的"工业"活动都是以农户为中心开展的。纺纱织布、缝衣制革在很大程度上都是家庭的生产活动。这样的生产活动还包括榨油、碾米和磨粉；茶叶的干燥和加工；烟草产品的生产；酱油、蜡烛和桐油的制作；果酒和烈酒的酿制；秸秆、藤条和竹制品的制作。此外，制造砖瓦、手推车和小船以及建造房屋也是农村的重要生产活动。所有村庄都能参与的农村市场，将中国农民的生产活动组织在一个商业网络之中。所有这些非农业活动似乎在宋朝（960—1280）时得到进一步加强。棉花、糖料、烟草和茶叶等经济作物从长期来看变得日益重要，所以似乎可以认为它们在宋朝之后仍然得到了一定的发展。在19世纪时，中国远超过四分之一的GDP来自传统的手工业、运输、贸易、建筑和房地产服务，其中的大部分都是在农村地区进行的。很可能它们在1500年时的相对重要性与在1820年时完全一样。

在罗兹曼（Rozman,1973）的粗略估算的基础上，似乎中国城市人口（指生活在人口在1万人以上的城镇的人数）的比重在唐朝和19世纪初之间没有发生急剧的变化。这与欧洲的情况形成了强烈的对比，这也是在比较中国与欧洲经济表现时的有力佐证之一。

另一类非常有用的证据是李约瑟在有关中国科学和文明的巨著《中国科学技术史》中详细记录下来的有关中国技术的年表。尽管该书在分析发明的经济影响方面比较薄弱，但在评价和比较农业、冶金、纺织、印刷、造船、航海等技术的发展方面，以及在评价中国发展基础科学的能力方面，它可以提供难以估量的帮助。

在我们所考察的时代之前，中国早已出现了土地生产率的明显提高和在生活水平方面较温和的改善。中国由主要在北方耕种小麦和小米向在长江以南更加集约式地耕种水稻的巨大转变发生在宋朝（10—13世纪）。相关证据有力地表明，在此之后的近六个世纪内，尽管中国通过发展谷物密集种植技术得以供养大量增加的人口，但其人均GDP一直停滞不前。

印度

我在 1971 年的研究工作对莫卧儿帝国和英属印度的社会结构和制度进行了分析(Maddison,1971)。就莫卧儿时期而言,我的研究在相当大的程度上依赖阿克巴的大臣阿布尔·法兹尔(Abul Fazl)在 16 世纪末所做的经济调查[参看 Jarrett and Sarkar(1949)对这些资料的翻译]。关于印度 1500—1820 年间的经济增长,我没有强有力的结论,但是几乎没有证据表明当时的印度经济是有活力的,也没有理由认为英国人的接管对 19 世纪以前当地的经济增长产生了积极的影响。

《剑桥印度经济史》第 1 卷(Raychaudhuri and Habib,1982)并没有非常直接地提出经济增长问题。它对印度的主要地区进行了研究,但没有尝试将这个国家作为一个整体进行概括性的考察。哈比伯(Habib)认为印度的人均农业产出水平在 1595 年时要比在 1870 年或 1900 年时高,其推断的基础是早期可得到的人均耕地更多,同时明显有相对更多的公牛和水牛作为役畜使用。另一方面,他也强调了 17 世纪和 18 世纪时新农作物的引进。他对制造业的发展情况更加乐观:"国内和国外市场的扩大,以及在城市发展、公共纪念性建筑和军队方面公共支出的不断增加,意味着产出和劳动生产率存在着上升的趋势。"(p.305)

穆斯维(Moosvi,1987,p.400)假定 1601 年和 1901 年的农村人均消费水平大致相同,但城镇收入在早期时要更高些。她因此假定 1601 年总体的人均消费水平要比 1901 年的水平高 5%。莫兰德(Moreland,1920,p.274)使用了哈比伯和穆斯维所用的同一类证据,但考察得没有那么仔细。他的结论是阿克巴去世时的印度肯定不比 1910—1914 年时的印度更富有,"甚至可能会略微贫穷一些"。

我个人的判断是,由于莫卧儿帝国的崩溃和在当地建立英国人统治制度所必须付出的调整成本,印度的人均收入在 1700—1850 年间是下降的(见第二章的分析)。

日本

我们没有关于 1868 年明治维新之前日本长期宏观经济表现的估计值。然而,通过比较日本和中国的经历,人们能够对日本的情况有所了解。

在7世纪,日本试图模仿中国的经济、社会、宗教、文学和制度。日本对中国事物的倾慕一直持续到18世纪,虽然它并没有作为进贡国成为中国所建立的国际秩序的一部分(除了两个短暂的例外时期)。可是,日本从未建立一个精英官僚体制,其对国家的有效治理掌握在世袭的和高度分散的军事精英手中。因此日本在10—15世纪的制度更接近于欧洲的封建制度而不是中国的制度。

在7世纪时日本复制了中国唐朝的制度,它以中国的长安为原型在平城京(今奈良)建立了首都。它也引入了中国式的佛教,并允许它的宗教阶层获得大量的财产并具有经济影响。它采用了中国的表意文字和汉字书写、中国的文学风格、中国的服饰、中国的历法以及中国测算年龄和时间的方法。随着水稻耕作农业的流行,中日在农作物的混种和食品的消费上也有很大的相似性。与欧洲相比,日本对肉和肉产品的消费要少得多。同欧洲或印度相比,日本和中国的土地更加稀缺,所以这两个国家的农业都是高度劳动密集型的。

尽管日本的皇帝在名义上一直是国家的首脑,但对国家的治理权却落在了世袭的贵族手中。1195—1868年,日本的实际首脑是被称为将军的最高军事领袖。

从7世纪到9世纪,日本中央政府模仿中国唐朝控制土地的分封制度,但土地的所有权却逐渐转移到农村军事精英的手中。当时的庄园制(shoen)是一个复杂的和无组织的封建土地制度,在该制度下,许多阶层的土地所有者都有权要求一定份额的农奴剩余。

中国在很大程度上是通过其官僚机构来促进技术进步和传播的,而这在日本是不可能的,因为日本没有受过教育的平民精英阶层。日本对印刷知识的获取几乎同中国人一样早,但是除佛教的符木和护身符外,几乎没有其他的印刷品。相比之下,中国人却利用印刷版的优良耕作范例手册来推广复种和灌溉的方法,以及宋朝时从越南引进的快速育种技术。日本的城市化程度要低于中国。而日本将封地管辖权分为专一性与竞争性的做法意味着耕作与灌溉倾向于在山坡发展,以满足防卫的需要。它的庄园制也抑制了农业的专业化和经济作物的发展。

中国在14世纪已经实现从麻布服装向棉布服装的转变,而日本直到17世纪才实现这一转变。在17世纪之前,日本的丝绸生产只是少量的,其消费依赖于从中国进口的丝绸。它的航运和采掘技术一直落后于中国,农村副业的发展也落后于中国。

日本的旧政权在始于 1467 年的长达一个世纪的内战(战国时代)中崩溃了。首都城市京都早在这些冲突的初期就被毁灭了,人口随之从内战初期的 40 万人减至 1500 年的 4 万人。一种新型的军事精英阶层,伴随着在废墟中崛起的新政权出现了。

在追随和服务了两任军事独裁者织田信长(Nobunaga,1573—1582)和丰臣秀吉(Hideyoshi,1582—1598)之后,德川家康(Tokugawa Ieyasu)于 1603 年建立了他的幕府政权。德川家康继承了这两任独裁者建立的统治方式[尤其是解散农村地区的军事武装、以土地清册调查为基础建立的财政税收系统(石高制)、减少僧侣财产以及将大名的妻子和孩子作为人质的做法,等等]。

德川幕府直接控制了四分之一的土地。京都的皇帝家庭和贵族只享有 0.5% 的财政收入,神道教和佛教享有 1.5% 的财政收入。三分之一的财政收入分配给了处于严密控制下的较小的大名们。其余的财政收入分配给了边远地区的更有自治权的大名(外样大名)们,他们在德川政权建立之前就已经是当地的封建领主。这些人是幕府将军的潜在对手,他们终于在 19 世纪 60 年代反叛。当德川幕府将军于 1615 年灭掉了丰臣氏一家并摧毁了其在大阪的城堡之后,他事实上已握有了无可挑战的霸权。通过将大名们的家属扣为人质,并使他们的收入变化不定,德川幕府完全抑制了大名们的潜在反抗(事实上,在 1601—1705 年间,"大约有 200 个大名被废掉;172 个大名被赐封;200 个大名的封地增加了;280 个大名转让了他们的领地"(Hall,1991,pp. 150—151)。幕府的文职官员们直接管理着几个最大的城市,包括江户、京都、大阪和其他几个城市,他们作为皇帝的代理人,控制着外交关系和来自金银矿产的收入。

就经济增长和资源分配而言,德川幕府时代并不是理想的,但其对经济所施加的影响比它之前的镰仓幕府(1192—1338)和足利幕府(1338—1573)更加有利。它开启了日本经济的成功赶超进程。在 1600—1868 年间,日本的人均收入很可能上升了约 40%,从低于中国的水平上升到明显高于中国的水平,尽管有着供养大量职能重复的精英阶层的沉重负担。

德川幕府在内战中幸存下来的主要军事精英(大名)中建立了一套牵制与平衡制度,确保了国内的持续和平。通过丰臣秀吉 1588 年的刀剑搜缴,以及德川政府逐步取缔生产和使用葡萄牙人于 1543 年引进的西式火器,日本的农村地区完全被解除了武装。

大名们和其随从武士们被迫生活在每一个领地的城堡中,放弃了他们原先在农业中的管理职能。作为补偿,他们得到由其领地的农民所提供的实物(大米)津贴。大名们没有固定的土地产权,不能够进行土地买卖。幕府能够把他们从国家的某一地区转派到另一地区,并根据他们的行为(或根据幕府的监视和谍报活动所推测的他们可能的企图)收回、削减或增加他们的大米津贴。大名们也被要求每年在新首都江户(即现在的东京)执行政务一段时间,并要求他们把家属们永远地留在那里作为他们保持良好行为的人质(参勤交代制度)。大名们并不被要求定期向幕府当局上缴收入,但他们不得不负担他们在江户的强制住地的高额费用,以及为满足江户的城市建设和地震破坏之后的重建需要而不时提供的资金。

与中国相比,这样的政府制度是特别耗费资金的。日本的将军、大名和武士们的家庭人口大约占日本人口的 6.5%,而中国的官僚、军人和乡绅们的家庭人口大约只占中国人口的 2%。日本的财政收入大约占其 GDP 的 20%～25%,而这一比例在中国大约只有 5%。当然,中国的乡绅拥有地租收入,中国的官僚也可以通过非财政方式得到大量收入。然而,通过大量削减佛教徒的收入和财产,德川幕府确实也实现了某些节余。在意识形态上,他们也实现了从宗教向非宗教的新儒家主义的主要转变。在这两个方面,他们复制了 9 世纪时出现在中国的变化。

这些政治变化的经济后果对于日本经济的所有方面来说都是重要的。

德川幕府时期农业产出的增长

农业人口不再是受制于随心所欲的、要求奉养的封建显贵和军人们的奴隶。大米赋税是沉重的,但它或多或少是固定的,因而随着农业的扩张,它在比例上是下降的。地方战事的结束意味着在广阔的平原上开发农业土地更加安全了。土地开垦和耕种面积的增加有了更大的空间,在过去开发不足的新首都江户周围的关东地区尤其如此。

有关优良耕作范例的各种印刷手册开始出现在同中国有交往的家庭中间。《农业全书》(*Nogyo Zensho*,1697)是最早的商业出版物。到 18 世纪初期时,已出现了数百种这样的书籍(Robertson,1984)。早熟种子和双季农作物被引进,商业肥料(豆粉、海草等)的使用增加了,脱粒工具也改进了。经济作物,如棉花、烟草、油料和糖料,在南九州等地区得到了迅速发展,养蚕业也得到了迅速发展。到18世纪20年代时,部分由商人资助的大规模土地开垦开始出现。

德川时期推动日本农业生产进步的思想可以追溯至丰臣秀吉在1582—1590年进行的土地清册调查。他们按照1石等值大米(即足以维持一个人一年生活的数量)来评估土地的生产能力。石是一个体积计量单位,当时的1石大约相当于5.1美国蒲式耳或150公斤。以石为基础的土地清册调查是将军向大名们分配收入的依据。最小的大名可以分到1万石,而最大的大名可以分到的份额要远超过这个水平(位于日本沿海地区金泽的加贺落的大名的收入超过了100万石,南九州萨摩落的大名的收入为77万石)。1598年的大名收入总量估计值是1850万石。随着耕种面积的增加,官方的估计值也随着时间的推移而增加。但是对总量的估计值仍存在程度不同的严重错误。克雷格(Craig,1961, p.11)用了一些例子说明德川后期名义生产能力与实际生产能力之间的差距。他所选定的9个领地的实际产量比官方评估的产量高出三分之一。中村哲(Nakamura, 1968)估算了1600—1872年间的谷物产量,为了消除官方统计数据口径变动造成的影响做了相应的调整。表B-17显示人均谷物占有量在1600—1820年间增长了18%,在整个德川时期很可能增长了四分之一。1874年时,大米和其他谷物产值占农业总产值的72%,其他传统产品占10.7%,相对较新的农作物(棉花、糖料、烟草、油料、丝茧和马铃薯)占17.2%。这些新的农作物中的大多数在1600年时还没有出现,因而其中大多数也可逃税,所以它们的产出比谷物增长得更快。如果假定这些农作物的产出在1600年时占总产出的5%,这意味着人均农业总产出在1600—1820年间增长了四分之一,在整个德川时期则增长了40%以上。对1600年以前的时期,我们没有真实的定量证据,但很可能的是,在饱受内战之苦的16世纪,日本的人均农业产出几乎没有增长。

表 B-17 日本谷物产量和人均占有量(1600—1874)

年份	谷物产量		人口	人均占有量
	(千石)	(千吨)	(千人)	(公斤)
1600	19 731	2 960	18 500	160
1700	30 630	4 565	27 000	169
1820	39 017	5 853	31 000	189

(续表)

年份	谷物产量		人口	人均占有量
	（千石）	（千吨）	（千人）	（公斤）
1872	46 812	7 022	34 859	201
1874	49 189	7 378	35 235	209

资料来源：第 1 列中关于 1600—1872 年的数据引自 Hayami and Miyamoto（1988，p. 44），其中 1820 年的数据是 1800 年和 1850 年数据的内插值。这些估计值来自 Nakamura（1968，pp. 169—171）。1874 年的谷物产量来自 Ohkawa, Shinohara and Umemura, *Agriculture and Forestry*（1966，Vol. 9, p. 166），其中水稻产量向上调整了 1 927 石（Yamada and Hayami, 1979, p. 233）。以 1874 年为例，调整后的谷物产值占按 1874—1876 年价格计算的农业总产值的 72%，其他传统农作物产值占 10.8%，其余占 17.2%（Vol. 9, p. 148），主要是经济作物、土豆和蚕桑，它们在 1600 年时大都不是重要农作物。因此，很有可能当时的人均农业产出的增长要快于人均谷物产量的增长。第 2 列是将以石（1 石＝150 公斤）计量的产量转换成以吨计量的产量。第 3 列是我根据表 B-7 所估计的人口数。第 4 列数据等于第 2 列除以第 3 列。德川时代日本大米的标准生产度量单位是脱糠后的大米，而当时中国的标准生产度量单位是未脱糠的大米。Perkins（1969）假定中国同期（1600 年）未脱糠大米的人均占有量是 250 公斤。我利用 Perkins（1969，p. 305）的换算系数可推出中国 1600 年时的脱糠大米的人均占有量为 167 公斤，稍高于日本的水平，但 1700 年后却一直低于日本的水平。1872 年时日本的大米贸易出现净进口，这使其大米人均占有量提高到 219 公斤，到 1874 年时又提高到 231 公斤。

非农业部门的表现

大多数对德川时期的研究（Smith，1969；Hanley and Yamamura，1977；Yasuba，1987）都强调了农村地区工商业日益增长的重要性。

凭借对 1843 年长州藩 15 个区的调查，史密斯（Smith，1969）提供了一个关于农村非农业活动的经典分析。上关町位于本州的最南端，它有很长一段海岸线突入到九州与四国的内海之间，有 6 501 个家庭的人口，拥有与日本其他地区进行贸易的特殊有利条件。上关町 82% 的人口是农民，但是其 55% 的净收入来自农业以外。对史密斯使用的地区比率取算术平均数，结果表明工业活动提供了家庭收入的 28%。我对史密斯所使用的上关町样本的代表性感到怀疑。如果对于所有地区来说它都是典型的样本，那么城市地区应该具有更高比重的非农业活动，从而能够推测德川后期日本超过 30% 的 GDP 可能来自工业。

西川俊作（Nishikawa，1987）对 19 世纪 40 年代长州藩的经济进行了更加复杂和全面的分析。利用同一份调查材料，他构造了一套总投入-总产出账户。他的分析覆盖了 107 000 个家庭（52 万人），既包括农村也包括城市，也就是说，他的样本规模是史密斯所使用的样本规模的 16 倍多。他的方法谨慎地遵循了以一致性核查为特点的国民经济账户核算传统,即将不同来源的数据合并为一体,估算分经济部门的劳动力、总产出和增加值。按增加值计算,制造业(包括手工业)占他的估计总量的 18.8%。可是,他指出有关产出的调查数据存在严重缺陷。因此,他的估计总量不包括大名、武士等军人阶层和文职政府提供的服务,和尚、尼姑、牧师和仆役的活动,以及"集中在娱乐业,如旅店、餐馆、茶楼、妓院、街头妓女、理发、按摩等"方面的城市服务业。而且,他对住宅服务没有进行虚拟计算,建筑业也被省略了。如果我们在西川俊作的总量上增加四分之一以便包括那些被省略的项目,并使其与 GDP 的口径一致,那么长州在 19 世纪 40 年代的增加值结构将是 53% 的农业、林业和渔业,15% 的制造业,以及 32% 的其余行业(包括服务业和建筑业)。西川俊作的总投入-总产出账户的另外一个有趣的特点是估计了长州与日本其他地区的交易活动,说明了德川时期日本财政体制的重农主义倾向。它有 97% 的税收收入来自农业,只有 3% 的税收收入来自非农业。除结构分析外,西川俊作还大胆地估计了长州 18 世纪 60 年代到 19 世纪 40 年代之间的人均收入的年增长率(0.4%),但这一估计值是完全建立在用于财政目的的土地调查估计数字的基础上的。

在 1500 年时,不到 3% 的日本人生活在拥有 1 万居民以上的城镇中。到了 1800 年,有超过 12% 的人口生活在这样的城镇中。曾经是村庄的江户变成了居住人口超过 100 万的城市。当时日本有 200 多个城堡型城镇,其中一半的人口是武士。金泽和名古屋是这种类型城镇中规模最大的,人口超过了 10 万。京都这个原来的首都(是皇帝和皇宫的所在地,也是繁华的农业区域中心)的人口有 50 万。大阪已成为一个规模与京都相当的商业都市。日本城镇人口四倍的增长与当时中国稳定的和低得多的城镇人口比重形成了反差。与中国相比,日本小城镇所占的比例较低,伴随着对分散的较小的设防定居点的强制拆除,每一个领地的武士们集中居住于一个城堡中。在 18 世纪时,由于小城镇和农村地区商业活动的增加,大阪市的规模缩小了。

中心城市的发展为周围的农业地区创造了市场,也创造了对仆人、娱乐业和剧院的需求。商人们不再只是充当军队的军需供应者,而是转变成了商品经纪人、银行家、货币借贷者。他们的活动促进了沿海贸易和内海航运的重要扩张(Crawcour,1963)。因此,从人均水平来衡量,德川时期的日本在各种类型的服务活动方面显然有很大的发展。然而,最大的服务业却是由大名和武士们所提供的过量的军事服务和民事治理。有证据表明这部分人口的比例在整个德川时期都保持稳定。山村耕造(Yamamura,1974)的研究表明他们的家庭实际收入并没有出现什么重要变化。史密斯有关农业税负下降的证据也有助于加强这一结论。

在德川时期的日本,教育水平有了非常大的提高,世俗的新儒教主义的价值观而不是佛教受到了重视,因而提高了大众文化和技术知识的水平。木版印刷的图书的生产和发行有了巨大增加。从8世纪到17世纪初叶,只有不到100本的插图书籍出现在日本。然而到了18世纪,日本出版了大量的带有彩色插图的书籍,并且男性人口中有40%的人具有读写能力。

1639年,耶稣会士和葡萄牙商人被驱逐出日本,基督教被查禁,与欧洲人的接触仅限于在日本南方靠近长崎的一个小小的荷兰人贸易定居点。这种做法是因为考虑到葡萄牙人具有入侵性从而会带来政治上的威胁。德川政府知道西班牙人对菲律宾的征服,因此想避免类似的事情在日本发生。虽然荷兰人只对商业感兴趣,但是在日本长期逗留的时间里,他们的东印度公司在出岛(Deshima)任命了三位杰出的博士:肯普费(Engelbert Kaempfer),1690—1692年在职,一位喜欢冒险的德国博学之士和科学家;桑博格(C. P. Thunberg),1775—1776年在职,一位著名的瑞典植物学家;冯西博尔德(Franz Philipp von Siebold),1823—1829年和1859—1862年在职,一位德国物理学家和博物学家。这些学者撰写的著作成为西方人了解日本的重要渠道。此外,他们在向日本传播欧洲的科学和技术方面也有着显著的影响。

日本人一直依赖有关西方知识的中文书籍,例如由利玛窦(Matteo Ricci,1552—1610)和其他在北京的耶稣会士所译成中文的一些著作,但是在1720年,吉宗(Yoshimune)将军取消了有关欧洲书籍的禁令。重要的转折点发生在1771年,当时两个日本医生观察了一具尸体的解剖并将尸体的内脏(肺、肾和肠)与一本中文书和一本荷兰解剖学课本中描述的部分进行了比较。荷兰课本与他们的发现相符,而中文课本是不准确的(Keene,1969)。结果,翻译来自荷兰的学问(即"兰学")在日本文化上产生了重要的影响。尽管数量有限,但它们有助于破除日本人对"中国事物"的尊崇,激发了对"西方事物"的好奇心。

与中国相比,日本与西方知识的接触更加有限,但它受到的影响却要深得多。旧的传统较容易被日本所抛弃,因为它也是外国的。可是,与外国人和外国思想的接触常常引起当局的不满。冯西博尔德在1829年被驱逐出日本,他的一位日本友人因为将伊能忠敬有关千岛群岛和堪察加半岛的详细测绘地图的复制件交给他而被处以死刑。然而,作为日本了解西方世界的一扇窗口,荷兰文化对于日本准备1868年明治维新所需的知识基础来说是重要和有影响的。在痛苦中发展起来的"兰学"成为传播日本最伟大的西化人物福泽谕吉(Yukichi Fukuzawa,1835*—1901)启蒙思想的主要载体。福泽的书销售了数百万册,他按照西方的模式创办了庆应义塾大学(Keio University)。

尽管德川政权对日本的经济增长有着积极的影响,但也有一些缺陷。

这包括供养大量的军事精英,而其有效的军事潜力对19世纪到来的挑战是非常虚弱的,他们穷奢极侈的生活方式需要大量的支出。通过瓦解德川时期的这样一种制度安排,明治政权得以为经济发展和军事现代化取得大量的资源。

维持不含任何精英成分的世袭特权和巨大的等级差别意味着对潜在人才的巨大浪费。对这样一种制度的失望在福泽谕吉的自传中有过明确的阐述。德川制度下对实物财政的笨拙依赖和对经济活动过分细致的监督是低效率的。它对技术扩散也强加了各种限制。这方面的一个例子是禁止轮式交通工具在日本道路上的使用,而且在日本也几乎见不到什么桥梁。这些限制是由于安全因素而强加的,但它使旅行变得非常费钱和费时。对船舶的规模也有各种限制,因此抑制了沿海航运、对外贸易和海军军备的发展。此外还有对产权(土地的买卖)的限制,加上将军可以随心所欲地征税、注销大名们或武士们的债务,这一切都抑制了私人企业的发展。

所有这些原因,加上来自俄国、英格兰和美国的压力,最终导致了德川制度的崩溃。

日本经济的总体表现

关于德川时期的经济历史已经有了大量的研究,但是迄今为止,除了对地区经济表现的定量分析,还没有对其总量经济表现进行的定量分析。同早期的马克思主义者不同,大多数战后的修正主义历史学家(速水融、安场保吉、西川俊作、霍尔、史密斯、汉利和山村耕造)都同意日本出现了巨大的经济进步。

日本在1500年时的收入水平可能因内战而受到压抑,但在16世纪时它的人均收入可能出现了温和的增长。就1600—1820年而言,一些指标显示经济中的几个部门都出现了显著的增长。将农业作为一个总体来看(包括棉花、糖

---

* 原书中为"1832",疑误。——译者注

料、烟草、油籽、丝茧和马铃薯等新作物），人均总产出大约增加了四分之一（见表 B-17 和相应的正文），人均增加值的增幅则略低一些。在德川时期的早期，农业产出可能远超过 GDP 的一半。

有大量的证据表明农村家庭生产活动的重要性增加了，城市人口的大量增加刺激了商业活动和城市服务业的增长。教育有了巨大的改进，书籍出版也有了大量的增加。所有这些活动的增长都很有可能超过了农业的增长。

对所有这些经济动力的抵消力量是德川统治制度的高成本。那些由武士、大名和将军组成的精英们几乎消耗了 GDP 的四分之一。他们的官方职能是提供行政和军事服务，但是其僵化的方式造成了极大的浪费，因而给经济带来了日益增加的压力。政府机关实质上是一种牵制和平衡系统——一种武装对峙下的停战状态，其最初的理由是结束从 15 世纪中叶持续到 16 世纪中叶的战争。

我的总估计（见表 B-21）是：从 1500 至 1820 年，日本的人均 GDP 上升了三分之一，这足以将其经济水平提高到中国和亚洲大多数其他地区的水平以上。

亚洲的其他部分

亚洲的其他部分是各色各样经济体的混合体，它们在 1820 年时大约占亚洲人口的 12.5% 和亚洲 GDP 的 12%。就其中的大多数经济体而言，并没有什么可靠的数据可以用来评估它们在 1500—1820 年间的 GDP 水平。

印度尼西亚是所有这些经济体中最大的。表 2-21c 和表 2-22 提供的估计值表明，1700—1820 年间印度尼西亚人均 GDP 的温和上升大部分归因于与欧洲和中国贸易的收益。布姆加德（Boomgaard, 1993, pp. 208—210）对 1500—1835 年的研究得到了类似的结论。他发现"荷兰人和中国人带来了新技术、组织技能和资本，从而推动了非农业部门的发展，促使了一些经济作物（咖啡和糖料）的引进。但是，他们也把爪哇人从回报更高的经济活动中排挤了出去，并且提高了他们的纳税和徭役负担"。

朝鲜在亚洲其他经济体中可排列在第二位。直到 19 世纪 70 年代之前，它一直是一个隐士的王国，除中国以外，它同外部世界几乎没有什么接触。它的社会组织方式和技术水平与中国非常接近，因此我们有理由认为它的经济表现与中国相似，即人均收入停滞在亚洲的正常水平之上。对朝鲜发展的主要干扰因素是发生在 1500 年以前的蒙古和日本的入侵。

印度支那各国也是中国的进贡国。它们在对外贸易上要比朝鲜开放，但似乎没有理由认为,它们的人均收入水平在我们所考察的时期内有很大的变化。

在1500年,土耳其帝国控制了西亚的一大部分地区和巴尔干地区。在1517年,它控制了叙利亚和埃及并且成为阿拉伯半岛的宗主国。土耳其帝国在亚洲有分布广泛的贸易利益。可是在18世纪之前,它却陷入了长期的衰退,以致它在亚洲的贸易利益被欧洲人所接管。尽管得不到人均收入的估算数,但有足够的证据(Inalcik,1994;Faroqhi et al.,1994)表明,土耳其在1820年的人均收入水平要低于其1500年的水平。作为西亚第二大经济体,伊朗在1820年的人均收入水平似乎不大可能有其在16世纪和17世纪萨法维朝代的全盛期时那么高。

非洲

我假定非洲的人均收入在1500—1700年间不变。

从公元1世纪到公元1000年的GDP和人均GDP

对于1500年以前的经济表现,估计值中的推测成分的确是非常大的。对中国和欧洲的人均GDP水平的估计值在我以前的著作中已有解释(Maddison,1998a),对其他地区的推测将在下面进行解释。在所有情况下,GDP都是通过人均GDP水平乘以独立估计的人口规模求出的。

我估计了自1世纪以来的中国经济表现(Maddison,1998a)。我的证据表明在1世纪(汉朝)时中国的人均GDP处在维持生计的水平之上——按我们的基准币值(即1990年国际元)计算,大约是450国际元,但直到10世纪结束时这一水平并没有显著的变化。

在宋朝时期(960—1279*),中国的人均收入有了显著的增加,大约增长了三分之一。同时,人口也出现了加速增长。这一进步的主要原因是农业上的重

---

* 原书中为"1280",疑误。——译者注

大转变。直到宋朝,中国南方的大部分地区是相对欠发达的,一直依靠原始的刀耕火种和迁徙耕作,但是那里的气候和方便的水源为水稻密植提供了很大的潜力。宋朝统治者通过从印度支那引进早熟的水稻品种开发了这一潜力。通过印制优良耕作范例手册,他们可以不失时机地来传播农业技术知识。结果是中国经济的重心发生了重大转变。长江以南种植水稻的人口比例大幅度上升了,北方旱作区域(主要种植小米和小麦)的相对重要性出现了明显下降。南方人口居住密度的提高推动了国内贸易的发展,也提高了农业产出中市场化的比重。为适应生活水平的提高,农业生产变得更加专业化,生产效率因而得到了改善。纸币的使用促进了商业的发展,也使国家财政收入中的现金比例从微不足道的程度提高到一半以上。

对大多数亚洲其他经济体而言,可以合理地假定它们的人均收入水平与中国相似,而且在 1 世纪到 1000 年之间并没有出现重大变化。我在这里假定的 450 国际元的人均收入水平是足以将生活保持在基本生存水平以上的收入标准,可维持统治精英略微奢侈的生活,并支撑一个相对复杂的统治制度。日本是一个相当特殊的例子。在 1 世纪时,它还处在从狩猎和采集活动向农业转变,以及从木制工具向金属工具转变的进程之中,只是一个仅可以维持生存的经济。到 1000 年的时候,它取得了某些进步,但仍然远远落后于中国。

我假定欧洲在 1 世纪的人均收入水平与中国相似(Maddison,1998a,pp. 25,37—38)。戈德史密斯(Goldsmith,1984)全面评估了整个罗马帝国的经济表现,还将不同时期的经济水平进行了衔接。他的结果表明,罗马帝国的人均收入水平大约是格里高利·金估计的 1688 年英格兰水平的五分之二。

罗马帝国的西亚部分和北非部分至少与其欧洲部分一样繁荣并具有与后者一样高的城市化水平,所以我们假定它们有相似的收入水平是合理的。

西欧的生活水平在 1 世纪到 1000 年这段时期内出现了大幅度下降。有关城市化率的推算有力地表明了 1000 年是西欧城市化水平的最低点。在 1 世纪时,罗马欧洲的城市化率是 5%。到 1000 年时,这个比率几乎降到了零,当时只有 4 个城镇的人口规模超过了 1 万人(Maddison,1998a,p. 35)。城市的崩溃和其他经济下降的迹象支持了这样的假定,即西欧的生活水平多少又回落到 1000 年时仅能维持生存的标准(人均 400 国际元)。

就美洲、澳大拉西亚、撒哈拉以南非洲、东欧和苏联地区而言,我假定从 1 世纪起到第一个千年结束时,其人均收入也大致处在一个仅能维持生存的水平上(人均 400 国际元)。

表 B-18 世界 GDP 以及 20 个国家和地区的 GDP（0—1998）

（百万 1990 年国际元）

	0	1000	1500	1600	1700	1820	1870	1913	1950	1973	1998
奥地利			1 414	2 093	2 483	4 104	8 419	23 451	25 702	85 227	152 712
比利时			1 225	1 561	2 288	4 529	13 746	32 347	47 190	118 516	198 249
丹麦			443	569	727	1 471	3 782	11 670	29 654	70 032	117 319
芬兰			136	215	255	913	1 999	6 389	17 051	51 724	94 421
法国			10 912	15 559	21 180	38 434	72 100	144 489	220 492	683 965	1 150 080
德国			8 112	12 432	13 410	26 349	71 429	237 332	265 354	944 755	1 460 069
意大利			11 550	14 410	14 630	22 535	41 814	95 487	164 957	582 713	1 022 776
荷兰			716	2 052	4 009	4 288	9 952	24 955	60 642	175 791	317 517
挪威			192	304	450	1 071	2 485	6 119	17 838	44 544	104 860
瑞典			382	626	1 231	3 098	6 927	17 403	47 269	109 794	165 385
瑞士			482	880	1 253	2 342	5 867	16 483	42 545	117 251	152 345
英国			2 815	6 007	10 709	36 232	100 179	224 618	347 850	675 941	1 108 568
西欧 12 国合计	11 115	10 165	38 379	56 708	72 625	145 366	338 699	840 743	1 286 544	3 660 253	6 044 301
葡萄牙			632	850	1 708	3 175	4 338	7 467	17 615	63 397	128 877
西班牙			4 744	7 416	7 893	12 975	22 295	45 686	66 792	304 220	560 138
其他			590	981	1 169	2 206	4 891	12 478	30 600	105 910	227 300
西欧合计			44 345	65 955	83 395	163 722	370 223	906 374	1 401 551	4 133 780	6 960 616
东欧	1 900	2 600	6 237	8 743	10 647	23 149	45 448	121 559	185 023	550 757	660 861
苏联	1 560	2 840	8 475	11 447	16 222	37 710	83 646	232 351	510 243	1 513 070	1 132 434

（百万 1990 年国际元）（续表）

	0	1000	1500	1600	1700	1820	1870	1913	1950	1973	1998
美国			800	600	527	12 548	98 374	517 383	1 455 916	3 536 622	7 394 598
其他西方后裔国			320	320	300	941	13 781	68 249	179 574	521 667	1 061 537
西方后裔国合计	468	784	1 120	920	827	13 489	112 155	585 632	1 635 490	4 058 289	8 456 135
墨西哥			3 188	1 134	2 558	5 000	6 214	25 921	67 368	279 302	655 910
其他拉丁美洲国家			4 100	2 623	3 813	9 120	21 683	95 760	356 188	1 118 398	2 285 700
拉丁美洲合计	2 240	4 560	7 288	3 757	6 371	14 120	27 897	121 681	423 556	1 397 700	2 941 610
日本	1 200	3 188	7 700	9 620	15 390	20 739	25 393	71 653	160 966	1 242 932	2 581 576
中国	26 820	26 550	61 800	96 000	82 800	228 600	189 740	241 344	239 903	740 048	3 873 352
印度	33 750	33 750	60 500	74 250	90 750	111 417	134 882	204 241	222 222	494 832	1 702 712
其他亚洲经济体	16 470	18 630	31 301	36 725	40 567	50 486	72 173	146 999	362 578	1 398 587	4 376 931
亚洲合计（不包括日本）	77 040	78 930	153 601	206 975	214 117	390 503	396 795	592 584	824 703	2 633 467	9 952 995
非洲	7 013	13 723	18 400	22 000	24 400	31 010	40 172	72 948	194 569	529 185	1 039 408
全世界	102 536	116 790	247 116	329 417	371 369	694 442	1 101 369	2 704 782	5 336 101	16 059 180	33 725 635

表 B-19　世界 GDP 增长率以及 20 个国家和地区的 GDP 增长率(0—1998)

(年均复合增长率,%)

	0—1000	1000—1500	1500—1820	1820—1870	1870—1913	1913—1950	1950—1973	1973—1998
奥地利			0.33	1.45	2.41	0.25	5.35	2.36
比利时			0.41	2.25	2.01	1.03	4.08	2.08
丹麦			0.38	1.91	2.66	2.55	3.81	2.09
芬兰			0.60	1.58	2.74	2.69	4.94	2.44
法国			0.39	1.27	1.63	1.15	5.05	2.10
德国			0.37	2.01	2.83	0.30	5.68	1.76
意大利			0.21	1.24	1.94	1.49	5.64	2.28
荷兰			0.56	1.70	2.16	2.43	4.74	2.39
挪威			0.54	1.70	2.12	2.93	4.06	3.48
瑞典			0.66	1.62	2.17	2.74	3.73	1.65
瑞士			0.50	1.85	2.43	2.60	4.51	1.05
英国			0.80	2.05	1.90	1.19	2.93	2.00
西欧 12 国合计			**0.42**	**1.71**	**2.14**	**1.16**	**4.65**	**2.03**
葡萄牙			0.51	0.63	1.27	2.35	5.73	2.88
西班牙			0.31	1.09	1.68	1.03	6.81	2.47
其他			0.41	1.61	2.20	2.45	5.55	3.10
西欧合计	−0.01	0.30	0.41	1.65	2.10	1.19	4.81	2.11
东欧	0.03	0.18	0.41	1.36	2.31	1.14	4.86	0.73
苏联	0.06	0.22	0.47	1.61	2.40	2.15	4.84	−1.15
美国			0.86	4.20	3.94	2.84	3.93	2.99
其他西方后裔国			0.34	5.51	3.79	2.65	4.75	2.88
西方后裔国合计	0.05	0.07	0.78	4.33	3.92	2.81	4.03	2.98
墨西哥			0.14	0.44	3.38	2.62	6.38	3.47
其他拉丁美洲国家			0.25	1.75	3.51	3.61	5.10	2.90
拉丁美洲合计	0.07	0.09	0.21	1.37	3.48	3.43	5.33	3.02
日本	0.10	0.18	0.31	0.41	2.44	2.21	9.29	2.97
中国	0.00	0.17	0.41	−0.37	0.56	−0.02	5.02	6.84
印度	0.00	0.12	0.19	0.38	0.97	0.23	3.54	5.07
其他亚洲经济体	0.01	0.10	0.15	0.72	1.67	2.47	6.05	4.67
亚洲合计(不包括日本)	0.00	0.13	0.29	0.03	0.94	0.90	5.18	5.46
非洲	0.07	0.06	0.16	0.52	1.40	2.69	4.45	2.74
全世界	0.01	0.15	0.32	0.93	2.11	1.85	4.91	3.01

表 B-20 20 个国家和地区的 GDP 占世界 GDP 的比重（0—1998）

（世界合计＝100）

	0	1000	1500	1600	1700	1820	1870	1913	1950	1973	1998
奥地利			0.6	0.6	0.7	0.6	0.8	0.9	0.5	0.5	0.5
比利时			0.5	0.5	0.6	0.7	1.2	1.2	0.9	0.7	0.6
丹麦			0.2	0.2	0.2	0.2	0.3	0.4	0.6	0.4	0.3
芬兰			0.1	0.1	0.1	0.1	0.2	0.2	0.3	0.3	0.3
法国			4.4	4.7	5.7	5.5	6.5	5.3	4.1	4.3	3.4
德国			3.3	3.8	3.6	3.8	6.5	8.8	5.0	5.9	4.3
意大利			4.7	4.4	3.9	3.2	3.8	3.5	3.1	3.6	3.0
荷兰			0.3	0.6	1.1	0.6	0.9	0.9	1.1	1.1	0.9
挪威			0.1	0.1	0.1	0.2	0.2	0.2	0.3	0.3	0.3
瑞典			0.2	0.2	0.3	0.4	0.6	0.6	0.9	0.7	0.5
瑞士			0.2	0.3	0.3	0.3	0.5	0.6	0.8	0.7	0.5
英国			1.1	1.8	2.9	5.2	9.1	8.3	6.5	4.2	3.3
西欧 12 国合计			15.5	17.2	19.5	20.9	30.7	31.1	24.1	22.8	17.9
葡萄牙			0.3	0.3	0.5	0.5	0.4	0.3	0.3	0.4	0.4
西班牙			1.9	2.1	2.2	1.9	2.0	1.7	1.3	1.9	1.7
其他			0.2	0.3	0.3	0.3	0.4	0.5	0.6	0.7	0.7
西欧合计	10.8	8.7	17.9	19.9	22.5	23.6	33.6	33.5	26.3	25.7	20.6
东欧	1.9	2.2	2.5	2.7	2.9	3.3	4.1	4.5	3.5	3.4	2.0
苏联	1.5	2.4	3.4	3.5	4.4	5.4	7.6	8.6	9.6	9.4	3.4
美国			0.3	0.2	0.1	1.8	8.9	19.1	27.3	22.0	21.9
其他西方后裔国			0.1	0.1	0.1	0.1	1.3	2.5	3.4	3.2	3.1
西方后裔国合计	0.5	0.7	0.5	0.3	0.2	1.9	10.2	21.7	30.6	25.3	25.1
墨西哥			1.3	0.3	0.7	0.7	0.6	1.0	1.3	1.7	1.9
其他拉丁美洲国家			1.7	0.8	1.0	1.3	2.0	3.5	6.7	7.0	6.8
拉丁美洲合计	2.2	3.9	2.9	1.1	1.7	2.0	2.5	4.5	7.9	8.7	8.7
日本	1.2	2.7	3.1	2.9	4.1	3.0	2.3	2.6	3.0	7.7	7.7
中国	26.2	22.7	25.0	29.2	22.3	32.9	17.2	8.9	4.5	4.6	11.5
印度	32.9	28.9	24.5	22.6	24.4	16.0	12.2	7.6	4.2	3.1	5.0
其他亚洲经济体	16.1	16.0	12.7	11.2	10.9	7.3	6.6	5.4	6.8	8.7	13.0
亚洲合计（不包括日本）	75.1	67.6	62.1	62.9	57.6	56.2	36.0	21.9	15.5	16.4	29.5
非洲	6.8	11.8	7.4	6.7	6.6	4.5	3.6	2.7	3.6	3.3	3.1
全世界	100.0	100.0	100.0	100.0	100.0	100.0	100.0	100.0	100.0	100.0	100.0

附录 B

表 B-21 世界人均 GDP 以及 20 个国家和地区人均 GDP（0—1998）

（1990 年国际元）

	0	1000	1500	1600	1700	1820	1870	1913	1950	1973	1998
奥地利			707	837	993	1 218	1 863	3 465	3 706	11 235	18 905
比利时			875	976	1 144	1 319	2 697	4 220	5 462	12 170	19 442
丹麦			738	875	1 039	1 274	2 003	3 912	6 946	13 945	22 123
芬兰			453	538	638	781	1 140	2 111	4 253	11 085	18 324
法国			727	841	986	1 230	1 876	3 485	5 270	13 123	19 558
德国			676	777	894	1 058	1 821	3 648	3 881	11 966	17 799
意大利			1 100	1 100	1 100	1 117	1 499	2 564	3 502	10 643	17 759
荷兰			754	1 368	2 110	1 821	2 753	4 049	5 996	13 082	20 224
挪威			640	760	900	1 104	1 432	2 501	5 463	11 246	23 660
瑞典			695	824	977	1 198	1 664	3 096	6 738	13 493	18 685
瑞士			742	880	1 044	1 280	2 202	4 266	9 064	18 204	21 367
英国			714	974	1 250	1 707	3 191	4 921	6 907	12 022	18 714
西欧 12 国合计			796	906	1 056	1 270	2 086	3 688	5 013	12 159	18 742
葡萄牙			632	773	854	963	997	1 244	2 069	7 343	12 929
西班牙			698	900	900	1 063	1 376	2 255	2 397	8 739	14 227
其他			462	528	617	743	1 066	1 840	2 536	7 614	13 732
西欧合计	450	400	774	894	1 024	1 232	1 974	3 473	4 594	11 534	17 921
东欧	400	400	462	516	566	636	871	1 527	2 120	4 985	5 461
苏联	400	400	500	553	611	689	943	1 488	2 834	6 058	3 893

(1990年国际元)(续表)

	0	1000	1500	1600	1700	1820	1870	1913	1950	1973	1998
美国			400	400	527	1 257	2 445	5 301	9 561	16 689	27 331
其他西方后裔国			400	400	400	753	2 339	4 947	7 538	13 364	20 082
西方后裔国合计	400	400	400	400	473	1 201	2 431	5 257	9 288	16 172	26 146
墨西哥			425	454	568	759	674	1 732	2 365	4 845	6 655
其他拉丁美洲国家			410	430	505	623	705	1 461	2 593	4 459	5 588
拉丁美洲合计	400	400	416	437	529	665	698	1 511	2 554	4 531	5 795
日本	400	425	500	520	570	669	737	1 387	1 926	11 439	20 413
中国	450	450	600	600	600	600	530	552	439	839	3 117
印度	450	450	550	550	550	533	533	673	619	853	1 746
其他亚洲经济体	450	450	565	565	565	565	603	794	924	2 065	3 734
亚洲合计（不包括日本）	450	450	572	575	571	575	543	640	635	1 231	2 936
非洲	425	416	400	400	400	418	444	585	852	1 365	1 368
全世界	444	435	565	593	615	667	867	1 510	2 114	4 104	5 709

表 B-22 世界人均 GDP 增长率以及 20 个国家和地区人均 GDP 增长率(0—1998)

(年均复合增长率,%)

	0—1000	1000—1500	1500—1820	1820—1870	1870—1913	1913—1950	1950—1973	1973—1998
奥地利			0.17	0.85	1.45	0.18	4.94	2.10
比利时			0.13	1.44	1.05	0.70	3.55	1.89
丹麦			0.17	0.91	1.57	1.56	3.08	1.86
芬兰			0.17	0.76	1.44	1.91	4.25	2.03
法国			0.16	0.85	1.45	1.12	4.05	1.61
德国			0.14	1.09	1.63	0.17	5.02	1.60
意大利			0.00	0.59	1.26	0.85	4.95	2.07
荷兰			0.28	0.83	0.90	1.07	3.45	1.76
挪威			0.17	0.52	1.30	2.13	3.19	3.02
瑞典			0.17	0.66	1.46	2.12	3.07	1.31
瑞士			0.17	1.09	1.55	2.06	3.08	0.64
英国			0.27	1.26	1.01	0.92	2.44	1.79
西欧 12 国合计			0.15	1.00	1.33	0.83	3.93	1.75
葡萄牙			0.13	0.07	0.52	1.39	5.66	2.29
西班牙			0.13	0.52	1.15	0.17	5.79	1.97
其他			0.15	0.72	1.28	0.87	4.90	2.39
西欧合计	−0.01	0.13	0.15	0.95	1.32	0.76	4.08	1.78
东欧	0.00	0.03	0.10	0.63	1.31	0.89	3.79	0.37
苏联	0.00	0.04	0.10	0.63	1.06	1.76	3.36	−1.75
美国			0.36	1.34	1.82	1.61	2.45	1.99
其他西方后裔国			0.20	2.29	1.76	1.14	2.52	1.64
西方后裔国合计	0.00	0.00	0.34	1.42	1.81	1.55	2.44	1.94
墨西哥			0.18	−0.24	2.22	0.85	3.17	1.28
其他拉丁美洲国家			0.13	0.25	1.71	1.56	2.38	0.91
拉丁美洲合计	0.00	0.01	0.15	0.10	1.81	1.43	2.52	0.99
日本	0.01	0.03	0.09	0.19	1.48	0.89	8.05	2.34
中国		0.06	0.00	−0.25	0.10	−0.62	2.86	5.39
印度		0.04	−0.01	0.00	0.54	−0.22	1.40	2.91
其他亚洲经济体		0.05	0.00	0.13	0.64	0.41	3.56	2.40
亚洲合计(不包括日本)	0.00	0.05	0.00	−0.11	0.38	−0.02	2.92	3.54
非洲	0.00	−0.01	0.01	0.12	0.64	1.02	2.07	0.01
全世界	0.00	0.05	0.05	0.53	1.30	0.91	2.93	1.33

附录 C
124 个经济体、7 个地区及全世界的人口、GDP 和人均 GDP 的年度估计值(1950—1998)

本附录包括 124 个经济体,以及全世界和世界各地区在 1950—1998 年间的人口、以 1990 年国际元计算的 GDP 水平和人均 GDP 的年度估计值。资料来源在附录 A 中给出。

在我 1995 年的研究中能够找到有关 46 个经济体较早年份的人口和 GDP 变动的估计值。由于篇幅所限,这些估计值没有包括在这里,它们是:Maddison(1995a),附录 A 中 12 个西欧国家、西方后裔国和日本 1870—1949 年的年度人口估计值(pp. 104—107);5 个南欧国家 1900—1949 年的人口估计值(pp. 108—109);7 个东欧国家 1920—1989 年的人口估计值(pp. 110—111);7 个拉丁美洲国家 1900—1949 年的人口估计值(pp. 112—113);10 个亚洲经济体 1900—1949 年的人口估计值(pp. 114—115)。以上经济体同一时期的实际 GDP 指数,只要能够得到,都列在该书的附录 B(pp. 148—159)中。这些 GDP 指数一般与目前估计的 1950 年以后的数据是兼容的,并能够用于回溯推算表 C-1b、表 C-2b 和表 C-3b 所列的 1950 年水平数字。修订后的印度 1900—1950 年的年度估计值在本书的表 A-h 中给出,日本 1870—1950 年的年度估计值在本书的表 A-j 中列出。

表 C1-a-1　欧洲国家人口年度估计值(1950—1998)　　（千人，年中值）

年份	奥地利	比利时	丹麦	芬兰	法国	德国	意大利	荷兰
1950	6 935	8 640	4 269	4 009	41 836	68 371	47 105	10 114
1951	6 936	8 679	4 304	4 047	42 156	68 863	47 418	10 264
1952	6 928	8 731	4 334	4 091	42 460	69 193	47 666	10 382
1953	6 933	8 778	4 369	4 139	42 752	69 621	47 957	10 494
1954	6 940	8 820	4 406	4 187	43 057	69 937	48 299	10 616
1955	6 947	8 869	4 439	4 235	43 428	70 310	48 633	10 751
1956	6 952	8 924	4 466	4 282	43 843	70 743	48 921	10 888
1957	6 966	8 989	4 488	4 324	44 311	71 134	49 182	11 026
1958	6 987	9 053	4 515	4 360	44 789	71 554	49 476	11 187
1959	7 014	9 104	4 587	4 395	45 240	72 024	49 832	11 348
1960	7 048	9 118	4 581	4 430	45 684	72 674	50 200	11 483
1961	7 087	9 166	4 612	4 461	46 163	73 310	50 536	11 637
1962	7 130	9 218	4 647	4 491	46 998	73 939	50 879	11 801
1963	7 175	9 283	4 684	4 523	47 816	74 544	51 252	11 964
1964	7 224	9 367	4 720	4 549	48 310	74 963	51 675	12 125
1965	7 271	9 488	4 757	4 564	48 758	75 647	52 112	12 293
1966	7 322	9 508	4 797	4 581	49 164	76 214	52 519	12 455
1967	7 377	9 557	4 839	4 606	49 548	76 368	52 901	12 597
1968	7 415	9 590	4 867	4 626	49 915	76 584	53 236	12 726
1969	7 441	9 613	4 893	4 624	50 315	77 143	53 538	12 873
1970	7 467	9 638	4 929	4 606	50 772	77 709	53 822	13 032
1971	7 501	9 673	4 963	4 612	51 251	78 345	54 073	13 194
1972	7 544	9 709	4 992	4 640	51 701	78 715	54 381	13 330
1973	7 586	9 738	5 022	4 666	52 118	78 956	54 751	13 438
1974	7 599	9 768	5 045	4 691	52 460	78 979	55 111	13 543
1975	7 579	9 795	5 060	4 712	52 699	78 679	55 441	13 660
1976	7 566	9 811	5 073	4 726	52 909	78 317	55 718	13 773
1977	7 568	9 822	5 088	4 739	53 145	78 165	55 955	13 856
1978	7 562	9 830	5 104	4 753	53 376	78 082	56 155	13 939
1979	7 549	9 837	5 117	4 765	53 606	78 104	56 318	14 034
1980	7 549	9 847	5 123	4 780	53 880	78 303	56 434	14 148
1981	7 569	9 854	5 122	4 800	54 182	78 418	56 510	14 247
1982	7 576	9 862	5 118	4 827	54 492	78 335	56 579	14 312
1983	7 567	9 867	5 114	4 856	54 772	78 122	56 626	14 368
1984	7 571	9 871	5 112	4 882	55 026	77 846	56 652	14 423
1985	7 578	9 879	5 114	4 902	55 284	77 668	56 674	14 488
1986	7 588	9 888	5 121	4 918	55 547	77 690	56 675	14 567
1987	7 598	9 901	5 127	4 932	55 824	77 718	56 674	14 664
1988	7 615	9 908	5 130	4 946	56 118	78 115	56 629	14 760
1989	7 659	9 941	5 131	4 964	56 423	78 677	56 672	14 846
1990	7 729	9 971	5 138	4 986	56 735	79 364	56 719	14 947
1991	7 813	10 008	5 150	5 014	57 055	79 984	56 751	15 068
1992	7 914	10 051	5 166	5 042	57 374	80 595	56 859	15 182
1993	7 991	10 088	5 185	5 066	57 654	81 180	57 049	15 290
1994	8 030	10 119	5 201	5 089	57 900	81 422	57 204	15 381
1995	8 047	10 137	5 222	5 108	58 138	81 661	57 301	15 460
1996	8 059	10 157	5 256	5 125	58 372	81 896	57 397	15 523
1997	8 072	10 182	5 280	5 140	58 604	82 053	57 512	15 605
1998	8 078	10 197	5 303	5 153	58 805	82 029	57 592	15 700

(千人,年中值)(续表)

年份	挪威	瑞典	瑞士	英国	西欧12国合计	爱尔兰	希腊
1950	3 265	7 015	4 694	50 363	256 616	2 969	7 566
1951	3 296	7 071	4 749	50 574	258 357	2 961	7 659
1952	3 328	7 125	4 815	50 737	259 790	2 953	7 733
1953	3 362	7 171	4 877	50 880	261 333	2 949	7 817
1954	3 395	7 213	4 929	51 066	262 865	2 941	7 893
1955	3 429	7 262	4 980	51 221	264 504	2 921	7 966
1956	3 462	7 315	5 045	51 430	266 271	2 898	8 031
1957	3 494	7 367	5 126	51 657	268 064	2 885	8 096
1958	3 525	7 415	5 199	51 870	269 930	2 853	8 173
1959	3 556	7 454	5 259	52 157	271 970	2 846	8 258
1960	3 585	7 480	5 362	52 373	274 018	2 834	8 327
1961	3 615	7 520	5 512	52 807	276 426	2 819	8 398
1962	3 639	7 562	5 666	53 292	279 262	2 830	8 448
1963	3 667	7 604	5 789	53 625	281 926	2 850	8 480
1964	3 694	7 662	5 887	53 991	284 167	2 864	8 510
1965	3 723	7 734	5 943	54 350	286 640	2 876	8 551
1966	3 753	7 807	5 996	54 643	288 759	2 884	8 614
1967	3 785	7 869	6 063	54 959	290 469	2 900	8 716
1968	3 819	7 912	6 132	55 214	292 036	2 913	8 741
1969	3 851	7 968	6 212	55 461	293 932	2 926	8 773
1970	3 879	8 043	6 267	55 632	295 796	2 950	8 793
1971	3 903	8 098	6 343	55 928	297 884	2 978	8 831
1972	3 933	8 122	6 401	56 097	299 565	3 024	8 889
1973	3 961	8 137	6 441	56 223	301 037	3 073	8 929
1974	3 985	8 160	6 460	56 236	302 037	3 124	8 962
1975	4 007	8 192	6 404	56 226	302 454	3 177	9 046
1976	4 026	8 222	6 333	56 216	302 690	3 228	9 167
1977	4 043	8 251	6 316	56 190	303 138	3 272	9 309
1978	4 060	8 275	6 333	56 178	303 647	3 314	9 430
1979	4 073	8 294	6 351	56 240	304 288	3 368	9 548
1980	4 086	8 311	6 385	56 330	305 176	3 401	9 643
1981	4 100	8 320	6 429	56 352	305 903	3 443	9 729
1982	4 115	8 325	6 467	56 318	306 326	3 480	9 790
1983	4 128	8 329	6 482	56 377	306 608	3 505	9 847
1984	4 140	8 337	6 505	56 506	306 871	3 529	9 896
1985	4 153	8 350	6 534	56 685	307 309	3 541	9 934
1986	4 167	8 370	6 573	56 852	307 956	3 542	9 967
1987	4 187	8 398	6 619	57 009	308 651	3 543	10 001
1988	4 209	8 436	6 671	57 158	309 695	3 531	10 037
1989	4 227	8 493	6 723	57 358	311 114	3 510	10 090
1990	4 241	8 566	6 796	57 561	312 753	3 506	10 161
1991	4 262	8 617	6 873	57 808	314 403	3 526	10 247
1992	4 286	8 668	6 943	58 006	316 086	3 549	10 322
1993	4 312	8 719	6 989	58 191	317 714	3 563	10 379
1994	4 337	8 781	7 037	58 395	318 896	3 583	10 426
1995	4 358	8 827	7 081	58 606	319 946	3 601	10 454
1996	4 381	8 841	7 105	58 801	320 913	3 626	10 476
1997	4 405	8 846	7 113	59 009	321 821	3 661	10 499
1998	4 432	8 851	7 130	59 237	322 507	3 705	10 511

(千人，年中值)(续表)

年份	葡萄牙	西班牙	西欧16国合计	西欧13小国合计	西欧29国合计	东欧合计	苏联合计	东欧和苏联合计
1950	8 512	27 868	303 531	1 529	305 060	87 288	180 050	267 338
1951	8 547	28 086	305 610	1 544	307 154	88 374	183 200	271 574
1952	8 563	28 332	307 371	1 559	308 930	89 487	186 400	275 887
1953	8 587	28 571	309 257	1 574	310 831	90 770	189 500	280 270
1954	8 607	28 812	311 118	1 591	312 709	92 045	192 700	284 745
1955	8 657	29 056	313 104	1 600	314 704	93 439	196 150	289 589
1956	8 698	29 355	315 253	1 613	316 866	94 721	199 650	294 371
1957	8 737	29 657	317 439	1 636	319 075	95 801	203 150	298 951
1958	8 789	29 962	319 707	1 661	321 368	96 919	206 700	303 619
1959	8 837	30 271	322 182	1 682	323 864	98 003	210 450	308 453
1960	8 891	30 583	324 653	1 701	326 354	99 056	214 350	313 406
1961	8 944	30 904	327 491	1 717	329 208	100 112	218 150	318 262
1962	9 002	31 158	330 700	1 729	332 429	101 010	221 750	322 760
1963	9 040	31 430	333 726	1 747	335 473	101 914	225 100	327 014
1964	9 053	31 741	336 335	1 759	338 094	102 783	228 150	330 933
1965	8 996	32 085	339 148	1 773	340 921	103 610	230 900	334 510
1966	8 871	32 453	341 581	1 787	343 368	104 412	233 500	337 912
1967	8 798	32 850	343 733	1 803	345 536	105 195	236 000	341 195
1968	8 743	33 240	345 673	1 819	347 492	106 264	238 350	344 614
1969	8 696	33 566	347 893	1 837	349 730	107 101	240 600	347 701
1970	8 663	33 876	350 078	1 853	351 931	107 927	242 757	350 684
1971	8 644	34 190	352 527	1 869	354 396	108 782	245 083	353 865
1972	8 631	34 498	354 607	1 883	356 490	109 628	247 459	357 087
1973	8 634	34 810	356 483	1 907	358 390	110 490	249 747	360 237
1974	8 755	35 147	358 025	1 929	359 954	111 461	252 131	363 592
1975	9 094	35 515	359 286	1 915	361 201	112 468	254 469	366 937
1976	9 356	35 937	360 378	1 914	362 292	113 457	256 760	370 217
1977	9 456	36 367	361 542	1 922	363 464	114 442	259 029	373 471
1978	9 559	36 778	362 728	1 939	364 667	115 300	261 253	376 553
1979	9 662	37 108	363 974	1 957	365 931	116 157	263 425	379 582
1980	9 767	37 510	365 497	1 990	367 487	116 921	265 542	382 463
1981	9 851	37 741	366 667	2 009	368 676	117 661	267 722	385 383
1982	9 912	37 944	367 452	2 020	369 472	118 323	270 042	388 365
1983	9 955	38 123	368 038	2 035	370 073	118 926	272 540	391 466
1984	9 989	38 279	368 564	2 049	370 613	119 503	275 066	394 569
1985	10 011	38 420	369 215	2 067	371 282	120 062	277 537	397 599
1986	10 011	38 537	370 013	2 060	372 073	120 574	280 236	400 810
1987	9 994	38 632	370 821	2 082	372 903	121 051	283 100	404 151
1988	9 968	38 717	371 948	2 105	374 053	121 253	285 463	406 716
1989	9 937	38 792	373 443	2 126	375 569	121 650	287 845	409 495
1990	9 899	38 851	375 170	2 154	377 324	121 866	289 350	411 216
1991	9 871	39 920	377 967	2 183	380 150	122 049	291 060	413 109
1992	9 867	39 008	378 832	2 211	381 043	122 070	292 422	414 492
1993	9 880	39 086	380 622	2 240	382 862	121 632	292 417	414 049
1994	9 902	39 150	381 957	2 264	384 221	121 323	292 407	413 730
1995	9 917	39 210	383 128	2 284	385 412	121 126	292 196	413 322
1996	9 927	39 270	384 212	2 302	386 514	120 980	291 660	412 640
1997	9 946	39 323	385 250	2 320	387 570	120 977	291 027	412 004
1998	9 968	39 371	386 062	2 337	388 399	121 006	290 866	411 872

表 C1-a-2　西方后裔国人口年度估计值(1950—1998)　（千人，年中值）

年份	澳大利亚	新西兰	加拿大	美国	西方后裔国4国合计
1950	8 177	1 909	13 737	152 271	176 094
1951	8 418	1 948	14 047	154 878	179 291
1952	8 634	1 996	14 491	157 553	182 674
1953	8 821	2 049	14 882	160 184	185 936
1954	8 996	2 095	15 321	163 026	189 438
1955	9 201	2 139	15 730	165 931	193 001
1956	9 421	2 183	16 123	168 903	196 630
1957	9 640	2 233	16 677	171 984	200 534
1958	9 842	2 286	17 120	174 882	204 130
1959	10 056	2 335	17 522	177 830	207 743
1960	10 275	2 377	17 870	180 671	211 193
1961	10 508	2 427	18 238	183 691	214 864
1962	10 700	2 485	18 583	186 538	218 306
1963	10 907	2 537	18 931	189 242	221 617
1964	11 122	2 589	19 290	191 889	224 890
1965	11 341	2 635	19 644	194 303	227 923
1966	11 599	2 683	20 015	196 560	230 857
1967	11 799	2 728	20 378	198 712	233 617
1968	12 009	2 754	20 701	200 706	236 170
1969	12 263	2 780	21 001	202 677	238 721
1970	12 507	2 820	21 297	205 052	241 676
1971	13 067	2 864	22 026	207 661	245 618
1972	13 304	2 913	22 285	209 896	248 398
1973	13 505	2 971	22 560	211 909	250 945
1974	13 723	3 032	22 865	213 854	253 474
1975	13 893	3 087	23 209	215 973	256 162
1976	14 033	3 116	23 518	218 035	258 702
1977	14 192	3 128	23 796	220 239	261 355
1978	14 359	3 129	24 036	222 585	264 109
1979	14 516	3 138	24 277	225 055	266 986
1980	14 695	3 144	24 593	227 726	270 158
1981	14 923	3 157	24 900	229 966	272 946
1982	15 184	3 183	25 202	232 188	275 757
1983	15 393	3 226	25 456	234 307	278 382
1984	15 579	3 258	25 702	236 348	280 887
1985	15 788	3 272	25 942	238 466	283 468
1986	16 018	3 277	26 204	240 651	286 150
1987	16 264	3 304	26 550	242 804	288 922
1988	16 538	3 318	26 798	245 021	291 675
1989	16 833	3 337	27 286	247 342	294 798
1990	17 085	3 380	27 701	249 984	298 150
1991	17 284	3 488	28 031	252 639	301 442
1992	17 489	3 524	28 377	255 374	304 764
1993	17 657	3 567	28 703	258 083	308 010
1994	17 838	3 617	29 036	260 599	311 090
1995	18 072	3 673	29 354	263 044	314 143
1996	18 311	3 729	29 672	265 463	317 175
1997	18 524	3 771	30 008	268 008	320 311
1998	18 751	3 811	30 297	270 561	323 420

表 C1-b-1　欧洲国家 GDP 年度估计值（1950—1998）

（百万 1990 年国际元）

年份	奥地利	比利时	丹麦	芬兰	法国	德国	意大利	荷兰
1950	25 702	47 190	29 654	17 051	220 492	265 354	164 957	60 642
1951	27 460	49 874	29 852	18 501	234 074	289 679	177 272	61 914
1952	27 484	49 486	30 144	19 121	240 287	314 794	190 541	63 162
1953	28 680	51 071	31 859	19 255	247 223	341 150	204 288	68 652
1954	31 611	53 173	32 478	20 941	259 215	366 584	214 884	73 319
1955	35 105	55 696	32 828	22 008	274 098	406 922	227 389	78 759
1956	37 520	57 313	33 225	22 673	287 969	436 086	237 699	81 654
1957	39 818	58 381	35 746	23 739	305 308	461 071	251 732	83 950
1958	41 272	58 316	36 551	23 867	312 966	481 599	265 192	83 701
1959	42 445	60 160	39 270	25 285	321 924	516 821	281 707	87 793
1960	45 939	63 394	40 367	27 598	344 609	558 482	296 981	95 180
1961	48 378	66 478	42 926	29 701	363 754	581 487	321 992	95 455
1962	49 550	69 904	45 295	30 627	387 937	606 292	347 098	101 993
1963	51 567	72 988	45 579	31 636	408 090	623 382	371 822	105 686
1964	54 662	78 128	49 843	33 235	435 296	661 273	386 333	114 446
1965	56 234	80 870	52 117	35 002	456 456	694 798	395 020	120 435
1966	59 399	83 440	53 539	35 843	479 631	715 393	415 639	123 754
1967	61 205	86 695	55 339	36 600	501 799	717 610	445 232	130 267
1968	63 925	90 293	57 613	37 442	523 967	755 463	482 462	138 627
1969	67 945	96 302	61 283	41 048	560 280	805 410	510 051	147 552
1970	72 785	102 265	62 524	44 114	592 389	843 103	521 506	155 955
1971	76 506	106 103	64 191	45 036	621 055	867 917	531 385	162 539
1972	81 256	111 679	67 578	48 473	648 668	903 739	546 933	167 919
1973	85 227	118 516	70 032	51 724	683 965	944 755	582 713	175 791
1974	88 588	123 494	69 379	53 291	704 012	952 571	610 040	182 763
1975	88 267	121 855	68 921	53 905	699 106	947 383	596 946	182 596
1976	92 307	128 743	73 382	53 676	729 326	993 132	635 737	191 194
1977	96 624	129 549	74 573	53 808	756 545	1 021 710	654 108	196 392
1978	96 273	133 231	75 674	54 934	777 544	1 050 404	678 494	201 024
1979	101 525	136 350	78 356	58 756	802 491	1 092 615	716 984	205 501
1980	103 874	142 458	78 010	61 890	813 763	1 105 099	742 299	207 979
1981	103 771	140 680	77 316	63 043	822 116	1 109 276	745 816	206 925
1982	105 750	142 665	79 650	65 090	842 787	1 099 799	749 233	204 517
1983	108 716	142 648	81 656	66 849	852 644	1 119 394	758 360	208 014
1984	109 077	146 180	85 241	68 866	865 172	1 150 951	777 841	214 854
1985	111 525	147 650	88 897	71 184	877 305	1 176 131	799 697	221 470
1986	114 135	149 854	92 135	72 873	898 129	1 202 151	822 404	227 570
1987	116 053	153 392	92 406	75 861	920 822	1 220 284	847 870	230 788
1988	119 730	160 632	93 482	79 581	961 287	1 260 983	880 671	236 824
1989	124 791	166 396	93 728	84 092	1 000 286	1 302 212	906 053	247 906
1990	130 476	171 442	94 863	84 103	1 026 491	1 264 438	925 654	258 094
1991	134 944	174 880	96 184	78 841	1 036 379	1 328 057	938 522	263 950
1992	136 754	177 695	97 413	76 222	1 051 689	1 357 825	945 660	269 298
1993	137 455	175 072	98 232	75 347	1 041 232	1 343 060	937 303	271 347
1994	140 949	180 312	103 884	78 327	1 061 556	1 374 575	957 993	280 094
1995	143 849	185 047	107 713	81 311	1 079 157	1 398 310	986 004	286 416
1996	146 699	186 661	110 778	84 571	1 091 060	1 408 868	994 537	295 118
1997	148 443	192 652	114 250	89 892	1 112 956	1 429 308	1 009 277	306 297
1998	152 712	198 249	117 319	94 421	1 150 080	1 460 069	1 022 776	317 517

(百万 1990 年国际元)(续表)

年份	挪威	瑞典	瑞士	英国	西欧 12 国合计	爱尔兰	希腊
1950	17 838	47 269	42 545	347 850	1 286 544	10 231	14 489
1951	18 665	49 148	45 990	358 234	1 360 663	10 488	15 765
1952	19 332	49 845	46 369	357 585	1 408 150	10 753	15 878
1953	20 225	51 237	48 001	371 646	1 483 287	11 043	18 053
1954	21 229	53 395	50 705	386 789	1 564 323	11 142	18 615
1955	21 639	54 944	54 117	400 850	1 664 355	11 432	20 022
1956	22 771	57 032	57 710	405 825	1 737 477	11 283	21 731
1957	23 432	59 591	60 002	412 315	1 815 085	11 266	23 147
1958	23 218	59 887	58 732	411 450	1 856 751	11 034	24 218
1959	24 411	61 714	62 425	428 107	1 952 062	11 481	25 107
1960	25 813	64 986	66 793	452 768	2 082 910	12 127	26 195
1961	27 377	68 710	72 200	467 694	2 186 152	12 706	28 492
1962	28 159	71 599	75 661	472 454	2 286 569	13 120	29 562
1963	29 254	75 411	79 370	490 625	2 385 410	13 741	32 567
1964	30 662	80 562	83 541	516 584	2 524 565	14 279	35 243
1965	32 305	83 643	86 195	529 996	2 623 071	14 528	38 553
1966	33 556	85 383	88 305	540 163	2 714 045	14 652	40 907
1967	35 690	88 272	91 008	552 277	2 801 994	15 521	43 152
1968	36 498	91 475	94 272	574 775	2 946 812	16 804	46 027
1969	38 140	96 056	99 584	585 207	3 108 858	17 815	50 585
1970	38 902	102 275	105 935	599 016	3 240 769	18 289	54 609
1971	40 683	103 241	110 253	611 705	3 340 614	18 923	58 496
1972	42 785	105 604	113 781	633 352	3 471 767	20 151	65 775
1973	44 544	109 794	117 251	675 941	3 660 253	21 103	68 355
1974	46 858	113 306	118 957	666 755	3 730 014	22 002	65 868
1975	48 811	116 198	110 294	665 984	3 700 266	23 246	69 853
1976	52 135	117 428	108 745	680 933	3 856 738	23 571	74 296
1977	54 002	115 553	111 392	695 699	3 959 955	25 506	76 843
1978	56 453	117 577	111 847	720 501	4 073 956	27 340	81 989
1979	58 894	122 092	114 634	740 370	4 228 568	28 180	85 015
1980	61 811	124 130	119 909	728 224	4 289 446	29 047	86 505
1981	62 406	124 113	121 802	718 733	4 295 997	30 013	86 553
1982	62 514	125 358	120 051	729 861	4 327 275	30 698	86 895
1983	64 729	127 555	120 659	755 779	4 407 003	30 624	87 244
1984	68 530	132 717	124 311	774 665	4 518 405	31 957	89 645
1985	72 105	135 277	128 561	802 000	4 631 802	32 943	92 442
1986	74 687	138 381	130 653	837 280	4 760 252	32 802	93 941
1987	76 203	142 733	131 614	877 143	4 885 169	34 331	93 507
1988	76 117	145 946	135 709	920 841	5 071 803	36 123	97 670
1989	76 818	149 415	141 599	940 908	5 234 204	38 223	101 425
1990	78 333	151 451	146 900	944 610	5 276 855	41 459	101 452
1991	80 774	149 760	145 724	930 493	5 358 508	42 231	104 581
1992	83 413	147 631	145 540	930 975	5 420 115	43 625	105 327
1993	85 694	144 353	144 839	952 554	5 406 488	44 775	103 604
1994	90 400	150 296	145 610	994 384	5 558 380	47 355	105 723
1995	93 879	155 843	146 345	1 022 172	5 686 046	51 855	107 929
1996	98 475	157 523	146 811	1 048 308	5 769 409	55 865	110 474
1997	102 687	160 643	149 273	1 085 122	5 900 800	61 844	114 253
1998	104 860	165 385	152 345	1 108 568	6 044 301	67 368	118 433

(百万 1990 年国际元)(续表)

年份	葡萄牙	西班牙	西欧 16 国合计	西欧 13 小国合计	西欧 29 国合计	东欧合计	苏联 合计	东欧和 苏联合计
1950	17 615	66 792	1 395 671	5 880	1 401 551	185 023	510 243	695 266
1951	18 404	73 874	1 479 194	5 746	1 484 940	195 667	512 566	708 233
1952	18 428	79 676	1 532 885	6 180	1 539 065	198 287	545 792	744 079
1953	19 714	80 589	1 612 686	6 436	1 619 122	209 197	569 260	778 457
1954	20 660	85 204	1 699 944	6 647	1 706 591	218 949	596 910	815 859
1955	21 512	89 635	1 806 956	7 001	1 813 957	233 875	648 027	881 902
1956	22 451	96 077	1 889 019	7 427	1 896 446	239 574	710 065	949 639
1957	23 445	100 188	1 973 131	7 752	1 980 883	257 645	724 470	982 115
1958	23 753	104 666	2 020 422	7 966	2 028 388	272 649	778 840	1 051 489
1959	25 039	102 701	2 116 390	8 279	2 124 669	286 878	770 244	1 057 122
1960	26 711	105 123	2 253 066	8 487	2 261 553	304 633	843 434	1 148 067
1961	28 170	117 549	2 373 069	8 876	2 381 945	322 781	891 763	1 214 544
1962	30 040	128 514	2 487 805	9 269	2 497 074	328 253	915 928	1 244 181
1963	31 823	139 752	2 603 293	9 756	2 613 049	344 112	895 016	1 239 128
1964	33 921	148 387	2 756 395	10 165	2 766 560	364 518	1 010 727	1 375 245
1965	36 446	162 623	2 875 421	10 877	2 886 298	380 016	1 068 117	1 448 133
1966	37 929	179 727	2 987 260	11 398	2 998 658	404 452	1 119 932	1 524 384
1967	40 792	191 468	3 092 927	11 862	3 104 789	420 645	1 169 422	1 590 067
1968	44 421	208 144	3 262 208	12 261	3 274 469	436 444	1 237 966	1 674 410
1969	45 364	231 535	3 454 157	13 144	3 467 301	449 862	1 255 392	1 705 254
1970	49 498	246 976	3 610 141	13 713	3 623 854	465 695	1 351 818	1 817 513
1971	52 781	259 814	3 730 628	14 651	3 745 279	499 790	1 387 832	1 887 622
1972	57 011	281 560	3 896 264	15 548	3 911 812	524 971	1 395 732	1 920 703
1973	63 397	304 220	4 117 328	16 452	4 133 780	550 756	1 513 070	2 063 826
1974	64 122	321 313	4 203 319	16 510	4 219 829	583 528	1 556 984	2 140 512
1975	61 334	323 056	4 177 755	16 005	4 193 760	604 251	1 561 399	2 165 650
1976	65 566	333 729	4 353 900	17 038	4 370 938	619 961	1 634 589	2 254 550
1977	69 239	343 202	4 474 745	18 095	4 492 840	641 681	1 673 159	2 314 840
1978	71 189	348 223	4 602 697	19 058	4 621 755	662 328	1 715 215	2 377 543
1979	75 203	348 367	4 765 333	20 007	4 785 340	672 299	1 707 083	2 379 382
1980	78 655	356 062	4 839 715	20 768	4 860 483	675 819	1 709 174	2 384 993
1981	79 928	355 615	4 848 106	21 257	4 869 363	667 932	1 724 741	2 392 673
1982	81 634	361 106	4 887 608	21 886	4 909 494	674 202	1 767 262	2 441 464
1983	81 492	368 180	4 974 543	22 385	4 996 928	684 326	1 823 723	2 508 049
1984	79 961	374 444	5 094 412	23 512	5 117 924	705 274	1 847 190	2 552 464
1985	82 206	380 795	5 220 188	24 313	5 244 501	706 201	1 863 687	2 569 888
1986	85 610	392 978	5 365 583	25 556	5 391 139	725 733	1 940 363	2 666 096
1987	91 073	415 150	5 519 230	26 754	5 545 984	721 188	1 965 457	2 686 645
1988	97 894	436 576	5 740 066	28 385	5 768 451	727 564	2 007 280	2 734 844
1989	102 922	457 262	5 934 036	30 000	5 964 036	718 039	2 037 253	2 755 292
1990	107 427	474 366	6 001 559	31 205	6 032 764	662 604	1 987 995	2 650 599
1991	110 047	485 126	6 100 493	32 342	6 132 835	590 231	1 863 524	2 453 755
1992	112 134	488 459	6 169 660	33 161	6 202 821	559 157	1 592 085	2 151 242
1993	110 593	482 776	6 148 236	34 633	6 182 869	550 466	1 435 008	1 985 474
1994	113 328	493 643	6 318 429	35 838	6 354 267	572 173	1 235 701	1 807 874
1995	116 640	507 054	6 469 524	36 899	6 506 423	605 352	1 169 446	1 774 798
1996	120 357	518 920	6 575 025	38 136	6 613 161	628 154	1 137 039	1 765 193
1997	124 529	538 824	6 740 250	39 918	6 780 168	646 234	1 156 028	1 802 262
1998	128 877	560 138	6 919 117	41 499	6 960 616	660 861	1 132 434	1 793 295

表 C1-b-2 西方后裔国 GDP 年度估计值（1950—1998）

（百万 1990 年国际元）

年份	澳大利亚	新西兰	加拿大	美国	西方后裔国 4 国合计
1950	61 274	16 136	102 164	1 455 916	1 635 490
1951	63 892	14 904	107 960	1 566 784	1 753 540
1952	64 470	15 552	115 816	1 625 245	1 821 083
1953	66 481	16 084	121 228	1 699 970	1 903 763
1954	70 614	18 298	120 390	1 688 804	1 898 106
1955	74 471	18 639	131 633	1 808 126	2 032 869
1956	77 034	19 605	142 282	1 843 455	2 082 376
1957	78 577	20 165	146 402	1 878 063	2 123 207
1958	82 351	20 957	149 021	1 859 088	2 111 417
1959	87 421	22 449	155 062	1 997 061	2 261 993
1960	91 085	22 449	159 880	2 046 727	2 320 141
1961	91 713	23 704	164 598	2 094 396	2 374 411
1962	97 444	24 215	176 130	2 220 732	2 518 521
1963	103 413	25 749	185 041	2 316 765	2 630 968
1964	110 488	27 004	197 098	2 450 915	2 785 505
1965	116 131	28 724	210 203	2 607 294	2 962 352
1966	119 363	30 536	223 832	2 778 086	3 151 817
1967	127 422	29 142	230 647	2 847 549	3 234 760
1968	134 913	29 095	242 703	2 983 081	3 389 792
1969	143 118	32 099	255 497	3 076 517	3 507 231
1970	152 220	31 644	262 098	3 081 900	3 527 862
1971	158 992	33 285	276 694	3 178 106	3 647 077
1972	163 453	34 711	291 314	3 346 554	3 836 032
1973	172 314	37 177	312 176	3 536 622	4 058 289
1974	176 586	39 390	324 928	3 526 724	4 067 628
1975	181 367	38 937	332 269	3 516 825	4 069 398
1976	188 678	39 887	350 467	3 701 163	4 280 195
1977	190 653	37 944	362 245	3 868 829	4 459 671
1978	196 184	38 097	376 894	4 089 548	4 700 723
1979	206 515	38 874	392 561	4 228 647	4 866 597
1980	210 642	39 141	397 814	4 230 558	4 878 155
1981	218 780	41 041	410 164	4 336 141	5 006 126
1982	218 512	41 809	397 671	4 254 870	4 912 862
1983	218 539	42 955	409 246	4 433 129	5 103 869
1984	233 618	45 072	432 711	4 755 958	5 467 359
1985	245 444	45 420	456 107	4 940 383	5 687 354
1986	250 539	46 372	468 055	5 110 480	5 875 446
1987	262 925	46 564	487 138	5 290 129	6 086 756
1988	274 737	46 435	510 815	5 512 845	6 344 832
1989	286 820	46 850	523 177	5 703 521	6 560 368
1990	291 180	46 729	524 475	5 803 200	6 665 584
1991	288 661	45 908	514 459	5 790 784	6 639 812
1992	296 225	46 304	519 148	5 983 457	6 845 134
1993	307 489	48 654	531 096	6 124 987	7 012 226
1994	322 819	51 554	556 209	6 371 321	7 301 903
1995	336 990	53 599	571 447	6 544 370	7 506 406
1996	350 394	55 331	581 118	6 784 105	7 770 948
1997	363 903	56 455	604 180	7 089 655	8 114 193
1998	382 335	56 322	622 880	7 394 598	8 456 135

表 C1-c-1　欧洲国家人均 GDP 年度估计值（1950—1998）（1990 年国际元）

年份	奥地利	比利时	丹麦	芬兰	法国	德国	意大利	荷兰
1950	3 706	5 462	6 946	4 253	5 270	3 881	3 502	5 996
1951	3 959	5 747	6 936	4 572	5 553	4 207	3 738	6 032
1952	3 967	5 668	6 955	4 674	5 659	4 550	3 997	6 084
1953	4 137	5 818	7 292	4 652	5 783	4 900	4 260	6 542
1954	4 555	6 029	7 371	5 001	6 020	5 242	4 449	6 906
1955	5 053	6 280	7 395	5 197	6 312	5 788	4 676	7 326
1956	5 397	6 422	7 440	5 295	6 568	6 164	4 859	7 499
1957	5 716	6 495	7 965	5 490	6 890	6 482	5 118	7 614
1958	5 907	6 442	8 095	5 474	6 988	6 731	5 360	7 482
1959	6 051	6 608	8 561	5 753	7 116	7 176	5 653	7 736
1960	6 518	6 953	8 812	6 230	7 543	7 685	5 916	8 289
1961	6 826	7 253	9 307	6 658	7 880	7 932	6 372	8 203
1962	6 950	7 583	9 747	6 820	8 254	8 200	6 822	8 643
1963	7 187	7 863	9 731	6 994	8 535	8 363	7 255	8 834
1964	7 567	8 341	10 560	7 306	9 010	8 821	7 476	9 439
1965	7 734	8 523	10 956	7 669	9 362	9 185	7 580	9 797
1966	8 112	8 776	11 161	7 824	9 756	9 387	7 914	9 936
1967	8 297	9 071	11 436	7 946	10 128	9 397	8 416	10 341
1968	8 621	9 415	11 837	8 094	10 497	9 865	9 063	10 893
1969	9 131	10 018	12 525	8 877	11 135	10 440	9 527	11 462
1970	9 748	10 611	12 685	9 578	11 668	10 849	9 689	11 967
1971	10 199	10 969	12 934	9 765	12 118	11 078	9 827	12 319
1972	10 771	11 503	13 537	10 447	12 547	11 481	10 057	12 597
1973	11 235	12 170	13 945	11 085	13 123	11 966	10 643	13 082
1974	11 658	12 643	13 752	11 360	13 420	12 061	11 069	13 495
1975	11 646	12 441	13 621	11 440	13 266	12 041	10 767	13 367
1976	12 200	13 122	14 465	11 358	13 785	12 681	11 410	13 882
1977	12 767	13 190	14 657	11 354	14 235	13 071	11 690	14 174
1978	12 731	13 554	14 826	11 558	14 567	13 453	12 083	14 422
1979	13 449	13 861	15 313	12 331	14 970	13 989	12 731	14 643
1980	13 760	14 467	15 227	12 948	15 103	14 113	13 153	14 700
1981	13 710	14 276	15 095	13 134	15 173	14 146	13 198	14 524
1982	13 959	14 466	15 563	13 485	15 466	14 040	13 242	14 290
1983	14 367	14 457	15 967	13 766	15 567	14 329	13 392	14 478
1984	14 407	14 809	16 675	14 106	15 723	14 785	13 730	14 897
1985	14 717	14 946	17 383	14 521	15 869	15 143	14 110	15 286
1986	15 042	15 155	17 992	14 818	16 169	15 474	14 511	15 622
1987	15 274	15 493	18 023	15 381	16 495	15 701	14 960	15 738
1988	15 723	16 212	18 223	16 090	17 130	16 143	15 552	16 045
1989	16 293	16 738	18 267	16 940	17 728	16 551	15 988	16 699
1990	16 881	17 194	18 463	16 868	18 093	15 932	16 320	17 267
1991	17 272	17 474	18 677	15 724	18 165	16 604	16 538	17 517
1992	17 280	17 679	18 857	15 117	18 330	16 848	16 632	17 738
1993	17 201	17 354	18 945	14 873	18 060	16 544	16 430	17 747
1994	17 553	17 819	19 974	15 391	18 334	16 882	16 747	18 210
1995	17 876	18 255	20 627	15 918	18 562	17 123	17 207	18 526
1996	18 203	18 378	21 076	16 502	18 691	17 203	17 327	19 012
1997	18 390	18 921	21 638	17 489	18 991	17 419	17 549	19 628
1998	18 905	19 442	22 123	18 324	19 558	17 799	17 759	20 224

(1990年国际元)(续表)

年份	挪威	瑞典	瑞士	英国	西欧12国合计	爱尔兰	希腊
1950	5 463	6 738	9 064	6 907	5 013	3 446	1 915
1951	5 663	6 951	9 684	7 083	5 267	3 542	2 058
1952	5 809	6 996	9 630	7 048	5 420	3 641	2 053
1953	6 016	7 145	9 842	7 304	5 676	3 745	2 309
1954	6 253	7 403	10 287	7 574	5 951	3 789	2 358
1955	6 311	7 566	10 867	7 826	6 292	3 914	2 513
1956	6 577	7 797	11 439	7 891	6 525	3 893	2 706
1957	6 706	8 089	11 705	7 982	6 771	3 905	2 859
1958	6 587	8 076	11 297	7 932	6 879	3 868	2 963
1959	6 865	8 279	11 870	8 208	7 177	4 034	3 040
1960	7 200	8 688	12 457	8 645	7 601	4 279	3 146
1961	7 573	9 137	13 099	8 857	7 909	4 507	3 393
1962	7 738	9 468	13 354	8 865	8 188	4 636	3 499
1963	7 978	9 917	13 710	9 149	8 461	4 821	3 840
1964	8 300	10 514	14 191	9 568	8 884	4 986	4 141
1965	8 677	10 815	14 504	9 752	9 151	5 051	4 509
1966	8 941	10 937	14 727	9 885	9 399	5 080	4 749
1967	9 429	11 218	15 010	10 049	9 646	5 352	4 951
1968	9 557	11 562	15 374	10 410	10 091	5 769	5 266
1969	9 904	12 055	16 031	10 552	10 577	6 089	5 766
1970	10 029	12 716	16 904	10 767	10 956	6 200	6 211
1971	10 424	12 749	17 382	10 937	11 214	6 354	6 624
1972	10 878	13 002	17 776	11 290	11 589	6 664	7 400
1973	11 246	13 493	18 204	12 022	12 159	6 867	7 655
1974	11 759	13 886	18 414	11 856	12 350	7 043	7 350
1975	12 181	14 184	17 223	11 845	12 234	7 317	7 722
1976	12 950	14 282	17 171	12 113	12 742	7 302	8 105
1977	13 357	14 005	17 636	12 381	13 063	7 795	8 255
1978	13 905	14 209	17 661	12 825	13 417	8 250	8 694
1979	14 460	14 721	18 050	13 164	13 897	8 367	8 904
1980	15 128	14 936	18 780	12 928	14 056	8 541	8 971
1981	15 221	14 917	18 946	12 754	14 044	8 717	8 896
1982	15 192	15 058	18 564	12 960	14 126	8 821	8 876
1983	15 680	15 315	18 614	13 406	14 373	8 737	8 860
1984	16 553	15 919	19 110	13 709	14 724	9 056	9 059
1985	17 362	16 201	19 676	14 148	15 072	9 303	9 306
1986	17 923	16 533	19 877	14 727	15 458	9 261	9 425
1987	18 200	16 996	19 884	15 386	15 827	9 690	9 350
1988	18 084	17 300	20 343	16 110	16 377	10 230	9 731
1989	18 173	17 593	21 062	16 404	16 824	10 890	10 052
1990	18 470	17 680	21 616	16 411	16 872	11 825	9 984
1991	18 952	17 380	21 202	16 096	17 043	11 977	10 206
1992	19 462	17 032	20 962	16 050	17 148	12 292	10 204
1993	19 873	16 556	20 724	16 369	17 017	12 567	9 982
1994	20 844	17 116	20 692	17 029	17 430	13 217	10 140
1995	21 542	17 655	20 667	17 441	17 772	14 400	10 324
1996	22 478	17 817	20 663	17 828	17 978	15 407	10 545
1997	23 311	18 160	20 986	18 389	18 336	16 893	10 882
1998	23 660	18 685	21 367	18 714	18 742	18 183	11 268

(1990 年国际元)(续表)

年份	葡萄牙	西班牙	西欧 16 国合计	西欧 13 小国合计	西欧 29 国合计	东欧合计	苏联合计	东欧和苏联合计
1950	2 069	2 397	4 598	3 846	4 594	2 120	2 834	2 601
1951	2 153	2 630	4 840	3 722	4 835	2 214	2 798	2 608
1952	2 152	2 812	4 987	3 964	4 982	2 216	2 928	2 697
1953	2 296	2 821	5 215	4 089	5 209	2 305	3 004	2 778
1954	2 400	2 957	5 464	4 178	5 457	2 379	3 098	2 865
1955	2 485	3 085	5 771	4 376	5 764	2 503	3 304	3 045
1956	2 581	3 273	5 992	4 604	5 985	2 529	3 557	3 226
1957	2 683	3 378	6 216	4 738	6 208	2 689	3 566	3 285
1958	2 703	3 493	6 320	4 796	6 312	2 813	3 768	3 463
1959	2 833	3 393	6 569	4 922	6 560	2 927	3 660	3 427
1960	3 004	3 437	6 940	4 989	6 930	3 075	3 935	3 663
1961	3 150	3 804	7 246	5 169	7 235	3 224	4 088	3 816
1962	3 337	4 125	7 523	5 361	7 512	3 250	4 130	3 855
1963	3 520	4 446	7 801	5 584	7 789	3 376	3 976	3 789
1964	3 747	4 675	8 195	5 779	8 183	3 546	4 430	4 156
1965	4 051	5 075	8 478	6 135	8 466	3 668	4 626	4 329
1966	4 276	5 538	8 745	6 378	8 733	3 874	4 796	4 511
1967	4 637	5 829	8 998	6 579	8 985	3 999	4 955	4 660
1968	5 081	6 262	9 437	6 741	9 423	4 107	5 194	4 859
1969	5 217	6 898	9 929	7 155	9 914	4 200	5 218	4 904
1970	5 714	7 291	10 312	7 400	10 297	4 315	5 569	5 183
1971	6 106	7 599	10 583	7 839	10 568	4 594	5 663	5 334
1972	6 605	8 162	10 988	8 257	10 973	4 789	5 640	5 379
1973	7 343	8 739	11 550	8 627	11 534	4 985	6 058	5 729
1974	7 324	9 142	11 740	8 559	11 723	5 235	6 175	5 887
1975	6 744	9 096	11 628	8 358	11 611	5 373	6 136	5 902
1976	7 008	9 287	12 081	8 902	12 065	5 464	6 366	6 090
1977	7 322	9 437	12 377	9 415	12 361	5 607	6 459	6 198
1978	7 447	9 468	12 689	9 829	12 674	5 744	6 565	6 314
1979	7 783	9 388	13 093	10 223	13 077	5 788	6 480	6 268
1980	8 053	9 492	13 241	10 436	13 226	5 780	6 437	6 236
1981	8 114	9 423	13 222	10 581	13 208	5 677	6 442	6 209
1982	8 236	9 517	13 301	10 835	13 288	5 698	6 544	6 287
1983	8 186	9 658	13 516	11 000	13 503	5 754	6 692	6 407
1984	8 005	9 782	13 822	11 475	13 809	5 902	6 715	6 469
1985	8 212	9 911	14 125	11 762	14 125	5 882	6 715	6 464
1986	8 552	10 197	14 501	12 406	14 489	6 019	6 924	6 652
1987	9 113	10 746	14 884	12 850	14 872	5 958	6 943	6 648
1988	9 821	11 276	15 432	13 485	15 421	6 000	7 032	6 724
1989	10 357	11 788	15 890	14 111	15 880	5 902	7 078	6 729
1990	10 852	12 210	15 997	14 487	15 988	5 437	6 871	6 446
1991	11 149	12 152	16 140	14 815	16 133	4 836	6 403	5 940
1992	11 365	12 522	16 286	14 998	16 279	4 581	5 444	5 190
1993	11 194	12 352	16 153	15 461	16 149	4 526	4 907	4 795
1994	11 445	12 609	16 542	15 830	16 538	4 716	4 226	4 370
1995	11 762	12 932	16 886	16 155	16 882	4 998	4 002	4 294
1996	12 124	13 214	17 113	16 566	17 110	5 192	3 899	4 278
1997	12 521	13 703	17 496	17 206	17 494	5 342	3 972	4 374
1998	12 929	14 227	17 922	17 757	17 921	5 461	3 893	4 354

表 C1-c-2　西方后裔国人均 GDP 年度估计值（1950—1998）

（1990 年国际元）

年份	澳大利亚	新西兰	加拿大	美国	西方后裔国 4 国合计
1950	7 493	8 453	7 437	9 561	9 288
1951	7 590	7 651	7 686	10 116	9 780
1952	7 467	7 792	7 992	10 316	9 969
1953	7 537	7 850	8 146	10 613	10 239
1954	7 849	8 734	7 858	10 359	10 020
1955	8 094	8 714	8 368	10 897	10 533
1956	8 177	8 981	8 825	10 914	10 590
1957	8 151	9 030	8 779	10 920	10 588
1958	8 367	9 168	8 704	10 631	10 343
1959	8 693	9 614	8 850	11 230	10 888
1960	8 865	9 444	8 947	11 328	10 986
1961	8 728	9 767	9 025	11 402	11 051
1962	9 107	9 744	9 478	11 905	11 537
1963	9 481	10 149	9 774	12 242	11 872
1964	9 934	10 430	10 218	12 773	12 386
1965	10 240	10 901	10 701	13 419	12 997
1966	10 291	11 381	11 183	14 134	13 653
1967	10 799	10 683	11 318	14 330	13 846
1968	11 234	10 565	11 724	14 863	14 353
1969	11 671	11 546	12 166	15 179	14 692
1970	12 171	11 221	12 307	15 030	14 597
1971	12 167	11 622	12 562	15 304	14 849
1972	12 286	11 916	13 072	15 944	15 443
1973	12 759	12 513	13 838	16 689	16 172
1974	12 868	12 991	14 211	16 491	16 048
1975	13 055	12 613	14 316	16 284	15 886
1976	13 445	12 801	14 902	16 975	16 545
1977	13 434	12 130	15 223	17 567	17 064
1978	13 663	12 175	15 680	18 373	17 798
1979	14 227	12 388	16 170	18 789	18 228
1980	14 334	12 449	16 176	18 577	18 057
1981	14 661	13 000	16 472	18 856	18 341
1982	14 391	13 135	15 779	18 325	17 816
1983	14 197	13 315	16 077	18 920	18 334
1984	14 996	13 834	16 836	20 123	19 465
1985	15 546	13 881	17 582	20 717	20 063
1986	15 641	14 151	17 862	21 236	20 533
1987	16 166	14 093	18 348	21 788	21 067
1988	16 612	13 995	19 062	22 499	21 753
1989	17 039	14 040	19 174	23 059	22 254
1990	17 043	13 825	18 933	23 214	22 356
1991	16 701	13 162	18 353	22 921	22 027
1992	16 938	13 140	18 295	23 430	22 460
1993	17 415	13 640	18 503	23 733	22 766
1994	18 097	14 253	19 156	24 449	23 472
1995	18 647	14 593	19 467	24 879	23 895
1996	19 136	14 838	19 585	25 556	24 501
1997	19 645	14 971	20 134	26 453	25 332
1998	20 390	14 779	20 559	27 331	26 146

表 C2-a-1 8 个拉丁美洲国家人口年度估计值（1950—1998）（千人，年中值）

年份	阿根廷	巴西	智利	哥伦比亚	墨西哥	秘鲁	乌拉圭	委内瑞拉	合计
1950	17 150	53 443	6 091	11 592	28 485	7 633	2 194	5 009	131 597
1951	17 517	54 996	6 252	11 965	29 296	7 826	2 223	5 217	135 292
1952	17 877	56 603	6 378	12 351	30 144	8 026	2 253	5 440	139 070
1953	18 231	58 266	6 493	12 750	31 031	8 232	2 284	5 674	142 961
1954	18 581	59 989	6 612	13 162	31 959	8 447	2 317	5 919	146 985
1955	18 928	61 774	6 743	13 588	32 930	8 672	2 353	6 170	151 158
1956	19 272	63 632	6 889	14 029	33 946	8 905	2 389	6 431	155 493
1957	19 611	65 551	7 048	14 486	35 016	9 146	2 425	6 703	159 985
1958	19 947	67 533	7 220	14 958	36 142	9 397	2 460	6 982	164 639
1959	20 281	69 580	7 400	15 447	37 328	9 658	2 495	7 268	169 457
1960	20 616	71 695	7 585	15 953	38 579	9 931	2 531	7 556	174 446
1961	20 951	73 833	7 773	16 476	39 836	10 218	2 564	7 848	179 498
1962	21 284	76 039	7 961	17 010	41 121	10 517	2 598	8 143	184 674
1963	21 616	78 317	8 147	17 546	42 434	10 826	2 632	8 444	189 963
1964	21 949	80 667	8 330	18 090	43 775	11 144	2 664	8 752	195 370
1965	22 283	83 093	8 510	18 646	45 142	11 467	2 693	9 068	200 903
1966	22 612	85 557	8 686	19 202	46 538	11 796	2 721	9 387	206 499
1967	22 934	88 050	8 859	19 764	47 996	12 132	2 749	9 710	212 193
1968	23 261	90 569	9 030	20 322	49 519	12 476	2 777	10 041	217 994
1969	23 600	93 114	9 199	20 869	51 111	12 829	2 802	10 389	223 913
1970	23 962	95 684	9 369	21 430	52 775	13 193	2 824	10 758	229 994
1971	24 352	98 244	9 540	21 993	54 434	13 568	2 826	11 152	236 110
1972	24 757	100 837	9 718	22 543	56 040	13 955	2 830	11 516	242 193
1973	25 174	103 463	9 897	23 069	57 643	14 350	2 834	11 893	248 323
1974	25 598	106 122	10 077	23 593	59 240	14 753	2 838	12 281	254 502
1975	26 021	108 813	10 252	24 114	60 828	15 161	2 842	12 675	260 706
1976	26 457	111 533	10 432	24 620	62 404	15 573	2 857	13 082	266 960
1977	26 895	114 299	10 600	25 094	63 981	15 990	2 874	13 504	273 237
1978	27 338	117 129	10 760	25 543	65 554	16 414	2 889	13 931	279 558
1979	27 785	120 020	10 923	26 031	67 123	16 849	2 905	14 355	285 990
1980	28 237	122 936	11 094	26 583	68 686	17 295	2 920	14 768	292 519
1981	28 701	125 907	11 282	27 159	70 324	17 755	2 936	15 166	299 230
1982	29 151	128 938	11 487	27 764	71 923	18 234	2 954	15 621	306 072
1983	29 584	131 864	11 687	28 388	73 463	18 706	2 973	16 084	312 750
1984	29 993	134 596	11 879	29 026	74 992	19 171	2 990	16 545	319 192
1985	30 407	137 272	12 067	29 675	76 544	19 624	3 008	16 998	325 595
1986	30 853	140 080	12 260	30 339	78 132	20 073	3 027	17 450	332 214
1987	31 303	142 903	12 463	31 011	79 754	20 531	3 045	17 910	338 922
1988	31 749	145 744	12 678	31 681	81 408	21 000	3 064	18 379	345 702
1989	32 194	148 526	12 901	32 341	83 073	21 487	3 084	18 851	352 457
1990	32 634	151 040	13 128	32 985	84 748	21 989	3 106	19 325	358 955
1991	33 083	153 471	13 353	33 629	86 437	22 501	3 128	19 801	365 402
1992	33 531	155 918	13 573	34 296	88 143	23 015	3 149	20 266	371 891
1993	33 963	158 344	13 788	34 979	89 863	23 531	3 172	20 706	378 346
1994	34 412	160 744	14 000	35 679	91 592	24 047	3 194	21 139	384 807
1995	34 877	163 113	14 205	36 397	93 325	24 563	3 216	21 564	391 261
1996	35 335	165 427	14 403	37 124	95 063	25 079	3 239	21 983	397 653
1997	35 798	167 661	14 597	37 852	96 807	25 595	3 262	22 396	403 969
1998	36 265	169 807	14 788	38 581	98 553	26 111	3 285	22 803	410 192

表 C2-a-2　15 个拉丁美洲国家人口年度估计值(1950—1998)(千人,年中值)

年份	玻利维亚	哥斯达黎加	古巴	多米尼加共和国	厄瓜多尔	萨尔瓦多	危地马拉	海地
1950	2 766	867	5 785	2 312	3 310	1 940	2 969	3 097
1951	2 824	895	5 892	2 375	3 403	1 989	3 056	3 148
1952	2 883	926	6 008	2 444	3 498	2 042	3 146	3 201
1953	2 945	959	6 129	2 518	3 596	2 097	3 239	3 257
1954	3 009	994	6 254	2 598	3 699	2 156	3 335	3 316
1955	3 074	1 032	6 381	2 685	3 806	2 218	3 434	3 376
1956	3 142	1 072	6 513	2 778	3 918	2 283	3 535	3 441
1957	3 212	1 112	6 641	2 873	4 034	2 351	3 640	3 508
1958	3 284	1 154	6 763	2 968	4 155	2 422	3 749	3 577
1959	3 358	1 200	6 901	3 064	4 281	2 497	3 861	3 648
1960	3 434	1 248	7 027	3 159	4 413	2 574	3 975	3 723
1961	3 513	1 297	7 134	3 225	4 551	2 656	4 090	3 800
1962	3 594	1 345	7 254	3 359	4 696	2 738	4 208	3 880
1963	3 678	1 393	7 415	3 470	4 846	2 825	4 329	3 964
1964	3 764	1 440	7 612	3 588	5 001	2 912	4 454	4 050
1965	3 853	1 488	7 810	3 714	5 162	3 005	4 581	4 137
1966	3 945	1 538	7 985	3 848	5 330	3 114	4 712	4 227
1967	4 041	1 589	8 139	3 981	5 503	3 217	4 847	4 318
1968	4 139	1 638	8 284	4 114	5 682	3 330	4 987	4 412
1969	4 241	1 687	8 421	4 244	5 865	3 450	5 133	4 507
1970	4 346	1 736	8 543	4 373	6 051	3 583	5 287	4 605
1971	4 455	1 786	8 670	4 508	6 240	3 688	5 452	4 653
1972	4 566	1 835	8 831	4 644	6 432	3 767	5 623	4 701
1973	4 680	1 886	9 001	4 781	6 629	3 853	5 801	4 748
1974	4 796	1 938	9 153	4 915	6 829	3 944	5 986	4 795
1975	4 914	1 993	9 290	5 052	7 038	4 042	6 178	4 839
1976	5 025	2 051	9 421	5 192	7 243	4 143	6 375	4 882
1977	5 128	2 112	9 538	5 333	7 455	4 249	6 580	4 925
1978	5 232	2 198	9 634	5 472	7 671	4 361	6 792	4 970
1979	5 335	2 266	9 710	5 613	7 893	4 470	7 009	5 017
1980	5 439	2 307	9 653	5 697	8 123	4 527	7 232	5 056
1981	5 545	2 366	9 712	5 826	8 361	4 475	7 486	5 091
1982	5 653	2 435	9 789	5 957	8 606	4 434	7 710	5 149
1983	5 763	2 506	9 886	6 087	8 831	4 478	7 898	5 248
1984	5 876	2 568	9 982	6 214	9 051	4 543	8 118	5 354
1985	5 992	2 640	10 079	6 343	9 269	4 617	8 351	5 468
1986	6 111	2 716	10 162	6 472	9 484	4 702	8 593	5 588
1987	6 233	2 793	10 240	6 603	9 696	4 791	8 844	5 708
1988	6 359	2 870	10 334	6 734	9 904	4 877	9 103	5 825
1989	6 487	2 947	10 439	6 867	10 110	4 959	9 366	5 939
1990	6 620	3 022	10 545	6 997	10 308	5 041	9 631	6 048
1991	6 756	3 098	10 643	7 127	10 577	5 125	9 901	6 133
1992	6 895	3 172	10 724	7 253	10 852	5 211	10 179	6 215
1993	7 048	3 246	10 789	7 372	11 121	5 301	10 465	6 310
1994	7 202	3 319	10 846	7 489	11 381	5 391	10 759	6 399
1995	7 358	3 391	10 900	7 612	11 629	5 481	11 061	6 488
1996	7 514	3 463	10 952	7 740	11 869	5 571	11 370	6 583
1997	7 670	3 534	11 003	7 869	12 105	5 662	11 686	6 680
1998	7 826	3 605	11 051	7 999	12 337	5 752	12 008	6 781

(千人,年中值)(续表)

年份	洪都拉斯	牙买加	尼加拉瓜	巴拿马	巴拉圭	波多黎各	特立尼达和多巴哥	合计
1950	1 431	1 385	1 098	893	1 476	2 218	632	32 178
1951	1 474	1 406	1 131	916	1 515	2 235	649	32 908
1952	1 517	1 426	1 166	940	1 556	2 227	663	33 643
1953	1 562	1 446	1 202	962	1 597	2 204	678	34 393
1954	1 611	1 468	1 239	985	1 640	2 214	698	35 214
1955	1 662	1 489	1 277	1 011	1 683	2 250	721	36 099
1956	1 715	1 510	1 317	1 037	1 727	2 249	743	36 980
1957	1 770	1 535	1 359	1 064	1 771	2 260	765	37 894
1958	1 829	1 566	1 402	1 085	1 816	2 299	789	38 857
1959	1 889	1 599	1 446	1 115	1 862	2 322	817	39 859
1960	1 952	1 632	1 493	1 148	1 910	2 358	841	40 886
1961	2 017	1 648	1 541	1 181	1 959	2 403	861	41 877
1962	2 082	1 665	1 591	1 216	2 010	2 448	887	42 974
1963	2 151	1 698	1 642	1 251	2 062	2 497	904	44 126
1964	2 224	1 739	1 695	1 288	2 115	2 552	924	45 359
1965	2 299	1 777	1 750	1 326	2 170	2 597	939	46 610
1966	2 375	1 820	1 807	1 365	2 228	2 627	953	47 875
1967	2 453	1 861	1 865	1 405	2 288	2 649	960	49 118
1968	2 534	1 893	1 926	1 447	2 349	2 674	963	50 372
1969	2 618	1 920	1 988	1 489	2 412	2 722	963	51 660
1970	2 683	1 944	2 053	1 531	2 477	2 722	955	52 888
1971	2 767	1 967	2 120	1 573	2 545	2 766	962	54 150
1972	2 864	1 998	2 180	1 616	2 614	2 847	975	55 493
1973	2 964	2 036	2 241	1 659	2 692	2 863	985	56 819
1974	3 066	2 071	2 311	1 706	2 773	2 887	995	58 167
1975	3 151	2 105	2 383	1 748	2 850	2 935	1 007	59 525
1976	3 237	2 133	2 458	1 790	2 919	3 026	1 021	60 920
1977	3 326	2 157	2 537	1 840	2 984	3 081	1 039	62 286
1978	3 425	2 179	2 587	1 873	3 051	3 118	1 056	63 619
1979	3 520	2 207	2 663	1 915	3 119	3 168	1 073	64 979
1980	3 625	2 229	2 776	1 956	3 193	3 210	1 091	66 113
1981	3 744	2 258	2 869	1 996	3 276	3 239	1 102	67 346
1982	3 847	2 298	2 945	2 036	3 366	3 279	1 116	68 619
1983	3 946	2 323	3 012	2 077	3 463	3 316	1 133	69 967
1984	4 053	2 348	3 083	2 120	3 564	3 350	1 150	71 375
1985	4 164	2 372	3 152	2 164	3 668	3 382	1 166	72 828
1986	4 277	2 396	3 224	2 208	3 776	3 413	1 180	74 302
1987	4 390	2 415	3 302	2 252	3 887	3 444	1 191	75 788
1988	4 473	2 430	3 387	2 297	4 000	3 475	1 198	77 266
1989	4 604	2 446	3 480	2 342	4 117	3 506	1 200	78 809
1990	4 740	2 466	3 591	2 388	4 236	3 537	1 198	80 368
1991	4 880	2 488	3 708	2 434	4 359	3 571	1 194	81 993
1992	5 021	2 509	3 820	2 480	4 484	3 604	1 186	83 605
1993	5 163	2 529	3 935	2 524	4 612	3 644	1 177	85 236
1994	5 304	2 551	4 057	2 567	4 743	3 687	1 166	86 863
1995	5 445	2 574	4 185	2 609	4 876	3 731	1 155	88 495
1996	5 585	2 595	4 317	2 651	5 012	3 783	1 143	90 148
1997	5 725	2 616	4 450	2 693	5 150	3 828	1 130	91 800
1998	5 862	2 635	4 583	2 736	5 291	3 860	1 117	93 441

表 C2-a-3　44 个拉丁美洲经济体总人口年度估计值(1950—1998)

(千人,年中值)

年份	8 个核心国合计	15 国合计	21 个加勒比小经济体合计	44 个经济体合计
1950	131 597	32 178	2 062	165 837
1951	135 292	32 908	2 111	170 311
1952	139 070	33 643	2 161	174 875
1953	142 961	34 393	2 211	179 565
1954	146 985	35 214	2 267	184 466
1955	151 158	36 099	2 323	189 580
1956	155 493	36 980	2 378	194 851
1957	159 985	37 894	2 435	200 315
1958	164 639	38 857	2 494	205 990
1959	169 457	39 859	2 555	211 871
1960	174 446	40 886	2 614	217 946
1961	179 498	41 877	2 662	224 038
1962	184 674	42 974	2 711	230 359
1963	189 963	44 126	2 781	236 870
1964	195 370	45 359	2 841	243 570
1965	200 903	46 610	2 900	250 412
1966	206 499	47 875	2 959	257 334
1967	212 193	49 118	3 014	264 325
1968	217 994	50 372	3 071	271 436
1969	223 913	51 660	3 121	278 694
1970	229 994	52 888	3 164	286 046
1971	236 110	54 150	3 214	293 473
1972	242 193	55 493	3 263	300 949
1973	248 323	56 819	3 308	308 451
1974	254 502	58 167	3 340	316 009
1975	260 706	59 525	3 347	323 578
1976	266 960	60 920	3 350	331 230
1977	273 237	62 286	3 364	338 887
1978	279 558	63 619	3 383	346 560
1979	285 990	64 979	3 397	354 366
1980	292 519	66 113	3 410	362 041
1981	299 230	67 346	3 434	370 010
1982	306 072	68 619	3 464	378 155
1983	312 750	69 967	3 494	386 211
1984	319 192	71 375	3 527	394 093
1985	325 595	72 828	3 561	401 985
1986	332 214	74 302	3 593	410 109
1987	338 922	75 788	3 622	418 332
1988	345 702	77 266	3 653	426 621
1989	352 457	78 809	3 684	434 950
1990	358 955	80 368	3 726	443 049
1991	365 402	81 993	3 758	451 153
1992	371 891	83 605	3 790	459 285
1993	378 346	85 236	3 824	467 406
1994	384 807	86 863	3 856	475 526
1995	391 261	88 495	3 889	483 645
1996	397 653	90 148	3 922	491 723
1997	403 969	91 800	3 955	499 724
1998	410 192	93 441	3 990	507 623

表 C2-b-1　8 个拉丁美洲国家 GDP 年度估计值（1950—1998）

（百万 1990 年国际元）

年份	阿根廷	巴西	智利	哥伦比亚	墨西哥	秘鲁	乌拉圭	委内瑞拉	合计
1950	85 524	89 342	23 274	24 955	67 368	17 270	10 224	37 377	355 334
1951	88 866	93 608	24 274	25 726	72 578	18 669	11 015	39 979	374 715
1952	84 333	99 181	25 663	27 350	75 481	19 848	11 167	43 472	386 495
1953	88 866	103 957	27 006	29 026	75 688	20 901	11 736	45 147	402 327
1954	92 528	110 836	27 117	31 042	83 258	22 246	12 488	49 820	429 335
1955	99 125	118 960	27 080	32 242	90 307	23 317	12 593	53 991	457 615
1956	101 856	120 674	27 238	33 539	96 502	24 316	12 807	58 677	475 609
1957	107 087	130 717	30 090	34 766	103 812	25 936	12 932	67 414	512 754
1958	113 655	142 577	30 915	35 639	109 333	25 805	13 292	68 540	539 756
1959	106 303	154 538	30 748	38 207	112 599	26 737	12 125	72 658	553 915
1960	114 614	167 397	32 767	39 831	121 723	30 017	12 554	72 889	591 792
1961	122 809	179 951	34 341	41 847	126 365	32 226	12 912	70 643	621 094
1962	120 833	190 932	35 971	44 120	132 039	34 922	12 624	73 762	645 203
1963	117 927	192 912	38 240	45 571	141 839	36 217	12 686	77 134	662 526
1964	130 074	199 423	39 092	48 389	157 312	38 580	12 940	83 688	709 498
1965	141 960	203 444	39 407	50 136	167 116	40 501	13 088	89 240	744 892
1966	142 919	216 181	43 797	52 806	177 427	43 921	13 536	90 842	781 429
1967	146 755	224 877	45 223	55 028	188 258	45 581	12 975	96 334	815 031
1968	153 002	244 921	46 844	58 398	201 669	45 734	13 181	102 916	866 665
1969	166 080	266 292	48 585	62 116	213 924	47 448	13 984	106 612	925 041
1970	174 972	292 480	49 586	66 308	227 970	50 229	14 638	114 807	990 990
1971	183 458	322 159	54 022	70 250	237 480	52 331	14 498	116 494	1 050 692
1972	189 183	356 880	53 373	75 637	257 636	53 838	13 992	117 982	1 118 521
1973	200 720	401 643	50 401	80 728	279 302	56 713	14 098	126 364	1 209 969
1974	213 739	433 322	50 891	85 370	296 370	61 969	14 541	129 038	1 285 240
1975	211 850	455 918	44 316	87 347	312 998	64 075	15 406	132 728	1 324 638
1976	211 327	498 823	45 881	91 488	326 267	65 334	16 026	142 978	1 398 124
1977	224 084	522 154	50 401	95 283	337 499	65 600	16 205	151 927	1 463 153
1978	214 233	548 342	54 540	103 366	365 340	65 784	17 058	155 528	1 524 191
1979	229 547	587 289	59 060	108 906	398 788	69 609	18 110	156 752	1 628 061
1980	232 802	639 093	63 654	113 375	431 983	72 723	19 205	149 735	1 722 570
1981	219 434	611 007	67 192	115 789	469 972	76 035	19 575	149 253	1 728 257
1982	212 518	614 538	57 634	116 938	466 649	76 147	17 724	146 150	1 708 298
1983	220 016	593 575	57 245	118 806	446 602	66 567	16 688	140 665	1 660 164
1984	224 491	625 438	60 875	123 037	462 678	69 650	16 505	142 664	1 725 338
1985	209 641	675 090	62 366	127 076	475 505	71 247	16 746	144 843	1 782 514
1986	224 985	729 252	65 895	134 844	457 655	77 857	18 231	152 244	1 860 963
1987	230 797	753 685	69 674	142 086	466 148	84 237	19 676	157 698	1 924 001
1988	226 438	751 910	74 814	147 896	471 953	77 285	19 676	166 879	1 936 851
1989	212 373	776 547	82 269	152 686	491 767	68 399	19 930	152 577	1 956 548
1990	212 518	743 765	84 038	159 042	516 692	64 979	20 105	160 648	1 961 787
1991	233 770	751 203	90 173	161 587	538 508	66 603	20 687	177 516	2 040 047
1992	254 575	748 949	100 092	167 889	558 049	66 004	22 218	189 942	2 107 718
1993	269 341	782 652	106 698	175 444	568 934	69 766	22 907	189 182	2 184 924
1994	291 696	831 176	112 139	186 496	594 054	79 254	24 166	182 183	2 301 164
1995	282 653	866 086	122 344	196 567	557 419	86 070	23 683	192 931	2 327 753
1996	295 090	891 202	130 786	200 695	586 144	88 050	24 867	192 160	2 408 994
1997	318 698	925 068	139 941	203 706	625 759	95 622	26 112	204 843	2 539 749
1998	334 314	926 918	144 279	205 132	655 910	95 718	27 313	204 433	2 594 017

表 C2-b-2　15 个拉丁美洲国家 GDP 年度估计值(1950—1998)

(百万 1990 年国际元)

年份	玻利维亚	哥斯达黎加	古巴	多米尼加共和国	厄瓜多尔	萨尔瓦多	危地马拉	海地
1950	5 309	1 702	19 613	2 416	6 278	2 888	6 190	3 254
1951	5 683	1 747	19 829	2 701	6 346	2 945	6 277	3 302
1952	5 855	1 958	20 045	2 921	7 129	3 166	6 408	3 489
1953	5 301	2 256	20 281	2 884	7 279	3 392	6 643	3 378
1954	5 412	2 275	20 495	3 049	7 867	3 431	6 767	3 654
1955	5 698	2 538	20 731	3 237	8 074	3 608	6 934	3 507
1956	5 360	2 466	20 966	3 562	8 373	3 891	7 565	3 814
1957	5 183	2 676	21 202	3 787	8 751	4 098	7 992	3 587
1958	5 306	3 007	21 438	3 989	9 007	4 187	8 365	3 871
1959	5 289	3 118	21 672	4 012	9 490	4 375	8 778	3 688
1960	5 516	3 389	21 908	4 209	10 106	4 553	8 992	3 926
1961	5 631	3 530	22 222	4 114	10 360	4 713	9 378	3 767
1962	5 945	3 746	22 556	4 815	10 911	5 276	9 709	4 128
1963	6 327	4 067	22 888	5 129	11 189	5 504	10 635	3 860
1964	6 632	4 265	23 241	5 472	11 977	6 017	11 128	3 772
1965	6 958	4 651	23 595	4 791	13 131	6 340	11 613	3 813
1966	7 461	5 013	23 928	5 434	13 475	6 794	12 255	3 790
1967	7 928	5 320	24 301	5 617	14 188	7 164	12 757	3 713
1968	8 604	5 730	24 653	5 628	14 973	7 396	13 877	3 860
1969	8 989	6 111	25 026	6 244	15 792	7 653	14 532	3 986
1970	9 459	6 515	25 399	6 906	16 899	7 881	15 364	4 174
1971	9 820	6 945	24 046	7 637	17 872	8 245	16 221	4 445
1972	10 321	7 556	23 281	8 581	18 972	8 712	17 412	4 603
1973	11 030	8 145	29 165	9 617	21 337	9 084	18 593	4 810
1974	11 598	8 583	25 870	10 171	22 585	9 675	19 779	5 114
1975	12 364	8 755	24 811	10 659	23 772	10 193	20 164	4 995
1976	13 118	9 231	25 125	11 377	26 075	10 572	21 654	5 422
1977	13 670	10 055	25 458	11 930	27 731	11 189	23 344	5 448
1978	14 128	10 677	25 792	12 207	29 664	11 935	24 511	5 710
1979	14 125	11 207	25 811	12 733	31 274	11 744	25 667	6 127
1980	13 995	11 290	25 850	13 511	32 706	10 748	26 632	6 591
1981	14 124	11 035	26 851	14 069	34 041	9 869	26 804	6 410
1982	13 508	10 266	28 204	14 324	34 421	9 324	25 858	6 191
1983	12 905	10 551	29 754	14 959	33 702	9 386	25 193	6 238
1984	13 034	11 379	31 969	14 999	35 081	9 595	25 321	6 256
1985	12 943	11 475	33 284	14 620	36 570	9 819	25 167	6 269
1986	12 530	12 107	32 538	15 057	37 648	9 926	25 199	6 261
1987	12 858	12 663	30 930	16 189	35 288	10 193	26 094	6 214
1988	13 348	13 114	32 029	16 300	39 060	10 384	27 110	6 263
1989	13 735	13 867	32 048	18 377	39 123	10 491	28 179	6 329
1990	14 446	14 370	31 087	17 503	40 267	10 805	29 050	6 323
1991	15 226	14 686	27 481	17 643	42 280	11 108	30 125	6 329
1992	15 485	15 729	24 238	18 772	43 549	11 918	31 601	5 456
1993	16 135	16 641	21 039	19 148	44 507	12 681	32 865	5 336
1994	16 910	17 357	21 039	19 971	46 465	13 442	34 212	4 893
1995	17 705	17 739	21 417	20 870	47 859	14 275	35 923	5 138
1996	17 670	17 650	22 981	22 289	48 960	14 532	37 001	5 281
1997	18 394	18 268	23 555	23 871	50 869	15 143	38 592	5 361
1998	19 241	19 272	23 909	25 304	51 378	15 627	40 522	5 532

(百万 1990 年国际元)(续表)

年份	洪都拉斯	牙买加	尼加拉瓜	巴拿马	巴拉圭	波多黎各	特立尼达和多巴哥	合计
1950	1 880	1 837	1 774	1 710	2 338	4 755	2 322	64 266
1951	1 982	1 985	1 894	1 695	2 383	4 929	2 526	66 224
1952	2 058	2 145	2 215	1 787	2 343	5 214	2 612	69 345
1953	2 220	2 446	2 268	1 895	2 410	5 445	2 682	70 780
1954	2 094	2 727	2 480	1 963	2 452	5 669	2 730	73 065
1955	2 149	3 008	2 646	2 077	2 564	5 961	3 111	75 843
1956	2 322	3 307	2 645	2 185	2 672	6 388	3 756	79 272
1957	2 429	3 789	2 868	2 414	2 795	6 708	4 088	82 367
1958	2 506	3 849	2 877	2 432	2 952	6 901	4 423	85 110
1959	2 569	4 064	2 920	2 589	2 944	7 521	4 692	87 721
1960	2 728	4 330	2 960	2 744	2 970	8 066	5 258	91 655
1961	2 798	4 453	3 182	3 040	3 111	8 835	5 488	94 622
1962	2 959	4 533	3 529	3 295	3 330	9 500	5 781	100 013
1963	3 069	4 681	3 912	3 606	3 421	10 488	6 076	104 852
1964	3 229	5 050	4 370	3 761	3 569	11 232	6 283	109 998
1965	3 509	5 456	4 786	4 091	3 773	12 254	6 603	115 364
1966	3 713	5 695	4 944	4 395	3 815	13 119	6 891	120 722
1967	3 922	5 915	5 288	4 762	4 058	13 944	7 035	125 912
1968	4 154	6 218	5 360	5 109	4 202	14 606	7 400	131 770
1969	4 187	6 681	5 716	5 507	4 365	15 899	7 604	138 292
1970	4 296	7 481	5 771	5 839	4 636	17 280	7 873	145 773
1971	4 462	7 481	6 055	6 312	4 839	18 375	7 954	150 709
1972	4 635	7 706	6 248	6 645	5 088	19 732	8 414	157 906
1973	4 866	8 411	6 566	7 052	5 487	20 908	8 553	173 624
1974	4 826	8 095	7 505	7 221	5 945	20 919	9 011	176 897
1975	4 949	8 093	7 493	7 338	6 328	20 388	9 181	179 483
1976	5 467	7 603	7 880	7 458	6 758	21 464	10 059	189 263
1977	6 047	7 443	8 556	7 546	7 478	22 867	10 698	199 460
1978	6 662	7 496	7 884	8 285	8 297	24 379	11 947	209 574
1979	6 976	7 363	5 785	8 651	9 215	25 868	12 500	215 046
1980	7 014	6 957	6 043	9 961	10 549	26 263	13 501	221 611
1981	7 196	7 142	6 367	10 367	11 458	26 544	14 096	226 373
1982	7 078	7 237	6 312	10 939	11 058	25 734	13 271	223 725
1983	7 030	7 405	6 609	11 013	10 724	25 855	12 231	223 555
1984	7 312	7 343	6 474	10 963	11 061	27 747	12 967	231 501
1985	7 640	7 003	6 204	11 480	11 501	28 319	12 436	234 730
1986	7 710	7 119	6 077	11 857	11 486	30 630	12 028	238 173
1987	8 167	7 668	6 035	12 150	11 988	32 136	11 473	240 066
1988	8 571	7 889	5 367	10 256	12 764	34 228	11 027	247 710
1989	8 894	8 428	5 296	10 215	13 509	35 919	10 937	255 347
1990	8 898	8 890	5 297	10 688	13 923	37 277	11 110	259 934
1991	9 138	8 917	5 281	11 650	14 271	38 136	11 499	263 770
1992	9 668	9 140	5 323	12 605	14 514	39 877	11 372	269 247
1993	10 355	9 304	5 302	13 273	15 094	41 729	11 236	274 645
1994	10 158	9 481	5 514	13 685	15 547	43 475	11 708	283 857
1995	10 534	9 642	5 762	13 945	16 247	45 453	12 188	294 697
1996	10 934	9 594	6 050	14 321	16 425	46 706	12 675	303 069
1997	11 481	9 373	6 383	15 009	16 820	48 882	13 208	315 209
1998	11 929	9 308	6 651	15 609	16 719	51 159	13 683	325 843

表 C2-b-3　44 个拉丁美洲经济体总 GDP 年度估计值(1950—1998)

（百万 1990 年国际元）

年份	8 个核心国合计	15 国合计	21 个加勒比小经济体合计	44 个经济体合计
1950	355 334	64 266	3 956	423 556
1951	374 715	66 224	4 180	445 119
1952	386 495	69 345	4 418	460 258
1953	402 327	70 780	4 670	477 777
1954	429 335	73 065	4 935	507 335
1955	457 615	75 843	5 215	538 673
1956	475 609	79 272	5 512	560 393
1957	512 754	82 367	5 825	600 946
1958	539 756	85 110	6 156	631 022
1959	553 915	87 721	6 506	648 142
1960	591 792	91 655	6 876	690 323
1961	621 094	94 622	7 266	722 982
1962	645 203	100 013	7 679	752 895
1963	662 526	104 852	8 116	775 494
1964	709 498	109 998	8 577	828 073
1965	744 892	115 364	9 064	869 320
1966	781 429	120 722	9 579	911 730
1967	815 031	125 912	10 124	951 067
1968	866 665	131 770	10 699	1 009 134
1969	925 041	138 292	11 307	1 074 640
1970	990 990	145 773	11 950	1 148 713
1971	1 050 692	150 709	12 629	1 214 030
1972	1 118 521	157 906	13 347	1 289 774
1973	1 209 969	173 624	14 105	1 397 698
1974	1 285 240	176 897	14 295	1 476 432
1975	1 324 638	179 483	14 487	1 518 608
1976	1 398 124	189 263	14 682	1 602 069
1977	1 463 153	199 460	14 880	1 677 493
1978	1 524 191	209 574	15 081	1 748 846
1979	1 628 061	215 046	15 284	1 858 391
1980	1 722 570	221 611	15 489	1 959 670
1981	1 728 257	226 373	15 698	1 970 328
1982	1 708 298	223 725	15 909	1 947 932
1983	1 660 164	223 555	16 124	1 899 843
1984	1 725 338	231 501	16 341	1 973 180
1985	1 782 514	234 730	16 561	2 033 805
1986	1 860 963	238 173	16 784	2 115 920
1987	1 924 001	240 066	17 010	2 181 077
1988	1 936 851	247 710	17 239	2 201 800
1989	1 956 548	255 347	17 471	2 229 366
1990	1 961 787	259 934	17 706	2 239 427
1991	2 040 047	263 770	18 167	2 321 984
1992	2 107 718	269 247	18 640	2 395 605
1993	2 184 924	274 645	19 126	2 478 695
1994	2 301 164	283 857	19 624	2 604 645
1995	2 327 753	294 697	20 135	2 642 585
1996	2 408 994	303 069	20 659	2 732 722
1997	2 539 749	315 209	21 197	2 876 155
1998	2 594 017	325 843	21 749	2 941 609

表 C2-c-1 8 个拉丁美洲国家人均 GDP 年度估计值（1950—1998）

(1990 年国际元)

年份	阿根廷	巴西	智利	哥伦比亚	墨西哥	秘鲁	乌拉圭	委内瑞拉	平均值
1950	4 987	1 672	3 821	2 153	2 365	2 263	4 659	7 462	2 700
1951	5 073	1 702	3 883	2 150	2 477	2 385	4 955	7 663	2 770
1952	4 717	1 752	4 024	2 214	2 504	2 473	4 957	7 992	2 779
1953	4 874	1 784	4 159	2 277	2 439	2 539	5 139	7 956	2 814
1954	4 980	1 848	4 101	2 358	2 605	2 634	5 391	8 417	2 921
1955	5 237	1 926	4 016	2 373	2 742	2 689	5 352	8 750	3 027
1956	5 285	1 896	3 954	2 391	2 843	2 731	5 360	9 124	3 059
1957	5 461	1 994	4 269	2 400	2 965	2 836	5 333	10 058	3 205
1958	5 698	2 111	4 282	2 383	3 025	2 746	5 402	9 816	3 278
1959	5 241	2 221	4 155	2 473	3 016	2 768	4 860	9 997	3 269
1960	5 559	2 335	4 320	2 497	3 155	3 023	4 960	9 646	3 392
1961	5 862	2 437	4 418	2 540	3 172	3 154	5 036	9 002	3 460
1962	5 677	2 511	4 518	2 594	3 211	3 321	4 858	9 058	3 494
1963	5 455	2 463	4 694	2 597	3 343	3 345	4 820	9 134	3 488
1964	5 926	2 472	4 693	2 675	3 594	3 462	4 858	9 562	3 632
1965	6 371	2 448	4 631	2 689	3 702	3 532	4 860	9 841	3 708
1966	6 321	2 527	5 042	2 750	3 813	3 723	4 974	9 677	3 784
1967	6 399	2 554	5 105	2 784	3 922	3 757	4 721	9 922	3 841
1968	6 578	2 704	5 188	2 874	4 073	3 666	4 747	10 249	3 976
1969	7 037	2 860	5 281	2 976	4 185	3 698	4 991	10 262	4 131
1970	7 302	3 057	5 293	3 094	4 320	3 807	5 184	10 672	4 309
1971	7 533	3 279	5 663	3 194	4 363	3 857	5 130	10 446	4 450
1972	7 642	3 539	5 492	3 355	4 597	3 858	4 945	10 245	4 618
1973	7 973	3 882	5 093	3 499	4 845	3 952	4 974	10 625	4 873
1974	8 350	4 083	5 050	3 618	5 003	4 200	5 123	10 507	5 050
1975	8 142	4 190	4 323	3 622	5 146	4 226	5 421	10 472	5 081
1976	7 988	4 472	4 398	3 716	5 228	4 195	5 608	10 929	5 237
1977	8 332	4 568	4 755	3 797	5 275	4 103	5 639	11 251	5 355
1978	7 837	4 682	5 069	4 047	5 573	4 008	5 903	11 164	5 452
1979	8 262	4 893	5 407	4 184	5 941	4 131	6 234	10 920	5 693
1980	8 245	5 199	5 738	4 265	6 289	4 205	6 577	10 139	5 889
1981	7 646	4 853	5 956	4 263	6 683	4 283	6 668	9 841	5 776
1982	7 290	4 766	5 017	4 212	6 488	4 176	6 000	9 356	5 581
1983	7 437	4 501	4 898	4 185	6 079	3 559	5 614	8 745	5 308
1984	7 485	4 647	5 125	4 239	6 170	3 633	5 520	8 623	5 405
1985	6 894	4 918	5 168	4 282	6 212	3 631	5 567	8 521	5 475
1986	7 292	5 206	5 375	4 445	5 857	3 879	6 023	8 725	5 602
1987	7 373	5 274	5 590	4 582	5 845	4 103	6 461	8 805	5 677
1988	7 132	5 159	5 901	4 668	5 797	3 680	6 422	9 080	5 603
1989	6 597	5 228	6 377	4 721	5 920	3 183	6 462	8 094	5 551
1990	6 512	4 924	6 402	4 822	6 097	2 955	6 474	8 313	5 465
1991	7 066	4 895	6 753	4 805	6 230	2 960	6 614	8 965	5 583
1992	7 592	4 803	7 374	4 895	6 331	2 868	7 055	9 373	5 668
1993	7 930	4 943	7 738	5 016	6 331	2 965	7 223	9 137	5 775
1994	8 477	5 171	8 010	5 227	6 486	3 296	7 566	8 618	5 980
1995	8 104	5 310	8 612	5 401	5 973	3 504	7 363	8 947	5 949
1996	8 351	5 387	9 080	5 406	6 166	3 511	7 677	8 741	6 058
1997	8 903	5 518	9 587	5 382	6 464	3 736	8 006	9 146	6 287
1998	9 219	5 459	9 757	5 317	6 655	3 666	8 315	8 965	6 324

表 C2-c-2 15 个拉丁美洲国家人均 GDP 年度估计值（1950—1998）

（1990 年国际元）

年份	玻利维亚	哥斯达黎加	古巴	多米尼加共和国	厄瓜多尔	萨尔瓦多	危地马拉	海地
1950	1 919	1 963	3 390	1 045	1 897	1 489	2 085	1 051
1951	2 013	1 951	3 366	1 137	1 865	1 481	2 054	1 049
1952	2 031	2 114	3 336	1 195	2 038	1 551	2 037	1 090
1953	1 800	2 353	3 309	1 145	2 024	1 617	2 051	1 037
1954	1 799	2 289	3 277	1 174	2 127	1 591	2 029	1 102
1955	1 853	2 460	3 249	1 206	2 121	1 627	2 019	1 039
1956	1 706	2 301	3 219	1 282	2 137	1 704	2 140	1 108
1957	1 614	2 406	3 193	1 318	2 169	1 743	2 195	1 023
1958	1 616	2 605	3 170	1 344	2 168	1 729	2 231	1 082
1959	1 575	2 598	3 140	1 310	2 217	1 752	2 274	1 011
1960	1 606	2 715	3 118	1 332	2 290	1 769	2 262	1 055
1961	1 603	2 723	3 115	1 276	2 276	1 774	2 293	991
1962	1 654	2 785	3 109	1 433	2 324	1 927	2 307	1 064
1963	1 720	2 919	3 087	1 478	2 309	1 948	2 457	974
1964	1 762	2 961	3 053	1 525	2 395	2 066	2 499	931
1965	1 806	3 127	3 021	1 290	2 544	2 110	2 535	922
1966	1 891	3 258	2 997	1 412	2 528	2 182	2 601	897
1967	1 962	3 349	2 986	1 411	2 578	2 227	2 632	860
1968	2 079	3 497	2 976	1 368	2 635	2 221	2 782	875
1969	2 120	3 622	2 972	1 471	2 693	2 218	2 831	884
1970	2 176	3 754	2 973	1 579	2 793	2 199	2 906	906
1971	2 204	3 889	2 774	1 694	2 864	2 236	2 975	955
1972	2 260	4 118	2 636	1 848	2 950	2 313	3 097	979
1973	2 357	4 319	3 240	2 012	3 219	2 358	3 205	1 013
1974	2 418	4 428	2 826	2 069	3 307	2 453	3 304	1 066
1975	2 516	4 392	2 671	2 110	3 378	2 522	3 264	1 032
1976	2 610	4 500	2 667	2 191	3 600	2 551	3 397	1 111
1977	2 666	4 760	2 669	2 237	3 720	2 633	3 547	1 106
1978	2 700	4 859	2 677	2 231	3 867	2 737	3 609	1 149
1979	2 647	4 945	2 658	2 269	3 962	2 627	3 662	1 221
1980	2 573	4 894	2 678	2 372	4 026	2 374	3 683	1 304
1981	2 547	4 664	2 765	2 415	4 071	2 205	3 580	1 259
1982	2 390	4 217	2 881	2 405	4 000	2 103	3 354	1 202
1983	2 239	4 210	3 010	2 458	3 816	2 096	3 190	1 189
1984	2 218	4 432	3 203	2 414	3 876	2 112	3 119	1 168
1985	2 160	4 346	3 302	2 305	3 945	2 127	3 014	1 146
1986	2 050	4 457	3 202	2 326	3 970	2 111	2 933	1 120
1987	2 063	4 541	3 021	2 452	3 640	2 128	2 950	1 089
1988	2 099	4 569	3 099	2 420	3 944	2 129	2 978	1 075
1989	2 117	4 706	3 070	2 676	3 870	2 115	3 009	1 066
1990	2 182	4 754	2 948	2 501	3 906	2 143	3 016	1 045
1991	2 254	4 741	2 582	2 476	3 997	2 168	3 043	1 032
1992	2 246	4 958	2 260	2 588	4 013	2 287	3 105	878
1993	2 289	5 127	1 950	2 597	4 002	2 392	3 141	846
1994	2 348	5 230	1 940	2 667	4 083	2 493	3 180	765
1995	2 406	5 231	1 965	2 742	4 116	2 604	3 248	792
1996	2 352	5 097	2 098	2 880	4 125	2 608	3 254	802
1997	2 398	5 169	2 141	3 034	4 202	2 675	3 302	803
1998	2 458	5 346	2 164	3 163	4 165	2 717	3 375	816

(1990年国际元)(续表)

年份	洪都拉斯	牙买加	尼加拉瓜	巴拿马	巴拉圭	波多黎各	特立尼达和多巴哥	平均值
1950	1 313	1 327	1 616	1 916	1 584	2 144	3 674	1 997
1951	1 344	1 412	1 674	1 851	1 573	2 205	3 894	2 012
1952	1 356	1 504	1 900	1 901	1 506	2 341	3 941	2 061
1953	1 421	1 691	1 888	1 969	1 509	2 471	3 954	2 058
1954	1 300	1 858	2 002	1 993	1 495	2 561	3 914	2 075
1955	1 293	2 020	2 072	2 055	1 523	2 649	4 316	2 101
1956	1 354	2 190	2 008	2 108	1 547	2 840	5 059	2 144
1957	1 372	2 468	2 111	2 270	1 578	2 968	5 344	2 174
1958	1 370	2 458	2 052	2 241	1 625	3 002	5 609	2 190
1959	1 360	2 541	2 019	2 322	1 581	3 239	5 743	2 201
1960	1 398	2 654	1 983	2 391	1 555	3 421	6 251	2 242
1961	1 387	2 702	2 065	2 574	1 588	3 677	6 371	2 260
1962	1 421	2 722	2 219	2 710	1 657	3 881	6 514	2 327
1963	1 427	2 757	2 382	2 882	1 659	4 201	6 718	2 376
1964	1 452	2 904	2 578	2 920	1 687	4 401	6 801	2 425
1965	1 526	3 070	2 734	3 085	1 739	4 719	7 030	2 475
1966	1 563	3 129	2 736	3 219	1 712	4 993	7 234	2 522
1967	1 599	3 178	2 835	3 388	1 774	5 264	7 327	2 563
1968	1 639	3 284	2 783	3 531	1 789	5 463	7 684	2 616
1969	1 599	3 480	2 875	3 699	1 810	5 840	7 897	2 677
1970	1 601	3 849	2 812	3 814	1 872	6 349	8 244	2 756
1971	1 613	3 803	2 856	4 012	1 902	6 642	8 272	2 783
1972	1 618	3 858	2 867	4 111	1 946	6 930	8 628	2 846
1973	1 642	4 130	2 929	4 250	2 038	7 302	8 685	3 056
1974	1 574	3 908	3 248	4 232	2 144	7 247	9 053	3 041
1975	1 571	3 845	3 144	4 198	2 220	6 946	9 118	3 015
1976	1 689	3 564	3 205	4 167	2 315	7 093	9 847	3 107
1977	1 818	3 451	3 373	4 102	2 506	7 422	10 296	3 202
1978	1 945	3 439	3 047	4 424	2 719	7 819	11 319	3 294
1979	1 982	3 336	2 172	4 518	2 954	8 164	11 649	3 309
1980	1 935	3 121	2 177	5 091	3 304	8 183	12 380	3 352
1981	1 922	3 162	2 219	5 194	3 498	8 195	12 794	3 361
1982	1 840	3 150	2 144	5 372	3 285	7 848	11 888	3 260
1983	1 781	3 188	2 194	5 301	3 097	7 797	10 794	3 195
1984	1 804	3 128	2 100	5 172	3 104	8 283	11 273	3 243
1985	1 835	2 952	1 968	5 306	3 135	8 373	10 664	3 223
1986	1 803	2 972	1 885	5 370	3 042	8 974	10 192	3 205
1987	1 861	3 176	1 828	5 394	3 085	9 330	9 631	3 168
1988	1 916	3 247	1 585	4 465	3 191	9 850	9 202	3 206
1989	1 932	3 445	1 522	4 361	3 282	10 246	9 112	3 240
1990	1 877	3 605	1 475	4 476	3 287	10 539	9 271	3 234
1991	1 873	3 584	1 424	4 786	3 274	10 678	9 630	3 217
1992	1 925	3 643	1 394	5 083	3 237	11 065	9 586	3 220
1993	2 006	3 679	1 347	5 259	3 273	11 453	9 550	3 222
1994	1 915	3 716	1 359	5 332	3 278	11 791	10 038	3 268
1995	1 935	3 746	1 377	5 345	3 332	12 183	10 550	3 330
1996	1 958	3 697	1 401	5 402	3 277	12 347	11 087	3 362
1997	2 006	3 584	1 434	5 572	3 266	12 769	11 685	3 434
1998	2 035	3 533	1 451	5 705	3 160	13 253	12 254	3 487

表 C2-c-3　44 个拉丁美洲经济体人均 GDP 平均值的年度估计值（1950—1998）

（1990 年国际元）

年份	8 个核心国平均值	15 国平均值	21 个加勒比小经济体平均值	44 个经济体平均值
1950	2 700	1 997	1 919	2 554
1951	2 770	2 012	1 980	2 614
1952	2 779	2 061	2 044	2 632
1953	2 814	2 058	2 112	2 661
1954	2 921	2 075	2 177	2 750
1955	3 027	2 101	2 245	2 841
1956	3 059	2 144	2 318	2 876
1957	3 205	2 174	2 392	3 000
1958	3 278	2 190	2 468	3 063
1959	3 269	2 201	2 546	3 059
1960	3 392	2 242	2 630	3 167
1961	3 460	2 260	2 730	3 227
1962	3 494	2 327	2 833	3 268
1963	3 488	2 376	2 918	3 274
1964	3 632	2 425	3 019	3 400
1965	3 708	2 475	3 126	3 472
1966	3 784	2 522	3 237	3 543
1967	3 841	2 563	3 359	3 598
1968	3 976	2 616	3 484	3 718
1969	4 131	2 677	3 623	3 856
1970	4 309	2 756	3 777	4 016
1971	4 450	2 783	3 929	4 137
1972	4 618	2 846	4 090	4 286
1973	4 873	3 056	4 264	4 531
1974	5 050	3 041	4 280	4 672
1975	5 081	3 015	4 328	4 693
1976	5 237	3 107	4 383	4 837
1977	5 355	3 202	4 423	4 950
1978	5 452	3 294	4 458	5 046
1979	5 693	3 309	4 499	5 244
1980	5 889	3 352	4 542	5 413
1981	5 776	3 361	4 571	5 325
1982	5 581	3 260	4 593	5 151
1983	5 308	3 195	4 615	4 919
1984	5 405	3 243	4 633	5 007
1985	5 475	3 223	4 651	5 059
1986	5 602	3 205	4 671	5 159
1987	5 677	3 168	4 696	5 214
1988	5 603	3 206	4 719	5 161
1989	5 551	3 240	4 742	5 126
1990	5 465	3 234	4 752	5 055
1991	5 583	3 217	4 834	5 147
1992	5 668	3 220	4 918	5 216
1993	5 775	3 222	5 002	5 303
1994	5 980	3 268	5 089	5 477
1995	5 949	3 330	5 177	5 464
1996	6 058	3 362	5 267	5 557
1997	6 287	3 434	5 360	5 755
1998	6 324	3 487	5 451	5 795

表 C3-a-1　16 个东亚经济体人口年度估计值（1950—1999）

（千人，年中值）

年份	中国内地	印度	印度尼西亚	日本	菲律宾	韩国	泰国	中国台湾
1950	546 815	359 000	79 043	83 563	21 131	20 846	20 042	7 882
1951	557 480	365 000	80 525	84 974	21 777	20 876	20 653	8 255
1952	568 910	372 000	82 052	86 293	22 443	20 948	21 289	8 541
1953	581 390	379 000	83 611	87 463	23 129	21 060	21 964	8 822
1954	595 310	386 000	85 196	88 752	23 836	21 259	22 685	9 134
1955	608 655	393 000	86 807	89 790	24 565	21 552	23 451	9 480
1956	621 465	401 000	88 456	90 727	25 316	22 031	24 244	9 823
1957	637 408	409 000	90 124	91 513	26 090	22 612	25 042	10 133
1958	653 235	418 000	91 821	92 349	26 888	23 254	25 845	10 460
1959	666 005	426 000	93 565	93 237	27 710	23 981	26 667	10 806
1960	667 070	434 000	95 254	94 053	28 557	24 784	27 513	11 155
1961	660 330	444 000	97 085	94 890	29 443	25 614	28 376	11 510
1962	665 770	454 000	99 028	95 797	30 361	26 420	29 263	11 857
1963	682 335	464 000	101 009	96 765	31 313	27 211	30 174	12 210
1964	698 355	474 000	103 031	97 793	32 299	27 984	31 107	12 570
1965	715 185	485 000	105 093	98 883	33 317	28 705	32 062	12 928
1966	735 400	495 000	107 197	99 790	34 359	29 436	33 036	13 283
1967	754 550	506 000	109 343	100 850	35 416	30 131	34 024	13 617
1968	774 510	518 000	111 532	102 050	36 489	30 838	35 028	13 945
1969	796 025	529 000	113 765	103 231	37 577	31 544	36 050	14 264
1970	818 315	541 000	116 044	104 334	38 680	32 241	37 091	14 565
1971	841 105	554 000	118 368	105 677	39 801	32 883	38 202	14 865
1972	862 030	567 000	121 282	107 179	40 939	33 505	39 276	15 142
1973	881 940	580 000	124 271	108 660	42 094	34 073	40 302	15 427
1974	900 350	593 000	127 338	110 160	43 265	34 692	41 306	15 709
1975	916 395	607 000	130 485	111 520	44 447	35 281	42 272	16 001
1976	930 685	620 000	133 713	112 770	45 692	35 860	43 221	16 329
1977	943 455	634 000	137 026	113 880	46 976	36 436	44 148	16 661
1978	956 165	648 000	140 425	114 920	48 306	37 019	45 057	16 974
1979	969 005	664 000	143 912	115 880	49 680	37 534	46 004	17 308
1980	981 235	679 000	147 490	116 800	51 092	38 124	47 026	17 642
1981	993 861	692 000	150 657	117 650	52 423	38 723	47 924	17 970
1982	1 000 281	708 000	153 894	118 450	53 753	39 326	48 802	18 297
1983	1 023 288	723 000	157 204	119 260	55 079	39 910	49 655	18 596
1984	1 036 825	739 000	160 588	120 020	56 416	40 406	50 481	18 873
1985	1 051 040	755 000	164 047	120 750	57 784	40 806	51 275	19 136
1986	1 066 790	771 000	166 976	121 490	59 185	41 214	52 048	19 357
1987	1 084 035	788 000	169 959	122 090	60 602	41 622	52 813	19 564
1988	1 101 630	805 000	172 999	122 610	62 044	42 031	53 571	19 788
1989	1 118 650	822 000	176 094	123 120	63 529	42 449	54 317	20 006
1990	1 135 185	839 000	179 248	123 540	65 037	42 869	55 052	20 230
1991	1 150 780	856 000	182 223	123 920	66 558	43 246	55 702	20 460
1992	1 164 970	872 000	185 259	124 320	68 100	43 657	56 348	20 660
1993	1 178 440	891 000	188 359	124 670	69 664	44 099	56 988	20 850
1994	1 191 835	908 000	191 524	124 960	71 251	44 556	57 620	21 040
1995	1 204 855	927 000	194 755	125 570	72 860	45 018	58 241	21 220
1996	1 217 550	943 000	198 025	125 864	74 481	45 482	58 851	21 390
1997	1 230 075	959 000	201 350	126 166	76 104	45 991	59 451	21 580
1998	1 242 700	975 000	204 390	126 486	77 726	46 430	60 037	21 780
1999	1 252 704	991 691	207 429	126 737	79 376	46 898	60 609	21 984

(千人,年中值)(续表)

年份	孟加拉国	缅甸	中国香港	马来西亚	尼泊尔	巴基斯坦	新加坡	斯里兰卡	合计
1950	45 646	19 488	2 237	6 434	8 990	39 448	1 022	7 533	1 269 120
1951	46 152	19 788	2 015	6 582	9 086	40 382	1 068	7 752	1 292 365
1952	46 887	20 093	2 126	6 742	9 183	41 347	1 127	7 982	1 317 963
1953	47 660	20 403	2 242	6 929	9 280	42 342	1 192	8 221	1 344 708
1954	48 603	20 721	2 365	7 118	9 379	43 372	1 248	8 457	1 373 435
1955	49 602	21 049	2 490	7 312	9 479	44 434	1 306	8 679	1 401 651
1956	50 478	21 385	2 615	7 520	9 580	45 536	1 372	8 898	1 430 446
1957	51 365	21 732	2 736	7 739	9 682	46 680	1 446	9 129	1 462 431
1958	52 399	22 088	2 854	7 966	9 789	47 869	1 519	9 362	1 495 698
1959	53 485	22 456	2 967	8 196	9 906	49 104	1 587	9 610	1 525 282
1960	54 622	22 836	3 075	8 428	10 035	50 387	1 646	9 879	1 543 294
1961	55 741	23 229	3 168	8 663	10 176	51 719	1 702	10 152	1 555 798
1962	56 839	23 634	3 305	8 906	10 332	53 101	1 750	10 422	1 580 785
1963	58 226	24 053	3 421	9 148	10 500	54 524	1 795	10 687	1 617 371
1964	59 403	24 486	3 505	9 397	10 677	55 988	1 842	10 942	1 653 379
1965	60 332	24 933	3 598	9 648	10 862	57 495	1 887	11 202	1 691 130
1966	61 548	25 394	3 630	9 900	11 057	59 046	1 934	11 470	1 731 480
1967	62 822	25 870	3 723	10 155	11 262	60 642	1 978	11 737	1 772 120
1968	64 133	26 362	3 803	10 409	11 473	62 282	2 012	12 010	1 814 876
1969	65 483	26 867	3 864	10 662	11 692	63 970	2 043	12 275	1 858 312
1970	67 403	27 386	3 959	10 910	11 919	65 706	2 075	12 532	1 904 160
1971	69 227	27 919	4 045	11 171	12 155	67 491	2 113	12 776	1 951 798
1972	70 759	28 466	4 116	11 441	12 413	69 326	2 152	13 017	1 998 043
1973	72 471	29 227	4 213	11 712	12 685	71 121	2 193	13 246	2 043 635
1974	74 679	29 828	4 320	11 986	12 973	72 912	2 230	13 450	2 088 198
1975	76 253	30 445	4 396	12 267	12 278	74 712	2 263	13 660	2 129 675
1976	77 928	31 080	4 518	12 554	13 599	76 456	2 293	13 887	2 170 585
1977	80 428	31 735	4 584	12 845	13 933	78 153	2 325	14 117	2 210 702
1978	82 936	32 404	4 668	13 139	14 280	80 051	2 354	14 371	2 251 069
1979	85 492	33 081	4 930	13 444	14 641	82 374	2 384	14 649	2 294 318
1980	88 077	33 766	5 063	13 764	15 016	85 219	2 414	14 900	2 336 628
1981	90 666	34 460	5 183	14 097	15 403	88 417	2 470	15 152	2 377 056
1982	93 074	35 162	5 265	14 442	15 796	91 257	2 528	15 410	2 413 737
1983	95 384	35 873	5 345	14 794	16 200	93 720	2 586	15 618	2 465 512
1984	97 612	36 592	5 398	15 158	16 613	96 284	2 644	15 810	2 508 720
1985	99 753	37 319	5 456	15 546	17 037	99 053	2 703	16 021	2 552 726
1986	101 769	38 055	5 525	15 943	17 472	101 953	2 763	16 256	2 597 796
1987	103 764	38 800	5 585	16 334	17 918	104 887	2 824	16 495	2 645 292
1988	105 771	39 551	5 628	16 732	18 376	107 846	2 893	16 735	2 693 205
1989	107 807	40 308	5 661	17 121	18 848	110 848	2 966	16 971	2 740 695
1990	109 897	41 068	5 704	17 507	19 333	113 914	3 039	17 193	2 787 816
1991	111 936	41 834	5 750	17 911	19 831	116 909	3 096	17 391	2 833 547
1992	113 711	42 607	5 800	18 324	20 345	118 852	3 152	17 587	2 875 692
1993	115 453	43 385	5 900	18 753	20 874	120 853	3 209	17 823	2 920 320
1994	117 283	44 169	6 040	19 184	21 414	123 668	3 268	18 066	2 963 878
1995	119 188	44 955	6 160	19 615	21 966	126 404	3 326	18 290	3 009 423
1996	121 140	45 741	6 310	20 052	22 530	129 276	3 383	18 508	3 051 583
1997	123 112	46 525	6 500	20 491	23 107	132 185	3 441	18 721	3 093 799
1998	125 105	47 305	6 690	20 933	23 698	135 135	3 490	18 934	3 135 839
1999	127 118	48 081	6 830	21 376	24 303	138 123	3 532	19 154	3 175 945

表 C3-a-2　25 个东亚经济体人口年度估计值（1950—1998）（千人，年中值）

年份	阿富汗	柬埔寨	老挝	蒙古	朝鲜	越南	19 个小国合计	合计
1950	8 150	4 163	1 886	779	9 471	25 348	3 411	53 208
1951	8 284	4 266	1 921	789	9 162	25 794	3 493	53 709
1952	8 425	4 371	1 957	801	8 865	26 247	3 577	54 243
1953	8 573	4 478	1 995	814	8 580	26 724	3 662	54 826
1954	8 728	4 589	2 035	828	8 572	27 210	3 750	55 712
1955	8 891	4 702	2 077	844	8 839	27 738	3 840	56 931
1956	9 062	4 827	2 121	862	9 116	28 327	3 932	58 247
1957	9 241	4 956	2 166	882	9 411	28 999	4 027	59 682
1958	9 429	5 088	2 213	904	9 727	29 775	4 123	61 259
1959	9 625	5 224	2 261	929	10 054	30 683	4 222	62 998
1960	9 829	5 364	2 309	955	10 392	31 656	4 323	64 828
1961	10 043	5 511	2 359	982	10 651	32 701	4 427	66 674
1962	10 267	5 761	2 409	1 010	10 917	33 796	4 533	68 693
1963	10 501	5 919	2 460	1 031	11 210	34 933	4 642	70 696
1964	10 744	6 079	2 512	1 061	11 528	36 099	4 754	72 777
1965	10 998	6 242	2 565	1 090	11 869	37 258	4 868	74 890
1966	11 262	6 408	2 619	1 119	12 232	38 379	4 984	77 003
1967	11 538	6 578	2 674	1 150	12 617	39 464	5 104	79 125
1968	11 825	6 752	2 730	1 181	13 024	40 512	5 226	81 250
1969	12 123	6 931	2 787	1 214	13 455	41 542	5 352	83 404
1970	12 431	6 996	2 845	1 248	13 912	42 577	5 480	85 489
1971	12 749	7 018	2 904	1 283	14 365	43 614	5 612	87 545
1972	13 079	7 112	2 964	1 321	14 781	44 655	5 746	89 658
1973	13 421	7 202	3 027	1 360	15 161	45 737	5 884	91 792
1974	13 772	7 287	3 092	1 403	15 501	46 902	6 023	93 980
1975	14 132	7 179	3 161	1 446	15 801	48 075	6 165	95 959
1976	14 501	6 906	3 176	1 487	16 069	49 273	6 311	97 723
1977	14 880	6 669	3 208	1 528	16 325	50 534	6 460	99 604
1978	15 269	6 460	3 248	1 572	16 580	51 663	6 613	101 405
1979	15 556	6 393	3 268	1 617	16 840	52 668	6 769	103 111
1980	14 985	6 499	3 293	1 662	17 114	53 661	6 929	104 143
1981	14 087	6 681	3 337	1 709	17 384	54 792	7 093	105 083
1982	13 645	6 903	3 411	1 756	17 648	55 972	7 260	106 595
1983	13 709	7 143	3 495	1 805	17 918	57 205	7 432	108 707
1984	13 826	7 286	3 577	1 856	18 196	58 466	6 708	109 915
1985	13 898	7 399	3 657	1 908	18 481	59 730	7 787	112 860
1986	13 937	7 621	3 753	1 961	18 772	61 006	7 971	115 021
1987	14 074	7 883	3 853	2 015	19 068	62 320	8 160	117 373
1988	14 332	8 153	3 960	2 071	19 371	63 630	8 353	119 870
1989	14 646	8 431	4 073	2 159	19 688	64 906	8 550	122 453
1990	14 767	8 717	4 191	2 216	20 019	66 315	8 752	124 977
1991	14 964	9 012	4 314	2 271	20 361	67 684	8 953	127 559
1992	16 624	9 403	4 440	2 320	20 711	69 021	9 159	131 678
1993	18 888	9 858	4 569	2 366	21 064	70 344	9 369	136 458
1994	20 382	10 210	4 702	2 410	21 361	71 617	9 584	140 266
1995	21 571	10 491	4 837	2 454	21 551	72 815	9 804	143 523
1996	22 664	10 773	4 976	2 497	21 512	73 977	10 030	146 429
1997	23 738	11 055	5 117	2 538	21 334	75 124	10 260	149 166
1998	24 792	11 340	5 261	2 579	21 234	76 236	10 493	151 935

表 C3-a-3　15 个西亚经济体人口年度估计值(1950—2000)　(千人,年中值)

年份	巴林	伊朗	伊拉克	以色列	约旦	科威特	黎巴嫩	阿曼	卡塔尔
1950	115	16 375	5 163	1 286	561	145	1 364	489	25
1951	118	16 809	5 300	1 490	584	152	1 401	498	27
1952	120	17 272	5 442	1 621	608	160	1 440	508	29
1953	123	17 742	5 589	1 667	633	168	1 479	517	31
1954	127	18 226	5 743	1 712	659	177	1 519	528	33
1955	130	18 729	5 903	1 772	687	187	1 561	539	35
1956	134	19 249	6 073	1 850	716	197	1 604	550	37
1957	139	19 729	6 249	1 944	747	213	1 647	562	39
1958	144	20 326	6 433	2 025	779	235	1 692	573	41
1959	150	20 958	6 625	2 082	813	262	1 739	586	43
1960	157	21 577	6 822	2 141	849	292	1 786	599	45
1961	164	22 214	7 026	2 217	887	325	1 836	614	49
1962	172	22 874	7 240	2 311	934	358	1 887	628	53
1963	179	23 554	7 468	2 407	975	394	1 940	645	58
1964	186	24 264	7 711	2 498	1 017	433	1 996	662	64
1965	191	25 000	7 971	2 578	1 061	476	2 058	679	70
1966	197	25 764	8 240	2 641	1 107	523	2 122	697	77
1967	202	26 538	8 519	2 694	1 255	575	2 187	715	85
1968	208	27 321	8 808	2 747	1 383	632	2 254	735	94
1969	214	28 119	9 106	2 817	1 454	690	2 320	756	103
1970	220	28 933	9 414	2 903	1 503	748	2 383	779	113
1971	225	29 763	9 732	2 997	1 556	793	2 529	803	122
1972	231	30 614	10 062	3 096	1 614	842	2 680	829	132
1973	239	31 491	10 402	3 197	1 674	894	2 824	857	142
1974	248	32 412	10 754	3 286	1 738	948	2 986	884	153
1975	259	33 379	11 118	3 354	1 803	1 007	3 095	913	165
1976	274	34 381	11 494	3 424	1 870	1 072	3 115	956	177
1977	297	35 430	11 883	3 496	1 938	1 140	3 110	1 005	189
1978	323	36 519	12 317	3 570	2 007	1 214	3 102	1 059	202
1979	336	37 772	12 768	3 653	2 077	1 292	3 090	1 116	216
1980	348	39 274	13 233	3 737	2 168	1 370	3 075	1 175	231
1981	363	40 906	13 703	3 801	2 262	1 432	3 068	1 238	242
1982	378	42 555	14 173	3 858	2 357	1 497	3 072	1 301	252
1983	393	44 200	14 652	3 927	2 451	1 566	3 073	1 363	284
1984	408	45 868	15 161	4 005	2 546	1 637	3 072	1 424	315
1985	424	47 533	15 694	4 075	2 646	1 720	3 068	1 482	345
1986	440	49 274	16 247	4 137	2 748	1 799	3 066	1 538	375
1987	455	50 873	16 543	4 203	2 851	1 880	3 068	1 594	402
1988	470	52 435	17 038	4 272	2 956	1 962	3 075	1 652	430
1989	486	53 979	17 568	4 344	3 069	2 045	3 088	1 712	457
1990	502	55 717	18 135	4 512	3 277	2 131	3 130	1 773	482
1991	517	57 492	17 491	4 756	3 562	955	3 179	1 843	505
1992	531	58 905	17 905	4 937	3 762	1 398	3 210	1 915	531
1993	546	59 684	18 480	5 062	3 889	1 467	3 247	1 989	558
1994	561	60 424	19 083	5 185	3 999	1 574	3 291	2 059	587
1995	576	61 528	19 713	5 306	4 099	1 673	3 340	2 131	615
1996	590	62 584	20 367	5 422	4 210	1 754	3 394	2 206	643
1997	603	63 531	21 037	5 535	4 322	1 834	3 450	2 283	670
1998	616	64 411	21 722	5 644	4 435	1 913	3 506	2 364	697
1999	629	65 180	22 427	5 750	4 561	1 991	3 563	2 447	724
2000	642	65 865	23 151	5 852	4 701	2 068	3 620	2 533	750

(千人,年中值)(续表)

年份	沙特阿拉伯	叙利亚	土耳其	阿联酋	也门	西岸和加沙	合计
1950	3 860	3 495	21 122	72	4 461	1 016	59 549
1951	3 932	3 577	21 669	73	4 546	1 023	61 199
1952	4 006	3 662	22 236	75	4 635	1 031	62 845
1953	4 082	3 750	22 831	77	4 726	1 040	64 455
1954	4 160	3 842	23 464	80	4 820	1 049	66 139
1955	4 243	3 938	24 145	83	4 916	1 054	67 922
1956	4 329	4 041	24 877	86	5 024	1 061	69 828
1957	4 420	4 150	25 671	89	5 134	1 071	71 804
1958	4 514	4 268	26 506	93	5 247	1 078	73 954
1959	4 614	4 395	27 356	98	5 363	1 101	76 185
1960	4 718	4 533	28 217	103	5 483	1 113	78 435
1961	4 828	4 681	29 030	109	5 597	1 110	80 687
1962	4 943	4 835	29 789	116	5 715	1 133	82 988
1963	5 065	4 993	30 509	124	5 834	1 157	85 302
1964	5 129	5 157	31 227	133	5 956	1 182	87 615
1965	5 327	5 326	31 951	144	6 079	1 211	90 122
1966	5 469	5 500	32 678	157	6 186	1 236	92 594
1967	5 618	5 681	33 411	172	6 294	1 143	95 089
1968	5 775	5 867	34 165	191	6 405	1 001	97 586
1969	5 939	6 059	34 952	218	6 516	1 002	100 265
1970	6 109	6 258	35 758	249	6 628	1 022	103 020
1971	6 287	6 479	36 580	288	6 771	1 045	105 970
1972	6 473	6 701	37 493	336	6 916	1 070	109 089
1973	6 667	6 931	38 503	391	7 077	1 098	112 387
1974	6 868	7 169	39 513	453	7 241	1 134	115 787
1975	7 199	7 416	40 530	523	7 409	1 161	119 331
1976	7 608	7 670	41 485	598	7 629	1 183	122 936
1977	8 108	7 933	42 404	684	7 847	1 209	126 673
1978	8 680	8 203	43 317	779	8 068	1 237	130 597
1979	9 307	8 484	44 223	884	8 295	1 263	134 776
1980	9 949	8 774	45 121	1 000	8 527	1 286	139 268
1981	10 565	9 073	46 222	1 100	8 768	1 308	144 051
1982	11 179	9 412	47 329	1 204	9 018	1 336	148 921
1983	11 822	9 762	48 440	1 316	9 278	1 376	153 903
1984	12 502	10 126	49 554	1 438	9 551	1 416	159 023
1985	13 208	10 502	50 669	1 570	9 842	1 457	164 235
1986	13 859	10 892	51 780	1 714	10 149	1 501	169 519
1987	14 465	11 294	52 884	1 779	10 476	1 549	174 316
1988	15 064	11 711	53 976	1 840	10 823	1 603	179 307
1989	15 646	12 141	55 054	1 898	11 192	1 653	184 332
1990	15 871	12 620	56 125	1 952	12 023	1 715	189 965
1991	16 110	13 115	57 198	2 003	12 889	1 797	193 412
1992	16 739	13 589	58 267	2 051	13 379	1 886	199 005
1993	17 386	14 075	59 330	2 097	13 892	1 977	203 679
1994	18 049	14 575	60 387	2 140	14 395	2 085	208 394
1995	18 730	15 087	61 439	2 181	14 862	2 215	213 495
1996	19 409	15 609	62 486	2 222	15 349	2 352	218 597
1997	20 088	16 138	63 530	2 262	15 857	2 484	223 624
1998	20 786	16 673	64 568	2 303	16 388	2 611	228 637
1999	21 505	17 214	65 599	2 344	16 942	2 724	233 600
2000	22 246	17 759	66 620	2 386	17 521	2 825	238 539

表 C3-a-4　56个亚洲经济体总人口年度估计值(1950—1998)(千人,年中值)

年份	16个东亚经济体	25个东亚经济体	15个西亚经济体	56个亚洲经济体
1950	1 269 120	53 208	59 549	1 381 877
1951	1 292 365	53 709	61 199	1 407 273
1952	1 317 963	54 243	62 845	1 435 051
1953	1 344 708	54 826	64 455	1 463 989
1954	1 373 435	55 712	66 139	1 495 286
1955	1 401 651	56 931	67 922	1 526 504
1956	1 430 446	58 247	69 828	1 558 521
1957	1 462 431	59 682	71 804	1 593 917
1958	1 495 698	61 259	73 954	1 630 911
1959	1 525 282	62 998	76 185	1 664 465
1960	1 543 294	64 828	78 435	1 686 557
1961	1 555 798	66 674	80 687	1 703 159
1962	1 580 785	68 693	82 988	1 732 466
1963	1 617 371	70 696	85 302	1 773 369
1964	1 653 379	72 777	87 615	1 813 771
1965	1 691 130	74 890	90 122	1 856 142
1966	1 731 480	77 003	92 594	1 901 077
1967	1 772 120	79 125	95 089	1 946 334
1968	1 814 876	81 250	97 586	1 993 712
1969	1 858 312	83 404	100 265	2 041 981
1970	1 904 160	85 489	103 020	2 092 669
1971	1 951 798	87 545	105 970	2 145 313
1972	1 998 043	89 658	109 089	2 196 790
1973	2 043 635	91 792	112 387	2 247 814
1974	2 088 198	93 980	115 787	2 297 965
1975	2 129 675	95 959	119 331	2 344 965
1976	2 170 585	97 723	122 936	2 391 244
1977	2 210 702	99 604	126 673	2 436 979
1978	2 251 069	101 405	130 597	2 483 071
1979	2 294 318	103 111	134 776	2 532 205
1980	2 336 628	104 143	139 268	2 580 039
1981	2 377 056	105 083	144 051	2 626 190
1982	2 413 737	106 595	148 921	2 669 253
1983	2 465 512	108 707	153 903	2 728 122
1984	2 508 720	109 915	159 023	2 777 658
1985	2 552 726	112 860	164 235	2 829 821
1986	2 597 796	115 021	169 519	2 882 336
1987	2 645 292	117 373	174 316	2 936 981
1988	2 693 205	119 870	179 307	2 992 382
1989	2 740 695	122 453	184 332	3 047 480
1990	2 787 816	124 977	189 965	3 102 758
1991	2 833 547	127 559	193 412	3 154 518
1992	2 875 692	131 678	199 005	3 206 375
1993	2 920 320	136 458	203 679	3 260 457
1994	2 963 878	140 266	208 394	3 312 538
1995	3 009 423	143 523	213 495	3 366 441
1996	3 051 583	146 429	218 597	3 416 609
1997	3 093 799	149 166	223 624	3 466 589
1998	3 135 839	151 935	228 637	3 516 411

表 C3-b-1　16 个东亚经济体 GDP 年度估计值(1950—1999)

(百万 1990 年国际元)

年份	中国内地	印度	印度尼西亚	日本	菲律宾	韩国	泰国	中国台湾
1950	239 903	222 222	66 358	160 966	22 616	16 045	16 375	7 378
1951	267 228	227 362	71 304	181 025	25 054	14 810	17 532	8 179
1952	305 742	234 148	74 679	202 005	26 609	15 772	18 503	9 093
1953	321 919	248 963	78 394	216 889	28 988	20 345	20 542	10 092
1954	332 326	259 262	83 283	229 151	31 168	21 539	20 381	10 927
1955	350 115	265 527	85 571	248 855	33 331	22 708	22 162	11 853
1956	384 842	280 978	86 700	267 567	35 670	22 815	22 540	12 481
1957	406 222	277 924	92 631	287 130	37 599	24 575	22 792	13 360
1958	452 654	299 137	89 293	303 857	38 900	25 863	23 616	14 510
1959	464 006	305 499	93 129	331 570	41 548	26 865	26 457	15 871
1960	448 727	326 910	97 082	375 090	42 114	27 398	29 665	16 725
1961	368 021	336 744	103 446	420 246	44 480	28 782	31 210	17 931
1962	368 032	344 204	103 332	457 742	46 603	29 654	33 636	19 453
1963	403 732	361 442	99 371	496 514	49 893	32 268	36 360	22 150
1964	452 558	389 262	103 043	554 449	51 613	35 054	38 841	24 971
1965	505 099	373 814	104 070	586 744	54 331	37 166	41 933	26 688
1966	553 676	377 207	104 089	649 189	56 736	41 641	46 654	29 378
1967	536 987	408 349	101 739	721 132	59 756	44 670	50 552	32 688
1968	525 204	418 907	111 662	813 984	62 712	50 371	54 695	35 447
1969	574 669	446 872	125 408	915 556	65 632	58 007	58 980	38 651
1970	640 949	469 584	138 612	1 013 602	68 102	62 988	62 842	43 509
1971	671 780	474 338	146 200	1 061 230	71 799	82 932	65 886	49 591
1972	691 449	472 766	162 748	1 150 516	75 710	85 811	68 666	57 358
1973	740 048	494 832	186 900	1 242 932	82 464	96 794	75 511	63 519
1974	752 734	500 146	196 374	1 227 706	85 398	104 605	78 894	62 384
1975	800 876	544 683	196 374	1 265 661	90 150	111 548	82 799	63 818
1976	793 092	551 402	213 675	1 315 966	98 090	124 664	90 391	75 108
1977	844 157	593 834	230 338	1 373 741	103 585	137 531	99 304	84 267
1978	935 884	625 695	240 853	1 446 165	108 942	150 442	109 112	94 833
1979	1 007 734	594 510	253 961	1 525 477	115 086	161 172	114 828	101 759
1980	1 046 781	637 202	275 805	1 568 457	121 012	156 846	120 116	104 753
1981	1 096 587	675 882	294 768	1 618 185	125 154	166 581	127 211	113 222
1982	1 192 494	697 705	283 922	1 667 653	129 648	179 220	134 020	119 254
1983	1 294 304	753 942	295 296	1 706 380	132 115	199 828	141 504	132 294
1984	1 447 661	783 042	315 677	1 773 223	122 440	217 167	149 644	148 650
1985	1 599 201	814 344	323 451	1 851 315	113 493	231 386	156 598	156 878
1986	1 703 671	848 990	342 452	1 904 918	117 371	258 122	165 264	177 721
1987	1 849 563	886 154	359 323	1 984 142	122 432	287 854	180 996	190 493
1988	2 000 236	978 822	379 917	2 107 060	130 699	320 301	205 047	192 229
1989	2 044 100	1 043 912	414 090	2 208 858	138 809	340 751	230 043	195 311
1990	2 109 400	1 098 100	450 901	2 321 153	143 025	373 150	255 732	200 477
1991	2 232 306	1 104 114	473 680	2 409 304	142 191	407 582	277 618	215 622
1992	2 444 569	1 161 769	524 482	2 433 927	142 668	429 744	300 059	230 203
1993	2 683 336	1 233 796	560 544	2 441 512	145 704	453 344	325 215	244 747
1994	2 950 104	1 330 036	601 301	2 457 252	152 094	490 745	354 283	260 744
1995	3 196 343	1 425 798	648 332	2 493 399	159 199	534 517	385 584	276 463
1996	3 433 255	1 532 733	696 426	2 619 315	168 506	570 598	406 864	292 128
1997	3 657 242	1 609 371	727 953	2 656 686	177 199	599 190	405 097	311 894
1998	3 873 352	1 702 712	627 499	2 581 576	176 246	564 211	372 509	326 958
1999	4 082 513	1 803 172	628 753	2 589 320	181 886	624 582	387 782	345 595

(百万 1990 年国际元)(续表)

年份	孟加拉国	缅甸	中国香港	马来西亚	尼泊尔	巴基斯坦	新加坡	斯里兰卡	合计
1950	24 628	7 711	4 962	10 032	4 462	25 366	2 268	7 241	838 533
1951	24 974	8 834	4 626	9 478	4 591	24 534	2 406	7 850	899 787
1952	25 706	9 028	5 054	9 930	4 748	24 625	2 569	8 140	976 351
1953	26 072	9 265	5 515	9 977	5 038	26 983	2 758	8 058	1 039 798
1954	26 581	8 690	6 021	10 607	5 145	27 603	2 896	8 295	1 083 875
1955	25 177	9 822	6 564	10 677	5 248	28 238	3 078	8 808	1 137 734
1956	27 821	10 472	7 136	11 320	5 484	29 069	3 200	8 323	1 216 418
1957	27 231	11 089	7 729	11 257	5 484	30 339	3 352	8 862	1 267 576
1958	26 702	10 785	8 345	11 256	5 792	30 762	3 485	9 280	1 354 237
1959	28 126	12 457	8 981	12 026	5 957	31 095	3 470	9 553	1 416 610
1960	29 733	12 871	9 637	12 899	6 091	32 621	3 803	10 081	1 481 447
1961	31 421	13 183	10 276	13 794	6 238	34 602	4 123	10 257	1 474 754
1962	31 258	14 332	12 072	14 578	6 385	37 111	4 411	10 500	1 533 303
1963	34 573	14 737	13 968	15 271	6 537	39 439	4 848	11 168	1 642 271
1964	34 939	14 999	15 165	16 235	6 689	42 417	4 680	11 860	1 796 775
1965	36 647	15 379	17 360	17 405	6 849	44 307	5 033	12 148	1 884 973
1966	37 115	14 737	17 659	18 278	7 331	47 919	5 593	12 772	2 019 974
1967	36 302	15 151	17 959	18 587	7 216	49 718	6 255	13 546	2 120 607
1968	39 678	16 148	18 557	20 217	7 265	53 195	7 123	14 136	2 249 301
1969	40 227	16 815	20 652	21 382	7 590	56 642	8 098	15 292	2 470 473
1970	42 403	17 575	22 548	22 684	7 787	62 522	9 209	17 711	2 702 627
1971	40 552	18 149	24 144	24 359	7 693	62 824	10 362	17 700	2 829 539
1972	35 732	18 284	26 639	26 195	7 934	63 323	11 752	19 087	2 973 970
1973	35 997	18 352	29 931	29 982	7 894	67 828	13 108	19 759	3 205 851
1974	40 817	19 323	30 629	32 222	8 393	70 141	13 994	20 541	3 244 301
1975	40 308	20 125	30 729	32 489	8 518	73 043	14 549	21 504	3 397 174
1976	42 098	21 350	35 718	36 536	8 893	76 898	15 588	22 458	3 521 927
1977	42 525	22 625	39 908	39 513	9 161	79 951	16 797	23 316	3 740 553
1978	45 657	24 086	43 300	42 970	9 563	86 406	18 245	24 943	4 007 096
1979	47 846	25 222	48 289	46 469	9 790	89 580	19 932	26 539	4 188 194
1980	48 239	27 381	53 177	50 333	9 563	98 907	21 865	28 079	4 368 516
1981	49 877	28 930	58 066	53 901	9 563	106 753	23 960	29 707	4 578 347
1982	50 487	30 499	59 662	57 102	10 749	114 852	25 601	31 222	4 784 090
1983	52 961	31 827	63 055	60 588	10 433	122 649	27 695	32 771	5 057 642
1984	55 833	33 397	69 340	65 290	11 441	127 518	30 006	34 103	5 384 432
1985	57 519	34 349	69 639	64 617	12 146	138 632	29 451	35 793	5 688 812
1986	60 011	33 986	77 122	65 434	12 664	147 421	29 975	37 307	5 982 429
1987	62 521	32 624	87 099	68 898	13 164	155 994	32 817	37 752	6 351 826
1988	64 329	28 921	94 083	74 982	14 199	166 031	36 491	38 770	6 832 117
1989	65 948	29 989	96 478	81 996	14 525	174 001	39 857	39 594	7 158 262
1990	70 320	30 834	99 770	89 823	15 609	182 014	43 330	42 089	7 525 727
1991	72 629	30 633	104 858	97 545	16 603	192 138	45 832	44 118	7 866 773
1992	76 245	33 593	111 343	105 151	17 285	206 957	49 399	46 050	8 313 444
1993	79 722	35 622	118 227	113 927	17 950	211 653	55 622	49 235	8 770 156
1994	82 774	38 285	124 613	124 525	19 425	221 260	61 843	52 016	9 321 300
1995	87 355	40 946	129 402	136 182	20 099	232 849	67 066	54 892	9 888 426
1996	91 705	43 584	135 288	147 899	21 170	244 954	72 108	56 955	10 533 488
1997	96 616	45 600	142 372	159 294	22 025	248 142	77 868	60 541	10 997 090
1998	101 666	48 427	135 089	148 621	22 435	261 497	79 025	63 408	11 085 231
1999	106 139	50 606	139 006	156 647	23 175	269 603	83 292	66 071	11 538 142

表 C3-b-2　25 个东亚经济体 GDP 年度估计值（1950—1998）

（百万 1990 年国际元）

年份	阿富汗	柬埔寨	老挝	蒙古	朝鲜	越南	19 个小国合计	合计
1950	5 255	2 155	1 156	339	7 293	16 681	3 845	36 724
1951	5 408	2 228	1 192	353	6 496	17 445	3 987	37 109
1952	5 591	2 368	1 229	370	6 675	18 209	4 225	38 667
1953	5 933	2 392	1 267	387	8 288	19 034	4 316	41 617
1954	6 059	2 670	1 306	406	8 683	19 920	4 471	43 515
1955	6 180	2 614	1 347	426	9 316	20 806	4 636	45 325
1956	6 458	2 963	1 388	448	9 444	21 631	4 820	47 152
1957	6 458	3 163	1 431	473	10 230	22 486	5 012	49 253
1958	6 821	3 322	1 476	499	10 816	23 372	5 200	51 506
1959	7 016	3 646	1 521	528	11 260	24 289	5 403	53 663
1960	7 268	3 863	1 568	559	11 483	25 297	5 640	55 678
1961	7 331	3 827	1 617	592	11 972	26 554	5 938	57 831
1962	7 457	4 139	1 667	627	12 249	29 917	6 130	62 186
1963	7 594	4 451	1 718	660	13 295	30 821	6 496	65 035
1964	7 741	4 331	1 772	699	14 445	32 322	6 794	68 104
1965	7 914	4 538	1 826	740	15 370	32 666	7 172	70 226
1966	7 993	4 744	1 883	782	17 308	32 975	7 561	73 246
1967	8 214	4 988	1 941	828	18 711	28 829	7 854	71 365
1968	8 508	5 214	2 001	876	21 268	28 329	8 347	74 543
1969	8 645	5 292	2 063	927	24 743	30 702	8 750	81 122
1970	8 819	4 785	2 127	982	27 184	31 295	9 581	84 773
1971	8 398	4 546	2 193	1 041	36 229	32 889	10 376	95 672
1972	8 240	4 301	2 261	1 103	37 854	35 815	10 939	100 513
1973	9 181	5 858	2 331	1 170	43 072	38 238	11 952	111 802
1974	9 680	5 007	2 403	1 243	44 038	36 744	12 594	111 709
1975	10 184	4 342	2 477	1 319	44 891	34 130	12 765	110 108
1976	10 694	4 650	2 554	1 396	45 652	39 879	13 181	118 006
1977	9 959	5 016	2 633	1 479	46 379	41 343	13 403	120 212
1978	10 752	5 484	2 714	1 567	47 104	41 622	14 102	123 345
1979	10 715	5 593	2 798	1 661	47 842	41 873	15 175	125 657
1980	10 427	5 705	2 885	1 758	48 621	40 671	14 880	124 947
1981	10 547	5 774	2 974	1 905	49 388	42 103	14 965	127 656
1982	10 726	6 218	3 066	2 064	50 138	45 526	15 226	132 964
1983	11 157	6 660	3 161	2 184	50 905	48 042	15 662	137 771
1984	11 336	7 106	3 258	2 314	51 695	52 355	15 899	143 963
1985	11 299	7 554	3 359	2 446	52 505	55 481	16 565	149 209
1986	12 161	7 998	3 463	2 675	53 331	57 056	17 368	154 052
1987	10 064	7 839	3 570	2 768	54 172	59 127	17 984	155 524
1988	9 228	8 035	3 681	2 909	55 033	62 685	18 633	160 204
1989	9 284	8 233	3 795	3 031	55 934	65 615	19 306	165 198
1990	8 861	8 235	3 912	2 954	56 874	68 959	19 356	169 151
1991	8 932	8 860	4 031	2 681	57 846	72 963	20 212	175 525
1992	9 021	9 482	4 245	2 426	53 391	79 312	21 107	178 984
1993	8 741	9 870	4 674	2 354	53 552	85 718	22 041	186 950
1994	8 479	10 258	4 964	2 408	39 468	93 292	23 016	181 885
1995	10 700	10 940	5 230	2 560	32 758	102 192	24 034	188 414
1996	11 342	11 543	5 355	2 620	27 091	111 736	25 098	194 785
1997	12 023	11 846	5 636	2 726	25 249	120 845	26 208	204 533
1998	12 744	11 998	5 806	2 821	25 130	127 851	26 662	213 012

表 C3-b-3　15个西亚经济体 GDP 年度估计值（1950—1998）

（百万 1990 年国际元）

年份	巴林	伊朗	伊拉克	以色列	约旦	科威特	黎巴嫩	阿曼	卡塔尔
1950	242	28 128	7 041	3 623	933	4 181	3 313	304	763
1951	257	28 128	7 661	4 707	990	4 532	2 972	324	827
1952	273	28 128	8 470	4 910	1 049	4 804	3 157	344	876
1953	290	28 156	11 899	4 852	1 112	5 280	3 634	366	963
1954	309	28 156	14 145	5 776	1 178	5 882	4 171	389	1 073
1955	328	28 156	13 568	6 558	1 116	6 020	4 506	413	1 099
1956	349	30 659	14 511	7 142	1 532	6 464	4 399	439	1 180
1957	371	34 939	14 370	7 761	1 571	6 693	4 476	467	1 223
1958	394	39 013	16 039	8 319	1 729	7 024	3 840	496	1 282
1959	419	42 360	16 715	9 370	1 858	7 747	4 164	528	1 415
1960	445	46 467	18 658	9 986	1 977	8 420	4 274	560	1 496
1961	474	50 405	20 806	11 077	2 381	8 495	4 555	567	1 497
1962	504	51 389	21 841	12 171	2 446	9 474	4 731	681	1 555
1963	536	57 043	21 447	13 461	2 582	9 984	4 771	711	1 657
1964	571	61 178	24 024	14 780	3 032	10 962	5 059	712	1 712
1965	607	68 688	26 206	16 171	3 379	11 205	5 569	715	1 837
1966	646	75 579	27 593	16 349	3 474	12 584	5 950	752	2 493
1967	688	84 102	26 953	16 758	3 839	12 885	5 668	1 250	3 014
1968	732	96 759	31 740	19 320	3 696	14 089	6 381	2 274	3 474
1969	779	109 304	32 818	21 755	4 031	14 474	6 520	2 858	3 706
1970	832	120 865	32 691	23 520	3 600	22 944	6 950	2 957	3 756
1971	898	135 829	34 712	26 107	3 682	24 537	7 590	2 983	4 665
1972	969	157 909	33 430	29 342	3 800	25 503	8 514	3 262	5 263
1973	1 046	171 466	39 042	30 839	3 999	23 847	8 915	2 809	6 228
1974	1 136	186 655	41 133	32 941	4 355	20 799	10 465	3 132	5 661
1975	1 015	195 684	47 977	34 038	4 657	18 287	10 724	3 897	5 823
1976	1 180	229 241	57 735	34 480	5 789	19 466	10 989	4 397	6 263
1977	1 322	226 315	59 320	34 480	6 166	18 722	11 260	4 410	5 586
1978	1 424	199 481	70 127	36 144	7 462	20 072	11 539	4 326	6 114
1979	1 419	182 267	86 258	38 416	8 142	22 827	10 873	4 511	6 364
1980	1 525	156 643	84 392	41 053	9 689	18 178	10 879	4 784	6 816
1981	1 568	151 918	69 078	43 173	10 147	14 737	10 366	5 599	5 834
1982	1 669	175 826	68 501	43 948	10 897	13 006	9 680	6 245	4 731
1983	1 785	199 031	62 544	45 496	11 115	14 039	9 584	7 288	4 246
1984	1 860	202 379	62 699	45 905	12 071	14 775	9 786	8 507	4 143
1985	1 854	207 245	61 714	47 489	12 493	14 148	10 028	9 697	3 699
1986	1 897	187 780	61 073	49 760	13 626	15 352	9 581	9 906	3 130
1987	1 935	184 939	62 812	53 344	13 997	14 733	6 705	10 699	3 192
1988	2 003	174 532	49 540	54 417	13 853	15 247	6 099	11 018	3 240
1989	2 053	181 227	45 160	54 895	12 387	16 389	6 106	11 481	3 275
1990	2 054	199 819	44 583	58 511	12 371	13 111	6 099	11 487	3 276
1991	2 148	220 999	16 540	61 848	12 656	7 735	8 429	12 176	3 263
1992	2 316	234 472	21 370	66 051	14 807	13 723	8 808	13 211	3 566
1993	2 508	239 395	21 370	68 298	15 666	18 416	9 425	14 017	3 552
1994	2 568	241 560	21 370	73 012	16 856	19 963	10 179	14 550	3 634
1995	2 622	248 565	19 938	77 977	17 514	20 163	10 840	15 248	3 594
1996	2 704	262 234	19 938	81 639	17 689	20 586	11 274	15 690	3 953
1997	2 788	270 110	21 932	83 846	17 919	21 101	11 725	16 694	4 566
1998	2 846	274 695	24 564	85 520	18 313	21 565	12 077	17 179	5 091

(百万 1990 年国际元)(续表)

年份	沙特阿拉伯	叙利亚	土耳其	阿联酋	也门	西岸和加沙	合计
1950	8 610	8 418	38 408	1 130	4 353	965	110 412
1951	9 334	8 098	43 329	1 225	4 468	1 009	117 858
1952	9 893	10 202	48 521	1 298	4 584	1 055	127 566
1953	10 875	11 566	53 931	1 427	4 708	1 104	140 163
1954	12 115	13 266	52 393	1 590	4 831	1 157	146 430
1955	12 399	11 970	56 626	1 628	4 959	1 206	150 552
1956	13 312	14 175	58 454	1 749	5 091	1 260	160 716
1957	13 785	15 051	63 103	1 812	5 228	1 321	172 171
1958	14 465	12 972	65 998	1 902	5 367	1 380	180 219
1959	15 955	13 460	69 019	2 097	5 510	1 462	192 079
1960	17 548	13 704	71 064	2 312	5 660	1 534	204 105
1961	19 632	14 832	72 258	2 526	5 810	1 588	216 903
1962	21 974	18 351	76 672	2 809	5 970	1 683	232 248
1963	23 885	18 342	83 890	3 097	6 148	1 783	249 337
1964	25 986	18 755	87 346	3 414	6 307	1 891	265 728
1965	29 137	18 704	89 643	3 762	6 486	2 010	284 120
1966	33 374	17 265	100 137	4 147	6 674	2 130	309 146
1967	36 310	18 696	104 674	4 570	6 868	2 045	328 321
1968	39 547	19 394	111 674	5 037	7 052	1 859	363 029
1969	42 578	23 031	117 624	5 554	7 260	1 931	394 223
1970	46 573	22 155	123 378	6 123	8 731	2 044	427 119
1971	53 289	24 352	130 247	7 147	10 253	2 169	468 459
1972	61 469	30 447	139 919	8 343	11 070	2 306	521 546
1973	73 601	27 846	144 483	9 739	12 431	2 455	558 745
1974	84 700	34 563	152 566	12 894	13 152	2 632	606 784
1975	84 924	41 306	163 510	13 307	14 152	2 797	642 097
1976	92 251	45 834	180 618	15 308	16 363	2 958	722 873
1977	106 191	45 254	186 768	17 978	18 167	3 137	745 076
1978	112 511	49 202	189 577	17 557	19 711	3 332	748 578
1979	120 028	50 986	188 394	21 926	20 805	3 531	766 747
1980	132 160	57 097	183 786	27 717	20 918	3 732	759 370
1981	142 630	62 527	192 709	28 492	22 191	3 940	764 909
1982	144 989	63 857	199 575	26 145	22 563	4 176	795 808
1983	129 404	64 766	209 492	24 833	23 856	4 465	811 944
1984	129 258	62 131	223 552	25 893	24 778	4 769	832 507
1985	120 605	65 928	233 034	25 287	24 578	5 094	842 891
1986	113 260	62 670	249 383	19 919	25 115	5 446	827 898
1987	118 495	63 865	273 031	20 631	26 135	5 834	860 347
1988	122 284	72 342	278 823	20 580	27 249	6 265	857 493
1989	126 701	65 860	279 524	22 766	28 203	6 706	862 733
1990	144 438	70 894	305 395	25 496	28 212	7 222	932 968
1991	156 571	75 927	308 227	25 547	28 297	7 853	948 217
1992	160 955	81 318	326 672	26 237	29 683	8 555	1 011 745
1993	159 989	89 938	352 945	26 001	30 544	9 308	1 061 372
1994	160 789	90 388	333 688	26 573	30 391	10 189	1 055 709
1995	161 593	90 840	357 688	28 194	33 005	11 234	1 099 014
1996	163 855	92 111	382 743	31 041	34 853	12 381	1 152 693
1997	168 279	94 598	411 555	31 786	36 666	13 573	1 207 138
1998	170 972	96 112	423 018	31 913	37 656	14 807	1 236 327

表 C3-b-4　56 个亚洲经济体 GDP 年度估计值（1950—1998）

（百万 1990 年国际元）

年份	16 个东亚经济体	25 个东亚经济体	15 个西亚经济体	56 个亚洲经济体
1950	838 533	36 724	110 412	985 669
1951	899 787	37 109	117 858	1 054 754
1952	976 351	38 667	127 566	1 142 584
1953	1 039 798	41 617	140 163	1 221 578
1954	1 083 875	43 515	146 430	1 273 820
1955	1 137 734	45 325	150 552	1 333 611
1956	1 216 418	47 152	160 716	1 424 286
1957	1 267 576	49 253	172 171	1 489 000
1958	1 354 237	51 506	180 219	1 585 962
1959	1 416 610	53 663	192 079	1 662 352
1960	1 481 447	55 678	204 105	1 741 230
1961	1 474 754	57 831	216 903	1 749 488
1962	1 533 303	62 186	232 248	1 827 737
1963	1 642 271	65 035	249 337	1 956 643
1964	1 796 775	68 104	265 728	2 130 607
1965	1 884 973	70 226	284 120	2 239 319
1966	2 019 974	73 246	309 146	2 402 366
1967	2 120 607	71 365	328 321	2 520 293
1968	2 249 301	74 543	363 029	2 686 873
1969	2 470 473	81 122	394 223	2 945 818
1970	2 702 627	84 773	427 119	3 214 519
1971	2 829 539	95 672	468 459	3 393 670
1972	2 973 970	100 513	521 546	3 596 029
1973	3 205 851	111 802	558 745	3 876 398
1974	3 244 301	111 709	606 784	3 962 794
1975	3 397 174	110 108	642 097	4 149 379
1976	3 521 927	118 006	722 873	4 362 806
1977	3 740 553	120 212	745 076	4 605 841
1978	4 007 096	123 345	748 578	4 879 019
1979	4 188 194	125 657	766 747	5 080 598
1980	4 368 516	124 947	759 370	5 252 833
1981	4 578 347	127 656	764 909	5 470 912
1982	4 784 090	132 964	795 808	5 712 862
1983	5 057 642	137 771	811 944	6 007 357
1984	5 384 432	143 963	832 507	6 360 902
1985	5 688 812	149 209	842 891	6 680 912
1986	5 982 429	154 052	827 898	6 964 379
1987	6 351 826	155 524	860 347	7 367 697
1988	6 832 117	160 204	857 493	7 849 814
1989	7 158 262	165 198	862 733	8 186 193
1990	7 525 727	169 151	932 968	8 627 846
1991	7 866 773	175 525	948 217	8 990 515
1992	8 313 444	178 984	1 011 745	9 504 173
1993	8 770 156	186 950	1 061 372	10 018 478
1994	9 321 300	181 885	1 055 709	10 558 894
1995	9 888 426	188 414	1 099 014	11 175 854
1996	10 533 488	194 785	1 152 693	11 880 966
1997	10 997 090	204 533	1 207 138	12 408 761
1998	11 085 231	213 012	1 236 327	12 534 570

表 C3-c-1　16 个东亚经济体人均 GDP 年度估计值（1950—1999）

（1990 年国际元）

年份	中国内地	印度	印度尼西亚	日本	菲律宾	韩国	泰国	中国台湾
1950	439	619	840	1 926	1 070	770	817	936
1951	479	623	885	2 130	1 150	709	849	991
1952	537	629	910	2 341	1 186	753	869	1 065
1953	554	657	938	2 480	1 253	966	935	1 144
1954	558	672	978	2 582	1 308	1 013	898	1 196
1955	575	676	986	2 772	1 357	1 054	945	1 250
1956	619	701	980	2 949	1 409	1 036	930	1 271
1957	637	680	1 028	3 138	1 441	1 087	910	1 318
1958	693	716	972	3 290	1 447	1 112	914	1 387
1959	697	717	995	3 556	1 499	1 120	992	1 469
1960	673	753	1 019	3 988	1 475	1 105	1 078	1 499
1961	557	758	1 066	4 429	1 511	1 124	1 100	1 558
1962	553	758	1 043	4 778	1 535	1 122	1 149	1 641
1963	592	779	984	5 131	1 593	1 186	1 205	1 814
1964	648	821	1 000	5 670	1 598	1 253	1 249	1 987
1965	706	771	990	5 934	1 631	1 295	1 308	2 064
1966	753	762	971	6 506	1 651	1 415	1 412	2 212
1967	712	807	930	7 151	1 687	1 483	1 486	2 401
1968	678	809	1 001	7 976	1 719	1 633	1 561	2 542
1969	722	845	1 102	8 869	1 747	1 839	1 636	2 710
1970	783	868	1 194	9 715	1 761	1 954	1 694	2 987
1971	799	856	1 235	10 042	1 804	2 522	1 725	3 336
1972	802	834	1 342	10 735	1 849	2 561	1 748	3 788
1973	839	853	1 504	11 439	1 959	2 841	1 874	4 117
1974	836	843	1 542	11 145	1 974	3 015	1 910	3 971
1975	874	897	1 505	11 349	2 028	3 162	1 959	3 988
1976	852	889	1 598	11 669	2 147	3 476	2 091	4 600
1977	895	937	1 681	12 063	2 205	3 775	2 249	5 058
1978	979	966	1 715	12 584	2 255	4 064	2 422	5 587
1979	1 040	895	1 765	13 164	2 317	4 294	2 496	5 879
1980	1 067	938	1 870	13 429	2 369	4 114	2 554	5 938
1981	1 103	977	1 957	13 754	2 387	4 302	2 654	6 301
1982	1 192	985	1 845	14 079	2 412	4 557	2 746	6 518
1983	1 265	1 043	1 878	14 308	2 399	5 007	2 850	7 114
1984	1 396	1 060	1 966	14 774	2 170	5 375	2 964	7 876
1985	1 522	1 079	1 972	15 332	1 964	5 670	3 054	8 198
1986	1 597	1 101	2 051	15 680	1 983	6 263	3 175	9 181
1987	1 706	1 125	2 114	16 251	2 020	6 916	3 427	9 737
1988	1 816	1 216	2 196	17 185	2 107	7 621	3 828	9 714
1989	1 827	1 270	2 352	17 941	2 185	8 027	4 235	9 763
1990	1 858	1 309	2 516	18 789	2 199	8 704	4 645	9 910
1991	1 940	1 290	2 599	19 442	2 136	9 425	4 984	10 539
1992	2 098	1 332	2 831	19 578	2 095	9 844	5 325	11 142
1993	2 277	1 385	2 976	19 584	2 092	10 280	5 707	11 738
1994	2 475	1 465	3 140	19 664	2 135	11 014	6 149	12 393
1995	2 653	1 538	3 329	19 857	2 185	11 873	6 620	13 028
1996	2 820	1 625	3 517	20 811	2 262	12 546	6 913	13 657
1997	2 973	1 678	3 615	21 057	2 328	13 028	6 814	14 453
1998	3 117	1 746	3 070	20 410	2 268	12 152	6 205	15 012
1999	3 259	1 818	3 031	20 431	2 291	13 317	6 398	15 720

(1990年国际元)(续表)

年份	孟加拉国	缅甸	中国香港	马来西亚	尼泊尔	巴基斯坦	新加坡	斯里兰卡	平均值	平均值(不含日本)
1950	540	396	2 218	1 559	496	643	2 219	961	661	572
1951	541	446	2 296	1 440	505	608	2 253	1 013	696	595
1952	548	449	2 377	1 473	517	596	2 280	1 020	741	629
1953	547	454	2 460	1 440	543	637	2 314	980	773	655
1954	547	419	2 546	1 490	549	636	2 321	981	789	665
1955	508	467	2 636	1 460	554	636	2 357	1 015	812	678
1956	551	490	2 729	1 505	572	638	2 332	935	850	708
1957	530	510	2 825	1 455	566	650	2 318	971	867	715
1958	510	488	2 924	1 413	592	643	2 294	991	905	748
1959	526	555	3 027	1 467	601	633	2 187	994	929	758
1960	544	564	3 134	1 530	607	647	2 310	1 020	960	763
1961	564	568	3 244	1 592	613	669	2 422	1 010	948	722
1962	550	606	3 653	1 637	618	699	2 521	1 007	970	724
1963	594	613	4 083	1 669	623	723	2 701	1 045	1 015	753
1964	588	613	4 327	1 728	626	758	2 541	1 084	1 087	799
1965	607	617	4 825	1 804	631	771	2 667	1 084	1 115	815
1966	603	580	4 865	1 846	663	812	2 892	1 114	1 167	840
1967	578	586	4 824	1 830	641	820	3 162	1 154	1 197	837
1968	619	613	4 880	1 942	633	854	3 540	1 177	1 239	838
1969	614	626	5 345	2 005	649	885	3 964	1 246	1 329	886
1970	629	642	5 695	2 079	653	952	4 438	1 413	1 419	938
1971	586	650	5 969	2 181	633	931	4 904	1 385	1 450	958
1972	505	642	6 472	2 290	639	913	5 461	1 466	1 488	964
1973	497	628	7 104	2 560	622	954	5 977	1 492	1 569	1 014
1974	547	648	7 090	2 688	647	962	6 275	1 527	1 554	1 019
1975	529	661	6 990	2 648	694	978	6 429	1 574	1 595	1 056
1976	540	687	7 906	2 910	654	1 006	6 798	1 617	1 623	1 072
1977	529	713	8 706	3 076	658	1 023	7 225	1 652	1 692	1 129
1978	551	743	9 276	3 270	670	1 079	7 751	1 736	1 780	1 199
1979	560	762	9 795	3 456	669	1 087	8 361	1 812	1 825	1 222
1980	548	811	10 503	3 657	637	1 161	9 058	1 884	1 870	1 261
1981	550	840	11 203	3 824	621	1 207	9 700	1 961	1 926	1 310
1982	542	867	11 332	3 954	680	1 259	10 127	2 026	1 982	1 358
1983	555	887	11 797	4 095	644	1 309	10 710	2 098	2 051	1 428
1984	572	913	12 845	4 307	689	1 324	11 349	2 157	2 146	1 512
1985	577	920	12 764	4 157	713	1 400	10 896	2 234	2 229	1 578
1986	590	893	13 959	4 104	725	1 446	10 849	2 295	2 303	1 647
1987	603	841	15 595	4 218	735	1 487	11 621	2 289	2 401	1 731
1988	608	731	16 717	4 481	773	1 540	12 614	2 317	2 537	1 838
1989	612	744	17 043	4 789	771	1 570	13 438	2 333	2 612	1 891
1990	640	751	17 491	5 131	807	1 598	14 258	2 448	2 700	1 953
1991	649	732	18 236	5 446	837	1 643	14 804	2 537	2 776	2 014
1992	671	788	19 197	5 738	850	1 741	15 672	2 618	2 891	2 137
1993	691	821	20 038	6 075	860	1 751	17 333	2 762	3 003	2 264
1994	706	867	20 631	6 491	907	1 789	18 924	2 879	3 145	2 418
1995	733	911	21 007	6 943	915	1 842	20 164	3 001	3 286	2 564
1996	757	953	21 440	7 376	940	1 895	21 315	3 077	3 452	2 705
1997	785	980	21 903	7 774	953	1 877	22 629	3 234	3 555	2 810
1998	813	1 024	20 193	7 100	947	1 935	22 643	3 349	3 535	2 826
1999	835	1 050	20 352	7 328	954	1 952	23 582	3 451	3 633	2 935

表 C3-c-2　25 个东亚经济体人均 GDP 年度估计值(1950—1998)

(1990 年国际元)

年份	阿富汗	柬埔寨	老挝	蒙古	朝鲜	越南	19 个小国合计	合计
1950	645	518	613	435	770	658	1 127	690
1951	653	522	621	447	709	676	1 141	691
1952	664	542	628	462	753	694	1 181	713
1953	692	534	635	475	966	712	1 179	759
1954	694	582	642	490	1 013	732	1 192	781
1955	695	556	649	505	1 054	750	1 207	796
1956	713	614	654	520	1 036	764	1 226	810
1957	699	638	661	536	1 087	775	1 245	825
1958	723	653	667	552	1 112	785	1 261	841
1959	729	698	673	568	1 120	792	1 280	852
1960	739	720	679	585	1 105	799	1 305	859
1961	730	694	685	603	1 124	812	1 341	867
1962	726	718	692	621	1 122	885	1 352	905
1963	723	752	698	640	1 186	882	1 399	920
1964	720	712	705	659	1 253	895	1 429	936
1965	720	727	712	679	1 295	877	1 473	938
1966	710	740	719	699	1 415	859	1 517	951
1967	712	758	726	720	1 483	731	1 539	902
1968	719	772	733	742	1 633	699	1 597	917
1969	713	764	740	764	1 839	739	1 635	973
1970	709	684	748	787	1 954	735	1 748	992
1971	659	648	755	811	2 522	754	1 849	1 093
1972	630	605	763	835	2 561	802	1 904	1 121
1973	684	813	770	860	2 841	836	2 031	1 218
1974	703	687	777	886	2 841	783	2 091	1 189
1975	721	605	784	912	2 841	710	2 071	1 147
1976	737	673	804	939	2 841	809	2 089	1 208
1977	669	752	821	968	2 841	818	2 075	1 207
1978	704	849	836	997	2 841	806	2 132	1 216
1979	689	875	856	1 027	2 841	795	2 242	1 219
1980	696	878	876	1 058	2 841	758	2 147	1 200
1981	749	864	891	1 115	2 841	768	2 110	1 215
1982	786	901	899	1 175	2 841	813	2 097	1 247
1983	814	932	904	1 210	2 841	840	2 107	1 267
1984	820	975	911	1 247	2 841	895	2 370	1 310
1985	813	1 021	919	1 282	2 841	929	2 127	1 322
1986	873	1 049	923	1 364	2 841	935	2 179	1 339
1987	715	994	927	1 374	2 841	949	2 204	1 325
1988	644	986	930	1 405	2 841	985	2 231	1 336
1989	634	977	932	1 404	2 841	1 011	2 258	1 349
1990	600	945	933	1 333	2 841	1 040	2 212	1 353
1991	597	983	934	1 181	2 841	1 078	2 258	1 376
1992	543	1 008	956	1 046	2 578	1 149	2 305	1 359
1993	463	1 001	1 023	995	2 542	1 219	2 353	1 370
1994	416	1 005	1 056	999	1 848	1 303	2 402	1 297
1995	496	1 043	1 081	1 043	1 520	1 403	2 451	1 313
1996	500	1 071	1 076	1 049	1 259	1 510	2 502	1 330
1997	506	1 072	1 101	1 074	1 184	1 609	2 554	1 371
1998	514	1 058	1 104	1 094	1 183	1 677	2 541	1 402

表 C3-c-3　15 个西亚经济体人均 GDP 年度估计值（1950—1998）

（1990 年国际元）

年份	巴林	伊朗	伊拉克	以色列	约旦	科威特	黎巴嫩	阿曼	卡塔尔
1950	2 102	1 718	1 364	2 818	1 664	28 833	2 429	623	30 510
1951	2 177	1 673	1 445	3 159	1 696	29 816	2 121	650	30 623
1952	2 276	1 629	1 556	3 029	1 726	30 023	2 192	677	30 221
1953	2 360	1 587	2 129	2 910	1 756	31 431	2 457	707	31 076
1954	2 430	1 545	2 463	3 374	1 788	33 234	2 746	736	32 521
1955	2 523	1 503	2 298	3 701	1 625	32 194	2 886	766	31 403
1956	2 603	1 593	2 389	3 860	2 139	32 810	2 743	799	31 891
1957	2 667	1 771	2 300	3 992	2 103	31 425	2 717	831	31 351
1958	2 736	1 919	2 493	4 108	2 219	29 888	2 269	866	31 273
1959	2 792	2 021	2 523	4 501	2 286	29 569	2 395	900	32 905
1960	2 837	2 154	2 735	4 664	2 329	28 836	2 393	935	33 239
1961	2 888	2 269	2 961	4 996	2 685	26 140	2 481	923	30 557
1962	2 928	2 247	3 017	5 267	2 618	26 463	2 507	1 084	29 344
1963	2 996	2 422	2 872	5 592	2 648	25 339	2 459	1 103	28 577
1964	3 068	2 521	3 115	5 917	2 981	25 317	2 534	1 075	26 756
1965	3 180	2 748	3 288	6 273	3 185	23 539	2 706	1 053	26 239
1966	3 278	2 934	3 349	6 190	3 138	24 062	2 804	1 079	32 372
1967	3 405	3 169	3 164	6 221	3 059	22 409	2 592	1 749	35 463
1968	3 517	3 542	3 604	7 033	2 673	22 293	2 831	3 094	36 953
1969	3 639	3 887	3 604	7 723	2 772	20 977	2 810	3 781	35 982
1970	3 780	4 177	3 473	8 102	2 395	30 674	2 917	3 796	33 237
1971	3 989	4 564	3 567	8 711	2 366	30 942	3 001	3 714	38 237
1972	4 194	5 158	3 322	9 478	2 354	30 288	3 177	3 935	39 871
1973	4 375	5 445	3 753	9 646	2 389	26 675	3 157	3 278	43 858
1974	4 580	5 759	3 825	10 025	2 505	21 940	3 505	3 543	37 001
1975	3 919	5 862	4 315	10 149	2 583	18 160	3 465	4 268	35 290
1976	4 308	6 668	5 023	10 070	3 096	18 158	3 528	4 599	35 384
1977	4 450	6 388	4 992	9 863	3 182	16 422	3 621	4 388	29 553
1978	4 409	5 462	5 694	10 124	3 718	16 534	3 720	4 085	30 268
1979	4 223	4 825	6 756	10 516	3 920	17 668	3 519	4 042	29 465
1980	4 383	3 988	6 377	10 986	4 469	13 269	3 538	4 071	29 506
1981	4 318	3 714	5 041	11 358	4 486	10 291	3 379	4 523	24 108
1982	4 414	4 132	4 833	11 392	4 623	8 688	3 151	4 800	18 772
1983	4 542	4 503	4 269	11 585	4 535	8 965	3 119	5 347	14 951
1984	4 560	4 412	4 136	11 462	4 741	9 026	3 186	5 974	13 153
1985	4 374	4 360	3 932	11 654	4 722	8 225	3 269	6 543	10 720
1986	4 312	3 811	3 759	12 028	4 959	8 534	3 125	6 441	8 345
1987	4 253	3 635	3 797	12 692	4 910	7 837	2 186	6 712	7 941
1988	4 263	3 329	2 908	12 738	4 687	7 771	1 983	6 670	7 535
1989	4 225	3 357	2 571	12 637	4 036	8 014	1 977	6 706	7 167
1990	4 092	3 586	2 458	12 968	3 775	6 153	1 949	6 479	6 797
1991	4 156	3 844	946	13 004	3 553	8 100	2 651	6 607	6 461
1992	4 362	3 981	1 194	13 379	3 936	9 816	2 744	6 899	6 716
1993	4 594	4 011	1 156	13 492	4 028	12 553	2 903	7 047	6 366
1994	4 578	3 998	1 120	14 081	4 215	12 683	3 093	7 066	6 190
1995	4 553	4 040	1 011	14 696	4 273	12 052	3 246	7 155	5 844
1996	4 583	4 190	979	15 057	4 202	11 737	3 322	7 113	6 148
1997	4 623	4 252	1 043	15 148	4 146	11 505	3 399	7 313	6 815
1998	4 620	4 265	1 131	15 152	4 129	11 273	3 445	7 267	7 304

(1990年国际元)(续表)

年份	沙特阿拉伯	叙利亚	土耳其	阿联酋	也门	西岸和加沙	平均值
1950	2 231	2 409	1 818	15 692	976	950	1 854
1951	2 374	2 264	2 000	16 777	983	986	1 926
1952	2 470	2 786	2 182	17 309	989	1 023	2 030
1953	2 664	3 084	2 362	18 532	996	1 062	2 175
1954	2 912	3 453	2 233	19 871	1 002	1 103	2 214
1955	2 922	3 040	2 345	19 616	1 009	1 144	2 217
1956	3 075	3 508	2 350	20 337	1 013	1 188	2 302
1957	3 119	3 627	2 458	20 363	1 018	1 233	2 398
1958	3 205	3 039	2 490	20 446	1 023	1 280	2 437
1959	3 458	3 063	2 523	21 398	1 027	1 328	2 521
1960	3 719	3 023	2 518	22 443	1 032	1 378	2 602
1961	4 066	3 169	2 489	23 177	1 038	1 431	2 688
1962	4 445	3 795	2 574	24 214	1 045	1 485	2 799
1963	4 716	3 674	2 750	24 975	1 054	1 541	2 923
1964	5 066	3 637	2 797	25 672	1 059	1 600	3 033
1965	5 470	3 512	2 806	26 128	1 067	1 660	3 153
1966	6 102	3 139	3 064	26 411	1 079	1 723	3 339
1967	6 463	3 291	3 133	26 571	1 091	1 789	3 453
1968	6 848	3 306	3 269	26 371	1 101	1 857	3 720
1969	7 169	3 801	3 365	25 478	1 114	1 927	3 932
1970	7 624	3 540	3 450	24 589	1 317	2 000	4 146
1971	8 476	3 759	3 561	24 817	1 514	2 076	4 421
1972	9 496	4 544	3 732	24 830	1 601	2 155	4 781
1973	11 040	4 018	3 753	24 909	1 756	2 236	4 972
1974	12 333	4 821	3 861	28 463	1 816	2 321	5 241
1975	11 797	5 570	4 034	25 444	1 910	2 409	5 381
1976	12 126	5 976	4 354	25 599	2 145	2 500	5 880
1977	13 097	5 704	4 404	26 284	2 315	2 595	5 882
1978	12 962	5 998	4 377	22 537	2 443	2 694	5 732
1979	12 897	6 010	4 260	24 803	2 508	2 796	5 689
1980	13 284	6 508	4 073	27 717	2 453	2 902	5 453
1981	13 500	6 892	4 169	25 902	2 531	3 012	5 310
1982	12 970	6 785	4 217	21 715	2 502	3 126	5 344
1983	10 946	6 634	4 325	18 870	2 571	3 245	5 276
1984	10 339	6 136	4 511	18 006	2 594	3 368	5 235
1985	9 131	6 278	4 599	16 106	2 497	3 496	5 132
1986	8 172	5 754	4 816	11 621	2 475	3 628	4 884
1987	8 192	5 655	5 163	11 597	2 495	3 766	4 936
1988	8 118	6 177	5 166	11 185	2 518	3 908	4 782
1989	8 098	5 425	5 077	11 995	2 520	4 057	4 680
1990	9 101	5 618	5 441	13 061	2 347	4 211	4 911
1991	9 719	5 789	5 389	12 754	2 195	4 370	4 903
1992	9 616	5 984	5 606	12 792	2 219	4 536	5 084
1993	9 202	6 390	5 949	12 399	2 199	4 708	5 211
1994	8 908	6 202	5 526	12 417	2 111	4 887	5 066
1995	8 627	6 021	5 822	12 927	2 221	5 027	5 148
1996	8 442	5 901	6 125	13 970	2 271	5 264	5 273
1997	8 377	5 862	6 478	14 052	2 312	5 464	5 398
1998	8 225	5 765	6 552	13 857	2 298	5 671	5 407

表 C3-c-4　56 个亚洲经济体人均 GDP 平均值的年度估计值(1950—1998)

(1990 年国际元)

年份	16 个东亚经济体	25 个东亚经济体	15 个西亚经济体	56 个亚洲经济体
1950	661	690	1 854	713
1951	696	691	1 926	750
1952	741	713	2 030	796
1953	773	759	2 175	834
1954	789	781	2 214	852
1955	812	796	2 217	874
1956	850	810	2 302	914
1957	867	825	2 398	934
1958	905	841	2 437	972
1959	929	852	2 521	999
1960	960	859	2 602	1 032
1961	948	867	2 688	1 027
1962	970	905	2 799	1 055
1963	1 015	920	2 923	1 103
1964	1 087	936	3 033	1 175
1965	1 115	938	3 153	1 206
1966	1 167	951	3 339	1 264
1967	1 197	902	3 453	1 295
1968	1 239	917	3 720	1 348
1969	1 329	973	3 932	1 443
1970	1 419	992	4 146	1 536
1971	1 450	1 093	4 421	1 582
1972	1 488	1 121	4 781	1 637
1973	1 569	1 218	4 972	1 725
1974	1 554	1 189	5 241	1 724
1975	1 595	1 147	5 381	1 769
1976	1 623	1 208	5 880	1 824
1977	1 692	1 207	5 882	1 890
1978	1 780	1 216	5 732	1 965
1979	1 825	1 219	5 689	2 006
1980	1 870	1 200	5 453	2 036
1981	1 926	1 215	5 310	2 083
1982	1 982	1 247	5 344	2 140
1983	2 051	1 267	5 276	2 202
1984	2 146	1 310	5 235	2 290
1985	2 229	1 322	5 132	2 361
1986	2 303	1 339	4 884	2 416
1987	2 401	1 325	4 936	2 509
1988	2 537	1 336	4 782	2 623
1989	2 612	1 349	4 680	2 686
1990	2 700	1 353	4 911	2 781
1991	2 776	1 376	4 903	2 850
1992	2 891	1 359	5 084	2 964
1993	3 003	1 370	5 211	3 073
1994	3 145	1 297	5 066	3 188
1995	3 286	1 313	5 148	3 320
1996	3 452	1 330	5 273	3 477
1997	3 555	1 371	5 398	3 580
1998	3 535	1 402	5 407	3 565

表 C4-a 57个非洲经济体人口年度估计值（1950—1998）（千人，年中值）

年份	阿尔及利亚	安哥拉	贝宁	博茨瓦纳	喀麦隆	佛得角	中非共和国	乍得
1950	8 893	4 118	1 673	430	4 888	146	1 260	2 608
1951	9 073	4 173	1 705	436	4 947	151	1 275	2 644
1952	9 280	4 232	1 738	442	5 009	155	1 292	2 682
1953	9 532	4 294	1 773	448	5 074	160	1 309	2 722
1954	9 611	4 358	1 809	455	5 141	164	1 328	2 763
1955	9 842	4 423	1 846	461	5 211	169	1 348	2 805
1956	10 057	4 491	1 885	468	5 284	174	1 370	2 849
1957	10 271	4 561	1 925	475	5 360	180	1 392	2 895
1958	10 485	4 636	1 967	482	5 439	185	1 416	2 942
1959	10 696	4 715	2 010	489	5 522	191	1 441	2 991
1960	10 909	4 797	2 055	497	5 609	197	1 467	3 042
1961	11 122	4 752	2 102	505	5 699	203	1 495	3 095
1962	11 001	4 826	2 152	513	5 794	210	1 523	3 150
1963	11 273	4 920	2 203	521	5 892	217	1 553	3 208
1964	11 613	5 026	2 256	530	5 996	224	1 585	3 271
1965	11 963	5 135	2 311	538	6 104	232	1 628	3 342
1966	12 339	5 201	2 368	546	6 217	239	1 683	3 416
1967	12 760	5 247	2 427	554	6 336	247	1 729	3 492
1968	13 146	5 350	2 489	562	6 460	254	1 756	3 570
1969	13 528	5 472	2 553	572	6 590	262	1 785	3 650
1970	13 932	5 606	2 620	584	6 727	269	1 827	3 733
1971	14 335	5 753	2 689	600	6 870	273	1 869	3 818
1972	14 761	5 896	2 761	620	7 021	275	1 910	3 905
1973	15 198	6 028	2 836	643	7 179	277	1 945	3 995
1974	15 653	5 988	2 914	672	7 346	279	1 983	4 087
1975	16 140	5 892	2 996	705	7 522	280	2 031	4 181
1976	16 635	5 955	3 080	742	7 723	283	2 071	4 278
1977	17 153	6 184	3 168	783	7 966	286	2 111	4 378
1978	17 703	6 311	3 260	824	8 214	289	2 153	4 480
1979	18 266	6 493	3 355	864	8 461	292	2 197	4 518
1980	18 862	6 794	3 444	903	8 761	296	2 244	4 507
1981	19 484	6 951	3 540	937	9 044	300	2 291	4 606
1982	20 132	7 114	3 642	972	9 280	305	2 338	4 826
1983	20 803	7 260	3 750	1 009	9 563	309	2 385	5 014
1984	21 488	7 400	3 864	1 047	9 870	314	2 451	5 054
1985	22 182	7 572	3 984	1 087	10 199	320	2 516	5 089
1986	22 844	7 750	4 109	1 129	10 544	325	2 556	5 223
1987	23 485	7 913	4 241	1 171	10 890	331	2 600	5 396
1988	24 102	8 090	4 379	1 215	11 236	337	2 653	5 559
1989	24 725	8 249	4 524	1 259	11 562	343	2 727	5 720
1990	25 352	8 430	4 676	1 304	11 894	349	2 798	5 889
1991	25 983	8 671	4 834	1 323	12 261	356	2 870	6 046
1992	26 618	8 960	4 998	1 342	12 636	362	2 946	6 218
1993	27 257	9 232	5 167	1 360	13 017	369	3 032	6 402
1994	27 898	9 494	5 342	1 379	13 405	375	3 117	6 590
1995	28 539	9 877	5 523	1 397	13 800	381	3 183	6 784
1996	29 183	10 250	5 710	1 415	14 202	388	3 243	6 977
1997	29 830	10 549	5 902	1 432	14 611	394	3 308	7 166
1998	30 481	10 865	6 101	1 448	15 029	400	3 376	7 360

(千人，年中值)(续表)

年份	科摩罗	刚果	科特迪瓦	吉布提	埃及	加蓬	冈比亚	加纳
1950	148	768	2 860	60	21 198	416	305	5 297
1951	151	781	2 918	62	21 704	418	313	5 437
1952	154	794	2 977	63	22 223	421	321	5 581
1953	157	809	3 037	65	22 755	423	329	5 731
1954	160	824	3 099	66	23 299	426	337	5 887
1955	164	840	3 164	68	23 856	429	346	6 049
1956	167	856	3 231	70	24 426	432	354	6 217
1957	171	874	3 300	72	25 010	435	363	6 391
1958	175	892	3 374	74	25 608	438	372	6 573
1959	179	911	3 463	76	26 220	442	381	6 761
1960	183	931	3 576	78	26 847	446	391	6 958
1961	187	952	3 700	84	27 523	450	401	7 154
1962	192	974	3 832	90	28 173	456	411	7 355
1963	196	996	3 985	96	28 821	461	421	7 564
1964	201	1 020	4 148	103	29 533	468	432	7 782
1965	206	1 044	4 327	111	30 265	474	443	8 010
1966	212	1 070	4 527	119	30 986	482	454	8 245
1967	217	1 097	4 745	128	31 681	489	465	8 490
1968	223	1 124	4 984	137	32 338	497	477	8 744
1969	230	1 153	5 235	147	32 966	504	489	9 009
1970	236	1 183	5 504	158	33 574	514	502	8 789
1971	243	1 214	5 786	169	34 184	525	515	9 040
1972	250	1 246	6 072	179	34 807	536	529	9 306
1973	257	1 279	6 352	189	35 480	557	546	9 583
1974	265	1 314	6 622	198	36 216	591	563	9 823
1975	273	1 358	6 889	208	36 952	640	581	10 023
1976	281	1 406	7 151	217	37 737	676	599	10 229
1977	305	1 456	7 419	229	38 754	709	618	10 427
1978	314	1 509	7 692	248	39 940	760	637	10 604
1979	324	1 563	7 973	263	41 123	786	656	10 753
1980	334	1 620	8 261	279	42 441	808	676	10 880
1981	341	1 680	8 558	294	43 941	854	696	11 027
1982	349	1 742	8 866	306	45 361	904	717	11 236
1983	357	1 807	9 185	316	46 703	947	739	11 982
1984	366	1 883	9 517	289	48 088	984	767	12 653
1985	375	1 936	9 864	297	49 514	1 015	796	13 050
1986	385	1 989	10 221	305	50 974	1 037	827	13 597
1987	395	2 043	10 585	312	52 252	1 050	859	13 985
1988	406	2 097	10 956	329	53 487	1 059	893	14 379
1989	417	2 151	11 362	353	54 704	1 068	928	14 778
1990	429	2 206	11 904	370	56 106	1 078	964	15 190
1991	441	2 261	12 430	381	57 512	1 090	1 001	15 614
1992	454	2 315	12 796	391	58 723	1 106	1 040	16 039
1993	468	2 371	13 223	402	59 929	1 123	1 080	16 461
1994	482	2 427	13 731	413	61 150	1 139	1 121	16 878
1995	497	2 484	14 204	421	62 374	1 156	1 163	17 291
1996	513	2 542	14 653	428	63 599	1 173	1 205	17 698
1997	529	2 600	15 075	434	64 824	1 190	1 248	18 101
1998	546	2 658	15 446	441	66 050	1 208	1 292	18 497

(千人,年中值)(续表)

年份	肯尼亚	利比里亚	马达加斯加	马里	毛里塔尼亚	毛里求斯	摩洛哥	莫桑比克
1950	6 121	824	4 620	3 688	1 006	481	9 343	6 250
1951	6 289	843	4 690	3 761	1 014	499	9 634	6 346
1952	6 464	863	4 763	3 835	1 023	517	9 939	6 446
1953	6 646	884	4 839	3 911	1 032	536	10 206	6 552
1954	6 836	906	4 919	3 988	1 042	554	10 487	6 664
1955	7 034	928	5 003	4 067	1 053	572	10 782	6 782
1956	7 240	952	5 090	4 148	1 065	592	11 089	6 906
1957	7 455	976	5 182	4 230	1 077	610	11 406	7 038
1958	7 679	1 001	5 277	4 314	1 090	628	11 735	7 177
1959	7 913	1 028	5 378	4 399	1 103	645	12 074	7 321
1960	8 157	1 055	5 482	4 486	1 117	663	12 423	7 472
1961	8 412	1 083	5 590	4 576	1 132	681	12 736	7 628
1962	8 679	1 113	5 703	4 668	1 147	701	13 057	7 789
1963	8 957	1 144	5 821	4 763	1 162	715	13 385	7 957
1964	9 248	1 175	5 944	4 862	1 178	736	13 722	8 127
1965	9 549	1 209	6 070	4 963	1 195	756	14 066	8 301
1966	9 864	1 243	6 200	5 068	1 212	774	14 415	8 486
1967	10 192	1 279	6 335	5 177	1 231	789	14 770	8 681
1968	10 532	1 317	6 473	5 289	1 249	804	15 137	8 884
1969	10 888	1 356	6 616	5 405	1 269	816	15 517	9 093
1970	11 272	1 397	6 766	5 525	1 289	830	15 909	9 304
1971	11 685	1 439	6 920	5 649	1 311	841	16 313	9 539
1972	12 126	1 483	7 082	5 777	1 333	851	16 661	9 810
1973	12 594	1 528	7 250	5 909	1 356	861	16 998	10 088
1974	13 090	1 575	7 424	6 046	1 380	873	17 335	10 370
1975	13 615	1 625	7 604	6 188	1 404	885	17 687	10 433
1976	14 171	1 675	7 805	6 334	1 430	898	18 043	10 770
1977	14 762	1 728	8 007	6 422	1 457	913	18 397	11 128
1978	15 386	1 783	8 217	6 517	1 485	929	18 758	11 466
1979	16 045	1 840	8 443	6 620	1 516	947	19 126	11 828
1980	16 685	1 900	8 678	6 731	1 550	964	19 487	12 103
1981	17 341	1 961	8 922	6 849	1 585	979	19 846	12 450
1982	18 015	2 025	9 174	6 975	1 622	992	20 199	12 794
1983	18 707	2 092	9 436	7 110	1 661	1 002	20 740	13 137
1984	19 419	2 161	9 706	7 255	1 702	1 012	21 296	13 487
1985	20 149	2 233	9 987	7 408	1 745	1 022	21 857	13 839
1986	20 890	2 308	10 277	7 569	1 791	1 032	22 422	14 122
1987	21 620	2 386	10 577	7 738	1 838	1 043	22 987	14 066
1988	22 330	2 467	10 885	7 884	1 888	1 052	23 555	13 882
1989	23 016	2 551	11 201	8 051	1 932	1 063	24 122	13 906
1990	23 674	2 265	11 525	8 231	1 979	1 074	24 685	14 056
1991	24 493	2 005	11 858	8 417	2 035	1 085	25 242	14 293
1992	25 410	2 145	12 201	8 574	2 113	1 096	25 797	14 522
1993	26 071	2 271	12 555	8 732	2 198	1 107	26 352	15 047
1994	26 496	2 304	12 917	8 930	2 272	1 118	26 907	16 159
1995	26 864	2 282	13 289	9 182	2 334	1 128	27 461	17 150
1996	27 316	2 397	13 671	9 485	2 389	1 140	28 013	17 694
1997	27 839	2 602	14 062	9 789	2 449	1 154	28 565	18 165
1998	28 337	2 772	14 463	10 109	2 511	1 168	29 114	18 641

(千人,年中值)(续表)

年份	纳米比亚	尼日尔	尼日利亚	法属留尼汪岛	卢旺达	塞内加尔	塞舌尔	塞拉利昂
1950	464	2 482	31 797	244	2 439	2 654	33	2 087
1951	475	2 538	32 449	251	2 486	2 703	33	2 115
1952	486	2 597	33 119	258	2 535	2 756	33	2 143
1953	497	2 659	33 809	266	2 587	2 810	34	2 172
1954	509	2 723	34 518	274	2 641	2 867	35	2 202
1955	522	2 790	35 248	286	2 698	2 927	36	2 233
1956	535	2 859	36 000	296	2 759	2 989	38	2 264
1957	548	2 931	36 774	309	2 822	3 055	38	2 296
1958	562	3 007	37 569	318	2 889	3 123	39	2 328
1959	576	3 085	38 388	327	2 959	3 195	40	2 362
1960	591	3 168	39 230	338	3 032	3 270	42	2 396
1961	606	3 253	40 096	348	3 046	3 348	43	2 432
1962	621	3 343	40 989	359	3 051	3 430	44	2 468
1963	637	3 437	41 908	371	3 129	3 516	45	2 505
1964	654	3 533	42 854	384	3 184	3 636	47	2 543
1965	671	3 633	43 829	393	3 265	3 744	48	2 582
1966	689	3 735	44 838	403	3 358	3 857	49	2 622
1967	707	3 842	45 887	414	3 451	3 966	50	2 662
1968	725	3 951	46 977	425	3 548	4 074	51	2 704
1969	745	4 064	48 110	436	3 657	4 193	53	2 746
1970	765	4 182	49 309	445	3 769	4 318	54	2 789
1971	786	4 303	50 540	453	3 880	4 450	56	2 834
1972	808	4 429	51 796	462	3 992	4 589	57	2 879
1973	831	4 559	53 121	469	4 110	4 727	58	2 925
1974	854	4 695	54 600	475	4 226	4 872	59	2 974
1975	879	4 836	56 224	481	4 357	4 989	61	3 027
1976	905	4 984	57 901	487	4 502	5 101	62	3 084
1977	923	5 139	59 657	492	4 657	5 232	63	3 142
1978	935	5 294	61 533	497	4 819	5 366	64	3 203
1979	955	5 459	63 548	502	4 991	5 501	65	3 267
1980	975	5 629	65 699	507	5 170	5 640	66	3 333
1981	988	5 806	67 905	512	5 362	5 783	68	3 403
1982	1 011	5 988	70 094	518	5 583	5 931	68	3 476
1983	1 045	6 189	71 202	523	5 802	6 083	69	3 553
1984	1 080	6 389	72 597	533	5 984	6 240	70	3 634
1985	1 116	6 589	74 697	542	6 157	6 402	71	3 719
1986	1 154	6 802	76 558	552	6 335	6 569	71	3 809
1987	1 196	7 016	78 892	563	6 539	6 742	72	3 904
1988	1 256	7 237	81 330	575	6 759	6 920	72	4 003
1989	1 339	7 436	83 874	588	6 968	7 159	73	4 109
1990	1 409	7 644	86 530	600	7 161	7 408	73	4 283
1991	1 438	7 863	89 263	613	7 359	7 667	74	4 407
1992	1 464	8 093	92 057	626	7 547	7 935	75	4 348
1993	1 491	8 333	94 934	640	7 721	8 211	76	4 318
1994	1 518	8 583	97 900	653	6 682	8 497	76	4 434
1995	1 544	8 844	100 959	666	5 980	8 790	77	4 589
1996	1 570	9 113	104 095	679	6 273	9 093	78	4 734
1997	1 596	9 389	107 286	692	7 718	9 404	78	4 892
1998	1 622	9 672	110 532	705	7 956	9 723	79	5 080

(千人,年中值)(续表)

年份	索马里	南非	苏丹	斯威士兰	坦桑尼亚	多哥	突尼斯	乌干达
1950	2 438	13 596	8 051	277	8 909	1 172	3 517	5 522
1951	2 482	13 926	8 275	284	9 061	1 195	3 583	5 671
1952	2 527	14 265	8 505	290	9 222	1 219	3 648	5 825
1953	2 574	14 624	8 741	297	9 392	1 244	3 713	5 983
1954	2 623	14 992	8 984	304	9 572	1 271	3 779	6 148
1955	2 673	15 369	9 233	311	9 762	1 298	3 846	6 317
1956	2 726	15 755	9 490	319	9 963	1 327	3 903	6 493
1957	2 780	16 152	9 753	327	10 175	1 357	3 951	6 676
1958	2 837	16 558	10 024	335	10 398	1 389	4 007	6 864
1959	2 895	16 975	10 303	343	10 632	1 422	4 075	7 059
1960	2 956	17 417	10 589	352	10 876	1 456	4 149	7 262
1961	3 017	17 870	10 882	361	11 135	1 491	4 216	7 472
1962	3 080	18 357	11 183	370	11 409	1 528	4 287	7 689
1963	3 145	18 857	11 493	380	11 693	1 566	4 374	7 914
1964	3 213	19 371	11 801	389	11 990	1 606	4 468	8 147
1965	3 283	19 898	12 086	399	12 301	1 648	4 566	8 389
1966	3 354	20 440	12 377	410	12 620	1 691	4 676	8 640
1967	3 429	20 997	12 716	421	12 952	1 736	4 787	8 900
1968	3 506	21 569	13 059	432	13 296	1 782	4 894	9 170
1969	3 585	22 157	13 403	443	13 657	1 830	4 996	9 450
1970	3 667	22 740	13 788	455	14 038	1 964	5 099	9 728
1971	3 752	23 338	14 182	467	14 430	2 019	5 198	9 984
1972	3 840	23 936	14 597	480	14 843	2 075	5 304	10 191
1973	3 932	24 549	15 113	493	15 321	2 133	5 426	10 386
1974	4 027	25 179	15 571	507	15 792	2 192	5 556	10 621
1975	4 128	25 815	16 056	521	16 250	2 254	5 704	10 891
1976	4 238	26 468	16 570	536	16 704	2 317	5 859	11 171
1977	4 354	27 130	17 105	551	17 195	2 382	6 005	11 459
1978	4 678	27 809	17 712	566	17 633	2 450	6 136	11 757
1979	5 309	28 506	18 387	585	18 155	2 521	6 280	12 034
1980	5 791	29 252	19 064	607	18 690	2 596	6 443	12 298
1981	5 825	30 018	19 702	625	19 240	2 686	6 606	12 597
1982	5 829	30 829	20 367	641	19 802	2 775	6 734	12 941
1983	6 003	31 664	21 751	661	20 385	2 870	6 860	13 323
1984	6 207	32 523	22 544	682	20 987	2 970	7 185	13 765
1985	6 446	33 406	23 459	705	21 603	3 075	7 362	14 232
1986	6 700	34 156	24 181	728	22 240	3 185	7 545	14 747
1987	6 922	34 894	24 738	762	22 913	3 301	7 725	15 350
1988	6 900	35 640	25 250	792	23 582	3 422	7 895	15 991
1989	6 748	36 406	25 844	813	24 227	3 548	8 053	16 627
1990	6 675	37 191	26 628	840	24 886	3 680	8 207	17 227
1991	6 427	37 962	27 441	867	25 567	3 818	8 364	17 833
1992	6 057	38 746	28 218	894	26 261	3 959	8 522	18 465
1993	6 044	39 481	28 946	916	27 093	4 105	8 680	19 150
1994	6 174	40 165	29 710	912	28 032	4 255	8 831	19 846
1995	6 256	40 864	30 556	909	28 825	4 410	8 972	20 401
1996	6 420	41 551	31 548	928	29 341	4 571	9 108	20 929
1997	6 590	42 209	32 594	947	29 899	4 736	9 245	21 544
1998	6 842	42 835	33 551	966	30 609	4 906	9 380	22 167

（千人，年中值）（续表）

年份	赞比亚	津巴布韦	42个经济体合计	其他15个经济体合计	57个经济体合计
1950	2 553	2 853	178 488	49 852	228 341
1951	2 611	2 951	182 351	50 688	233 039
1952	2 672	3 081	186 396	51 549	237 944
1953	2 734	3 191	190 552	52 435	242 986
1954	2 800	3 307	194 671	53 353	248 024
1955	2 869	3 409	199 069	54 305	253 374
1956	2 941	3 530	203 599	55 295	258 894
1957	3 016	3 646	208 253	56 324	264 577
1958	3 094	3 764	213 064	57 393	270 456
1959	3 173	3 887	218 047	58 500	276 547
1960	3 254	4 011	223 226	59 649	282 876
1961	3 337	4 140	228 354	60 847	289 201
1962	3 421	4 278	233 414	62 239	295 653
1963	3 508	4 412	239 124	63 658	302 782
1964	3 599	4 537	245 137	64 969	310 107
1965	3 694	4 685	251 355	66 351	317 706
1966	3 794	4 836	257 755	67 845	325 600
1967	3 900	4 995	264 369	69 474	333 843
1968	4 009	5 172	271 142	71 171	342 313
1969	4 123	5 353	278 105	72 886	350 991
1970	4 247	5 515	284 921	74 580	359 501
1971	4 368	5 684	292 306	76 320	368 625
1972	4 493	5 861	299 828	78 018	377 846
1973	4 625	6 041	307 751	79 900	387 651
1974	4 761	6 222	315 794	81 900	397 693
1975	4 895	6 403	323 884	84 066	407 950
1976	5 032	6 570	332 681	86 343	419 024
1977	5 176	6 728	342 148	88 376	430 525
1978	5 324	6 866	352 124	90 312	442 436
1979	5 478	6 999	362 794	92 466	455 260
1980	5 638	7 298	373 902	94 355	468 257
1981	5 832	7 574	385 008	96 373	481 381
1982	6 059	7 798	396 330	99 053	495 383
1983	6 311	8 053	408 360	101 796	510 156
1984	6 555	8 320	420 338	104 766	525 104
1985	6 793	8 597	433 006	107 334	540 340
1986	7 054	8 881	445 493	110 258	555 751
1987	7 314	9 189	457 793	113 875	571 668
1988	7 543	9 493	469 784	117 903	587 687
1989	7 754	9 745	482 024	122 038	604 062
1990	7 957	9 958	494 785	125 980	620 765
1991	8 158	10 157	507 781	129 957	637 738
1992	8 361	10 365	520 795	133 548	654 343
1993	8 561	10 556	534 482	137 169	671 651
1994	8 762	10 612	547 686	140 488	688 174
1995	8 915	10 646	560 972	144 585	705 557
1996	9 068	10 778	575 156	147 594	722 750
1997	9 265	10 915	590 817	150 790	741 607
1998	9 461	11 044	605 442	154 512	759 955

表 C4-b　57 个非洲经济体 GDP 年度估计值（1950—1998）

（百万 1990 年国际元）

年份	阿尔及利亚	安哥拉	贝宁	博茨瓦纳	喀麦隆	佛得角	中非共和国	乍得
1950	12 136	4 331	1 813	150	3 279	66	972	1 240
1951	12 221	4 491	1 813	155	3 401	69	1 008	1 286
1952	12 767	4 660	1 813	159	3 525	71	1 045	1 333
1953	13 046	4 833	1 762	164	3 653	75	1 083	1 381
1954	13 811	4 703	1 813	169	3 788	76	1 123	1 432
1955	14 224	5 080	1 813	174	3 929	78	1 165	1 485
1956	15 619	4 985	1 813	179	4 073	82	1 207	1 540
1957	17 391	5 461	1 813	184	4 224	81	1 252	1 597
1958	18 022	5 751	1 880	189	4 381	83	1 299	1 657
1959	21 323	5 777	1 950	195	4 542	93	1 346	1 717
1960	22 780	6 011	2 010	200	4 666	100	1 358	1 730
1961	20 013	6 635	2 075	207	4 722	107	1 409	1 753
1962	15 765	6 444	2 005	213	4 867	113	1 373	1 846
1963	19 928	6 791	2 097	220	5 047	120	1 369	1 819
1964	20 971	7 587	2 240	228	5 227	127	1 391	1 773
1965	22 367	8 194	2 356	235	5 332	133	1 409	1 783
1966	21 287	8 635	2 443	258	5 581	140	1 420	1 752
1967	23 277	9 064	2 467	284	5 736	147	1 487	1 764
1968	25 996	8 947	2 561	313	6 109	153	1 494	1 756
1969	28 484	9 255	2 637	344	6 411	160	1 565	1 876
1970	31 336	9 909	2 692	378	6 605	166	1 638	1 912
1971	28 666	9 943	2 704	448	6 801	155	1 590	1 948
1972	34 685	10 091	2 942	592	7 096	148	1 557	1 815
1973	35 814	10 784	3 011	722	7 201	147	1 627	1 726
1974	37 999	10 242	2 784	873	7 523	143	1 580	1 963
1975	40 705	6 314	2 904	862	7 910	147	1 609	2 301
1976	43 387	5 669	3 029	1 024	8 061	147	1 679	2 267
1977	47 319	5 799	3 199	1 061	8 520	148	1 816	2 098
1978	53 387	6 037	3 301	1 264	8 985	164	1 848	2 088
1979	58 193	6 184	3 565	1 391	9 474	182	1 745	1 640
1980	59 273	6 483	3 901	1 589	10 441	249	1 730	1 541
1981	60 766	6 353	4 122	1 736	12 222	271	1 757	1 557
1982	64 662	6 050	4 566	1 865	13 147	279	1 790	1 640
1983	68 012	5 851	4 366	2 159	14 068	306	1 681	1 897
1984	71 774	5 881	4 713	2 400	15 170	317	1 803	1 937
1985	75 512	5 911	5 068	2 577	16 528	345	1 826	2 361
1986	74 747	5 379	5 182	2 773	17 722	355	1 859	2 264
1987	74 225	5 985	5 104	3 017	16 839	380	1 812	2 208
1988	72 672	6 843	5 258	3 492	16 072	392	1 845	2 551
1989	75 123	6 959	5 144	3 944	14 632	413	1 913	2 698
1990	73 934	7 202	5 347	4 178	14 393	430	1 982	2 537
1991	73 047	7 252	5 598	4 379	13 846	283	1 970	2 801
1992	74 216	7 180	5 822	4 510	13 417	231	1 844	2 868
1993	72 583	5 241	6 026	4 600	12 987	434	1 850	2 816
1994	71 784	5 315	6 291	4 757	12 663	490	1 940	2 977
1995	74 584	5 915	6 581	4 980	13 081	500	2 057	3 004
1996	77 418	6 607	6 942	5 324	13 735	513	1 989	3 115
1997	78 270	7 043	7 338	5 739	14 435	525	2 102	3 243
1998	81 948	7 029	7 668	6 083	15 157	544	2 203	3 463

(百万1990年国际元)(续表)

年份	科摩罗	刚果	科特迪瓦	吉布提	埃及	加蓬	冈比亚	加纳
1950	83	990	2 977	90	15 224	1 292	165	5 943
1951	88	1 027	3 087	95	15 498	1 340	174	6 163
1952	90	1 064	3 201	98	15 788	1 389	180	6 050
1953	94	1 103	3 317	102	16 062	1 440	187	6 888
1954	99	1 144	3 439	108	16 351	1 493	197	7 755
1955	102	1 186	3 567	111	16 655	1 548	203	7 256
1956	106	1 230	3 698	115	17 447	1 605	211	7 684
1957	110	1 275	3 835	120	18 269	1 665	219	7 933
1958	113	1 323	3 978	123	19 137	1 727	225	7 803
1959	120	1 372	4 123	130	20 050	1 791	238	8 932
1960	130	1 419	4 493	139	21 010	1 866	254	9 591
1961	132	1 465	4 912	150	22 395	2 090	296	9 930
1962	144	1 513	5 130	158	23 887	2 153	292	10 412
1963	174	1 563	5 972	171	25 485	2 229	294	10 774
1964	188	1 616	7 041	182	27 191	2 268	314	11 006
1965	188	1 670	6 886	194	28 987	2 306	348	11 154
1966	208	1 757	7 431	209	29 155	2 409	406	11 166
1967	217	1 850	7 538	224	28 789	2 508	421	11 368
1968	218	1 948	8 714	239	29 246	2 572	427	11 529
1969	221	2 050	9 098	256	31 255	2 780	473	11 939
1970	238	2 158	10 087	327	33 235	3 020	426	12 515
1971	280	2 333	10 593	361	34 620	3 330	475	13 514
1972	258	2 523	11 179	385	35 275	3 708	509	13 109
1973	229	2 727	12 064	412	36 249	4 086	533	13 484
1974	279	2 947	12 412	412	37 634	5 699	638	14 411
1975	219	3 185	12 400	430	41 441	6 090	598	12 616
1976	194	3 199	13 886	468	47 850	8 487	668	12 171
1977	190	2 934	14 541	410	54 092	6 732	701	12 450
1978	197	2 883	15 982	427	58 248	4 883	665	13 508
1979	202	3 323	16 282	444	62 846	4 814	773	13 163
1980	215	3 891	17 539	464	69 636	4 837	697	12 747
1981	226	4 697	18 152	491	72 407	4 780	691	12 765
1982	235	5 072	18 188	513	80 141	4 685	779	11 879
1983	244	5 327	17 479	519	86 307	4 756	685	11 339
1984	252	5 667	16 902	521	91 574	4 946	665	12 319
1985	259	5 412	17 732	521	97 618	4 846	609	12 943
1986	266	5 044	18 262	521	100 191	4 603	641	13 621
1987	277	5 079	17 970	521	102 718	4 005	676	14 274
1988	289	5 089	17 646	521	107 027	4 086	747	15 077
1989	290	5 277	17 542	526	110 239	4 261	799	15 843
1990	294	5 394	16 330	530	112 873	4 500	833	16 372
1991	278	5 523	16 330	533	109 261	4 775	851	17 240
1992	302	5 667	16 297	532	112 867	4 617	889	17 912
1993	311	5 610	16 265	511	114 673	4 728	943	18 808
1994	294	5 302	16 590	496	117 998	4 888	979	19 522
1995	283	5 514	17 768	478	120 948	5 231	942	20 401
1996	282	5 861	18 976	460	126 995	5 497	992	21 115
1997	282	5 750	20 115	464	133 345	5 789	999	22 002
1998	285	5 951	21 201	467	140 546	5 901	1 098	23 014

(百万 1990 年国际元)(续表)

年份	肯尼亚	利比里亚	马达加斯加	马里	毛里塔尼亚	毛里求斯	摩洛哥	莫桑比克
1950	3 982	869	4 394	1 685	467	1 198	13 598	7 084
1951	4 851	919	4 557	1 747	484	1 267	14 046	7 332
1952	4 313	947	4 724	1 811	502	1 306	14 509	7 594
1953	4 205	984	4 895	1 879	520	1 356	14 987	7 857
1954	4 695	1 039	5 075	1 946	539	1 433	15 481	8 041
1955	5 050	1 073	5 264	2 018	559	1 479	15 991	8 537
1956	5 329	1 113	5 457	2 093	580	1 535	16 093	8 579
1957	5 504	1 155	5 660	2 170	601	1 594	16 195	8 770
1958	5 563	1 188	5 870	2 249	623	1 638	16 299	9 188
1959	5 699	1 257	6 086	2 333	647	1 733	16 402	9 684
1960	5 918	1 297	6 169	2 399	698	1 842	16 507	9 918
1961	5 775	1 328	6 297	2 414	817	2 261	17 085	10 202
1962	6 085	1 345	6 442	2 428	799	2 278	17 684	10 903
1963	6 392	1 377	6 380	2 591	750	2 595	18 303	10 513
1964	7 013	1 447	6 635	2 714	974	2 417	18 944	10 967
1965	7 093	1 472	6 604	2 753	1 109	2 495	19 608	11 215
1966	8 005	1 751	6 741	2 869	1 115	2 406	20 700	11 576
1967	8 419	1 740	7 114	2 964	1 154	2 510	21 853	12 369
1968	9 028	1 823	7 597	3 075	1 256	2 338	23 071	13 758
1969	9 590	1 955	7 883	3 060	1 237	2 453	24 356	15 394
1970	10 291	2 083	8 296	3 248	1 365	2 443	25 713	16 216
1971	10 944	2 186	8 621	3 361	1 378	2 563	27 154	17 321
1972	11 509	2 269	8 511	3 535	1 396	2 817	27 807	17 881
1973	12 107	2 212	8 292	3 449	1 309	3 169	28 800	18 894
1974	12 704	2 375	8 459	3 365	1 443	3 511	30 351	17 463
1975	12 652	2 017	8 564	3 831	1 351	3 514	32 385	14 643
1976	13 162	2 096	8 300	4 352	1 459	4 086	35 950	13 942
1977	14 369	2 079	8 498	4 648	1 440	4 353	37 711	14 055
1978	15 663	2 161	8 274	4 524	1 434	4 520	38 808	14 162
1979	16 252	2 257	9 087	5 612	1 500	4 679	40 584	14 367
1980	17 160	2 149	9 157	4 953	1 560	4 208	44 278	14 771
1981	17 555	2 197	8 366	4 787	1 619	4 455	43 054	15 040
1982	18 614	2 134	8 213	4 512	1 586	4 701	47 203	14 629
1983	18 729	2 119	8 278	4 711	1 663	4 719	46 930	13 581
1984	19 056	2 100	7 975	4 918	1 543	4 940	48 894	13 212
1985	19 876	2 071	8 155	5 029	1 587	5 285	51 955	12 022
1986	21 302	2 131	8 213	5 348	1 676	5 817	56 023	12 199
1987	22 569	2 189	8 393	5 449	1 727	6 408	54 762	12 639
1988	23 927	2 189	8 525	5 440	1 792	6 844	60 367	13 361
1989	25 018	2 216	8 867	5 995	1 852	7 145	61 748	13 900
1990	26 093	2 245	9 210	6 040	1 825	7 652	64 082	14 105
1991	26 458	2 281	8 630	5 986	1 872	8 142	68 504	14 796
1992	26 247	2 321	8 733	6 488	1 904	8 533	65 764	13 598
1993	26 352	2 374	8 917	6 333	2 009	9 104	65 106	14 781
1994	27 037	2 426	8 917	6 472	2 101	9 496	71 877	15 889
1995	28 226	2 492	9 068	6 886	2 196	9 828	67 133	16 572
1996	29 384	2 541	9 259	7 162	2 299	10 329	75 256	17 749
1997	30 001	2 555	9 601	7 642	2 410	10 897	73 751	19 755
1998	30 451	2 580	9 976	7 917	2 494	11 508	78 397	22 125

(百万 1990 年国际元)(续表)

年份	纳米比亚	尼日尔	尼日利亚	法属留尼汪岛	卢旺达	塞内加尔	塞舌尔	塞拉利昂
1950	1 002	2 018	23 933	485	1 334	3 341	63	1 370
1951	1 033	2 093	25 728	512	1 410	3 464	67	1 448
1952	1 065	2 170	27 571	528	1 454	3 591	69	1 493
1953	1 106	2 248	28 217	549	1 510	3 721	71	1 550
1954	1 168	2 331	30 299	580	1 596	3 858	75	1 638
1955	1 206	2 418	31 089	598	1 646	4 002	78	1 696
1956	1 251	2 507	30 371	621	1 709	4 149	81	1 760
1957	1 299	2 600	31 615	645	1 773	4 303	84	1 826
1958	1 335	2 697	31 256	663	1 824	4 463	86	1 878
1959	1 412	2 797	32 621	701	1 929	4 627	91	1 986
1960	1 545	2 977	34 081	756	1 989	4 724	99	2 050
1961	1 562	3 100	35 229	796	1 904	4 937	94	2 087
1962	1 783	3 427	37 240	859	2 120	5 101	101	2 182
1963	1 961	3 766	40 734	925	1 912	5 298	111	2 219
1964	2 279	3 776	42 481	1 004	1 673	5 452	116	2 245
1965	2 433	4 061	45 353	1 101	1 790	5 656	116	2 405
1966	2 526	4 010	43 893	1 170	1 916	5 816	119	2 559
1967	2 424	4 029	37 072	1 256	2 051	5 746	119	2 542
1968	2 444	4 061	36 665	1 347	2 193	6 107	129	2 791
1969	2 529	3 940	46 502	1 477	2 435	5 709	129	3 045
1970	2 540	4 061	60 814	1 540	2 702	6 197	139	3 149
1971	2 627	4 291	67 970	1 575	2 734	6 187	162	3 120
1972	2 783	4 069	70 530	1 757	2 742	6 588	172	3 086
1973	2 895	3 377	76 585	1 771	2 826	6 217	187	3 180
1974	3 021	3 671	85 465	1 876	2 959	6 478	190	3 309
1975	3 052	3 570	82 904	1 838	3 510	6 965	197	3 408
1976	3 221	3 595	91 927	1 636	3 450	7 587	217	3 305
1977	3 424	3 873	95 277	1 603	3 629	7 383	234	3 353
1978	3 651	4 394	89 653	1 730	3 985	7 092	250	3 363
1979	3 806	4 709	95 852	1 815	4 360	7 590	292	3 554
1980	3 986	4 937	97 646	1 869	4 892	7 339	284	3 721
1981	4 110	4 995	89 820	1 913	5 210	7 283	265	3 951
1982	4 164	4 935	89 007	2 057	5 646	8 388	260	4 019
1983	4 057	4 844	83 000	2 157	5 984	8 602	255	3 961
1984	4 006	4 025	79 290	2 181	5 730	8 205	265	4 014
1985	4 023	4 095	86 302	2 205	5 982	8 515	290	3 904
1986	4 147	4 283	87 930	2 230	6 309	8 926	297	3 767
1987	4 268	4 130	87 284	2 248	6 261	9 290	311	3 965
1988	4 368	4 362	95 947	2 383	6 046	9 765	325	4 072
1989	4 738	4 368	102 146	2 454	6 168	9 598	343	4 164
1990	4 619	4 289	107 459	2 694	6 125	10 032	366	4 335
1991	4 882	4 396	113 907	2 863	5 862	9 992	376	3 988
1992	5 346	4 110	116 868	2 863	6 248	10 212	402	3 605
1993	5 239	4 168	119 439	2 863	5 730	9 987	428	3 609
1994	5 590	4 335	118 723	2 863	2 951	10 277	425	3 735
1995	5 780	4 447	121 809	2 863	3 919	10 842	422	3 362
1996	5 948	4 599	129 605	3 012	4 538	11 406	442	3 530
1997	6 055	4 750	133 623	3 136	5 119	11 976	461	2 817
1998	6 158	5 149	136 162	3 174	5 605	12 659	471	2 837

(百万 1990 年国际元)(续表)

年份	索马里	南非	苏丹	斯威士兰	坦桑尼亚	多哥	突尼斯	乌干达
1950	2 576	34 465	6 609	200	3 362	673	3 920	3 793
1951	2 724	36 085	6 926	211	3 786	698	3 963	3 641
1952	2 810	37 360	7 270	218	3 863	723	4 450	3 868
1953	2 915	39 117	7 613	226	3 725	749	4 618	4 039
1954	3 083	41 427	7 983	239	4 028	777	4 720	3 982
1955	3 183	43 494	8 373	247	4 125	806	4 477	4 244
1956	3 301	45 907	9 259	256	4 176	836	4 775	4 479
1957	3 425	47 665	9 133	266	4 277	867	4 579	4 673
1958	3 520	48 664	9 510	273	4 314	899	5 175	4 703
1959	3 726	50 835	10 640	289	4 525	932	4 959	4 942
1960	3 775	52 972	10 838	329	4 710	1 016	5 571	5 177
1961	3 956	55 247	10 838	371	4 657	1 085	6 053	5 124
1962	4 130	58 349	11 592	449	5 080	1 125	5 912	5 332
1963	4 290	62 622	11 261	475	5 400	1 181	6 806	5 943
1964	3 826	66 827	11 142	545	5 695	1 351	7 100	6 394
1965	3 572	70 825	11 896	630	5 901	1 535	7 547	6 535
1966	4 079	73 892	11 717	657	6 657	1 676	7 735	6 941
1967	4 313	78 959	11 354	719	6 926	1 769	7 684	7 312
1968	4 388	82 371	12 048	686	7 282	1 859	8 491	7 498
1969	3 840	87 437	12 781	715	7 417	2 060	8 793	8 325
1970	4 174	91 986	12 246	926	7 847	2 112	9 315	8 450
1971	4 282	96 501	13 092	942	8 177	2 262	10 302	8 700
1972	4 717	98 362	12 814	1 057	8 725	2 340	12 129	8 757
1973	4 625	102 498	11 783	1 114	9 007	2 245	12 051	8 704
1974	3 682	108 254	12 966	1 238	9 216	2 340	13 019	8 719
1975	4 960	110 253	14 612	1 282	9 693	2 326	13 952	8 541
1976	4 944	112 941	17 302	1 324	10 386	2 315	15 054	8 606
1977	6 185	112 734	19 932	1 364	10 678	2 441	15 567	8 738
1978	6 500	116 077	19 621	1 399	10 987	2 689	16 571	8 260
1979	6 270	120 627	17 586	1 424	11 122	2 851	17 657	7 350
1980	6 005	128 416	17 758	1 466	11 216	2 721	18 966	7 100
1981	6 482	135 171	18 128	1 566	11 092	2 551	20 013	7 373
1982	6 716	134 619	20 421	1 656	11 236	2 453	19 915	7 980
1983	6 098	132 172	20 844	1 664	11 186	2 320	20 848	8 571
1984	6 306	138 893	19 800	1 698	11 465	2 389	22 040	7 843
1985	6 816	137 239	18 557	1 804	11 438	2 502	23 279	7 999
1986	7 056	137 307	19 291	1 872	11 811	2 580	22 918	8 025
1987	7 409	140 099	19 720	2 031	12 413	2 616	24 451	8 533
1988	7 359	145 855	19 952	1 984	12 937	2 733	24 478	9 148
1989	7 349	148 888	21 518	2 111	13 371	2 834	25 384	9 815
1990	7 231	147 509	19 793	2 154	13 852	2 805	27 387	10 206
1991	6 505	146 034	21 179	2 208	14 143	2 785	28 455	10 308
1992	5 536	142 967	22 280	2 237	14 228	2 674	30 675	10 628
1993	5 536	144 683	22 904	2 310	14 398	2 235	31 349	11 520
1994	5 701	149 313	24 118	2 391	14 629	2 611	32 384	12 131
1995	5 867	153 941	25 179	2 463	15 155	2 789	33 161	13 405
1996	6 048	160 407	26 362	2 552	15 837	3 059	35 482	14 490
1997	6 044	164 417	28 128	2 646	16 392	3 191	37 399	15 244
1998	6 044	165 239	29 535	2 699	16 933	3 159	39 306	16 082

(百万 1990 年国际元)(续表)

年份	赞比亚	津巴布韦	42个经济体合计	其他15个经济体合计	57个经济体合计
1950	1 687	2 000	176 858	17 709	194 568
1951	1 795	2 130	184 831	18 968	203 798
1952	1 910	2 232	191 583	20 059	211 642
1953	2 032	2 424	198 303	21 072	219 375
1954	2 161	2 554	208 248	21 873	230 121
1955	2 111	2 756	215 096	22 965	238 060
1956	2 362	3 148	223 320	24 392	247 712
1957	2 465	3 368	231 939	24 971	256 911
1958	2 401	3 412	237 382	25 267	262 649
1959	2 902	3 596	251 054	26 221	277 275
1960	3 123	3 762	261 999	27 609	289 608
1961	3 130	3 956	268 595	27 166	295 761
1962	3 096	4 016	276 171	30 854	307 024
1963	3 164	3 976	295 000	33 783	328 783
1964	3 586	4 326	310 279	36 203	346 482
1965	4 239	4 608	326 095	39 309	365 404
1966	4 007	4 678	333 469	42 439	375 908
1967	4 318	5 068	338 924	44 622	383 546
1968	4 379	5 168	354 074	49 389	403 463
1969	4 355	5 812	382 032	53 292	435 325
1970	4 562	7 072	416 129	55 239	471 369
1971	4 561	7 692	436 466	56 113	492 579
1972	4 979	8 342	455 548	55 180	510 728
1973	4 930	8 594	471 638	57 549	529 186
1974	5 332	8 810	497 754	56 400	554 154
1975	5 124	8 890	503 766	56 651	560 418
1976	5 426	8 816	537 581	59 988	597 569
1977	5 163	8 108	558 850	62 738	621 588
1978	5 195	8 338	573 167	63 348	636 515
1979	5 037	8 338	598 798	67 113	665 911
1980	5 190	9 288	626 270	68 617	694 886
1981	5 509	10 454	635 952	65 439	701 392
1982	5 354	10 726	656 633	65 340	721 973
1983	5 249	10 896	658 433	66 285	724 718
1984	5 231	10 688	673 549	65 872	739 421
1985	5 317	11 430	697 747	64 757	762 503
1986	5 354	11 732	711 972	66 283	778 255
1987	5 497	11 588	721 343	68 259	789 602
1988	5 841	12 672	752 279	69 913	822 192
1989	5 900	13 498	776 990	70 750	847 740
1990	6 432	13 766	789 435	70 352	859 787
1991	6 432	14 523	799 473	68 642	868 115
1992	6 323	13 216	803 175	66 447	869 622
1993	6 753	13 388	809 901	67 746	877 647
1994	6 172	14 298	829 146	68 002	897 149
1995	5 906	14 212	850 191	70 894	921 084
1996	6 284	15 250	898 652	75 305	973 958
1997	6 504	15 738	927 690	77 901	1 005 591
1998	6 374	15 990	961 581	77 825	1 039 407

表 C4-c 57个非洲经济体人均 GDP 年度估计值(1950—1998)

(1990年国际元)

年份	阿尔及利亚	安哥拉	贝宁	博茨瓦纳	喀麦隆	佛得角	中非共和国	乍得
1950	1 365	1 052	1 084	349	671	450	772	476
1951	1 347	1 076	1 063	355	687	455	790	486
1952	1 376	1 101	1 043	359	704	461	809	497
1953	1 369	1 126	994	366	720	467	827	507
1954	1 437	1 079	1 002	372	737	460	845	518
1955	1 445	1 148	982	377	754	463	864	529
1956	1 553	1 110	962	383	771	469	881	540
1957	1 693	1 197	941	388	788	453	899	552
1958	1 719	1 241	956	392	805	449	917	563
1959	1 994	1 225	970	399	822	486	934	574
1960	2 088	1 253	978	403	832	508	925	569
1961	1 799	1 396	987	410	829	525	943	566
1962	1 433	1 335	932	415	840	539	901	586
1963	1 768	1 380	952	422	857	553	881	567
1964	1 806	1 510	993	430	872	564	878	542
1965	1 870	1 596	1 020	437	874	575	866	533
1966	1 725	1 660	1 032	473	898	585	844	513
1967	1 824	1 727	1 016	513	905	594	860	505
1968	1 977	1 672	1 029	557	946	602	851	492
1969	2 105	1 691	1 033	601	973	611	877	514
1970	2 249	1 768	1 027	647	982	619	896	512
1971	2 000	1 728	1 006	747	990	566	851	510
1972	2 350	1 712	1 065	956	1 011	536	815	465
1973	2 357	1 789	1 061	1 122	1 003	529	837	432
1974	2 428	1 710	955	1 299	1 024	512	797	480
1975	2 522	1 072	969	1 222	1 052	525	792	550
1976	2 608	952	983	1 380	1 044	520	811	530
1977	2 759	938	1 010	1 355	1 070	518	860	479
1978	3 016	957	1 013	1 534	1 094	567	858	466
1979	3 186	952	1 063	1 609	1 120	622	794	363
1980	3 143	954	1 132	1 760	1 192	841	771	342
1981	3 119	914	1 164	1 853	1 351	904	767	338
1982	3 212	850	1 254	1 919	1 417	916	765	340
1983	3 269	806	1 164	2 140	1 471	988	705	378
1984	3 340	795	1 220	2 291	1 537	1 009	736	383
1985	3 404	781	1 272	2 370	1 620	1 079	726	464
1986	3 272	694	1 261	2 457	1 681	1 091	727	433
1987	3 161	756	1 204	2 576	1 546	1 148	697	409
1988	3 015	846	1 201	2 875	1 430	1 163	695	459
1989	3 038	844	1 137	3 133	1 266	1 205	701	472
1990	2 916	854	1 144	3 204	1 210	1 231	708	431
1991	2 811	836	1 158	3 310	1 129	796	686	463
1992	2 788	801	1 165	3 362	1 062	638	626	461
1993	2 663	568	1 166	3 382	998	1 179	610	440
1994	2 573	560	1 178	3 450	945	1 305	622	452
1995	2 613	599	1 192	3 565	948	1 312	646	443
1996	2 653	645	1 216	3 763	967	1 324	613	446
1997	2 624	668	1 243	4 008	988	1 332	635	452
1998	2 689	647	1 257	4 200	1 008	1 360	653	471

(1990年国际元)(续表)

年份	科摩罗	刚果	科特迪瓦	吉布提	埃及	加蓬	冈比亚	加纳
1950	560	1 289	1 041	1 500	718	3 108	540	1 122
1951	581	1 315	1 058	1 546	714	3 204	557	1 134
1952	587	1 340	1 075	1 554	710	3 302	560	1 084
1953	598	1 364	1 092	1 575	706	3 401	567	1 202
1954	619	1 388	1 110	1 622	702	3 504	584	1 317
1955	625	1 412	1 127	1 632	698	3 611	588	1 200
1956	635	1 436	1 144	1 651	714	3 718	596	1 236
1957	645	1 459	1 162	1 668	730	3 827	604	1 241
1958	649	1 482	1 179	1 665	747	3 939	606	1 187
1959	671	1 506	1 191	1 711	765	4 052	625	1 321
1960	712	1 523	1 256	1 771	783	4 184	650	1 378
1961	703	1 539	1 328	1 783	814	4 639	738	1 388
1962	749	1 553	1 339	1 759	848	4 725	711	1 416
1963	887	1 569	1 499	1 774	884	4 832	698	1 424
1964	932	1 584	1 697	1 758	921	4 851	727	1 414
1965	913	1 599	1 592	1 754	958	4 860	787	1 393
1966	984	1 642	1 642	1 761	941	5 003	896	1 354
1967	999	1 688	1 589	1 758	909	5 130	904	1 339
1968	973	1 732	1 749	1 746	904	5 176	894	1 318
1969	963	1 779	1 738	1 742	948	5 518	965	1 325
1970	1 009	1 825	1 833	2 069	990	5 874	848	1 424
1971	1 154	1 922	1 831	2 142	1 013	6 347	922	1 495
1972	1 032	2 025	1 841	2 150	1 013	6 922	963	1 409
1973	889	2 132	1 899	2 185	1 022	7 337	976	1 407
1974	1 055	2 243	1 874	2 080	1 039	9 635	1 133	1 467
1975	804	2 345	1 800	2 065	1 121	9 521	1 030	1 259
1976	692	2 275	1 942	2 154	1 268	12 549	1 114	1 190
1977	624	2 014	1 960	1 794	1 396	9 497	1 134	1 194
1978	627	1 911	2 078	1 724	1 458	6 426	1 044	1 274
1979	624	2 126	2 042	1 687	1 528	6 124	1 178	1 224
1980	643	2 402	2 123	1 661	1 641	5 990	1 030	1 172
1981	664	2 796	2 121	1 674	1 648	5 596	992	1 158
1982	675	2 912	2 052	1 676	1 767	5 185	1 086	1 057
1983	683	2 948	1 903	1 643	1 848	5 022	926	946
1984	688	3 009	1 776	1 802	1 904	5 025	867	974
1985	691	2 795	1 798	1 756	1 972	4 773	764	992
1986	691	2 535	1 787	1 712	1 966	4 438	775	1 002
1987	701	2 486	1 698	1 669	1 966	3 816	786	1 021
1988	712	2 427	1 611	1 587	2 001	3 860	837	1 048
1989	694	2 453	1 544	1 490	2 015	3 989	862	1 072
1990	685	2 445	1 372	1 432	2 012	4 176	864	1 078
1991	630	2 443	1 314	1 400	1 900	4 379	850	1 104
1992	664	2 448	1 274	1 360	1 922	4 173	855	1 117
1993	664	2 366	1 230	1 272	1 913	4 212	873	1 143
1994	610	2 184	1 208	1 202	1 930	4 292	873	1 157
1995	569	2 219	1 251	1 135	1 939	4 526	810	1 180
1996	549	2 306	1 295	1 077	1 997	4 687	823	1 193
1997	533	2 212	1 334	1 068	2 057	4 864	801	1 216
1998	522	2 239	1 373	1 061	2 128	4 886	850	1 244

(1990年国际元)(续表)

年份	肯尼亚	利比里亚	马达加斯加	马里	毛里塔尼亚	毛里求斯	摩洛哥	莫桑比克
1950	651	1 055	951	457	464	2 490	1 455	1 133
1951	771	1 090	972	465	477	2 540	1 458	1 155
1952	667	1 097	992	472	490	2 528	1 460	1 178
1953	633	1 113	1 012	480	504	2 530	1 468	1 199
1954	687	1 147	1 032	488	517	2 587	1 476	1 207
1955	718	1 156	1 052	496	531	2 587	1 483	1 259
1956	736	1 170	1 072	504	545	2 594	1 451	1 242
1957	738	1 183	1 092	513	558	2 613	1 420	1 246
1958	725	1 187	1 112	521	572	2 610	1 389	1 280
1959	720	1 223	1 132	530	586	2 685	1 358	1 323
1960	726	1 230	1 125	535	625	2 777	1 329	1 327
1961	686	1 226	1 126	528	722	3 319	1 341	1 337
1962	701	1 209	1 129	520	697	3 249	1 354	1 400
1963	714	1 204	1 096	544	645	3 629	1 367	1 321
1964	758	1 231	1 116	558	827	3 283	1 381	1 349
1965	743	1 218	1 088	555	928	3 302	1 394	1 351
1966	812	1 408	1 087	566	920	3 108	1 436	1 364
1967	826	1 360	1 123	572	938	3 180	1 480	1 425
1968	857	1 384	1 174	581	1 006	2 907	1 524	1 549
1969	881	1 442	1 192	566	975	3 006	1 570	1 693
1970	913	1 492	1 226	588	1 059	2 945	1 616	1 743
1971	937	1 519	1 246	595	1 051	3 047	1 665	1 816
1972	949	1 530	1 202	612	1 047	3 309	1 669	1 823
1973	961	1 447	1 144	584	966	3 680	1 694	1 873
1974	971	1 508	1 139	556	1 046	4 020	1 751	1 684
1975	929	1 242	1 126	619	962	3 969	1 831	1 404
1976	929	1 251	1 063	687	1 020	4 551	1 992	1 295
1977	973	1 203	1 061	724	988	4 768	2 050	1 263
1978	1 018	1 212	1 007	694	965	4 863	2 069	1 235
1979	1 013	1 226	1 076	848	989	4 943	2 122	1 215
1980	1 029	1 131	1 055	736	1 006	4 367	2 272	1 220
1981	1 012	1 120	938	699	1 021	4 550	2 169	1 208
1982	1 033	1 054	895	647	978	4 738	2 337	1 143
1983	1 001	1 013	877	663	1 001	4 708	2 263	1 034
1984	981	972	822	678	906	4 882	2 296	980
1985	986	927	817	679	909	5 173	2 377	869
1986	1 020	923	799	707	936	5 635	2 499	864
1987	1 044	917	793	704	940	6 146	2 382	899
1988	1 071	887	783	690	949	6 504	2 563	962
1989	1 087	869	792	745	958	6 725	2 560	1 000
1990	1 102	991	799	734	922	7 128	2 596	1 003
1991	1 080	1 137	728	711	920	7 505	2 714	1 035
1992	1 033	1 082	716	757	901	7 784	2 549	936
1993	1 011	1 046	710	725	914	8 221	2 471	982
1994	1 020	1 053	690	725	925	8 493	2 671	983
1995	1 051	1 092	682	750	941	8 711	2 445	966
1996	1 076	1 060	677	755	963	9 059	2 686	1 003
1997	1 078	982	683	781	984	9 441	2 582	1 087
1998	1 075	931	690	783	993	9 850	2 693	1 187

(1990年国际元)(续表)

年份	纳米比亚	尼日尔	尼日利亚	法属留尼汪岛	卢旺达	塞内加尔	塞舌尔	塞拉利昂
1950	2 160	813	753	1 989	547	1 259	1 912	656
1951	2 176	825	793	2 044	567	1 281	2 019	685
1952	2 191	835	832	2 051	574	1 303	2 050	697
1953	2 223	846	835	2 067	584	1 324	2 084	714
1954	2 292	856	878	2 113	604	1 346	2 174	744
1955	2 310	867	882	2 091	610	1 367	2 164	760
1956	2 339	877	844	2 098	620	1 388	2 143	777
1957	2 370	887	860	2 089	628	1 409	2 186	795
1958	2 376	897	832	2 085	631	1 429	2 200	807
1959	2 451	907	850	2 142	652	1 448	2 254	841
1960	2 616	940	869	2 239	656	1 445	2 367	856
1961	2 579	953	879	2 288	625	1 475	2 176	858
1962	2 869	1 025	909	2 394	695	1 487	2 306	884
1963	3 076	1 096	972	2 495	611	1 507	2 458	886
1964	3 486	1 069	991	2 617	525	1 499	2 488	883
1965	3 626	1 118	1 035	2 803	548	1 511	2 435	932
1966	3 668	1 074	979	2 901	570	1 508	2 434	976
1967	3 430	1 049	808	3 033	594	1 449	2 381	955
1968	3 369	1 028	780	3 169	618	1 499	2 522	1 032
1969	3 396	969	967	3 391	666	1 362	2 455	1 109
1970	3 321	971	1 233	3 463	717	1 435	2 570	1 129
1971	3 342	997	1 345	3 473	705	1 390	2 910	1 101
1972	3 443	919	1 362	3 807	687	1 436	3 013	1 072
1973	3 486	741	1 442	3 774	688	1 315	3 224	1 087
1974	3 539	782	1 565	3 946	700	1 329	3 203	1 113
1975	3 473	738	1 475	3 821	806	1 396	3 251	1 126
1976	3 559	721	1 588	3 361	766	1 487	3 507	1 072
1977	3 712	754	1 597	3 258	779	1 411	3 691	1 067
1978	3 906	830	1 457	3 480	827	1 322	3 885	1 050
1979	3 986	863	1 508	3 615	874	1 380	4 460	1 088
1980	4 089	877	1 486	3 686	946	1 301	4 274	1 117
1981	4 159	860	1 323	3 738	972	1 259	3 914	1 161
1982	4 120	824	1 270	3 972	1 011	1 414	3 794	1 156
1983	3 884	783	1 166	4 124	1 031	1 414	3 695	1 115
1984	3 710	630	1 092	4 094	957	1 315	3 799	1 105
1985	3 606	622	1 155	4 068	972	1 330	4 116	1 050
1986	3 593	630	1 149	4 039	996	1 359	4 163	989
1987	3 569	589	1 106	3 990	958	1 378	4 335	1 016
1988	3 478	603	1 180	4 141	894	1 411	4 483	1 017
1989	3 539	587	1 218	4 176	885	1 341	4 706	1 013
1990	3 278	561	1 242	4 488	855	1 354	4 984	1 012
1991	3 396	559	1 276	4 668	797	1 303	5 065	905
1992	3 651	508	1 270	4 570	828	1 287	5 360	829
1993	3 514	500	1 258	4 476	742	1 216	5 656	836
1994	3 684	505	1 213	4 385	442	1 210	5 562	842
1995	3 744	503	1 207	4 298	655	1 233	5 484	733
1996	3 788	505	1 245	4 435	723	1 254	5 697	746
1997	3 793	506	1 245	4 530	663	1 274	5 900	576
1998	3 796	532	1 232	4 502	704	1 302	5 994	558

(1990年国际元)(续表)

年份	索马里	南非	苏丹	斯威士兰	坦桑尼亚	多哥	突尼斯	乌干达
1950	1 057	2 535	821	721	377	574	1 115	687
1951	1 098	2 591	837	745	418	584	1 106	642
1952	1 112	2 619	855	751	419	593	1 220	664
1953	1 132	2 675	871	762	397	602	1 244	675
1954	1 175	2 763	889	787	421	611	1 249	648
1955	1 191	2 830	907	793	423	621	1 164	672
1956	1 211	2 914	976	803	419	630	1 223	690
1957	1 232	2 951	936	814	420	639	1 159	700
1958	1 241	2 939	949	817	415	647	1 291	685
1959	1 287	2 995	1 033	843	426	656	1 217	700
1960	1 277	3 041	1 024	935	433	698	1 343	713
1961	1 311	3 092	996	1 028	418	728	1 436	686
1962	1 341	3 179	1 037	1 214	445	736	1 379	694
1963	1 364	3 321	980	1 252	462	754	1 556	751
1964	1 191	3 450	944	1 399	475	841	1 589	785
1965	1 088	3 559	984	1 577	480	932	1 653	779
1966	1 216	3 615	947	1 602	527	991	1 654	803
1967	1 258	3 760	893	1 709	535	1 019	1 605	822
1968	1 252	3 819	923	1 588	548	1 043	1 735	818
1969	1 071	3 946	954	1 612	543	1 126	1 760	881
1970	1 138	4 045	888	2 036	559	1 075	1 827	869
1971	1 141	4 135	923	2 015	567	1 121	1 982	871
1972	1 228	4 109	878	2 201	588	1 128	2 287	859
1973	1 176	4 175	780	2 258	588	1 053	2 221	838
1974	914	4 299	833	2 443	584	1 067	2 343	821
1975	1 202	4 271	910	2 462	597	1 032	2 446	784
1976	1 167	4 267	1 044	2 472	622	999	2 569	770
1977	1 421	4 155	1 165	2 477	621	1 025	2 592	763
1978	1 390	4 174	1 108	2 470	623	1 098	2 700	703
1979	1 181	4 232	956	2 434	613	1 131	2 811	611
1980	1 037	4 390	931	2 416	600	1 048	2 944	577
1981	1 113	4 503	920	2 507	576	950	3 030	585
1982	1 152	4 367	1 003	2 581	567	884	2 957	617
1983	1 016	4 174	958	2 518	549	808	3 039	643
1984	1 016	4 271	878	2 491	546	805	3 068	570
1985	1 057	4 108	791	2 560	529	814	3 162	562
1986	1 053	4 020	798	2 572	531	810	3 038	544
1987	1 070	4 015	797	2 666	542	793	3 165	556
1988	1 067	4 092	790	2 506	549	799	3 101	572
1989	1 089	4 090	833	2 597	552	799	3 152	590
1990	1 083	3 966	743	2 565	557	762	3 337	592
1991	1 012	3 847	772	2 546	553	730	3 402	578
1992	914	3 690	790	2 501	542	675	3 599	576
1993	916	3 665	791	2 521	531	545	3 612	602
1994	923	3 717	812	2 621	522	614	3 667	611
1995	938	3 767	824	2 709	526	632	3 696	657
1996	942	3 860	836	2 749	540	669	3 896	692
1997	917	3 895	863	2 793	548	674	4 045	708
1998	883	3 858	880	2 793	553	644	4 190	726

(1990年国际元)(续表)

年份	赞比亚	津巴布韦	42个经济体合计	其他15个经济体合计	57个经济体合计
1950	661	701	991	355	852
1951	688	722	1 014	374	875
1952	715	724	1 028	389	889
1953	743	760	1 041	402	903
1954	772	772	1 070	410	928
1955	736	808	1 081	423	940
1956	803	892	1 097	441	957
1957	817	924	1 114	443	971
1958	776	906	1 114	440	971
1959	915	925	1 151	448	1 003
1960	960	938	1 174	463	1 024
1961	938	956	1 176	446	1 023
1962	905	939	1 183	496	1 038
1963	902	901	1 234	531	1 086
1964	996	953	1 266	557	1 117
1965	1 147	984	1 297	592	1 150
1966	1 056	967	1 294	626	1 155
1967	1 107	1 015	1 282	642	1 149
1968	1 092	999	1 306	694	1 179
1969	1 056	1 086	1 374	731	1 240
1970	1 074	1 282	1 461	741	1 311
1971	1 044	1 353	1 493	735	1 336
1972	1 108	1 423	1 519	707	1 352
1973	1 066	1 423	1 533	720	1 365
1974	1 120	1 416	1 576	689	1 393
1975	1 047	1 388	1 555	674	1 374
1976	1 078	1 342	1 616	695	1 426
1977	998	1 205	1 633	710	1 444
1978	976	1 214	1 628	701	1 439
1979	919	1 191	1 651	726	1 463
1980	920	1 273	1 675	727	1 484
1981	945	1 380	1 652	679	1 457
1982	884	1 375	1 657	660	1 457
1983	832	1 353	1 612	651	1 421
1984	798	1 285	1 602	629	1 408
1985	783	1 330	1 611	603	1 411
1986	759	1 321	1 598	601	1 400
1987	752	1 261	1 576	599	1 381
1988	774	1 335	1 601	593	1 399
1989	761	1 385	1 612	580	1 403
1990	808	1 382	1 596	558	1 385
1991	788	1 430	1 574	528	1 361
1992	756	1 275	1 542	498	1 329
1993	789	1 268	1 515	494	1 307
1994	704	1 347	1 514	484	1 304
1995	663	1 335	1 516	490	1 305
1996	693	1 415	1 562	510	1 348
1997	702	1 442	1 570	517	1 356
1998	674	1 448	1 588	504	1 368

表 C5-a 世界各地区人口年度估计值(1950—1998)　　(千人,年中值)

年份	西欧	西方后裔国	东欧	苏联	拉丁美洲	亚洲	非洲	全世界
1950	305 060	176 094	87 288	180 050	165 837	1 381 877	228 341	2 524 547
1951	307 154	179 291	88 374	183 200	170 311	1 407 273	233 039	2 568 643
1952	308 930	182 674	89 487	186 400	174 875	1 435 051	237 944	2 615 361
1953	310 831	185 936	90 770	189 500	179 565	1 463 989	242 986	2 663 577
1954	312 709	189 438	92 045	192 700	184 466	1 495 286	248 024	2 714 668
1955	314 704	193 001	93 439	196 150	189 580	1 526 504	253 374	2 766 752
1956	316 866	196 630	94 721	199 650	194 851	1 558 521	258 894	2 820 132
1957	319 075	200 534	95 801	203 150	200 315	1 593 917	264 577	2 877 369
1958	321 368	204 130	96 919	206 700	205 990	1 630 911	270 456	2 936 474
1959	323 864	207 743	98 003	210 450	211 871	1 664 465	276 547	2 992 943
1960	326 354	211 193	99 056	214 350	217 946	1 686 557	282 876	3 038 332
1961	329 208	214 864	100 112	218 150	224 038	1 703 159	289 201	3 078 732
1962	332 429	218 306	101 010	221 750	230 359	1 732 466	295 653	3 131 974
1963	335 473	221 617	101 914	225 100	236 870	1 773 369	302 782	3 197 125
1964	338 094	224 890	102 783	228 150	243 570	1 813 771	310 107	3 261 365
1965	340 921	227 923	103 610	230 900	250 412	1 856 142	317 706	3 327 615
1966	343 368	230 857	104 412	233 500	257 334	1 901 077	325 600	3 396 148
1967	345 536	233 617	105 195	236 000	264 325	1 946 334	333 843	3 464 850
1968	347 492	236 170	106 264	238 350	271 436	1 993 712	342 313	3 535 737
1969	349 730	238 721	107 101	240 600	278 694	2 041 981	350 991	3 607 818
1970	351 931	241 676	107 927	242 757	286 046	2 092 669	359 501	3 682 507
1971	354 396	245 618	108 782	245 083	293 473	2 145 313	368 625	3 761 291
1972	356 490	248 398	109 628	247 459	300 949	2 196 790	377 846	3 837 560
1973	358 390	250 945	110 490	249 747	308 451	2 247 814	387 651	3 913 488
1974	359 954	253 474	111 461	252 131	316 009	2 297 965	397 693	3 988 687
1975	361 201	256 162	112 468	254 469	323 578	2 344 965	407 950	4 060 793
1976	362 292	258 702	113 457	256 760	331 230	2 391 244	419 024	4 132 709
1977	363 464	261 355	114 442	259 029	338 887	2 436 979	430 525	4 204 680
1978	364 667	264 109	115 300	261 253	346 560	2 483 071	442 436	4 277 395
1979	365 931	266 986	116 157	263 425	354 366	2 532 205	455 260	4 354 330
1980	367 487	270 158	116 921	265 542	362 041	2 580 039	468 257	4 430 445
1981	368 676	272 946	117 661	267 722	370 010	2 626 190	481 381	4 504 586
1982	369 472	275 757	118 323	270 042	378 155	2 669 253	495 383	4 576 385
1983	370 073	278 382	118 926	272 540	386 211	2 728 122	510 156	4 664 410
1984	370 613	280 887	119 503	275 066	394 093	2 777 658	525 104	4 742 924
1985	371 282	283 468	120 062	277 537	401 985	2 829 821	540 340	4 824 495
1986	372 073	286 150	120 574	280 236	410 109	2 882 336	555 751	4 907 229
1987	372 903	288 922	121 051	283 100	418 332	2 936 981	571 668	4 992 957
1988	374 053	291 675	121 253	285 463	426 621	2 992 382	587 687	5 079 134
1989	375 569	294 798	121 650	287 845	434 950	3 047 480	604 062	5 166 354
1990	377 324	298 150	121 866	289 350	443 049	3 102 758	620 765	5 253 262
1991	380 150	301 442	122 049	291 060	451 153	3 154 518	637 738	5 338 109
1992	381 043	304 764	122 070	292 422	459 285	3 206 375	654 343	5 420 302
1993	382 862	308 010	121 632	292 417	467 406	3 260 457	671 651	5 504 436
1994	384 221	311 090	121 323	292 407	475 526	3 312 538	688 174	5 585 279
1995	385 412	314 143	121 126	292 196	483 645	3 366 441	705 557	5 668 520
1996	386 514	317 175	120 980	291 660	491 723	3 416 609	722 750	5 747 411
1997	387 570	320 311	120 977	291 027	499 724	3 466 589	741 607	5 827 805
1998	388 399	323 420	121 006	290 866	507 623	3 516 411	759 955	5 907 680

表 C5-b 世界各地区 GDP 年度估计值（1950—1998）

（百万 1990 年国际元）

年份	西欧	西方后裔国	东欧	苏联	拉丁美洲	亚洲	非洲	全世界
1950	1 401 551	1 635 490	185 023	510 243	423 556	985 669	194 567	5 336 099
1951	1 484 940	1 753 540	195 667	512 566	445 119	1 054 754	203 798	5 650 385
1952	1 539 065	1 821 083	198 287	545 792	460 258	1 142 584	211 641	5 918 710
1953	1 619 122	1 903 763	209 197	569 260	477 777	1 221 578	219 375	6 220 072
1954	1 706 591	1 898 106	218 949	596 910	507 335	1 273 820	230 122	6 431 833
1955	1 813 957	2 032 869	233 875	648 027	538 673	1 333 611	238 060	6 839 072
1956	1 896 446	2 082 376	239 574	710 065	560 393	1 424 286	247 712	7 160 852
1957	1 980 883	2 123 207	257 645	724 470	600 946	1 489 000	256 911	7 433 062
1958	2 028 388	2 111 417	272 649	778 840	631 022	1 585 962	262 649	7 670 927
1959	2 124 669	2 261 993	286 878	770 244	648 142	1 662 352	277 275	8 031 553
1960	2 261 553	2 320 141	304 633	843 434	690 323	1 741 230	289 608	8 450 922
1961	2 381 945	2 374 411	322 781	891 763	722 982	1 749 488	295 761	8 739 132
1962	2 497 074	2 518 521	328 253	915 928	752 895	1 827 737	307 025	9 147 433
1963	2 613 049	2 630 968	344 112	895 016	775 494	1 956 643	328 783	9 544 065
1964	2 766 560	2 785 505	364 518	1 010 727	828 073	2 130 607	346 483	10 232 473
1965	2 886 298	2 962 352	380 016	1 068 117	869 320	2 239 319	365 404	10 770 826
1966	2 998 658	3 151 817	404 452	1 119 932	911 730	2 402 366	375 909	11 364 864
1967	3 104 789	3 234 760	420 645	1 169 422	951 067	2 520 293	383 547	11 784 523
1968	3 274 469	3 389 792	436 444	1 237 966	1 009 134	2 686 873	403 463	12 438 141
1969	3 467 301	3 507 231	449 862	1 255 392	1 074 640	2 945 818	435 325	13 135 568
1970	3 623 854	3 527 862	465 695	1 351 818	1 148 713	3 214 519	471 368	13 803 829
1971	3 745 279	3 647 077	499 790	1 387 832	1 214 030	3 393 670	492 579	14 380 257
1972	3 911 812	3 836 032	524 971	1 395 732	1 289 774	3 596 029	510 728	15 065 078
1973	4 133 780	4 058 289	550 756	1 513 070	1 397 698	3 876 398	529 186	16 059 177
1974	4 219 829	4 067 628	583 528	1 556 984	1 476 432	3 962 794	554 155	16 421 350
1975	4 193 760	4 069 398	604 251	1 561 399	1 518 608	4 149 379	560 418	16 657 212
1976	4 370 938	4 280 195	619 961	1 634 589	1 602 069	4 362 806	597 568	17 468 126
1977	4 492 840	4 459 671	641 681	1 673 159	1 677 493	4 605 841	621 588	18 172 272
1978	4 621 755	4 700 723	662 328	1 715 215	1 748 846	4 879 019	636 515	18 964 401
1979	4 785 340	4 866 597	672 299	1 707 083	1 858 391	5 080 598	665 912	19 636 220
1980	4 860 483	4 878 155	675 819	1 709 174	1 959 670	5 252 833	694 887	20 031 021
1981	4 869 363	5 006 126	667 932	1 724 741	1 970 328	5 470 912	701 392	20 410 793
1982	4 909 494	4 912 862	674 202	1 767 262	1 947 932	5 712 862	721 973	20 646 587
1983	4 996 928	5 103 869	684 326	1 823 723	1 899 843	6 007 357	724 718	21 240 764
1984	5 117 924	5 467 359	705 274	1 847 190	1 973 180	6 360 902	739 421	22 211 250
1985	5 244 501	5 687 354	706 201	1 863 687	2 033 805	6 680 912	762 503	22 978 964
1986	5 391 139	5 875 446	725 733	1 940 363	2 115 920	6 964 379	778 255	23 791 235
1987	5 545 984	6 086 756	721 188	1 965 457	2 181 077	7 367 697	789 602	24 657 761
1988	5 768 451	6 344 832	727 564	2 007 280	2 201 800	7 849 814	822 192	25 721 933
1989	5 964 036	6 560 368	718 039	2 037 253	2 229 366	8 186 193	847 741	26 542 996
1990	6 032 764	6 665 584	662 604	1 987 995	2 239 427	8 627 846	859 787	27 076 007
1991	6 132 835	6 639 812	590 231	1 863 524	2 321 984	8 990 515	868 115	27 407 016
1992	6 202 821	6 845 134	559 157	1 592 085	2 395 605	9 504 173	869 621	27 968 596
1993	6 182 869	7 012 226	550 466	1 435 008	2 478 695	10 018 478	877 647	28 555 388
1994	6 354 267	7 301 903	572 173	1 235 701	2 604 645	10 558 894	897 148	29 524 731
1995	6 506 423	7 506 406	605 352	1 169 446	2 642 585	11 175 854	921 085	30 527 151
1996	6 613 161	7 770 948	628 154	1 137 039	2 732 722	11 880 966	973 958	31 736 947
1997	6 780 168	8 114 193	646 234	1 156 028	2 876 155	12 408 761	1 005 591	32 987 130
1998	6 960 616	8 456 135	660 861	1 132 434	2 941 609	12 534 570	1 039 407	33 725 631

表 C5-c 世界各地区人均 GDP 年度估计值（1950—1998）（1990 年国际元）

年份	西欧	西方后裔国	东欧	苏联	拉丁美洲	亚洲	非洲	全世界
1950	4 594	9 288	2 120	2 834	2 554	713	852	2 114
1951	4 835	9 780	2 214	2 798	2 614	750	875	2 200
1952	4 982	9 969	2 216	2 928	2 632	796	889	2 263
1953	5 209	10 239	2 305	3 004	2 661	834	903	2 335
1954	5 457	10 020	2 379	3 098	2 750	852	928	2 369
1955	5 764	10 533	2 503	3 304	2 841	874	940	2 472
1956	5 985	10 590	2 529	3 557	2 876	914	957	2 539
1957	6 208	10 588	2 689	3 566	3 000	934	971	2 583
1958	6 312	10 343	2 813	3 768	3 063	972	971	2 612
1959	6 560	10 888	2 927	3 660	3 059	999	1 003	2 683
1960	6 930	10 986	3 075	3 935	3 167	1 032	1 024	2 781
1961	7 235	11 051	3 224	4 088	3 227	1 027	1 023	2 839
1962	7 512	11 537	3 250	4 130	3 268	1 055	1 038	2 921
1963	7 789	11 872	3 376	3 976	3 274	1 103	1 086	2 985
1964	8 183	12 386	3 546	4 430	3 400	1 175	1 117	3 137
1965	8 466	12 997	3 668	4 626	3 472	1 206	1 150	3 237
1966	8 733	13 653	3 874	4 796	3 543	1 264	1 155	3 346
1967	8 985	13 846	3 999	4 955	3 598	1 295	1 149	3 401
1968	9 423	14 353	4 107	5 194	3 718	1 348	1 179	3 518
1969	9 914	14 692	4 200	5 218	3 856	1 443	1 240	3 641
1970	10 297	14 597	4 315	5 569	4 016	1 536	1 311	3 748
1971	10 568	14 849	4 594	5 663	4 137	1 582	1 336	3 823
1972	10 973	15 443	4 789	5 640	4 286	1 637	1 352	3 926
1973	11 534	16 172	4 985	6 058	4 531	1 725	1 365	4 104
1974	11 723	16 048	5 235	6 175	4 672	1 724	1 393	4 117
1975	11 611	15 886	5 373	6 136	4 693	1 769	1 374	4 102
1976	12 065	16 545	5 464	6 366	4 837	1 824	1 426	4 227
1977	12 361	17 064	5 607	6 459	4 950	1 890	1 444	4 322
1978	12 674	17 798	5 744	6 565	5 046	1 965	1 439	4 434
1979	13 077	18 228	5 788	6 480	5 244	2 006	1 463	4 510
1980	13 226	18 057	5 780	6 437	5 413	2 036	1 484	4 521
1981	13 208	18 341	5 677	6 442	5 325	2 083	1 457	4 531
1982	13 288	17 816	5 698	6 544	5 151	2 140	1 457	4 512
1983	13 503	18 334	5 754	6 692	4 919	2 202	1 421	4 554
1984	13 809	19 465	5 902	6 715	5 007	2 290	1 408	4 683
1985	14 125	20 063	5 882	6 715	5 059	2 361	1 411	4 763
1986	14 489	20 533	6 019	6 924	5 159	2 416	1 400	4 848
1987	14 872	21 067	5 958	6 943	5 214	2 509	1 381	4 939
1988	15 421	21 753	6 000	7 032	5 161	2 623	1 399	5 064
1989	15 880	22 254	5 902	7 078	5 126	2 686	1 403	5 138
1990	15 988	22 356	5 437	6 871	5 055	2 781	1 385	5 154
1991	16 133	22 027	4 836	6 403	5 147	2 850	1 361	5 134
1992	16 279	22 460	4 581	5 444	5 216	2 964	1 329	5 160
1993	16 149	22 766	4 526	4 907	5 303	3 073	1 307	5 188
1994	16 538	23 472	4 716	4 226	5 477	3 188	1 304	5 286
1995	16 882	23 895	4 998	4 002	5 464	3 320	1 305	5 385
1996	17 110	24 501	5 192	3 899	5 557	3 477	1 348	5 522
1997	17 494	25 332	5 342	3 972	5 755	3 580	1 356	5 660
1998	17 921	26 146	5 461	3 893	5 795	3 565	1 368	5 709

表 C6-a 世界各地区人口年均增长率（1950—1998） (%)

年份	西欧	西方后裔国	东欧	苏联	拉丁美洲	亚洲	非洲	全世界
1950								
1951	0.7	1.8	1.2	1.7	2.7	1.8	2.1	1.7
1952	0.6	1.9	1.3	1.7	2.7	2.0	2.1	1.8
1953	0.6	1.8	1.4	1.7	2.7	2.0	2.1	1.8
1954	0.6	1.9	1.4	1.7	2.7	2.1	2.1	1.9
1955	0.6	1.9	1.5	1.8	2.8	2.1	2.2	1.9
1956	0.7	1.9	1.4	1.8	2.8	2.1	2.2	1.9
1957	0.7	2.0	1.1	1.8	2.8	2.3	2.2	2.0
1958	0.7	1.8	1.2	1.7	2.8	2.3	2.2	2.1
1959	0.8	1.8	1.1	1.8	2.9	2.1	2.3	1.9
1960	0.8	1.7	1.1	1.9	2.9	1.3	2.3	1.5
1961	0.9	1.7	1.1	1.8	2.8	1.0	2.2	1.3
1962	1.0	1.6	0.9	1.7	2.8	1.7	2.2	1.7
1963	0.9	1.5	0.9	1.5	2.8	2.4	2.4	2.1
1964	0.8	1.5	0.9	1.4	2.8	2.3	2.4	2.0
1965	0.8	1.3	0.8	1.2	2.8	2.3	2.5	2.0
1966	0.7	1.3	0.8	1.1	2.8	2.4	2.5	2.1
1967	0.6	1.2	0.7	1.1	2.7	2.4	2.5	2.0
1968	0.6	1.1	1.0	1.0	2.7	2.4	2.5	2.0
1969	0.6	1.1	0.8	0.9	2.7	2.4	2.5	2.0
1970	0.6	1.2	0.8	0.9	2.6	2.5	2.4	2.1
1971	0.7	1.6	0.8	1.0	2.6	2.5	2.5	2.1
1972	0.6	1.1	0.8	1.0	2.5	2.4	2.5	2.0
1973	0.5	1.0	0.8	0.9	2.5	2.3	2.6	2.0
1974	0.4	1.0	0.9	1.0	2.5	2.2	2.6	1.9
1975	0.3	1.1	0.9	0.9	2.4	2.0	2.6	1.8
1976	0.3	1.0	0.9	0.9	2.4	2.0	2.7	1.8
1977	0.3	1.0	0.9	0.9	2.3	1.9	2.7	1.7
1978	0.3	1.1	0.7	0.9	2.3	1.9	2.8	1.7
1979	0.3	1.1	0.7	0.8	2.3	2.0	2.9	1.8
1980	0.4	1.2	0.7	0.8	2.2	1.9	2.9	1.7
1981	0.3	1.0	0.6	0.8	2.2	1.8	2.8	1.7
1982	0.2	1.0	0.6	0.9	2.2	1.6	2.9	1.6
1983	0.2	1.0	0.5	0.9	2.1	2.2	3.0	1.9
1984	0.1	0.9	0.5	0.9	2.0	1.8	2.9	1.7
1985	0.2	0.9	0.5	0.9	2.0	1.9	2.9	1.7
1986	0.2	0.9	0.4	1.0	2.0	1.9	2.9	1.7
1987	0.2	1.0	0.4	1.0	2.0	1.9	2.9	1.7
1988	0.3	1.0	0.3	0.8	2.0	1.9	2.8	1.7
1989	0.4	1.1	0.3	0.8	2.0	1.8	2.8	1.7
1990	0.5	1.1	0.2	0.5	1.9	1.8	2.8	1.7
1991	0.7	1.1	0.2	0.6	1.8	1.7	2.7	1.6
1992	0.2	1.1	0.0	0.5	1.8	1.6	2.6	1.5
1993	0.5	1.1	−0.4	0.0	1.8	1.7	2.6	1.6
1994	0.4	1.0	−0.3	0.0	1.7	1.6	2.5	1.5
1995	0.3	1.0	−0.2	−0.1	1.7	1.6	2.5	1.5
1996	0.3	1.0	−0.1	−0.2	1.7	1.5	2.4	1.4
1997	0.3	1.0	0.0	−0.2	1.6	1.5	2.6	1.4
1998	0.2	1.0	0.0	−0.1	1.6	1.4	2.5	1.4

表 C6-b 世界各地区实际 GDP 年均增长率(1950—1998) (%)

年份	西欧	西方后裔国	东欧	苏联	拉丁美洲	亚洲	非洲	全世界
1950								
1951	5.9	7.2	5.8	0.5	5.1	7.0	4.7	5.9
1952	3.6	3.9	1.3	6.5	3.4	8.3	3.8	4.7
1953	5.2	4.5	5.5	4.3	3.8	6.9	3.7	5.1
1954	5.4	−0.3	4.7	4.9	6.2	4.3	4.9	3.4
1955	6.3	7.1	6.8	8.6	6.2	4.7	3.4	6.3
1956	4.5	2.4	2.4	9.6	4.0	6.8	4.1	4.7
1957	4.5	2.0	7.5	2.0	7.2	4.5	3.7	3.8
1958	2.4	−0.6	5.8	7.5	5.0	6.5	2.2	3.2
1959	4.7	7.1	5.2	−1.1	2.7	4.8	5.6	4.7
1960	6.4	2.6	6.2	9.5	6.5	4.7	4.4	5.2
1961	5.3	2.3	6.0	5.7	4.7	0.5	2.1	3.4
1962	4.8	6.1	1.7	2.7	4.1	4.5	3.8	4.7
1963	4.6	4.5	4.8	−2.3	3.0	7.1	7.1	4.3
1964	5.9	5.9	5.9	12.9	6.8	8.9	5.4	7.2
1965	4.1	6.3	4.3	5.7	5.0	5.1	5.5	5.2
1966	4.1	6.4	6.4	4.9	4.9	7.3	2.9	5.6
1967	3.5	2.6	4.0	4.4	4.3	4.9	2.0	3.7
1968	5.5	4.8	3.8	5.9	6.1	6.6	5.2	5.5
1969	5.9	3.5	3.1	1.4	6.5	9.6	7.9	5.6
1970	4.5	0.6	3.5	7.7	6.9	9.1	8.3	5.1
1971	3.4	3.4	7.3	2.7	5.7	5.6	4.5	4.2
1972	4.4	5.2	5.0	0.2	6.2	6.0	3.7	4.8
1973	5.7	5.8	4.9	8.4	8.4	7.8	3.6	6.6
1974	2.1	0.2	6.0	2.9	5.6	2.2	4.7	2.3
1975	−0.6	0.0	3.6	0.3	2.9	4.7	1.1	1.4
1976	4.2	5.2	2.6	4.7	5.5	5.1	6.6	4.9
1977	2.8	4.2	3.5	2.4	4.7	5.6	4.0	4.0
1978	2.9	5.4	3.2	2.5	4.3	5.9	2.4	4.4
1979	3.5	3.5	1.5	−0.5	6.3	4.1	4.6	3.5
1980	1.6	0.2	0.5	0.1	5.4	3.4	4.4	2.0
1981	0.2	2.6	−1.2	0.9	0.5	4.2	0.9	1.9
1982	0.8	−1.9	0.9	2.5	−1.1	4.4	2.9	1.2
1983	1.8	3.9	1.5	3.2	−2.5	5.2	0.4	2.9
1984	2.4	7.1	3.1	1.3	3.9	5.9	2.0	4.6
1985	2.5	4.0	0.1	0.9	3.1	5.0	3.1	3.5
1986	2.8	3.3	2.8	4.1	4.0	4.2	2.1	3.5
1987	2.9	3.3	−0.6	1.3	3.1	5.8	1.5	3.6
1988	4.0	4.2	0.9	2.1	1.0	6.5	4.1	4.3
1989	3.4	3.4	−1.3	1.5	1.3	4.3	3.1	3.2
1990	1.2	1.6	−7.7	−2.4	0.5	5.4	1.4	2.0
1991	1.7	−0.4	−10.9	−6.3	3.7	4.2	1.0	1.2
1992	1.1	3.1	−5.3	−14.6	3.2	5.7	0.2	2.0
1993	−0.3	2.4	−1.6	−9.9	3.5	5.4	0.9	2.1
1994	2.8	4.1	3.9	−13.9	5.1	5.4	2.7	3.4
1995	2.4	2.8	5.8	−5.4	1.5	5.8	2.7	3.4
1996	1.6	3.5	3.8	−2.8	3.4	6.3	5.7	4.0
1997	2.5	4.4	2.9	1.7	5.2	4.4	3.2	3.9
1998	2.7	4.2	2.3	−2.0	2.3	1.0	3.4	2.2

表 C6-c　世界各地区人均 GDP 年均增长率（1950—1998）　　　　　（%）

年份	西欧	西方后裔国	东欧	苏联	拉丁美洲	亚洲	非洲	全世界
1950								
1951	5.2	5.3	4.5	−1.3	2.3	5.1	2.6	4.1
1952	3.0	1.9	0.1	4.7	0.7	6.2	1.7	2.9
1953	4.6	2.7	4.0	2.6	1.1	4.8	1.5	3.2
1954	4.8	−2.1	3.2	3.1	3.4	2.1	2.8	1.5
1955	5.6	5.1	5.2	6.7	3.3	2.6	1.3	4.3
1956	3.8	0.5	1.1	7.7	1.2	4.6	1.8	2.7
1957	3.7	0.0	6.3	0.3	4.3	2.2	1.5	1.7
1958	1.7	−2.3	4.6	5.7	2.1	4.1	0.0	1.1
1959	3.9	5.3	4.1	−2.9	−0.1	2.7	3.2	2.7
1960	5.6	0.9	5.1	7.5	3.5	3.4	2.1	3.6
1961	4.4	0.6	4.8	3.9	1.9	−0.5	−0.1	2.1
1962	3.8	4.4	0.8	1.0	1.3	2.7	1.5	2.9
1963	3.7	2.9	3.9	−3.7	0.2	4.6	4.6	2.2
1964	5.1	4.3	5.0	11.4	3.8	6.5	2.9	5.1
1965	3.3	4.9	3.4	4.4	2.1	2.7	2.9	3.1
1966	3.4	5.0	5.6	3.7	2.1	4.7	0.4	3.4
1967	2.9	1.4	3.2	3.3	1.6	2.5	−0.5	1.6
1968	4.9	3.7	2.7	4.8	3.3	4.1	2.6	3.4
1969	5.2	2.4	2.3	0.5	3.7	7.0	5.2	3.5
1970	3.9	−0.6	2.7	6.7	4.1	6.5	5.7	3.0
1971	2.6	1.7	6.5	1.7	3.0	3.0	1.9	2.0
1972	3.8	4.0	4.2	−0.4	3.6	3.5	1.2	2.7
1973	5.1	4.7	4.1	7.4	5.7	5.3	1.0	4.5
1974	1.6	−0.8	5.0	1.9	3.1	0.0	2.1	0.3
1975	−1.0	−1.0	2.6	−0.6	0.5	2.6	−1.4	−0.4
1976	3.9	4.1	1.7	3.8	3.1	3.1	3.8	3.0
1977	2.5	3.1	2.6	1.5	2.3	3.6	1.2	2.3
1978	2.5	4.3	2.4	1.6	1.9	4.0	−0.4	2.6
1979	3.2	2.4	0.8	−1.3	3.9	2.1	1.7	1.7
1980	1.1	−0.9	−0.1	−0.7	3.2	1.5	1.5	0.3
1981	−0.1	1.6	−1.8	0.1	−1.6	2.3	−1.8	0.2
1982	0.6	−2.9	0.4	1.6	−3.3	2.7	0.0	−0.4
1983	1.6	2.9	1.0	2.2	−4.5	2.9	−2.5	0.9
1984	2.3	6.2	2.6	0.4	1.8	4.0	−0.9	2.8
1985	2.3	3.1	−0.3	0.0	1.0	3.1	0.2	1.7
1986	2.6	2.3	2.3	3.1	2.0	2.3	−0.8	1.8
1987	2.6	2.6	−1.0	0.3	1.1	3.8	−1.4	1.9
1988	3.7	6.3	0.7	1.3	−1.0	4.6	1.3	2.5
1989	3.0	2.3	−1.6	0.7	−0.7	2.4	0.3	1.4
1990	0.7	0.5	−7.9	−2.9	−1.4	3.5	−1.3	0.3
1991	0.9	−1.5	−11.1	−6.8	1.8	2.5	−1.7	−0.4
1992	0.9	2.0	−5.3	−15.0	1.3	4.0	−2.4	0.5
1993	−0.8	1.4	−1.2	−9.9	1.7	3.7	−1.7	0.5
1994	2.4	3.1	4.2	−13.9	3.3	3.7	−0.2	1.9
1995	2.1	1.8	6.0	−5.3	−0.2	4.1	0.1	1.9
1996	1.4	2.5	3.9	−2.6	1.7	4.7	3.2	2.5
1997	2.2	3.4	2.9	1.9	3.6	2.9	0.6	2.5
1998	2.4	3.2	2.2	−2.0	0.7	−0.4	0.9	0.9

附录 D
27 个东欧国家的人口、GDP 和人均 GDP 水平与增长情况

表 D-1a　东欧国家的 GDP(1990—1999)　　（百万 1990 年国际元）

年份	阿尔巴尼亚	保加利亚	捷克共和国	斯洛伐克	匈牙利	波兰	罗马尼亚	前南斯拉夫	合计
1990	8 125	49 779	91 706	40 854	66 990	194 920	80 277	129 953	662 604
1991	5 850	45 617	81 057	34 904	59 019	181 245	69 902	112 637	590 231
1992	5 426	42 277	80 640	32 641	57 212	185 958	63 779	91 224	559 157
1993	5 949	41 674	80 690	31 468	56 884	192 982	64 800	76 019	550 466
1994	6 446	42 441	82 481	32 977	58 561	202 934	67 351	78 982	572 173
1995	7 303	43 646	87 381	35 281	59 430	217 060	72 113	83 138	605 352
1996	7 963	39 210	90 725	37 586	60 227	230 188	75 005	87 250	628 154
1997	7 403	36 472	91 016	40 058	62 981	245 841	69 817	92 646	646 234
1998	7 999	37 786	88 897	41 818	66 089	258 220	64 715	95 337	660 861
1999	8 639	38 731	88 719	42 623	69 063	258 549	62 191		

资料来源：1990—1998 年的数据来自 OECD, *National Accounts of OECD Countries, 1988—1998*, Paris, 2000; Statistics Division of Economic Commission for Europe (Geneva)。捷克共和国、匈牙利和波兰 1999 年的数据来自 OECD, *Economic Outlook*, June 2000; 斯洛伐克 1999 年的数据来自 OECD, *Main Economic Indicators*, April 2000, p.242; 保加利亚和罗马尼亚 1999 年的数据来自 IMF, *World Economic Outlook*, April 2000。

表 D-1b　东欧国家的人口(1990—1999)　　（千人）

年份	阿尔巴尼亚	保加利亚	捷克共和国	斯洛伐克	匈牙利	波兰	罗马尼亚	前南斯拉夫
1990	3 273	8 966	10 310	5 263	10 352	38 109	22 775	22 819
1991	3 259	8 914	10 309	5 283	10 352	38 242	22 728	22 961
1992	3 189	8 869	10 319	5 307	10 343	38 359	22 692	22 993
1993	3 154	8 495	10 329	5 329	10 326	38 456	22 660	22 883
1994	3 178	8 448	10 333	5 352	10 307	38 537	22 627	22 541

（千人）(续表)

年份	阿尔巴尼亚	保加利亚	捷克共和国	斯洛伐克	匈牙利	波兰	罗马尼亚	前南斯拉夫
1995	3 219	8 399	10 327	5 368	10 285	38 590	66 582	22 357
1996	3 263	8 345	10 313	5 379	10 259	38 611	22 524	22 287
1997	3 300	8 291	10 298	5 388	10 232	38 615	22 463	22 390
1998	3 331	8 240	10 286	5 393	10 208	38 607	22 396	22 545
1999	3 365	8 195	10 281	5 396	10 186	38 609	22 234	22 679

资料来源：International Programs Center，US Bureau of the Census。

表 D-1c　东欧国家的人均 GDP(1990—1999)　　（1990 年国际元）

年份	阿尔巴尼亚	保加利亚	捷克共和国	斯洛伐克	匈牙利	波兰	罗马尼亚	前南斯拉夫
1990	2 482	5 552	8 895	7 762	6 471	5 115	3 525	5 695
1991	1 795	5 117	7 863	6 607	5 701	4 739	3 076	4 906
1992	1 701	4 767	7 815	6 151	5 531	4 848	2 811	3 967
1993	1 886	4 906	7 812	5 905	5 509	5 018	2 860	3 322
1994	2 028	5 024	7 982	6 162	5 682	5 266	2 977	3 504
1995	2 269	5 197	8 461	6 572	5 778	5 625	1 083	3 719
1996	2 440	4 699	8 797	6 988	5 871	5 962	3 330	3 915
1997	2 243	4 399	8 838	7 435	6 155	6 366	3 108	4 138
1998	2 401	4 586	8 643	7 754	6 474	6 688	2 890	4 229
1999	2 567	4 726	8 629	7 899	6 780	6 697	2 797	

资料来源：从表 D-1a 和表 D-1b 中推出。

表 D-2a　南斯拉夫各后继共和国的 GDP(1990—1998)

（百万 1990 年国际元）

年份	波斯尼亚	克罗地亚	马其顿	斯洛文尼亚	塞尔维亚-黑山
1990	16 530	33 139	7 394	21 624	51 266
1991	14 610	26 147	6 875	19 695	45 310
1992	10 535	23 080	6 323	18 612	32 674
1993	7 287	21 225	5 755	19 153	22 599
1994	7 484	22 473	5 648	20 165	23 212
1995	7 933	24 007	5 583	21 012	24 603
1996	8 400	25 434	5 624	21 742	26 050
1997	9 028	27 182	5 706	22 730	28 000
1998	9 261	27 858	5 871	23 625	28 722

资料来源：数据来自 Statistics Division of Economic Commission for Europe（日内瓦）和有关国家官方资料(见附录 A 中的表 A-f)。

表 D-2b 南斯拉夫各后继共和国的人口(1990—1999)　　　　（千人）

年份	波斯尼亚	克罗地亚	马其顿	斯洛文尼亚	塞尔维亚-黑山
1990	4 360	4 754	2 031	1 969	9 705
1991	4 371	4 796	2 039	1 966	9 790
1992	4 327	4 714	2 056	1 959	9 937
1993	4 084	4 687	2 071	1 960	10 080
1994	3 686	4 723	1 946	1 965	10 220
1995	3 282	4 701	1 967	1 970	10 437
1996	3 111	4 661	1 982	1 974	10 558
1997	3 223	4 665	1 996	1 973	10 534
1998	3 366	4 672	2 009	1 972	10 526
1999	3 482	4 677	2 023	1 971	10 526

资料来源：International Programs Center，US Bureau of the Census。

表 D-2c 南斯拉夫各后继共和国的人均 GDP(1990—1998)

（1990 年国际元）

年份	波斯尼亚	克罗地亚	马其顿	斯洛文尼亚	塞尔维亚-黑山
1990	3 791	6 971	3 641	10 982	5 282
1991	3 342	5 452	3 372	10 018	4 628
1992	2 435	4 896	3 075	9 501	3 288
1993	1 784	4 528	2 779	9 772	2 242
1994	2 030	4 758	2 902	10 262	2 271
1995	2 417	5 107	2 838	10 666	2 357
1996	2 700	5 457	2 838	11 014	2 467
1997	2 801	5 827	2 859	11 521	2 658
1998	2 751	5 963	2 922	11 980	2 729

资料来源：从表 D-2a 和表 D-2b 中推出。

表 D-3a 苏联各后继共和国的 GDP(1990—1998)

(百万 1990 年国际元)

年份	欧洲							欧洲/亚洲
	白俄罗斯	爱沙尼亚	拉脱维亚	立陶宛	摩尔多瓦	乌克兰	6 国合计	俄罗斯联邦
1990	73 389	16 980	26 413	32 010	27 112	311 112	487 016	1 151 040
1991	72 491	15 280	23 666	30 189	22 362	284 003	447 991	1 094 081
1992	65 534	13 118	15 427	23 768	15 889	255 602	389 288	935 072
1993	60 596	12 010	13 117	19 928	15 695	219 457	340 803	853 194
1994	52 966	11 770	13 117	17 975	10 834	169 111	275 773	745 209
1995	47 430	12 268	13 091	18 570	10 639	148 456	250 454	714 357
1996	48 776	12 749	13 527	19 431	9 806	133 610	237 899	690 624
1997	54 315	14 098	14 709	20 855	9 972	129 423	243 372	696 609
1998	58 799	14 671	15 222	21 914	9 112	127 151	246 869	664 495

年份	西亚			
	亚美尼亚	阿塞拜疆	格鲁吉亚	3 国合计
1990	20 483	33 397	41 325	99 205
1991	18 077	33 159	32 612	83 848
1992	10 534	25 673	17 961	54 168
1993	9 602	19 736	12 704	42 042
1994	10 122	15 842	11 390	37 354
1995	10 816	13 989	11 682	36 487
1996	11 444	14 141	12 996	38 581
1997	11 835	14 979	14 455	41 269
1998	12 679	16 365	14 894	43 938

年份	中亚					
	哈萨克斯坦	吉尔吉斯斯坦	塔吉克斯坦	土库曼斯坦	乌兹别克斯坦	5 国合计
1990	122 295	15 787	15 884	13 300	87 468	254 734
1991	108 830	14 537	14 537	12 673	87 027	237 604
1992	103 024	12 533	9 844	10 778	77 328	213 507
1993	93 636	10 590	8 243	10 935	75 565	198 969
1994	81 777	8 466	6 484	9 041	71 597	177 365
1995	75 106	7 999	5 675	8 388	70 980	168 148
1996	75 477	8 571	4 724	8 949	72 214	169 935
1997	76 716	9 415	4 803	7 931	75 913	174 778
1998	74 857	9 595	5 073	8 335	79 272	177 132

资料来源：根据 Statistics Division，Economic Commission for Europe（Geneva）的统计数据库中的指数推出。

表 D-3b 苏联各后继共和国的人口(1990—1998) (千人)

年份	欧洲							欧洲/亚洲
	白俄罗斯	爱沙尼亚	拉脱维亚	立陶宛	摩尔多瓦	乌克兰	6国合计	俄罗斯联邦
1990	10 260	1 582	2 684	3 726	4 365	51 891	74 508	148 290
1991	10 271	1 566	2 662	3 742	4 363	52 001	74 605	148 624
1992	10 313	1 544	2 632	3 742	4 334	52 150	74 715	148 689
1993	10 357	1 517	2 586	3 730	3 618	52 179	73 987	148 520
1994	10 356	1 449	2 548	3 721	3 618	51 921	73 613	148 336
1995	10 329	1 484	2 516	3 715	3 611	51 531	73 186	148 141
1996	10 298	1 469	2 491	3 710	3 599	51 114	72 681	147 739
1997	10 268	1 458	2 469	3 706	3 587	50 697	72 185	147 304
1998	10 239	1 450	2 449	3 703	3 649	50 295	71 785	146 909

年份	西亚			
	亚美尼亚	阿塞拜疆	格鲁吉亚	3国合计
1990	3 335	7 134	5 460	15 929
1991	3 612	7 242	5 464	16 318
1992	3 686	7 332	5 455	16 473
1993	3 732	7 399	5 440	16 571
1994	3 748	7 459	5 425	16 632
1995	3 760	7 511	5 417	16 688
1996	3 774	7 555	5 419	16 748
1997	3 786	7 603	5 431	16 820
1998	3 795	7 666	5 442	16 903

年份	中亚					
	哈萨克斯坦	吉尔吉斯斯坦	塔吉克斯坦	土库曼斯坦	乌兹别克斯坦	5国合计
1990	16 742	4 395	5 303	3 668	20 515	50 623
1991	16 878	4 453	5 465	3 762	20 958	51 516
1992	16 975	4 493	5 571	4 032	21 445	52 516
1993	16 964	4 482	5 638	4 308	21 948	53 340
1994	16 775	4 473	5 745	4 406	22 378	53 777
1995	16 540	4 514	5 835	4 508	22 784	54 181
1996	16 166	4 576	5 927	4 597	23 225	54 491
1997	15 751	4 367	6 018	4 657	23 656	54 449
1998	15 567	4 699	6 115	4 838	24 050	55 269

资料来源：同表 D-3a。

表 D-3c 苏联各后继共和国的人均 GDP(1990—1998)

(1990 年国际元)

年份	欧洲							欧洲/亚洲
	白俄罗斯	爱沙尼亚	拉脱维亚	立陶宛	摩尔多瓦	乌克兰	6国合计	俄罗斯联邦
1990	7 153	10 733	9 841	8 591	6 211	5 995	6 536	7 762
1991	7 058	9 757	8 890	8 068	5 125	5 461	6 005	7 361
1992	6 355	8 496	5 861	6 352	3 666	4 901	5 210	6 289
1993	5 851	7 917	5 072	5 343	4 338	4 206	4 606	5 745
1994	5 115	8 123	5 148	4 831	2 994	3 257	3 746	5 024
1995	4 592	8 267	5 203	4 999	2 946	2 881	3 422	4 822
1996	4 736	8 679	5 430	5 237	2 725	2 614	3 273	4 675
1997	5 290	9 669	5 957	5 627	2 780	2 553	3 372	4 729
1998	5 743	10 118	6 216	5 918	2 497	2 528	3 439	4 523

年份	西亚			
	亚美尼亚	阿塞拜疆	格鲁吉亚	3国合计
1990	6 142	4 681	7 569	6 228
1991	5 005	4 579	5 969	5 138
1992	2 858	3 502	3 293	3 288
1993	2 573	2 667	2 335	2 537
1994	2 701	2 124	2 100	2 246
1995	2 877	1 862	2 157	2 186
1996	3 032	1 872	2 398	2 304
1997	3 126	1 970	2 662	2 454
1998	3 341	2 135	2 737	2 599

年份	中亚					
	哈萨克斯坦	吉尔吉斯斯坦	塔吉克斯坦	土库曼斯坦	乌兹别克斯坦	5国合计
1990	7 305	3 592	2 995	3 626	4 264	5 032
1991	6 448	3 265	2 660	3 369	4 152	4 612
1992	6 069	2 789	1 767	2 673	3 606	4 066
1993	5 520	2 363	1 462	2 538	3 443	3 730
1994	4 875	1 893	1 129	2 052	3 199	3 298
1995	4 541	1 772	973	1 861	3 115	3 103
1996	4 669	1 873	797	1 947	3 109	3 119
1997	4 871	2 156	798	1 703	3 209	3 210
1998	4 809	2 042	830	1 723	3 296	3 205

资料来源：从表 D-3a 和 D-3b 中推出。

表 D-4　OECD 和麦迪森对苏联 15 个后继共和国 1990 年实际 GDP 水平的估计

	1996 年 GDP（百万 1996 年 EKS 元）	1990 实际 GDP/1996 年实际 GDP	1990 年 GDP（百万 1996 年 EKS 元）	1990 年 GDP（百万 1990 年 EKS 元）	麦迪森 1990 年 GDP 估计值（百万 1990 年国际元）
亚美尼亚	7 423	1.7898	13 286	11 467	20 483
阿塞拜疆	14 501	2.31265	33 536	28 944	33 397
白俄罗斯	53 198	1.5046	80 042	69 083	73 389
爱沙尼亚	9 761	1.33187	13 000	11 220	16 980
格鲁吉亚	15 844	3.1798	50 381	43 483	41 325
哈萨克斯坦	71 548	1.620295	115 929	100 056	122 295
吉尔吉斯斯坦	9 547	1.8419	17 585	15 177	15 787
拉脱维亚	12 584	1.9526	24 572	21 208	26 413
立陶宛	21 320	1.647368	35 122	30 313	32 010
摩尔多瓦	7 558	2.764838	20 897	18 036	27 112
俄罗斯联邦	996 051	1.66667	1 660 085	1 432 790	1 151 040
塔吉克斯坦	5 455	3.362405	18 342	15 831	15 884
土库曼斯坦	13 510	1.4862	20 079	17 330	13 300
乌克兰	169 933	2.3285	395 690	341 513	311 112
乌兹别克斯坦	46 350	1.211234	56 141	48 454	87 468
合计	1 454 583		2 554 687	2 204 905	1 987 995

资料来源：第 1 列数据来自 *A PPP Comparison for the NIS，1994，1995 and 1996*，OECD，Paris，February 2000，Annex B，Table B-1。第 2 列数据是 1990 年 GDP 与 1996 年 GDP 的比值（从表 D-3 中推出）。第 3 列数据为第 1 列与第 2 列的乘积。第 4 列数据为第 3 列与美国 1990—1996 年 GDP 平减指数（0.863082）的乘积。最后一列是我的估计值（来自附录 A 中的表 A1-b）。我的数字主要基于欧洲经济委员会对苏联的估计值（如附录 A 中表 A1-h 所示）。按各共和国分解的 1990 年数据来自 Bolotin（1992），另外鲍罗廷还使用了 ICP 方法。我之所以倾向于使用我的估计值，是因为它们与我用于东欧国家的数据一致，是因为 G-K 方法明显优于 EKS 方法，也是因为相对 1996 年而言，有关 1990 年的可用于比较的数据的质量可能要高一些。

附录 E
就业、工作小时和劳动生产率

表 E-1　欧洲、日本和西方后裔国的就业人数(1870—1998)　(千人,年中值)

	1870	1913	1950	1973	1990	1998
奥地利	2 077	3 122	3 215	3 160	3 412	3 723
比利时	2 141	3 376	3 341	3 748	3 815	3 766
丹麦	820	1 277	1 978	2 426	2 672	2 693
芬兰	785	1 323	1 959	2 194	2 487	2 245
法国	17 800	19 373	19 663	21 434	22 632	22 693
德国	16 184	30 333	28 745	35 487	36 808	36 094
意大利	13 770	17 644	18 875	22 708	25 624	24 343
荷兰	1 382	2 330	4 120	5 150	6 356	7 465
挪威	706	984	1 428	1 676	2 030	2 241
瑞典	1 923	2 602	3 422	3 879	4 465	3 979
瑞士	1 285	1 904	2 237	3 277	3 563	3 850
英国	13 157	19 884	22 400	25 076	26 942	27 121
西欧 12 国合计	**72 030**	**104 152**	**111 383**	**130 215**	**140 806**	**140 213**
爱尔兰			1 220	1 067	1 126	1 503
西班牙		7 613	11 662	13 031	12 890	13 378
澳大利亚	630	1 943	3 459	5 838	7 938	8 652
加拿大	1 266	3 014	5 030	8 843	13 244	14 386
美国	14 720	38 821	61 651	86 838	120 960	132 953
捷克斯洛伐克		5 854	5 972	7 092	7 679	7 374
捷克共和国					5 201	5 207
斯洛伐克					2 478	2 167
匈牙利		3 285	4 379	5 008	4 808	3 698
波兰			12 718	17 319	16 840	15 477
罗马尼亚		6 877	9 710	10 015	10 865	10 845
苏联		64 664	85 246	128 278	132 546	
俄罗斯联邦					75 325	64 500
民主德国			7 581	8 327	8 820	6 055
日本	18 684	25 751	35 683	52 590	62 490	65 141

资料来源：1870—1973 年的数据来自 Maddison(1995a),利用 OECD 的 *Labour Force*

Statistics 1978—1998，Paris，1999 对西欧国家、日本和西方后裔国数据进行了更新。德国 1870—1913 年的数据范围是 1913 年的边界范围（不包括阿尔萨斯-洛林），1950—1998 年的数据范围是 1991 年的边界范围；1950—1998 年的数据是民主德国与联邦德国数据的加总（如表中所示）。1870 年和 1913 年德意志联邦共和国的就业人数根据 1913 年边界范围（包括阿尔萨斯-洛林）内的人口占联邦领土内总人口的比率向上调整（附录 A 中的表 A-d）（Maddison，1995a）。对于英国，1870 年和 1913 年的数据包括南爱尔兰；Maddison(1995a)的 1870 年和 1913 年的就业估计值根据人口比例向上进行了调整。本表中其他国家的就业数据都是指目前边界范围内的就业。

东欧 1870—1973 年的数据来自 Maddison(1995a)。民主德国 1950 年和 1973 年的数据来自 Merkel and Wahl (1991, p.73)；1990 年和 1998 年的数据来自 van Ark (1999)。匈牙利、波兰、罗马尼亚、俄罗斯联邦和斯洛伐克的 1990 年数据也来自 van Ark (1999)。捷克共和国 1990 年和 1998 年的数据，以及匈牙利和波兰 1998 年的数据来自 OECD, *Labour Force Statistics 1978—1998*，Paris，1999；罗马尼亚、俄罗斯联邦和斯洛伐克 1998 年的数据来自 OECD, *Main Economic Indicators*，April 2000。苏联 1990 年的数据来自 Maddison (1995b)。

表 E-2　拉丁美洲和亚洲经济体的就业人数（1950—1998）　（千人，年中值）

	1950	1973	1990	1998
阿根廷	6 821	9 402	11 932	13 060
巴西	17 657	33 164	56 108	63 966
智利	2 256	2 894	4 429	5 541
哥伦比亚	3 844	6 616	10 747	12 673
墨西哥	8 766	15 180	24 905	31 519
秘鲁	2 799	4 471	7 446	9 444
委内瑞拉	1 571	3 338	5 859	7 716
中国内地	184 984	362 530	567 400	626 630
中国香港			2 710	3 140
印度	161 386	239 645	324 885	377 548
印度尼西亚	30 863	46 655	75 851	87 672
马来西亚			6 686	8 563
巴基斯坦	14 009	50 144	31 290	35 430
菲律宾	8 525	14 195	22 532	28 262
新加坡			1 486	1 870
韩国	6 377	11 140	18 085	19 926
斯里兰卡			4 951	6 085
中国台湾	2 872	5 327	8 283	9 289
泰国	10 119	18 576	30 844	32 138

资料来源：有关拉丁美洲的数据由霍夫曼（Andre Hofman）提供。亚洲 1950—1973 年的数据来自 Maddison(1995a, p.247)，1990 年和 1998 年的数据主要来自 Asian Development Bank, *Key Indicators for Developing Asian and Pacific Countries*。中国内地 1998 年和 1999 年的数据来自中国国家统计局的《中国统计年鉴 1999》。韩国 1990 年和 1998 年的数据来自 OECD, *Labour Force Statistics 1978—1998*，Paris，1999。

表 E-3　就业人口的每年人均工作时间(1870—1998)　　　　　　　　　(小时)

	1870	1913	1950	1973	1990	1998
奥地利	2 935	2 580	1 976	1 778	1 590	1 515
比利时	2 964	2 605	2 283	1 872	1 638	1 568
丹麦	2 945	2 553	2 283	1 742	1 638	1 664
芬兰	2 945	2 588	2 035	1 707	1 668	1 637
法国	2 945	2 588	1 926	1 771	1 539	1 503
德国	2 841	2 584	2 316	1 804	1 566	1 523
意大利	2 886	2 536	1 997	1 612	1 500	1 506
荷兰	2 964	2 605	2 208	1 751	1 347	1 389
挪威	2 945	2 588	2 101	1 721	1 460	1 428
瑞典	2 945	2 588	1 951	1 571	1 508	1 582
瑞士	2 984	2 624	2 144	1 930	1 644	1 595
英国	2 984	2 624	1 958	1 688	1 637	1 489
爱尔兰			2 250	2 010	1 700	1 657
西班牙			2 200	2 150	1 941	1 908
澳大利亚	2 945	2 588	1 838	1 708	1 645	1 641
加拿大	2 964	2 605	1 967	1 788	1 683	1 663
美国	2 964	2 605	1 867	1 717	1 594	1 610
阿根廷			2 034	1 996	1 850	1 903
巴西			2 042	2 096	1 879	1 841
智利			2 212	1 955	1 984	1 974
哥伦比亚			2 323	2 141	1 969	1 956
墨西哥			2 154	2 061	2 060	2 073
秘鲁			2 189	2 039	1 930	1 926
委内瑞拉			2 179	1 965	1 889	1 931
日本	2 945	2 588	2 166	2 042	1 951	1 758

资料来源：1870—1973年的数据来自Maddison(1995a,p.248)，OECD成员国1990年的数据来自Maddison(1996,p.41)和Maddison(1991a)的工作图表。1992—1998年工作时间相对于1992年水平的变化参见Maddison(1995a,p.248)，其中只有美国的数据来自美国劳工统计局的估计值，它等于私人部门生产工人周平均工作小时乘以每年平均工作周数。拉丁美洲的估计值来自霍夫曼[根据Hofman(2000)提供的数据进行更新]。

表 E-4　总工作时间(1870—1998)　　　　　　　　　　（百万小时）

	1870	1913	1950	1973	1990	1998
奥地利	6 096	8 055	6 353	5 618	5 425	5 640
比利时	6 346	8 794	7 628	7 016	6 249	5 905
丹麦	2 415	3 260	4 516	4 226	4 377	4 481
芬兰	2 312	3 424	3 987	3 745	4 148	3 675
法国	52 421	50 137	37 871	37 960	34 831	34 108
德国	45 979	78 380	66 573	64 019	57 641	54 971
意大利	39 740	44 745	37 693	36 605	38 436	36 661
荷兰	4 096	6 070	9 097	9 018	8 562	10 369
挪威	2 079	2 547	3 000	2 884	2 964	3 200
瑞典	5 663	6 734	6 676	6 094	6 733	6 295
瑞士	3 834	4 996	4 796	6 325	5 858	6 141
英国	39 260	52 176	43 859	42 328	44 104	40 383
西欧 12 国合计	**210 242**	**269 318**	**232 049**	**225 838**	**219 327**	**211 829**
爱尔兰			2 745	2 145	1 914	2 490
西班牙			25 656	28 017	25 019	25 525
澳大利亚	1 855	5 028	6 358	9 971	13 058	14 198
加拿大	3 752	7 851	9 894	15 811	22 290	23 924
美国	43 630	101 129	115 102	149 101	192 810	214 054
阿根廷			13 874	18 766	22 074	24 853
巴西			36 056	69 512	105 427	117 761
智利			4 990	5 658	8 787	10 938
哥伦比亚			8 930	14 165	21 161	24 788
墨西哥			18 882	31 286	51 304	65 339
秘鲁			6 127	9 116	14 371	18 189
委内瑞拉			3 423	6 559	11 068	14 900
日本	55 024	66 644	77 289	107 389	121 918	114 518

表 E-5　欧洲、日本和西方后裔国就业人员的人均 GDP(1870—1998)

(1990 年国际元)

	1870	1913	1950	1973	1990	1998
奥地利	4 053	7 512	7 994	26 971	38 240	41 019
比利时	6 420	9 581	14 125	31 621	44 939	52 642
丹麦	4 612	9 139	14 992	28 867	35 503	43 564
芬兰	2 546	4 829	8 704	23 575	33 817	42 058
法国	4 051	7 458	11 214	31 910	45 356	50 680
德国	4 414	7 824	9 231	26 623	34 352	40 452
意大利	3 037	5 412	8 739	25 661	36 124	42 015
荷兰	7 201	10 710	14 719	34 134	40 606	42 534
挪威	3 520	6 218	12 492	26 578	38 588	46 792
瑞典	3 602	6 688	13 813	28 305	33 920	41 564
瑞士	4 566	8 657	19 019	35 780	41 229	39 570
英国	7 614	11 296	15 529	26 956	35 061	40 875
西欧 12 国加权平均	4 702	8 072	11 551	28 109	37 476	43 108
爱尔兰				19 778	36 820	44 822
西班牙		6 001	5 727	23 346	36 801	41 870
澳大利亚	10 241	14 180	17 714	29 516	36 682	44 190
加拿大	5 061	11 585	20 311	35 302	39 601	43 298
美国	6 683	13 327	23 615	40 727	47 976	55 618
捷克斯洛伐克		4 741	7 262	14 445	17 263	17 726
捷克共和国					17 632	17 073
斯洛伐克					16 487	19 298
匈牙利		5 007	5 288	11 649	13 933	17 872
波兰			4 776	10 276	11 575	16 684
罗马尼亚			1 985	7 230	7 389	5 967
苏联		3 593	5 986	11 795	14 999	
俄罗斯联邦					15 281	10 302
民主德国			6 782	15 608	9 317	20 319
日本	1 359	2 783	4 511	23 634	37 144	39 631

表 E-6　拉丁美洲和亚洲经济体就业人口的人均 GDP(1950—1998)

（1990 年国际元）

	1950	1973	1990	1998
阿根廷	12 538	21 349	17 811	25 598
巴西	5 060	12 111	13 256	14 491
智利	10 316	17 416	18 974	26 038
哥伦比亚	6 492	12 202	14 799	16 187
墨西哥	7 685	18 399	20 747	20 810
秘鲁	6 170	12 685	8 727	10 135
委内瑞拉	23 792	37 856	27 419	26 495
中国内地	1 297	2 041	3 718	6 181
中国香港			36 815	43 022
印度	1 377	2 065	3 380	4 510
印度尼西亚			5 945	7 157
马来西亚			13 434	17 356
巴基斯坦			5 817	7 381
菲律宾	2 653	5 809	6 348	6 236
新加坡			29 159	42 259
韩国	2 516	8 689	20 633	28 315
斯里兰卡			8 501	10 420
中国台湾	2 569	11 924	24 203	35 198
泰国	1 618	4 065	8 291	11 591

表 E-7　劳动生产率(每工作小时创造的 GDP)(1870—1998)

(1990 年国际元/小时)

	1870	1913	1950	1973	1990	1998
奥地利	1.38	2.91	4.05	15.17	24.05	27.07
比利时	2.17	3.68	6.19	16.89	27.44	33.57
丹麦	1.57	3.58	6.57	16.57	21.67	26.18
芬兰	0.86	1.87	4.28	13.81	20.27	25.69
法国	1.38	2.88	5.82	18.02	29.47	33.72
德国	1.55	3.03	3.99	14.76	21.94	26.56
意大利	1.05	2.13	4.38	15.92	24.08	27.90
荷兰	2.43	4.11	6.67	19.49	30.15	30.62
挪威	1.20	2.40	5.95	15.44	26.43	32.77
瑞典	1.22	2.58	7.08	18.02	22.49	26.27
瑞士	1.53	3.30	8.87	18.54	25.08	24.81
英国	2.55	4.31	7.93	15.97	21.42	27.45
西欧 12 国加权平均	**1.61**	**3.12**	**5.54**	**16.21**	**24.06**	**28.53**
爱尔兰			3.73	9.84	21.66	27.05
西班牙			2.60	10.86	18.96	21.94
澳大利亚	3.48	5.48	9.64	17.28	22.30	26.93
加拿大	1.71	4.45	10.33	19.74	23.53	26.04
美国	2.25	5.12	12.65	23.72	30.10	34.55
阿根廷			6.16	10.70	9.63	13.45
巴西			2.48	5.78	7.05	7.87
智利			4.66	8.91	9.56	13.19
哥伦比亚			2.79	5.70	7.52	8.28
墨西哥			3.57	8.93	10.07	10.04
秘鲁			2.82	6.22	4.52	5.26
委内瑞拉			10.92	19.27	14.52	13.72
日本	0.46	1.08	2.08	11.57	19.04	22.54

表 E-8　每工作小时创造的 GDP 的增长率（1870—1998）

（年均复合增长率，%）

	1870—1913	1913—1950	1950—1973	1973—1998	1973—1990	1990—1998
奥地利	1.75	0.89	5.91	2.34	2.75	1.49
比利时	1.24	1.42	4.46	2.79	2.89	2.56
丹麦	1.94	1.65	4.11	1.85	1.59	2.39
芬兰	1.80	2.27	5.23	2.51	2.28	3.00
法国	1.74	1.92	5.03	2.54	2.94	1.70
德国	1.56	0.75	5.86	2.38	2.36	2.42
意大利	1.66	1.96	5.77	2.27	2.47	1.86
荷兰	1.23	1.31	4.78	1.82	2.60	0.20
挪威	1.64	2.48	4.24	3.05	3.21	2.72
瑞典	1.75	2.76	4.14	1.52	1.31	1.96
瑞士	1.80	2.71	3.26	1.17	1.79	−0.14
英国	1.22	1.67	3.09	2.19	1.74	3.15
西欧 12 国加权平均	**1.55**	**1.56**	**4.77**	**2.29**	**2.35**	**2.16**
爱尔兰			4.31	4.13	4.75	2.82
西班牙			6.41	2.85	3.33	1.84
澳大利亚	1.06	1.54	2.57	1.79	1.51	2.39
加拿大	2.25	2.30	2.86	1.11	1.04	1.27
美国	1.92	2.48	2.77	1.52	1.41	1.74
阿根廷			2.42	0.92	−0.62	4.27
巴西			3.75	1.24	1.18	1.38
智利			2.85	1.58	0.42	4.10
哥伦比亚			3.15	1.50	1.64	1.21
墨西哥			4.07	0.47	0.71	−0.04
秘鲁			3.50	−0.67	−1.86	1.91
委内瑞拉			2.50	−1.35	−1.65	−0.70
日本	1.99	1.80	7.74	2.70	2.97	2.13

表 E-9　每工作小时创造的 GDP(1870—1998)　　　　　　　　（美国＝100）

	1870	1913	1950	1973	1990	1998
奥地利	61	57	32	64	80	78
比利时	96	72	49	71	91	97
丹麦	69	70	52	70	72	76
芬兰	38	36	34	58	67	74
法国	61	56	46	76	98	98
德国	69	59	32	62	73	77
意大利	47	42	35	67	80	81
荷兰	108	80	53	82	100	89
挪威	53	47	47	65	88	95
瑞典	54	51	56	76	75	76
瑞士	68	64	70	78	83	72
英国	113	84	63	67	71	79
西欧 12 国加权平均	**71**	**61**	**44**	**68**	**80**	**83**
爱尔兰					72	78
西班牙					63	64
澳大利亚	154	107	76	73	74	78
加拿大	76	87	82	83	78	75
阿根廷			49	45	32	39
巴西			20	24	23	23
智利			37	38	32	38
哥伦比亚			22	24	25	24
墨西哥			28	38	33	29
秘鲁			22	26	15	15
委内瑞拉			86	81	48	40
日本	20	21	16	49	63	65

表 E-10　总人口的每年人均工作时间（1870—1998） （小时）

	1870	1913	1950	1973	1990	1998
奥地利	1 349	1 190	916	741	702	698
比利时	1 245	1 147	883	721	627	579
丹麦	1 279	1 093	1 058	842	852	845
芬兰	1 318	1 131	994	803	832	713
法国	1 364	1 209	905	728	614	580
德国	1 172	1 205	974	811	726	670
意大利	1 425	1 201	800	669	678	637
荷兰	1 133	985	899	671	573	660
挪威	1 198	1 041	919	728	699	722
瑞典	1 360	1 198	952	749	786	711
瑞士	1 439	1 293	1 022	982	862	861
英国	1 251	1 143	871	753	766	682
西欧 12 国加权平均	**1 295**	**1 181**	**904**	**750**	**701**	**657**
爱尔兰			925	698	546	672
西班牙			921	805	644	648
澳大利亚	1 048	1 043	778	738	764	757
加拿大	992	1 000	720	701	805	790
美国	1 084	1 036	756	704	771	791
阿根廷			809	745	676	685
巴西			675	672	698	694
智利			819	572	669	740
哥伦比亚			770	614	642	643
墨西哥			663	543	605	663
秘鲁			803	635	654	697
委内瑞拉			683	552	573	653
日本	1 598	1 290	925	988	987	905

表 E-11　欧洲、日本和西方后裔国的就业率(1870—1998)　　　(%)

	1870	1913	1950	1973	1990	1998
奥地利	46.0	46.1	46.4	41.7	44.1	46.1
比利时	42.0	44.0	38.7	38.5	38.3	36.9
丹麦	43.4	42.8	46.3	48.3	52.0	50.8
芬兰	44.8	43.7	48.9	47.0	49.9	43.6
法国	46.3	46.7	47.0	41.1	39.9	38.6
德国	41.3	46.6	42.0	44.9	46.4	44.0
意大利	49.4	47.4	40.1	41.5	45.2	42.3
荷兰	38.2	37.8	40.7	38.3	42.5	47.5
挪威	40.7	40.2	43.7	42.3	47.9	50.6
瑞典	46.2	46.3	48.8	47.7	52.1	45.0
瑞士	48.2	49.3	47.7	50.9	52.4	54.0
英国	41.9	43.6	44.5	44.6	46.8	45.8
西欧 12 国加权平均	**44.4**	**45.7**	**43.4**	**43.3**	**45.0**	**43.5**
爱尔兰			41.1	34.7	32.1	40.6
西班牙		37.6	41.8	37.4	33.2	34.0
澳大利亚	35.6	40.3	42.3	43.2	46.5	46.1
加拿大	33.5	38.4	36.6	39.2	47.8	47.5
美国	36.6	39.8	40.5	41.0	48.4	49.1
捷克斯洛伐克		44.2	48.2	48.7	49.3	47.0
捷克共和国					50.4	50.6
斯洛伐克					47.1	40.2
匈牙利		41.9	46.9	48.0	46.4	36.2
波兰		0.0	51.2	52.0	44.2	40.1
罗马尼亚		54.9	59.5	48.1	47.7	48.4
苏联		41.4	47.3	51.4	45.8	
俄罗斯联邦					50.8	43.9
日本	54.3	49.8	42.7	48.4	50.6	51.5

表 E-12　拉丁美洲和亚洲经济体的就业率(1950—1998)　　　　　　(%)

	1950	1973	1990	1998
阿根廷	39.8	37.3	36.6	36.0
巴西	33.0	32.1	37.1	37.7
智利	37.0	29.2	33.7	37.5
哥伦比亚	33.2	28.7	32.6	32.8
墨西哥	30.8	26.3	29.4	32.0
秘鲁	36.7	31.2	33.9	36.2
委内瑞拉	31.4	28.1	30.3	33.8
中国内地	33.8	41.1	50.0	50.4
中国香港			47.5	46.9
印度	45.0	41.3	38.7	38.7
印度尼西亚	39.0	37.5	42.3	42.9
马来西亚			38.2	40.9
巴基斯坦	35.5	70.5	27.5	26.2
菲律宾	40.3	33.7	34.6	36.4
新加坡			48.9	53.6
韩国	30.6	32.7	42.2	42.9
斯里兰卡			28.8	32.1
中国台湾	36.4	34.5	40.9	42.6
泰国	50.5	46.1	56.0	53.5

附录 F
1870—1998 年的出口值与出口量

表 F-1　56 个经济体的现价商品出口值（1870—1998）

（百万美元，当年汇率）

	1870	1913	1929	1950	1973	1990	1998
奥地利	160	561	308	326	5 283	41 138	62 746
比利时	133	717	884	1 652	22 450	118 328	177 662
丹麦	42[a]	171	433	665	6 248	35 135	46 915
芬兰	9	78	162	390	3 837	26 572	42 963
法国	541	1 328	1 965	3 082	36 675	210 169	305 492
德国	424	2 454	3 212	1 993	67 563	409 958	543 292
意大利	208	485	783	1 206	22 226	170 383	242 147
荷兰	158[b]	413	800	1 413	27 348	131 787	182 753
挪威	22	105	199	390	4 726	34 045	39 649
瑞典	41	219	486	1 103	12 201	57 542	84 739
瑞士	132[b]	226	404	894	9 538	63 793	75 439
英国	971	2 555	3 550	6 325	29 640	185 326	271 850
合计	**2 841**	**9 352**	**13 186**	**19 439**	**247 735**	**1 484 176**	**2 075 627**
澳大利亚	98	382	592	1 668	9 559	39 760	55 896
加拿大	58	421	1 141	3 020	26 437	127 634	214 335
新西兰	12	112	259	514	2 596	9 394	12 071
美国	403	2 380	5 157	10 282	71 404	393 592	682 497
合计	**571**	**3 295**	**7 149**	**15 484**	**109 996**	**570 380**	**964 799**
希腊	7	23	91	90	1 456	8 106	9 559
爱尔兰	—	—	225	203	2 129	23 747	64 333
葡萄牙	22	38	48	186	1 842	16 419	24 218
西班牙	76	183	407	389	5 200	55 528	109 231
合计	**105**	**244**	**771**	**868**	**10 627**	**103 800**	**207 341**
保加利亚	5[b]	94	46	116	3 301	6 836	4292
捷克斯洛伐克	—	—	606	779	6 035	11 882	37 083
匈牙利	—	—	182	329	3 354	9 597	22 955
波兰	—	—	316	634	6 374	13 627	27 191
罗马尼亚	32[b]	130	173	300	3 691	5 775	8 300

(续表)

	1870	1913	1929	1950	1973	1990	1998
苏联	216	783	482	1 801	21 458	104 177	119 798
南斯拉夫	6[b]	18	139	154	2 853	14 312	17 324
合计	**259**	**1 025**	**1 944**	**4 113**	**47 066**	**166 206**	**236 943**
阿根廷	29	515	908	1 178	3 266	12 353	25 227
巴西	76	317	462	1 359	6 199	31 414	51 120
智利	27	149	283	281	1 231	8 373	14 895
哥伦比亚	18	34	124	394	1 177	6 766	10 852
墨西哥	28[a]	150	285	532	2 261	27 131	117 500
秘鲁	25[a]	43	117	193	1 112	3 231	5 736
委内瑞拉	15[a]	28	149	929	4 680	17 783	15 682
合计	**218**	**1 236**	**2 328**	**4 866**	**19 926**	**107 051**	**241 012**
孟加拉国	—	—	—	303	358	1 671	3 831
缅甸	—	—	—	139	140	325	1 067
中国内地	102	299	660	550	5 876	62 091	183 589
印度	255	786	1 177	1 145	2 917	17 970	33 656
印度尼西亚	31	270	582	800	3 211	25 675	48 847
日本	15	315	969	825	37 017	287 648	388 117
巴基斯坦	—	—	—	330	955	5 589	8 501
菲律宾	29	48	163	331	1 885	8 068	27 783
韩国	0	15	159	23	3 225	65 016	132 313
中国台湾	—	26	125	73	4 483	67 142	110 454
泰国	7	43	94	304	1 564	23 071	54 455
土耳其	49[b]	94	139	159	1 317	12 959	25 938
合计	**488**	**1 896**	**4 068**	**4 982**	**62 948**	**577 225**	**1 018 549**
科特迪瓦	—	—	—	79	857	3 072	4 504
埃及	66[a]	156	253	504	1 121	4 957	3 130
埃塞俄比亚	—	—	—	37	239	298	560
加纳	2	26	60	217	628	863	1 788
肯尼亚	—	—	34	57	516	1 031	2 007
摩洛哥	—	—	48	190	910	4 265	12 480
尼日利亚	4	36	86	253	3 462	12 961	37 029
南非	14	342	454	1 158	6 114	22 834	25 396
坦桑尼亚	—	—	18	68	61	331	675
扎伊尔	—	—	40	261	1 013	999	592
合计	**—**	**—**	**—**	**2 824**	**14 921**	**51 611**	**73 333**

a. 1874 年的数据；b. 1872 年的数据。

资料来源：Maddison（1962；1989）；League of Nations，*Review of World Trade 1938*，Geneva，1939；UN，*Yearbook of International Trade Statistics*，New York，various issues；IMF，*International Financial Statistics*，Washington，D.C.，various issues。

表 F-2　35 个经济体的不变价商品出口值（1820—1998）

（百万 1990 年美元）

	1820	1870	1913	1929	1950	1973	1998
奥地利	47	467	2 024	1 746	1 348	13 899	69 519
比利时	92	1 237	7 318	7 845	8 182	61 764	175 503
丹麦		314	1 494	2 705	3 579	16 568	49 121
芬兰		310	1 597	2 578	3 186	15 641	48 697
法国	487	3 512	11 292	16 600	16 848	104 161	329 597
德国		6 761	38 200	35 068	13 179	194 171	567 372
意大利	339	1 788	4 621	5 670	5 846	72 749	267 378
荷兰		1 727ᵃ	4 329	7 411	7 411	71 522	194 430
挪威		223	854	1 427	2 301	11 687	58 141
瑞典		713	2 670	4 167	7 366	34 431	103 341
瑞士	147	1 107	5 735	5 776	6 493	38 972	78 863
英国	1 125	12 237	39 348	31 990	39 348	94 670	277 243
合计	—	30 396	119 482	122 983	115 087	730 235	2 219 205
澳大利亚		455	3 392	3 636	5 383	18 869	69 324
加拿大		724	4 044	7 812	12 576	60 214	243 015
美国	251	2 495	19 196	30 368	43 114	174 548	745 330
合计	—	3 674	26 632	41 816	61 073	253 631	1 057 669
西班牙	137	850	3 697	3 394	2 018	15 295	131 621
苏联		—	6 666	3 420	6 472	58 015	119 978
阿根廷		222	1 963	3 096	2 079	4 181	23 439
巴西		854	1 888	2 592	3 489	9 998	49 874
智利		166	702	1 352	1 166	2 030	18 228
哥伦比亚		114	267	811	1 112	2 629	11 117
墨西哥		242	2 363	3 714	1 999	5 238	70 261
秘鲁		202	409	1 142	1 172	4 323	6 205
委内瑞拉			1 374	2 593	9 722	23 779	29 411
合计		2 126	8 966	15 300	20 739	52 178	208 535
孟加拉国		—	—	—	284	445	4 146
缅甸		—	—	—	269	235	1 075
中国内地		1 398	4 197	6 262	6 339	11 679	190 177
印度		3 466	9 480	8 209	5 489	9 679	40 972
印度尼西亚		172	989	2 609	2 254	9 605	56 232
日本		51	1 684	4 343	3 538	95 105	346 007
巴基斯坦		—	—	—	720	1 626	9 868
菲律宾		55	180	678	697	2 608	22 712
韩国		0	171	1 292	112	7 894	204 542
中国台湾		—	70	261	180	5 761	100 639
泰国		88	495	640	1 148	3 081	48 752
合计		5 230	17 266	24 294	21 030	147 733	1 025 122

a. 1872 年的数据。

资料来源：西欧、西方后裔国和日本的物量变化数据来自 Maddison，*Dynamic Forces in Capitalist Development*，OUP，1991，Appendix F，并根据 OECD，*Economic Outlook*，December 1999 提供的数据进行了更新。西班牙 1826—1980 年的数据来自 A. Carreras ed.，*Estadísticas Históricas de España：Siglos XIX-XX*，Fundacion Banco Exterior，Madrid，1989，pp. 346—347。苏联、拉丁美洲和亚洲的数据来自 Maddison，*The World Economy in the Twentieth Century*，OECD Development Centre，1989，p. 148，并根据 IMF，*International Financial Statistics*（various issues）提供的物量变动数据进行了更新。巴西 1870—1913 年的数据来自 R.W. Goldsmith，*Brasil 1850—1984：Desenvolvimento Financeiro Sob um Secolo de Inflação*，Harper and Row，Sao Paulo，1986，pp. 54—55，110—111。秘鲁 1870—1950 年的数据来自 S. J. Hunt，"Price and Quantum Estimates of Peruvian Exports，1830—1962"，Discussion Paper 33，Research Program in Economic Development，Princeton University，January 1973，其中 1929 年的权重用于 1900—1950 年的估计，1900 年的权重用于 1870—1900 年的估计。委内瑞拉 1913—1929 年的数据来自 A. Baptista，*Bases Cuantitativas de la Economia Venezolana 1830—1989*，C. Corporativas，Caracas，1991，1929—1992 年的数据来自 ECLAC 的资料。1990—1998 年的变化率数据来自 ADB、OECD、ECLAC 和 IMF。

表 F-3　世界分地区不变价出口值（1870—1998）

（百万 1990 年美元）

	1870	1913	1950	1973	1990	1998
西欧	32 428	127 839	121 535	773 726	1 597 933	2 490 596
西方后裔国	3 783	27 425	62 892	254 128	570 380	1 071 432
东欧和苏联	2 100	8 726	14 780	127 285	166 252	237 148
拉丁美洲	2 709	10 910	25 235	66 155	139 611	286 043
亚洲	7 000	22 900	41 800	372 170	883 309	1 577 571
非洲	2 325	14 625	29 379	97 184	99 277	154 290
全世界	50 345	212 425	295 621	1 690 648	3 456 762	5 817 080

资料来源：1950—1998 年的数据来自 IMF, *International Financial Statistics* (various issues)，以及 UN, *Yearbook of International Trade Statistics* (various issues)。假定 1870—1950 年西欧全部出口的物量变动与表 F-2 给出的 13 国合计的变动一致；西方后裔国的出口物量变动与表 F-2 给出的三国合计的变动一致；拉丁美洲的出口物量变动与表 F-2 给出的 7 国合计的变动一致（对 1870 年的数据进行相应调整以包括委内瑞拉）。亚洲合计变动假定与表 F-2 中提供的亚洲经济体合计的变动一致，并对数据进行调整，以包括西亚的石油出口。东欧和苏联以及非洲 1870—1913 年的数据是根据表 F-1 中的部分出口值数据以及与其出口商品结构相似地区的单位价值推测出来的。

表 F-4　11 个国家和全世界商品出口值实际增长率（1870—1998）

（年均复合增长率，%）

	1870—1913	1913—1950	1950—1973	1973—1998
法国	2.8	1.1	8.2	4.7
德国	4.1	−2.8	12.4	4.4
荷兰	2.3	1.5	10.4	4.1
英国	2.8	0.0	3.9	4.4
西班牙	3.5	−1.6	9.2	9.0
美国	4.9	2.2	6.3	6.0
墨西哥	5.4	−0.5	4.3	10.9
巴西	1.9	1.7	4.7	6.6
中国	2.6	1.1	2.7	11.8
印度	2.4	−1.5	2.5	5.9
日本	8.5	2.0	15.4	5.3
全世界	3.4	0.9	7.9	5.1

资料来源：从表 F-2 和表 F-3 推出。

表 F-5　11 个国家和全世界按照 1990 年价格计算的商品出口值占其 GDP 的比率（1870—1998） (%)

	1870	1913	1929	1950	1973	1998
法国	4.9	7.8	8.6	7.6	15.2	28.7
德国	9.5	16.1	12.8	6.2	23.8	38.9
荷兰	17.4	17.3	17.2	12.2	40.7	61.2
英国	12.2	17.5	13.3	11.3	14.0	25.0
西班牙	3.8	8.1	5.0	3.0	5.0	23.5
美国	2.5	3.7	3.6	3.0	4.9	10.1
墨西哥	3.9	9.1	12.5	3.0	1.9	10.7
巴西	12.2	9.8	6.9	3.9	2.5	5.4
中国	0.7	1.7	1.8	2.6	1.5	4.9
印度	2.6	4.6	3.7	2.9	2.0	2.4
日本	0.2	2.4	3.5	2.2	7.7	13.4
全世界	4.6	7.9	9.0	5.5	10.5	17.2

资料来源：表 F-2、表 F-3 和表 B-18。参看 Maddison（1997，Table 13）中关于现价和不变价比率的比较。从长期看，由于出口价格上升得比 GDP 平减指数慢，因此，以现价计算的比率要高于以 1990 年不变价计算的比率。例如，英国 1870 年以现价计算的比率为 17.3%，1913 年为 20.9%，1950 年为 14.4%，1973 年为 16.3%。

参考文献

ABEL, W. (1978), *Agrarkrisen und Agrarkonjunktur*, Parey, Hamburg and Berlin.

ABRAMOVITZ, M. (1989), *Thinking About Growth*, Cambridge University Press, Cambridge.

ABULAFIA, D. (1987), "Asia, Africa and the Trade of Medieval Europe", in POSTAN et al., (eds.), vol. II, pp. 402–473.

ABU–LUGHOD, J.L. (1989), *Before European Hegemony: The World System AD 1250–1350*, Oxford University Press, Oxford.

ABU–LUGHOD, J.L. (1971), *Cairo, 1001 Years of the City Victorious*, Princeton University Press, New Jersey.

ADB (Asian Development Bank) (1999), *Key Indicators of Developing Asian and Pacific Countries*, Oxford University Press, Oxford.

ALDEN, D. (1973), *The Colonial Roots of Modern Brazil*, University of California Press, Berkeley.

ALLEN, R.C. (1991), "The Two English Agricultural Revolutions, 1450–1850", in CAMPBELL AND OVERTON.

AMIN, S. (1966), *L'économie du Maghreb*, Editions de Minuit, Paris.

ARASARATNAM, S. (1990), "Recent Trends in the Historiography of the Indian Ocean, 1500 to 1800", *Journal of World History*, Fall, pp. 225–248.

ARK, B. VAN (1999), "Economic Growth and Labour Productivity in Europe: Half a Century of East–West Comparisons", Research Memorandum GD–41, Groningen Growth and Development Centre.

ARK, B. VAN (2000), "Measuring Productivity in the 'New Economy': Towards a European Perspective", *De Economist*, 148,1, pp. 87–105.

ARK, B. VAN AND N. CRAFTS (1996), *Quantitative Aspects of Post–War European Economic Growth*, Cambridge University Press, Cambridge.

ARK, B. VAN , S. KUIPERS AND G. KUPER (2000), *Productivity, Technology and Economic Growth*, Kluwer, Dordrecht.

ASHTOR, E. (1976), *A Social and Economic History of the Near East in the Middle Ages*, University of California Press, Berkeley.

ASHTOR, E. (1980), "The Volume of Medieval Spice Trade", *Journal of European Economic History*, vol. 9, No. 3, Winter, pp. 753–763.

AUBIN, F. (ed.) (1970), *Études Song in Memoriam Etienne Balazs*, Mouton, Paris.

BAGNALL, R.S. AND B.W. FRIER (1994), *The Demography of Roman Egypt*, Cambridge University Press, Cambridge.

BAIROCH, P. (1967), *Diagnostic de l'évolution économique du tiers–monde 1900–1966*, Gauthiers–Villars, Paris.

BAIROCH, P. AND ASSOCIATES (1968), *The Working Population and Its Structure*, Université Libre de Bruxelles, Brussels.

BAIROCH, P. AND M. LEVY–LEBOYER (1981), *Disparities in Economic Development since the Industrial Revolution*, Macmillan, London.

BALCEROWICZ, L. (1995), *Socialism, Capitalism, Transformation*, Central European University Press, Budapest, London and New York.

BANENS, M. (2000), "Vietnam: a Reconstitution of its 20th Century Population History", in BASSINO, GIACOMETTI AND ODAKA (2000).

BARAN, P.A. (1957), *The Political Economy of Growth*, Prometheus Paper Back, New York.

BARCLAY, G.W. et al. (1976), "A Reassessment of The Demography of Traditional Rural China", *Population Index*, Winter, pp. 606–635.

BARDET, J–P. AND J. DUPAQUIER (1997), *Histoire des populations de l'Europe*, Fayard, Paris, 2 vols.

BASSINO, J–P., J–D. GIACOMETTI AND K. ODAKA (2000), *Quantitative Economic History of Vietnam, 1900–1990*, Institute of Economic Research, Hitotsubashi University.

BATISTA, D, C. MARTINS, M. PINHEIRO AND J. REIS (1997), "New Estimates of Portugal's GDP, 1910–1958", Bank of Portugal, Lisbon.

BAUGH, A.C. AND T. CABLE (1993), *A History of the English Language*, Macmillan, London.

BAUMOL, W.J. (1986), "Productivity Growth, Convergence and Welfare: What the Long Run Data Show", *American Economic Review*, December.

BELOCH, J. (1886), *Die Bevölkerung der griechisch–römischen Welt*, Duncker and Humblot, Leipzig.

BELOCH, K.J. (1961), *Bevölkerungsgeschichte Italiens*, de Gruyter, Berlin.

BERGSON, A. (1953), *Soviet National Income and Product in 1937*, Columbia University Press, New York.

BERTOLA, L., L. CALICCHIO, M. CAMOU AND L. RIVERO (1998), *El PIB de Uruguay*, Universidad de la Republica, Montevideo.

BETHELL, L. (ed.) (1984–1991), *Cambridge History of Latin America*, 8 vols., Cambridge University Press, Cambridge.

BEVAN, D., P. COLLIER AND J. GUNNING (1999), *The Political Economy of Poverty, Equity and Growth: Indonesia and Nigeria*, Oxford University Press, Oxford.

BHANOJI RAO, V.V. (1976), *National Accounts of West Malaysia, 1947–1971*, Heinemann, Kuala lumpur.

BHATTACHARYA, D. (1987), "A Note on the Population of India, 1000–1800 AD" in *Le Peuplement du Monde avant 1800*, Société de Démographie Historique, Paris.

BIDEAU, A., B. DESJARDINS AND H. PEREZ–BRIGNOLI (1997), *Infant and Child Mortality in the Past*, Clarendon Press, Oxford.

BIELENSTEIN, H. (1987), "Chinese Historical Demography AD 2 – 1982", *Bulletin of the Museum of Far Eastern Antiquities*, Stockholm, No. 59.

BIRABEN, J.N. (1972), "Certain Demographic Characteristics of the Plague Epidemic in France, 1720–1722" in GLASS AND REVELLE.

BIRABEN, J.N. (1979), "Essai sur l'évolution du nombre des hommes", *Population*, Jan–Feb., pp. 13–25.

BLACKBURN, R. (1997), *The Making of New World Slavery*, Allen and Unwin, London.

BLAYO, Y. (1975), "La population de la France de 1740 à 1860" and "La mortalité en France de 1740 à 1829", *Population*, November, pp. 71–122 and 124–142, respectively.

BLOMME, J. AND H. VAN DER WEE (1994), "The Belgian Economy in a Long–Term Historical Perspective: Economic Development in Flanders and Brabant, 1500–1812", in MADDISON AND VAN DER WEE.

BLOOM, D.E. AND J.D. SACHS (1998), "Geography, Demography and Economic Growth in Africa", *Brookings Papers on Economic Activity*, 2, pp. 207–296.

BOLOTIN, B.M. (1992), "The Former Soviet Union as Reflected in National Accounts Statistics", in HIRSCH.

BOOMGAARD, P. (1993), "Economic Growth in Indonesia, 500–1990", in SZIRMAI, VAN ARK AND PILAT.

BOOTH, A. AND A. REID (1994), "Population, Trade and Economic Growth in South–East Asia in the Long Term: An Exploratory Analysis 1400–1990", in MADDISON AND VAN DER WEE.

BORAH, W.C. (1976), "The Historical Demography of Aboriginal and Colonial America: An Attempt at Perspective", in DENEVAN, pp. 13–34.

BORAH, W. AND S.F. COOK (1963), *The Aboriginal Population of Central Mexico on the Eve of the Spanish Conquest*, University of California, Berkeley.

BOSERUP, E. (1965), *The Conditions of Agricultural Growth*, Allen and Unwin, London.

BOSERUP, E. (1981), *Population and Technology*, Blackwell, Oxford.

BOWLEY, A.L. (1942), *Studies in the National Income*, Cambridge University Press, Cambridge.

BOWMAN, A.K. AND E. ROGAN (1999), *Agriculture in Egypt from Pharaonic to Modern Times*, Oxford University Press, Oxford.

BOXER, C.R. (1974), *Four Centuries of Portuguese Expansion, 1414–1825: A Succinct Survey*, Witwatersrand University Press, Johannesburg.

BRAUDEL, F. (1985), *Civilisation and Capitalism, 15th–18th Century*, 3 vols., Fontana, London.

BRAUDEL, F. AND F. SPOONER (1967), "Prices in Europe from 1450 to 1750", in RICH AND WILSON.

BRAUDEL, F. AND E. LAROUSSE (eds.) (1977), *Histoire économique et sociale de la France*, Vol. 2, P.U.F., Paris.

BRAY, F. (1984), *Agriculture*, Vol. VI:2 in NEEDHAM (1954–2000).

BRAY, F. (1986), *The Rice Economies: Technology and Development in Asian Societies*, Blackwell, Oxford.

BREWER, J. (1989), *The Sinews of Power: War, Money and the English State, 1688–1783*, Unwin Hyman, London.

BREWER, J. AND R. PORTER (eds.) (1993), *Consumption and the World of Goods*, Routledge, London.

BROWN, H.P. AND HOPKINS, S.V. (1981), *A Perspective of Wages and Prices*, Routledge, London.

BRUIJN, J.R. AND F.S. GAASTRA (eds.) (1993), *Ships, Sailors and Spices, East India Companies and their Shipping in the 16th, 17th and 18th Centuries*, NEHA, Amsterdam.

BULBECK, D., A. REID, L.C. TAN AND Y. WU (1998), *Southeast Asian Exports since the Fourteenth Century*, KITLV Press, Leiden.

BUTLIN, N.G. (1983), *Our Original Aggression*, Allen and Unwin, Sydney.

BUTLIN, N.G. (1993), *Economics and the Dreamtime*, Cambridge University Press, Melbourne.

CAMPBELL, B.M.S. AND M. OVERTON (eds.), (1991), *Land, Labour and Livestock: Historical Studies in European Agricultural Productivity*, Manchester University Press.

CARR-SAUNDERS, A.M. (1964), *World Population*, Cass, London.

CASELLI, G. (1991), "Health Transition and Cause Specific Mortality", in SCHOFIELD, REHER AND BIDEAU.

CHANDLER, A.D., JR. (1990), *Scale and Scope: The Dynamics of Industrial Capitalism*, Harvard.

CHANG, CHUNG-LI (1962), *The Income of the Chinese Gentry*, Greenwood, Westport.

CHAO, K. (1986), *Man and Land in Chinese History*, Stanford University Press.

CHAUDHURI, K.N. (1978), *The Trading World of Asia and the English East India Company, 1660–1760*, Cambridge University Press, Cambridge.

CHAUDHURI, K.N. (1982), "Foreign Trade", in RAYCHAUDHURI AND HABIB.

CHAUDHURY, S. (1999), *From Prosperity to Decline: Eighteenth Centry Bengal*, Manohar, New Delhi.

CHAUDHURY, S. AND M. MORINEAU (1999), *Merchants, Companies and Trade: Europe and Asia in the Early Modern Era*, Cambridge University Press, Cambridge.

CHESNAIS, J.-C. (1987), *La revanche du tiers–monde*, Laffont, Paris.

CHOU, K.R. (1966), *The Hong Kong Economy*, Academic Publications, Hong Kong.

CIPOLLA, C.M. (1969), *Literacy and Development in the West*, Penguin Books, London.

CIPOLLA, C.M. (1970), *European Culture and Overseas Expansion*, Pelican, London.

CIPOLLA, C.M. (ed.) (1972–76), The Fontana Economic History of Europe, 6 vols., Collins/Fontana Books, London

CIPOLLA, C.M. (1976), *Before the Industrial Revolution: European Society and Economy, 1000–1700*, Norton, New York.

CLARK, C. (1940), *The Conditions of Economic Progress*, Macmillan, London.

CLARK, C. (1967), *Population Growth and Land Use,* Macmillan, London.

CLARK, G. (1991), "Yields per Acre in English Agriculture, 1250–1860: Evidence from Labour Inputs", *Economic History Review,* August, pp. 445–460.

CLARK, G.N. (1968), *Science and Social Welfare in the Age of Newton*, Clarendon Press, Oxford.

COALE, A.J. AND P. DEMENY (1983), *Regional Model Life Tables and Stable Populations*, Academic Press, New York.

COATSWORTH, J.H. (1978), "Obstacles to Economic Growth in Nineteenth Century Mexico", *American Historical Review*, February, pp. 80–100.

COATSWORTH, J.H. (1989), "The Decline of the Mexican Economy, 1800–1860" in LIEHR.

COLLIER, P. AND J.W. GUNNING (1999), "Explaining African Performance", *Journal of Economic Literature*, March, pp. 64–111.

COOK, D.N. (1981), *Demographic Collapse: Indian Peru, 1520–1620*, Cambridge University Press, Cambridge.

COOK, S.F. AND L.B. SIMPSON (1948), *The Population of Central Mexico in the Sixteenth Century*, University of California, Berkeley.

COOPER, J.P. (1967), "The Social Distribution of Land and Men in England, 1436–1700", *Economic History Review* 20, pp. 419–440.

CRAFTS, N.F.R. (1983), "British Economic Growth, 1700–1831: A Review of the Evidence", *Economic History Review*, May, pp. 177–199.

CRAFTS, N.F.R. AND C.K. HARLEY (1992), "Output Growth and the British Industrial Revolution: A Restatement of the Crafts–Harley View", *Economic History Review*, November, pp. 703–730.

CRAIG, A.M. (1961), *Choshu in the Meiji Restoration*, Harvard University Press, Cambridge, Ma.

CRAWCOUR, E.S. (1963), "Changes in Japanese Commerce in the Tokugawa Period", *Journal of Asian Studies*, pp. 387–400.

CROSBY, A.W. (1972), *The Columbian Exchange: Biological and Cultural Consequences of 1492*, Greenwood Press, Westport, Connecticut.

CROSBY, A.W. (1986), *Ecological Imperialism: The Biological Expansion of Europe, 900–1900,* Cambridge University Press, Cambridge.

CROUZET, F. (1964), "Wars, Blockade, and Economic Change in Europe, 1792–1815", *Journal of Economic History,* December, pp. 567–588.

CROUZET, F. (1985), *De la superiorité de l'Angleterre sur La France*, Perrin, Paris.

CURTIN, P.D. (1969), *The Atlantic Slave Trade: A Census,* University of Wisconsin Press, Madison.

CURTIN, P.D. (1984), *Cross-cultural Trade in World History,* Cambridge University Press, Cambridge.

DANIELS, J.D. (1992), "The Indian Population of North America in 1492", *William and Mary Quarterly*, pp. 298–320.

DAS GUPTA, A. AND M.N. PEARSON (1987), *India and the Indian Ocean, 1500–1800,* New Delhi.

DAVID, P.A. (1967), "The Growth of Real Product in the United States Before 1840: New Evidence, Controlled Conjectures", *Journal of Economic History*, June.

DAVID, P.A. (1991), "Computer and Dynamo: The Modern Productivity Paradox in a Not Distant Mirror", in *Technology and Productivity: The Challenge for Economic Policy*, OECD, Paris, pp. 315–348.

DAVIES, R.T. (1964), *The Golden Century of Spain*, Macmillan, London.

DAVIS, K. (1951), *The Population of India and Pakistan*, Princeton University Press.

DAVIS, L. AND ASSOCIATES (eds.) (1972), *American Economic Growth: An Economist's History of the United States*, Harper and Row, New York.

DAVIS, R. (1962), *The Rise of the English Shipbuilding Industry*, Macmillan, London.

DAY, C. (1921), *A History of Commerce*, Longmans Green, New York.

DEANE, P. (1955), "The Implications of Early National Income Estimates for the Measurement of Long-Term Economic Growth in the United Kingdom", *Economic Development and Cultural Change*, pp. 3–38.

DEANE, P. (1995–1996), "Contemporary Estimates of National Income in the First Half of the Nineteenth Century", *Economic History Review*, VIII, 3, pp. 339–354.

DEANE, P. (1956–1957), "Contemporary Estimates of National Income in the Second Half of the Nineteenth Century", *Economic History Review*, IX, 3, pp. 451–461.

DEANE P. (1957), "The Industrial Revolution and Economic Growth: The Evidence of Early British National Income Estimates", *Economic Development and Cultural Change*, pp. 159–174.

DEANE, P. AND W.A. COLE (1964), *British Economic Growth 1688–1958*, Cambridge University Press, Cambridge.

DEANE, P. (1968), "New Estimates of Gross National Product for the United Kingdom, 1830–1914", *Review of Income and Wealth*, June, pp. 95–112.

DENEVAN, W.M. (ed.) (1976), *The Native Population of the Americas in 1492*, University of Wisconsin.

DENISON, E.F. AND W.C. HARALDSON (1945), "The Gross National Product of Germany 1936–1944", Special Paper 1, mimeographed appendix to Galbraith, *et al*.

DICKSON, D., C. O'GRADA AND S. DAULTREY (1982), "Hearth Tax, Household Size and Irish Population Change 1672–1981", *Proceedings of the Royal Irish Academy*, Vol. 82, No. 6, Dublin.

DICKSON, P.M.G. (1967), *The Financial Revolution in England*, Macmillan, London.

DOMAR, E.D. (1989), *Capitalism, Socialism and Serfdom*, Cambridge University Press, Cambridge.

DORE, R.P. (1965), *Education in Tokugawa Japan*, University of California Press, Berkeley.

DUBLIN, L.I., A.J. LOTKA AND M. SPIEGELMAN (1963), *Length of Life*, Ronald Press, New York.

DUPAQUIER, J. (1997), "La connaissance démographique", in BARDET AND DUPAQUIER, Vol. 1, pp. 218–238.

DURAND, J.D. (1974), *Historical Estimates of World Population: An Evaluation*, University of Pennsylvania, Philadelphia.

DYSON, T. (ed.) (1989), *India's Historical Demography*, Curzon, Riverdale.

EBRD (European Bank for Reconstruction and Development), (1999), *Transition Report 1999*, London.

ECE (Economic Commission for Europe), (1994), *International Comparison of Gross Domestic Product in Europe 1990*, Geneva.

ECLAC, (Economic Commission for Latin America and the Caribbean) (1978), *Series Historicas del Crecimiento de America Latina*.

ECLAC (1996), *Preliminary Overview of the Economy of Latin America and the Caribbean*, Santiago, Chile.

EISNER, G. (1961), *Jamaica, 1830–1930: a Study in Economic Growth*, Manchester University Press.

ELTIS, D. (1995), "The Total Product of Barbados 1667–1701", *Journal of Economic History*, vol. 55:2, pp. 321–338.

ENGERMAN, S.L. AND R.E. GALLMAN (1986), *Long Term Factors in American Economic Growth*, NBER, University of Chicago Pr'ess, Chicago.

ENGERMAN, S.L. AND R.E. GALLMAN (1996), *The Cambridge History of the United States*, Vol. 1, Cambridge University Press, Cambridge.

ESCAP (Economic and Social Commission for Asia and the Pacific), (1999), *Escap Comparisons of Real Gross Domestic Product and Purchasing Power Parities, 1993*, Bangkok.

EUROSTAT (Statistical Office of the European Communities), (1989), *Comparison of Price Levels and Economic Aggregates 1985: The Results for 22 African Countries*, Luxemburg.

FAGERBERG, J. (1994), "Technology and International Differences in Growth Rates", *Journal of Economic Literature*, September.

FAIRBANK, J.K. (ed.) (1968), *The Chinese World Order*, Harvard University Press, Cambridge, Ma.

FAIRBANK, J.K. (ed.) (1983), *The Cambridge History of China*, Vol. 12, Cambridge University Press, Cambridge.

FAROQHI, S., B. MCGOWAN, D. QUATAERT, AND S. PAMUK (1994), *An Economic and Social History of the Ottoman Empire, 1600–1914*, Vol. 2, Cambridge University Press, Cambridge.

FARRIS, W.W. (1985), *Population, Disease and Land in Early Japan, 645–900*, Harvard University Press.

FEINSTEIN, C.H. (1998), "Pessimism Perpetuated: Real Wages and the Standard of Living in Britain during and after the Industrial Revolution", *Journal of Economic History*, September, pp. 625–658.

FERNANDES, F. (1969), *The Negro in Brazilian Society*, Columbia University Press, New York.

FEUERWERKER, A. (1983), "The Foreign Presence in China", IN FAIRBANK.

FIRESTONE, O.J. (1958) *Canada's Economic Development, 1867–1953*, Bowes and Bowes, London

FOGEL, R.W. (1964), *Railroads and American Economic Growth*, Johns Hopkins, Baltimore.

FOGEL, R.W. (1986), "Nutrition and the Decline in Mortality since 1700: Some Preliminary Findings", in ENGERMAN AND GALLMAN.

FOGEL, R.W. AND S.L. ENGERMAN (1974), *Time on the Cross: The Economics of American Negro Slavery*, Little Brown, London.

FOY, C., Y.-H. KIM AND H. REISEN (2000), *Sustainable Recovery in Asia: Mobilising Resources for Development*, OECD Development Centre, Paris (Preface by Braga de Macedo and Chino).

FRANK, A.G. (1998), *Reorient: Global Economy in the Asian Age*, University of California Press, Berkeley.

FREYRE, G. (1959), *New World in the Tropics*, Knopf, New York.

GALBRAITH, J.K., et al. (1945), *The Effects of Strategic Bombing on the German War Economy*, US Strategic Bombing Survey, Washington, D.C.

GALENSON, D.W. (1996), "The Settlement and Growth of the Colonies, Population, Labour and Economic Development", in ENGERMAN AND GALLMAN.

GALLOWAY, P.R. (1994), "A Reconstitution of the Population of North Italy from 1650 to 1881 using Annual Inverse Projection with Comparisons to England, France and Sweden", *Journal of Population*, 10, pp. 222–274.

GALLMAN, R.E. (1972), "The Pace and Pattern of American Economic Growth", in DAVIS AND ASSOCIATES.

GERSCHENKRON, A. (1965), *Economic Backwardness in Historical Perspective*, Praeger, New York.

GILBERT, M. AND I.B. KRAVIS (1954), *An International Comparison of National Products and Purchasing Power of Currencies*, OEEC, Paris.

GILLE, H. (1949), "The Demographic History of the Northern European Countries in the Eighteenth Century", *Population Studies*, III:1, June, pp. 3–65.

GLAMANN, K. (1981), *Dutch Asiatic Trade, 1620–1740*, Nijhoff, the Hague.

GLASS, D.V. (1965), "Two Papers on Gregory King", in GLASS AND EVERSLEY (1965), pp. 159–221.

GLASS, D.V. (1966), *London Inhabitants Within the Walls 1695*, London Record Society, London.

GLASS, D.V. AND D.E.C. EVERSLEY (eds.) (1965), *Population in History: Essays in Historical Demography*, Arnold, London.

GLASS, D.V. AND E. GREBENIK (1966), "World Population, 1800–1950", in H.J. HABAKKUK AND M. POSTAN, *Cambridge Economic History of Europe*, Vol. VI:1, Cambridge University Press, Cambridge.

GLASS, D.V. AND R. REVELLE (1972), *Population and Social Change*, Arnold, London.

GOITEIN, S.D. (1967), *A Mediterranean Society*, Vol. 1, *Economic Foundations*, University of California Press, Berkeley.

GOLDSMITH, R.W. (1984), "An Estimate of the Size and Structure of the National Product of the Roman Empire", *Review of Income and Wealth*, September.

GOODMAN, D. AND C.A. RUSSELL (1991), *The Rise of Scientific Europe, 1500–1800*, Hodder and Stoughton, London.

GORDON, R.J. (2000), "Interpreting the 'One Big Wave in US Long–Term Productivity Growth", in VAN ARK, KUIPERS AND KUPER.

GOUBERT, P. (1965), "Recent Theories and Research in French Population Between 1500 and 1700", in GLASS AND EVERSLEY.

GRAUNT, J. (1662), *Natural and Political Observations Mentioned in a Following Index and Made upon the Bills of Mortality*, Roycroft, London.

GRAUNT, J. (1676), *Natural and Political Observations upon the Bills of Mortality*, fifth edition, reprinted in Hull (1899).

HABAKKUK, H.J. AND M. POSTAN (eds.) (1966), *The Cambridge Economic History of Europe*, Vol. VI, Cambridge University Press, Cambridge.

HABIB, I. (1982), "Technology and Economy of Moghul India", *Indian Economic and Social History Review*, XVII(1), pp. 1–34.

HABIB, I. (1995), *Essays in Indian History*, Tulika, New Delhi.

HALL, J.W. (ed.) (1991), *Early Modern Japan*, Vol. 4 of *The Cambridge History of Japan*, Cambridge University Press, Cambridge.

HALL, J.W., N. NAGAHARA, AND K. YAMAMURA (1981), *Japan Before Tokugawa*, Princeton University Press.

HALLEY, E. (1693), "An Estimate of the Degrees of Mortality of Mankind, drawn from curious tables of the births and funerals at the city of Breslaw; with an attempt to ascertain the price of annuities upon lives", *Philosophical Transactions of the Royal Society*, Vol. XVII, No. 198, pp. 596–610.

HANLEY, S.B. AND K. YAMAMURA (1977), *Economic and Demographic Change in Preindustrial Japan*, Princeton University Press.

HANLEY, S.B. (1997), *Everyday Things in Premodern Japan*, University of California Press, Berkeley.

HANSEN, B. AND G.A. MARZOUK (1965), *Development and Economic Policy in the UAR (Egypt)*, North Holland, Amsterdam.

HARLEY, C.K. (1988), "Ocean Freight Rates and Productivity, 1740–1913: The Primacy of Mechanical Invention Reaffirmed", *Journal of Economic History*, December, pp. 851–876.

HAWKE, G.R. (1985), *The Making of New Zealand*, Cambridge Univerity Press, Melbourne.

HAYAMI, A. (1973), *Kinsei Noson no Rekishi Jinkogakuteki Kenkyu* (A Study of Historical Demography of Pre–Modern Rural Japan), Toyo Keizai Shimposha, Tokyo.

HAYAMI, A. (1986a), "Population Trends in Tokugawa Japan, 1600–1868", paper presented at the 46th session of the International Statistical Institute Congress.

HAYAMI, A. (ed.) (1986b), *Preconditions to Industrialization in Japan*, International Economic History Conference, Berne.

HAYAMI, A. AND M. MIYAMOTO (eds.) (1988), *Keizai Shakai no seritsu: 17–18 seiki, Nihon keizai-shi*, Vol. 1, Iwanami Shoten, Tokyo.

HAYAMI, Y., V.W. RUTTAN AND H.M. SOUTHWORTH (eds.) (1979), *Agricultural Growth in Japan, Taiwan, Korea and the Philippines*, Asian Productivity Center, Honolulu.

HAYAMI, Y. AND V.W. RUTTAN (1985), *Agricultural Development*, second edition, Johns Hopkins, Baltimore.

HEMMING, J. (1978), *Red Gold: The Conquest of the Brazilian Indians*, Macmillan.

HENRY L. AND D. BLANCHET (1983), "La population de l'Angleterre de 1514 à 1871", *Population*, 4–5, pp. 781–826.

HENRY L. AND Y. BLAYO (1975), "La population de la France de 1740 à 1860", *Population*, November.

HIGMAN, B.W. (1996), "Economic and Social Development in the British West Indies", in ENGERMAN AND GALLMAN.

HIRSCH, S. (ed.) (1992), *Memo 3: In Search of Answers in the Post–Soviet Era*, Bureau of National Affairs, Washington, D.C.

HLAING, A. (1964), "Trends of Economic Growth and Income Distribution in Burma 1870–1940", *Journal of the Burma Research Society*.

Ho, P.T. (1959), *Studies on the Population of China, 1368–1953*, Harvard University Press, Cambridge, Ma.

Ho, P.T. (1970), "An Estimate of the Total Population of Sung–Chin China", in AUBIN.

HOFFMANN, W.G. (1965), *Das Wachstum der deutschen Wirtschaft seit der Mitte des 19. Jahrhunderts*, Springer, Berlin.

HOFMAN, A.A. (2000), *The Economic Development of Latin America in the Twentieth Century*, Elgar, Cheltenham.

HODGES, R. AND D. WHITEHOUSE (1998), *Mohammed, Charlemagne and the Origins of Europe*, Duckworth, London.

HOLMES, G.S. (1977), "Gregory King and the Social Structure of Pre–Industrial England", *Transactions of the Royal Historical Society*, 5th series, Vol. 27, pp. 41–68.

HOOLEY, R.W. (1968), "Long Term Growth of the Philippine Economy, 1902–1961", *Philippine Economic Journal*.

HONDA, G. (1997), "Differential Structure, Differential Health: Industrialisation in Japan, 1868–1940", in STECKEL AND FLOUD.

HONJO, E. (1935), *The Social and Economic History of Japan*, Kyoto.

HOPKINS, K. (1980), "Taxes and Trade in the Roman Empire (200 B.C.–400 A.D.)", *Journal of Roman Studies*, Vol. LXX, pp. 101–125.

HORIOKA, C.Y. (1990), "Why is Japan's Household Saving Rate So High? A Literature Survey", *Journal of Japanese and International Economies*, 4.

HOURANI, G.F. (1951), *Arab Seafaring in the Indian Ocean in Ancient and Early Medieval Times*, Princeton University Press.

HSUEH, TIEN–TUNG AND LI, QIANG (1999), *China's National Income, 1952–1995*, Westview Press, Boulder, Colorado.

HULL, C.H. (ed.) (1899), *The Economic Writings of Sir William Petty*, 2 vols, Cambridge University Press, Cambridge.

IBGE (1960), *O Brasil em Numeros*, Rio de Janeiro.

IKRAM, K. (1980), *Egypt: Economic Management in a Period of Transition*, Johns Hopkins, Baltimore.

IMF (International Monetary Fund) (1999), *World Economic Outlook*, Washington, D.C.

INALCIK, H. (1994), *An Economic and Social History of the Ottoman Empire, 1300–1600*, Vol. 1, Cambridge University Press, Cambridge.

ISHII, R. (1937), *Population Pressure and Economic Life in Japan*, King, London.

ISRAEL, J.I. (1989), *Dutch Primacy in World Trade, 1585–1740*, Clarendon Press, Oxford.

ISRAEL, J. (1995), *The Dutch Republic*, Clarendon Press, Oxford.

JANNETTA, A.B. (1986), *Epidemics and Mortality in Early Modern Japan*, Princeton University Press.

JANNETTA, A.B. AND S.H. PRESTON (1991), "Two Centuries of Mortality Change in Central Japan: The Evidence from a Temple Death Register", *Population Studies*, 45, pp. 417–36.

JARRETT, H.S. AND S–N. SARKAR (1949), *Ain–I–Akbari of Abul Fazl–I–Allami*, Royal Asiatic Society of Bengal, Calcutta.

JONES, E.L. (1981), *The European Miracle*, Cambridge University Press, Cambridge.

JONES, V. (1978), *Sail the Indian Sea*, Gordon and Cremonesi, London.

JORGENSON, D.W. AND K.J. STIROH (2000), "Raising the Speed Limit: US Economic Growth in the Information Age", *Brookings Papers on Economic Activity I*, pp. 125–236

KALLAND, A. AND J. PEDERSON (1984), "Famine and Population in Fukuoka Domain during the Tokugawa Period", *Journal of Japanese Studies*, 10, pp. 31–72.

KEENE, D. (1969), *The Japanese Discovery of Europe, 1720–1820*, Stanford University Press.

KENDRICK, J.W. (1961), *Productivity Trends in the United States*, Princeton University Press.

KENNEDY, P. (1987), *The Rise and Fall of the Great Powers*, Random House, New York.

KEYNES, J.M. (1919), *The Economic Consequences of the Peace*, Macmillan, LONDON.

KIM, K.S. AND M. ROEMER (1979), *Growth and Structural Transformation: The Republic of Korea*, Harvard University Press, Cambridge, Mass.

KING, G. (1696), *Natural and Political Observations and Conclusions upon the State and Condition of England*, in BARNETT (ed.) Johns Hopkins (1936).

KIRSTEN, E., E.W. BUCHHOLZ AND W. KÖLLMANN (1956), *Raum und Bevölkerung in der Weltgeschichte*, Ploetz-Verlag, Würzburg.

KLEIN, H.S. (1999), *The Atlantic Slave Trade*, Cambridge University Press, Cambridge.

KNODEL, J.E. (1988), *Demographic Behavior in the Past*, Cambridge University Press, Cambridge.

KORNAI, J. (1992), *The Socialist System: The Politicial Economy of Communism*, Clarendon Press, Oxford.

KRAVIS, I.B., A. HESTON AND R. SUMMERS (1982), *World Product and Income, International Comparisons of Real Gross Product*, Johns Hopkins, Baltimore.

KROEBER, A.L. (1939), *Cultural and National Areas of Native North America*, Berkeley.

KUHN, D. (1988), *Textile Technology: Spinning and Reeling*, Vol. 5, Part IX of Needham, Cambridge University Press, Cambridge.

KUMAR, D. AND M. DESAI (1983), *Cambridge Economic History of India*, Vol. 2, Cambridge.

KUZNETS, S. (1966), *Modern Economic Growth*, Yale University Press.

KUZNETS, S. (1971), *Economic Growth of Nations*, Harvard University Press.

KUZNETS, S. (1973), *Population, Capital and Growth: Selected Essays*, Norton, New York.

KUZNETS, S. (1979), *Growth, Population and Income Distribution*, Norton, New York.

KWON, T.H. (1993) "Reconstructing Population Phenomena in Chosun Korea", *International Workshop on Historical Demography*, Reitaku University, Chiba, Japan.

KWON, T.H. AND Y–H. SHIN (1977), "On Population Estimates of the Yi Dynasty, 1392–1910", *Tong–a Munhwa*, 14 (in Korean).

LAL, D. (1988), *The Hindu Equilibrium: Cultural Stability and Economic Stagnation*, Oxford University Press, Oxford.

LANDERS, J. (1993), *Death and the Metropolis: Studies in the Demographic History of London, 1670–1830*, Cambridge Universtiy Press, Cambridge.

LANDES, D.S. (1966), "Technological Change and Development in Western Europe, 1750–1914", IN HABAKKUK AND POSTAN.

LANDES, D.S. (1969), *The Unbound Prometheus,* Cambridge University Press, Cambridge.

LANDES, D.S. (1998), *The Wealth and Poverty of Nations,* Little Brown, London.

LANE, F.C. (1966), *Venice and History: Collected Papers,* Johns Hopkins Press, Baltimore.

LANE, F.C. (1973), *Venice: A Maritime Republic,* Johns Hopkins Press, Baltimore.

LANE, F.C. AND R.C. MUELLER (1985) *Money and Banking in Medieval and Renaissance Venice,* vol. 1, Johns Hopkins Press, Baltimore.

LANGUEDOC, LESP. DE(1966), *Annexes, Sources, Graphiques,* S.E.V.P.E.N. Paris.

LASLETT, P. (1969), "John Locke, the Great Recoinage, and the Origins of the Board of Trade" in YOLTON.

LASLETT, P. (ed.) (1973), *The Earliest Classics: John Graunt and Gregory King,* Gregg International, London.

LEBERGOTT, S. (1984), *The Americans: An Economic Record,* Norton, New York.

LEBOUTTE, R. (ed.) (1996), *Proto-industralization,* Droz, Geneva.

LEE, H.K. (1936), *Land Utilization and Rural Economy in Korea,* Oxford University Press.

LEE, J.Z AND C. CAMPBELL (1997), *Fate and Fortune in Rural China,* Cambridge University Press, Cambridge.

LEE, J.Z. AND F. WANG (2001*), One Quarter of Humanity: Malthusian Mythology and Chinese Reality, 1700–2000,* Harvard University Press.

LEFF, N.H. (1982), *Underdevelopment and Development in Brazil,* 2 vols., Allen and Unwin, London.

LENIHAN, P. (1997), "War and Population, 1649–52", *Irish Economic and Social History, XXIV,* pp. 1–21.

LE ROY LADURIE, E. (1966), *Les paysans de Languedoc,* Mouton, Paris.

LE ROY LADURIE, E. (1977), "Les masses profondes: la paysannenerie", in BRAUDEL AND LAROUSSE.

LE ROY LADURIE, E. (1978), *Le territoire de l'historien,* 2 vols., Gallimard, Paris.

LEVATHES, L. (1994), *When China Ruled the Seas,* Simon and Schuster, New York.

LIEHR, R. (1989), *La formacion de las economias latinoamericanos en la epoca de Simon Bolivar,* Colloquium Verlag, Berlin.

LIM, C.H. (1967), *Economic Development of Modern Malaya,* Oxford University Press, Kuala Lumpur.

LINDERT, P.H. (1980), "English Occupations, 1670–1811", *Journal of Economic History,* XL, 4, pp. 685–713.

LINDERT, P.H. AND J.G. WILLIAMSON (1982), "Revising England's Social Tables, 1688–1812", *Explorations in Economic History,* 19, pp. 385–408.

LIVI BACCI, M. AND D.S. REHER (1993), "Other Paths to the Past: from Vital Series to Population Patterns", in REHER AND SCHOFIELD.

LORIMER, F. (1946), *The Population of the Soviet Union: History and Prospects,* League of Nations, Geneva.

LOVEJOY, P.E. (1982), "The Volume of the African Slave Trade: A Synthesis", *Journal of African History,* pp. 473–475.

LUNDBERG, E. (1968), *Instability and Economic Growth,* Yale University Press, New Haven.

MACEDO, J. BRAGA DE (1995), "Convertibility and Stability 1834–1994: Portuguese Currency Experience Revisited", in *Ensaios de Homenagem a Francisco Pereira de Moura,* UTL, Lisbon.

MACFARLANE, A. (1997), *The Savage Wars of Peace,* Blackwell, Oxford.

MADDISON, A. (1962), "Growth and Fluctuation in the World Economy, 1870–1960", *Banca Nazionale del Lavoro Quarterly Review,* June.

MADDISON, A. (1969), *Economic Growth in Japan and the USSR,* Allen and Unwin, London.

MADDISON, A. (1970), *Economic Progress and Policy in Developing Countries,* Allen and Unwin, London.

MADDISON, A. (1971), *Class Structure and Economic Growth: India and Pakistan Since the Moghuls*, Allen and Unwin, London.

MADDISON, A. (1972), "Explaining Economic Growth", *Banca Nazionale del Lavoro Quarterly Review*, 102, September.

MADDISON, A. (1976), "Economic Policy and Performance in Europe, 1913–70", in CIPOLLA.

MADDISON, A. (1980), "Monitoring the Labour Market", *Review of Income and Wealth*, June.

MADDISON, A. (1982), *Phases of Capitalist Development*, Oxford University Press, Oxford.

MADDISON, A. (1983), "A Comparison of Levels of GDP Per Capita in Developed and Developing Countries, 1700–1980", *Journal of Economic History*, March, pp. 27–41.

MADDISON, A. (1985), *Two Crises: Latin America and Asia, 1929–38 and 1973–83*, OECD Development Centre, Paris.

MADDISON, A. (1987a), "Growth and Slowdown in Advanced Capitalist Economies: Techniques of Quantitative Assessment", *Journal of Economic Literature*, June.

MADDISON, A. (1987b), "Recent Revisions to British and Dutch Growth, 1700–1870 and their Implications for Comparative Levels of Performance", in MADDISON AND VAN DER MEULEN (1987).

MADDISON, A. (1989a), *The World Economy in the Twentieth Century*, OECD Development Centre, Paris.

MADDISON, A. (1989b), "Dutch Income in and from Indonesia 1700–1938", *Modern Asian Studies*, pp. 645–670.

MADDISON, A. (1990a), "The Colonial Burden: A Comparative Perspective", in SCOTT AND LAL.

MADDISON, A. (1990b), "Measuring European Growth: the Core and the Periphery", in E. AERTS AND N. VALERIO, *Growth and Stagnation in the Mediterranean World*, Tenth International Economic History Conference, Leuven.

MADDISON, A. (1991a), *Dynamic Forces in Capitalist Development*, Oxford University Press, Oxford.

MADDISON, A. (1991b), *A Long Run Perspective on Saving*, Research Memorandum 443, Institute of Economic Research, University of Groningen (a shorter version appeared in the *Scandinavian Journal of Economics*, June 1992, pp. 181–196).

MADDISON, A. (1995a), *Monitoring the World Economy 1820–1992*, OECD Development Centre, Paris.

MADDISON, A. (1995b) *Explaining the Economic Performance of Nations: Essays in Time and Space*, Elgar, Aldershot.

MADDISON, A. (1995c), "The Historical Roots of Modern Mexico: 1500–1940", in MADDISON (1995b).

MADDISON, A. (1996), "Macroeconomic Accounts for European Countries", in VAN ARK AND CRAFTS.

MADDISON, A. (1997), "The Nature and Functioning of European Capitalism: A Historical and Comparative Perspective", *Banca Nazionale del Lavoro Quarterly Review*, December.

MADDISON, A. (1998a), *Chinese Economic Performance in the Long Run*, OECD Development Centre, Paris.

MADDISON, A. (1998b), "Measuring the Performance of A Communist Command Economy: An Assessment of the CIA Estimates for the USSR", *Review of Income and Wealth*, September.

MADDISON, A. (1999a), "Poor until 1820", *Wall Street Journal*, January 11th, p.8.

MADDISON, A. (1999b), "Book Review", of Hanley (1997), *Journal of Japanese and International Economies*, 13, pp. 150–151.

MADDISON, A. AND B. VAN ARK (1994), "The International Comparison of Real Product and Productivity", paper presented at IARIW meetings, St. Andrews, New Brunswick, Canada.

MADDISON, A. AND ASSOCIATES (1992), *The Political Economy of Economic Growth: Brazil and Mexico*, Oxford University Press, New York.

MADDISON, A. AND G. PRINCE (eds.) (1989), *Economic Growth in Indonesia, 1820–1940*, Foris, Dordrecht.

MADDISON, A. AND H. VAN DER MEULEN (eds.) (1987), *Economic Growth in Northwestern Europe: The Last 400 Years*, Research Memorandum 214, Institute of Economic Research, University of Groningen.

MADDISON, A. AND H. VAN DER WEE (eds.) (1994), *Economic Growth and Structural Change: Comparative Approaches over the Long Run*, Proceedings of the Eleventh International Economic History Congress, Milan, September.

MADDISON, A., D.S. PRASADA RAO AND W. SHEPHERD (eds.) (2001) *The Asian Economies in the Twentieth Century*, Elgar, Aldershot.

MALANIMA, P. (1995), *Economia Preindustriale*, Mondadori, Milan.

MALANIMA, P. (1998a), *La Fina del Primato*, Mondadori, Milan.

MALANIMA, P. (1998b), "Italian Cities 1300–1800: A Quantitative Approach", *Revista de Storia Economica*, August, pp. 91–126.

MANCALL, P.C. AND T. WEISS (1999), "Was Economic Growth Likely in British North America?", *Journal of Economic History*, March, pp. 17–40.

MARCILIO, M.L. (1984), "The Population of Colonial Brazil", in BETHELL (1984), Vol. 2.

MARCZEWSKI, J. (1961), "Some Aspects of the Economic Growth of France, 1660–1958", *Economic Development and Cultural Change*, April.

MARI BHAT, P.N. (1989), "Mortality and Fertility in India, 1881–1961: A Reassessment", in DYSON.

MATHIAS, P. (1957), "The Social Structure in the Eighteenth Century: A Calculation by Joseph Massie", *Economic History Review*, pp. 30–45.

MCEVEDY, C. (1967), *The Penguin Atlas of Ancient History*, Penguin Books, London.

MCEVEDY, C. (1997), *The New Penguin Atlas of Medieval History*, Penguin Books, London.

MCEVEDY, C. AND R. JONES (1978), *Atlas of World Population History*, Penguin, Middlesex.

MCNEILL, W.H. (1964), *Europe's Steppe Frontier*, University of Chicago Press, Chicago.

MCNEILL, W.H. (1974), *Venice: The Fringe of Europe*, University of Chicago Press, Chicago.

MCNEILL, W.H. (1977), *Plagues and Peoples*, Anchor Books, Doubleday, New York.

MEIER, G.M. AND D. SEERS (eds.) (1984), *Pioneers in Development*, Oxford University Press, Oxford.

MERKEL, W. AND S. WAHL (1991), *Das geplünderte Deutschland*, IWG, Bonn.

MERRICK, T.W. AND D.H. GRAHAM (1979), *Population and Development in Brazil 1800 to the Present*, Johns Hopkins University Press, Baltimore and London.

METZER, J. (1998), *The Divided Economy of Mandatory Palestine*, Cambridge University Press, Cambridge.

MITCHELL, B.R. (1975), *European Historical Statistics, 1750–1970*, Macmillan, London.

MITCHELL, B.R. AND P. DEANE (1962), *Abstract of British Historical Statistics*, Cambridge University Press, Cambridge.

MITCHELL, B.R. AND H.G. JONES (1971), *Second Abstract of British Historical Statistics*, Cambridge University Press, Cambridge.

MIZOGUCHI, T. (1999), *Long Term Economic Statistics of Taiwan: 1905–1990*, Institute of Economic Research, Hitotsubashi University, Tokyo.

MIZOGUCHI, T. AND M. UMEMURA (1988), *Basic Economic Statistics of Japanese Colonies, 1895–1938*, Toyo Keizai Shinposha, Tokyo.

MOOSVI, S. (1987), *The Economy of the Moghul Empire c.1595: A Statistical Study*, Oxford University Press, Delhi.

MORELAND, W.H. (1920), *India at the Death of Akbar: An Economic Study*, Atmar Ram, Delhi (1962 reprint).

MORINEAU, M. (1985), *Incroyable gazettes et fabuleux métaux*, Cambridge University Press, Cambridge.

Morison, S.E. (1971), *The European Discovery of America: The Northern Voyages*, A.D. 500–1600, Oxford Univeristy Press, Oxford.

Morison, S.E. (1974), *The European Discovery of America: The Southern Voyages*, A.D. 1492–1616, Oxford University Press, Oxford.

Mote, F.W. and D. Twitchett (eds.) (1988), *The Cambridge History of China, The Ming Dynasty, 1368–1644*, Part 1, Cambridge University Press, Cambridge.

Mowery, D.C. and N. Rosenberg (1989), *Technology and the Pursuit of Economic Growth*, Cambridge University Press, Cambridge.

Mulhall, M.G. (1896), *Industries and Wealth of Nations*, Longmans, London.

Mulhall, M.G. (1899), *The Dictionary of Statistics*, 4th edition, Routledge, London.

Myers, R.H. (ed.) (1996), *The Wealth of Nations in the Twentieth Century*, Hoover Institution, Stanford.

Nakamura, J.I. (1966), *Agricultural Production and the Economic Development of Japan, 1873–1922*, Princeton University Press.

Nakamura, S. (1968), *Meiji Ishin no Kiso Kozo*.

Naoroji, D. (1901), *Poverty and Un-British Rule in India*, London, Government of India Reprint, Delhi, 1962.

Ndulu, B. and S.A. O'Connell (1999), "Governance and Growth in Sub-Saharan Africa", *Journal of Economic Perspectives*, Summer, pp. 41–66.

Needham, J. and Associates (1954–2000), *Science and Civilisation in China*, 50 major sections, many co-authors, many volumes, Cambridge University Press, Cambridge.

Nef, J.U. (1987), "Mining and Metallurgy in Medieval Civilisation", in Postan et al. (eds.), vol. II, pp. 693–762.

Nishikawa, S. (1987), "The Economy of Choshu on the Eve of Industrialisation", *Economic Studies Quarterly*, December.

North, D.C. (1966), *Growth and Welfare in the American Past*, Prentice Hall, New Jersey.

North D.C. (1968), "Sources of Productivity Change in Ocean Shipping, 1600–1850", *Journal of Political Economy*, September–October, pp. 953–970.

North D.C. (1990), *Institutions, Institutional Change and Economic Performance*, Cambridge University Press, Cambridge.

ÓGráda, C. (1988), *Ireland Before and After the Famine*, Manchester University Press, Manchester.

OECD (1979), *Demographic Trends 1950–1990*, Paris.

Ohkawa, K. (1957), *The Growth Rate of the Japanese Economy since 1878*, Kinokuniya, Tokyo.

Ohkawa, K., M. Shinohara, and M. Umemura (eds.) (1966–1988), *Estimates of Long-Term Economic Statistics of Japan since 1868*, 14 volumes, Toyo Keizai Shinposha, Tokyo.

Ohkawa, K. and M. Shinohara (eds.) (1979), *Patterns of Japanese Economic Development: A Quantitative Appraisal*, Yale University Press.

Ohlin, G. (1955), *The Positive and Preventive Check: A Study of the Rate of Growth of Pre-Industrial Populations*, Harvard Ph.D thesis, reprinted by Arno Press, New York, 1981.

Okamoto, Y. (1972), *The Namban Art of Japan*, Heibonsha, Tokyo.

Oliner. S.D. and D.E. Sichel (2000), "The Resurgence of Growth in the Late 1990s: Is Information Technology the Story?", Federal Reserve Board, Washington, D.C., February.

Oliver, R. and J.D. Fage (1995), *A Short History of Africa*, Penguin Books, London.

O'Rourke, K.H. and J.G. Williamson (1999), *Globalization and History*, MIT Press, Cambridge, Ma.

Overton, M. (1996), *Agricultural Revolution in England: The Transformation of the Agrarian Economy, 1500–1850*, Cambridge University Press, Cambridge.

PAIGE, D. AND G. BOMBACH (1959), *A Comparison of National Output and Productivity of the UK and the United States*, OECD, Paris.

PANNIKAR, K.M. (1953), *Asian and Western Dominance*, Allen and Unwin, London.

PARKER, G. (1979), *Spain and the Netherlands, 1599–1659*, Fontana/Collins, London.

PARRY, J.H. (1967), "Transport and Trade Routes", in RICH AND WILSON.

PARRY, J.H. (1974), *The Discovery of the Sea*, Weidenfeld and Nicolson, London.

PATINKIN, D. (1960), *The Israeli Economy: The First Decade*, Falk Project, Jerusalem.

PEBRER, P. (1833), *Taxation, Revenue, Expenditure, Power, Statistics of the Whole British Empire*, Baldwin and Cradock, London.

PERKINS, D.W. (1969), *Agricultural Development in China, 1368–1968*, Aldine, Chicago.

PERRIN, N. (1979), *Giving up the Gun: Japan's Reversion to the Sword, 1543–1879*, Godine, Boston.

PETTY, W. (1690), *Political Arithmetick*, in Hull (1899), Vol. 1.

PETTY, W. (1997), *The Collected Works of Sir William Petty*, 8 volumes, Routledge/Thoemes Press, London (includes Hull's (1899) collection of Petty's economic writings; E.G. Fitzmaurice's (1895) biography of Petty; Lansdowne's (1927 and 1928) collection of Petty papers and the Southwell–Petty correspondence; Larcom's (1851) edition of Petty's Irish Land Survey, and critical appraisals by T.W. Hutchinson and others).

PHELPS BROWN, H. AND S.V. HOPKINS (1981), *A Perspective on Wages and Prices*, Methuen, London.

PIRENNE, H. (1939), *Mohammed and Charlemagne*, Allen and Unwin, London.

POLAK, J.J. (1943), *The National Income of the Netherlands Indies, 1921–1939*, New York.

POMERANZ, K. (2000), *The Great Divergence*, Princeton University Press, Princeton.

POSTAN, M.M., et al. (eds.) (1963–1987), *The Cambridge Economic History of Europe*, vol. I (1966), vol. II (1987) and vol. III (1963), Cambridge University Press, Cambridge.

POTTER, J. (1965), "The Growth of Population in America, 1700–1860", in GLASS AND EVERSELEY.

PRAKASH, O. (1998), *European Commercial Enterprise in Pre-colonial India*, Cambridge University Press, Cambridge.

PRESTON, S.H AND E. VAN DER WALLE (1978), "Urban French Mortality in the Nineteenth Century", *Population Studies*, 32, 2, pp. 275–297.

PROCACCI, G. (1978), *History of the Italian People*, Penguin Books, London.

PURCELL, V. (1965), *The Chinese in Southeast Asia*, Oxford University Press, Kuala Lumpur.

QAISAR, A.J. (1982), *The Indian Response to European Techgnology and Culture, A.D. 1498–1707*, Oxford University Press, Bombay.

RANIS, G. AND T.P. SCHULTZ (eds.) (1988), *The State of Development Economics*, Blackwell, Oxford.

RAPP, R.T. (1976), *Industry and Economic Decline in Seventeenth Century Venice*, Harvard University Press, Cambridge, Ma.

RAYCHAUDHURI, T. AND I. HABIB (1982) (eds.) *The Cambridge Economic History of India*, Cambridge University Press, Cambridge.

REHER, D.S. AND R. SCHOFIELD (eds.) (1993), *Old and New Methods in Historical Demography*, Clarendon Press, Oxford.

REID, A. (1988), *Southeast Asia in the Age of Commerce, 1450–1680, Vol. 1, The Lands Below the Winds*, Yale University Press. New Haven.

REID, A. (1993), *Southeast Asia in the Age of Commerce, 1450–1680, Vol. 2, Expansion and Crisis*, Yale University Press. New Haven.

REISEN, H. AND M. SOTO (2000), "The Need for Foreign Savings in Post-Crisis Asia" (see FOY, KIM AND REISEN) in BRAGA DE MACEDO AND CHINO (Preface by).

REN, R. (1997), *China's Economic Performance in An International Perspective*, OECD Development Centre, Paris.

RICCIOLI, G.B. (1672), *Geographiae et Hydrographiae Reformatae, Libri Duodecim*, Venice.

RICH, E.E. AND C.H. WILSON (1967), *The Cambridge History of Europe*, Vol. IV, Cambridge University Press, Cambridge.

RICHARDS, E.G. (1998), *Mapping Time*, Oxford University Press, Oxford.

RICHARDS, J.F. (1983), *Precious Metals in the Later Medieval and Early Modern Worlds*, Carolina Academic Press, Durham, North Carolina.

ROBERTSON, J. (1984), "Japanese Farm Manuals: A Literature of Discovery", *Peasant Studies*, 11, Spring, pp. 169-194.

ROMANELLI, G. (ed.) (1997), *Venice: Art and Architecture*, Könemann, Cologne.

ROMER, P.M. (1986), "Increasing Returns and Long Run Growth", *Journal of Political Economy*, 94, No. 5.

ROSENBLAT, A. (1945), *La Poblacion Indigena de America Desde 1492 Hasta la Actualidad*, ICE, Buenos Aires.

ROSENBLAT, A. (1967), *La Poblacion de America en 1492*, Colegio de Mexico, Mexico D.F.

ROSTOW, W.W. (1960), *The Stages of Economic Growth*, Cambridge University Press, Cambridge.

ROSTOW, W.W. (ed.) (1963), *The Economics of Take-Off into Sustained Growth*, Macmillan, London.

ROSTOW, W.W. (1990), *Theorists of Economic Growth from David Hume to the Present*, Oxford University Press, Oxford.

ROTHERMUND, D. (1999), "The Changing Pattern of British Trade in Indian Textiles, 1701-57", in CHAUDHURY AND MORINEAU.

ROSENZWEIG, F. (1963), "La economia Novo-Hispaña al comenzar del siglo XIX", *Revista de Sciencias Politicas y Sociales*, UNAM, July-September.

ROZMAN, G. (1973), *Urban Networks in Ch'ing China and Tokugawa Japan*, Princeton University Press, Princeton.

RUSSELL, J.C. (1948), *British Medieval Population*, University of New Mexico, Albuquerque.

RUSSELL, J.C. (1958), *Late Ancient and Medieval Population*, American Philosophical Society, Philadelphia.

RUSSELL, P. (2000), *Prince Henry "The Navigator": A Life*, Yale University Press, New Haven.

SAITO, O. (1979), "Who Worked When: Life Time Profiles of Labour Force Participation in Cardington and Corfe Castle in the Late Eighteenth and Mid-Nineteenth Centuries", *Local Population Studies*, pp. 14-29.

SAITO, O. (1996), "Gender, Workload and Agricultural Progress: Japan's Historical Experience in Perspective", in LEBOUTTE.

SAITO, O. (1997), "Infant Mortality in Pre-Transition Japan: Levels and Trends", in BIDEAU, DESJARDINS AND PEREZ BRIGNOLI.

SALTER, W.E.G. (1960), *Productivity and Technical Change*, Cambridge University Press, Cambridge.

SANCHEZ-ALBORNOZ, N. (1984), "The Population of Colonial Spanish America", in BETHELL, vol. 2.

SANCHEZ-ALBORNOZ, N. (1986), "The Population of Latin America, 1850-1930", in BETHELL, vol. 4.

SARKAR, N.K. (1957), *The Demography of Ceylon*, Ceylon Government Press, Colombo.

SCHMOOKLER, J. (1966), *Invention and Economic Growth*, Harvard University Press, Cambridge, Ma.

SCHOFIELD, R., D. REHER AND A. BIDEAU (1991), *The Decline of Mortality in Europe*, Clarendon Press, Oxford.

SCHULTZ, T.W. (1961), "Investment in Human Capital", *American Economic Review*, March.

SCHUMPETER, J.A. (1939), *Business Cycles*, McGraw Hill, New York.

SCHWARTZ, S.B., (1985), *Sugar Plantations in the Formation of Brazilian Society: Bahià, 1550–1835,* Cambridge University Press, Cambridge.

SCOTT, M. AND D. LAL (eds.) (1990), *Public Policy and Economic Development: Essays in Honour of Ian Little,* Clarendon Press, Oxford.

SELLA, D. (1979), *Crisis and Continuity: The Economy of Spanish Lombardy in the Seventeenth Century,* Harvard University Press, Cambridge, Ma.

SHAMMAS, C. (1993), "Changes in English and Anglo-American Consumption from 1550 to 1800", in BREWER AND PORTER.

SHEA, D.E. (1976), "A Defence of Small Population Estimates for the Central Andes in 1520", in DENEVAN (1976), pp. 157–80.

SIMONSEN, R.C. (1962), *Historia Economica do Brasil (1500–1820),* Editora Nacional, Sao Paulo.

SIVASUBRAMONIAN, S. (2000), *The National Income of India in the Twentieth Century,* Oxford University Press, New Delhi.

SIVASUBRAMONIAN, S. (2001), "Twentieth Century Economic Performance of India", in MADDISON, PRASADA RAO AND SHEPHERD.

SLICHER VAN BATH, B.H. (1963), *The Agrarian History of Western Europe, AD 500–1850,* Arnold, London.

SMITH, A. (1776), *An Inquiry into the Nature and Causes of the Wealth of Nations,* University of Chicago (Reprint, 1976).

SMITH, T.C. (1959), *The Agrarian Origins of Modern Japan,* Stanford University Press.

SMITH, T.C. (1969), "Farm Family By-Employments in Preindustrial Japan", *Journal of Economic History,* December.

SMITH, T.C. (1977), *Nakahara: Family Farming and Population in a Japanese Village, 1717–1830,* Stanford University Press, Stanford, California.

SMITH, T.C. (1988), *Native Sources of Japanese Industrialization, 1750–1920,* University of Claifornia, Berkeley.

SMITS, J.P., E. HORLINGS AND J.L. VAN ZANDEN (2000), *The Measurement of Gross National Product and Its Components, 1800–1913,* Groningen Growth and Development Centre Monograph Series, No. 5.

SNODGRASS, D.R. (1966), *Ceylon: An Export Economy in Transition,* Irwin, Illinois.

SNOOKS, G.D. (1993), *Economics Without Time,* Macmillan, London.

SNOOKS, G.D. (1996), *The Dynamic Society: Exploring the Sources of Global Change,* Routledge, London.

SNOOKS, G.D. (1997), *The Ephemeral Civilisation,* Routledge, London.

SOLOW, R.M. (1956), "A Contribution to the Theory of Economic Growth", *Quarterly Journal of Economics,* February.

SOLOW, R.M. (1960), "Investment and Technical Progress", in ARROW, KARLIN AND SUPPES (eds.) *Mathematical Methods in the Social Sciences,* Stanford University Press.

SOLOW, R.M. (1962), "Technical Progress, Capital Formation and Eonomic Growth", *American Economic Review,* May.

SPOONER, F.C. (1972), *The International Economy and Monetary Movements in France, 1493–1725,* Harvard University Press, Cambridge, Ma.

SPULBER, N. (1966), *The State and Economic Development in Eastern Europe,* Random House, New York.

STECKEL, R.H. AND R. FLOUD (1997), *Health and Welfare during Industrialisation,* University of Chicago Press, Chicago.

STEENSGAARD, N. (1972), *Carracks, Caravans and Companies,* Copenhagen.

STONE, R. (1997), *Some British Empiricists in the Social Sciences 1650–1900,* Cambridge University Press, Cambridge.

STUDENSKI, P. (1958), *The Income of Nations: Theory, Measurement and Analysis: Past and Present*, New York University Press, Washington Square.

SUBRAHMANYAM, S. (1997), *The Career and Legend of Vasco de Gama*, Cambridge University Press, Cambridge.

SUH, S.C. (1978), *Growth and Structural Changes in the Korean Economy, 1910–40*, Harvard University Press, Cambridge, Ma.

SUMMERS, R. AND A. HESTON (1991), "The Penn World Table (Mark 5): An Expanded Set of International Comparisons 1950–1988", *Quarterly Journal of Economics*, May, supplemented by January 1995 diskette of P.W.T. Mark 5.6.

SZERESZEWSKI, R. (1965), *Structural Changes in the Economy of Ghana*, Weidenfeld and Nicolson, London.

SZERESZEWSKI, R. (1968), *Essays on the Structure of the Jewish Economy in Palestine and Israel*, Falk project, Jerusalem.

SZIRMAI, A., B. VAN ARK AND D. PILAT (eds.) (1993), *Explaining Economic Growth: Essays in Honour of Angus Maddison*, North Holland, Amsterdam.

TAEUBER, I.B. (1958), *The Population of Japan*, Princeton University Press, New Jersey.

TAWNEY, A.J. AND R.H. (1934), "An Occupational Census of the Seventeenth Century", *Economic History Review*, October.

TAYLOR, G.R. (1964), "American Economic Growth Before 1840: An Exploratory Essay", *Journal of Economic History*, December, pp. 427–444.

TEMPLE, W. (1693), *Observations upon the United Provinces of the Netherlands*, Tonson, London.

TERRISE, M. (1975), "Aux origines de la méthode de reconstitution des familles: les Suédois d'Estonie", *Population*, numéro spécial.

THIRSK, J. (1978), *Economic Policies and Projects: The Development of a Consumer Society in Early Modern England*, Oxford University Press, Oxford.

THOMAS, R.P. (1965), "A Quantitative Approach to the Study of the Effects of British Imperial Policy upon Colonial Welfare: Some Preliminary Findings", *Journal of Economic History*, December.

THOMAS, R.P. (1968), "The Sugar Colonies of the Old Empire: Profit and Loss to Great Britain", *Economic History Review*.

THORNTON, R. (1987), *American Indian Holocaust and Survival: A Population History since 1492*, University of Oklahoma, Norman.

TIBBETTS, G.R. (1981), *Arab Navigation in the Indian Ocean before the Coming of the Portuguese*, Royal Asiatic Society of Great Britain and Ireland

TRACY, J.D. (ed.) (1990), *The Rise of Merchant Empires: Long Distance Trade in the Early Modern Period, 1350–1750*, Cambridge University Press, Cambridge.

TWITCHETT, D. AND F.W. MOTE (eds.) (1998), *The Cambridge History of China*, Vol. 8, *The Ming Dynasty*, Part 2, 1368–1644, Cambridge University Press, Cambridge.

UBELAKER, D.H. (1976), "Prehistoric New World Population Size: Historical Review and Current Appraisal of North American Estimates", *American Journal of Physical Anthropology*, pp. 661–666.

UNGER, R.W. (1980), *The Ship in the Medieval Economy, 600–1600*, Croom Helm, London.

UNGER, R.W. (1992), "The Tonnage of Europe's Merchant Fleets, 1300–1800", *The American Neptune (52)*, pp. 247–261.

UN POPULATION DIVISION (1973), *The Determinants and Consequences of Population Trends*, New York.

UN POPULATION DIVISION (1999), *World Population Prospects: The 1998 Revision*, New York.

URLANIS, B.Ts. (1941), *Rost Naselennie v Evrope*, Ogiz, Moscow.

VALLIN, J. (1991), "Mortality in Europe from 1720 to 1914", in SCHOFIELD, REHER AND BIDEAU.

Vamplew, W. (ed.) (1987), *Australians: Historical Statistics*, Cambridge University Press, Cambridge.

Van Der Eng, P. (1998), "Exploring Exploitation: The Netherlands and Colonial Indonesia, 1870–1940", *Revista de Historia Economica* XVI, 1, pp. 291–320.

Vauban, S. (1707), *La dixme royale* (1992 edition, with introduction by E. Le Roy Ladurie, Imprimerie nationale, Paris).

Verlinden, C. (1963), "Markets and Fairs", in Postan et al. (eds.) Vol. III, pp. 126–136.

Verlinden, C. (1972), "From the Mediterranean to the Atlantic", *Journal of European Economic History*, pp. 625-646.

Visaria, L. and P. Visaria (1983), "Population: 1757–1947", in Kumar and Desai.

Vogel, W. (1915), "Zur Grösse der europaischen Handelsflotten im 15., 16. und 17. Jahrhundert", in D. Schäfer (ed.) *Forschungen und Versuche zur Geschichte des Mitelalters und der Neuzeit*, Fischer, Jena.

Von Glahn, R. (1996), *Fountain of Fortune: Money and Monetary Policy in China, 1000–1700*, University of California Press, California.

Vries, J. de (1974), *The Dutch Rural Economy in the Golden Age, 1500–1700*, Yale University Press.

Vries, J. de (1976), *Economy of Europe in an Age of Crisis, 1600–1750*, Cambridge University Press, Cambridge.

Vries, J. de (1984), *European Urbanization 1500–1800*, Methuen, London.

Vries, J. de (1985), "The Population and Economy of the Preindustrial Netherlands", *Journal of Interdisciplinary History*, XV:4, pp. 661–682.

Vries, J. de (1993), "Between Purchasing Power and the World of Goods: Understanding the Household Economy in Early Modern Europe" in Brewer and Porter.

Vries, J. de and A. van der Woude (1997), *The First Modern Economy: Success, Failure and Perseverance of the Dutch Economy, 1500–1815*, Cambridge University Press, Cambridge.

Wake, C.H.H. (1979), "The Changing Pattern of Europe's Pepper and Spice Imports, ca 1400–1700", *Journal of European Economic History*, Vol. 8(2), pp. 361–403.

Wake, C.H.H. (1986), "The Volume of European Spice Imports at the Beginning and End of the Fifteenth Century", *Journal of European Economic History*, Vol.15(3), pp. 621–635.

Wall, R. (1983), "The Household: Demographic and Economic Change in England, 1650–1970" in Wall et al.

Wall, R., J. Robin and P. Laslett (1983), *Family Forms in Historic Europe*, Cambridge University Press, Cambridge.

Walter, J. and R. Schofield (1989), *Famine, Disease and the Social Order in Early Modern Society*, Cambridge University Press, Cambridge.

Warmington, E.H. (1928), *The Commerce Between the Roman Empire and India*, Cambridge University Press, Cambridge.

Westergaard, H. (1932), *Contributions to the History of Statistics*, King, London (Kelley reprint, 1969).

White, L. (1962), *Medieval Tehnology and Social Change*, Clarendon Press, Oxford.

Whitworth, C. (ed.) (1771), *The Political and Commercial Works of Charles Davenant*, 5 vols., Horsefield, London.

Willcox, W.F. (1931), "Increase in the Population of the Earth and of the Continents since 1650", in W.F. Willcox (ed.) *International Migrations*, Vol. II, National Bureau of Economic Research, New York, pp. 33–82.

Williams, E. (1970), *From Columbus to Castro: The History of the Caribbean 1492–1969*, Deutsch, London.

Williamson, J.G. (1995), "The Evolution of Global Markets Since 1830: Background Evidence and Hypotheses", *Explorations in Economic History*, 32, pp. 141–196.

Wilson, C. and G. Parker (eds.) (1977), *An Introduction to the Sources of European Economic History, 1500–1800*, Weidenfeld and Nicolson, London.

Wolf, J. (1912), *Die Volkswirtschaft der Gegenwart und Zukunft*, Deichert, Leipzig, 1912.

WORLD BANK (2000), *Global Development Finance,* Washington, D.C.

WRIGLEY, E.A. (1967), "A Simple Model of London's Importance in Changing English Society and Economy 1650–1750", *Past and Present,* July, pp. 44–70.

WRIGLEY, E.A. (1988), *Continuity, Chance and Change,* Cambridge University Press, Cambridge.

WRIGLEY, E.A. AND R.S. SCHOFIELD (1981), *The Population History of England 1541–1871,* Arnold, London.

WRIGLEY, E.A., R.S. DAVIES, J.E. OEPPEN AND R.S. SCHOFIELD (1997), *English Population History from Family Reconstitution 1580–1837,* Cambridge University Press, Cambridge.

WYCKOFF, A.W. (1995), "The Impact of Computer Prices on International Comparisons of Labour Productivity", *Economies of Innovation and New Technology,* vol. 3, pp. 277–293.

XU, XIANCHUN (1999), "Evaluation and Adjustments of China's Official GDP by the World Bank and Prof. Maddison", *Journal of Econometric Study of Northeast Asia,* Vol. 1, No. 2.

YAMADA, S. AND Y. HAYAMI (1979), "Agricultural Growth in Japan, 1880–1970", in HAYAMI, RUTTAN AND SOUTHWORTH, pp. 33–48, 230–264.

YAMAMURA, K. (1974), *A Study of Samurai Income and Entrepreneurship,* Harvard University Press.

YAMAMURA, K. (1981), "Returns on Unification Economic Growth in Japan, 1550–1650", in HALL et al.

YAMAMURA, K. AND T. KAMIRI (1983), "Silver Mines and Sung Coins — A Monetary History of Medieval and Modern Japan in International Perspective", IN RICHARDS.

YASUBA, Y. (1987), "The Tokugawa Legacy: A Survey", *Economic Studies Quarterly,* December, pp. 290–308.

YOLTON, J.W. (ed.) (1969), *John Locke: Problems and Perspectives.*

YOSHIDA, T. (1911), *Ishinshi Hachi Ko,* Fuzanbo, Tokyo.

YUN, B. (1994), "Proposals to Quantify Long-Run Performance in the Kingdom of Castile, 1550–1800", in MADDISON AND VAN DER WEE.

ZAMBARDINO, R.A. (1980), "Mexico's Population in the Sixteenth Century: Demographic Anomaly or Mathematical Illusion?", *Journal of Interdisciplinary History,* pp. 1–27.

ZANDEN, J.L. VAN (1987), "De economie van Holland in de periode 1650–1805: groei of achteruitgang? Een overzicht van bronnen, problemen en resultaten", *Bijdrage en Mededelingen Geschiedenis der Nederlanden.*

全书地名*译文对照表

（按照英文首字母排序）

英文	中文
A	
Acapulco	阿卡普尔科
Acre	阿卡
Aden	亚丁
Aegean	爱琴群岛
Agincourt	阿让库尔
Alexandria	亚历山德里亚
Alsace-Lorraine	阿尔萨斯-洛林
American Samoa	东萨摩亚（美属萨摩亚）
Anatolia	安纳托利亚
Andorra	安道尔
Antigua	安提瓜
Antilles	安的列斯
Antioch	安条克
Antwerp	安特卫普
Aquitaine	阿基坦
Aragon	阿拉贡
Arawak	阿拉瓦克人
Archangel	阿尔汉格尔
Armenia	亚美尼亚
Artois	阿图瓦
Aruba	阿鲁巴岛
Ashanti	阿散蒂
Asia Minor	小亚细亚
Augsburg	奥格斯堡
Australasia	澳大拉西亚
Azerbaijan	阿塞拜疆
Azores	亚速尔群岛
Aztec	阿兹特克
B	
Bahamas	巴哈马
Bahia	巴伊亚
Balkans	巴尔干
Barbados	巴巴多斯
Barbuda	巴布达岛
Barcelona	巴塞罗那
Bar-sur-Aube	奥布河畔巴尔
Batavia	巴达维亚
Belarus	白俄罗斯
Belize	伯利兹
Benguela	本格拉
Benin	贝宁
Bergamo	贝加莫
Bergen	卑尔根
Bergen op Zoom	贝亨奥普佐姆
Bermuda	百慕大

---

* 含某些部落、部族、教派名称，但不包括常见国家名称。

Bhutan	不丹	Cape Verde	佛得角
Bihar	比哈尔	Carnarvon	卡那封
Bilbao	毕尔巴鄂	Carolina	卡罗来纳
Bologna	博洛尼亚	Carthage	迦太基
Bombay	孟买	Castile	卡斯蒂利亚
Bordeaux	波尔多	Catalan	加泰罗尼亚
Bosnia	波斯尼亚	Celebes	西里伯斯岛
Botswana	博茨瓦纳	Ceuta	休达
Brabant	布拉班特	Ceylon	锡兰
Brazzaville	布拉柴维尔	Chad	乍得
Breda	布雷达	Champa	占婆
Brenner Pass	布伦纳山口	Champagne	香巴尼
Breslau	布雷斯劳	Channel Islands	海峡群岛
Bristol	布里斯托尔	Chesapeake	切萨皮克
British Guiana	英属圭亚那	Chios	希俄斯岛
Bruges	布鲁日	Choshu	长州
Brunei	文莱	Cochin	科钦
Burgundian	勃艮第人	Cologne	科隆
Burkina Faso	布基纳法索	Comoros	科摩罗
Burundi	布隆迪	Congo	刚果
Byzantine Empire	拜占庭帝国	Connecticut	康涅狄格
		Constantipole	君士坦丁堡

C

		Copt	科普特人
Cadiz	加的斯	Cordoba	科尔多瓦
Caen	卡昂	Corfu	科孚岛
Caffa	加发	Coromandel	科罗曼德尔
Calais	加来	Corsica	科西嘉
Calcutta	加尔各答	Cote d'Ivoire	科特迪瓦
Calicut	卡利卡特	Cranbrook	克兰布鲁克
Cameroon	喀麦隆	Crecy	克雷西
Canary Islands	加那利群岛	Cremona	克雷莫纳
Cannanur	卡那奴尔	Crete	克里特(岛)
Canterbury	坎特伯雷	Croatia	克罗地亚
Cape	好望角	Curacao	库拉索岛

Cypango	日本（西方旧称）	Flanders	佛兰德斯
		Florence	佛罗伦萨

D

Dagestan	达吉斯坦
Dalmatia	达尔马提亚
Danzig	但泽
Deccan	德干半岛
Delaware	特拉华
Delft	代尔夫特
Deshima	出岛
Dijon	第戎
Diu	第乌
Djibouti	吉布提
Dnieper	第聂伯河
Dodecanese	多德卡尼斯群岛
Dominican Republic	多米尼加共和国
Dordrecht	多德雷赫特
Druzes	德鲁兹教派穆斯林

E

Ecuador	厄瓜多尔
El Salvador	萨尔瓦多
Elbe	易北河
Elmina	埃尔米纳
Ems	埃姆斯
Epirus	伊庇鲁斯
Equatorial Guinea	赤道几内亚
Eritrea	厄立特里亚
Estonia	爱沙尼亚

F

Faeroe Islands	法罗群岛
Falkland Islands	福克兰群岛（马尔维纳斯群岛）
Fiji	斐济

Flanders	佛兰德斯
Florence	佛罗伦萨
Fort St. George	圣乔治堡
Franeker	弗拉讷克
Frankfurt-am-Main	法兰克福（美因河畔）
Frankish	法兰克人
French Guyana	法属圭亚那
French Polynesia	法属波利尼西亚
Friesland	弗里斯兰
Friuli	弗留利
Fujito	藤户

G

Gabon	加蓬
Gambia	冈比亚
Gaul	高卢
Gelderland	海尔德兰
Genoa	热那亚
Georgia	格鲁吉亚/佐治亚
Ghana	加纳
Ghent	根特
Gibralter	直布罗陀
Goa	果阿
Goree and Fernando Po	戈里和斐南多波岛
Granada	格拉纳达
Gravelines	格拉沃利讷
Greenland	格陵兰
Grenada	格林纳达
Groningen	格罗宁根
Guadalajara	瓜达拉哈拉
Guadeloupe	瓜德罗普
Guam	关岛

Guatemala	危地马拉	Istria	伊斯特利亚（半岛）
Guinea	几内亚		
Guinea Bissau	几内亚比绍	**J**	
Gujarat	古吉拉特		
Gujarati Vaniyas	古吉拉特瓦尼雅斯人	Jaffna	贾夫纳
		Jakarta	雅加达
		Jamaica	牙买加
H		Jammu and Kashmir	查谟和克什米尔
Haarlem	哈勒姆	Jamshedpur	詹谢普尔
Habsburg	哈布斯堡王朝	Java	爪哇
Hague	海牙	Jedda	吉达
Hainault	埃诺	Jerusalem	耶路撒冷
Haiti	海地		
Hamburg	汉堡	**K**	
Harderwijk	哈尔德韦克	Kaga	加贺
Harlech	哈勒赫	Kanazawa	金泽
Heinemann	海尼曼	Kanezaki	钟崎
Hirado	平户	Karimi	卡里米
Hispaniola	伊斯帕尼奥拉	Kazakhstan	哈萨克斯坦
Homewood	霍姆伍德	Kerala	喀拉拉邦
Honduras	洪都拉斯	Kilwa	基尔瓦
Hormuz	霍尔木兹	Kiribati	基里巴斯
Hugli	胡格利	Kohinoor	科依诺尔
Hyderabad	海得拉巴	Kaminoseki	上关
		Kyrgyzstan	吉尔吉斯斯坦
I			
		L	
I'Anse aux Meadows	艾安斯奥克斯草原（纽芬兰）	Lagny	拉尼
Ijssel	艾瑟尔河	Lahore	拉合尔
Inchon	仁川	Lancashire	兰开夏
Ingushetia	印古什	Languedoc	朗格多克
Ionia	爱奥尼亚	Latvia	拉脱维亚
Islands of the Lagoon	潟湖群岛	Leiden	莱顿
Isle of Man	马恩岛	Lesotho	莱索托

Leuven	鲁汶	Maruzen	丸善
Levant	黎凡特	Maryland	马里兰
Liechtenstein	列支敦士登	Massachusetts	马萨诸塞
Liège	列日	Masulipatnam	马苏利帕特南
Lille	里尔	Mauritania	毛里塔尼亚
Lithuana	立陶宛	Mauritius	毛里求斯
Lombardy	伦巴第	Mayotte	马约特
Louvain	鲁汶	Mechelen（Malines）	梅赫伦
Luanda	罗安达	Meissen	迈森
Lubeck	卢卑克	Meuse	默兹河
Lucca	卢卡	Micronesia	密克罗尼西亚
Luderitz	卢得立次	Middelburg	米德尔堡
Lyon	里昂	Milan	米兰
		Minas Gerais	米纳斯吉拉斯
		Miquelon	密克隆岛

M

Maastricht	马斯特里赫特	Mogadishu	摩加迪沙
Macedonia	马其顿	Mokka（Mocha）	穆哈（莫加）
Madagascar	马达加斯加	Moldova	摩尔多瓦
Madeira	马德拉	Mombasa	蒙巴萨
Madras	马德拉斯	Monmouth	蒙默思郡
Madrid	马德里	Munster	明斯特
Magellan Straits	麦哲伦海峡	Murano	穆拉诺
Mahratta	马拉地	Mysore	迈索尔
Majorca	马略卡		
Malabar	马拉巴尔		

N

Malacca	马六甲	Nagasaki	长崎
Malawi	马拉维	Nakahara	中原
Malay	马来	Naples	那不勒斯
Malaya	马来亚	Narva	纳尔瓦
Maldives	马尔代夫	Nassau	拿骚公国
Mali	马里	Negapatam	奈伽帕塔姆
Malindi	马林迪	New Caledonia	新喀里多尼亚
Marshall Islands	马绍尔群岛	New Guinea	新几内亚
Martinique	马提尼克	New Hamphire	新罕布什尔

New Jersey	新泽西	Prague	布拉格
Nicaragua	尼加拉瓜	Principe	普林西比
Niger	尼日尔	Provins	普罗旺斯
Nishikata	西方	Puerto Rico	波多黎各
Normandy	诺曼底	Punjab	旁遮普
Nova Scotia	新斯科舍	Pusan	釜山
Novaya Zemlaya	新地岛	Puteoli	普陀里
Nuremberg	纽伦堡		

O

Oder-Neisse	奥得-尼斯
Okinnawa	冲绳
Oporto	波尔图
Orissa	奥里萨
Ostend	奥斯坦德
Ottoman Empire	奥斯曼帝国
Oudh	乌德
Ouro Preto	欧鲁普雷图
Overijssel	上艾瑟尔

Q

Quilon	奎隆

R

Rajputana	拉杰普塔纳
Ravenna	拉文纳
Recife	累西腓
Reunion	留尼汪
Rhode Island	罗得岛州
Rhodes	罗得岛
Rhodesia	罗得西亚
Riga	里加
Rio Grande do Sul	南里奥格兰德州
Roman Empire	罗马帝国
Romsey	拉姆西
Rouen	鲁昂
Rovigo	罗维戈
Rwanda	卢旺达
Ryukyu islands	琉球群岛

P

Pacific Islands	太平洋群岛
Padua	帕多瓦
Palermo	巴勒莫
Papua New Guinea	巴布亚新几内亚
Peloponnese	伯罗奔尼撒半岛
Penang	槟榔屿
Pennsylvania	宾夕法尼亚
Pescadores	澎湖列岛
Petropolis	彼得罗波利斯
Piaui	皮奥伊
Pisa	比萨
Plassey	普拉西
Po Valley	波河峡谷
Poitier	普瓦提埃
Pondicherry	庞迪切利
Poona	浦那
Porto Seguro	塞古鲁港
Portus Novus	新港

S

Saint-Dominique	圣多米尼克
San Marino	圣马力诺
Santiago	圣地亚哥
Santos	桑托斯
Słо Paulo	圣保罗

Sło Tomé Principe	圣多美和普林西比	Suriname	苏里南岛
		Swahili	斯瓦希里
Sardinia	撒丁	Swaziland	斯威士兰
Satsuma	萨摩		
Savoy	萨伏伊	**T**	
Scandinavia	斯堪的纳维亚	Tamil	泰米尔人
Scheldt	斯凯尔特河	Tanganyika	坦噶尼喀
Sea of Azoy	亚速海	Tangier	丹吉尔
Seljuk Turks	塞尔柱突厥部族	Telugu Chettis	泰卢固仄迪人
Senegal	塞内加尔	Ternate	德那第
Serbia-Montenegro	塞尔维亚-黑山	Thessaly	色萨利
Seville	塞维利亚	Thrace	色雷斯
Sèvres	塞夫勒	Timbuktu	廷巴克图
Seychelles	塞舌尔	Tiverton	蒂弗顿
Shimonoseki	下关	Tobago	多巴哥
Siam	暹罗	Tonga	汤加
Sicily	西西里	Tordesillas	托德西利亚斯
Sierra Leone	塞拉利昂	Transvaal	德兰士瓦
Sikh	锡克人	Trinidad	特立尼达
Sind	信德	Troyes	特鲁瓦
Slovenia	斯洛文尼亚	Turkestan	土耳其斯坦
Sofala	索法拉	Turks and Caicos	特克斯和凯科斯
Solomon Islands	所罗门群岛	Tyre	提尔
Spitzbergen	斯匹次卑尔根群岛	**U**	
St. Helena	圣赫勒拿岛	Udine	乌迪内
St. Kitts	圣基茨	Utrecht	乌德勒支
St. Kitts Nevis	圣基茨和尼维斯	**V**	
St. Lucia	圣卢西亚		
St. Pierre and Miquelon	圣皮埃尔和密克隆	Valencia	瓦伦西亚
		Vanuatu	瓦努阿图
St. Vincent	圣文森特	Venetian Republic	威尼斯共和国
Sumatra	苏门答腊	Venice	威尼斯
Surat	苏拉特	Verona	维罗纳

Vicenza	维琴察	Western Samoa	西萨摩亚
Vienna	维也纳	Wonsan	元山
Virgin Islands	维尔京群岛		
Virginia	弗吉尼亚		

W

Y

		Ypres	伊普尔

Z

Walcheren	瓦尔赫伦岛		
Wallis and Futuna	瓦利斯和富图纳群岛	Zaire	扎伊尔
		Zeeland	泽兰
West Indies	西印度群岛	Zuider Zee	须得海

全书人名译文对照表

(按照英文首字母排序)

英文	中文
A	
Abulafiah, D.	阿布拉菲亚
Abu-Lughod, J. L.	阿布-卢格霍德
Akbar	阿克巴
Albornoz, N. Sanchez	桑切斯·奥勃诺兹
Albuquerque	阿尔布克尔克
Allende, Salvador	塞尔瓦多·阿连德
Arkwright	阿克赖特
Ashigawa	卢川
Ashikaga	足利
Aurangzeb	奥朗则布
Aylwin	艾尔温
B	
Bacon, Francis	弗朗西斯·培根
Bairoch, Paul	保罗·拜罗克
Balcerowicz, L.	巴尔采洛维奇
Barents, Willem	威廉·巴伦支
Barovier, Angelo	安杰洛·巴罗维尔
Barrett	巴雷特
Bassino, Jean-Pascal	让·帕斯卡尔·巴希诺
Battuta, Ibn	伊本·巴图塔
Becket	贝克特
Beloch	贝洛克
Bentham, Jeremy	杰里米·边沁
Bertola, Luis	路易斯·勃托拉
Bhanoji Rao, V. V.	巴诺基·劳
Bielenstein, H.	毕汉思
Biraben, J. N.	比拉本
Blayo, Y.	布雷约
Blomme, J.	布洛姆
Bloom, D. E.	布卢姆
Bolotin, B. M.	鲍罗廷
Boomgaard, P.	布姆加德
Borah, W.	博拉
Boserup, E.	波斯拉普
Boyle, Robert	罗伯特·玻意耳
Braudel, F.	布罗代尔
Bruton, H. J.	布鲁顿
Buchanan, D. H.	布坎南
Butlin, N. G.	巴特林
C	
Cabral, Pedro Alvares	佩德罗·阿尔瓦雷斯·卡布拉尔
Cão, Diogo	迪奥戈·卡奥
Carr-Saunders, A-M.	卡尔-桑德斯
Charlemagne	查理曼

Charles II	查尔斯二世	Drake, Francis	弗朗西斯·德雷克
Charles V	查尔斯五世		
Cheng-ho	郑和	Durand, J. D.	杜兰德
Cho, M. C.	赵		
Chou, K. R.	周		

E

Cipolla, C. M.	西波拉	Eberstadt, N.	埃伯施塔特
Clark, Colin	科林·克拉克	Egmont	埃格蒙特
Colbert, Jean Baptiste	让·巴普提斯特·柯尔贝尔	Eisner, G.	艾斯纳
		Eleonor	埃莉诺
Columbus, Christopher	克里斯托弗·哥伦布	Elizabeth	伊丽莎白
		Erasmus, Desiderius	德西德里乌斯·伊拉斯谟
Cook, D. N.	库克		
Cook, James	詹姆斯·库克		
Cook, S. F.	库克		

F

Copernicus, Nicolaus	尼古拉·哥白尼	Fazl, Abul	阿布尔·法兹尔
Cornwallis, Charles	康华里	Fernandes, F.	费尔南德斯
Covilhã, Pero da	佩罗·达·柯维拉	Fourie, L. J.	弗瑞
		Frank, A. G.	弗兰克
Crafts, N. F. R.	克拉夫茨	Franklin, Benjamin	本杰明·富兰克林
Craig, A. M.	克雷格		
Crompton	克朗普顿	Frei	弗雷
Crosby, A. W.	克罗斯比	Freyre, G.	弗雷尔
		Friedman, Milton	米尔顿·弗里德曼

D

Daniels, J. D.	丹尼尔斯	Fukuzawa, Yukichi	福泽谕吉
Davenant, Charles	查尔斯·戴夫南特		

G

Davis, K.	戴维斯	Galenson, D. W.	盖伦森
Denevan, W. M.	德尼万	Galileo	伽利略
Descartes, Rene	勒内·笛卡尔	Gallman, R. E.	戈尔曼
Dias, Bartolomeu	巴托洛梅乌·迪亚斯	Gama, Vasco da	瓦斯科·达伽马
		Geary, R. G.	吉尔瑞
Diocletian	戴克里先	Gerschenkron, A.	格申克龙
Diponegoro	蒂博·尼哥罗	Golconda	戈尔康达

Goldsmith, R. W.	戈德史密斯	Hobbes, Thomas	托马斯·霍布斯
Gordon, R.	戈登	Hoerr, Don	唐·霍尔
Graham, D. H.	格兰姆	Hofman, A. A.	霍夫曼
Graunt, John	约翰·格兰特	Holywood	霍利伍德
Gresham, Thomas	托马斯·格雷欣	Honda, G.	本田
Gutenberg	古登堡	Hooley, R. W.	胡雷
		Hopkins, S. V.	霍普金斯
		Horioka, C. Y.	堀冈

H

		Horlings, E.	霍林斯
Habib, I.	哈比伯	Hudson, Henry	亨利·哈得孙
Hagen, E. E.	海根	Huyghens, Christian	克里斯蒂安·惠更斯
Halley, Edmund	埃德蒙·哈雷		
Hanley, S. B.	汉利		
Hargreaves	哈格里夫斯		

I

Isabella	伊莎贝拉

Harley, C. K.	哈利		
Harrison, John	约翰·哈里森		

J

Hart, Robert	罗伯特·赫德		
Hastings, Warren	沃伦·黑斯廷斯	Jannetta, A. B.	杰尼塔
Hawkins, John	约翰·霍金斯	Jefferson, Thomas	托马斯·杰斐逊
Hayami, Akira	速水融	Jehan, Shah	沙贾汉
Hayami, Yujiro	速水佑次郎	Joan of Arc	圣女贞德
Hayek, F. A.	哈耶克	John I	约翰一世
Heidra, Martin	马丁·黑德拉	John II	约翰二世
Heijn, Piet	皮特·海恩	John, Prester	祭司王约翰
Hemming, J.	海明	Jones, R.	琼斯
Henrique	亨里克	Jorgenson, D. W.	乔根森

K

Henry II	亨利二世		
Henry IV	亨利四世	Kaempfer, Engelbert	肯普费
Henry Louis	路易斯·亨利	Kamakura	镰仓
Henry VII	亨利七世	Kennedy, P.	肯尼迪
Henry VIII	亨利八世	Keynes, John Maynard	约翰·梅纳德·凯恩斯
Heston, Alan	艾伦·海斯顿		
Hideyoshi	丰臣秀吉	Khamis, S. H.	开米斯
Hlaing, A.	莱英	Kim, Kwang Suk	金广硕
Ho, P. T.	何炳棣	King, Gregory	格里高利·金

Klein, H. S.	克莱因	Malanima, P.	马拉尼马
Kornai, J.	科尔奈	Malthus, Thomas Robert	托马斯·罗伯特·马尔萨斯
Kravchuk	克拉夫丘克		
Kravis, Irving	欧文·克莱维斯	Mameluke	马穆鲁克
Kroeber, A. L.	克罗伯	Mancall, P. C.	曼考尔
Kuznets, S.	库兹涅茨	Marczewski, J.	马尔切夫斯基
Kwon, T. H.	权	Maximilian	马克西米连
		McEvedy, C.	麦克伊夫迪
		McNeill, W. H.	麦克尼尔

L

Lagos	拉哥斯	Meiji	明治
Landefeld, J. S.	兰德费尔德	Merrick, T. W.	麦瑞克
Landes, D. S.	兰德斯	Metzer, J.	梅茨厄
Lane, F. C.	莱恩	Mill, James	詹姆斯·穆勒
Lanfranc	兰弗朗克	Mill, John Stuart	约翰·斯图亚特·穆勒
Languedoc	朗格多克		
Le Roy Ladurie, E.	勒罗伊-拉杜里	Mitchell, B. R.	米歇尔
Lee	李	Mizoguchi, Toshiyuki	沟口敏行
Leibnitz, G. W. von	莱布尼茨	Mobutu Sese Seko	蒙博托·塞塞·塞科
Lewis, C.	刘易斯		
Lindert, P. H.	林德特	Moghul	莫卧儿
Locke, John	约翰·洛克	Moosvi, Shireen	希琳·穆斯维
Louis VII	路易七世	Moreland, W. H.	莫兰德
Louis XII	路易十二世	Morison, S. E.	莫里森
Lundberg, Erik	埃里克·伦德伯格	Mueller, R. C.	穆勒
		Mulhall, M. G.	穆尔哈尔

M

N

Macaulay, Thomas B.	托马斯·麦考利	Nakamura, James	詹姆斯·中村
Macfarlane, A.	麦克法兰	Nakamura, Satoru	中村哲
Maddison, Angus	安格斯·麦迪森	Naoroji, D.	纳奥罗吉
Magalhaes, Fernao de	麦哲莱斯	Needham, Joseph	李约瑟
Magellan, Ferdinand	费迪南德·麦哲伦	Newton, Isaac	艾萨克·牛顿
		Nishikawa, S.	西川俊作
Majid, Ibn	伊本·马吉德	Nizam-ul-Mulk	尼扎姆·穆尔克

Nobunaga	织田信长	Rosenzweig, F.	罗森茨维格
Nojima, Noriyuki	野岛则之	Rostow, W. W.	罗斯托
North, Douglas C.	道格拉斯·诺思	Rozman, G.	罗兹曼

O

S

Ohkawa, K.	大川一司	Safavid	萨法维
		Saito, Osamu	斋藤修
		Samudri	萨姆德里

P

Panikkar	潘尼卡	Sarkar, N. K.	萨卡
Parker, R. P.	帕克尔	Sarkar, S.-N.	萨卡
Parry, J. H.	帕里	Schall	汤若望
Patinkin, D.	帕廷金	Schwartz, S. B.	施瓦兹
Pepys, Samuel	塞缪尔·佩皮斯	Sella, D.	塞拉
Perkins, D. W.	珀金斯	Seskin, E. P.	塞斯金
Perroux, Francois	弗朗科斯·佩劳	Shammas, C.	沙玛斯
Petty, William	威廉·配第	Shin, Y-H.	辛
Phelps Brown, H.	费尔普斯·布朗	Shinohara, M.	筱原三代平
Philip II	菲利普二世	Shuskevich	舒什克维奇
Pirenne, H.	皮仁	Sivasubramonian, S.	西瓦苏布拉莫尼安
Polo, Marco	马可·波罗		
Pomeranz, K.	彭慕兰	Smith, Adam	亚当·斯密
Porter, R.	波特	Smith, T. C.	史密斯
Postan, M. M.	波斯坦	Smits, J. P.	斯米茨
Potter, J.	波特	Snodgrass, D. R.	斯诺格拉斯
		Snooks, G. D.	斯努克斯
		Spooner, Frank	弗兰克·斯普纳

R

Rapp, R. T.	莱普	Stiroh, K. J.	斯蒂罗
Ricci, Matteo	利马窦	Suh, Sang-Chul	徐想哲
Riccioli, G. B.	里西奥利	Summers, R.	萨默斯
Roemer, M.	罗莫尔		

T

Rogers, Thorold	索罗尔德·罗杰斯	Ino, Tadataka	伊能忠敬
Rosenblat, Angel	安吉尔·罗森布莱特	Temple, William	威廉·坦普尔
		Thornton, R.	桑顿

Thunberg, C. P.	桑博格	Weber, Max	马克斯·韦伯
Tokugawa, Ieyasu	德川家康	Weiss, T.	韦斯
Toutain, J. C.	图坦	White, Lynn	林恩·怀特
		Whitney, Eli	伊莱·惠特尼
U		Wilkins, John	约翰·威尔金斯
Ubelaker, D. H.	尤贝雷克	Willcox, Walter	沃尔特·威尔考克斯
Umemura, M.	梅村又次	William III	威廉三世
		William (the Conqueror)	威廉一世（征服者）
V			
Vallin, J.	沃林	Williamson, J. G.	威廉姆森
van de Wee, H.	范德威	Wills	威尔斯
van der Eng, Pierre	皮埃尔·范德恩	Wren, Christopher	克里斯托弗·雷恩
van der Woude, A.	范德伍德	Wrigley, E. A.	里格利
van Linschoten, Jan Huygen	杨·胡伊根·范林肖顿		
van Zanden, J. L.	范赞登	**X**	
Verbiest	南怀仁	Xavier, Francis	方济各·沙勿略
Vesalius, Andreas	安德雷亚斯·维萨里	**Y**	
Vespucci, Amerigo	阿美里哥·韦斯普奇	Yamamura, K.	山村耕造
Vijayanagar	维贾亚纳加尔	Yasuba, Y.	安场保吉
Vivaldi	维瓦尔第	Yoshida, T.	吉田东伍
von Siebold, Philipp Franz	菲利普·弗朗兹·冯西博尔德	Yoshimune	吉宗
		Yun, B.	尤恩
Vries, J. de	德弗里	Yung-lo	永乐（中国皇帝）
Vu, Viet	吴越		
		Z	
W		Zacuto	查库托
Wake, C. H. H.	维克	Zambardino, R. A.	札姆巴地努
Wan-li	万历（中国皇帝）	Zang, H.	张

全书机构名称译文对照表

(按照英文首字母排序)

英文	缩写	中文
Asian Development Bank	ADB	亚洲开发银行
Asian Historical Statistics Project of Hitotsubashi University		一桥大学的亚洲历史统计项目
Asian Productivity Center, Honolulu		亚洲生产率中心(檀香山)
Bank of Korea		韩国银行
Bank of Portugal		葡萄牙银行
Bureau of Economic Analysis	BEA	美国经济分析局
Bureau of National Affairs, Washington D. C.		美国国家事务出版公司(华盛顿)
Census and Statistics Department, Hong Kong		香港普查和统计司
Center for International Research, US Bureau of the Census		美国人口普查局的国际研究中心
Center for International Economics and Finance, Aix-en-Provence		国际经济与金融中心(普罗旺斯)
China National Bureau of Statistics	CNBS	中国国家统计局
Development Bank of South Africa		南非开发银行
Economic and Social Commission for Asia and the Pacific	ESCAP	亚太经济和社会委员会
Economic and Social Commission for West Asia	ESCWA	西亚经济和社会委员会
Economic Commission for Latin America and the Caribbean	ECLAC	拉丁美洲和加勒比地区经济委员会
European Bank for Reconstruction and Development	EBRD	欧洲复兴开发银行
European Union	EU	欧洲联盟(欧盟)
Fundacion Banco Exterior		对外银行基金会
General Agreement on Tariffs and Trade	GATT	关贸总协定
Government Statistical Service, Republic of Ghana		加纳共和国政府统计局

(续表)

英文	缩写	中文
Institute of Economic Research, Hitotsubashi University		一桥大学经济研究所
International Comparison Programme	ICP	国际比较项目
International Energy Agency, Paris		巴黎国际能源机构
International Monetary Fund	IMF	国际货币基金组织
International Programs Center of the US Bureau of Census		美国人口普查局国际项目中心
Interstate Statistical Committee of Commonwealth of Independent States (CIS)		独联体国家间统计委员会
Junta de Planificacion		计划政务会（波多黎各）
League of Nations		国家联盟（国联）
National Economic and Social Development Board, Thailand		泰国国家经济和社会发展委员会
National Statistical Coordination Board of Philippines		菲律宾国家统计协调委员会
Northern American Free Trade Area	NAFTA	北美自由贸易区
OECD Development Center		OECD 发展中心
Organization for European Economic Cooperation	OEEC	欧洲经济合作组织（OECD 的前身）
Organization for Economic Cooperation and Development	OECD	经济合作与发展组织
Organization of Petroleum Exporting Countries	OPEC	石油输出国组织
Palestine Bureau of Statistics		巴勒斯坦统计局
Penn World Tables	PWT	《宾夕法尼亚大学世界表》
Planning Commission of the Government of Parkistan		巴基斯坦政府计划委员会
Research Program in Economic Development, Princeton University		普林斯顿大学经济发展研究项目
Smithsonian Institution		史密森学会
Statistical Division of Economic Commission for Europe of the United Nations (ECE)		联合国欧洲经济委员会统计司
Statistical Office of the European Communities (Eurostat)		欧盟统计局
Statistical Office of Yugoslavia, Belgrade		南斯拉夫国家统计局（贝尔格莱德）

(续表)

英文	缩写	中文
United Nations Commission for Trade and Development	UNCTAD	联合国贸易与发展委员会
United Nations Population Division		联合国人口司
United Nations Statistical Office	UNSO	联合国统计局
United Nations	UN	联合国
World Bank		世界银行
World Trade Organization	WTO	世界贸易组织